U0747176

中国简史

童超 主编

中卷

A BRIEF HISTORY OF CHINA

石油工业出版社

中国

249年

司马懿发动“高平陵事变”，篡夺曹魏大权。

291年

西晋开始爆发八王之乱。

439年

北魏太武帝统一北方。

581年

杨坚称帝，建立隋朝。

617年

李渊晋阳起兵。

626年

玄武门之变。

755年

安史之乱爆发。

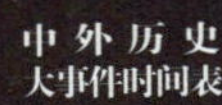

220年～581年

582年～

世界

334年

亚历山大开始东征。

359年

罗马帝国分裂为东、西罗马。

476年

西罗马帝国灭亡，欧洲正式进入中世纪。

646年

日本大化改新。

751年

矮子丕平篡位，建立加洛林王朝。

690年

武则天废睿宗旦称帝，改国号为周。

1004年

宋辽订立盟约，史称澶渊之盟。

1127年

靖康之变。北宋灭亡。

1038年

李元昊称帝，建国号大夏。

1234年

宋蒙联军灭金。

959年

960年～1279年

756年

丕平献土，奠定教皇国基础。

843年

法兰克王国分裂，奠定法、意、德基础。

1077年

卡诺莎觐见。

1192年

日本幕府政治建立。

1265年

英国等级议会制形成。

目录

Contents

第四章

三国两晋南北朝 / 267

三国鼎立竞风华 / 268

昙花一现的西晋统一 / 279

八王之乱与西晋的瓦解 / 283

十六国纷争与东晋的偏安 / 288

北魏崛起和刘宋的建立 / 296

南朝的兴替与衰亡 / 303

专题：门阀士族的衍生与衰落 / 312

从两魏并立到北周灭齐 / 318

专题：丰富多彩的北朝石窟艺术 / 328

走向自觉的三国两晋南北朝文学 / 334

第五章

隋唐五代 / 341

杨坚建隋树新政 / 342

隋炀帝二世亡国 / 348

贞观之治 / 354

一代女皇武则天 / 362

开元盛世 / 372

安史之乱 / 378

诗仙与诗圣 / 384

藩镇割据和宪宗削藩 / 389

牛李党争 / 395

宦官专权和甘露之变 / 399

专题：奇幻的法门寺地宫 / 406

黄巢起义 / 410

梁唐晋汉周，动乱的五代十国 / 416

宋 / 431

赵宋王朝的诞生 / 432

宋太宗得位疑云 / 437

澶渊之盟 / 441

刘太后听政 / 446

清官的典范：包拯 / 450

庆历新政和王安石变法 / 457

祸国的党争 / 465

专题：宋词的豪放与婉约 / 472

靖康之耻 / 476

南宋的偏安 / 485

岳飞之冤 / 489

符离之战与开禧北伐 / 498

专题：理学的兴盛 / 506

宋末权臣：史弥远与贾似道 / 512

钓鱼城之战和襄阳保卫战 / 520

崖山海战 / 526

第四章

三国两晋南北朝

三国两晋南北朝时期，自三国（220 ~ 280）开始，终止于隋朝统一，历时370年。自220年至229年，曹魏、蜀汉、孙吴先后建国称帝，正式形成了三国鼎立的政治格局。

自304年起，北方逐渐出现了“五胡十六国”的争斗，南方士族共建的东晋王朝偏安江南一隅。439年，北魏统一北方，与南朝宋隔淮对峙分裂。江南齐、梁、陈三朝接踵相继，经济开发规模空前。589年，隋文帝大举灭陈，南北又重归统一。

▷ 北魏王朝的“子贵母死”制

关键词：三足鼎立

三国鼎立竞风华

■ 三国时期

黄巾起义被镇压之后，东汉统治集团内部的矛盾更加激化，宦官与外戚、权臣之间争权夺利的斗争日益公开化，最终酿成了董卓之乱。董卓在京城拥兵自重，独擅朝政，引来了众多地方割据集团的讨伐；后又挟持汉帝西迁，全国政治版图陷于一片混乱……官渡之战，曹操以少胜多打败了袁绍，奠定了其在黄河北部的基础和地位；赤壁之战，则形成了曹操集团与刘备、孙权两大集团的南北对峙。孙、刘虽联合对付曹操，但二者也是各有所图，历史的车轮进入了英雄人物竞风华的三国时代。

群雄逐鹿

中平六年（189）四月，汉灵帝死后，皇宫里照例上演了一幕宦官与外戚争夺权力的激烈斗争。外戚权贵何进与时任司隶校尉的袁绍联手，并联络凉州军阀董卓，欲夺取政权，但是他们的密谋却被宦官察觉。此后，先是宦官段珪等率先下手杀死了何进，接着宫中宦官两千余人又被袁绍所杀。这场激烈的争夺和打杀还没有结束，董卓却率兵三千开进了洛阳，他吞并何进旧部，实力很快壮大，开始拥兵擅政。

^ 青玉纹枕・东汉

1959年出土于河北定县中山简王墓。玉枕长34.7厘米，高13厘米。玉青绿色，枕面两端隆起，中间微下凹。饰阴刻双线勾连云纹，线条清晰流畅。现藏于河北博物院。

中平六年九月，董卓先废黜了何进所立的少帝刘辩，杀何太后，改立陈留王刘协，是为献帝。董卓自任太尉兼前将军。此后董卓为所欲为，自任相国，总揽朝纲于一身。与此同时，他又放纵士兵在洛阳城中大肆掳掠财物，奸淫妇女，以至人人惶恐，怨声载道，内外官僚也感觉朝不保夕。由于袁绍、袁术、曹操等人既不满董卓废少帝而立献帝，又对董卓乱政极为反感，所以纷纷离开京师，联络各地拥有实力的官员，准备讨伐董卓。献帝初平元年（190）年初，关东州郡共推袁绍为盟主，正式起兵。董卓见关东联军势盛，便挟持献帝退往长安，但他依然不遗余力地拔擢亲信，广树党羽。初平三年（192）四月，司徒王允与董卓部将吕布合谋，杀死董卓。此后虽然董卓旧部进行了大规模报复，但其余党很快又被其他割据势力所消灭。

在讨伐董卓的过程中，各地实力集团纷纷借机扩大自己的势力，因而此次讨伐战争也为以后的军阀混战埋下了伏笔。袁绍虽然被推为盟主，但此前他只辖有渤海一郡，他利用自己的盟主地位和为豪杰所归向的优越条件扩充势力，先后吞并了冀州、幽州、青州等，很快成为北方地区最为强大的割据力量。与此同时，曹操的势力也与日俱增，曹操一方面遣使到长

< 马踏飞燕 · 东汉

这件艺术品出土于甘肃武威雷台。高34.5厘米，长45厘米，宽13.5厘米。这匹青铜马造型神骏，右后足踏着一只燕隼，彰显出奔马凌空奔腾的威猛气势。现藏于甘肃省博物馆。

安，表示忠于汉朝廷，以此赢得人心；同时在许县（今河南许昌市东）附近开展屯田，聚集粮食，招纳军队，逐渐将据有南阳的袁术逐至淮北，两次进攻徐州，一度将据有兖州的吕布逐至徐州。兴平二年（195）十月，汉献帝任命曹操为兖州牧，此地成为日后曹操消灭北方割据群雄的势力基础。

挟天子以令诸侯

袁绍、曹操两大势力的迅速崛起，使北方黄河流域的局势逐渐由多级混战走向了二虎争雄。袁绍虽然领有青、冀、幽、并四州，地广人多，兵强马壮，经济实力也远比曹操强盛，但是曹操却能“挟天子以令诸侯”，在政治舆论上占尽了先机。建安元年（196）七月，曹操抵达残破不堪的洛阳，谋臣毛玠向他提出了三条重要建议："奉主上以从民望，大顺也；秉至公以服雄杰，大略也；扶弘义以致英俊，大德也。"曹操深以为是，遂采纳毛玠的建议，将汉献帝及朝廷百官迁到了自己的根据地许县，并以许为国都，将汉献帝牢牢地置于自己掌握之中。曹操"挟天子以令诸侯"之举的确取得了无与伦比的政治效果，各地势力较小的割据政权也纷纷归附，曹操聚集了一大批智勇双全的谋士和战将，为他在不久之后的官渡之战中战胜袁绍奠定了基础。

一山不容二虎，袁绍与曹操的矛盾不可避免地走向了兵戎相向。建安四年（199）六月，袁绍选精兵十万，开始南进，曹操也驻兵官渡（今河南中牟东北），与袁绍形成了对峙。建安五年（200）二月，袁绍率大军以黎阳（今河南浚县东）为大本营，曹操也进一步加紧战略部署，历史上著名的官渡之战由此开始。曹操或声东击西，或以退为进，很快在战争中取得了主动，双方在官渡相持一年多，最后以曹操的全面胜利而结束。这场战争是中国历史上以弱胜强、以少胜多的典型战例。官渡之战后不久，袁绍于建安七年（202）病逝，曹操乘机彻底消灭了袁氏军事集团，让战乱多时的北方地区基本实现了统一。此后，曹操一方面着大整顿北方社会秩序，加快发展社会经济；另一方面重振军备武装，计划更大范围的征伐战争。

曹操开创魏国霸业

官渡之战后，曹操在北方站稳了脚跟，北方地区的相对稳定为他继续南下征战解除了后顾之忧。因此随着时间的推移，曹操与南方割据政权的战争也蓄势爆发了。曹操虽然在北方战胜了最大的对手袁绍，但南方还有几支强大的割据力量，他们就是占据荆州的刘表、占有江东的孙权以及正在迅速崛起的刘备。

建安十二年（207）七月，在经过一段时间的休整之后，曹操开始南下攻打刘表。但是刘表却在此时病死，刘表集团四分五裂，很快瓦解了。刘表的次子刘琮嗣位，他在部下的劝说下投降了曹操，其他部众则多数追随了刘备。刘备派诸葛亮随同孙权部下鲁肃前往江东，与孙权商讨抗曹大计，达成了孙刘联合抗击曹操的协定。此时，曹操大军在到达江陵之后也停止南下，转而由水路东进，而孙刘联军则由樊口（今湖北鄂州西北）、夏口（今湖北武汉市境内）溯流而上。两军于赤壁（在今湖北赤壁市境内）相遇，一场激烈的战争就此开始——赤壁之战中，曹操军队因长居于北方不习水战，并且军队中瘟疫流行，因而士气大减；孙刘联军不仅占有地理优势，而且军事谋士群英荟萃，战术精妙而指挥得当，因而孙刘

> 带伞铜轺车·东汉

1969年在甘肃武威雷台汉墓中出土。轺车是一种轻便快速的小马车。《释名·释车》说："轺，遥也，遥远也，四向远望之车。"其形制渊源于战车。汉初时的轺车为立乘，后来改为坐乘，一车可乘坐二人。因轺车结构简单，快马轻车，因此为一般小吏外出办理公事或邮驿传递公文时乘坐的马车。现藏于甘肃省博物馆。

联军利用火攻战术，最终以少胜多战胜了曹操。

曹操虽然败北，但是他也占据了以军事重镇襄阳为中心的荆州北部大片土地，并非一无所获；孙权因占有了荆州东部等地而扩大了地盘，增强了实力；刘备则获益尤多，此战奠定了他在西南地区的地位和基础，其后天下三分而刘备居其一。可以说，赤壁一战，基本上奠定了三国鼎立的局面。

赤壁之败挫败了曹操南下的锐气，他决定退而求其次，先在北方进一步巩固自己的地位，壮大自己的实力。因此他以征讨张鲁政权为名，首先把兵锋指向了拥兵自重的汉将马超、韩遂等人，于建安十六年（211）基本上平定了关中。接下来，曹操又于建安十八年（213）再次南下攻打孙权，无奈没有收获，因此他又把目标瞄准了汉中张鲁政权，迫使张鲁政权归降。

<《历代帝王图》（局部）·唐·阎立本

此图是描绘从西汉至隋朝13个皇帝的形象的局部图。画家力图通过对各个帝王不同相貌表情的刻画，揭示出他们不同的内心世界、性格特征。这张局部图包含了三国时代的三位帝王——魏文帝曹丕（右）、吴主孙权（中）、蜀主刘备（左），这三位开国君主在画家笔下都体现了“王者气度”和“伟丽仪范”。现藏于美国波士顿艺术博物馆。

曹操在四处征伐的同时，也进一步增强了对汉献帝的控制和自己的权势，逐渐使汉政权在实质上成为曹魏政权。汉献帝延康元年（220）正月，曹操在洛阳病逝，同年十月，其子曹丕代汉称帝，建立了魏国，并追尊曹操为太祖武皇帝，从而正式结束了东汉政权，昭示了三国时代的正式开始。

曹魏率先建国取代汉政权，并开创北方地区的霸业称雄中原。曹操善于发现人才，知人善任，唯才是举，在用人上奉行“治平尚德行，有事赏功能”的原则，因而团结了一大批俊杰。此外，规模庞大的屯田不仅为其提供了有力的经济支持，也使北方社会经济得以恢复和发展，饱尝战乱之苦的人民生活得以安定。除屯田之外，曹操还调整租调制度，兴修水利，发展手工业。所有这些，既为北方地区的统一和魏国的建立奠定了经济基础，也使魏国能在三国中占有相对优势。

蜀汉政权

赤壁之战后，刘备分兵取得了荆州长江以南武陵（今湖南常德武陵区）、长沙（今湖南长沙）、桂阳（今湖南郴州）、零陵（今湖南永州零陵区）四郡，并在不久之后自领荆州牧，从此站住了脚跟。但是从战略形势上来看，在东部，孙权虽然将自己的妹妹嫁给刘备以示友好，但同时也阻挡刘备势力的东进；北方的关中和汉中地区也是曹操夺取的重要目标，因此刘备集团把目标瞄准了西南益州。益州包括今四川全部和云贵大部分地区，也是谋士诸葛亮向刘备提议的可图长久之计的地方。益州本是刘焉的根据地，刘焉死后由其子刘璋继任益州牧。刘备巧妙地利用了刘璋集团与曹操政权的矛盾，赢得了刘璋的信任，并借机笼络益州部众，最终于建安十九年（214）六月用武力迫使刘璋投降，取得了益州地区，并迅速稳定了自己的统治。夺取益州之后，刘备又迅速北上攻打汉中，从曹操手中夺取了汉中地区。但收之桑榆而失之东隅，刘备虽全据益州，荆州却被孙权乘机夺走。不过从长远战略上来看，汉中作为益州门户，对整个益州地区有着举足轻重的意义，汉中的取得使刘备占据了益州全部，为以后蜀汉政权的建立和发展打下了基础。

^ 青釉人擎灯·三国吴

这件瓷灯出土于湖北省宜昌。瓷灯分为上下两部分，下部塑造为人形，塑出眉目口鼻，将上部的灯柱托盘顶在头顶，左右两臂从两侧上举，托住托盘。现藏于湖北省博物馆。

曹丕代汉称帝，建立魏国之后，诸葛亮等人也以继承汉统为由劝请刘备称帝，于是刘备也于魏国建立的第二年（221）四月正式称帝，仍以汉为国号，史称蜀汉。刘备称帝之后第二年便开始东征，发动“夷陵之战”，意欲攻打孙权，夺回荆州并为关羽报仇，但是由于指挥不当遭受重大损失。刘备也因忧愤一病不起，在蜀汉章武三年（223）四月病死于白帝城（今重庆奉节），临终前将儿子刘禅托付给诸葛亮。刘备死后，其子刘禅继位，是为后主。刘禅庸碌无为，不谙政务，因此国家政务事无巨细均由诸葛亮决断。诸葛亮分析形势，决定先与孙吴恢复友好关系，因此他立即派邓芝前去谈判，最终再度与孙吴结盟。外交上的成功使蜀国摆脱了东面受敌的不利局面，为进一步整治内政提供了方便。在国内，蜀国虽然立足西南，但国小民弱，处境艰难。为此，诸葛亮一方面努力发展经济，以壮大经济军事实力；另一方面则着手解决西南少数民族问题，诸葛亮对他们剿抚并施，取得了良好的效果。这些举措不仅有利于蜀汉边疆的稳定，增强了蜀汉国力，也促进了西南落后地区的开发，具有重大的历史意义。

孙权江东立国

孙权十八岁时其兄孙策被人刺杀，孙策临终前留下了“举贤任能，各尽其心，以保江东”的遗言，孙权从此代兄统众，谨遵教诲，在战乱纷争的多变时代牢守着江东基业，并不失时机地图谋发展。赤壁之战时，孙权只有二十六岁，但他已经表现出了一个政治家和军事家的突出才干。随着战役的胜利，孙权的势力得以进一步向西拓展，使孙权立基江东而西望楚荆，江南大部分地区便处在了他的控制之下。

赤壁之战使交战三方各有所得，但在战后，几方又围绕荆州的控制权而开展了激烈的争夺战。因为荆州不仅对刘备进取关中和孙权保守江东都有重要的战略意义，而且也是孙刘政权阻止曹军南下的战略要冲。为此，孙刘双方还为争夺荆州大动干戈，一波三折地上演了刘备“借”荆州，最终孙权又夺回荆州的拉锯战。虽然荆州最终被孙权全部控制，但此时刘备也已经拥有了益州和汉中，在西南确立了比较稳固的统治。孙权在与刘备争夺荆州时，称藩于曹魏，因此曹魏曾于黄初二年（221）封他为吴王。第二年，孙权大败刘备军队，占据了荆州，经过一番调整之后，孙权于229年正式称帝，国号为吴，年号黄武，从此三国鼎立的局面正式形成了。

孙权在建立吴国以后，继续施行了一些发展社会生产、稳固和开拓边疆等重大举措，使吴国的社会经济得到了很大的发展。首先，为了维护边疆安定和社会稳定，孙权先后征讨了吴郡、会稽、建业等地的山越人以及荆州的蛮族、交州的夷人等，不仅使他们归降于孙吴，而且在这些地方设置郡县、发展生产，对这些地区的开发产生了积极影响。其次，孙权注意发展农业生产，开展大规模屯田，兴建水利工程，使社会生产得到了很大的发展。此外，孙吴政权还利用临海的自然条件发展贸易交通，也取得了很好的经济效益。孙吴的万人船队还曾到达夷洲，即今台湾，在中国航海史上写下了光辉的篇章。

历史断面

外科鼻祖华佗

华佗，字元化，沛国谯（今安徽亳州）人，东汉末期著名的医学家。华佗曾先后发明了体外挤压心脏法和口对口人工呼吸法这些现代仍在使用的医学技术。他为中国医学作出的最大贡献是麻醉术——麻沸散的发明和体育疗法“五禽戏”的创造。华佗总结了前人经验，发明了酒服麻沸散的麻醉术，正式用于医学，从而大大提高了外科手术的技术和疗效，并扩大了手术治疗的范围。《后汉书·华佗传》中就曾记载华佗为病人全身麻醉后进行了肿瘤摘除和肠胃切除一类难度很高的外科手术。因此后人尊华佗为“外科鼻祖”。

关键词：司马昭 / 西晋统一

昙花一现的西晋统一

▪ 265年～280年

曹魏末年，司马氏执政，主导了灭蜀之战。265年，司马炎取代曹魏，建立西晋。280年，西晋灭吴，三国局面归于统一，并出现了短期的和平安定局面。西晋的统一，结束了自东汉末年以来的长期分裂局面，并在一定程度上保证了社会的安定和生产的发展。但是不久之后，各种内忧外患又迅速袭来，使得西晋的统一犹如昙花一现般短暂，历史再次进入了更加纷繁混乱的东晋十六国时期。

魏晋“禅代”

黄初七年（226）五月，魏文帝曹丕病重，立其子曹叡为皇太子，并以时任中军大将军曹真、镇军大将军陈群、征东大将军曹休、抚军大将军司马懿四人为辅政大臣。魏明帝即位后，曹魏政权和孙吴、蜀汉政权频繁交战，而曹真、陈群等人或病或死，司马懿逐渐独掌军权，取得了一系列的战场胜利，也提高了司马氏在曹魏政权中的政治地位。景初三年（239）魏明帝病死，立年仅八岁的齐王曹芳为帝，以武卫将军曹爽和司马懿共同辅政。正始十年（249）正月，司马懿利用曹爽陪侍曹芳到魏

司马懿像・清

明帝高平陵扫墓的机会，发动政变，击垮了曹爽集团，史称“高平陵之变”。此后，司马懿与司马师、司马昭父子控制朝政，铲除异己，同时又笼络世家大族，政治野心日强一日，以至于有“司马昭之心，路人皆知”之说。此时，司马氏的篡位也指日可待了。蜀汉炎兴元年（263），执掌魏国实权的司马昭则瞅准蜀汉内部空虚、人才匮乏的时机发动了主动进攻，以三路大军直逼蜀汉。蜀军虽奋力抵抗，但还是节节败退，当成都被围后，后主刘禅向魏国征西将军邓艾投降，蜀汉就此灭亡。

司马昭灭蜀之后的第二年，便因“卓著”的功勋而晋升为晋王，虽然他没有来得及当上真正的皇帝就病死了，但是自魏文帝曹丕以来，司马氏父子通过长期的偷梁换柱、明争暗夺，实质上已经逐渐取代了曹魏政权。在曹魏政权大势已去之后，司马氏政权便开始操作真正的魏晋易代了。司马昭死后，其长子司马炎继承了王位。司马炎于咸熙二年（265）十二月用“禅让”的办法登上了皇帝位，并将魏帝曹奂封为陈留王，改元泰始，历史由此转入了西晋时期。曹魏以“禅让”方式取代了东汉，而最终又“禅让”于司马氏，结束了自己的统治，这既是历史的巧合，也是历史的必然。

国家统一

西晋建立之后，首先着手巩固政权，先后确立三省制度、实施宗室封国，并完善了地方都督制。为了防止曹魏代汉、西晋代魏的“禅让”重演，司马炎认为必须要将地方大权收归宗室手中，因此大封同姓宗室，封国分为王、侯两级，并仿照西周古制，设立爵位制度。这种分封制度虽然在短时期内对西晋政权的巩固产生了积极影响，但是由于西晋封国诸王同时担任一方都督，掌控地方军政大权，所以又不可避免地出现了地方权力过重、割据一方的局面。

司马炎继位之时，蜀汉政权已经投降，西南地区已经处于西晋统治之下，但是东南的孙吴政权还没有正式归降。司马炎担心自己落得“有禅代之美而功业未著”的骂名，因此在政权得到巩固之后就发动了对孙吴的进攻。与蜀汉相比，孙吴政权后期虽然没有频繁发动大规模的军事战争，但是政局也非常混乱。特别是孙权晚年，朝廷内部又因为继承人的问题产生了尖锐的对立，

^《历代帝王图》之晋武帝像·唐·阎立本

司马炎，字安世，河内温县（今河南焦作）人，西晋开国皇帝。

上演了一系列的宫廷斗争，政局日益混乱，社会经济则日渐凋敝，军队也逐渐衰弱不堪。永安七年（264），孙权之孙孙皓继位称帝，这个庸庸无为而又残暴专横的君主以严刑酷法治国，东吴的国内形势更加严峻。咸宁五年（279）十一月，晋武帝司马炎正式下诏讨伐孙吴，采纳征南将军羊祜的建议，对孙吴展开全面进攻，并实施重点突击。腐败的孙皓政权虽然组织了全力抵抗，但已无法力挽狂澜，吴军节节败退，晋军所向披靡，于次年三月就攻到了吴都建业（今江苏南京）附近。穷途末路的孙皓放弃了抵抗，束手就擒，孙吴统辖的扬、荆、交、广四州，共四十三郡三百多县全部并入了西晋的版图，西晋就此完成了统一全国的大业。

西晋的统一，结束了自东汉末年以来的长期分裂局面，并在一定程度上保证了社会的安定和生产的发展。但是不久之后，各种内忧外患又迅速袭来，使得西晋成为中国历史上一个短命王朝。

历史断面

陈寿撰成《三国志》

陈寿（233—297），字承祚，西晋时期的史学家。太康元年（280）晋灭吴后，陈寿搜集魏、蜀、吴史料，终于撰成《三国志》。《三国志》基本属于纪传体，共65卷，分魏、蜀、吴三志，其中《魏书》30卷、《蜀书》15卷，《吴书》20卷。在中国古代纪传体正史中，《三国志》具有很高的地位，它与《史记》《汉书》《后汉书》并称为“前四史”，为世人所推崇。《三国志》取材严谨，文笔精练，记事比较真实，还记录了国内少数民族以及邻国的历史。但由于陈寿是私人著述，无权翻阅西晋的国家档案和资料，所以部分记载过于简略，也遗漏了一些重要的历史事件和人物事迹。

关键词：八王之乱 / 永嘉之乱

八王之乱与西晋的瓦解

▪ 291年～316年

西晋初年，晋武帝为了巩固皇权，大肆分封司马氏子弟为王，前后共有二十七王之多。然而正是这种分封同姓王并让其“移封就镇”、集军政财权于一身的做法，导致了“八王之乱”的发生。这场连绵了16年的政治斗争导致社会动荡，民不聊生，流民爆发了大规模的起义，匈奴等少数民族也发动了推翻西晋政权的战争。西晋永嘉五年（311），晋怀帝被匈奴军队俘虏，都城洛阳失守，西晋政权基本瓦解。316年，匈奴军队攻入长安，晋怀帝的侄子晋愍帝被杀，西晋至此灭亡。

八王之乱

晋武帝司马炎平吴之后，改元太康，西晋的历史进入了一个统一、安定、发展的新时期。西晋的统治虽然短暂，但司马炎在位的二十五年中，

> 镇南将军印 · 西晋

镇南将军是中国古代杂号将军中的一种，与镇东将军、镇西将军、镇北将军并称“四镇”，属于高级武官。

^《帝鉴图说》之羊车游宴·明

这幅图册讲述了晋武帝司马炎灭吴之后，开始纵情享受，荒于政务，每天在宫中乘坐羊车巡行，羊车来到哪个嫔妃的住所，就住宿在哪个嫔妃之处，再无执政初期励精图治的态度。

社会还是相对安定、有一定发展的。太熙元年（290），晋武帝死时，诸子尚幼，继位的惠帝司马衷是一个人所共知的白痴。惠帝即位后不久，天降灾异，老百姓闹饥荒，大臣们向司马衷汇报，请求开仓放粮，司马衷就问："老百姓真的没粮食吃吗？"有人回答："千真万确，已经饿死几万人了！”惠帝若有所思，突然说：“没有粮食，他们为什么不吃肉粥呢？”此事一时传为笑谈。

皇帝无能，西晋的权臣和外戚开始争权夺利。以惠帝外祖父杨骏为一派，惠帝皇后贾氏为另一派，展开了激烈的宫廷斗争。贾皇后颇有政治野心，而且手段毒辣。武帝死后，杨骏和杨太后父女合谋，掌握了朝政。贾皇后则串通楚王司马玮发动军事政变，消灭杨氏势力夺取了政权。此后不久，贾皇后又借机除掉司马玮，独揽朝政，开始专权。

惠帝虽然是个白痴，但太子司马遹却聪明英武。司马遹非贾皇后所生，因而贾皇后深为畏忌，于永康元年（300）三月假借皇帝之命将太子杀害。四月，梁王司马肜、赵王司马伦以为太子报仇为借口，起兵铲除了贾皇后，次年，司马伦自己称帝，将惠帝尊为太上皇。而司马伦的篡位引起了其他割据一方的宗王不满，齐王司马冏、河间王司马颙、成都王司马颖等先后起兵讨伐司马伦，史称“八王之乱”。自此开始的十六年间，西晋政权犹如烫手山芋，虽然人人觊觎，但谁也掌握不了多久，在诸宗王中传来传去，混乱不堪。直至惠帝永兴二年（305），东海王司马越将惠帝迎还洛阳。次年，惠帝中毒而死，司马越立皇太弟司马炽，是为怀帝，朝政大权落入司马越之手，八王之乱就此结束。

贾后专权和八王之乱对西晋的政治和社会经济造成了巨大的破坏。战乱不仅使朝政混乱无序，也使社会生产蒙受重大损失，兵民死伤数十万人，许多城镇被焚烧成为废墟。与此同时，天灾连年，使人民生活于水深火热之中，因此产生了大量的流民，史称“流民四散，十不存二，携老扶幼，不绝于路”。与规模庞大的流民相伴随，流民起义也此起彼伏，西晋的统治机能从此瘫痪，一蹶不振。

永嘉之乱

与流民起义相比，以匈奴为主的内迁各少数民族军事贵族的反晋行

青瓷灶台·西晋

高9.5厘米，长16.8厘米，宽9.9厘米。三国两晋南北朝时期，中国瓷器制作技术进入了一个新的阶段，南方以青瓷为主，北方以白瓷为主。

动，则对西晋统治形成了更为直接的威胁。其中率先起兵的是匈奴人刘渊、刘聪父子。刘渊是西汉时期冒顿单于的后人，其祖父于扶罗曾率兵助汉镇压黄巾军，其父刘豹在曹魏时期担任过匈奴五部中的左部帅。西晋发生“八王之乱”后，刘渊向成都王司马颖表示愿意率领匈奴骑兵为司马颖效力。然而没等刘渊参战，司马颖却带着惠帝南逃到了洛阳。眼见晋失其鹿，野心勃勃的刘渊于永兴元年（304），正式称汉王，打出了反晋的旗号。随后，刘渊的大军开始攻城略地，先后占领了太原（今山西太原市南）、中都（今山西榆次）、屯留（今山西屯留南）等战略要地，基本控制了并州东南部。随着刘渊势力的扩大，鲜卑酋长陆逐延、氐族酋长单征、东莱王弥及后来成为刘渊心腹爱将的石勒等人都纷纷投降刘渊。

西晋永嘉二年（308），刘渊在蒲子（今山西隰县）称帝，国号仍为汉，定都平阳（今山西临汾），以长子刘和为太子、任命四子刘聪为车骑大将军、族子刘曜为龙骧大将军。之后，刘渊父子不断出兵南下，并多次直逼洛阳，洛阳军民拼死抵抗，才击退了匈奴军队的进攻。到永嘉四年（310），刘渊病死，太子刘和即位，这时洛阳周边地区大多被刘渊的部下石勒占领，洛阳城中粮食匮乏，已经到了山穷水尽的地步。永嘉五年，刘聪派刘曜率领大军向洛阳城发起了最后的攻击。掌权的东海王司马越眼见洛阳难以坚守，就率领洛阳部分军队和文武百官弃城而走。当年三月，司马越在逃亡途中病死，石勒趁机率军猛攻出走的西晋军民，前后射杀十万余人。当年五月，刘聪的军队一举攻陷洛阳，俘虏了怀帝，杀死西晋官员、百姓三万余人。因为这次惨绝人寰的变乱发生在永嘉年间，所以历史上称之为“永嘉之乱”。

永嘉之乱后，晋怀帝被刘曜作为战利品送到了匈奴汉国的都城平阳。永嘉七年（313）的春节，刘聪在都城平阳的光极殿大会群臣，他命令晋怀帝身穿奴仆的青色衣服，在酒席上为匈奴汉国的大臣们斟酒。当时座上的庾珉、王俊等西晋旧臣看到这种场面，痛哭流涕。刘聪命令甲士将参加宴会的庾珉等十多名西晋旧臣拉出去斩首，然后又用一杯毒酒鸩杀了晋怀帝。在晋怀帝被俘后，西晋的官员们又在长安另立晋怀帝的侄子司马邺为帝，是为晋愍帝。316年，刘曜率军攻占长安，晋愍帝出降，西晋亡。

历史断面

竹林七贤

因为政治黑暗，统治阶级内部倾轧严重，魏晋时期的文人士大夫思想非常矛盾。他们虽追求隐逸，不谈政治，释放自我，但是却耐不住对现实社会的不满，文字之间无不流露着对专制主义政权的反抗。他们寄情于山林河川之中，却抱负于文章学问之间，在对现实的批判和讥讽中描绘着自己的人生社会理想……其中的代表人物就是嵇康、阮籍、山涛、向秀、刘伶、阮咸、王戎七人，他们以清流自居，常置酒竹林，谈天说地，藐视一切，时人称为“竹林七贤”，是所谓魏晋名士风度的典型代表。

关键词：五胡十六国

十六国纷争与东晋的偏安

■ 317年～420年

在西晋濒危尤其是灭亡后，匈奴、鲜卑、羯、氐、羌等少数民族先后在北方建立起了近20个民族政权。他们之间战乱不断，政权更替非常频繁，社会动荡不安……与北方不同，此时的南方地区，西晋宗室司马睿在世家大族的支持下建立起了新的汉族政权，南方的历史进入了偏安的东晋时期。北方大批人口的南迁，客观上为南方的发展注入了新的活力，带去了先进的生产技术，南方在这一时期得到了进一步的开发。

∨ 弓箭、箭袋·东晋

弓作为远射兵器，在中国古代曾被各民族的武装力量广泛使用，甚至有“军器三十有六,而弓称首；武艺一十有八，而弓为第一”之说。

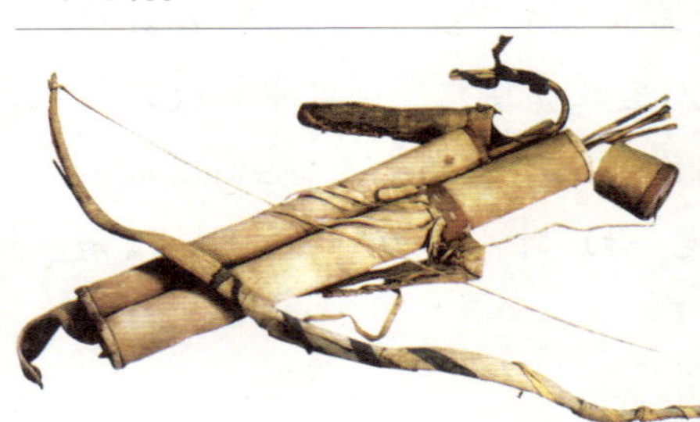

五胡十六国

东汉末年以来内迁的少数民族主要有匈奴、鲜卑、羯、氐、羌等，历史上泛称为“五胡”。他们从北方草原进入农耕地区之后，散居于华北和西北广大地区，这些少数民族社会发展程度虽然参差不齐，但是在汉族先进文化的影响下，他们也逐渐由游牧转向农业定居，胡、汉文化相互影响渗透。但民族文化的交融并没有消除民族间的矛盾，胡、汉上层对下层人民的压迫激起了境内各民族的反抗，而各族上层人物则利用本族人民，壮大了实力，加强了割据，在动荡不安的政治纷争中积蓄力量，于是西晋濒危与灭亡之后，北方地区相继建立了一系列少数民族政权。

像弘茂王

^ 王导像

王导（276—339），字茂弘，琅琊（今山东临沂）人，东晋时期著名的政治家、书法家，历仕晋元帝、明帝和成帝三朝，是东晋政权的奠基人之一。

其中建立最早的是氐族人李特、李雄父子创建的成汉政权和匈奴人刘渊、刘聪父子建立的汉（前赵）政权。李氏父子是西晋末年略阳（今属陕西）百姓向巴蜀地区流徙时的流民领袖。李特等率领流民进入巴蜀之后，因晋廷逼迫流民迁回原籍、镇压流民而与朝廷发生冲突，于是李氏父子前赴后继开展了反抗晋廷压迫的斗争，最终于西晋太安二年（303）十二月，李雄逐走益州刺史罗尚，攻下成都，建立了成汉政权。刘渊则为匈奴南单于的后裔，八王之乱时，刘渊受匈奴贵族拥戴，称大单于，并于晋永嘉二年（308）改称皇帝，建都平阳（今山西临汾），以汉为国号。

^鸭形玻璃注·东晋

1965年9月北票县西官营子北燕冯素弗墓出土。淡绿色玻璃制品。体横长，鸭形，口如鸭嘴状，长颈鼓腹，拖一细长尾，尾尖微残。背上以玻璃条粘出一对雏鸭式的三角形翅膀，腹下两侧各粘一段波状的折线纹以拟双足，腹底贴一平正的饼状圆玻璃。此器重心在前，只有腹部充水至半时，因后身加重，才得放稳。现藏于辽宁省博物馆。

自从氐族人李雄和匈奴人刘渊分别建立政权开始，到北魏太延五年（439）灭北凉的136年间，各少数民族先后在北部和西南地区建立了很多民族割据政权，习惯上称之为十六国。而以晋太元八年（383）东晋和前秦的淝水（今安徽寿县东南）之战为界，十六国的建立过程可以分前后两个时期：此前建立的政权有汉（前赵）、成（成汉）、后赵（魏）、前燕、前秦、后燕、后秦、西秦、后凉、南凉、南燕、西凉、北凉、北燕、夏等国。此外还有前期鲜卑拓跋部建立的代和冉闵建立的魏，以及后期建立的西燕政权还不算在十六国之内。

这个时期的北方，各族之间征服与被征服、统治与被统治的关系经常变换，民族压迫与反压迫的斗争反复进行。长期的动乱，统治者的狂暴屠杀和劫掠，漫无休止的劳役，给各族人民带来深重灾难。一个政权刚刚建立，另一个政权又要取而代之。这种频繁的权力更替和转移，使人民的生活十分痛苦，生产极不安定。

偏安的东晋

西晋末年，许多北方汉人不堪忍受长期不断的战乱带来的痛苦，纷纷举族迁往南方。317年，逃到南方的官僚、贵族、大地主们，联系江南的大地主，拥戴晋朝皇族司马睿建立政权，建都建康（今江苏南京），年号建武，史称东晋，由此司马氏保有江南半壁。司马睿能建立东晋王朝，一方面是因为占有江南地区的优越地理条件和经济优势，另一方面是他得到了南迁的北方士族、豪强以及南方世家大族的鼎力支持。由于东晋的建立深受世家大族的支持，因此士族特权制度在东晋进一步制度化，西晋时还有人竭力反对“上品无寒门，下品无士族”的情况，但这在东晋则已成为理所当然的事，史称“凡厥衣冠，莫非二品。自此以还，遂成卑庶”。

从某种意义上来说，东晋也是一个流亡政权，它不仅以流亡江南的世家大族为政治基础，也以流亡到南方的大批普通群众为经济基础和武力支持。由于士族把持朝政，权势过于强大，所以中央皇权就显得比较单薄虚弱，形成“主威不树，臣道专行”的门阀政治局面。但是由于大批北方普通劳动人民也迁徙到了南方，他们掌握着北方社会先进的生产方法，这种先进的生产力与南方湿润温暖的优良气候条件相结合，对南方经济的发展和边疆的开发作出了很大贡献。社会生产的发展也有力地保证了东晋社会的物质需求，因此东晋也是南方社会发展史上一个重要的历史阶段。

淝水之战

北方少数民族在相互的攻伐和兼并中，出现了几个实力强大的政权，使北方逐渐出现了统一的趋势。而且这些政权也有着长远的政治目标，渴望着统一北方，并继续南下，征服东晋。

318年，汉刘聪死后，皇位被刘曜夺去。刘曜迁都长安，改国号为赵，史称前赵。与此同时，前赵石勒乘刘聪死后的内乱之机迅速占领了平阳、洛阳一带，定都襄国（今河北邢台），自称赵王，与刘曜政权东西相峙，史称后赵。双方立国不久，就展开了你争我夺的拉锯战。329年，石勒终于战胜了刘曜，使西起关陇、东接辽西的黄河中下游广大地区归到了自己统治之下，形成了北方部分地区一统的局面。但不久之后，鲜卑慕容氏就于342年在龙城（今辽宁朝阳）建立了前燕政权。曾为前赵将领的氐族人苻洪、苻健父子，也乘后赵政权内部之乱自立，于351年以长安为中心建立了前秦政权。苻健死后传位于其子苻生，但由于符生昏庸无为，苻健的侄子苻坚于357年杀掉苻生，取而代之。苻坚聪明好学、博学多才，是一位很能干的君主。他登基之后先后灭掉了前燕、前凉，实现了北方的统一。

南征东晋、统一全国是苻坚由来已久的愿望，统一北方之后他的愿望更加强烈了。而东晋的南迁士族们也时刻不忘举兵北伐，收复家园，因此双方之间注定要发生一场交锋。前秦建元十九年（383）八月，苻坚首先开始大规模南征，发动了历史上有名的淝水之战。此战前秦军队号称有百万之众（实际为87万），史称“前后千里，旗鼓相望”，苻坚自恃志在必得。然而东晋实力也不可小觑，东晋有一支精干强大的北府兵，更主要的是东晋当政的大臣谢安宽容大度，富有谋略，在他的努力下，握有东晋军政大权的桓、谢两家也由明争暗斗转为携手合作。淝水之战开始后，苻坚军队紧靠着淝水西岸布阵，而以谢石、谢玄为首的晋军则驻兵东岸，与前秦军隔水相峙。战争一开始，谢玄便以前秦军置阵过前、不利速战为由要求前秦大将苻融稍稍撤退。苻融接受了这一建议，晋军利用前秦军后移混乱之机给了他们当头一棒，杀死了苻融。随后谢玄又派人在前秦军后方大喊“秦军败了”，使前秦军大乱，全线崩溃，而晋军则乘胜追击，最终取得了胜利。

东晋灭亡

淝水之战中，东晋以少胜多，取得了决定性的胜利，东晋军队乘机收复了一些失地，使疆域版图达到了东晋立国之后最大的时期。谢安作为当政者和实际指挥者屡受褒奖，谢氏子弟也因率军征战而获得殊荣。但是谢氏家族不断壮大的权势却引起了皇室的猜忌和疑虑。谢安死后，东晋孝武帝以其弟会稽王司马道子执掌朝政，替代了谢氏家族。

司马道子才智平平，毫无大略，但他专擅朝政，势顷天下，史称“蓬首昏目，政事多阙”。其掌权期间政治腐败，用度奢侈，生活腐化，人民怨声载道。司马道子晚年嗜酒成瘾，整日酩酊大醉，其子元显乘他酒醉之时联合朝廷大臣免除了道子司徒、扬州刺史之职，自为扬州刺史，掌控大权。元显性格苛刻残忍，刚愎自用，他为了建立一支自己的军队而强征私家奴为兵，因而激化了社会矛盾。一直以来，偏安的东晋政权致力于笼络世家大族以维护统治，对普通民众生活关心较少，而流落南方的民众则大多投到豪强门下为奴，因此阶级压迫很深。元显免奴为客、征集私兵的做法虽然名义上提高了“奴”的地位，实际上是剥夺了他们生活的依据，因而立即引发了三吴地区的骚乱。世奉五斗米道的琅琊人孙恩，就借这个机会发动了农民起义，反抗东晋政权统治下的阶级压迫。孙恩起义虽然最后以失败告终，但它给日渐腐败的东晋政权发出了警示。

> 褐斑青瓷盆·东晋

此盆圆口，宽唇外折，浅腹，底略凹。唇上有对称的褐色斑点8个，腹有弦纹3道，施青色釉，近底处无釉露胎。胎质坚硬，釉色均匀，有细小的冰裂纹，纹饰简朴，造型优美。

洛神赋第一卷

在东晋政权忙于镇压孙恩起义的时候，统治者内部争权夺利的斗争也异常激烈地展开了。原大司马桓温之子桓玄，一直对元显心存不满，因此他借孙恩起义之机将江、荆、雍三州全部控制在自己手中，寻机取代摇摇欲坠的东晋政权。孙恩起义被镇压之后，司马元显以晋安帝司马德宗的名义下诏谴责和讨伐桓玄，桓玄也传檄四方，起兵反抗。由于桓玄收买了北府兵主帅刘牢之，后者临阵倒戈，导致元显阵前被俘，桓玄顺利地进驻建康（今江苏南京），处死了元显，掌控了大权。403年，桓玄废黜晋恭帝司马德文，自立为帝，建国号为楚。此后桓玄虽然重用了一些受司马氏排挤的世族势力，但他同时又因为忌惮北府兵的军事实力，大肆杀戮北府将领，刘牢之、孙无终等北府宿将相继被杀，因此埋下了北府兵余部进行反扑的种子。

< 洛神赋图（宋摹本）·东晋·顾恺之

这幅流传千古的《洛神赋图》是东晋画家顾恺之根据三国时代文学家曹植的名篇《洛神赋》所绘，其中最感人的一段描绘了曹植与洛神相逢，但是洛神却无奈离去的情景。现在流传于世的《洛神赋图》有四件摹本，北京故宫博物院两件、美国弗利尔塞克勒美术馆和辽宁省博物馆各一件。

关键词：元嘉北伐

北魏崛起和刘宋的建立

▪ 398年～420年

淝水之战是十六国时期北方形势的一个转折点，战败后的前秦政权迅速瓦解，北方又恢复了民族政权争斗不息的混乱局面。拓跋鲜卑建立的北魏政权在混战中逐渐崛起，不仅统一了北方，还不断推动北方民族融合的进程。反观南方，东晋司马氏政权被权臣一度取代。但桓玄篡权之后打击北府官兵之举却极不明智，不久桓玄政权就被东山再起的北府兵将领推翻，刘裕由此踏上了帝王之路。北魏与刘宋南北对峙，相互攻伐。

北方的分裂

淝水之战败后，苻坚铩羽而归，百万大军也四处逃逸，回到洛阳时只剩下了十多万人。军事上的惨败给前秦统治以毁灭性的打击，北方地区本是少数民族政权林立、民族间互相攻伐，前秦的统一主要是依靠强大的军事力量，没有了强大的军事力量做保障，北方的统一也就难以维持了。前秦南下作战之前，曾强行从各民族中征兵，引起了各民族的不满。战争失败后，原来被秦征服的各族贵族，都乘机起来谋求恢复他们的政治势力。因此，不久之后，各种民族政权又纷纷宣告独立，北方地区再次陷入了分裂割据。

> 彩绘陶骑马鼓吹俑・北魏

马站立在长方形底板上，马头饰辔头，背有鞍具和障泥，尾套鞦系。马背上骑一俑，头戴笼冠，身穿红色左衽宽袖短袍，腰系带，下着缚绔。左手持鼓，右手持鼓槌作击鼓状。此俑高鼻深目，明显是鲜卑民族的形象。现藏于美国普林斯顿大学艺术博物馆。

与淝水之战以前的情况不同的是，北方地区初期的分裂主要是匈奴等少数民族首领利用少数民族反抗汉族统治阶级的民族歧视政策和民族压迫的情绪而发展壮大，并最终建立了与汉族政权相对立的民族政权；但在淝水之战后，北方各少数民族都已经有了一定的发展，东晋汉族政权则偏安于南方，因此各少数民族之间的对立征战和政权更替成为北方局势发展的主要表现。

这一期间，每一个具有相对独立的少数民族都寻机建立起自己的政权，甚至同一民族不同支派或者历史渊源相近的民族也纷纷建立了自己的政权。比如鲜卑族慕容部就先后建立了后燕、西燕、南燕、北燕等政权，其中西燕与后燕互相对抗，鲜卑族其他各部还建立有西秦、南凉等政权；同属匈奴后裔的沮渠蒙逊和赫连勃勃分别建立起北凉及夏政权。此外，还有羌族姚氏建立的后秦政权、氐人吕光建立的后凉政权以及汉人李氏建立的西凉政权等。由于各民族政权之间的相互仇杀，时而分裂、时而合并，权力更替非常频繁，因而这一时期民族迁徙与融合也达到了一个高峰。当然，严重的分裂对峙也造成了力量的分散，因而当另外一个强大的新兴力量——鲜卑拓跋部突然袭来的时候，所有这些政权便一个个倒在了拓跋部骑兵的马蹄下。

北魏的建立及汉化

正当北方各少数民族互相攻伐、政权走马灯一般更替的时候，淝水之战前被前秦苻坚消灭的鲜卑拓跋部建立的代国，也在其建立者什翼犍之孙拓跋珪的努力下复起。晋太元十一年（386），拓跋珪纠合旧部，在牛川（今内蒙古锡拉木林河）召开部落大会，即代王位，复兴了代国。在此之后，拓跋珪一方面积极与其他族群和政权进行联盟，另一方面加强内部治理，以增强自己的实力，因而得以迅速强大起来。晋隆安二年（398）六月，根据汉族士人崔宏的意见，拓跋珪正式改国号为“魏”，并定都平城（今山西大同），同时在礼仪制度上进行改革，正式建立了宫室、宗庙、社稷等国家建制。十二月，拓跋珪正式称帝，建立了北魏政权。

北魏建立之初，北方有柔然建立的强大的草原帝国，不时地南下侵犯，威胁其统治。南方刘裕建立的宋政权也开始越黄河入关中，向北拓展疆域。继拓跋珪、拓跋嗣之后，拓跋焘于始光元年（424）八月继位。拓跋焘在位期间曾对柔然发动过多次大规模进攻，最终解除了北魏的后顾之忧。与此同时，北魏政权也相继吞并了北方其他的少数民族政权，最终完成了北方地区的统一。

一直以来，北魏的统治中心在北方草原地区，尤其是为了对付柔然的侵扰，更注重对阴山南北地区的控制，过着传统的游牧生活，经济来源主要依靠大规模狩猎和对其他游牧民族的劫掠。史称北魏前期的统治是“修其教不改其俗，齐其政不易其宜，纳其方贡以充仓廪，收其货物以实库藏”。这种情况无疑不利于北魏在北方汉族地区的长足发展。于是在军事征战的同时，拓跋焘也非常重视文治教化，他先后设置太学，供奉孔子等人，以儒家学说教育贵族子弟，在官制设置上也学习汉族政权做了一些调整。他还将年号改为“太平真君”，表示以复兴儒家教化的太平真君自居，这些措施无疑拉近了与汉民族的关系。

拓跋焘之后，北魏政权内部围绕政权继承人问题发生了一系列争斗，最终文明太后冯氏取得了胜利，以其五岁的孙子拓跋宏继位，而冯氏临朝听政，实权在握。冯氏崇尚中原儒家汉文化。北魏政治中心早已南移到了平城一带。冯太后指导魏文帝在北方实行了均田制、新租调制、三长制等措施，对朝廷礼仪和社会风俗等也做了一系列的改革。这些为此后孝文帝南迁洛阳之后实施大规模的汉化措施奠定了基础。太和十四年（490），冯太后去世，孝文帝得以亲政掌权，此后他沿着既定的汉化改革路径，先适应形势发展需要迁都洛阳，并在洛阳进行了全方位的汉化改革，使北魏政权从政治制度、经济基础上完全实现了汉化，十六国以来北方民族融合进程达到前所未有的高度。

^ 浮雕《孝文帝礼佛图》·北魏

浮雕以孝文帝为中心，形成前簇后拥的礼佛行进队列。画面构图严谨，错落有致且和谐统一，形象地展示了北魏皇室贵族崇尚佛教，列队礼佛的恢宏场面，是北魏社会宗教生活的生动再现，更是佛教造像汉化的代表之作，是当之无愧的国宝。现藏于美国纽约大都会艺术博物馆。

刘裕建宋

经过频繁的内乱与夺权斗争，南方的政局也发生了许多变动。桓玄在依靠北府兵取代了司马氏政权之后，自己却对北府兵心存疑忌，因此先后惩除了一些北府兵将领，并解散了北府兵。桓玄此举激起了北府兵将帅的愤怒，因此刘裕等北府军中级军官开始密谋反击桓玄。经过一番激烈的对抗，桓玄终于抵不过东山再起、实力尚存的北府兵，兵败逃回老巢江陵，从此在东晋政治活动中消失了。

刘裕作为北府兵将领，曾在镇压孙恩起义中表现英勇，屡建奇功。义熙元年（405）三月，他与其他北府兵将领一起将晋安帝迎回建康，使其再登帝位，而刘裕自己身兼侍中、车骑将军、都督中外诸军事、徐兖二州刺史等职。不久之后他又升任扬州刺史兼任尚书，东晋政权实质上落入了刘裕手中。刘裕大权在握之后，先后消灭了北方的南燕，击溃了孙恩起义的余部卢循的武装，基本上解除了足以对他形成威胁的外部力量。接着他又升任太尉、中书监，开始着手解决统治阵营内部对他有所制约的其他力量，并着力培植自己的党羽，谋划篡权自立。一切准备就绪之后，他于义熙十四年（418）十二月，授命心腹绞杀了晋安帝司马德宗，另立安帝之弟司马德文，刘裕自己则进封宋王。元熙二年（420）六月，刘裕到达建康，以“禅让”的名义攫得了政权，立国号为宋，偏安一隅的东晋政权宣告寿终正寝。

宋武帝刘裕像・清

刘裕字德舆，小名寄奴，南北朝时期宋朝的建立者，史称宋武帝。

刘裕出身于贫寒之家，从小就尝尽了生活的苦难，因此他即位之后采取了很多减轻人民负担的措施，多次下诏减免赋税。同时刘裕还减轻刑罚，把东晋以来苛重的刑罚下调，废止了一些惨无人道的酷刑。每当遇到灾荒的年景，刘裕还命令各州县赈济百姓，禁止豪强封固山泽。刘裕征战一生，积劳成疾，当了皇帝没两年就去世了。刘裕的儿子宋文帝刘义隆延续了父亲与民休息的政策，使南朝出现了政治清明、人民安康的“元嘉之治”。

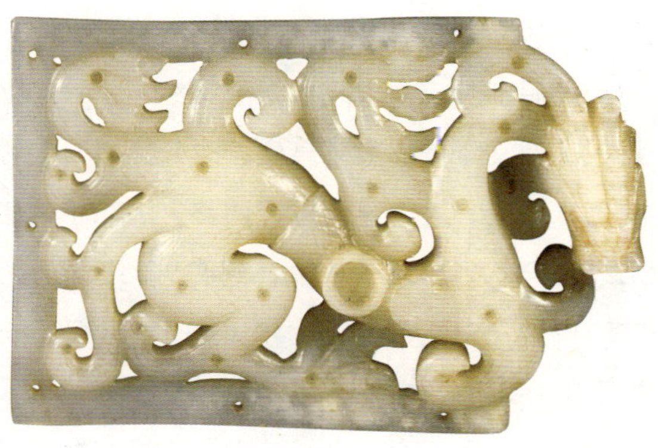

^ 龙纹玉鲜卑头·南朝宋

鲜卑头，即胡语所言的带钩或带扣。这是一件衮服上的玉带头，形状为一条透雕盘曲的龙，背面刻有两行铭文“庚午，御府造白玉衮带鲜卑头，其年十二月丙辰就，用工七百”“将臣范许、奉车都尉臣程泾、令奉车都尉关内侯臣张余”。记录了制作时间、制作机构、器物名称、用工人数、监造者姓名等非常有价值的内容。从中可知这是南朝宋文帝元嘉七年所制的御用之器物。

对峙中的政权更替

刘裕建立刘宋政权的时候，北方的拓跋氏还没有完成统一，北方黄河流域处于北魏、北燕、夏、西秦及北凉等五个民族政权并立争雄的时期。因而刘裕政权继续加强了北伐，加紧扩张地盘，先后消灭了慕容鲜卑南燕及羌族后秦政权，东边以黄河为界，与正在汉化的北魏形成了对峙局面；在西边则消灭了蜀，占据着汉中，有效地遏止着关陇各族政权南下侵犯，南北对峙的局面至此完全定型了。

宋武帝永初三年（422）五月，刘裕病死，当时北魏当政者拓跋嗣听说后借机率兵大举南下，攻伐一年有余，宋先后失掉了司、豫、兖等州，洛阳、虎牢（今河南荥阳汜水镇）、滑台（今河南滑县东）等地皆为魏占领。此后不久，刘宋政权内部又经历了一场激烈的争权斗争，最终刘裕的第三子刘义隆被推上了皇位，改元元嘉，史称宋文帝。刘义隆继续施行休养生息政策，对内继续进行调整，消除了内患，稳定了局势。而北魏政权则经过一系列的统一战争，到439年终于消灭北凉统一了北方。此间，刘宋政权曾在宋文帝元嘉七年（430）组织了一次大规模的北伐，准备从北魏手中夺走河南之地，但因为将领指挥无能、战争准备不充分，最终以失败告终。此后，南北之间二十多年没有发生过大规模的战争，但是双方依然有南征北伐的打算。450年，北魏太武帝拓跋焘率大军南征，宋魏双方再次交锋。由于国家实力、战争准备均不如北魏，刘宋军队损失惨重，而北魏大军也在小城瓜步（今江苏南京六合区）遭到刘宋军队的顽强抵抗，被迫撤军北返。瓜步之战后，南北双方很少再有战事。

历史断面

郦道元与《水经注》

郦道元（472—527），字善长，北魏范阳（今河北涿州）人。三国时的桑钦曾写《水经》一书，记载当时主要的137条水道，共一万多字。郦道元在这一万多字的原著基础上，写成了一部共有40卷、30万字的鸿篇巨制，所记载的河流达到了1252条，所以此书名为注释《水经》。《水经注》一书除了水文地理以外，全书对沙漠、山脉、丘陵、火山、温泉、喀斯特地貌、溶洞、峡谷等自然地理情况，也有丰富的记载。此书相当于北魏以前中国古代地理的总结，是代表公元6世纪初中国最系统、最全面的综合性地理著作。

关键词：南朝更替 / 侯景之乱

南朝的兴替与衰亡

▪ 420年～589年

刘裕建宋之后，南方先后经历了刘宋、南齐、萧梁和陈四个政权的更迭，其中刘宋（420～479）是其中疆域最大、实力最强、统治年代最长的一个政权，南齐（479～502）国祚短暂，只有23年，但由于争杀频繁，竟历三代七帝，平均三年一帝，是中国历史上帝王更换极快的一朝。梁朝（502～557）历三代四帝，其中武帝萧衍个人享国时间最久，几近半个世纪。陈（557～589）首尾凡33年，历三代五帝。历史上把宋、齐、梁、陈这南方四朝称之为南朝。

宋亡齐替

刘宋元嘉二十九年（452），宋文帝刘义隆死于太子刘邵发动的宫廷政变。不久，文帝第三子刘骏又发动兵变，

> 龙凤形玉佩 · 南北朝

玉佩为青玉制成，上部雕刻有龙首和凤鸟，制作精美，雕工细致。

杀死刘劭，自立为帝，是为孝武帝。孝武帝自觉得位不正，在位期间大肆屠戮宗室子弟，血雨腥风笼罩着刘宋朝廷。孝武帝去世后，其子前废帝刘子业登上帝位。刘子业是南北朝时期少有的昏君，他不但滥杀刘氏王族，对待百姓和身边的大臣、近侍也极为暴虐，对其忍无可忍的始安王刘休仁、湘东王刘彧收买其亲信寿寂之、姜产之等11人杀死了暴虐的前废帝，随后刘彧被众人拥戴为帝，是为宋明帝。明帝的皇位来得同样不光明正大，所以他上台后先处死了自己的同谋、始安王刘休仁，然后继续在王族中大开杀戒，孝武帝刘骏的28子几乎被其杀光。泰豫元年（472），宋明帝病死，年仅十岁的太子刘昱即位，也就是历史上的后废帝。后废帝更是天性好杀，身边常带着针、凿、锯，只要左右侍从稍不如他意，他就要加以残杀，一天不杀人就怏怏不乐，皇太后王氏曾教训他几次，后废帝就打算将其毒杀；重臣萧道成的肚子甚至被后废帝当成箭靶，练习射箭……477年，作恶多端的后废帝刘昱被近侍杀死，刘宋朝廷的军政大权落入了萧道成的手中。

^ 萧道成像・清

齐高帝萧道成是一个围棋爱好者，史载他与直阁将军周覆下棋时打算悔棋，周覆居然抓住萧道成的手不许他悔棋，萧道成也能从容默许，所以得到了“弘厚”的评价。此外，萧道成还亲自撰写围棋著作，曾有《齐高棋图》二卷问世，是史载首位亲自著作围棋书的皇帝。

萧道成（427—482），字绍伯，小名斗将，祖居东海兰陵（今山东枣庄峄城东），高祖于东晋初迁至侨郡兰陵（今江苏常州西北）。十三岁的萧道成拜当时的名儒雷次宗为师，学习《左氏春秋》《礼》等儒家经典。元嘉十九年（442），竟陵（今湖北天门）的蛮夷造反，萧道成领一支偏师讨伐，彻底平定了叛乱。到宋明帝刘彧夺位称帝时，萧道成已经是刘宋有数的名将，猜疑心极重的明帝开始怀疑萧道成有不臣之心。为了证实自己的猜测，明帝命令冠军将军吴喜率领三千骑兵，带着“御酒”，以赐酒为名赶赴萧道成的军营。这是明帝的一次试探，如果萧道成不敢喝酒，那就是心中有鬼，吴喜正好将其铲除；如果萧道成喝了酒，那就是忠心耿耿的大臣，也不用日夜提防。萧道成看透了明帝的打算，不但孤身一人出营迎接使者，还在圣旨宣读完毕后立刻喝光了“御酒”，吴喜如实地将情况回报了明帝，明帝这才放松了对萧道成的监视。刘宋元徽二年（474），后废帝刘昱即位不到两年，桂阳王刘休范起兵造反，时任平南将军的萧道成用诈降的办法骗取了刘休范的信任，然后趁其不备，砍下了刘休范的脑袋，镇压了叛乱。为了褒奖萧道成，刘宋朝廷封萧道成为中领军、南兖州刺史，留卫建康。

后废帝刘昱被杀后，萧道成掌握了实权，他先以王太后的名义下诏贬被杀的刘昱为苍梧王，然后迎立宋明帝的第三个儿子刘準为帝，是为宋顺帝。为了安抚萧道成，王太后特意以顺帝的名义下诏，封萧道成为司空、录尚书事、骠骑大将军。眼见萧道成独揽大权，有取宋而代之的野心，荆州刺史沈攸之和大臣袁粲打算里应外合，消灭萧道成。然而萧道成掌握的军事实力远远大于沈、袁二人，再加上袁粲的密友褚渊告密，沈攸之最终兵败自杀，袁粲父子也被萧道成部下杀死。当时建康的老百姓知道褚渊出卖朋友、袁粲父子死节的消息后，就到处传唱着：“可怜石头城，宁为袁粲死，不为褚渊生。”

^《历代帝王像》之梁武帝像·清·姚文瀚

梁武帝萧衍是南北朝时期少有的多才多艺的皇帝，既是博览群书的学者，又能指挥军队作战，他的政治、军事才能，在南朝诸帝中堪称翘楚，难怪史书称他“六艺备闲，棋登逸品，阴阳纬候，卜筮占决，并悉称善……草隶尺牍，骑射弓马，莫不奇妙”。

消灭了忠于刘宋的最后力量，萧道成终于决定另立新朝。刘宋昇明三年（479）四月，在位不到两年的宋顺帝被迫禅位给萧道成，萧道成正式称帝，是为齐高帝，改国号为齐，改元建元。

萧衍建梁

齐高帝即位后，对刘宋政权的衰亡进行了反思，认为大肆杀戮宗室是亡国的根本原因。因此他一再教育儿子萧赜，也就是之后的齐武帝要以刘宋为前车之鉴。齐武帝即位后，基本听从了齐高帝的意见，宗室得到了保全。然而等齐武帝病死后，萧道成的侄子萧鸾掌握了军国大权，连续废掉了武帝的两个孙子，自立为帝，是为齐明帝。靠武力夺权的齐明帝即位后又走上了刘宋的老路，大肆诛杀萧道成和萧赜的子孙，萧道成的十九个儿子、萧赜的二十三个儿子几乎被其杀绝。建武五年（498），齐明帝萧鸾病死，他临死前还不忘叮嘱儿子萧宝卷“做事勿在人后”，暗指对待有威胁的宗室、大臣尽管痛下杀戮，先下手为强。萧宝卷果真将明帝的话“发扬光大”，宰辅大臣、萧氏皇族，稍不如意，便加以杀戮，以致天怒人怨，不少大臣纷纷起兵叛乱。永元三年（501），南齐皇族、大臣萧衍在襄阳起兵，大举进攻建康。结果萧衍的军队还没打到建康城下，萧宝卷就被太监所杀，南齐的军政大权落入了萧衍手中。在萧衍的授意下，萧宝卷的帝号被剥夺，被追封为东昏侯。中兴二年（502）四月，萧衍逼迫他拥立的齐和帝萧宝融退位，萧衍正式称帝，改国号为梁，是为梁武帝。

梁武帝萧衍（464—549）出身南齐皇族，他的父亲萧顺之在萧道成建齐的过程中立下过不少的功劳。少年时代的萧衍多才多艺，南齐竟陵王萧子良开西邸，招文学之士，萧衍与名士沈约、谢朓、王融、萧琛、范云、任昉、陆倕并游于西邸，吟诗赋文，号称“八友”。到后来萧衍做了皇帝，虽然政务繁忙，可他仍然每天灯下读书直到深夜，曾钦令编写《通史》六百余卷，并亲自作赞序。萧衍还亲自起草朝廷的诏诰、赞、序等公文，合起来竟然有120卷。萧衍的棋艺也不错，其他方面如阴阳、卜筮、书法等无不擅长。

除了本人文采风流外，梁武帝治国之初也颇有善政。他注意调和士族和寒门之间的矛盾，在重用门阀中人的同时，也能选拔寒门子弟为官，为后者保留了一条上升的通道。对待皇族宗室和文武大臣方面，他也非常宽

历史断面

范缜与《神灭论》

范缜是南朝齐梁时期人，世居南乡舞阴（今河南泌阳西北）人。范缜聪颖好学，精通经术，先后在齐、梁两朝做官，任尚书殿中郎、尚书左丞等职。当时，梁武帝萧衍和竟陵王萧子良笃信佛教，朝野风靡。范缜心怀忧虑，苦苦思索人的生死因果，写出了无神论名著《神灭论》，提出“形神相即”和“形存则神存，形谢则神灭”的主张，以驳斥佛教三世轮回和因果报应说。《神灭论》代表了当时唯物主义思想的最高水平。

厚，甚至到了放纵的地步。萧衍的六弟萧宏贪污、搜刮了数千万钱，装满了三十余间仓库，萧衍亲往查看，发现是钱帛而不是造反用的兵器，就以称赞萧宏善于理财了事。萧衍的所作所为，在梁朝初年确实调和了统治阶级内部的矛盾。此外，梁武帝在位期间，梁与北魏也进行了不少大战，比如天监六年（507）的钟离之战和大通元年（527）的涡阳之战，梁军在名将韦叡和陈庆之的率领下都曾大败北魏军队，遏制了北魏南侵的势头，巩固了国内的统治，《梁书·武帝本纪》称其为“自魏晋以降，未或有焉”。

^ 青釉仰覆莲花尊·北齐

高63.6厘米，口径19.4厘米，足径20.2厘米。该尊器形硕大，做工精细，釉色湿润，是北齐瓷器中屈指可数的重器之一。现藏于中国国家博物馆。

侯景之乱

梁武帝早期勤于政事，还是有一番作为的，但是他晚年笃信佛道，成了一个虔诚的佛教徒。佛教影响皇帝，进而影响到整个梁朝国家和社会。当时梁武帝大建寺院，并数次舍身皇家寺庙同泰寺，表示要出家当和尚。普通八年（527），他首次舍身同泰寺，四天后还宫。两年之后，他再次舍身，群臣花了一亿钱才将他赎回。中大同元年（546），八十四岁的梁武帝想念同泰寺的佛祖，故技重施，群臣再次出钱，同泰寺又得钱二亿。第二年，他舍身的念头再次发作，在寺内待了三十七天才被群臣出一亿钱赎回。皇帝提倡佛教，朝中的王公大臣从风而动，他们也建造佛寺，有的干脆施舍出自己的住宅做佛寺，或者给佛寺大笔大笔的捐钱做功德。据说当时仅仅建康城内外就有寺院五百多所，僧尼达十万余人。梁朝境内如此多的佛寺和僧尼，占有大量的社会财富，却不负担国家的赋役，重担自然转移到平民百姓头上。更为致命的是，梁武帝晚年政治判断力下降，接纳了东魏大将侯景的投降，也正是这个反复无常的侯景，给南方百姓带来了一场深重的灾难。

侯景（503—552），字万景，北魏怀朔镇（今内蒙古固阳西南）鲜卑化羯人。北魏人民大起义时，他投靠了北魏权臣尔朱荣。后来尔朱荣被北魏孝庄帝杀死，他又投靠了建立东魏政权的高欢，一度统兵十万，专制河南。东魏武定五年（547），高欢病危，其子高澄准备除掉侯景。侯景自知不敌，就向南梁的萧衍求救，表示要以河南土地归附。利令智昏的梁武帝则把侯景当作自己的福将，把还没吃到嘴里的河南土地当作上天赐予的礼物，命令贞阳侯萧渊明率领十万大军去救援侯景。可这时的梁军再无名将指挥，不但被东魏军队打得大败　连武帝的侄儿萧渊明都被魏军俘虏，侯景只带了八百残兵逃到了梁的寿阳（今安徽寿县）。

侯景南逃到梁朝后，发现萧衍一天比一天冷淡，就伪造了一封东魏朝廷给梁武帝的外交信函，声称愿以萧渊明换取侯景。梁武帝被东魏打怕了，也没辨清信的真伪，就立刻回信说“贞阳旦至，侯景夕返”，意思是说东魏早上送回萧渊明，晚上就把侯景送给东魏。看到回信后，侯景暴跳如雷，决定起兵叛梁。梁太清二年（548），侯景在梁朝的前太子、临贺王萧正德的接应下，一举攻克建康。一百二十天后，皇宫所在的台城被攻破，梁武帝萧衍沦为阶下囚，不久忧愤饥病而死　终年八十六岁。彻底占领建康后，侯景下达了残忍的屠杀令，成千上万的梁朝人像蝼蚁一样死去。自孙吴以来经营了二百多年的建康由壮丽的大都会变成了废墟。侯景成为整个南方的噩梦。梁承圣元年（552）三月，江州

^《历代帝王图》之后主陈叔宝·唐·阎立本

刺史王僧辩、东扬州刺史陈霸先率军讨伐侯景。侯景知道自己的末日就要来临，率领数十人逃亡海上，最后被随行的部下羊鲲所杀。至此，历时近四年的侯景之乱才宣告结束。

南朝陈的兴与亡

侯景的叛乱给南方人民带来了一场浩劫，也给了枭雄们一个趁势而起的机会。梁朝大将陈霸先很好地利用了南方混乱的局面，最终建立了南朝中的陈王朝。

陈霸先（503—559），字兴国，吴郡长城（今浙江长兴）人，他从小就“倜傥有大志，读兵书，多武艺”，成年后因为平叛有功，受封直阁将军，封新安子、邑三百户。梁太清二年（548），梁朝爆发了侯景之乱。陈霸先带着麾下的三万精兵、二千艘战船与梁朝名将王僧辩的大军会合，共同讨伐侯景。平定侯景叛乱后，陈霸先先除掉了王僧辩，接着又逼迫其拥立的梁敬帝禅位给自己，建立了陈王朝。陈永定三年（559），仅仅做了三年皇帝的陈霸先在建康病逝。之后的陈文帝、陈宣帝着手消灭梁末大乱后南方兴起的一些割据势力，也曾出兵与北方的北齐、北周交战，但胜少负多，国家实力日渐衰落。等到了陈宣帝之子后主陈叔宝统治时期，苛捐杂税愈发繁重，百姓生活痛苦不堪，陈叔宝荒淫无道，为贵妃张丽华大兴土木建临春、结绮、望仙三座楼阁，继续空耗国力，国家败亡已经指日可待。

陈祯明二年（588），已经统一北方的隋文帝杨坚建造了大批战船，以晋王杨广、清河公杨素为元帅，贺若弼、韩擒虎为大将，率领五十万大军，分兵八路，渡过长江进攻陈朝。第二年，隋军攻入建康，陈叔宝被押往长安，陈朝亡。

历史断面

范晔与《后汉书》

范晔（398—446），字蔚宗，南朝宋著名的史学家、文学家。范晔任宣城太守时，曾博采魏晋以来各家关于东汉史实的著作，撰成《后汉书》纪传90卷，成为中国历史上著名的前四史（《史记》《汉书》《三国志》《后汉书》）中的最后一部。《后汉书》是一部纪传体断代史书，记载了东汉一代的历史。全书共120卷，本纪、列传部分为范晔撰写，志未作成，范晔因为卷入政治斗争被杀，后人将其补全。《后汉书》除了延续《史记》《汉书》的列传体例外，还新增了《党锢》《宦者》《文苑》《独行》《方术》《逸民》《列女》7种列传。这些列传既是新创，又反映了东汉的实际情况。

专题

门阀士族的衍生与衰落

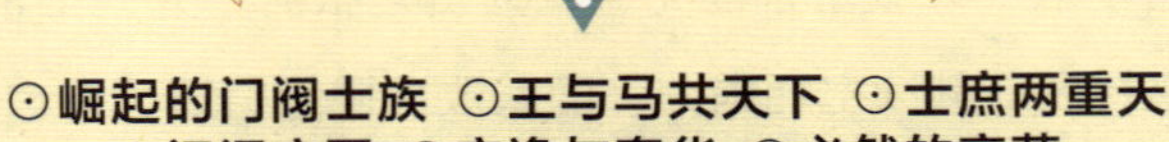

⊙崛起的门阀士族 ⊙王与马共天下 ⊙士庶两重天
⊙门阀庄园 ⊙安逸与奢华 ⊙必然的衰落

三国两晋南北朝时期的政治，除了政权更替频繁、政局混乱之外，还有一个突出的特征，就是地主阶级中崛起了一个特权阶层——门阀士族。他们通过其政治、经济特权，对这一时期的历史发展产生了重大影响，一度出现了门阀政治驾驭皇权的局面。他们是一个个讲究郡望、推崇门第、重视血统、标榜"婚宦"的家族群体，特权和地位世代相承，但随着历史的发展，他们的地位也因专制皇权的加强无可避免地走向了衰落，最终退出了历史舞台。但是，作为分裂政局中壮大起来的一个特殊阶层，他们与这段时期的历史紧密地联系在了一起……

崛起的门阀士族

门阀士族作为地主阶级中崛起的一个特权阶层，其萌生可以上溯到东汉。光武帝刘秀依靠地主阶级的支持，从王莽手中夺回了政权，建立了东汉政权。东汉建国之初，对开国功臣们的嘉奖和对地方豪强们的优遇，使得从东汉后期开始，出现了一些高门世家，他们有的世代位高权重，有的则世出名儒，多数在地方上一枝独秀。因此可以说，东汉虽然依靠豪强建立了政权，但同时也为后来地方政权割据争雄并最终取代汉统种下了祸根。

到了三国时期，曹魏代汉前夕推行九品中正制。这种制度将士人分为九

▸拜谒画像砖·南朝

画像砖，就是用拍印和模印方法制成的具有图像的砖瓦，其兴起于战国时期，兴盛于两汉和南北朝，是古代绘画和雕刻艺术高度结合的艺术品。

个等级，并作为选拔官吏的依据。曹魏代汉之后，将这种选官形式制度化，于郡设中正，州置大中正，负责品第士人。由于各级中正均由各地的豪门望族担任，它便逐渐成为世家大族垄断选举的工具。社会上逐渐出现了“上品无寒门，下品无士族”的奇怪境况。

“王与马共天下”

魏晋时代的政权更替过程中，门阀士族的作用不容忽视。曹魏政权被司马氏家族所取代，本身就是世家大族权力地位的真实写照。而司马睿偏安东南，建立东晋，并能维持近百年的统治，更是在很大程度上依靠了世家大族的支持。其中尤其是琅琊王氏中的王导、王敦兄弟在东晋的政治中扮演了重要的角色，史书有称，“王与马共天下”，说的就是琅琊王氏之权力和地位与皇室司马氏几乎没有差别，王导执掌朝政大权，联合南北士族，政由己出；而王敦则总掌兵权，专任征伐，逐渐形成了坐镇荆州、控制建康的局面。可见，“王与马共天下”真实地反映了东晋门阀政治的典型情况，并非夸大其词。

东晋的建立者虽然对王氏兄弟比较敬重，但是同时也在时刻警惕。因为面对那种王氏兄弟执掌军政大权、王姓官员遍布朝野的情况，司马氏政权受到了很大的威胁。因此司马睿曾一度起用他的心腹，企图削弱王氏的部分权力，并有疏远王氏之意，这就引起了王敦的军事叛乱。所以说，“王与马共天下”反映了王氏权势熏天的情况，但真正的“共天下”却是做不到的，旁落的皇权与门阀政治的博弈贯穿东晋始终。

士庶两重天

门阀士族作为地主阶级的一个特权阶层，开创了一种完全不同于以往地主阶级的生活方式。由于在经济方面享有很多特权，在政治上有着极高的地位，在文化上世代传承家学，引领风骚、名士辈出，因此他们在婚姻、生活习俗等方面都形成了自己的特色。

在政治上，曹魏开创的九品中正制为门阀士族的特权提供了政治上的保障，门阀士族可以很轻易地踏上仕途、迁升高位。在经济上，门阀士族按官品大小占有不同数量的土地和劳动人口，但他们并不向国家纳租服役；他们

《士族出行图》画像砖·南朝宋

画面上共有五人，左侧为主人，其余四人为仆从，人物造型具有南朝“秀骨清像”的特征。主人峨冠博带，手持麈尾，姿态特别，是典型的南朝门阀士族子弟形象。

▸铜鎏金狩猎人物图杯·南北朝

可以利用特权任意兼并土地、使大量的人口投奔到自己门下，从事大规模的庄园制经济，过着荒淫奢侈的生活。为了显示自己特殊的社会地位，士族向来自矜门第，不与“庶族”（即普通地主）为伍，不肯与之并坐，甚至不相往来。在婚姻上，士族为维护自己的声望与血统的优越，特别讲究门当户对，如王、谢两家便经常联姻。士族内不同等级间的联姻，也会受到其他士族的非难，导致声望下降，政治前途失色。在门阀士族这个特权阶层的垄断之下，庶族地主的生活，尤其是仕途晋升步履维艰。史书称地主阶级内部这种悬殊的差距为“士庶天隔”。

门阀庄园

魏晋南北朝时期，与门阀士族势力发展相对应的，是封建制庄园经济获得了充分发展。封建庄园制的发展既是东汉以来农业和手工业发展到一定阶段的表现，也是魏晋门阀士族经济特权的突出反映，是大地主进行土地扩张兼并与其经济特权相结合的产物。到魏晋南北朝时期，庄园制经济随着士族门阀政治的发展达到了高潮，这时的庄园经济遍布各地。由于长期的土地兼并，社会上出现了很多无业游民，他们为了生存，其中多数人只能依附于门阀士族，因而魏晋时期的庄园都有很多的依附民。随着依附民的增多，庄园的规模空前扩大，不仅包括传统的农业种植，还包括手工业作坊、满足庄园主日常生活的奢侈品生产等多种行业。这种庄园内部有较细致的分工协作，史称“车船贾贩，周于四方；废居积贮，满于都城”，庄园已经成为一种自给自足的封建自然经济体系。

安逸与奢华

魏晋时期的门阀士族在政治上掌控要职，因而可以为所欲为；在经济上享有各种特权，因而他们极其富庶，生活也极其奢华。据史书记载，当时的门阀士族一日三餐的饭菜花费达万钱以上，有的甚至一餐花费两万钱，还认为“无下箸处”。他们有富丽堂皇的豪宅，有山珍海味的餐饮，有华贵美丽的服饰，但依然贪得无厌，从不知足。当时的贵族官僚们互相夸豪斗富，蔚成风气。如西晋石崇与王恺斗富，就是展现当时门阀士族豪奢生活的一个侧面。到南北朝时期，门阀士族实力虽然开始衰落，但他们依然过着无比豪奢的生活。直到北魏后期仍是“帝族王侯、外戚公主，擅山海之富，居川林之饶，争修园宅，互相夸竞”。河间王元琛之豪富冠绝一时，无人能与之争雄，因此他常有“不恨我不见石崇，恨石崇不见我”的“豪语”。

由于上层社会崇尚犬马声色，因此在任人选才时也开始崇尚风貌，注重体态。他们不仅以门第品评人物，而且在门第之内开始讲求以貌取人。由于朝野注重风貌体态，因此达官贵人非常讲究穿衣打扮、美容修面，史称贵族子弟“无不熏衣剃面，傅粉施朱”。生活在淫逸中的门阀士族，手无缚鸡之力，不事劳作，甚至迈步行走都要靠奴仆扶持，是一个真正“四体不勤，五谷不分”的寄生阶层。

必然的衰落

门阀士族作为一个特权阶层的崛起，与魏晋时期的政治变动有着很大的关系。他们是当时社会动荡、政权频繁更替、权贵擅权自恣等一系列社会变动的产物。但是，只要当权者对他们的政治依赖有所削弱，他们的名望、声势和地位也必将随之下降。南朝皇权重振，启用寒人；北朝依靠鲜卑贵族，士族已无昔日权势。到南北朝后期，随着北方周武帝、南方梁武帝等一些比较有作为的皇帝励精图治的改革，一批批的寒门俊秀被选拔到了政治高层。梁武帝曾置五经博士，并规定“五馆生皆引寒门俊才，不限人数”，这就使得寒门士子有了进入仕途的资格和机会。此时的北朝，由于北魏门阀制度推行之初就没有给予他们过高的特权，而且北朝社会非常注重军功，因此人才也逐渐转向从庶族地主中选拔，形成了“士庶竞技”的局面。

总之，自南北朝后期起，门阀制度开始走向衰落了。士族在官吏选拔与任用上所享有的特权逐渐被削弱，而庶族在各级政权中所占的比例在逐渐增加，士庶之间的清浊之分逐渐淡化了。当门第不再作为一个选官优先权的标志的时候，门阀士族制度也就走到了尽头。隋朝建立之后，科举制的建立和逐渐完善完全取代了门第等级制度，门阀士族在隋唐时期逐渐退出了历史舞台。在中古历史上，门阀士族由兴而衰前后历时六百余年。

▾ 徐显秀墓壁画·北齐

关键词：武帝灭佛 / 府兵制

从两魏并立到北周灭齐

■ 534年～577年

和南方在复杂的政治斗争中经历了宋、齐、梁、陈四朝一样，此间北方的北魏政权也不安稳；先是因为政治腐败而激生了士兵起义和流民暴动，朝廷政纲不张，统治混乱；接着是权臣和军阀势力趁势而起，其中的代表人物就是尔朱荣、高欢和宇文泰。特别是后两人，他们各自掌控了一定的政治军事力量，分别拥立拓跋氏不同的后裔建立独立政权，北魏因而分裂为了东魏和西魏。但没有持续多久，东西魏两个政权便被实权掌控者高氏和宇文氏所取代，分别建立了北齐和北周，并且开始了更加激烈的对抗，最后结局是北周消灭了北齐。

两魏并立

孝文帝的改革与迁都促进了北魏社会经济的发展，洛阳逐渐成为北方最繁荣的商业城市。但经济发展创造的财富并没有让普通百

> 青釉舞蹈人物壶 · 北齐

姓获益，而是养肥了以鲜卑贵族为代表的官僚阶层。他们贪腐成风，卖官鬻爵，用搜刮来的民脂民膏过着奢侈无度的生活，常常一顿饭吃掉数万钱，家中蓄养的奴婢成千上万，社会矛盾也因此空前激化。到孝文帝的孙子、北魏孝明帝在位时，北魏各族多次发生大规模的人民起义。523年，北方六镇的下层士兵在破六韩拔陵的率领下起义，北魏朝廷多次镇压失败，最后只能邀请草原上的柔然部落助战，才将六镇起义镇压下去。526年，鲜卑人葛荣发动了河北农民起义，短短数月起义军就发展到百万之众，最后，还是地方军阀尔朱荣率军镇压，才击败了葛荣起义军。

^彩绘陶骑马武士俑·北魏

在北朝的北魏、西魏、东魏、北齐墓中都有这种铠马骑俑的出现，它真实地记录了少数民族内徙、汉化的进程和给中原带来的粗犷豪爽气息。

在频发的起义打击下，北魏的皇权名存实亡，朝廷大权落到了权臣尔朱荣的手中。528年，尔朱荣趁着孝明帝与其母胡太后发生权力争斗的机会，率领军队进入洛阳，大肆屠杀了北魏大臣两千余人，将胡太后及幼主沉入黄河淹死，史称河阴之变。然而尔朱荣大权独揽、威福自用的日子没过多久，就被他拥立的傀儡皇帝孝庄帝设计杀死，尔朱荣的侄子尔朱兆又率领大军攻入洛阳，杀死了孝庄帝，立献文帝之孙广陵王恭，是为节闵帝王。北魏的政治局势陷入了大混乱之中。

乱世往往给了野心勃勃的枭雄们“建功立业”的机会，北魏的乱局也成就了尔朱荣的两个部下——高欢和宇文泰。高欢（496—547），字贺六浑，渤海蓨县（今河北景县东）人，曾参加过葛荣的起义军，后来投靠了尔朱荣，受封为晋州刺史。尔朱荣被杀后，高欢骗取了尔朱兆的信任，出任冀州刺史，收编了葛荣起义军的余部二十余万人，实力飞速扩张。532年，高欢在韩陵（今河南安阳东北）以三万步兵击溃了尔朱氏的二十万联军，尔朱兆被迫上吊自杀，高欢开始掌握北魏政权。他另立宗室元修为帝，是为孝武帝。然而元修忍受不了高欢的飞扬跋扈，于534年逃离洛阳，投奔了镇守关中的实力派军阀宇文泰。宇文泰（507—556），字黑獭，代郡武川（今内蒙古武川西）人。宇文泰出身于北魏一个下级武官家庭，曾跟随父亲参加了北方六镇士兵起义。起义失败后，宇文泰被尔朱荣收编，后来因为战功卓越被封为关西大行台贺拔岳的左丞，成为贺拔岳的左右手。高欢控制北魏政权后，收买了贺拔岳手下将领将其杀害，宇文泰继承了贺拔岳部下的军队，占据关中地区，和高欢隐隐对峙。北魏永熙三年（534），孝武帝逃出了洛阳，投奔了宇文泰，并封宇文泰为大将军兼尚书令。元修出逃后，高欢另立元善见为帝，是为魏孝静帝，迁都邺城（今河北临漳县西、河南安阳市北郊），史称东魏；535年，宇文泰杀死了投奔他的元修，立元宝炬为帝，定都长安，史称西魏。就这样，原本统一的北方分裂为高欢控制的东魏政权和宇文泰控制的西魏政权，整个北方又进入分裂时期。

两魏五战

两魏并立之初，东魏的高欢集团在军事、经济、人口方面处于绝对优势，高欢就打算以泰山压顶之势消灭宇文泰，率先发动了进攻。

西魏大统二年（536），关中地区发生了大面积的旱灾，按照《资治通鉴》的记载是“人相食，死者什七八”。高欢趁着灾荒的机会，兵分三路，主力由将军窦泰率领攻取潼关（今陕西渭南潼关县北），其他两路为偏师策应。征战多年的宇文泰看穿了高欢的战术，他集中兵力突袭小关（潼关之左），用伏击的战术重创了窦泰率领的主力，窦泰兵败自杀。无奈的高欢只得下令撤军，这场小关之战以西魏胜利而结束。同年，宇文泰率领西魏军队进攻东魏的盘豆、桓农两郡，高欢率东魏大军迎战，两军在沙苑（今陕西大荔）展开会战。当时双方兵力相差悬殊，东魏军队号称二十万，而宇文泰的西魏军队不过万余人，但宇文泰采纳了部将李弼的建议，在离沙苑十里的渭曲沼泽地设伏，大败轻敌深入的东魏军队，斩杀东魏精锐士卒八万，缴获盔甲十八万件，西魏再次获得全胜。

> 鎏金银胡瓶·北周

这件银胡瓶是北周河西公李贤墓中的随葬精品，从瓶体的图案判断，应是通过丝绸之路传入的艺术品，是东西方文化交流的最好物证。

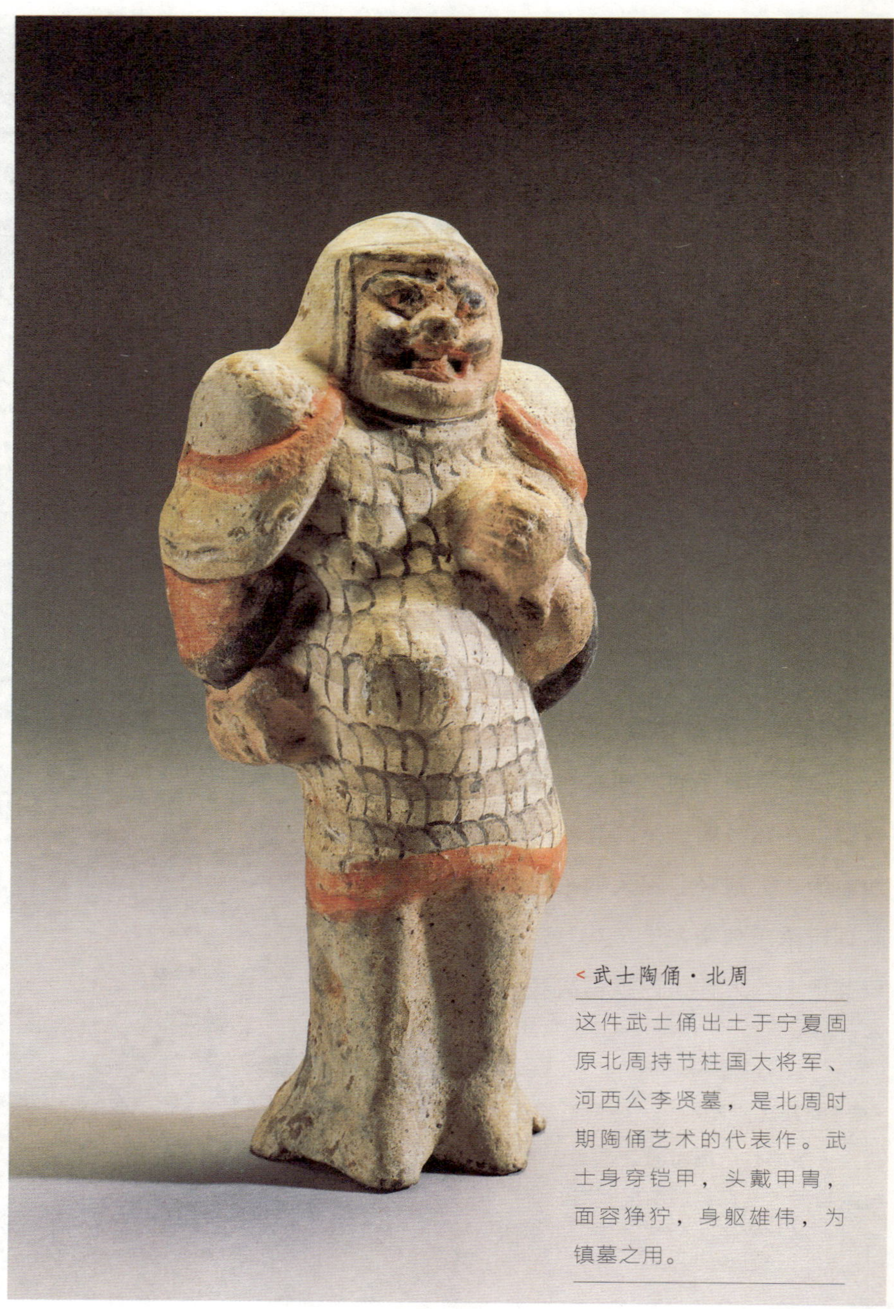

武士陶俑·北周

这件武士俑出土于宁夏固原北周持节柱国大将军、河西公李贤墓，是北周时期陶俑艺术的代表作。武士身穿铠甲，头戴甲胄，面容狰狞，身躯雄伟，为镇墓之用。

538年，西魏出动大军攻占了洛阳的金墉城，东魏大将侯景率部反击，双方在河桥（今河南孟州市西南）至邙山（今河南洛阳北）一带展开激战，互有胜负。不久，高欢亲自率领大军增援。这次史称河桥之战的战役，东魏再次损失数万将士，东魏第一勇将高敖曹也战死沙场，西魏也损失不小，宇文泰因此主动脱离了战场，双方算是打成平手。543年，东魏北豫州刺史高仲密以虎牢关投降西魏，东魏与西魏又发生了惨烈的邙山之战。高仲密投诚后，宇文泰和高欢都急忙调集人马向黄河进发，两军在邙山展开了激战。一开始东魏军出其不意地冲乱了西魏的军阵，高欢部下的悍将彭乐差点活捉宇文泰，只是贪图西魏军扔下的金银才让宇文泰逃出生天。可缓过气来的宇文泰发动反攻，高欢又被打得狼狈逃窜，差点被宇文泰的部将贺拔胜抓住。邙山之战，再次以东魏的失败而告终。546年，高欢率领大军对西魏的玉壁城（今山西稷山西南）发起了进攻。这场经典的古代攻防战让高欢吃尽了苦头，不管他使用挖地道、堆土山，还是不计伤亡的蚁附攻城，都被西魏守将韦孝宽一一化解。最后，东魏军苦苦攻打了玉壁城五十多天，战死和病死的士卒达七万余人，高欢实在是心力交瘁，只好撤军。玉壁之战，再次以西魏的胜利而告终。

东西魏之间的连年战争给北方人民带来了深重的灾难，原本兵力、土地、人口占优的东魏因为战场上连续失败，国家实力逐渐下降，原本相对弱小的西魏开始上升，双方的实力对比有了根本性的改变。

周齐立国

东西魏并立后，高欢集团和宇文泰集团实际上掌握了军政大权，代魏自立只是时间的问题。

547年，高欢病死，其长子高澄继承了父亲的权力和地位。两年后，高澄被厨子兰京杀死，其弟高洋迅速平定叛乱，继承兄职。550年，高洋

做了高欢、高澄没来得及做的事——让东魏孝静帝元善见将皇位禅让给自己，改国号为齐，史称北齐。在西魏方面，556年，宇文泰病死，他临死前效仿周武王托孤周公旦的故事，将军政大权交给了自己的侄儿宇文护，希望宇文护好好辅佐其十五岁的三子宇文觉。当年十二月，宇文护逼迫西魏恭帝元廓禅让给宇文觉，改国号为周，是为北周。

尽管北周、北齐各自立国不久，残酷的内部政治斗争却异常激烈，丝毫不亚于王朝更迭频繁的南朝。齐文宣帝高洋死后，他的弟弟高演、高湛联手发动政变，废掉了高洋的儿子高殷，高演即位称帝。后来高演病重，高湛也准备武力夺权，但因为高演最终决定将皇位传给他而作罢。高湛的儿子后主高纬即位后，大肆杀戮功臣，兰陵王高长恭、大将军斛律光相继被他杀害。北周政权这边，宇文护以周公自居，野心逐渐不可遏制。宇文护先后毒杀了周闵帝宇文觉、周明帝宇文毓两任皇帝，另立宇文泰的第四子宇文邕为帝。宇文泰昔日的部将赵贵、独孤信不满宇文护独揽大权，也被宇文护杀死。直到572年，周武帝宇文邕经过十二年的韬光养晦，才发动政变处死了宇文护，重掌朝政大权。

^ 壁画《狩猎图》（局部）· 北齐

齐、周两国都经历了残酷的内部斗争，但因为统治者执政水平和治国政策的不同，两国走上了完全不同的发展道路。北齐的高欢集团是依靠鲜卑军事贵族的支持起家的，所以一直奉行鲜卑贵族利益第一的民族压迫政策，汉族百姓和官员饱受欺辱，甚至被鲜卑人称为“一钱汉”（汉人的性命只值一文钱），因此国内民族矛盾极为尖锐。此外，北齐政权暴君迭出，腐败成风，比如高洋就以嗜酒、嗜血而著称；后主高纬宠信乳母陆令萱、奸臣和士开等人，公开卖官鬻爵。这种情况下原本国力强大的北齐日渐衰落，灭亡已经不可避免。反观北周政权，虽然同样有政治斗争，但几代统治者较好地执行了均田制和府兵制。均田制始行于北魏太和年间。该制规定由国家将部分国有土地、户绝田、罪没田及无主土地按人口与耕牛数分给农民耕作，有授有还；同时将土地所有者原有土地纳入均田制范围，进行统一登记，确认其权属关系，转让受到一定限制。府兵制是一种兵农合一的军事制度，府兵平时务农，农闲时操练，服役期内其租税劳役则一律免除。均田制促进了北周的经济发

^《历代帝王图》之周武帝像·唐·阎立本

周武帝宇文邕在位期间，诛杀权臣宇文护，摆脱鲜卑旧俗，整顿吏治，使北周政治清明，百姓生活安定，国势强盛。

展，府兵制则打破了胡汉的界限，增强了军队的战斗力。再加上北周在民族、吏治问题上处理得更为灵活得力，北周的经济、军事实力逐渐超过了北齐，整个北方的统一已经为期不远了。

雄才大略周武帝

572年，在北周都城长安的文安殿中，周武帝宇文邕亲手杀死了权臣宇文护，然后将宇文护朝廷内外的党羽一网打尽，北周政权再次回到了宇文泰嫡系子孙的手中。作为南北朝时期少有的英明君主，周武帝即位后实行了多方面的改革，比如释放奴婢、大规模灭佛等。北周政权也是依靠鲜卑贵族的军事力量建立的，保留着大量奴隶社会的陋习，其中就有将战俘作为豪强们的奴婢使用。周武帝掌权后，下令将历次同北齐、南梁作战时俘获的奴隶放免为自由民，这一举动加速了北周政权的封建化，削弱了地方豪强的势力，加强了君主的权威。北周武帝掌权之后，首先做的一件大事就是灭佛。南北朝时期，佛教空前发展，大批人口遁入空门，寺院也掌握了大量的耕地，集中了大批的财富，朝廷则失去了土地、征税的对象和稳定的兵源。周武帝强令僧众还俗，将寺庙产业收归国有，大大增加了国家的纳税人口，使国力逐渐增强，为日后消灭北齐奠定了基础。此外，周武帝还大力打击士族势力，改革军事制度，密切君主和军队的关系等。

通过政治、经济诸多方面的改革，周武帝做好了消灭北齐的准备。575年，周武帝下诏大举进攻北齐。尽管周军初战告捷，但在金镛城下遭到了齐军的顽强抵抗，周武帝也在作战中身患重病，不得不下令退兵回国。第二年，锲而不舍的周武帝再次率军进攻北齐。当年十月，周军攻克北齐重镇晋州，俘获北齐士兵八千人。十一月，北齐后主高纬率军反击，围攻北周平阳城（今山西临汾）。经过数天围攻，齐军本已占据主动，即将破城，但后主高纬为了让正在梳洗打扮的冯淑妃目睹破城的景象，命令军队暂缓进攻，让齐军士气大跌，未能一鼓作气攻破平阳城。不久，周武帝率八万大军为平阳解围，大败齐军。577年，周军攻破北齐都城邺城，高纬在逃亡中被俘，第二年被杀，北齐灭亡。北周灭齐，结束了北方近五十年的分裂战乱局面，统一了整个北方，为日后隋朝统一中国奠定了基础。

历史断面

贾思勰和《齐民要术》

贾思勰，山东青州（今山东寿平县）人，曾任高阳太守。《齐民要术》共10卷92篇，11万多字，内容极为丰富，涉及农、林、牧、副、渔等农业范畴，包括蔬菜和果树栽培技术，动物饲养技术和畜牧兽医，农副产品加工和烹饪技术。《齐民要术》系统总结了秦汉以来中国黄河流域的农业科学技术知识，为后世的农学著作提供了可以遵循的依据。该书不仅是中国现存最早和最完善的农学名著，也是世界农学史上最早的名著之一，对后世的农业生产有着深远的影响。

专题

丰富多彩的北朝石窟艺术

⊙莫高窟 ⊙龙门石窟 ⊙云冈石窟

两晋南北朝时期，北方的统治者大多喜欢利用宗教为其统治服务，因此大建寺庙、凿窟造像，从而使佛教石窟造像、绘画艺术达到了一个高潮。其中代表性的石窟主要有敦煌莫高窟、云冈石窟、龙门石窟等，它们融合了中国西北各族人民的才智和创造力，同时受到来自今印度，以及伊朗、希腊等国宗教艺术的影响和启迪，渗透了宗教的热情，又每每显示出世俗生活的某些情景，是研究东西方文化交流的重要资料。

▸莫高窟壁画

这幅壁画位于第217窟内，描绘了佛祖居住的极乐世界歌舞升平的场景。

莫高窟

莫高窟又名“千佛洞”，它与龙门石窟（河南洛阳）、云冈石窟（山西大同）、麦积山石窟（甘肃天水）并称为中国四大石窟。莫高窟开凿于前

▸ 敦煌莫高窟外景

莫高窟地处丝绸之路上的战略要点，它不仅是东西方贸易的中转站，还是宗教、文化、知识的交汇处。莫高窟的492个小石窟和洞穴庙宇，以其雕像和壁画闻名于世，展示了延续千年的佛教艺术。

秦建元二年（366），此后历代皆有兴建，至隋唐时开凿进入鼎盛时期。莫高窟的营建一直持续到元朝，元朝以后就停止了开凿，逐渐冷落荒废，鲜为人知。

莫高窟现存的700多个洞窟中保存有壁画、彩塑的有492个，有禅窟、殿堂窟、塔庙窟、穹隆顶窟等形制，还有一些佛塔。彩塑是莫高窟艺术的主体，有佛像、菩萨像、弟子像以及天王、金刚、力士、神等。彩塑形式丰富多彩，有圆塑、浮塑、影塑、善业塑等。最高的彩塑有34.5米，最小的则有10厘米左右(善业泥木石像)。敦煌彩塑手艺之高超和题材之丰富，堪称佛教彩塑博物馆。石窟另有壁画4.5万平方米，这些壁画连起来，长达2.5万米。这些壁画因为时间跨度大，有各种风格、各种流派，反映出中国封建社会的政治、经济和文化状况，是中国古代美术史上的光辉篇章，为中国古代史研究提供了珍贵的形象史料。

莫高窟中还藏有珍贵的文物和历史文献资料。清光绪二十六年（1900），莫高窟道士王圆箓在一个偶然的机会发现第17窟中有一个“藏经洞”。洞内满贮约五万余件从三国魏晋到北宋时期的经卷、文书，织绣和画

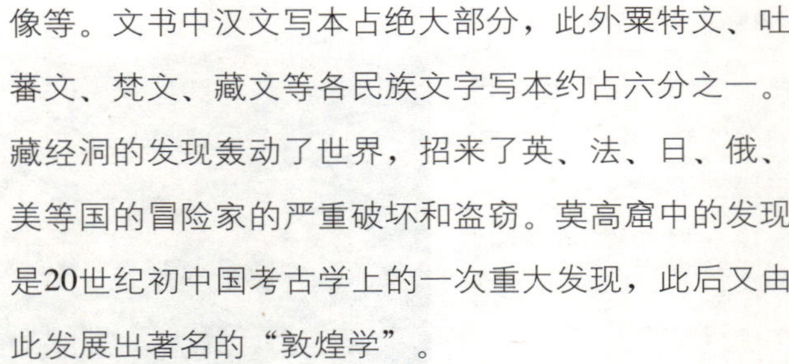

像等。文书中汉文写本占绝大部分，此外粟特文、吐蕃文、梵文、藏文等各民族文字写本约占六分之一。藏经洞的发现轰动了世界，招来了英、法、日、俄、美等国的冒险家的严重破坏和盗窃。莫高窟中的发现是20世纪初中国考古学上的一次重大发现，此后又由此发展出著名的“敦煌学”。

龙门石窟

龙门石窟始开凿于北魏孝文帝迁都洛阳前后，历经东西魏、北齐、北周，到隋唐至宋等朝代又连续大规模营造，时间跨度达四百余年之久。龙门石窟密布于伊水东西两山的峭壁上，全长一千多米，现共存佛洞、佛龛2345个，佛塔四十多座，佛像造像十万多尊。其中最大的佛像高达17.14米，最小的在莲花洞中，每个仅2厘米。另有历代造像题记和碑刻约有3600品，这些都体现出了中国古代劳动人民高超的艺术造诣。

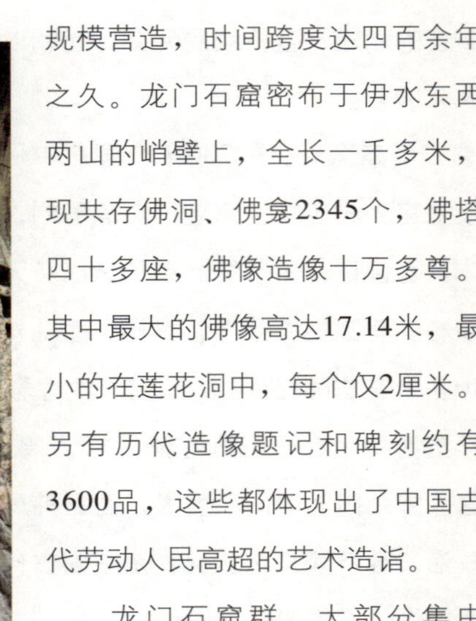

▼龙门石窟卢舍那大佛

卢舍那大佛开凿于唐高宗咸亨四年（673），位于洛阳龙门西山南部山腰奉先寺，是龙门石窟中最大、最美的一尊佛像。

龙门石窟群，大部分集中在伊水西岸的崖壁上，其中大型洞窟29个；伊水东岸崖壁上全是唐代窟龛，其中有7个大型洞窟。在龙门石窟中，北魏时期（420～534）的洞具有代表性的有古阳洞、宾阳中洞、莲花洞和石窟寺等；北齐时期（550～577）作品具有代表性的要算药方洞和一些小龛造像；隋代作品（581～618）的代表是宾阳南洞北壁的梁佩仁造像龛等；唐代（618～907）的洞窟，具有代表性的有潜溪寺、宾阳北洞、敬善寺、万佛洞、龙华寺、极南洞等。龙门石窟造像题记遍布许许多多的洞窟，其中《龙门二十品》，是中国优秀文化遗产的一部分，在国内外学术界、书法界有着广泛的影响。

▲莲花洞窟顶莲花石刻

莲花洞又名伊阙洞，在龙门西山奉先寺以北，因为窟顶浮雕有一朵美丽的莲花而得名。

云冈石窟

云冈石窟，因其建在武周山最高处，该地名为云冈，故取名云冈石窟。云冈石窟始建于北魏建都平城时期，由当时的佛教高僧昙曜奉旨开凿。大多数石窟完成于北魏孝文帝迁都洛阳之前，历时四十年，加上其余小窟，先后近五十年时间。参加开凿人数，多达四万余人。就连当时狮子国（今斯里兰卡）的佛教徒，也参与了这一举世闻名的伟大艺术创作。至今，仍留有中外文化交流的足迹。北魏著名地理学家郦

▲云冈第20窟佛像

云冈第20窟是云冈石窟最早开凿的石窟之一，窟内大佛面带微笑，眼睛饱满，大耳垂肩，斜披袈裟，具有北魏雕刻的独特风格，是云冈石窟中最具代表性的作品。

道元在《水经注》中，记录了当年云冈石窟的壮景："凿石开山，因岩结构，真容巨壮，世法所希。山堂水殿，烟寺相望，林渊锦镜，缀目所眺。"

云冈石窟，现存洞窟45个，石雕造像达五万一千多躯，是中国最大的石窟群之一。在武周山南崖，东西延伸一千米，云冈石窟的佛龛，如蜂窝般密布，大、中、小石窟疏密有致地嵌贴在云冈半腰。云冈石窟，气魄宏大，外观庄严。在这一千米的石雕群中，雕像大的十几米，小的几厘米，形态、神采都很动人。有些石佛，透过他们身着薄薄的罗纱，可以看出其优美的身段。有的居中正坐，栩栩如生，或击鼓或敲钟，或手捧短笛或载歌载舞，或怀抱琵琶，面向游人。这些佛像、飞天、供养人的面目、身上、衣纹上，都留有古代劳动人民的智慧与艰辛，镌刻着佛教与石窟艺术中国化的轨迹。这些佛像与乐伎刻像，早期受古印度犍陀罗、秣菟罗艺术的强烈影响，还间接地受古希腊、罗马乃至波斯艺术的影响。这是中国古代人民与其他国家文化交流和友好往来的历史见证。

云冈石窟的艺术价值，就在于创造了石雕文化的先河，对佛教的内容用石雕形式进行了科学及艺术的组合、拼装，使这些佛教内容系列化，成为一个完整的整体，展示给后人。云冈石窟也是石窟艺术“中国化”的开始。这无疑是当时历史时期石刻文化的大检阅、大展示、大发展，由此推动了石刻艺术向着更高层次发展和升华，完成了石刻艺术与佛教文化的完美结合。这种艺术，引起了中外人士的极大关注并成为世界历史文化的一个组成部分。以上三大石窟均已列入联合国“世界文化遗产”名录。

▼云冈第18窟北壁东侧的菩萨像

这座菩萨像刻画细腻，线条逼真，面部生动感人。

关键词：民歌 / 骈文

走向自觉的三国两晋南北朝文学

■ 三国两晋南北朝

三国两晋南北朝最大的时代特征就是战乱、动荡和分裂。与这种社会环境相对应，此时的文学也是表现出了典型的乱世文学特征——敏感的作家们在战乱中最容易感受人生的短促、生命的脆弱、命运的难卜、祸福的无常，以及个人的无能为力。这些感触反映在文学上，或者豪迈悲怆，或者隐逸脱俗，表现出丰富而真挚的感情色彩，因而也更容易激起灿烂的火花。这一时期的文学，在丰富多彩的同时，有一个明显的特征就是文学逐渐脱离汉代以来依附于经史而走向了独立自觉，风格的抒情化、个性化日益明朗，有了真正的文学气息。

从建安风骨到正始之音

^ 大妇小妾坐享酒食画像砖・魏晋

从西周至魏晋，古代中国奉行一夫一妻的婚姻制度，男子可以有妾有婢,但法定的妻子只能是一个。

东汉末年建安时期直到三国曹魏黄初、太和年间，产生了一批著名的富有划时代意义的诗人及其诗作，因而成为中国文学发展史上一个重要时期。这一时期，建安文学以曹魏的曹操、曹丕、曹植父子为主。曹氏父子不仅自己爱好诗歌，创作了大量脍炙人口的作品，而且也奖励文学，招揽文士，聚集了一大批文人学者作为幕僚，其中著名的主要有王粲、陈琳、阮瑀、应玚、刘桢、徐幹，此六人与孔融并称“建安七子”。

这些文人大都历经汉末社会动乱的旋涡，接触了广泛的社会现实，并且作为汉末文人，他们又直接继承了汉乐府民歌的现实主义传统，因此很快掀起了一个诗歌高潮。曹操作为一位著名的军事家和政治家，在汉末动乱的沧桑中崛起，其诗歌独具一种慷慨悲凉的格调。他既沿用了汉乐府诗的形式，却又摆脱了乐府古辞僵硬的束缚，随意抒情写实，既表现出一位政治家忧时怜民的深沉感慨，又富有军事家豪迈非凡的英雄气概。作为建安诗歌新局面的开创者，他引领了此时“用乐府题目自作诗”的新风气。建安诗人的作品一方面反映了社会的动乱和民生的疾苦，一方面表现了统一天下的理想和壮志，有着鲜明的时代特色。建安诗歌这种杰出成就形成了后来被称为“建安风骨”的传统，为五言诗的发展奠定了坚实的基础。建安时期，随着文士地位的提高，

^ 竹林七贤图

南朝刘义庆在《世说新语·任诞》中记载嵇康、阮籍、山涛、向秀、刘伶、王戎、阮咸七人“常集于竹林之下，肆意酣畅，故世谓竹林七贤”。

文学的意义也引起了更多的关注，这种关注随着汉末以来品评人物之余韵，由人而及文，促进了文学批评风气的出现，表现出了一定的文学自觉意识。曹丕提出的“文以气为主”，代表了建安文学抒情化、个性化的共同倾向。这些也都标志着这一时期文学发展中的重大变化。

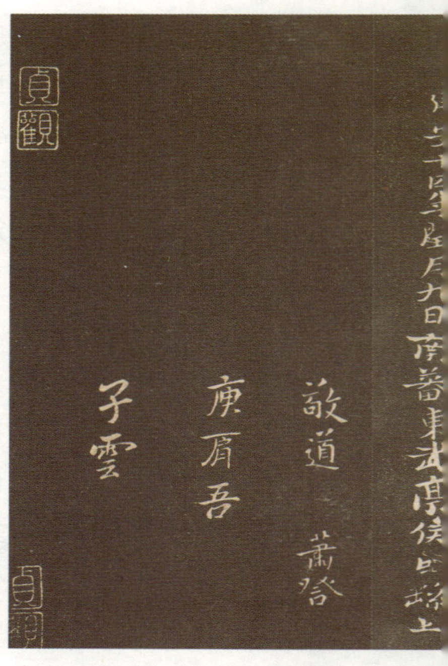

曹魏统治后期，统治者上层争权夺利的斗争异常尖锐残酷，司马氏一方面通过收买、拉拢树立自己的党羽；一方面以残酷的屠杀消灭曹魏集团的力量，造成了魏国后期即正始以后黑暗、恐怖的政治局面。此时的诗歌充满了深沉的人生感慨，夹杂着老庄思想中无为无争、缥缈幻想的成分，因此诗歌风气随之大变。正始时代的代表作家是阮籍和嵇康，他们处于司马氏与曹氏争夺政权的斗争中，大力提倡老庄思想，以老庄的“自然”与“名教”相对抗。他们的作品或清逸脱俗，或曲折隐晦，多为“忧生之嗟”，建安时期那种积极的进取精神为否定现实、韬晦遗世的消极反抗思想所代替，文学史上称之为“正始之音”。

诗歌与民歌

西晋末年少数民族的大规模内迁给中原汉族地区带来了新鲜的北方草原文化，文学创作也在一定程度上受到了少数民族文化的影响，创作出了一批通俗易懂、流畅活泼的乐府民歌，是中国诗歌史上又一新的发展。

由于南北的长期对峙，所以虽然为同一时代的产物，但南北朝民歌又形成了不同的色彩和风格情调，正如《乐府诗集》所谓“艳曲兴于南

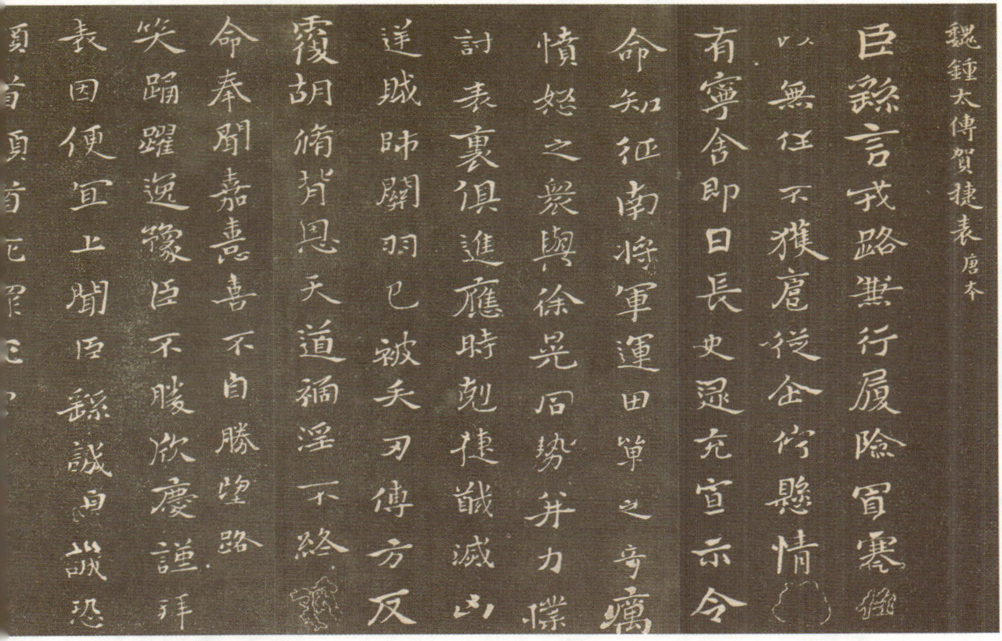

^ 贺捷表・三国魏・钟繇

此帖为建安二十四年（219）钟繇68岁时所写，内容为得知蜀将关羽被杀的喜讯所写的贺捷表奏，是最能代表钟繇书法面貌的法帖。

朝，胡音生于北俗”。北朝受鲜卑贵族统治，政治、经济、文化以及民族风尚、自然环境等都多受北方少数民族的影响，其语言质朴无华、抒情爽直坦率、风格豪放刚健，形式多以《乐府诗集》所载“梁鼓角横吹曲”为主。横吹曲是当时北方民族一种在马上演奏的军乐，内容多反映北方草原风光、战争、人民疾苦以及少数民族的骑射武功等，著名的《敕勒歌》《木兰辞》等就是其代表作。南朝民歌则产生于南方的都市市民中间，因此比较温婉生动、细腻缠绵，多表达男女间的痴情怨恨，以抒情为主，形式上主要有“吴声歌”和“西曲歌”等，代表作有抒情长诗《西洲曲》。

除了民歌之外，在诗歌的创作方面，此时的南朝山水诗逐渐兴盛并

取代了晋代流行的玄言诗。山水诗的兴盛也与东晋时期文人喜好游山玩水的隐逸生活有关，其主要的代表人物有谢灵运和鲍照。他们借鉴了曹魏时期诗人写景佳句的技巧，进一步向新颖、工整的方向发展，矫正了理过其辞、淡然寡味的玄言诗风格，开辟了南朝诗歌的新局面。

除了山水诗之外，南朝的田园诗也因为陶渊明这位伟大诗人而光彩夺目。陶渊明的田园诗语言平实质朴，多用通俗易懂的语散，不加雕饰，犹如白话却又韵味十足，特别富有情趣，独具平淡自然而又意味深远的特殊魅力，正如陶渊明高洁孤傲的人格一样独树一帜。总之，南北朝的民歌和诗歌形式多样、内容丰富，从多个方面对后世的文学创作产生了深远的影响。

骈文、散文、辞赋及其他

南北朝时期，由于政治和社会风气等原因对文学思潮的影响，形成了骈文繁荣的局面，与此同时，散文也借助一部分历史、地理类著作，得到了一定程度的发展。

魏晋南北朝是一个帝王和贵族左右文坛的时代，作家们或生活在帝王、贵族的周围，或隐逸山林而与世无争。后者回归自然，前者则致力于用华丽纤巧的形式来掩饰空虚贫乏的内容，使得骈文这种特别注意形式美的文体，

< 归去来辞图·元·钱选

在画面里，左一半为坡岸，有人家院落，右一半烟水浩淼，远处依稀可见淡淡山脉。靠近坡岸的水中有一只木船，陶渊明身着大袖宽袍立于船头，一童子在船尾摇橹，木船正破水向岸边驶来。这正是《归去来辞》中"舟摇摇以轻扬，风飘飘而吹衣"的真实写照。现藏于美国纽约大都会艺术博物馆。

受到当时文人们普遍的欢迎，大大地繁荣起来了。东晋南朝时期，由于士族文人偏安江南，在政治上无心进取，从皇帝到大臣都喜欢舞文弄墨，因此骈体文尤其盛行。宋、齐、梁、陈四朝皇帝，都重视文学，很多都颇富文采，如梁武帝、梁简文帝、陈后主等都是领一时风骚的著名文人。在这些帝王的带动下，南朝不仅出现了一大批"庸主词臣"，而且也不乏"才秀人微"的寒俊之士，如鲍照就是著名的出身贫寒的骈文、辞赋作家。

就散文而言，建安时期是散文的光辉起点。曹操的散文自然豪放，坦率脱俗，无所拘谨，在内容和形式两方面都突破了前代旧传统，开启了一代新文风。建安三曹当中，尤以曹植成就最高。曹植才高笔健，文辞华丽，神采飞扬，成为建安散文的代表人物。正始之后，散文风格也趋向清峻简约，慷慨悲凉，行文不拘一格，韵散交杂而成，很富独创性。两晋以后，散文朝多个方向发展，代表人物有张载、张协、张华（三张），陆机、陆云（二陆），潘岳、潘尼（两潘），左思（一左）。此外，随着文学逐渐走向自觉，魏晋南北朝时期的小说创作逐渐达到了高潮，出现了志怪小说、逸事小说等符合现代小说概念的作品。小说的盛行与当时释、道两教的盛行以及士林风气很有关系。两教中的传说故事成了小说的主要题材，同时一些历史传闻、神仙鬼怪、琐闻逸事等，都给这一时期小说的发展提供了广泛的素材。

第五章

隋唐五代

581 年，杨坚取代北周建立隋朝。589 年，隋文帝一举消灭陈朝，实现了全国统一。618 年，太原留守李渊迫使隋恭帝退位，建立了大唐王朝。

唐太宗励精图治，把唐朝打造成为一个国力强盛、社会安定、文化繁荣、声威远播的东方大国。唐玄宗在位四十五年，“开元之治”将唐朝推进诗圣引吭高歌的鼎盛时期。755 年爆发的安史之乱之后，最终使唐王朝走上了穷途末路。

907 年后粉墨登场的五代十国，不过是唐末分裂割据局面的继续和发展。

▷ 唐代公主也愁嫁

关键词:三省六部制／科举制

杨坚建隋树新政

■ 581年

581年，北周外戚杨坚以南北朝时期常见的手法——“禅让”，代周建隋，完成了北方的王朝更替。接着，登基为隋文帝的杨坚厉行节俭、全力改革，让整个隋朝的国家经济、政治制度有了全方位的发展。589年，隋军灭掉了南方的陈王朝，统一了中国，彻底结束了国家分裂的局面。

建隋与改革

＜《历代帝王图》之隋文帝杨坚像·唐·阎立本

杨坚的父亲名叫杨忠，北魏末年曾追随宇文泰起兵并屡立战功，在宇文氏的北周王朝建立之后，杨忠即被赐姓普六茹氏，位至柱国、大司空，封随国公。因为父亲的关系，十四岁时，杨坚即被当时的京兆尹薛善辟为功曹。此后年年擢升，十六岁时，已经做到了骠骑大将军的高位。北周的另一位柱国、大将军独孤信看这位年轻人前程远大，就把十四岁的女儿许给了他，即后来有名的独孤皇后。由于北周王朝的开创中得到了以杨氏、独孤氏为首的士族门阀的支持，为了在政治上加强与这些开国功臣的联系，继承大统的周武帝宇文邕礼聘杨坚的长女为皇太子妃，杨氏由此得以日渐强大。578年，一代英主周武帝宇文邕病死，其子宇文赟即位称帝，是为周宣帝，杨坚也成了北周王朝的国丈。周宣帝庸碌无为且荒淫无度，在位不满三年就病死宫中，年仅八岁的静帝宇文阐继位，杨坚趁机总揽朝政、都督内外军事。

掌握政权后，杨坚开始打击宇文皇族。他以假传诏书的方法将赵王宇文招、陈王宇文纯、越王宇文盛、代王宇文达、滕王宇文逌这五位在地方上极有权势的北周王爷们诓骗到京城，收缴其兵权和印信。察觉到杨坚阴谋的五王准备行刺杨坚，却被杨坚侥幸逃脱。找到借口的杨坚，遂以谋反的罪名诛杀了赵王和越王等人，北周王室的反抗就此瓦解。这时，反对杨坚的地方势力以相州总管尉迟迥为首，发动了军事对抗。接着，勋州总管司马消难、益州总管王谦相继起兵相应，乱军人数一度达到数十万人，声势极为浩大。然而，尉迟迥等人不是军政双优杨坚的对手，后者仅用了半年时间，以打与拉双管齐下的手段，将反对自己的亲宇文氏将领全部击败，尉迟迥、王谦兵败自杀，司马消难逃亡陈朝，杨坚完全巩固了自己的权威。大定元年正月（581），周静帝将皇位禅让给了杨坚，后者正式称帝，改国号为隋，是为隋文帝。

隋朝建立后，隋文帝为了提升国家实力，进行了一系列、全方位的政治、经济、军事改革，其中比较重要的内容包括设立三省六部制、颁布《开皇律》、“大索貌阅”和“输籍定样”等。开皇元年（581），杨坚采纳大臣的建议，设立门下、尚书、内史三省，三省的最高长官都担任宰相职务，尚书省下设吏、兵、礼、工、度支（民部）、都官（刑部）共六部，分别处理专门的政务。三省六部制完善了封建时代的国家制度，加强了皇帝作为最高统治者的权力。开皇三年（583），隋文帝下令颁布了隋代的法典——《开皇律》。《开皇律》分为名例、卫禁、职制、户婚、厩库、擅兴、贼盗、斗讼、诈伪、杂律、捕亡、断狱，共十二篇五百条；更定刑名为笞、杖、徒、流、死五等；将“重罪十条”，发展成“十恶”之条，即谋反、谋大逆、谋叛、恶逆、不道、大不敬、不孝、不睦、不义、内乱，并规定凡触犯“十恶”者从重惩治，不得赦免。《开皇律》集南北朝封建法律发展之大成，在中国法律发展史上树立了新的里程碑，在世界法制史上都占有重要的地位。

开皇五年（585）五月，隋王朝在全国“大索貌阅”，按人口清查户口，以防诈老诈小，逃避赋役。若查出户口不实，保长、里正都要发配远方。通过这次检括户口，户籍簿上新增丁四十四万多、口一百六十四万多。接着，隋文帝采纳宰相高颎的建议，颁布“输籍定样”（或称“输籍法”）的办法，即将人民所输租税，依照每家资财情况做出缴纳标准，从轻定额，写成“定簿”。这样，政府就弄清了户口和人民应纳的税额，既打击了世家大族，同时又有利于社会生产的发展。

隋文帝还改地方州郡县三级制为州县两级制，提高了行政效率，节约了政府支出；重颁均田令，让大批无地少地的农民得到了土地，增加了国家收入。此外，隋文帝改革府兵制，大量兴修水利、兴建储备粮食的义仓，减免灾民的赋税，等等。在其统治的开皇年间，社会民生富庶、人民安居乐业、政治安定，全国户口增加到前所未有的七百万户，史称“开皇之治”。

统一全国

杨坚建立隋朝后，把统一大业作为了自己毕生的志向，但北方的突厥、南方的陈都是统一的障碍。突厥是中国一个古老的游牧民族政权，

^ 白釉双龙柄联腹传瓶·隋

这件瓷瓶腹部相连，共用一个瓶口，柄首作龙头状，因此得名。现藏于天津市博物馆。

北齐和北周都对其广输金帛，甚至嫁送公主和亲加以笼络。隋朝建立后，杨坚不再向突厥赠送财物，突厥因此大为不满，时常大举南下侵扰隋境。杨坚夺取政权之后即有并吞江南的雄心，但因北方突厥的威胁，制定了先北后南的统一方针。他一方面不断派遣使者前往陈朝示好，使

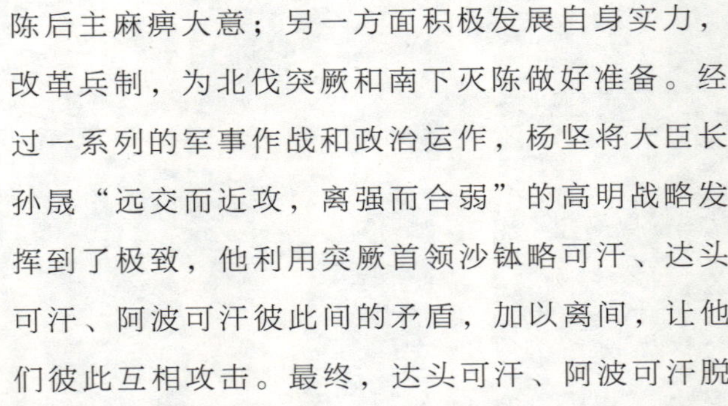

陈后主麻痹大意；另一方面积极发展自身实力，改革兵制，为北伐突厥和南下灭陈做好准备。经过一系列的军事作战和政治运作，杨坚将大臣长孙晟“远交而近攻，离强而合弱”的高明战略发挥到了极致，他利用突厥首领沙钵略可汗、达头可汗、阿波可汗彼此间的矛盾，加以离间，让他们彼此互相攻击。最终，达头可汗、阿波可汗脱离沙钵略可汗自立，突厥也分裂为了东西两部。开皇四年（584），沙钵略可汗在西突厥和契丹的两面威胁下，向隋称臣归附，从此保证了北方边境的和平。

^ 青瓷武士俑·隋

俑高63.3厘米，1953年出土于湖北省武汉市，武士俑挺胸直立，头戴缀有鳞形甲片的铁兜鍪。

在稳定了北方的局势后，杨坚终于可以腾出手来对付统一的最后障碍——南方的陈了。开皇八年（588），杨坚决定渡江灭陈。他以晋王杨广为尚书令，任命晋王杨广、秦王杨俊、清河公杨素为行军元帅，指挥水陆军五十余万人，同时从长江上、中、下游分八路大举攻陈。前三路由杨俊指挥，目标武昌。后五路由杨广指挥，直指陈的都城建康，其中以杨广、贺若弼、韩擒虎三路为主力。隋军此次队伍庞大，横亘数千里，是中国历史上一次规模浩大的渡江作战。开皇九年（589）正月初一，贺若弼、韩擒虎率领隋军趁建康周围的陈军正在欢度春节之机，分路渡江，大军会合后包围了建康城。陈军因参加酒会，大多仍处于梦乡之中，完全不能抵抗。陈后主陈叔宝看到隋军兵临城下，万分焦急，但又拿不出什么好方法，只是日夜哭泣。大将萧摩诃建议趁隋军刚至，还未站稳脚跟，立刻出兵攻打，也许还有希望。大臣孔范也说："臣认为应该出兵决战，如果战死了，还可以青史留名呢！"后主因此决定出城作战，但陈军久未训练，将领们又多贪生怕死之辈，双方甫一交手，陈军就溃退了，更有将领任忠临阵叛逃，带领隋军冲进了建康城的正门朱雀门。守门的士兵想要抵抗，任忠大叫："连我都投降了，你们还打什么啊！"士兵们一哄而散，隋军几乎没有遇到什么抵抗，便长驱直入，占领了建康城。后主对战况一无所知，直至听到宫门外的杀声才知道隋军已经进了宫城。他带着两个宠妃无处可逃，竟藏到了一口枯井里，被隋军用绳子拖了上来。正月二十二日，晋王杨广进入建康城，陈朝从此灭亡。至此，杨坚结束了魏晋南北朝长期分裂的局面，完成了统一全国的大业。

历史断面

科举制度

隋文帝即位后，正式废除了九品中正制和州郡辟举制，表明门阀士族的衰弱和中央集权的加强。开皇七年（587）正月，隋文帝下令每州每年选派三人进京，参加朝廷举行的分科考试。当时比较明确的科目有秀才和明经科，因此隋文帝正式设立了每年举行的常举之科。各地选派来的贡士聚集在京师参加会考，贡举及第后，还必须参加吏部铨选考试，合格后才可授官。开皇十八年（598），隋文帝又命令京官五品以上，以及地方总管、刺史等官员，按照志行修谨（有德）、清平干济（有才）二科举选人才。至隋炀帝大业二年（606），正式设置进士科，这是中国科举制度的开始。

关键词：修大运河 / 三征高丽

隋炀帝二世亡国

■ 604年～618年

隋文帝杨坚统一南北朝，人们期待着又一个强盛的帝国出现，结果隋朝却像秦朝一样仅两代而亡。究其原因，主要是因为隋炀帝杨广倒行逆施、暴政治国所致。在整个封建时代，亡国之君或因为纵情声色，或因为穷奢极欲，或因为大兴徭役，或因为连续发动大规模对外战争，但像隋炀帝这样，这四种错误全部都犯下的并不多，也难怪强大的隋朝仅仅三十多年就走上了灭亡之路。

即位称帝

杨广（569—618）是隋文帝杨坚的第二子，开皇元年受封晋王、并州总管。杨广成年后，隋文帝对他予以重任，开皇八年（588）隋军南下伐陈和开皇二十年（600）反击西突厥达头可汗，杨广都担任了行军元帅的职务。然而随着地位越来越高，杨广对太子之位产生了觊觎之心，处心积虑地想把兄长杨勇从太子的位置上赶下来。杨勇是文帝长子，为人宽厚，博学多才，但其为人追求享受，贪爱美色，因此很不得文帝和独孤皇后的喜爱。杨广抓住这个机会，伪装简朴，不近女色，让文帝和独孤皇后对其好感日增。杨广还暗中联系重臣杨素，指使杨素在文帝面前诋毁杨勇，劝说文帝另立太子。开皇二十年（600），文帝终于下令废杨勇为庶人，另立杨广为太子。

仁寿四年（604），文帝在仁寿宫中养病，杨广也随行照顾。眼见父亲随时可能撒手人寰，杨广写信给杨素询问文帝驾崩后该如何处理后事，如何登基，等等。结果阴差阳错之下，这封信被送到了文帝手中。文帝看完信后勃然大怒，打算废掉杨广，重新立杨勇为太子。可这时的杨广已经在宫中遍布耳目，他得知文帝的举动后，派心腹害死了文帝，然后又矫诏赐兄长杨勇自缢。当年七月，杨广即位称帝，改元大业。

^《历代帝王图》之隋炀帝杨广像·唐·阎立本

营造东都，修大运河

隋炀帝即位后，为了满足个人的享乐，巩固统治，开始大兴土木，其中规模最大的两个工程就是营建东都洛阳和修大运河。大业元年（605），隋炀帝任命杨素为东京大监，将作大匠宇文恺为副监，征发民夫两百万人，在洛阳旧城以西修建新都。在昼夜赶工之下，一座宏伟的东都城在十个月内就修建完成了。整座城池分为宫城、皇城和外廓城三部

分，在城西还修建有供隋炀帝及其嫔妃们休息的显仁宫和游玩的西苑，耗费的国家财富不可计算。

为了解决北方粮食供应问题，也是为了满足个人巡幸江都（今江苏扬州）的愿望，隋炀帝还决意在前人的基础上，开凿出一条横贯帝国南北的人工运河，形成以洛阳为中心，北到涿郡，南到余杭的一条数千里的水上大动脉。客观地说，开凿大运河对沟通南北经济、便利交通具有非常积极的作用，但因为炀帝生性急功近利、随心所欲，使得运河自开凿之日起，便沦为万千百姓流离失所、饿殍遍野的万恶之源。史载，炀帝“诏发河南、淮北诸郡民，前后百余万，开通济渠”；就连工程相对简单、规模较小的邗沟改建，也是“发淮南民十万余众”，全然不顾人力调配所能承受的最大限度。到了大业四年（608），炀帝发觉男丁不够使用，便又将妇女也纳入到开河大军之中，使得“役丁死者什四五”，运送尸体的车辆竟然“东到城皋，北至河阳，相望于道，连绵不绝……”就这样，凝聚无数民夫血泪

^ 隋代短襦长裙复原图

短襦长裙是隋代女服的常见款式。它的一个特点是裙腰系得较高，一般都在腰部以上，有的甚至系在腋下，给人一种俏丽修长的感觉。

乃至于生命的大运河前后历时六年，终于得以大功告成。其间，炀帝数次率领大队人马，乘坐豪华无比的龙舟来到江都，流连忘返，彻底将家国社稷置诸脑后而不顾，大隋帝国自文帝时代聚集起的大量财富，因为文帝的继承者穷奢极欲、不恤民力而消耗殆尽。

四处巡游、远征高丽

在大兴土木的同时，隋炀帝还不忘记四处巡游。大业元年，也就是隋炀帝即位的第一年，他就率领着皇后、嫔妃、文武百官和数十万士兵南下江都。史载，炀帝所乘龙船，上下分四层，高四十五尺，长二百尺，并以浮景舟九艘随行，再加上拱卫左右的数千艘大小船只，“相接二百余里，照耀川陆”。而为船队拉纤的纤夫就有八万余人，皆穿锦袍。炀帝还嫌不够气派，又自吴越一带征集五百名民间少女，手执彩缆为炀帝拉动龙船。沿途所经各州县境内五百里的官民们，为了凑齐供隋炀帝享用的“献食”更是倾家荡产，那些夜以继日赶造龙船的民夫们也是“死者十之四五”的悲惨境地……然而这一次巡游江都只是隋炀帝频繁巡游的开始。大业三年（607），隋炀帝北巡榆林；大业四年（608），隋炀帝出塞，北巡长城；大业六年（610），隋炀帝再巡江都；大业十一年（615），隋炀帝再次北巡长城，结果被突厥始毕可汗围困于雁门关，好不容易才脱困而出；大业十三年（617），隋炀帝第三次巡游江都……隋炀帝在位的十四年间，他居住在长安的日子不到一年，在洛阳也只待了不到三年，其他时间都是在四处巡幸作乐中度过的。

隋炀帝对内大兴土木、滥发劳役，对外则不断发动战争，走上了穷兵黩武的道路。从大业元年（605）开始，隋朝相继同契丹、西突厥、吐谷浑进行了一系列的战争，在一定程度上开拓了疆域，保证了边境的安全。然而在大业七年到十年，隋炀帝三征高丽均遭到失败，严重激化了国内的矛盾。高丽位于朝鲜半岛北部，西晋灭亡后，高丽乘机入据辽东。隋文帝

^《帝鉴图说》之巡幸江都·明

时，高丽联合靺鞨入侵辽西，被隋军击败。大业七年（611），隋炀帝决定收复辽东故地，下令在东莱（今山东莱州）制造战船，集中北方各省的壮丁、役夫、军马、粮饷，准备征伐高丽。在此后的大业八年、九年、十年，隋军三次攻打高丽。第一次因为将领轻敌，指挥失当，遭到惨败，百万大军逃回辽东的只有二千七百人，无数的军资器械付之一炬；第二次则因为礼部尚书杨玄感在黎阳（今河南浚县东南）起兵反隋，大举围攻洛阳，隋炀帝只得命令大军返回国内，镇压杨玄感，又遭到高丽军队的尾随追击，损失不小；第三次则因为高丽遣使求和，隋朝国内也发生了大规模的农民起义，隋炀帝不得不接受乞和，回国镇压农民起义军。

喋血江都

隋炀帝即位以来，为了满足个人欲望，对内横征暴敛，虚耗民力，三征高丽又大大加重了人民的痛苦，各地百姓开始相聚成为“群盗”。大业七年（611），邹平（今山东邹平南）人王薄在长白山（今山东章丘）自称“知世郎”，作了一首《毋向辽东浪死歌》来宣传他的义军，这首歌在当时的百姓民众之间迅速流传开来，成为民众拒绝出征高丽的精神支持。此后，各地义军风起，河北、山东、淮南等地，义军已呈星火燎原之势。然而隋炀帝对人民的愤怒和朝廷的危局视若无睹，于大业十二年（616）七月第三次巡游江都，临别时作诗留别宫人：“我梦江都好，征辽亦偶然。”巡游江都的隋炀帝每日饮酒作乐，一日在萧皇后面前突然凝视着镜子说道：“这么好的头颅，谁能斩了它？”到大业十三年（617），河南的瓦岗军开始向洛阳进军。此时身在江都的杨广不敢再回洛阳，打算定都丹阳郡（今江苏南京）。

隋炀帝要定都丹阳的消息在私下里很快传开，随行禁军多是关中人，他们思念故土，私下酝酿叛逃。禁军首领司马德戡联系众人拥立大臣宇文化及为首领，密谋造反。大业十四年（618）三月三十日夜里，数万叛军聚众攻入宫门，直逼宫殿，将领裴虔通领兵追出西阁，擒获了易服而逃的隋炀帝。天明后，众人在城门迎接宇文化及，宇文化及见到杨广后，皱着眉头问：“何须将此物弄出来？杀了算了。”裴虔通与司马德戡听后，将杨广带进寝殿，用丝巾将他缢死。宇文化及随后又下令杀尽江都的隋朝皇室成员，一个王朝再次伴随着血雨腥风走向了灭亡。

关键词：天可汗

贞观之治

■ 627年～649年

618年，李渊代隋建唐，八年后即发生戏剧性的玄武门之变，不得不将帝位“让给”儿子秦王李世民，是为唐太宗。从贞观元年（627）唐太宗君临天下，至贞观二十三年（649）去世，是为贞观时期。李世民亲身经历了隋末的社会大动乱，目睹了隋炀帝国破身亡的惨剧，也接受了隋末农民大起义的历史教训。他励精图治，实行一系列的开明政策和利国利民的措施，使唐朝政权得以巩固，社会经济得到恢复和发展，从而形成了一个比较安定祥和的社会环境。史载当时“海内升平，路不拾遗，外户不闭，商旅野宿焉”“民康物阜，斗米不过四五钱”“民物蕃息”“号称太平”。这个时期是封建社会少有的治世，被后世誉为“贞观之治”。

安民抚农

在隋末农民大起义中，原隋朝的太原留守李渊笑到了最后。618年，李渊在长安称帝，国号为唐，是为唐高祖。之后的十余年间，李唐王朝先后剪除了薛举、李轨、刘武周、窦建德、王世充、萧铣等地方势力，基本统一了全国。武德九年（626）六月，在李唐王朝统一天下过程中立下汗马功劳的秦王李世民发动玄武门之变，杀死了太子李建成和齐王李元吉。不久，秦王被立为太子。八月，唐高祖被迫让位，秦王即位称帝，是为唐太宗。

太宗即位以后，面对的是一个经过战乱洗劫的局面，史称“自伊、洛之东，暨乎海、岱，莽巨泽，茫茫千里，人烟断绝，鸡犬不闻，道路萧条”。太宗的首要任务就是吸取历史教训，与民休息，劝课农桑。太宗及其辅臣从历史和实践经验中认识到“君，舟也；民，水也，水能载舟，亦能覆舟”。为了缓和阶级矛盾，防止农民起义，太宗从自己做起，“去奢省费，轻徭薄赋，选用廉吏，使民衣食有余”。太宗厉行节约，提倡俭朴，终其一生不封禅。太宗即位之初，立即“纵禁苑所养鹰犬，并停诸方所进珍异”，并告诫自己的大臣说：“宫中美女珍玩，无院不满。炀帝意犹不足，征求无已……百姓不堪，遂致灭亡。”他少修或不修宫殿，修复洛阳宫殿的工程一再推迟，其他建造也较少，尽量少使力役。此外，太宗还尽量避免和减少不必要的战争，以紧缩军费开支。直到贞观十八年（644）发兵征高丽以前，基本上没有发动过不必要的战争。这一政策对于农民专心从事农业生产起到了很好的作用。

彩绘骑马武士木俑·唐

为了使百姓“衣食有余”，太宗特别重视农

业生产。唐朝初年制定“庸”法，也就是农民交纳一定量的绢、布，便可代替徭役，使他们有更多的时间从事农业生产。太宗特别注意不夺农时，不误农事。他说：“凡事皆须务本。国以人为本，人以衣食为本，凡营衣食，以不失时为本。”当太子的加冠典礼和农时发生冲突时，太宗“恐妨农时”，将冠礼“改用十月”农闲季节。太宗还用法律手段来落实不违农时的原则。对在农忙时节擅自征发徭役、耽误农时的官员依法论处。

另一方面，太宗十分重视救灾，以保护农民的利益。贞观元年至三年（627—629），关中、关东发生水、旱、蝗、霜等自然灾害，他当即“诏所在赈恤，无出今年租赋”。由于太宗为恢复农业生产采取了一系列措施，再加上此后连年风调雨顺，遂出现了清平世界的景象。史书记载，当时“频致丰稔，斗米三四钱”，过往商人从京师到岭南，从山东至于沧海，皆不用自带粮食，取给于路，可谓是夜不闭户、路不拾遗。

任人唯贤

在政治方面，太宗认识到，治理国家靠自己一人是不行的，应当“广任贤良”，所谓“治安之本，唯在得人”。他要求臣下推荐人才，自己也留心观察、发现和提拔有用之才，推行“任人唯贤”的路线。太宗选拔人才，基本上做到不以个人恩怨好恶为标准，也不以新旧亲疏为转移。他说：“吾为官择人，惟才是与。苟或不才，虽亲不用……如其有才，虽仇不弃。”如魏徵，原是太子李建成的部下，曾劝李建成除掉李世民；玄武门之变后，李世民不计前嫌，加以重用。魏徵后来官至宰相，成为“贞观之治”的重要推动者。

太宗认为，所用之才不可求全责备，他说“使人如器”，即根据人才的情况来区别任使。太宗要求大臣封德彝举贤，封德彝回答说，未见奇才

> 唐太宗纳谏图・宋・徐仲和

画中所绘为唐太宗，太宗袖手而立，神情凝重，头戴幞头（唐时一种头巾软帽），身穿赭袍佩玉带，栩栩如生。现藏于台北故宫博物院。

异能。太宗明确指出：“前代明王使人如器，皆取士于当时，不借才于异代。且何代无贤，但患遗而不知耳！”太宗用人，也不以门第为限，他任用的宰相，张亮“素寒贱”，马周“孤贫”，戴胄出身“门下录事”，皆非高门大姓子弟。太宗用人还不以华“夷”为隔，他任用的将领，如阿史那・社尔、执失思力、契何力等，都是少数民族出身。同时，太宗也能做到用人不疑。他指出，君臣应“义均一体，宜协力同心，事有不妥，可极言无隐。倘君臣相疑，不能各尽肝膈，实为国之大害也”。魏徵任秘书监时，有人告他谋反。太宗相信魏徵不会谋反，对于诬告者未经审理，直接以诬告反坐的罪名处以死刑。

太宗还具有知人之明，对自

己臣下的性格、能力了如指掌，因此他能做到人尽其才。太宗曾经对魏徵说："为官择人，不可造次。用一君子，则君子皆至；用一小人，则小人竞进矣。"正是由于太宗知人善任、任人唯贤，使得贞观年间涌现出了一批具有治国才能的杰出人才。太宗靠这批人才尽心竭力的辅佐，使唐王朝出现了"贞观之治"的盛世局面。贞观十七年（643），太宗命人画开国的二十四位功臣相貌于凌烟阁，长孙无忌、李孝恭、杜如晦、魏徵、房玄龄、高士廉等都在其列，士庶景仰，传为美谈。

^ 骆驼乐舞三彩俑·唐

唐三彩是盛行于唐代的铅釉陶器的总称，因为器物上有光亮的黄、绿、白或者黄、绿、蓝等多色釉彩而得名。唐三彩还是唐代对外交往的历史见证，比如这件唐三彩中有许多胡人俑以及活泼可爱的骆驼俑，这些都直接反映了东西方的文化交流。现藏于中国国家博物馆。

从谏如流

太宗善于纳谏，他对侍臣说："朕冀凭直言鲠议，致天下太平。"太宗对于臣下的谏书，相当重视。他说："比有上书奏事，条数甚多，朕总粘之屋壁，出入观省。所以孜孜不倦者，欲尽臣下之情。每一思政理，或三更方寝。"魏徵和太宗的关系是贞观朝进谏和纳谏的典范。魏徵先事李密，后又事太子李建成。太宗不计恩怨，任命魏徵为谏议大夫。魏徵说："君之所以明者，兼听也；其所以暗者，偏信也。"魏徵怀着"耻君不及尧、舜"的忠诚，在贞观年间，无论是国家政事，还是太宗的个人行为，只要他认为不妥的，便直言进谏，即使冒犯"龙颜"，也在所不惜。而太宗则认为，魏徵

“每犯颜切谏，不许我为非，我所以重之也”，对于魏徵的谏议多予采纳。魏徵进谏，太宗纳谏，成为封建社会君明臣贤的美谈。太宗被誉为“从谏如流”的明君，是与魏徵不断直谏密切相关的。经过贞观君臣的共同努力，很快就形成了“臣以进言为忠，君以听言为急”的协调和谐局面。魏徵去世时，太宗十分难过，他说：“夫以铜为镜，可以正衣冠；以古为镜，可以知兴替；以人为镜，可以明得失。朕常保此三镜，以防己过。今魏徵殂逝，遂亡一镜矣。”并为魏徵亲笔撰写碑文。

在太宗的倡导下，进谏蔚然成风，不仅大臣进谏，连宫中的长孙皇后、徐贤妃也能进谏。而太宗纳谏的程度，远远超出了以“豁达大度，从谏如流”而著称的汉高祖。太宗对能直言进谏的官员，不仅不加责备，反而还常给予奖励。如给事中张玄素谏修洛阳宫殿，赏绢二百匹；孙伏伽谏刑赏不当，赏以价值百万钱的兰陵公主园；魏徵谏用人不当，赏绢五百匹。这不仅表彰了进谏的臣下，而且也起到了鼓励进谏的作用。

为了集思广益，太宗把各种行之有效的政策制度化。他规定，三品以上官员入阁议事，要有谏官随同，有失便谏。贞观元年，太宗下诏“宰相入内平章国计，必使谏官随入，预闻政事”，参与讨论。太宗还规定，五品以上京官，要轮流到宫中值宿，以便皇帝召见，询问外间事务，了解民间疾苦，以及政事得失，使下情得以上达。另外，太宗还建立了“五花判事”制度。所谓“五花判事”，就是对于军国大事，中书舍人可以各执所见，杂署其名。唐朝制度，经过朝廷议决的政策，交给中书舍人草诏，舍人五员各执所见，各书一诏，署名后交给中书省长官选择。因此出来的诏令，少有错误。

任人唯贤、从谏如流是太宗政治上取得成功的两个重要的主观原因。太宗之所以能成为封建帝王的典范，可以说，与他能够知人善任、兼听纳谏关系极大。

^ 步辇图·唐·阎立本

《步辇图》是唐朝画家阎立本的名作，是中国十大传世名画之一。贞观十四年（640），吐蕃赞普松赞干布仰慕大唐文明，派使者禄东赞到长安求亲，《步辇图》所绘的就是禄东赞朝见唐太宗时的场景。现存画作被认为是宋朝摹本。

开明的民族政策

太宗李世民的少数民族政策的成功，在于他能够将各部族人民放在与汉人同等的地位上加以对待，并不因语言或者习俗上的差异而厚此薄彼。对于那些坚决与唐朝为敌，屡屡进犯边境的，唐太宗坚决打击，毫不手软。比如贞观四年（630），唐太宗派大将李靖、李勣率十余万大军分路进攻突厥，最终消灭了东突厥，活捉颉利可汗。贞观八年（634），唐太宗派大军进攻吐谷浑，大获全胜，解除了其对河西各州的威胁。对于那些降服归顺的少数民族，太宗以羁縻为主，册封当地各族首领人物为羁縻州、府、县的都督、刺史、县令，实行世袭制。这些地区的贡赋、版籍一般不纳入中央户部进项，只是受封的少数民族首领要按年节向皇朝进贡，承办朝廷下达的“公务”。对边远地区的少数民族，不因其社会发展程度较低、有某些特殊甚至落后的习俗而歧视、轻贱他们，做到了太宗所说的“自古皆贵中华，贱夷狄，朕独爱之如一，故其种落皆依朕如父母”。

《资治通鉴》载，贞观四年（630）三月，“四夷君长诣阙请上为天可汗。上曰：‘我为大唐天子，又下行可汗事乎？’群臣及四夷皆称万岁。”以后，太宗赐西域、北方各民族君长玺书，都自称“天可汗”。贞观二十三年（649），唐太宗李世民在含风殿逝世，时年五十三岁。得知皇帝驾崩的消息，各族在朝廷为官的贵族和前来朝贡的使者们悲恸万分，以剪去自己头发甚至于划破面孔、割掉耳朵等各种方式表达对太宗的思念之情；少数民族出身的将领阿史那·社尔等更是从驻地赶回长安，请求杀身殉葬……这无一不证明唐太宗开明的民族政策不仅成功，在当时为各族人民所称颂，也是历代封建王朝的帝王们难以望其项背的。

历史断面

文成公主入藏

吐蕃是现在藏族的祖先，很早的时候就生活在今天的青藏高原一带。7世纪上半叶，吐蕃在其杰出的赞普松赞干布领导下统一了青藏高原，定都逻些（今拉萨）。唐朝初年，吐蕃与唐的关系有和有战，但以和好为主。松赞干布仰慕中原文明，几次遣使向唐求婚。贞观十五年（641），太宗将宗室女封为文成公主嫁给松赞干布。文成公主带去了许多书籍、谷物和蔬菜种子，还带去了大批的能工巧匠，极大地促进了吐蕃地区经济和文化的发展。从此，唐蕃结为甥舅之好。文成公主于调露二年（680）去世，在吐蕃生活了近40年，一直备受礼遇，并深得吐蕃人民的爱戴。唐中宗时，金城公主入藏，进一步促进了唐和吐蕃的经济、文化交流。唐的丝织品和生产技术更广泛地传入吐蕃。

关键词：女皇

一代女皇武则天

■ 690年～705年

武则天（624—705），并州文水（今山西文水）人，是中国历史上唯一的女皇帝。她十四岁入宫，为太宗才人。太宗死后入感业寺为尼。唐高宗朝再度入宫，并于永徽六年（655）被册立为皇后。高宗死后，武则天废亲子，登基称帝，至神龙元年（705）病死，在位十六年，终年八十二岁。武则天为皇后时就辅助高宗治理朝政，当时并称“二圣”，所以她实际执掌政权近半个世纪。武则天为人果敢决断，任人唯才是用，能纳谏，有政治才能；对于反对她的人采用铁血政策坚决镇压。她执政的50年是中国历史上一个较为兴旺发达的时期，社会比较安定，人口显著增长，可以说武则天的统治是上承“贞观之治”，下启“开元盛世”。

从才人到皇后

武则天是工部尚书、荆州都督、应国公武士彟的女儿，自幼聪慧，有才智。她十二岁时，父亲病故，随母亲从荆州搬回长安居住。贞观十一年（637），她被选入后宫。临行时，母亲杨氏痛哭不止，她却平静地对母亲说：“见天子庸知非福，何儿女悲乎？”进宫后，她被太宗封为才人，赐号“武媚”，人称媚娘。相传，有一次太宗得了一匹爱马，叫狮子骢，太宗喜欢它的剽悍，也苦于它桀骜不驯。一日，太宗召了几位文武大臣去御厩，一边称赞狮子骢，一边问大家：“如此良骏，只能闲放在马厩中，诸位爱卿谁能驾驭？”众臣面面相觑，无人敢应。这时，跟在太宗身后的武媚娘上前躬身道：“臣妾可以驾驭。”太宗和群臣都吃惊地看着她，媚娘却一本正经地说：“只要陛下给臣妾三样东西，管保叫它服服帖帖。”太宗问：“哪三样东西？”媚娘说：“一条铁鞭，一个铁锤，一把匕首。先以鞭笞，不驯就施以铁锤，如果再乱踢乱蹶，就用匕首切断它的咽喉！”媚娘话音刚落，太宗便击掌而赞，称武媚巾帼不让须眉。贞观二十三年（649），唐太宗去世，临死前下令：后宫未生育的嫔妃，一律出宫为尼。武才人被迫削发为尼，到感业寺修行，与青灯黄卷相伴。

太宗去世后，继位的是唐高宗李治。他在当太子的时候，经常到父皇宫中问安，受到武则天的殷勤接待，因此一见倾心。如今她出宫为尼，李治对武则天的思念也与日俱增。这时李治所立的王皇后正与萧淑妃争宠，王皇后决定利用武则天的美貌，转移高宗对萧淑妃的宠爱，遂令武则天暗中蓄发，后将其接回宫中献给高宗。聪敏过人的武则天毫不犹豫地和王皇后结成同盟，用王皇后这块招牌作为向萧淑妃进攻的武器。由于王皇后多次在高宗面前称誉她，永徽五年（654）武则天被高宗召入宫中，拜为昭仪。但是，武则天的性格决定了她并不甘于只做别人的棋子，她还有更大的目标，王皇后自然成了她前进路上的一个障碍。

^ 花叶纹蓝琉璃盘 · 唐

永徽五年（654），武则天亲手杀死自己的女儿，并嫁祸给王皇后，以此要求高宗废王皇后，立自己为后。但是在王皇后的背后，还有以高宗的舅父长孙无忌为首的贞观旧臣。他们的坚决反对让高宗举棋不定，又去征求李勣的意见。高宗说："朕打算立武昭仪为皇后，长孙无忌、褚遂良等人固执地认为不可。你是顾命大臣，这件事你看怎么办？"李勣不假思索地说："这是陛下的家事，何必再问外人？" 李勣的话虽然不多，却使迟疑不决的高宗打定了主意。为了彻底压倒长孙派，武则天的心腹许敬宗在朝中制造舆论，说："田舍民夫多收了十斛麦子，还想换个妇人，何况天子要换皇后呢？"武则天令左右将这些话委婉地传给高宗，高宗的决心更坚定了。永徽六年（655）十月，高宗下诏，称："王皇后、萧淑妃谋行鸩毒，废为庶人，其母及兄弟一并除名，流徙岭南。"至此，王皇后大势已去，如残烛之将尽。十一月，高宗举行了隆重的册立仪式，武则天经过激烈较量，终于登上了皇后的宝座。

登基理政

与一般深居后宫的后妃们不同，"素多智计，兼涉文史"的武则天对政事很感兴趣，而且权势欲很强。她城府极深，在未立为后时，还能屈己待人，因此唐高宗误以为她日后能够顺从自己，所以不顾群臣的劝阻，坚持立她为后。但她的地位一旦稳固，便开始干预政事，利用高宗的平庸懦弱，极力树立自己的权威。显庆五年（660）以后，高宗患风疾，目不能视，朝中大事多由武则天处理。再加上高宗遇事无主见，上朝理事，往往根据宰相的意见作出决定。于是，武后索性直接上朝参政，当时人们把高宗和武后并称为"二圣"。武则天临朝听政后，正式提出了著名的"建言十二事"，主要内容是：劝农桑，轻赋敛，息兵戈而以德化天下，增加官俸，量才擢升官吏，广开言路，杜绝谗言，禁免浮华淫巧和大兴土木，等等。这些措施有力地保证了大唐自"贞观之

^ 交河故城遗址

交河故城遗址位于新疆吐鲁番市以西的亚尔乡，这里曾是西域三十六之一的车师前国的都城，唐朝时唐驻西域的最高军政机构安西都护府最早就设在交河故城。女皇武则天曾出兵西域，恢复四镇，交河城市日趋繁华。现存的古城建筑全部由夯土版筑而成，形制布局则与唐代长安城相仿,是世界上现存最大、最古老、保存完好的土生建筑城市，也是我国保存的两千多年最完整的都市遗址。

治”以来的既定国策得以继续，使唐王朝仍然保持着繁荣发展的局面。接着，武则天又着手调整宰相人选，罢免了若干资望高深的宰相，另调一些资历较低的下层官僚，委以相职。就这样经过一番努力，武则天基本上控制了政权。弘道元年（683），高宗病逝，太子李显继位，是为中宗。武则天以皇太后身份临朝称制。翌年，废李显为庐陵王，改立第四子李旦为帝，是为睿宗，朝政仍由她把持。

武则天从当上皇后开始，就运用手中大权残酷镇压政敌，贬褚遂良出京，逼长孙无忌自杀，同时罢免了二十多位反对她的大臣。武则天这些

排斥异己的做法，引起了唐朝宗室和旧臣官僚的强烈不满，他们暗中策划用武力反抗武则天的统治。光宅元年（684），眉州刺史徐敬业被贬为柳州司马而心怀怨恨，途经扬州与其弟徐敬猷及被贬官的唐之奇、骆宾王、杜求仁等策划起事。他们发布了由骆宾王起草的《讨武檄文》，并以匡复庐陵王（即中宗李显）为旗号，号召各地起来响应，十多天内，兵力已扩充到十多万人。檄文传到武则天手里，当她读到“一抔之土未干，六尺之孤何托，试看今日之域中，竟是谁家之天下”几句，不禁击节赞叹，问是出于何人手笔。当听到是骆宾王所写后，她感慨地说：使这样有才能的人流落在外，实在是宰相的过错。另一方面，武则天采取铁血手腕镇压叛乱，首先除掉了和徐敬业有联系的宰相裴炎、大将程务挺，接着派兵南下扬州镇压，仅用五十多天就彻底剿灭了叛军。她对大臣们说：“你们中间有的是先朝老臣，可是倔强难制有超过裴炎的吗？你们中间有不少将门之后，可是纠集亡命之徒有超过徐敬业的吗？你们中间也有不少握有兵权的

^ 簪花仕女图·唐·周昉

《簪花仕女图》由唐代周昉绘，是目前全世界范围内唯一认定的唐代仕女画传世孤本，描写了唐代贵族妇女春夏之交赏花游园的情景，向人们展示了这几位仕女在幽静而空旷的庭园中，以白鹤、蝴蝶取乐的闲适生活。现藏于辽宁省博物馆。

宿将，可是领兵打仗有超过程务挺的吗？这三人都是颇有声望的，但他们不利于我，我都能杀死他们，你们有比他们更厉害的吗？要有异图，请早点动手；不然的话，就该洗心革面，老老实实，免得身败名裂，贻笑天下！”大臣们谁都不敢言语。

另立武周

天授元年（690），武则天废李旦自立为帝，改国号为周，改元天授，史称“武周”。武则天称帝后，为了防止旧臣反抗，任用索元礼、周兴、来俊臣等实行酷吏统治。同时为了培植、扩大自己的势力，她又大批录用人才，并把此项政略看成治国之本、天子之责。为招罗人才，武则天一方面在洛成殿亲自考试贡士，以示重视，开创了殿试制度；又专门设置武举，选拔有武艺的人做官；还允许各级官吏和百姓自行荐举。另一方面，她以修书为名，广泛召集有才学的文人进宫，称“北门学士”。这些人除修书外，还为朝廷出谋划策，参议国事，以便集思广益，治理好国家。武则天任用人才不拘一格，又知人善任，所以她当政期间，人才济济，不比贞观时期逊色。

武则天像·清

从高宗驾崩到武则天让位的二十一年间，她曾任用宰相七十多人，大多为一代名臣良相，其中著名的有李昭德、魏元忠、苏良嗣、狄仁杰、张柬之等。其中一些人，如姚崇、宋璟等直到开元年间仍发挥着重大作用。张柬之是狄仁杰推荐的。有一次，武则天要狄仁杰推荐一个贤能的人。于是，狄仁杰推荐了张柬之，说此人虽然年纪大了一些，但确有宰相之才。武则天很快将他提拔为洛州司马。过了一些日子，武则天又向狄仁杰求贤。狄仁杰说："臣上次举荐的张柬之，陛下还没有重用呢！"武则天说："不是已经升迁了吗？"狄仁杰说："臣举荐他是当宰相，现在不过是一个洛州司马，还没有真正派上用场。"过了不久，武则天就提拔张柬之做了宰相。

在抗击北方民族入侵、保护内地安宁、改善与相邻民族的关系方面，武则天施政时期也颇有政绩。面对吐蕃贵族的入侵和骚扰，她坚决抵御，给予反击。天授三年（692）她派大将王孝杰击败吐蕃，收复安西四镇，复置安西都护府于龟兹。之后，朝廷又在庭州（今属新疆维吾尔自治区）设置北庭都护府，巩固西北边防，打通了一度中断的通向中亚地区的"丝绸之路"。武则天统治时期还坚持边军屯田的政策。天授年间，娄师德检校丰州都督，"屯田积谷数百万"。大足元年（701），郭元振任凉州都督，坚持屯田五年，"军粮可支数十年"。屯田对开发边

历史断面

《大唐西域记》

贞观十九年（645），高僧玄奘结束了十七年的留学生涯，携带657部梵本佛经及若干佛像、舍利从印度回到唐都长安。玄奘西行求法，行程二万五千多千米，到过一百多个国家和地区，成为当时最有名的旅行家。玄奘弟子辩机根据玄奘在旅行中的丰富见闻的口述，撰写成《大唐西域记》一书，共12卷。《大唐西域记》以玄奘游学亲历和见闻所及的138个城邦、地区为目，记述了各地的地理形势、水陆交通、气候、物产、民族、语言、历史、政治、经济生活、宗教、文化、风俗习惯等方面的情况，全书总计十二万多字，是研究中亚、南亚社会历史和中外交通的珍贵历史文献。

疆地区、减轻人民转输之劳以及巩固边防都有着积极的作用。

武则天还很重视农业，奖励农耕，兴修水利，使社会经济得到了长足发展。到了武则天结束执政的神龙元年（705），户口总数从永徽初年（650）的380万人增加到615万人。武则天的统治有效地维持了社会的安定，巩固了贞观之治的成果，为后来的开元盛世奠定了坚实的基础。

当然，武则天一生也存在着不少过失和错误。晚年时，她逐渐走向奢侈腐化，大修宫殿、佛寺，“数年之间所费以亿万计，府藏为之耗竭”。同时，武则天宠信张易之、张昌宗、武三思等小人，致使她统治后期朝政趋于腐败。此外，在镇压反对势力的过程中，她任用酷吏，大肆罗织株连，滥杀了一大批无辜臣民。

传位太子

除了治理天下，继承人问题也使武则天绞尽脑汁。开始，武则天打算将皇位传给侄子武承嗣。凤阁侍郎李昭德进言：“天皇大帝（唐高宗）是陛下的丈夫，皇嗣是陛下的儿子。陛下的天下应该传给子孙，怎么能传给侄子呢？陛下若立儿子，千秋万代后可以永享儿孙的祭祀；若立侄子，谁听说过侄子给姑母立庙奉祀的呢？”不久，武则天做了一个奇怪的梦，梦见一只大鹦鹉，两个翅膀折断了。她要大臣们解梦，宰相狄仁杰回答说：“鹦鹉是指陛下，两翼是指陛下的两个儿子（暗指李显、李旦），他们都被囚禁，就是两翼折断的意思。没有翅膀的鹦鹉不能飞翔，陛下起用二子，鹦鹉就能飞翔了。”经过再三考虑，武则天于圣历元年（698）立李显为皇太子。

武则天有许多男宠，著名的如薛怀义以及张易之、张昌宗兄弟。他们在武则天的纵容下窃权祸国、胡作非为，武则天对这些都置若罔闻。长安四年（704）冬，武则天在洛阳长生殿养病，身边只有张易之、张昌宗兄弟二人和几个宫娥、内侍，政事交由张氏兄弟处理。神龙元年（705）正月，武则天病情加重，宰相张柬之与崔玄暐等经过周密的部署，率领文武群臣入内宫杀死张易之、张昌宗兄弟，逼迫武则天退位，拥立中宗李显复位。中宗将这一年改为神龙元年，恢复李唐国号和唐朝制度，武则天迁居上阳宫，中宗为武则天上尊号为则天大圣皇帝（“则天”之名即由此而来）。

同年十一月，武则天病逝，与高宗合葬于乾陵。遵照她生前叮嘱，死后改称则天大圣皇后，玄宗开元四年（716），追号为“则天皇后”，以后历代均沿用这一称号。在她的墓碑上不写一字，所以乾陵有一块“无字碑”。碑身用一块完整的巨石雕成，高7.35米，宽2.1米，厚1.49米，重9.8吨。碑头刻着八条彼此缠绕、生动有力的螭首，碑身两侧各刻有升龙一条。武则天死后，人们对她有各种各样的评论，久而久之，无字碑也变成了有字碑。

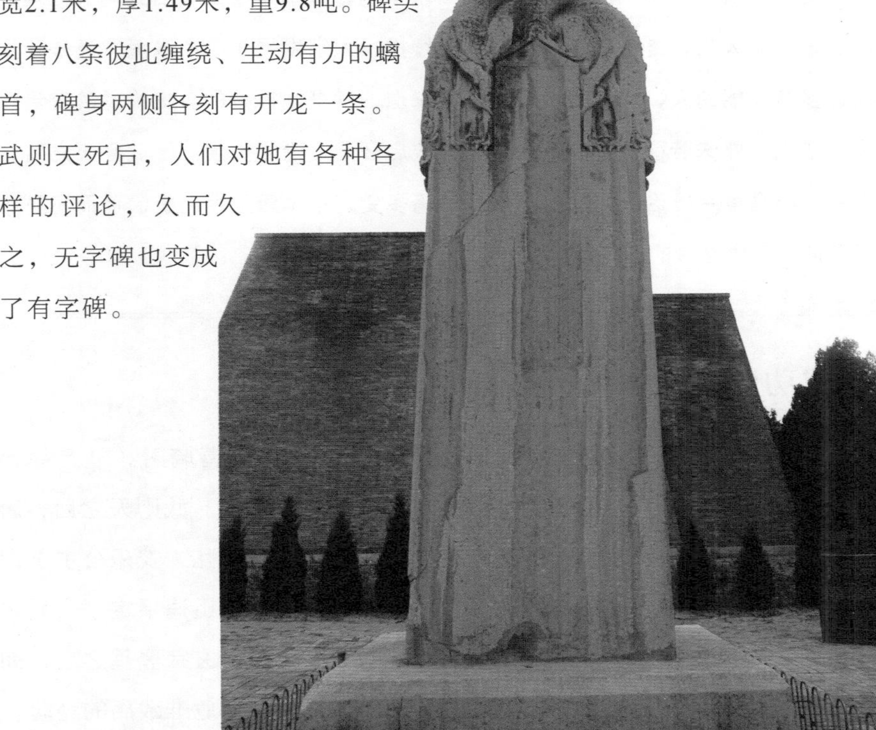

>乾陵无字碑

关键词：救时宰相

开元盛世

■ 713年～741年

唐太宗去世以后，唐高宗继位。高宗多病，政事经常由皇后武则天处理，她逐渐掌握大权，终于称帝。武则天继续推行太宗发展生产的政策，还破格提拔许多有才能的人，后来的名臣姚崇、宋璟，就是她提拔的。史称她的统治有贞观遗风。郭沫若称赞她的统治说："政启开元，治宏贞观。"武则天之后，唐中宗和唐睿宗统治时间短暂，政局动荡多变，但李唐王朝的统治危而不坠，随即迎来了唐玄宗的开元盛世。

贬抑功臣

唐玄宗李隆基是睿宗李旦的第三子。史称李隆基善骑射，通音律，晓历象之学，善写八分书，是一位多才多艺的封建帝王。武则天之后，唐中宗继位，但是大权旁落，中宗亦被妻子（韦后）和女儿（安乐公主）毒死。李隆基就是在这种特殊环境下登上历史舞台的。他迅速平定了韦后之乱，并诛灭韦后、安乐公主，结束了混乱的政治局面。玄宗登基之后，即致力于政局的稳定。他经历过复杂的政治斗争，有处理危难政局的经验。他深知安定升平的政局得来不易，所以用人处事熟虑深思，恐伤国脉。为

> 仕女狩猎纹八瓣银杯・唐

这件银杯出土于陕西西安何家村，银杯通体鎏金，在杯体的8瓣中刻出的纹饰，4幅是男子狩猎图，另4幅是仕女游乐图。

玄宗建立功勋的大臣，大多善于谋划，皆为出世奇才，而且是“不用其奇则厌然不满，诚不可与共治平哉”！

他认为这类人“时与履危，不可得志”，于是以种种借口，将他们诛戮贬逐。最先被罢官的是郭元振。开元元年（713）冬季，玄宗驾幸骊山温泉宫，当时的兵部尚书郭元振正在此地连营五十余里，操练二十余万大军。玄宗检阅操练现场，以军容不整、督操忤旨之罪拘郭元振于军前，宣令处斩。经左右百官求情，才将他罢职，远谪新州（今广东新兴）。太子少保刘幽求、詹事锺绍京、侍郎王琚等人都被玄宗贬为外州刺史，有的人甚至放归田里，永不录用。玄宗外谪功臣的政策，行于开元初年。当他的权力日益稳固以后，他又对昔日被贬官的功臣表示了怀念之情，予以优容款待。

救时宰相

玄宗深知，为了巩固自己的地位，开拓局面，必须有既有治国才能又十分可靠的宰相来辅佐自己。因此，他在处理往日功臣的同时还积极选择良臣，辅己治国。玄宗挑中了姚崇。玄宗在骊山检阅军队之后，又狩猎于渭川。这时，姚崇赶到，受到玄宗接见。玄宗让他担任宰相，姚崇说：“臣有十大安邦之策，陛下如不允行，臣就不能受命。”玄宗要他陈述内

^ 五王醉归图（局部）·元·任仁发

《五王醉归图》卷绘唐之李隆基和他的兄弟宋王李成器、申王李成义、岐王李隆范、薛王李隆业欢饮醉归情景。事见唐郑处诲《明皇杂录》。五王少时感情和睦，常宴饮，或斗鸡、击球，或打猎、游赏；李隆基即位后，与四王仍“长枕大被与之同寝，听朝之暇每从诸王游在禁中，拜跪如家人礼，饭食起居却与同之”。《五王醉归图》以盛唐皇室宴饮游猎为题材，如实重现了唐玄宗的兄弟友爱。

容，他条陈十策：一是宽刑仁恕，免除严刑峻法；二是数十年内不求边功，免除征战之劳；三是法行自近，亲近犯罪亦应绳之以法；四是宦官不得参与朝政；五是禁绝租赋之外的一切税收；六是皇属不得担任朝廷要职；七是尊重大臣人格，以礼相待；八是准许群臣直言犯忌相谏；九是不再增建佛道寺观；十是外戚不得干预朝政。玄宗答应照办，第二天正式授姚崇为兵部尚书，同中书门下三品，晋封梁国公。朝野上下欢呼雀跃，称誉玄宗选相得人。姚崇之后，玄宗又任用宋璟、张嘉贞等担任宰相，他们为推行开元新政立下了不可磨灭的功勋。

限制手足

宫廷政变是李唐王朝建立后帝王更迭的主要原因。为此，唐玄宗对李唐宗室管制甚严。即使是他的同胞兄弟，也只以恩礼相待，而不授予要

职，免其掌握实权，从而削弱皇室内部发动宫廷政变的政治基础。李隆基原与诸兄弟住在长安的隆庆坊。他立为太子之后，改隆庆坊为兴庆坊，仍与众兄弟们住在一起，食则同桌，寝则同眠，和睦相处。玄宗即位后，众兄弟仍然掌管禁军，宋王李成器为闲厩使、左卫大将军；申王李成义为右卫大将军；岐王、薛王也分典左右羽林军；同时，宋王是睿宗的嫡长子，邠王是高宗的长孙，他们在皇室中的特殊地位很容易被阴谋家所利用。因此，玄宗于开元二年（714）接受了宰相姚崇的建议，解除了诸王的兵权，分别将宋王出为岐州刺史，申王出为幽州刺史，邠王出为虢州刺史，薛王出为同州刺史。玄宗还"令（诸王）到官但领大纲，自余州务，皆委上佐主之"。"上佐"指州长史、司马。诸王虽为一方牧守，但并不掌军政大权，从而减少了起兵造反的可能性。同时，为了减少京官与诸王，以及诸王之间的接触机会，玄宗还规定"宗王以下每季两人入朝，周而复始"，使诸王不能同时留居京城。兄弟之中唯岐王李隆范曾参与诛灭太平公主之事，恃功骄恣，不受约束，常与朝臣张说、驸马都尉裴虚己宴游。玄宗先后将张说、裴虚己二人流放外地，以儆效尤，而与岐王李隆范兄弟之情一如往昔，且告诫左右道："兄弟天性，怎可失欢？不过有奸猾之徒，攀附邀宠，无碍兄弟之谊。"玄宗旧邸兴庆坊升格为兴庆宫之后，玄宗环绕兴庆宫为诸兄弟筑第。玄宗常常登楼与诸王欢娱作乐，对榻坐谈。诸王每日纵饮、聚赌、击球、斗鸡、郊猎，玄宗都不加禁止，但严禁他们与朝臣、外戚交游。

开元盛世

政局的安定，为社会经济的发展创造了条件。玄宗注重兴修水利，发展农业生产。例如，开元二年（714）他命戴谦开掘并州文水（今山西文水东）东北五十里的甘泉渠、二十五里处的荡河渠、二十里处的灵长渠及千亩渠，均引水灌溉田亩千余顷。

这些农田水利的兴修，对抵抗旱灾、增加粮食产量大有裨益。此外，玄宗还下令招募社会流民耕种荒田，免征五年赋税，刺激农业生产的发展。由于玄宗采取了这些发展农业生产的措施，使全国出现了“高山绝壑，耒耜亦满”的局面。为了解决谷贱伤农的问题并抵御天灾，玄宗又极力主张恢复常平仓、义仓制度。常平仓的设置，主要在于平抑粮价，防止年丰谷贱伤农和荒年谷贵伤农。而义仓的设置，主要在于荒年救灾和青黄不接时向农民免息贷种。

手工业方面，陶瓷、纺织、印染、造纸、印刷等各行各业较前代有较大的发展和进步。随着农业和手工业的发展，商业也迅速发展。“东至

陶乐舞群俑·唐

宋（今河南商丘南）、汴（今河南开封），西至岐州（今陕西凤翔），夹路列店肆待客，酒馔丰溢，每店皆有驴赁客乘，倏忽数十里，谓之驿驴。南诣荆、襄（今湖北江陵、襄樊），北至太原、范阳（今北京），西至蜀川（今四川）、凉府（即凉州，今甘肃武威），皆有店肆，以供商旅。”富商大贾空前活跃，“客行野田间，比屋皆闭户。借问屋中人，尽去做商贾”。社会财富的增加，使国力空前强盛。高宗以后，吐蕃强大，成为唐朝西方边境的严重威胁。武后时期，东突厥复兴于漠北，契丹崛起于东北，又造成帝国北方形势的紧张。许多在贞观、永徽年间（627—655）归属唐朝的地区重又脱离控制。玄宗加强邻接地区军队管理，开垦屯田，大大充实了防务；又从东北到西北和南方设立了平卢、范阳、河东、朔方、陇右、河西、安西四镇、伊西北庭、剑南九个节度使和一个岭南五府经略使，以统一指挥战争及军事。在开元五年（717），唐军收复陷于契丹21年的辽西12州，于柳城（今辽宁朝阳）重置营州都督府；漠北的同罗、拔也古等都重新归顺唐朝；西突厥与唐之间的战争也逐渐停止而代之以友好往来；唐在西域设置的安西四镇节度使及经略使，阻止了吐蕃势力的北上；在陇右、河西之西设置的军镇，巩固了河西走廊的安定，保证了中国和中亚、西亚的交通顺畅。当时唐朝的声威远达西亚，各国使者和商人往来不绝。

开元年间，由于玄宗在政治、经济方面都大有作为，唐朝进入了一个黄金年代。社会经济的繁荣，也推动了文化事业的发展。玄宗本人就是一位多才多艺的帝王，对当时文化艺术氛围的形成不无影响。玄宗特别擅长音乐，使得当时的音乐舞蹈取得了长足的发展。盛唐诗歌最为后世称道，对中国文学的影响极为深远。盛唐时期的著名诗人如高适、岑参、王维、孟浩然、李白和杜甫等，都是光耀千古的诗坛泰斗。他们在诗中歌繁华、吟出塞，全面深刻地反映了这一时代；其他如书法、绘画、雕塑、陶瓷等艺术也无不有显著成就。

关键词：马嵬驿之变

安史之乱

▪ 755年～763年

在开元年间，唐玄宗能够做到励精图治，采取各种积极的政策振兴唐朝，因此才有了开元盛世的局面。然而到了天宝年间，志得意满的唐玄宗在后宫宠信杨贵妃，纵情声色，挥霍无度；在朝政上，重用李林甫、杨国忠等奸臣，荒废政务；在军事上，他将地方的军政、经济大权毫无限制地交给安禄山等地方节度使，使得国家军事力量外实而内虚，整个唐朝被巨大的社会危机所笼罩。天宝十四载（755），安禄山在范阳（今北京）起兵作乱，一场规模空前的安史之乱彻底打碎了唐帝国的盛世迷梦。

安禄山的发迹

安禄山本姓康，名轧荦山，营州柳城（今辽宁朝阳）人。其父早逝，做女巫的母亲阿史德氏改嫁突厥番官安延偃，改姓安，改名禄山。安禄山既善于处理各种纠纷，又敢于同当地的恶少争斗，以勇敢善斗闻名于幽州。后来投军于幽州节度使张守珪帐下。由于他为人狡诈，善于揣度人心，所以很受张守珪的青睐，甚至被张守珪收为义子。因此，他也不断得到提升。

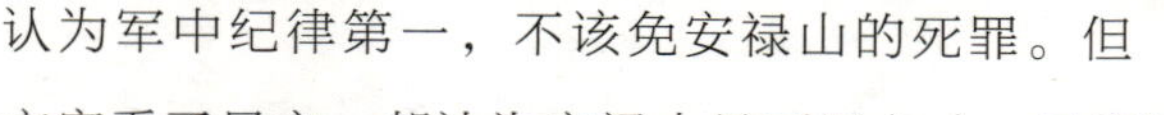

> 六曲熊纹银盘·唐

开元二十四年（736）三月，已担任了平卢讨击使、左骁卫将军的安禄山由于军事失误犯了死罪。张守珪爱惜他是个人才，想饶他不死，于是就写了一纸呈文，派人将安禄山押往首都长安，交朝廷处置。当时担任右丞相的张九龄看了呈文后，认为军中纪律第一，不该免安禄山的死罪。但玄宗看了呈文，却认为安禄山是可用之才，最终还是将其赦免。

安禄山回到幽州军营，通过曲意巴结、贿赂各方面的宫员，不久就赢得朝廷上下的一片赞誉之声。天宝元年（742），安禄山被任命为平卢节度使。过了两年，安禄山又兼任了范阳节度使。天宝六载（747），安禄山再次入朝谒见玄宗，他极尽谄媚之能事，对唐玄宗、杨贵妃极为尊重，却对太子不假辞色，甚至宣称“愚臣只知有陛下，不知有皇太子，真是罪该万死！”唐玄宗不明白安禄山奸诈，反而称赞他诚朴可爱，对他的忠心感到十分满意，当即令杨氏兄弟与安禄山结为异姓兄弟。当时安禄山身体肥胖，据称体重超过三百斤，腹部垂过膝盖，唐玄宗指着他的大肚皮笑着说：“你腹中装的是什么东西，如此庞大？”安禄山回答说：“没有其他东西，只有一颗忠于陛下的赤心。”玄宗听后更是无比喜悦。

天宝七载（748）元月，唐玄宗赏赐安禄山铁券。天宝九载（750）五月，唐玄宗又赐封安禄山为东平郡王，除了范阳、平卢两镇外，又兼了河东（今山西太原）节度使，控制了北方边境的大部地区，当时直接或间接听命于安禄山的军队已经超过19万人，占到唐朝军队数量的四成左右。眼见玄宗宠信贵妃，荒于朝政，军备不修，安禄山一面秘密提拔将领，从边境各族的降兵中挑选了八千名壮士，组成一支名为“曳罗河”（壮士之意）的精兵，一面囤积粮草，磨砺武器，准备叛乱。天宝十二载（753），权相李林甫病死，杨贵妃的同族哥哥杨国忠接任宰相。杨国忠上任以后，几次三番在唐玄宗面前说安禄山一定会谋反。天宝十三载（754），安禄山前往长安，他一见到玄宗，就哭着说：“臣是蕃人，不识字，陛下提拔臣于行伍之间，臣感念陛下深恩，杨国忠欲杀臣也。”唐玄宗再次被他的演技所骗过，不但没有处置安禄山，反而升其为尚书左仆射，封其两子为官，以作安慰。

渔阳鼙鼓动地来

天宝十四载（755）十一月，安禄山以“奉命讨伐杨国忠”为名，带领十五万叛军从范阳南下，直扑洛阳、长安两都之地。当时中原地区已多年没有战事，很多郡县无兵可用，毫无应变准备。地方官吏闻听叛军将至，或弃城逃跑，或开门出迎，叛军长驱南下，几乎没有遇到什么抵抗，

很快占领了黄河以北大部分地区。唐军连遭败绩，名将封常清、高仙芝所率新军也被击溃，东都洛阳失守，国都长安前面只有潼关天险可以阻挡叛军了。当时，平原太守颜真卿、常山太守颜杲卿兄弟已经在河北举兵抗击安禄山叛军，只要唐军主将哥舒翰能守住潼关，腹背受敌的叛军很可能遭到失败。然而，玄宗急于打败叛军，收复洛阳，强令哥舒翰出战。哥舒翰没办法违抗玄宗的旨意，痛哭一场之后，只好带兵出战。结果唐军在灵宝（今河南灵宝东北）中了叛军崔乾祐所部的埋伏，被叛军杀得大败。随后，崔乾祐攻克潼关，哥舒翰也做了叛军俘虏。潼关失守后，长安门户洞开，已无险可守。

听到潼关失守的消息，唐玄宗君臣顿时慌了手脚，在杨国忠的建议

杨贵妃上马图·元·钱选

此图共绘有14人，皆着唐装，人物身形饱满，姿态、动作各不相同，形象刻画细微、生动。现藏于美国弗利尔美术馆。

西安市临潼区骊山北麓的华清池

下，唐玄宗和杨贵妃等人连夜仓皇逃出长安，试图到蜀地避难。车队行至马嵬驿（今陕西兴平西北）时，扈从的六军将士一路饥寒交迫，疲惫不堪，更愤恨于奸佞杨国忠乱政误国，招致变乱。于是士兵们发动兵变，射杀了杨国忠之后，又尽杀其子户部侍郎杨暄和韩国夫人、秦国夫人。随后，余怒未息的将士包围了马嵬驿，在外喧嚣不已。唐玄宗为求自保，迫不得已命高力士把杨贵妃缢死在佛堂前的梨树下，方才平息了六军将士的愤怒情绪。已成惊弓之鸟的唐玄宗，在经历了此次兵变之后，肝胆俱裂，迅速起驾逃往成都。沿途百姓拦马请留，玄宗只好把太子李亨留下来主持大局。太子李亨分道北上灵武（今宁夏灵武西），担负起反击叛军、光复两京的重任。随后，李亨在灵武即位称帝，改元至德，是为唐肃宗，玄宗被尊为太上皇。宝应元年（762）四月，父子失和的唐玄宗在凄凉中溘然长逝，曾经辉煌一时的开元盛世和它的开创者一起成为尘封的历史。

平定叛乱

占领长安之后，自称大燕皇帝的安禄山日夜纵酒，以声色自娱，没有出关西进的打算，这就给了唐军收复长安的机会。至德二载（757）九月，唐朝将领郭子仪率领十五万大军，在长安城外与叛军展开激战，大败叛军，不久收复了长安。此时，安禄山已经被其子安庆绪杀死，安庆绪放弃洛阳，逃奔邺郡（今河南安阳），唐军又得以收复洛阳。乾元二年（759），唐肃宗调集九位节度使和数十万大军进攻叛军大将史思明所部。双方交战之时突然大风吹起，天昏地暗，敌我难辨，唐军被迫撤退。这时叛军内部再次发生内讧，史思明杀死安庆绪，率军退往范阳。当年九月，史思明再次率军南下，攻占洛阳，形势对唐军非常不利。这时史思明的长子史朝义发动兵变，杀死史思明，自己即位称帝，叛军因此军心大乱，一蹶不振。

唐代宗宝应元年（762），唐军会同帮助平乱的回纥兵收复东都，叛军在河北等地连续战败，叛将薛嵩、张忠志等相继投降唐军。广德元年（763），史朝义的部下田承嗣驱逐了史朝义，投降唐军。史朝义逃奔范阳，结果叛军的范阳节度使李怀仙也投降了唐军。眼见大势已去，史朝义的部下作鸟兽而散，史朝义本人在逃亡途中自缢身亡。至此，长达八年之久的安史之乱才被平定下去。

关键词：唐诗

诗仙与诗圣

■ 701年～770年

唐代是中国古典诗歌发展的全盛时期，仅《全唐诗》一书就收录了诗作四万余首，诗人两千多人，唐诗也成了中华文明宝库中一颗灿烂的明珠。在唐代众多才华横溢的诗人中，李白和杜甫是最为后世所称道的。李白是中国历史上最为伟大的浪漫主义诗人，有“诗仙”之美誉。他的诗豪迈瑰丽、气势磅礴，既有突破现实的幻想，也有对当时民生疾苦的反映和对政治黑暗的抨击。杜甫是中国文学史上伟大的现实主义诗人，他的诗反映了安史之乱前后的社会现实，揭示了唐王朝由盛转衰的历史，所以，人们把他的诗篇称作“诗史”，杜甫也被人们尊称为“诗圣”。

诗仙李白

李白（701—762），字太白，号青莲居士，盛唐时代的伟大诗人。李白祖籍陇西成纪（今甘肃天水附近），还有一种说法是李白出生于中亚的碎叶（今哈萨克斯坦托克马克），后随父迁居绵州昌隆（今四川江油）青莲乡。李白“五岁诵六甲，十岁观百家”，成年之后，轻财重施、任侠好客，名闻川中。开元十三年（725）之后，李白出蜀，顺江而下，到达江陵。此后数年之间，李白与洛阳、太原、东鲁等地的道士、隐士交游，远近闻名。在这期间，李白也与当时的一般宦游士子一样，想由布衣一跃而为卿相，他曾经多次投书长吏，干谒求仕，但均未获回应。

天宝元年（742），李白得到玉真公主和大臣贺知章的推荐，被唐玄宗召入长安，在翰林院中待诏供奉，李白结束了漫游生涯，开始了宫廷侍从的生活。当时的唐玄宗一味贪图享乐，政治日趋腐败黑暗，李白不满于宫廷诗人的无聊生活，经常沉醉酒乡。一次，唐玄宗找他入宫侍奉，李白趁着酒性，让玄宗最为宠信的宦官高力士为之脱靴。高力士怀恨在心，便找机会在唐玄宗面前说李白的坏话。李白见再留在朝廷也是无所作为，就上疏求去。天宝三载（744），李白又离京远游。在此期间，李白与大诗人贺知章建立了深厚的友情，这位年长李白四十多岁的诗坛领袖，在读到李白的《蜀道难》之时，还没有读完，就连声赞叹不已，认为此诗只有神仙才写得出来，贺知章惊呼李白为“谪仙人”。

^ 桃形龟纹银盘·唐

在随后的游历中，李白还结识了杜甫和高适，三人曾经结伴周游梁（今河南开封）、宋（今河南商丘）。这一阶段的李白可谓命运多舛，先是前妻亡故，又再婚许氏；许氏亡后，又娶宗氏。身家多故，国家多事，李白一面求仙学道，一面试图为国建功。对于国家安危，他仍然颇多关切。

天宝十四载（755），安史之乱爆发，李白避居庐山。这时，永王李璘出师东巡，盛情邀请李白入幕为宾。出于平定叛乱、恢复国家统一的良好心愿，李白参加了李璘的军队。这里李白所作《永王东巡歌》十一首，内中有名句“三川北虏乱如麻，四海南奔似永嘉。但用东山谢安石，为君谈笑静胡沙”。李白以谢安自命，想通过追随李璘而施展自己的政治抱负，求得一番大作为。不料，为了争夺帝位，永王和唐肃宗兄弟反目，兵戎相见，永王兵败被杀，李白也获罪下狱。后得御史中丞宋若思、宣抚大使崔涣救助，李白方才被免予治罪，而流放夜郎（今贵州桐梓一带）。中途遇到大赦，李白才得以放还。上元二年（761），六十一岁的李白听说名将李光弼正在乘胜率兵追击叛将史朝义，就决定再度投军，但行到金陵（今江苏南京）因病折回。宝应元年（762），李白病逝于当涂（今属安徽）县令李阳冰家中，终年六十二岁。

李白的诗歌继承了自屈原以来的浪漫主义精神，在中国文学史上起到了革新作用，对唐代和后世都有很大影响。他的诗流传下来近千首，其中不少都成为传诵千古的名篇，成为唐诗中的奇葩。

太白醉酒图·清·苏六朋

此画为清代画家苏六朋于道光年间所绘的名画，描绘了诗圣李白醉酒于宫殿之内，内侍二人搀扶侍应的情景。

诗圣杜甫

杜甫（712—770），字子美，是唐代最著名的大诗人之一。杜甫祖籍襄阳（今属湖北），他的曾祖父杜依艺为巩县县令，后居住于巩县（今河南巩义），杜甫也出生于此。杜甫出生于唐王朝如日中天的“开元盛世”，为了增长自己的见闻，他南游吴越，北至齐赵。在此期间，他以《望岳》诗中那“会当凌绝顶，一览众山小”的雄浑气魄震惊文坛。其后，杜甫在东都洛阳结识了被唐玄宗赐金放还的大诗人李白。两人同游梁（今河南开封）、宋（今河南商丘），还与边塞派诗人高适多有接触。

天宝五载（746），杜甫来到长安参加科举考试，而当时掌权的正是奸相李林甫。不学无术的李林甫最忌恨有才学的人，生怕他们议论朝政，对自己不利。李林甫暗做手脚，结果这一年的科试中，布衣之士竟然没有一人及第。为了掩盖自己的恶劣行径，李林甫竟然大拍唐玄宗的马屁，说因为皇帝的圣明，天下人尽其用，野无遗贤。在这种情况下，杜甫当然不可能入仕朝廷。困居长安的杜甫生活日渐贫困。迫于饥寒，杜甫不得不“朝扣富儿门，暮随肥马尘。残杯与冷炙，到处潜悲辛”。通过向一些达官贵人投诗，以求温饱。在此期间，杜甫虽然备受饥寒疾病的折磨，却不忘用自己的如椽巨笔记录历史、针砭时弊。针对杨氏兄妹的奢侈荒淫、专权误国，他撰写了《丽人行》，讽刺了其骄奢淫逸的腐败生活，曲折反映了玄宗的昏庸和时政的腐败；针对穷兵黩武的对外战争给人民带来的灾难，他撰写了《兵车行》，表达了对人民不幸生活深深的同情。杜甫以诗人敏锐的观察力，洞察到了唐朝山雨欲来风满楼的危局，为开元盛世唱响了挽歌。

天宝十四载（755），安史之乱爆发，唐玄宗匆忙逃亡蜀地。刚任右卫率府兵曹参军的杜甫，正带着妻子儿女从奉先（今陕西蒲城）赶往鄜州（今陕西富县）。听到唐肃宗在灵武即位的消息，他匆匆安顿了家属，随即上路前往灵武。途中杜甫被叛军抓获，掠至长安。至德二载（757），杜甫逃出长安，奔向朝廷所在的凤翔（今属陕西）。唐肃宗对杜甫长途跋涉投奔朝廷，表示赞赏，授他为左拾遗。杜甫认为自己致天子于尧舜的时机到来了，积极上疏谏言。结果不到一月，他就遭到贬斥，被贬为华州（今陕西渭南华州区）司功参军。途中，他目睹了各级官吏不顾百姓身家生死，无论男女老幼征兵拉丁；见闻了妇孺老弱无助的倾诉与悲啼，同时杜甫也看到了众多百姓为了国家社稷，积极支援官军平叛的场面。其间，他写成了六首著名的“新题乐府”组诗，即《新安吏》《石壕吏》《潼关吏》和《新婚别》《垂老别》《无家别》，后人简称为“三吏”“三别”。这六首诗不仅反映了人民为战争付出的代价和安史之乱对国家造成的民不聊生的惨状，而且也讴歌了人民奋不顾身的自我牺牲精神。

不久，杜甫好友严武出任两川节度使，杜甫投奔入蜀。大历五年（770），国家形势稍有安定，杜甫依然为生计奔波着，长期的辛劳使得杜甫贫病交加。同年冬天，杜甫在湘水上的一条小船上病逝，结束了苦难的一生。杜甫留下一千四百多首诗，为后世勾勒出唐王朝由盛而衰的历史长卷，堪称“诗史”。他的诗被奉为典范，“吟咏流千古，声名动四夷”，杜甫也被尊为一代“诗圣”。

杜甫像·现代·蒋兆和

杜甫（712—770），字子美，自号少陵野老，唐代伟大的现实主义诗人。杜甫在中国古典诗歌中的影响非常深远，被后人称为“诗圣”，他的诗被称为“诗史”。

关键词：藩镇

藩镇割据和宪宗削藩

■ 唐朝中后期

安史之乱中，唐王朝依靠地方节度使的力量平定了叛乱，地方势力开始抬头。此外，唐朝统治者为了迅速平定叛乱，接受了大批叛军将领的投降，又将其册封为新的节度使，这就导致了地方藩镇林立、中央集权严重削弱的局面出现。唐德宗、唐宪宗时期，地方藩镇叛乱时有发生，严重危害了国家的统治。唐宪宗即位后，全力推行武力削藩的政策，使唐朝出现了“元和中兴”的局面。

藩镇割据

安史之乱是唐代由盛世走向衰亡的转折点。这次动乱之后，唐王朝由统一集权走向分裂割据，地

> 舞马衔杯纹银壶·唐

这件银壶仿照北方少数民族皮囊的形状，上部安有鎏金的提梁，壶身上纹有衔着银杯的骏马，图案华美异常，生动地再现了唐玄宗时期千秋节舞马表演的生动场景。现藏于陕西历史博物馆。

方武将控制的军队由屏藩朝廷的国家军队一变而成为割据地方的军阀武装。特别是在对安史降将如何处理的问题上，唐代宗姑息养奸，轻易地放过了李怀仙、李宝臣（叛将张忠志投降后被赐名）、田承嗣三大叛将，形成了卢龙、成德、魏博“河北三镇”割据一方的局面。李怀仙、李宝臣、田承嗣三人在自己的藩镇内“自署文武将吏，不供贡赋”，所有“法令、官爵、甲兵、租赋、刑杀，皆自专之”，不接受唐朝政府命令，或父子相承，兄终弟及，或军将自行拥立，事后胁迫中央承认，名义上是唐朝的藩镇，实际上是独立的小王国。

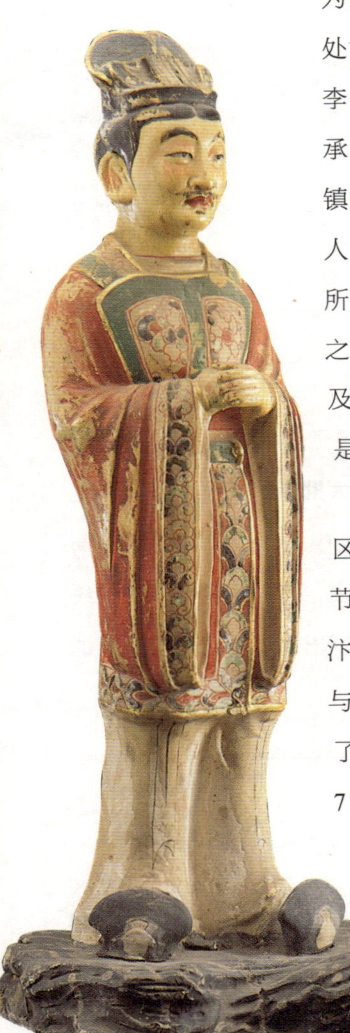
彩绘贴金文吏俑·唐

河北地区成了藩镇割据的重灾区，而淮西地区的军阀则更为嚣张。建中三年（782），成德节度使李宝臣的族侄、淮西节度使李希烈攻取汴州（今河南开封），自称楚帝，改元武成。与此同时，河北三镇以及淄青、淮蔡各镇爆发了长达六年的大叛乱（建中二年至贞元二年，781—786），牵连在内的有成德节度使李惟岳（李宝臣之子）、魏博节度使田悦（田承嗣之侄）、淄青节度使李纳、山南东道的梁崇义、卢龙节度使朱滔、泾原节度使姚令言、朔方节度使李怀光等人。这次叛乱中，泾原叛军竟攻入长安城，唐德宗仓皇出逃。而朱滔、王武俊、田悦、李纳四人甚至相约称王，并以朱滔为盟主。虽然，这次叛乱最终以朝廷和地方藩镇的妥协而平息，但藩镇的气焰变得嚣张。

唐德宗贞元二年（786），李希烈被部将陈仙奇毒死，淮西归降了中央。之后，李希列的另一个心腹部将吴少诚又攻杀陈仙奇，唐德宗无奈，就顺势拜吴少诚为申、蔡节度使。吴少诚死后，其义弟吴少阳杀吴少诚诸子，自立为节度使，朝廷也只得认可。虽然唐王朝表面上仍然是统一的中央集权国家，其实已经分裂为各个由藩镇统治的诸侯王国，唐朝皇帝也只是周天子那样的“天下共主”罢了。

英主削藩

元和元年（806），唐宪宗李纯即位。唐宪宗少年时即钦慕贞观、开元时期的政治局面，有志恢复，故即位后利用德宗以来积蓄的财力，重用主张裁抑藩镇的大臣杜黄裳、武元衡、李吉甫和裴度等人，坚决主张以军事手段讨伐藩镇割据。宪宗是唐朝后期最有所作为的皇帝，被后人称为唐代的“中兴之主”。

元和元年，唐宪宗讨伐抗命的西川（今四川成都）节度副使刘辟，取得成功；同年，夏绥（今宁夏银川）留后杨惠琳拒绝承认朝廷任命的新节度使，宪宗又派兵讨伐，使中央声威复振。元和二年（807），镇海（又名浙西，今江苏镇江）节度使李琦发动叛乱，也迅速被平定，使中央的威信重新树立于东南。元和八年（813）春，经过大军数次征讨，魏博（今河北大名北）节度使田兴归附朝廷，历经四代、割据49年的魏博镇再次回到朝廷手中。

元和九年（814），淮西节度使吴少阳死，其子吴元济匿不发丧，伪造吴少阳的表奏，请以自己为留后。朝廷不许，吴元济于是遣兵焚舞阳、叶县，攻掠鲁山、襄城、阳翟（以上今均属河南）等处，企图要挟朝廷。宪宗在主战派宰相李吉甫、武元衡及御史中丞裴度等支持下，发兵讨伐。当时河北藩镇中，成德（今河北正定）的王承宗、淄青（今山东青州）的李师道都暗中与吴元济勾结，出面为之请赦。因朝廷不许，李师道一方面遣人伪装盗贼，焚烧河阴（今河南荥阳东北）粮仓，企图破坏唐朝的军需供应；另一方面又派刺客入京刺杀武元衡，砍伤裴度（时李吉甫已死），企图打击主战派。但宪宗不为之所动，以裴度继武元衡为宰相，主持讨伐事宜。

蔡州之战

元和十二年（817），朝廷免去作战不力的前线主将袁滋的职务，以太子詹事李愬为唐随邓节度使。初来军前，李愬故意示弱，表示自己是懦弱无能之辈，只是来安定地方秩序，并无心去打吴元济。淮西叛军自认为曾连败唐军，非常轻视李愬，毫不戒备。

针对唐军接连败仗，将士畏战，缺乏必胜勇气和信心的情况，李愬慰问部属，存恤伤病，不事威严，初步稳定了军心。不久，忠武军节度使李光颜率河阳、宣武、魏博、河东、忠武诸镇唐军渡过溵水，进至郾城（今属河南），大败淮西军，收复郾城。为此，吴元济急调蔡州守军主力增援部将董重质防守的洄曲（今河南商水西南）。淮西军的主力和精锐都被李光颜军所吸引，蔡州（今河南汝南）守备非常空虚。这时，力主武力削藩的宰相裴度自请赴前线督师，并奏请唐宪宗全部裁撤诸道监军宦官，加强了军事的统一领导。淮西地区因为连年交战，粮食缺乏，叛军军心动摇。

为进一步瓦解淮西军心，李愬厚待俘虏，大胆重用降将。淮西骁将丁士良、吴秀琳、李祐、李忠义等相继被俘后归降，唐军因之士气大振，连克多城，淮西将士降者络绎于道。李愬委任李祐为六院兵马使，执掌自己的亲兵卫队，并向降将诚恳地询问攻取蔡州之策。李祐等人为之感动，献计说："吴元济的主力和精锐部队都在洄曲，防守蔡州的不过是些老弱残兵。如果乘虚直捣其城，出其不意，就可以一举擒获吴元济。"李愬深以为然，裴度也支持他们的设想。

^ 三彩马和牵马俑·唐

这件牵马俑塑造得极为生动传神，牵马人头戴白色尖顶帽，面相深目高鼻，明显是按照中亚地区的胡人形象塑造，反映出唐代中外文化互动的情况。现藏于北京故宫博物院。

十月十五日，李愬利用风雪交加的恶劣天气，命李祐等率精兵三千为前锋，自率中军、后军随后出发。李愬只说挥师向东，除个别将领外，全军上下都不知行军的目的地和部队的任务。东行六十里后，唐军趁夜全歼张柴村守军，既防止了叛军烽燧报警，又截断了通往洄曲的道路，李愬这才宣布说，要直入蔡州夜袭吴元济。诸将闻说大惊失色，有人甚至说是中了李祐的奸计。但军令如山，众将只得率部向东南方向急进。此时夜深天寒，风雪大作，旌旗为之破裂，人马冻死者相望于道。

但众人都畏惧李愬，无人敢于抗令。唐军强行军七十里，终于抵达蔡州城边。近城处有鹅鸭池，李愬令士卒击打鹅鸭以掩盖行军声。自从淮西割据，唐军已有三十余年未到蔡州城下，所以淮西军毫无戒备。四更时分，李祐等降将爬城开门，迎李愬率军入城。吴元济尚在梦中，浑然无知。入城后，李愬派人慰抚洄曲守将董重质的家属，派董重质的儿子前去劝降。董重质看大势已去，就亲自赶到蔡州向李愬投降。此日，蔡州百姓助唐军攻打内城，吴元济投降。申、光二州及诸镇兵两万余人相继降唐，淮西平定。

经过唐宪宗君臣的努力，全国的藩镇至少在名义上复归于大唐王朝的直接管辖之下，四分五裂的唐朝出现了暂时中兴的气象，史称“元和中兴”。然而藩镇割据并不是单独存在的现象，它和宦官专权等统治阶层内部的矛盾一起构成了唐王朝病体上的顽疾，并一直延续到了五代时期。

历史断面

唐三彩

唐三彩是盛行于唐代的铅釉陶器的总称，因为器物上有光亮的黄、绿、白或者黄、绿、蓝等多色釉彩而得名。其实几种釉色互相渗化，又产生许多新的颜色，再加上年代久远，有些颜色发生变化，所以呈现出来的颜色远远不止三种，而是绚烂多彩，富丽堂皇。唐三彩品种多，内容丰富，概括了当时社会生活的各个方面，被誉为唐代社会的“百科全书”。唐三彩还是唐代对外交往的历史见证。出土的唐三彩中有许多胡人俑以及活泼可爱的狮子俑，这些都直接反映了外国和中国的文化交流。

关键词：朋党

牛李党争

■ 唐朝中后期

牛李党争是唐朝后期朝廷中的派系之争，是以牛僧孺为代表的庶族官僚集团与李德裕为代表的士族官僚集团的冲突。牛李党争是统治阶级上层集团内部的冲突，他们在宦官操纵下为了个人利益而争权夺势。这种冲突进一步促使统治阶级内部陷入混乱和分裂，从而加深了唐王朝的政治危机。

举人之争

^ 错金银缠枝花卉纹剪刀·唐

唐末以牛僧孺为首领的牛党和以李德裕为首领的李党两派官员互相倾轧，争吵不休，从唐宪宗时期开始，直到宣宗时期才结束，争斗了将近四十年。

唐宪宗元和三年（808），朝廷以“贤良方正、能言极谏科”选拔人才。在参加考试的人中，两位

^ 鋬金双鸳团花大银盆·唐

这件银盆出土于陕西扶风法门寺地宫，重6.265千克，外壁对称接有一双弓形提耳，盆壁呈四瓣，每瓣内各纹有两个石榴团花，团花中立有一只展翅的鸳鸯，两两相对。盆底外侧刻有“浙西”两字，表明是浙西道所制，反映出晚唐时期金银工艺的制作水平。现藏于法门寺博物馆。

下级官员李宗闵和牛僧孺在考卷里批评了朝政。出身士族的宰相李吉甫看到文章后，非常生气。李吉甫本来就瞧不起科举出身的官员，现在出身低微的李宗闵、牛僧孺竟敢在批评朝政之余，对自己进行讽刺，这当然使李吉甫非常不快。于是，李吉甫就说二人跟考官有私人关系，方得进用。宪宗信以为真，把几个考官降了职，牛僧孺和李宗闵也没有受到提拔，这为日后牛李党争埋下了伏笔。

唐穆宗长庆元年（821），李吉甫之子李德裕任翰林学士。这年又举行进士考试，正好李宗闵有个亲戚应考，被选中了。而没考中的人就趁机告发跟李宗闵有关系的主考徇私舞弊。在时任翰林学士的李德裕的证实下，不但主考钱徽被降职，李宗闵也受到牵连，被贬谪到外地去了。李宗闵认为李德裕成心排挤他，恨透了后者。同样出身科举的牛僧孺，自然同情李宗闵，此后，李宗闵、牛僧孺就跟一些科举出身的官员结成一派，李德裕也跟士族出身的官员结成一派，两派开始了长达四十年，几乎与唐朝命运相始终的党争。

党同伐异

唐文宗太和三年（829），走了宦官门路的李宗闵终于做了宰相。在唐文宗面前，李宗闵多次推荐牛僧孺，称赞牛僧孺有政治才干，不宜久任外官。第二年，牛僧孺被朝廷任命为兵部尚书、同平章事。在这以后，李牛二人援引同党，尽逐李德裕一党。对于李德裕本人，他们更是极力打击。原本李德裕在浙西观察使任上八年，成绩斐然，唐文宗将他调入京师，欲委以宰相之职。四朝元老裴度也认为李德裕有才干，极力举荐。但李宗闵、牛僧孺二人共同诋毁李德裕，将李德裕赶到西川（今四川成都），出任节度使。

经过李德裕的经营，西川的形势有了显著的好转，吐蕃、南诏再也不敢轻举妄动。吐蕃的维州守将悉怛谋举城投降，沦丧四十年的维州城又重归大唐。但当政宰相牛僧孺嫉妒李德裕功高，居然命令李德裕拒绝受降，将维州归还吐蕃，并送回悉怛谋，致使悉怛谋和所有降唐者均被吐蕃杀害。因为李德裕在西川政绩卓著，太和六年（832），李德裕再次入朝廷担任兵部尚书。李宗闵唯恐李德裕做宰相，竭力阻止，引起文宗的极度厌恶。不久，李宗闵被出为山南西道节度使，由李德裕代为中书侍郎、集贤殿大学士。但牛僧孺依旧在朝中为官，牛李二党各怀私利，党同伐异，争斗不绝。

在李德裕为相期间，北破回鹘，安定边陲；决策制胜，平定叛镇；禁断佛教，取得了一系列政绩。对于朋党，李德裕“绝于附会，门无宾客”，一时间朝政大为清明。但因为李德裕办事专断，也遭到不少朝臣的怨恨。会昌六年（846）三月，武宗病故，唐宣宗即立，李德裕失势，被贬为崖州（今海南三亚）司户。白敏中、令狐绹等人先后为相，牛李党争以牛党大胜而告终，但唐王朝也将走入死胡同了。

历史断面

两税法

唐德宗建中元年（780）二月，新任宰相杨炎提出一套完整的税收方案，这就是中国历史上的两税法。两税法的主要内容是：统一税目，以户税和地税为核心，将租庸调、杂徭以及其他一切赋敛都纳入两税。纳税人依据财产及土地占有情况划分征税数量；经常往来的行商，于所在州县纳赋三十分之一。地税分夏秋两季征收，夏税征钱或折纳绵帛，秋税则征收谷物。田亩税以大历十四年（779）的土地数目为准，夏税不过六月，秋税不过十一月。两税法虽然在实行一个时期后就弊端丛生，但是它顺应了社会经济发展的内在趋势，使政府对农民的人身控制有所松弛，并在一定程度上改变了贫富负担不均的现象，增加了国家的税收。两税法在唐中叶以后得到确立，并为后世数百年所沿用。

关键词:南衙/北司

宦官专权和甘露之变

■ 唐朝中后期

甘露之变是唐朝皇帝为反抗宦官专政所作的最后抗争，是继王叔文事件之后唐代士人和宦官之间发生的又一次大冲突。由于谋事仓促、处事不决，这次政变以失败告终。从此宦官更加专横，凌逼皇帝，蔑视朝官，使朝臣和宦官逐渐走向彻底对立。

宦官专权

宦官是皇帝周围的杂役。一般来说，当皇帝勤于政事、积极有为的时候，宦官是没有办法插手政务的；相反，皇帝疏于朝政

> 彩绘木胎宦者俑·唐

这两件木俑出土于新疆吐鲁番阿斯塔那，人物为两个头戴黑色幞头，身穿黄色花绫长袍，腰束黑色纸带，脚着黑色长靴，站立于一方座之上的宦官。

或国家政治腐败时，宦官往往利用其和皇帝亲近的关系乘隙而入，干预朝政，甚至左右政局，拥立或更换皇帝，唐代的宦官专政就是这一规律的最好注解。唐代宦官得势是从玄宗时开始的。玄宗时期，宦官人数一度增加到三千余人，其中三品以上职务的就占到将近三分之一。更为严重的是，高力士这样的大宦官头目开始出现。他凭借玄宗的宠信，一言一行可以影响官员的升迁，连李林甫、杨国忠、安禄山这样的中央或地方实权派都要结好其人，太子李亨甚至称其为“二兄”，玄宗的公主驸马称其为“阿翁”，高力士的权势可见一斑。

自唐玄宗之后，宦官专政成为唐朝后期一个十分突出的特点。唐肃宗李亨因为安史之乱险亡其国，因此疑忌将帅，用自己宠信的宦官李辅国统帅禁军，开始了宦官掌军权的先例。到了唐代宗时期，宦官的势力又进一步膨胀，充任内枢密使，掌管机密，承诏宣旨。至此，宦官开始逐渐地控制了军队和朝政，而皇帝却逐渐控制不了宦官，甚至反被宦官所控制。唐宪宗李纯被宦官陈弘志等人所杀，唐敬宗李湛被宦官刘克明等人所杀，唐穆宗李恒、唐文宗李昂等皆立于宦官之手。宦官擅权专政达到了极点，成为朝政的一大弊端。

宝历二年（826），唐文宗即位。深知前朝积弊的文宗，颇有些励精图治、中兴唐室的雄心抱负。他一改宪、穆、敬时期的奢华风气，去佞幸，出宫人，放鹰犬，裁冗官，省教坊乐工，停贡奇珍异宝。同时，文宗勤于政事，每逢单日一定上朝和群臣议政，对于臣下的意见也多能接纳，这一点就与宪宗晚期以及穆、敬两朝大不相同，号称清明。当时的朝政有了一些新气象，朝野对文宗都有些期冀，希望在他的治理下历经祸乱、颓败不堪的朝政可以重兴起来。

当时担任右神策军护军中尉的宦官王守澄是参与杀害宪宗的主凶之一，由于拥立穆宗和文宗有功，大权独揽，横行朝廷，气焰滔天。文宗即位后，就打算惩治宦官，夺回皇帝丧失的权力。大和四年（830），文宗任命宋申锡为宰相，令他谋划诛除宦官。但事机不密，宦官先发制人，诬陷宋申锡勾结文宗之弟漳王李凑谋反。第二年，宋申锡被贬，计划失败。

南衙与北司的斗争

南衙是指以宰相为首的朝廷机关，北司是指宦官集团。在玄宗以前，国家的军政大权都掌握在宰相手中。安史之乱以后，宦官势力日益膨胀，宦官不仅掌握军政大权，而且还操纵皇帝的废立。这时，稍有作为的皇帝就想利用宰相压制宦官；宦官也不甘示弱，总是伺机反扑，南衙北司的对立就是这样形成的。早在唐顺宗（唐宪宗李纯之父）时期的永贞革新中，王叔文、王伾等人进行改革的重要内容之一就是夺取宦官的军权。他们以素有威望的老将范希朝为左右神策京西诸镇行营兵马节度使，命度支郎中韩泰为左右神策军行军司马，欲取代大宦官俱文珍等人的兵权。但神策军大将大都是宦官的亲信，拒绝交出军队。俱文珍察觉王叔文夺权的计划后，逼迫顺宗削去王叔文翰林学士之职，任为户部侍郎，致使这次改革很快失败。革新派也纷纷被贬斥，王叔文先被贬为渝州（今重庆）司马，后被赐死。其他参与改革的韦执宜、韩泰、韩晔、柳宗元、刘禹锡、陈谏等人都被贬为边州司马。

现在，文宗虽然在与宦官的第一轮斗争中失败了，但他并没有对南衙朝官集团失去信心。大和八年

< 壁画《执团扇侍女图》·唐

图中仕女体态丰盈，身着束腰长襦裙，头戴花簪，手执团扇于胸前。

> 人物花鸟纹嵌螺钿漆背铜镜·唐

螺钿是中国特有的一种艺术形式，就是将螺壳与海贝磨制成人物、花鸟、几何图形或文字等薄片，根据画面需要而镶嵌在器物表面作为装饰。由于螺钿是一种天然之物，外观天生丽质，具有十分强烈的视觉效果，被广泛应用于漆器、家具、乐器等工艺品上。这件螺钿人物花鸟纹镜出土于河南洛阳，现藏于中国国家博物馆。

（834），郑注因医术高明、李训因善讲《周易》，在当权宦官王守澄的引荐下，来到文宗身边，并先后成为文宗的亲信。郑注、李训二人虽然是王守澄所推荐，但因为文宗对他们推心置腹，以国士相待，也加入了密谋诛除宦官的集团之中。不久，文宗以郑注为太仆卿，兼御史大夫；李训任兵部郎中、知制诰，侍讲学士。第二年，李训升任宰相；郑注被授为凤翔节度使，作为京师外援，逐步开始打击宦官。他们利用了宦官内部的派别及其矛盾，进行分化瓦解，然后分而治之，诛杀了大宦官韦元素、杨承和、陈弘志等人，又设计处死了宦官头子王守澄。至此，元和年间参与谋杀唐宪宗的大宦官头目全部被文宗解决，内朝为患的宦官仅剩仇士良、鱼弘志等数人而已。

功败垂成

大和九年（835）十一月二十一日，文宗在紫宸殿举行早朝。文武百官依班次站定后，金吾将军韩约奏称金吾左仗院内石榴树夜降甘露，并舞蹈拜贺。宰相李训率百官也依次称贺祥瑞的出现。李训奏称："甘露降祥，俯在宫禁，陛下宜亲幸观之。”于是文宗乘御舆出紫宸门，移驾含元殿，命中书、门下两省官先去观看。李训回来后，奏称搞不清甘露是真是假，希望遣使再验。文宗趁势命左、右军中尉仇士良、鱼弘志等宦官前往验证。

两个宦官头子走出以后，李训立即调兵遣将，部署诛杀宦官。当仇士良等诸宦官来到金吾厅时，见韩约神色慌张，情态反常，心中产生了狐疑。忽然一阵风起，吹动了帷幕，仇士良发现幕后站满了手执兵器、全副武装的兵士，顿时恍然大悟。仇士良久历仕宦，经验丰富，见此情况心知不妙，慌忙退走。紧急之间，门卫未及关门，仇士良等诸宦官夺门而出，跑回含元殿。宦官们报称有祸事发生，欲挟持文宗入内。李训急呼金吾卫士上殿保驾，一面攀舆高呼“陛下不可入宫”。金吾卫士数十人和京兆府吏卒、御史台人约数百人登殿奋击，宦官死伤数十人。但这时宦官已将李训打倒地上，抬着文宗进入宣政门，将宫门关闭。大臣见此情景，顿时慌了手脚，满朝臣僚一时惊散。

^ 三彩狮子・唐

李训见事情难以成功，就脱下官袍，穿上从吏的绿衫，单骑投奔终南山僧人宗密。而宰相王涯、贾竦、舒元舆原本就没有参与李训的阴谋，看见含元殿变故陡起，不明白发生了何事，也逃回中书省等候消息。仇士良等宦官挟持文宗退入内殿后，立即派遣神策军五百人从紫宸殿杀出，并分兵掩闭宫门，大加屠戮，杀死金吾卫士、吏卒近千人。接着，宦官又在长安开始了大屠杀。李训、王涯、贾竦、舒元舆、王璠、郭行余、罗立言、李孝本、韩约等先后被捕杀。事发时，郑注正率亲兵赶赴长安，中途得到政变失败的消息，连忙返还凤翔（今陕西凤翔），也被监军宦官杀死。上述诸人都遭灭族，还有更多的人被牵连而死。经过这次宦官的大屠杀，朝堂之中几乎为之一空，文宗则完全变成了宦官集团的傀儡。

历史断面

陆羽和《茶经》

陆羽（？—804）字鸿渐，一名疾，字季疵，复州竟陵（今湖北天门）人。陆羽自幼在佛寺中长大，研习佛法，学做佛事，包括煮茶等，后隐居于苕溪（今浙江湖州附近）。《茶经》是陆羽的代表作品，也是中国乃至世界上第一部茶叶专著。《茶经》分为上、中、下三卷十个类目，内容涉及茶的起源、种类、产地、特性，茶叶的采制、加工焙制方法，以及饮茶习俗和饮茶方式等。最重要的是，陆羽把饮茶与人的道德修养联系起来，把饮茶赋予精神文明的内涵，提高了饮茶的文化品位。

^ 捧真身菩萨・唐

这件银器是唐懿宗为迎奉佛骨舍利而铸造，是罕见的唐朝皇帝制作的贵金属佛教造像，极为珍贵。1987年出土于法门寺地宫。现藏于法门寺博物馆。

专题

奇幻的法门寺地宫

⊙千年古刹法门寺 ⊙地宫惊世之现 ⊙稀世宝藏

20世纪末的一个春天，尘封了千余年之久的唐代法门寺地宫惊世再现。打开一道道神秘的石门，佛祖释迦牟尼的指骨舍利和数千件李唐王朝的供佛珍宝以“不二于世”的姿态发出耀眼的光芒，诉说着那个盛世王朝昔日的荣华。

◂银莲花·唐

高41厘米，重535克，法门寺地宫出土。莲叶捶揲而成，经过焊接，组成盛开的莲花。莲叶山錾刻的叶脉清晰形象，实为唐代金银工艺的佳作。

千年古刹法门寺

法门寺位于陕西省扶风县以北的法门镇，距西安市120千米，是中国著名的古刹。法门，意为修行者必入之门。该寺始建于东汉桓帝年间，寺因塔而建。法门寺塔（初名阿育王塔）因藏有佛祖释迦牟尼的一节手指骨舍利而闻名。北周灭佛，法门寺遭到破坏；隋文帝时重新修缮；唐代贞观年间改建成四级木塔。木塔至明隆庆年间遭地震倒塌，后改建为十三层八棱砖塔，高47米，建造精工，极为壮观。唐代统治者尊奉佛教，曾敕命弘建宝塔地宫供奉，扩充寺宇为皇家寺院。唐代的法门寺占地七万平方米，东西共24院，规模宏大。

▼ 鎏金莲花纹五足银熏炉·唐

银熏炉是唐代专为宫廷制造金银器的宫廷作坊文思院的产品，做工精湛，构思巧妙，是晚唐时期宫廷艺术珍品。

▲法门寺·唐

法门寺位于陕西省宝鸡市，据传始建于东汉明帝永平十一年（68），约有一千七百多年历史，素有“关中塔庙始祖”之称。唐高祖时改名“法门寺”。法门寺被誉为皇家寺庙，因安置释迦牟尼佛指骨舍利而成为著名的佛教圣地。

地宫惊世之现

1981年8月23日夜，风雨交加，法门寺的半壁砖塔突然坍塌。1985年，政府决定拨款重建。因为相传法门寺塔下藏有佛祖的指骨舍利，所以1987年清理塔基时，佛指舍利就成了大家瞩目的焦点。但是经过千余年的风云变幻，舍利是否还安然无恙地留在塔内地宫呢？1987年4月4日，地宫的入口处被发现，沉睡了千余年的唐代地宫重见天日。在整理地宫文物的时候，法门寺地宫中共发现四枚佛指舍利。其中一枚为佛祖真身灵骨，三枚为影骨，也就是仿佛祖真身灵骨而造的附属品，含有影射之意。不过在佛教界看来，影骨也是圣骨，同样是佛的真身舍利。

稀世宝藏

法门寺地宫是由平台、隧道、前室、中室、后室及后室秘龛组成，略呈长“甲”字形，总长21.12米。隧道及前、中、后室均用石灰石和大理石构筑。里面除了佛指舍利以外，还有大量的珍宝。这些珍贵文物包括金银供养器物121件，琉璃及各类珍珠、宝石、玉器近400件（颗），瓷器16件，石质文物12件，漆木器及杂器19件，铁质文物16件，此外还有大量丝织品。其文物数量之多、质量之高、保存之完整，在唐代考古史上是绝无仅有的。其中最为珍贵的包括专供皇帝使用的特制秘色瓷、精华荟萃的丝织品、稀世金银器群和琳琅满目的供养器和用具等，都是中国艺术宝库中的精品。

▾ 陕西法门寺地宫舍利函

相传法门寺佛指舍利“三十年一开，则岁丰人和”，唐代先后有八位皇帝六次迎奉佛指舍利到京城长安或东都洛阳的皇宫供养，形成了中国佛教史上最盛大的典仪。每次迎送之后，唐诸帝赏赐规模惊人，均以金银珠宝等稀世珍品制作各式宝函，以安奉佛指舍利。法门寺地宫出土的佛指舍利是佛教世界现存唯一的至高无上的圣物。

关键词：平均 / “流寇主义”

黄巢起义

■ 874年～884年

藩镇割据、宦官专权和朋党之争是晚唐政治的三大弊病，它们彼此交织在一起，让唐王朝统治阶层内部的矛盾空前激化。与此同时，政治上的腐败又进一步加深了社会危机，土地兼并愈发严重，农民极其穷困，除了铤而走险推翻唐王朝外，已经没有别的出路。唐大中十三年（859），浙东农民裘甫在象山（今浙江象山）发动起义；咸通九年（868），军官庞勋率领桂州士兵起义。这两次起义虽然都被唐朝镇压下去，但它们都猛烈冲击了唐朝的统治。接下来规模更大的黄巢起义最终使唐朝名存实亡。

翻却曹州天下反

黄巢（？—884），曹州冤句（今山东曹县西北）人，他出身于一个世代贩卖私盐的家庭，少读经书，能言善辩，又善于骑射，负气仗义。黄巢曾几次应试进士科，但皆名落孙山。在长安应试期间，他深刻洞悉到了唐王朝的腐朽黑暗，满怀激情地写了一首《不第后赋菊》诗，诗中写道：“待到秋来九月八，我花开时百花杀；冲天香阵透长安，满城尽带黄金甲。”此诗表达了黄巢推翻唐朝腐朽统治的雄心壮志。

黄巢所处的时代正值唐朝末期，宦官在中央掌权，藩镇在地方割据，社会更加黑暗。统治阶级腐朽透顶、骄奢淫逸，为追求奢侈糜烂的生活，皇室、官僚和地主加紧对农民的搜刮盘剥，苛捐杂税越来越重。再加上连年不断的天灾人祸，农民纷纷破产，到处逃亡。特别是唐懿宗咸通十四年（873），中原大旱，颗粒无收，百姓只能以草根、树叶充饥，而官府不但不及时赈灾，反而催赋日紧。黄河下游开始流传“金色蛤蟆争努眼，翻却曹州天下反”的民谣，一场起义风暴即将到来。

唐僖宗乾符元年（874），濮州（今山东鄄城北）私盐贩王仙芝与尚君长兄弟聚众数千人，于长垣（今河南长垣县）揭竿而起。王仙芝自称天补平均大将军，传檄诸道，斥责唐朝吏治腐败、赋役繁重、赏罚不平等罪恶。第二年，王仙

鎏金双蜂团花纹银香囊·唐

香囊是极为精巧的实用艺术品，由上下两个半球扣合而成，球面布满精细的双蜂团花图案。现藏于法门寺博物馆。

彩绘贴金武官俑·唐

芝等攻陷了濮州、曹州（今山东曹县），并击败了前来镇压的官军。这时，黄巢与族中兄弟子侄以及外甥林言等八人聚众数千人，在曹州响应王仙芝。各地饥饿的农民也争先加入起义军，数月之间，起义群众就达到了数万之多。

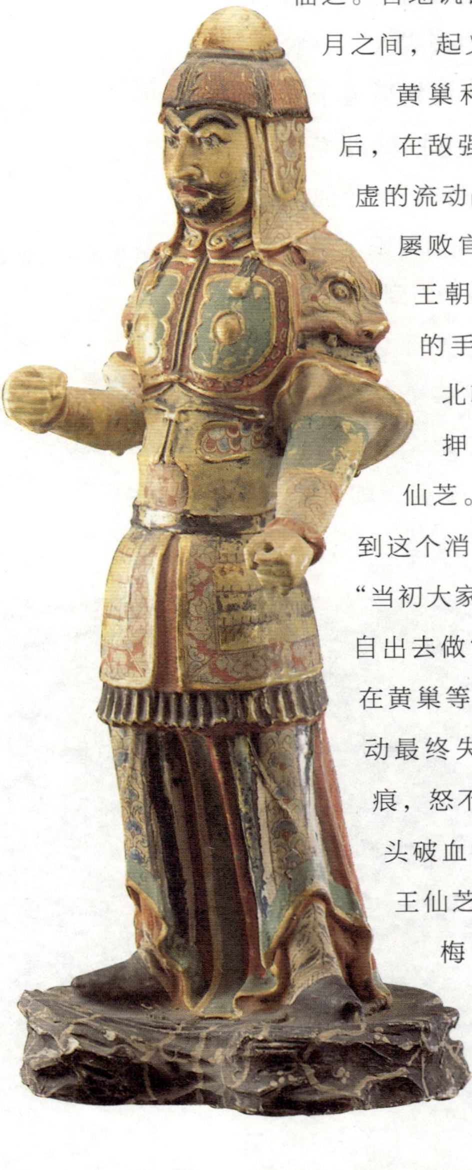

黄巢和王仙芝两支起义队伍会合之后，在敌强我弱的形势下，采取了避实就虚的流动战术，转战于黄河、淮河流域，屡败官军，连克州县，声势日大。唐王朝见镇压无望，就采取政治诱降的手段，在起义军攻到蕲州（今湖北蕲春）城下之时，以“左神策军押牙兼监察御史”的官职来引诱王仙芝。王仙芝一度为之动摇。黄巢听到这个消息后非常愤怒，斥责王仙芝说：“当初大家共立誓言打天下，现在你却要独自出去做官，对得起五千多个兄弟吗？”在黄巢等人的坚决反对下，唐朝的诱降活动最终失败。但起义军内部也出现了裂痕，怒不可遏的黄巢在出拳把王仙芝打得头破血流之后，自率两千人马北上，与王仙芝分道扬镳。随后，王仙芝战死黄梅（今湖北黄冈），众将公推黄巢为主，号称“冲天大将军”，建元王霸，并设官分职，初步建立了农民军政权机构。此后，起义军纵横中原、转战南北，在广州，攻杀岭南东道节度使李迢；在扬州，淮南节度使高骈谎称中风，躲进城中不敢应战。起义军顺利渡过江淮，向沿途官军发出檄文说：“你们各守各自地界，不要触犯义军锋芒。我们要进击洛阳，直取长安，只向皇帝问罪，不干众人之事！”诸藩镇只顾自保，不敢反抗，起义军如入无人之境，迅速占领洛阳，东都留守刘允章率百官投降。起义军乘胜西进，直扑潼关。唐朝上下慌作一团，吓得唐僖宗整日以泪洗面。

冲天香阵透长安

广明元年（880）十一月，黄巢率领起义军攻取东都洛阳后，旋即攻取陕州（今河南三门峡陕州区）、虢州（今河南灵宝），向戍守潼关的唐军发出檄文，要其不要抗拒义军。起义军巧妙地从一条官军忘记设防的小道进入关内，里外夹攻，迅速占领潼关。消息传到长安，唐僖宗在宦官田令孜所率神策军的护卫下，狼狈逃往成都避难。

随后，黄巢大军兵不血刃，进入长安，来不及逃走的唐朝官员全部出城投降，迎接黄巢入城。长安百姓扶老携幼，夹道欢迎。黄巢坐着金色肩舆，在众将的簇拥下，率大军浩浩荡荡进入城中。义军将领尚君长抚慰百姓说：“黄王起兵，本为百姓，不会像李唐皇帝那样虐待你们，你们尽管安居乐业吧！”十二月十三日，黄巢称帝，国号大齐，建元金统。起义军历时六年的流动作战，终于迎来了这场反唐农民战争的全盛阶段，黄巢也终于实现了自己“冲天香阵透长安，满城尽带黄金甲”的夙愿。

黄巢起义军虽然顺利地夺取了唐王朝的都城长安，建立了农民政权，但却没有出台任何改革措施，稳定人心，在沿途要地均未派兵驻守，更未能及时追歼唐室残余，歼灭关中溃散的禁军，却忙于分官封爵，享受富贵，这就给了唐军以喘息的机会。唐僖宗也得以从容地组织力量，进而组织反扑，使起义军由胜利走向失败。

> 褐彩云纹镂空瓷熏炉·唐

这件熏炉出土于浙江临安水邱氏墓，是唐朝末期南方越窑瓷器的代表作。熏炉由炉盖、炉身、炉座三部分组成，盖部釉色青黄，炉身和炉座上有褐彩如意云纹，是罕见的越窑釉下彩瓷器。

中和二年（882）四月，唐朝宰相、充诸道行营都统王铎统率大小十多路官军，四面包围长安，致使长安城里的粮食供应出现了严重困难。同年九月，义军同州（今陕西大荔）防御使朱温叛变，举州降唐，唐朝又召来了沙陀族的雁门节度使李克用，率领四万骑兵进攻长安，十五万起义军在梁田陂（今陕西渭南华州区西）大败，损兵数万。黄巢见起义军节节败退，粮食也将吃光，只好撤出长安。

次年，起义军大将孟楷攻破蔡州，却被唐军袭杀于陈州（今河南淮阳）。黄巢为报孟楷被害之仇，誓拔陈州。坚城之下，义军连攻近三百天不克，实力受到极大消耗。中和四年（884）二月，李克用率沙陀兵五万，南渡黄河驰援陈州。在藩镇武装及沙陀兵的联合攻击下，黄巢被迫解陈州之围北撤。义军撤退途中，在中牟（今属河南）北又遭沙陀军袭击，义军大败，尚君长、葛从周等人投降唐军。黄巢率义军北渡汴水（今河南汴渠），东奔兖州（今属山东）。六月中旬，黄巢在狼虎谷（今山东莱芜西南）被叛将尚君长追及，自刎而死，唐末农民起义至此彻底失败。

这场农民起义给后人留下的历史教训弥足珍贵，总结起来，黄巢起义失败的原因在于：第一，起义军虽然打出了“平均”的旗号，却缺乏切实可行的政策措施来实现这一口号。第二，起义军内部存在着严重的“流寇主义”思想。他们曾经长期采取单纯的流动战术，常以招降纳叛的手段去扩大军力，并热衷于城市的物质财富，不重视根据地和地方政权的建设，因此当唐军围攻长安时，起义军兵粮来源断绝，致使自己处于被动困境。第三，起义军占领长安后，农民领袖滋生了骄傲自满的情绪，黄巢忙于做皇帝，未能及时消灭唐朝残余势力，致使唐军得以重新集结，迅速反扑。第四，黄巢起义后期，军事盲动主义表现得十分严重。长安失守后，黄巢率军转战河南，这时他本应避实击虚以保存实力，而他却放弃了以往常用的游击战术，长期屯兵于陈州坚城之下，与唐军进行硬拼消耗的阵地战，结果屡战失利，丧尽了起义军的有生力量。

黄巢领导的这场农民起义虽然失败了，但它推动了各地的农民斗争，沉重地打击了唐朝的腐朽统治，对后世的农民战争具有深远的影响。

历史断面

盛世之都长安城

长安城前身是隋的大兴城，自隋开皇二年（582）开始营建，至唐达到极盛。在唐代将近三百年的峥嵘岁月里，它以特有的宏伟壮丽和强大帝国的豪迈气概而著称于世。长安城东西长9721米，南北宽8651.7米，面积84平方千米，城内由宫城、皇城、外城三部分组成。皇城、宫城与居民区严格分开，城内有东西大街14条，南北大街11条，把全城划分为108个排列整齐的坊里，作为居民的住宅区和商业区。长安城街道的布局泾渭分明，整齐有序，人称“长安大道横九天”。

关键词：中原地区

梁唐晋汉周，动乱的五代十国

■ 907年～960年

从907年唐哀帝李柷逊位，到960年北宋建立，短短的54年间，中原相继出现了梁、唐、晋、汉、周五个朝代，史称后梁、后唐、后晋、后汉、后周。同时，在这五朝之外，还相继出现了前蜀、后蜀、吴、南唐、吴越、闽、楚、南汉、南平（即荆南）和北汉十个割据政权，这就是中国历史上的“五代十国”。这五代的开国之君，都是前朝的藩镇将领，他们靠军事割据发家，故这一时期的历史特点是战争频仍，政权屡有更迭。在五个朝代中，后梁维持的时间最长，也只有17年，其次后唐14年，后晋11年，而后汉仅仅4年，后周9年，频频的兵戎相见，给百姓带来了极大的痛苦和灾难。

朱温与后梁

朱温（852—912），砀山（今安徽砀山）人，从小不事劳动，唯以雄勇，横行乡里。唐乾符四年（877），朱温与二哥朱存一起参加黄巢起义，后来逐渐升为大将。可是，当起义陷入低潮后，朱温却投降了唐朝，受封左金吾大将军、充河中行营副招抚使，唐僖宗亲自赐名“全忠”。此后，朱温以汴州为中心，陆续消灭了蔡州的秦宗权集团、淮北的时溥

^ 朱温像・清

从砀山的无赖子弟到一代帝王，朱温先反唐，再归唐，最后亲手推翻了唐朝，经历了无数的刀光剑影、血雨腥风，在他所处的那个时代，朱温确实是位枭雄。

集团等地方割据势力，控制了黄河以南、淮河以北的大片地区，成为唐末最强大的藩镇。天祐元年（904），朱温带兵进入长安，强迫唐昭宗迁都洛阳。接着，朱温又杀害了昭宗，改立其子李柷为帝，这就是唐朝的末代皇帝唐哀帝。

天祐元年（904），唐哀帝任命朱温为相国，总百揆，并进封魏王。天祐四年（907），唐朝宰相张文蔚率百官劝进，朱温正式称帝，改名为朱晃，改元开平，国号“大梁”，史称后梁，升汴州为开封府（今河南开封），建为东都，以唐东都洛阳为西都。接着，朱温又废十七岁的哀帝为济阴王。次年二月，将其杀害，历经二十帝、289年的唐王朝至此终结。这时后梁直接统治的区域并不大，仅仅包含河南、山东两省，湖北、陕西大部分，以及河北、山西、江苏、安徽等省的一部分，可以说是五代时期中原王朝控制区域最小的一个。

后梁政权建立后，朱温与盘踞河东的李克用、李存勖集团连续发生战争，几乎无一年不战，甚至一年数战。乾化元年（911），李存勖亲率大军攻击梁军主力于柏乡（今河北柏乡），梁军主力伤亡惨重，从此在梁晋之争中处于劣势。乾化二年五月，朱温于洛阳病危、六月，被其次子朱友珪所杀。朱友珪上台不久，又被其弟朱友贞所杀。短短一年内，后梁内乱不断，国力愈发衰落。此后十余年间，晋王李存勖不断率军攻击后梁，蚕食其土地和人口，为灭梁做好了充足准备。后梁龙德三年（923）十月，李存勖的部将李嗣源率军突袭开封，后梁末帝朱友贞自杀，建国十七年、历经三帝的后梁亡。

李存勖和后唐

李存勖（885—926）是沙陀族军阀李克用的长子，五代时期后唐王朝的创建者。在五代初期，他指挥整个沙陀军事集团，先后消灭兼并了北方及中原地区众多大大小小的军阀势力，成为五代史上第一个入主中原的少数民族（沙陀族）最高统治者。

李存勖自幼生长于军营之内，与戎马为伍，胆识过人。天祐五年（梁开平二年，908）正月，李克用病死，李存勖袭晋王位。李存勖刚刚即位不久，其叔父李克宁就觊觎王位，阴谋发动叛乱，武装夺位。在张承业等顾命大臣的协助下，李存勖当机立断，伏兵诛杀了李克宁

^ 花鸟纹嵌螺钿黑漆经箱·五代

经箱是用来收藏经书、典籍的一种箱子，此件经箱嵌有精美的螺钿纹饰，图案以花鸟为主，应为唐至五代时期的物品。现藏于苏州市博物馆。

等人，稳定了河东的局势。李克用临死时，曾交给李存勖三支箭，嘱咐他要完成三件事：一是讨伐刘仁恭，攻取幽州（今北京）；二是征讨契丹，解除北方边患；三是要消灭世敌朱温，恢复唐朝社稷。李存勖对此谨记在心，每次出征都把箭从家庙中请出，随身携带。自此，他开始了统一北方的战争。

这时河东重镇潞州（今山西长治）已经被朱温围困一年之久，潞州若失则河东不保。李存勖当机立断，亲率大军从太原出发，疾驰数日偷袭后梁军夹寨。后梁军戒备松懈，睡梦中突遭晋军攻击，惊慌溃乱，丢弃粮资器械无数。凭此一战，李存勖树立起自己的威信，初步扭转了在晋梁之争中的颓势。朱温闻讯，不禁慨叹："生子当如李亚子（李存勖小名），我的儿子只如豚犬而已！"

朱温死后，后梁的政局越发动荡。天祐二十年（923）四月，李存勖在魏州（今河北大名东北）称帝，改年号为同光，国号为唐，史称为"后唐"，是为后唐庄宗。当时的唐梁战局依然处于胶着状态，李存勖在经过了缜密的研究和分析之后，决定采取长途奔袭的战术，避实就虚，直捣后梁的都城开封。十月二日，李存勖以大将李嗣源所率领轻骑为前锋，星夜兼程六百里，历时八天，直捣敌巢，攻克汴梁，梁末帝自杀，后梁灭亡。李存勖就此完成了灭梁大业，废开封府为汴州，定都东都洛阳。同光三年（925），李存勖再灭前蜀，达到后唐的全盛时期，统治今河南、山西、山东三省，四川、重庆、河北、陕西的大部分地区，甘肃、湖北、江苏、安徽的部分地区，李存勖也登上了个人功业的巅峰。

消灭后梁之后，李存勖自以为天下太平，遂不理朝政，而经常自傅粉墨与伶人共戏，并取了艺名——"李天下"，以伶人和宦官为首的奸佞之徒把持朝政，后唐的政局自开国以来就异常败坏。时任枢密使的郭崇韬是后唐的股肱重臣，李存勖却听信宦官们的诬陷将其杀害。随后，后唐大将朱友谦及其部将史武等七人也被牵连，皆遭灭族；另一战功卓著的大将李嗣源也险遭杀害。由此，后唐功臣宿将人人自危，流言四起，将士们不得抚慰，甚至军饷军粮都成问题。同光四年（926）正月，一系列叛乱事件接连发生：先是参与平蜀的大将康延孝在回师途中举兵造反，数日之间众至五万；接着是沧州军乱、魏州军乱；河朔州县告乱者相继。二月，庄宗命李嗣源率亲军去魏州平叛。结果，李嗣源被亲军胁逼，与叛军联合，倒戈进攻京师。在天下大乱的局势下，深得庄宗信任、伶人出身的亲军从马直指挥使郭从谦率众哗变，在混战中庄宗李存勖被流矢射中身死。

石敬瑭与后晋

石敬瑭（892—942），沙陀人，梁晋争霸时，他追随后唐大将李嗣源，深得后者的器重。后来，李嗣源把女儿嫁给石敬瑭，让他统率号称“左射军”的亲军。后唐庄宗被杀后，李嗣源即位称帝，是为后唐明宗，石敬瑭因为佐命夺权有功，被任为保义军节度使。长兴四年（933），后唐明宗李嗣源病死，其子李从厚与明宗义子、凤翔节度使李从珂争夺皇位。石敬瑭捉住出逃的李从厚，将其幽禁于卫州（今河南卫辉），向李从珂邀功。但李从珂即位后，对手握兵权的石敬瑭非常猜忌，打算削弱和消灭石敬瑭。清泰三年（936），石敬瑭抢先发动叛乱。为了获得契丹人的支持，石敬瑭让掌书记桑维翰起草降表，向契丹称臣，尊契丹主耶律德光为父，割让幽（今北京）、云（今山西大同）十六州。这些条件，特别是称子、割地实在太失国格、人格，连石敬瑭的心腹将领刘知远都认为太过分，说：“恐异日大为中国之患，悔之无及。”可是石敬瑭却认为非如此，不能博得契丹主耶律德光的欢心。

耶律德光接到石敬瑭的奏表后，大喜过望，随即答应出兵。耶律德光亲率五万骑兵由雁门关入援石敬瑭，大败后唐军，并“任命”石敬瑭为大晋皇帝。石敬瑭投桃报李，如约割让幽、云十六州给契丹。在契丹军的帮助下，石敬瑭击败后唐诸路大军，渡河南下。李从珂见大势已去，登洛阳

^ 后晋高祖石敬瑭像·清

玄武楼自焚而亡。后晋定都汴州（今开封），升为东京开封府。石敬瑭在位七年，从始至终，对契丹低头称儿，奴颜婢膝。而契丹取得幽、云十六州后，分置南京道和西京道，升幽州为南京幽州府，与上京临潢府，东京辽阳府合称“三京”。石敬瑭割让幽、云十六州，将北边险要之地，拱手让与契丹，造成契丹统治者南扰的有利条件，从此中原王朝在与契丹的军事斗争中处于无险可守的被动地位。这种遗祸，不久就要由石敬瑭的继承人来承当了。

刘知远与后汉

刘知远（895—948），与后唐的建立者李存勖、后晋的建立者石敬瑭同属沙陀军事集团。刘知远早年与石敬瑭一起隶属李嗣源麾下，曾在一次战斗中救过石敬瑭的性命。李嗣源称帝后，石敬瑭调任河东节度使，特地把刘知远调到自己属下，担任押衙，作为亲信使用。清泰三年（936），石敬瑭在契丹的支持下发动了叛乱，刘知远被任命为侍卫亲军都虞侯，掌管禁军。不久，又升任检校太保、侍卫马步军都指挥使，领忠武军（镇许州，今河南许昌）节度使，后又调任河东节度使。正是在河东，刘知远充分利用这块根据地，日益发展自己的势力，渐有坐大之势。石敬瑭死后，其侄石重贵即位，对刘知远一再加官晋爵。但负责北部边防的刘知远已经私心自用，在契丹军三次南下中原的战争中，刘知远从未发兵勤王，他采取坐观成败、相机行事的策略，处处注意保存实力，除非契丹军队打到他的地盘才进行反击，其余则一概不问。

开运三年（946），耶律德光再次率军南下侵后晋。由于后晋主帅杜重威临阵投降，契丹顺利进占开封，后晋灭亡。次年，耶律德光在东京（今河南开封）登基，改国号为辽。但辽军的野蛮行径，激起中原军民的强烈反抗。仅百余日，辽军就被迫北撤，耶律德光也病死于途中。

在此期间，刘知远给耶律德光上了三封奏表，表达自己的恭顺，以便窥探实情。开运四年（947）二月，刘知远在太原即皇帝位，仍采用石敬瑭的天福年号，称这年为"天福十二年"以表示自己对石敬瑭的怀念，以争取契丹和各路军阀的支持。六月，刘知远率军赶到洛阳，才正式改国号为汉，史称"后汉"。第二年正月，刘知远又改年号为"乾祐"，可是不到半个月他就病死了。后汉王朝沿袭了后晋的暴虐统治，有过之而无不及，与时代和人民的要求背道而驰，尽失人心，所以不到四年就亡国了。

郭威与后周

郭威（904—954），早年从军，是李存勖的亲军"从马直"中的一员，后来在刘知远手下担任亲军都虞侯，成为后者的心腹大将。在契丹灭后晋时，郭威又和苏逢吉、史弘肇等人力劝刘知远称帝，成为后汉的开国功臣。刘知远临终前，以郭威、

> 沧州铁狮子・五代・后周

后周广顺三年（953），山东匠人李云铸成著名的沧州铁狮子。铁狮子存今河北沧州东南20千米的开元寺内，神态威武，当为寺内文殊菩萨的坐骑。铁狮子的铸成，标志着中国制造大型铸铁件技术的提高。

杨邠、史弘肇等为顾命大臣，要他们辅佐年仅十八岁的儿子刘承祐（后汉隐帝）。刘承祐继位后，以郭威为枢密使，掌握军政大权。

乾祐三年（950），郭威出任邺都（今河北大名北）留守、天雄军节度使（镇邺都），且以枢密使名义节制河北各州军事。就在郭威出镇之时，后汉朝廷内部发生了巨变。刘承祐不愿再受顾命大臣的控制，与舅父李业等定计，先杀在京的史弘肇、王章等顾命元老，又派人到邺都去杀郭威。郭威在得知汴京事变后，以“清君侧、杀李业”为借口，在邺都起兵，率军渡河南下。刘承祐一面派兵抵御，一面尽杀郭威在京的全部家属。之后，刘承祐不听母亲李太后让其与郭威和好的劝告，贸然领兵出征，结果被乱兵杀死。郭威乘胜入城，但其并没有立刻称帝，而是让李太后下令立刘知远的侄子刘赟为嗣，以稳定局面。

待局势稳定后，郭威使人谎报契丹大军再次南侵，自己率大军北上出征。军行澶州（今河南濮阳）时，诸军将士鼓噪，扯裂黄旗为郭威加身。随后，大军迅速南返汴京。与此同时，刘赟也被乱兵杀死。在“不得已”的情况下，郭威受诏监国。后来赵匡胤夺取后周江山，也是全部照搬了郭威的做法。第二年，郭威正式即帝位，建立后周王朝，改元广顺。

后周这个王朝尽管历经不过两代，为期不满十年，但却大事改革，使中原地区的政治、经济、军事都显露出一派崭新的气象，为后来北宋的兴盛奠定了坚实基础。打开这一局面的奠基者，就是后周太祖郭威。郭威幼年孤贫，深知民间疾苦，即位后便立刻着手革除前朝弊政，减轻赋税和刑罚，废除了后汉盗窃一钱便要处死的酷法，停止征收了荒谬的牛租，改革了牛皮和盐税的征收办法，取消营田务，解放农奴，减免了历朝所收的斗余、称耗、羡余等额外税收，极大地减轻了农民的负担。郭威为人非常勤俭，即位后就下令：乘舆服饰不得过分华丽，宫中物品力求朴素，并禁止各地贡献珍巧纤华的物品及各种珍禽异兽鹰犬之类。直到临终前，他还下诏要求身后薄葬：要求不得差配百姓，陵寝不用石柱，不用石人石兽。

正是郭威这种身体力行的榜样精神，激励后周世宗柴荣，完成他未竟的事业。后周两代皇帝的革故鼎新，以及自身的优良品质，成为光照五代黑暗时代的璀璨明星。

励精图治周世宗

后周世宗柴荣（921—959）是后周太祖郭威的外甥，他在即位之初，就立下了三十年的规划："以十年开拓天下，十年养百姓，十年致太平。"柴荣在位虽然只有五年，但他的成绩已经相当可观了。为了进行统一战争，他在政治、经济、军事诸方面进行了一系列的改革：在经济方面，柴荣关心民间疾苦，鼓励开荒，将中原无主荒地分配给逃亡人户耕种，优待从契丹返回的逃户，促使逃户及早回归，开垦利用荒田，有利于农村经济的恢复和发展。在军事方面，柴荣整顿军队纪律，治理了骄兵悍将，坚决处斩了临阵脱逃的大将樊爱能、何徽等七十余人，严肃了军纪。柴荣还提出"兵务精不务多"的原则，整顿禁军，淘汰弱羸，革除了唐朝后期以来豢养冗兵之弊。在政治方面，柴荣继承了郭威节约简朴的作风，率先垂范。柴荣打破常规，破格任用有才干的人，充实政府主要部门。柴荣又命人整顿了弊病较多的科举制度，以使有真才实学的人能进入政府机构发挥作用。

柴荣登基后不久，北汉主刘崇效仿石敬瑭，乞师辽军联合灭周。辽穆宗派大将杨衮与刘崇合兵十万，南下进攻后周。柴荣不畏强敌，亲自领兵出征。两军相遇，对阵于巴公原（今山西晋城东北）。双方刚一交战，后周大将樊爱能、何徽引骑先遁，后周右军阵溃，步卒千余人解甲投降北汉。柴荣力挽危局，亲冒矢石率兵陷阵，后周大将张永德、赵匡胤、白重赞等亦率部奋击，诸将合力拼杀，斩杀北汉骁将张元徽。辽军溃散，北汉军也随之奔逃，刘崇仅率百余骑逃归晋阳（今山西太原）。

随后，柴荣采纳比部郎中王朴"先易后难、先南后北、各个击破"

^ 宫中图·五代

此图所绘殿阁峥嵘，人物众多，反映了五代时期的宫廷生活。据专家结合传世五代建筑考证，此图所绘建筑为五代时期的真实写照。现藏于美国纽约大都会艺术博物馆藏。

的献策，确定先攻后蜀、再征南唐、最后灭亡北汉的统一方略。显德二年（955），后周西征后蜀。在黄花谷（今陕西凤县西北）之役，后周军大败为北路行营都统李廷珪所率后蜀军主力，收复了秦（今甘肃天水）、成（今属甘肃成县）、阶（今甘肃武都）、凤（今陕西凤县）四州。显德二年到五年（955—958），柴荣三次亲征南唐，以围点打援之策，疲惫、消耗南唐军，夺取了长江以北淮南十四州、六十县，逼迫

<韩熙载夜宴图·五代·顾闳中

《韩熙载夜宴图》是中国画史上的经典名作，它以连环长卷的方式描摹了南唐大臣韩熙载家中开宴行乐的场景。整幅画卷分为五个场景，生动地描绘了韩熙载为避免南唐后主李煜的猜疑，以声色为韬晦之所，每每夜宴宏开，与宾客纵情嬉游的场景，成功地刻画了韩熙载的复杂心境。现藏于北京故宫博物院。

南唐中主李璟划江为境。此役不但使南唐俯首就范，而且震慑了南方各割据势力，为北伐契丹扫除了后顾之忧。

随着对后汉、后蜀和南唐战争的胜利，后周王朝的版图日益扩大，经济也日益繁荣。而契丹正值昏庸无能的辽景宗耶律璟执政，此人号称“睡王”，其昏聩可见一斑。柴荣在看准了契丹的弱点后，决心提前进行北伐。显德六年（959）二月，柴荣正式率军北伐。辽穆宗耶律璟听到后周北伐的消息，急忙派南京（今北京）留守萧思温为兵马都总管，率军阻截后周军，结果被后周军杀得大败。从此，辽军畏战避战，任由后周扫荡燕南州县。接着，后周军经独流口（今天津静海北），转兵逆流西进，至益津关（今河北霸州），守将终廷辉投降。不久，辽莫州刺史刘楚信、瀛州刺史高彦晖也先后望风归降。就在柴荣准备乘势直取幽州（今北京）之时，突然身染重病，只得匆匆南归。

这年六月十八日，后周世宗柴荣带着他的抱负，带着他的遗憾，在开封去世，享年三十九岁。

十国割据

除了后梁、后唐、后晋、后汉、后周这五个统治中原地区的小王朝外，五代十国时期还有王建建立的前蜀政权、孟知祥建立的后蜀政权、杨行密建立的吴政权、李昪建立的南唐政权、钱镠建立的吴越政权、王审知建立的闽政权、马殷建立的楚政权、刘隐建立的南汉政权、高季昌建立的南平政权、刘崇建立的北汉政权，共计十个割据政权。其中前蜀为后唐所灭，吴为南唐建立者李昪以南唐替代，楚、闽政权也为南唐所灭，其余的后蜀、南唐、吴越、南汉、南平、北汉政权都为后来的北宋所灭。

相对于五代政权的频繁更迭来说，十国的情况则要好得多。在这十国之中，除刘崇的北汉在北方（约今山西、陕西和河北的一部分）外，其他诸国皆在中国的南方，它们少受中原干戈的影响，政局相对稳定，政权维

^ 龙纹玉带·五代

玉带是唐代以后新创的玉器品种，为缀于织物或皮革腰带上的饰物。这件玉带是目前所仅见的唐、五代时期完整的成套玉带，为前蜀帝王建的随身玉带。

持的时间也远比五代长，如最短的前蜀也有三十四年，而最长的吴越，竟达八十五年之久。这对中国南方的开发起了至关重要的作用。例如吴越，就曾于910年修筑了捍海塘，保障了农业生产的发展，使吴越走上了富裕之路。南唐在前主李昇统治期间，吸引中原人士移徙南方以避祸乱，后者带来了北方的生产技术和科学文化，对南方的发展起了积极的推动作用。经过几十年的经营，南唐成为十国当中经济文化最为发达的地区。后来即位的中主李璟任用奸臣“五鬼”，穷兵黩武，四处开战，虚耗了国力。后主李煜有文学之才而无治国之能，南唐最终将开发好的江南之地完好地“交给”了后来的北宋。

第六章

宋

960 年，赵匡胤建立大宋王朝，史称北宋，于 1127 年亡于金国。康王赵构接续宋祚，以临安为行在，史称南宋，1279 年为元军所灭。

两宋经济发达，文化昌盛，社会生活十分活跃，在中国古代社会发展史上达到了一个新的高峰。突出表现在：垦田面积扩大，人口数量增加，手工业、商业繁荣，海上对外贸易无论规模、航程均大大超越了前代。科学技术居于世界领先地位，思想文化方面也是异彩纷呈。

▷ 亦虚亦实说郭靖

关键词：黄袍加身

赵宋王朝的诞生

■ 960年

赵匡胤于建隆元年（960）发动陈桥兵变，开创了大宋基业。“五代为国，兴亡以兵”的教训让以兵变起家的赵匡胤记忆犹新，他通过“杯酒释兵权”的方法，对权臣采取“稍夺其权、制其钱谷、收其精兵”等一系列措施来加强中央集权。通过把地方的军权、用人权、财权等权力收归中央，由皇帝亲自掌握，北宋政府进一步加强了封建专制主义的中央集权制。但其政治、军事与财政体制改革，也产生了“冗官”“冗兵”“冗费”的问题，并由此形成“积贫”“积弱”的弊端。

陈桥兵变

从唐末“安史之乱”到五代的二百余年间，中原战乱不休，干戈不断，民众饱尝了战乱之苦，华夏大地四分五裂，“大者称帝，小者称王”。从唐天祐四年（907），节度使朱温逼迫唐帝逊位自立国号为梁（史称后梁）之后，在中原一带继起的朝代分别是唐、晋、汉、周（史称后唐、后晋、后汉、后周），合称为五代。同时南方还存在大小不等的政权，史称十国。这时的中华大地，正处于“豆分瓜剖”的局面。

> 陈桥驿今景

赵匡胤是五代之末——后周的一员武将，他英勇善战，军功卓著，深受后周皇帝器重和将士们的拥戴。后周显德六年（959），后周世宗柴荣一病不起，年仅七岁的柴宗训继位，是为周恭帝。次年正月初，传闻北汉勾结契丹入侵后周边境，朝廷命殿前都点检赵匡胤率军北上御敌。大军到达距开封东北20千米的陈桥驿（今河南封丘东南陈桥镇）时，按照预谋，将士们将一件事先准备好的皇帝登基所用的黄袍披在赵匡胤身上，拥他为新帝。赵匡胤假意推辞几次后便顺从了将士们的意愿。随后，赵匡胤率兵变的队伍回师开封。孤立无援的后周皇太后和幼主恭帝只好交出政权。

就这样，正式执掌政权的赵匡胤顺利登上了皇帝的宝位，国号为宋，定都开封（也称汴梁、汴京或东京）。历史上习惯把赵匡胤建立的赵宋王朝称作北宋，赵匡胤是北宋的开国之君，庙号太祖。

赵匡胤建宋之后，面临的首要问题便是如何巩固新生政权。赵匡胤一方面笼络先朝文武百官，以达到稳定局势的目的，又不忘论功行赏，对拥立自己有功的将士加官晋爵、委以重任。在笼络安抚新旧群臣、稳定朝中秩序之后，赵匡胤开始将目光投向京师之外的各个强藩。在先后平定了李筠、李重进的叛乱之后，各地还处于观望状态的节度使纷纷归顺。赵匡胤通过平定“二李”反叛，收到了敲山震虎、杀鸡骇猴的目的，从国家内部首先实现了稳定和统一。

在肃清了内部的反抗势力之后，逐步消灭地方割据势力，实现全国统一的目标，便提到了赵宋王朝的议事日程之上。当时，赵宋政权的势力范围还只限于中原地区，可谓“卧榻之侧，皆他人家”。赵匡胤经过反复的酝酿和考虑，制定了先弱后强、先南后北的战略方针。

按照这样的思路，北宋首先挥戈南下，吞并荆南、灭亡后蜀、征服南汉、迫降南唐。经过赵匡胤十余年的南征，南方大部分地区已经归降，统一南方只是时间问题。开宝九年（976），太祖赵匡胤去世，皇弟赵光义（本名赵匡义，因避宋太祖名讳，改为赵光义，即位后改名为赵炅）继位，史称太宗。太宗赵光义继续南征。不久，吴越献地，割据漳、泉二州的陈洪进纳土于宋，北宋政府的平南大业画上了圆满的句号。

势如破竹的南征大业已顺利完成，但由来已久的北方之患则不是一朝一夕就能解决的。骁勇善战的契丹族所建立的辽国一直虎视眈眈，党项族政权与北宋仅是保持着名义上的臣主关系，再加上依附于辽的北汉政权蠢蠢欲动，北宋的北部边境并不安宁。

这时，国力已比较富足的北宋初步取得北方边境的主动权。宋军三攻北汉，终于成功。但在随后的两次伐辽之役中，宋军惨败，“宋太宗仅以身免，至涿州窃乘驴车遁去”。宋对辽的斗争也由进攻变为相持。至此，宋朝的疆域便基本成为定局，统一初具规模。

杯酒释兵权

“五代为国，兴亡以兵”的教训让以兵变起家的赵匡胤记忆犹新，收回兵权成为当务之急。建隆二年（961）和开宝二年（969），在丞相赵普的建议下，赵匡胤两次宴请石守信等旧部爱将和王彦超等各镇节度使，劝谕他们交出兵权，罢镇改官，多买良田美宅，颐养天年。在来自天子的威胁暗示和丰厚利诱之下，大将们纷纷称病辞官，交出了手中的万千兵马，史称“杯酒释兵权”。赵匡胤仅靠几杯美酒，不费一兵一卒，就轻巧地解除了功臣宿将统帅禁兵的权力，不仅使曾与自己一起出生入死的兄弟们心存感念，还巧妙地夺回了散布于地方的兵权，消除了禁军统领发动兵变和藩镇割据的隐患。

“杯酒释兵权”，将兵权收归于中央，是北宋加强中央集权的关键一步。随后，赵匡胤又改革军制，将禁军一分为三，由“三衙”统领，统管训练事宜；另设枢密院，执掌调遣移防之权；如需出征，另派大将担任统领之职。握兵权、调兵权、统兵权三权分离，杜绝了武将兵变的可能，保证了皇帝对军队的绝对领导权。

除了在军事上处心积虑地消除心腹之患外，赵匡胤还采取一系列加强中央集权统治的措施。首先，他对中央和地方行政权力的归属进行了重新调整。宰相之职被一分为三，下设数名参知政事、枢密使、

> 雪夜访普图·明·刘俊

此图根据《宋史·赵普传》记载的宋太祖赵匡胤雪夜访宰相赵普的历史故事绘成，勾勒出了门庭宽敞、屋宇数重的豪门大宅内，赵匡胤、赵普两人围炉而坐，商议国家大事的仪态和心境。现藏于北京故宫博物院。

三司使，以分其政、军、财三权。地方上由中央派文官任知州、知县，并且定期调动、更换，各州又设通判牵制知州。其次，完善科举制度，扩大统治基础，大量选拔文人士子进入统治阶层。此外，北宋政府还规定地方财政每年赋税收入，除支度给用外，凡属钱币之类，“悉辇送京师”。通过把地方的军权、用人权、财权等权力收归中央，北宋政府进一步加强了封建主义的中央集权制。

除在政治、军事、财政等各方面加强中央集权外，为了防范武人跋扈篡权，北宋还实行崇文抑武的政策，建立了“满朝朱紫贵，尽是读书人”的文官政治，并形成了文昌武偃的社会风气。北宋的政治与军事体制及政策，有利于加强国家的统一与稳定，但也产生了官僚机构臃肿、行政效率低下，财政负担畸重以及军事指挥不力、军队缺乏战斗力与机动性等严重弊端，从而造成了北宋王朝既“积贫”又“积弱”的局面。

历史断面

《百家姓》

北宋时编的《百家姓》是流传较广的以识字教育为主的综合性识字课本。《百家姓》是集汉族姓氏为四言韵语的蒙学课本，作者的姓名已佚。全篇从“赵、钱、孙、李”始，为“尊国姓”，以“赵”姓居首。全篇虽是四百多个前后并无联系的字的堆积，由于编排得巧妙，极便于诵读，不仅为孩童提供识字启蒙基础，而且涵盖全国姓氏的基本内容。《百家姓》和《三字经》《千字文》曾合称“三、百、千”，成为相辅相成的整套启蒙识字教材，一直流传到清末。后世曾有不少对《百家姓》《三字经》的改编本，但都未能较久、较广地流传，无法取代旧本。

关键词：烛影斧声 / 金匮之盟

宋太宗得位疑云

■ 976年

正当宋太祖赵匡胤踌躇满志准备进行北伐之时，在一场“烛影斧声”的变故中，赵匡胤意外亡故（一说为其弟赵光义所杀害）。在主少国疑之时，赵光义利用其掌握的军政权力即位称帝，是为宋太宗。然而由于这次兄终弟继的接位不合常理，疑点太多，朝野上下、市井之间非议不断。前任宰相赵普趁机炮制出了一个“金匮之盟”之说，为太宗的即位自圆其说。不论这个“金匮之盟”是否存在，它的出现确实为宋太宗即位的合法性提供了一种法理上的解释。

烛影斧声

开宝九年（976）十月二十日凌晨，正值盛年的宋太祖忽然驾崩，时年五十岁，死前并无任何暴疾的征兆。太祖去世前夜风雪漫天，召其弟晋王赵光义入宫饮宴。左右近侍皆不得侍奉，只是在烛影摇曳中，远远看到晋王时而离席，好似有躲避和谢绝之意，然后又见太祖手持玉斧戳地，大声地对晋王说：“好为之，好为之。”谁料，次日凌晨天还未亮，太祖就驾崩于万岁殿。

太祖的皇后宋氏急忙派宦官王继恩召皇子赵德芳入宫，想让赵德芳承嗣。不料，王继恩自作主张，中途改道去召晋王，并与早已迎候于府门外的晋王亲信、医官程德玄一起劝说赵光义入宫。当王继恩回宫后，皇后问道："德芳来了吗？"王继恩答道："晋王到了！"宋皇后见到赵光义，知道大势已去，且惊且怕，只能口称"官家"（宋代俗称皇帝为官家），央求赵光义保全母子性命。赵光义也佯装哭泣道："共保富贵，不要担忧。"

开宝九年（976）十月二十一日，赵光义即位，是为宋太宗，并打破常例，即改当年为太平兴国元年。

金匮之盟

宋太祖死得蹊跷，宋太宗即位也令人疑窦丛生，为后人留下了"烛影斧声"的千古谜案，使得时人议论纷纷，人心颇有不服。太宗的当务之急便是安抚人心，力求为自己的夺位之嫌找个冠冕堂皇的借口。太平兴国六年（981），前朝宰相、河阳节度使赵普抛出了所谓"金匮之盟"，算是给太宗解了围。

按照民间的说法，太祖、太宗和秦王赵廷美兄弟三人的生母杜太后，在临终前曾召当时的宰相赵普进宫听受遗命。杜太后问太祖道："你知道自己为什么能得到江山吗？"杜太后告诉他："你能得天下，是因为周世宗让幼儿即位做了皇帝，人心不附造成的。倘若周朝有一位年长的君主，你能得到天下做皇帝吗？"

接着，杜太后又训诫太祖，为了防止后周那种"幼儿主天下而失天下"的悲剧出现，宋朝要继立长君。她要求太祖死后要传位给自己的弟弟光义，光义死后要传位给小弟秦王廷美，廷美死后则传位给太祖之子德昭。为了监督太祖实施，杜太后又让赵普把自己的话记下来作为将来皇位继承的依据。赵普随即在杜太后床前按照太后的意思写好了誓书，并在誓书末尾署上了自己的名字。太祖便将誓书锁于金匮，交由谨慎可靠的宫人管理，秘藏宫中。

相互利用

宋太宗继位之后，一度以皇弟赵廷美为开封府尹兼中书令，封齐王；太祖之子赵德昭为永兴节度使兼侍中，封武功郡王。同时，下诏令齐王赵廷美、武功郡王赵德昭位在宰相之上。但随着自己的地位逐渐巩固，太宗决心传位给自己的儿子，可是又受到“金匮之盟”的限制，左右为难。太平兴国四年（979），宋太宗在高粱河战败，一度失踪、六军无主，军中竟出现拥戴赵德昭的事件，这让宋太宗深感惊惧。太宗回到汴京，迟迟不赏消灭北汉、攻取太原的有功将士，一时朝中、军中议论纷纷。赵德昭入宫规劝，不料太宗却因此大怒，冷冰冰地对德昭说：“等你自己做皇帝了，再赏也不晚！”赵德昭听了之后，惶恐异常，回府就自杀了。两年以后的太平兴国六年（981），赵德昭的弟弟赵德芳也不明不白地死了。太祖的两个儿子都死了，对皇位

^ 三彩舍利塔·北宋

这件舍利塔出土于河南密县法海寺塔基地宫，塔高七层，造型秀丽，釉彩鲜艳，是北宋佛教艺术精品。现藏于河南博物院。

^ 宋太宗立像轴·宋

宋太宗赵光义是北宋第二位皇帝，他在位期间曾两次大举北伐，试图从契丹手中收复幽、云十六州，改善中原政权在北部边境不利的战略态势，但由于指挥失当，将帅不和，两次北伐都遭遇惨败。此后宋太宗被迫放弃攻辽，改为采用防御战略。现藏于台北故宫博物院。

的威胁就剩下了幼弟廷美。要打击赵廷美，太宗在当时急需一种完全有利于自己的舆论和一个非常得力的助手。

赵普是太祖开国时的元老重臣，太宗正可借用他的重要地位和政治影响来打击廷美。而此时的赵普连遭冷落，又被宰相卢多逊逼得无处可退，甚至身家性命都岌岌可危。赵普为求自保，也瞧准太宗的需要，投其所好，抛出了“金匮之盟”修改本这张王牌。在这个版本中，杜太后的遗诏变成了独传于太宗。而对于赵廷美、赵德芳则只字未提。为了继续表现对太宗的忠心，赵普甚至以太祖为例，告诫太宗：“太祖已经错了一回，你怎么能错第二回呢？”赵普以开国元老和“金匮之盟”唯一记录者的身份，不但使得太宗即位变得名正言顺，而且也为太宗下一步打击幼弟，进而实现传位亲子的计划铺平了道路。

当然，太宗也不忘投桃报李，恢复了赵普的相位，并将其置于首相的地位，正好压在了卢多逊的头上。第二年，赵普向太宗告发卢多逊跟赵廷美交往密切，意图不轨。太宗借机大兴牢狱，将赵廷美安置到了房州（今湖北房县），卢多逊则被流放到了崖州（今海南三亚崖州区）。赵廷美的势力被彻底涤荡，太宗传位亲子的道路障碍至此也被扫清。

关键词：亲征

澶渊之盟

■ 1004年

澶渊之盟是宋、辽在战略相持双方均无进行决战意图的情况下，谋求休战与战后和平共处的产物。对宋朝而言，这份承诺年年捐助饷银的和约加重了北宋人民的负担，还让宋朝统治者从此醉心于以妥协方式达成和议；对辽国而言，在此后加快了认同与融入中原文明的进程。两国君主相约以兄弟相称、平等共处的澶渊之盟，让宋、辽之间维持了百年的和平，促进了经贸的往来和民族的融合，有其积极意义，与宋、金之间的屈辱性和议有所不同。

辽军南下

赵匡胤建立了北宋之后，凭借着后周建立起来的雄厚国力，开始了他统一天下的步伐。可是赵匡胤对于当时北方强大的辽国非常忌惮，不敢首先进行北伐，而是采取先南后北、先易后难的统一战略，企图统一南方以

> 宋代攻城使用的军事器械——云梯（模型）

云梯是中国古代战争中一种用以攀登城墙的攻城器械。

<《历代帝王像》之宋真宗像·清·姚文瀚

澶渊之盟后，为了粉饰太平，宋真宗进行了封禅泰山等一系列的祭祀活动，还耗费七年时间和大量财富修建了玉清昭应宫，以存放所谓的“天书”，给百姓带来了极大的负担。

后再收复辽国所占领的幽、云十六州。当时的辽穆宗耶律璟是一个少有的昏君，在历史上有“睡王”的称号，他当政的时候是辽国的力量最为衰弱的时期，因此后周世宗大胆北伐，夺得三关等燕南的全部土地。辽国君臣畏惧后周军，将守幽州的辽兵后撤，眼见幽州指日可下，可惜后周世宗突发疾病，不得不撤军，以至于功败垂成。

赵匡胤白白断送了攻辽的大好时机。等北宋南征结束后，辽国的统治者早已换成了巾帼不让须眉的一代女杰萧太后，此时辽国经过了萧太后十年的休养生息，国力早已恢复，实力强劲。赵匡胤死后其弟赵光义继位，此时北宋已经统一了南方，开始谋划北伐。由于大好时机已经丧失，两次北伐都只落得丢盔弃甲、仓皇而逃的结局。从此宋朝畏辽如虎，再不敢轻言北伐。而不收复幽、云十六州，宋朝就没有北方有利地形和长城的掩护，整个华北平原暴露在游牧民族的铁蹄之下，无险可守。

宋太宗死后，太子赵恒即位，是为宋真宗。当年宋太宗趁着辽国萧太后当政的时候北伐，企图“欺负”人家孤儿寡母。现在辽国也如法炮制，宋太宗刚刚去世，辽国就频频发兵入侵。经过了多次试探性的战斗后，辽国于宋景德元年、辽统和二十二年（1004）闰九月，由辽承天太后（即萧太后）、辽圣宗亲领大兵南下，号称二十万大军，经保、定二州，直取澶州（今河南濮阳），威胁东京开封。

辽军大举攻宋，震动了宋廷。宋真宗也在边臣不断告急声中感到形势严峻，遂诏令调兵遣将，加强战备。为此，宋真宗还准备“亲征决胜”，召集群臣为其亲征日期出谋划策。但是除了寇准和少数主战派大臣，其他重臣都不同意皇帝立刻前往第一线，而真宗也并没有下定亲征的决心，因此亲征一事就耽搁了下来。

景德元年（1004）闰九月十二日，辽圣宗与萧太后进驻固安（今属河北），任命南京统军使、兰陵郡王萧挞凛、奚部大王萧观音奴为先锋，向宋境发起了进攻。十五日，辽分兵攻略威鲁军、顺安军（今河北高阳东之旧高阳城），打败了顺安的宋军。十六日，辽军再攻威鲁军，又打败了宋军。然后，辽军转兵西攻北平寨，被宋守将田敏率部击退；再东趋保州，攻城亦不克。于是辽先锋将遂与圣宗、萧太后会兵于望都（今属河北），准备继续南进。

面对辽军大举进攻，宋真宗再次召集大臣讨论亲征之事。然而此时的朝廷大臣们却大多畏惧辽军，更有人为了一己之利鼓动宋真宗迁都。如参知政事王钦若为江南人，密请真宗迁都金陵（今江苏南京），签枢密院事陈尧史为蜀人，又请迁都成都。这种名为迁都，实则是趁国家危难之时给

历史断面

《武经总要》

《武经总要》是中国现存最早的官修兵书。康定元年（1040），宋仁宗命翰林学士曾公亮、丁度等通晓军事者编撰，当年成书。全书共40卷，分前后两集，前集20卷，其中制度15卷、边防5卷，分别论述了军队建设和用兵作战的基本理论、制度和军事常识，内容涉及选将科兵、教育训练、军队编制、行军宿营、古今阵法、侦查联络、地形地物、城邑攻守、水战火攻、步骑应用、武器装备以及边防各州的方位四至、地理沿革、山川河流、关隘道路、军事要点等，并配有大量插图。该书图文并茂，堪称中国历史上第一部军事百科全书，对于研究中国军事学术史、兵器史具有重要的参考价值。

自己捞取政治上的利益，这样的建议自然被寇准所反对，宋真宗只好停止了迁都之议，决意亲征，以振奋军心，鼓舞士气，后来的历史发展也充分地证明了这一决策的正确性。

真宗亲征

景德元年（1004）十一月二十日，辽将萧巴雅尔、萧观音奴率渤海兵攻陷了德清军（今河南清丰西北）。两日后，辽圣宗与萧太后率主力进抵澶州城之北。辽军主力到达澶州城外后，立即从东北西三面将澶州围住。宋朝澶州守将李继隆等紧急埋伏劲弩，控扼要害，组织守城防御；辽军亦做攻城准备。就在这时，辽统军使萧挞凛恃其勇敢，在率轻骑观察地形时，被宋掌床子弩的威虎军头张环从暗处发弩而射中。由于正射中萧挞凛的额头，萧挞凛立即从马上坠地。辽兵众竞相前往扶救，但终因伤势过重而死亡。对于萧挞凛之死，萧太后极为悲痛，辽军士气大受损伤，但仍以主力围困澶州，并分兵继续南进。同月二十五日，辽军又攻下了通利军（今河南浚县东北），大有越过澶州，进逼开封之势。

随着辽军步步紧逼，宋真宗的“亲征”计划被迫逐渐付诸实施，终于在十一月末，真宗到达澶州北城，宋军士气大振。萧太后知道辽国不可能一举灭宋，辽军先锋又临阵丧命，有心求和。宋真宗派大臣曹利用去辽营谈和。十二月，辽派使臣韩杞来，扬言要索还周世宗时收复的关南地。真宗不敢再战，但是也不愿答应割让土地，于是派曹利用再去辽营，密告可予银绢许和。不久，约定两国君主以兄弟相称；宋辽立誓书，签订和议，宋向辽每年助饷银十万两、绢二十万匹；沿边州军，各守疆界，两地人户不得交侵；两朝城池依旧修缮，不得增筑城堡、改移河道。

和平的意义与代价

曹利用再度出使前，问真宗许给辽的银绢数。真宗说：“如果实在不

> 影青刻花注子注碗·北宋

这是一件做工精美的酒器，下半部分是用于温酒的注碗，上半部分是盛酒的注子（酒壶），前端有倒酒的细颈小口，将温酒、注酒的功能融为一体，是宋代酒具中的精品。

得已百万也行！”寇准却私下召曹利用到营帐说：“虽然皇帝说可以许百万，但若过三十万，我就杀了你！”和议成后，内侍误传为三百万，真宗虽然大惊，但接着就说：“能就此了事也行啊！”等到曹利用入奏说是许银绢三十万，真宗大喜，特予厚赏。

辽军岁得银绢，班师回朝。宋朝以妥协退了敌兵。真宗自作《回銮诗》与群臣唱和，来庆祝所谓“了事”的“胜利”。从军事上来看，宋军在战略上其实是占据优势的。当时辽军前进方向层层受阻，兵力损失很大，而自身后方却有数个宋朝军事重镇未能拔除，时时威胁着辽军的退路。如果宋军下定决心与辽军进行大决战，胜负尚未可知。可宋、辽双方都缺乏决战的决心，最终还是以和议给这场大战画上了一个句号。对宋朝来说，澶渊之盟与此后宋金和议不同，宋辽君主相约以兄弟相称，平等共处，不是屈辱性的。

“澶渊之盟”后，辽国一方面由于内部统治不稳，另一方面也感到难以打败宋朝，所以不再举兵南下，宋辽两国的战事基本结束。辽国专心内政，大大加快了认同与融入中原文明的步伐。此后的一百多年间，宋辽大体上维持着和平分立状态。这对两国的经济文化发展及相互交际都是利好。不过，澶渊之盟的签订对宋朝统治者却有消极影响，就是由此醉心于以妥协方式谋求和平而忽视整修武备，加强国防。

关键词：垂帘听政

刘太后听政

■ 1022年～1033年

宋真宗赵恒的献明肃皇后，名刘娥（969或970—1033），是宋朝第一位摄政的太后。刘太后一改真宗末年的种种弊端，罢免权臣，终结了劳民伤财的“天书运动”，为仁宗朝的治理打下了良好的基础。后世常将其与汉之吕后、唐之武后并称，史书称其“有吕武之才，无吕武之恶”。

垂帘听政

刘娥小时候双亲皆故，后来和银匠龚美一起来到京城，被当时尚为藩王的宋真宗看中。后来真宗即位，刘娥进封德妃，一直专宠于后宫。当时一位姓李的宫人服侍刘德妃，一次为真宗侍寝后怀了孕。刘氏在和真宗散步时，头上的玉钗掉了，真宗命人取回，私下祈祷说：“如果玉钗完好无损，那就应该生男孩。”玉钗取回后完好无损，而李氏也果然生了个男孩。但刘德妃把孩子要过来，对外宣称是自己生的，这个孩子就是日后的宋仁宗赵祯。李氏并不为真宗所重视，后宫中人也不敢违背最受皇帝宠爱的刘德妃的意愿。就这样，赵祯以刘娥之子的身份成长，对自己的身世一直毫无所知。

大中祥符五年（1012），刘德妃被立为皇后。她因为家族无人，就将带自己进京的银匠龚美认作哥哥，改名为刘美。刘皇后既能在后宫争宠中获胜，必然聪颖过人，加上她勤读史书，记忆力又好，真宗患病后，她逐渐开始干预朝政。

乾兴元年（1022）二月，真宗去世，皇太子赵祯即位，是为宋仁宗。因为仁宗年幼，真宗遗命刘皇后为太后，垂帘听政以辅佐仁宗。刘太后临朝后，穿戴的礼服，出入的礼仪都和皇帝一样。她颁布制令，虽不称“朕”，但称“吾”，她的生日被定为长宁节，普天同庆，她父亲的名字举国避讳。群臣还给刘太后上了一个同皇帝一样冗长的尊号，叫“应元崇德仁寿慈圣太后”，俨然是个虽无其名但有其实的女皇帝。

不久，刘太后遇到了与武则天称帝前相同的情况，有人为求富贵，上书请求依照武则天的旧例，为刘氏也建立七庙，但刘太后不予采纳。还有人献《武后临朝图》，劝刘太后称帝的意图昭然若揭。刘太后生气地把图扔掉，并说：“我不会做这样辜负祖宗的事情！”最终坚持了自己对礼法的尊重。

> 宋真宗刘皇后像·宋

刘太后颇有政治才干，她号令严明，恩威并用。她执政期间，政治较为清明，被后世史家尊为一代贤后。她在听政之初，将真宗后期举国疯狂的天书降临运动做了了结，把所谓的天书作为殉葬品随真宗一起下葬。同时她还力倡节俭，惩治贪官，并禁止“献羡余”。所谓“羡余”就是官吏在定额赋税之外，巧立名目多收钱，并把这笔横财当中的一部分贡献朝廷，炫耀政绩，以便捞取政治资本。刘太后制止这种做法，为宋朝百姓带来了实实在在的好处。

^ 蹴鞠纹铜镜·宋

这件宋代纹镜，背面浮雕有四人蹴鞠图像。蹴鞠就是中国古代流行的类似后世足球的运动，常有女子参赛，这面铜镜的图案就是一位高髻女子在踢球，与她对面的就是一位男性，两人背后还各有一名侍者。现藏于湖南省博物馆。

厚葬李氏保太平

仁宗明道元年（1032），宋仁宗的生母李氏病故。刘太后虽然夺了她的孩子，但对她本人并没加以迫害。李氏也谦恭自保，在真宗死后默默地生活在先朝妃嫔中，从来没有因为自己是仁宗生母而有所异动。仁宗自幼由刘太后抚养，母子感情很好，刘太后又掌握着朝政，从没有人告诉仁宗他的生母并非刘太后。而此时李氏既死，刘太后在朝会上想对外宣布按照普通宫人的礼节将其安葬。宰相吕夷简认为不妥，上奏请以厚葬。刘太后听了之后，将同座的仁宗遣走，单独召见吕夷简，问道：“只不过一个宫人死了，相公（对宰相的尊称）何必如此坚持呢？”

吕夷简道："臣既然做了宰相，事无大小，都应该参与。"刘太后怒道："你这么说是想离间我和皇帝的母子情谊吗？"吕夷简正色道："太后难道不想保全刘家吗？如果为了家人的日后生活着想，丧礼就应该隆重。"刘太后依然有些犹豫，吕夷简只好挑明说道："李宸妃生育皇帝，如果丧礼不成样子的话，将来必定会有人因此获罪，到时候不要说臣今天没有说过！应该以皇后的衣服入殓，并以水银灌注，也好作为将来的证据。"刘太后毕竟是个老练的政治家，马上醒悟过来，将李氏以大礼下葬于洪福院。

仁宗明道二年（1033），刘太后去世。果然有人将宋仁宗的身世披露出来，并添油加醋说李氏死于非命。仁宗在悲痛过后，一面派人去洪福院检查生母的棺木，一面派兵包围了刘家的宅邸。开棺后发现李氏穿着皇后的衣服，面容栩栩如生，仁宗这才放下心来，解除了对刘家的包围，并且为自己竟然不信任刘太后的为人而悲伤，反而对刘家更加礼敬。

历史断面

唐宋八大家

"唐宋八大家"指唐、宋两代八位散文作家，即唐代的韩愈、柳宗元和宋代的欧阳修、苏洵、苏轼、苏辙、王安石、曾巩。中唐时期，讲求对偶、声韵和用典，而不注意内容的骈体文仍然占有统治地位。韩愈和柳宗元首先提倡古文，即提倡先秦两汉时期的散文形式，反对骈文，逐渐发展成为一个声势浩大的"古文运动"。到了北宋时期，欧阳修鲜明地举起了韩、柳"古文运动"的旗帜，与同时代的曾巩、王安石及苏洵父子等人力扫骈文余风。欧阳修等六人的散文创作吸取了韩、柳文体改革的特点，又着重在文风上加以探索，创造了比韩、柳更为平易流畅的风格，取得了最终战胜骈体文的辉煌成果。

关键词：包拯 / 清廉为官

清官的典范：包拯

▪ 999年～1062年

金代诗人元好问有“能吏寻常见，公廉第一难”的诗句。其实，自古中国民间就对清正廉明、执法不阿、铁面无私、不畏权贵、为民请命的官吏大为推崇，魏徵、狄仁杰、寇准、况钟、包拯、徐九经、海瑞、于成龙……一个个闪耀在史册间的名字为后世矗立起一道清官的历史风景线，万民景仰、历代称颂。在历代清官中，“北包拯，南海瑞”是熠熠生辉的双子星座，生活在宋代仁宗年间的包拯是清官群体中的典型代表。

铁面无私包青天

包拯（999—1062），字希仁，庐州合肥（今安徽合肥）人，家贫好学，仁宗天圣五年（1027）考取进士。包拯以进士身份入仕，历任知县、知州、知府、监察御史、三司户部副使、枢密副使等职，还曾被任命为龙图阁直学士，死后被谥为孝肃。故后世常称他为“包公”“包龙图”或“包孝肃”。

包拯一生为官清廉，即使官至显贵，个人生活仍俭朴，“衣服、器用、饮食如布衣时”。包拯的政绩或许稍逊于同时代的北宋名臣如韩琦、富弼、范仲淹等，但其清正廉明的政风是首屈一指的。他将子孙做官不得贪赃枉法作为家法，规定“后世子孙仕宦，有犯赃者，不得放归本家，死不得葬大茔中”，也就是说若违反了“不得贪赃枉法”的家法，将被开除族籍，即使死后也不能葬入祖坟。包拯曾出任岭南端州（今广东肇庆）知州。端州，是四大名砚之一“端砚”的产地。端砚久负盛名，素有“端州石工巧如神，踏天磨刀割紫云”的美誉。皇室权贵、大臣学士都以家中存有几方端砚为荣。庆历三年（1043），包拯离任时，当地有人精制一方好砚，赠予他作纪念。包拯婉言谢绝，“不持一砚归”。包拯曾作诗咏志：“清心为治本，直道是身谋。秀木终成栋，精钢不作钩。仓充鼠雀喜，草尽狐兔愁。史册有遗训，毋贻来者羞。”这既是对个人追求的表述，也是他“清廉立身”的人生理想的最好注脚。

包拯一生竭力主张严厉打击贪官污吏。他积极上书要求朝廷定制治贪，推行监察制度与连坐法，严格执法，打击贪赃枉法行为，他自己也履责劾贪、依法惩贪。他曾向仁宗陈条《七事》，劝仁宗革新图强，富国富民，并上疏《乞不用赃吏》，认为清廉是为人的表率，而贪赃则是“民贼”，奏请仁宗批准对贪官进行惩处。为弹劾利用权势巧立名目、盘剥百姓的江西转运

^ 鎏银鱼龙纹铁斧·宋

此斧前为龙首，后为鱼尾。鱼龙腹部以下接铸一锥状柄，铸造精工，为稀世珍品，根据款识可知此斧为嘉祐元年（1056）制造。

使王逵，包拯接连上奏七次，揭露他“心同蛇蝎”，并直接指责仁宗，“今乃不恤人言，固用酷吏，于一王逵则幸矣，如一路不幸何”！强烈要求仁宗罢免王逵的官职。在当政期间，包拯还惩办了淮南转运使魏兼和张可久等巨贪。他还敢于犯上，对外戚张尧佐也毫不留情，三次上奏折怒责面劾“国丈”。包拯“举刺不避乎权势，犯颜不畏乎逆鳞”，为后世树立了不畏强权、肃贪惩恶的榜样。

关节不到，有阎罗包老

包拯执法刚正，不避权贵，不论亲故，不讲情面，概从公断。即便是自己的亲属也一样依法论处，不加偏袒。包拯曾在庐州任职。庐州是包拯故里，“亲旧多乘势扰官府”。一次，包拯的表舅犯法，他依律“挞之”，毫不姑息，“自是亲旧皆屏息”。包拯对权贵高官也毫不畏惧，依律弹劾处罚。如某知府攀娶皇亲，喜新厌旧，抛弃发妻。包拯得知后，奏准皇上将此人罢免官职。后世广为传唱的《铡美案》《打龙袍》等就是根据包拯这种严明公正、执法如山的事迹编撰而

包拯像·清

包拯是中国古代的“清官”典型，“包青天”的故事曾以小说、戏剧、曲艺等形式在民间广泛流传，比如京剧中的包公就是在乌黑的脸上，勾出两道紧锁的白眉，表现他忠诚率直和忧国忧民的心情；脑门正中的白色月牙，象征他能“昼断阳、夜断阴”的传奇色彩。其实历史上的包拯是一位白面书生，而且个子不高，并无特异之处。

成的。当时，开封府广泛流传着“关节不到，有阎罗包老”的民谚，就是对包拯执法严明、铁面无私的盛赞。

嘉祐元年（1056）十二月，包拯以龙图阁学士权知开封府，他于次年三月正式上任，至嘉祐三年（1058）六月离任。北宋开封府虽然地处京畿，但民风粗犷，鱼龙混杂，素来难治。在一年多的时间内，包拯敢于搏击豪强、惩治权贵，严厉打击无赖刁民，同时也坚决抑制开封府吏的骄横之势。当政期间，包拯“立朝刚毅，贵戚宦官为之敛手，闻者皆惮之”，把号称难治的开封府治理得井井有条。当时开封城内的豪门贵族之中盛行在惠民河畔修筑宅院园亭，以致河水淤堵，酿成水灾。包拯一纸令下，将沿河边的建筑物全部拆除。此举触犯了京城权贵的利益，让他们大为不满，于是上奏要求停止拆除，并大肆诬陷包拯。包拯不畏权势，坚持拆除。

除了对贪官赃吏不讲情面、大加鞭挞外，包拯还经常为民请命，以爱护百姓为己任，深入下层体察民情，救民于水火之中。仁宗朝曾实行食盐官营专卖制，弊端甚多，民众深受其苦。包拯曾前往陕西解州（今山西运城）深入调研，上奏朝廷请求废止官营专卖制度，实行自由贸易，既可增加国家税收，又方便了百姓生活。包拯在出使辽国途中发现负责迎送使者的官员常借机在沿途勒索百姓和地方的官吏，给边界人民带来沉重的负担。于是上奏仁宗，请求缩短官员在边界的停留时间，严禁吃请送礼。嘉祐五年（1060），包拯出任三司使财政官，又上书要求罢掉“天下苛杂”，减轻赋税。对这些能解决百姓生计问题的具体措施的倡导与推行，在本质上反映了包拯“富国利民”的基本态度。

包拯成为为民作主的典型代表，其清名传于天下，史书上说：“人以包拯笑比黄河清，闾里童稚妇女亦知其名。”后世的很多文艺作品都极力刻画了包拯刚正不阿、铁面无私、执法如山、断案如神的威武形象，如宋元话本中的《三现身》《合同文字记》，元剧中的《蝴蝶梦》

《灰阑记》《后庭花》等大量的包公戏，明代小说《三现身包龙图断案》《包龙图判百家公案》和《龙图公案》。清代的戏剧中《铡美案》《铡包勉》《陈州放粮》等更是为大众喜闻乐见。将历史上的包拯通过文学作品的放大，塑造成一个更完美的清官形象，这个过程中寄托着老百姓对清明政治、清廉官员的殷切希望和期待。

清官现象扫描

包拯并非宋王朝清官的孤例，大宋三百余年间，前后也涌现出不少清廉公正、为民请命的官吏。北宋初年，从太宗到真宗六十余年间，“号为盛治，而得人甚多”，其中就出现过不少清正廉洁的官吏，如王旦就是其中一员。

王旦（957—1017），字子明，大名莘人（今山东莘县）。咸平四年（1001），王旦以进士身份入仕，任参知政事，景德三年（1006）拜相。真宗曾评价王旦“为朕致太平者，必斯人也”。为官数十载、权倾一时的王旦以清正廉洁闻名于世。他衣着朴素，“被服质素，家人欲以缯锦饰席，不许”。因他的住宅简陋，真宗“欲治之”，王旦也婉言谢绝。王旦

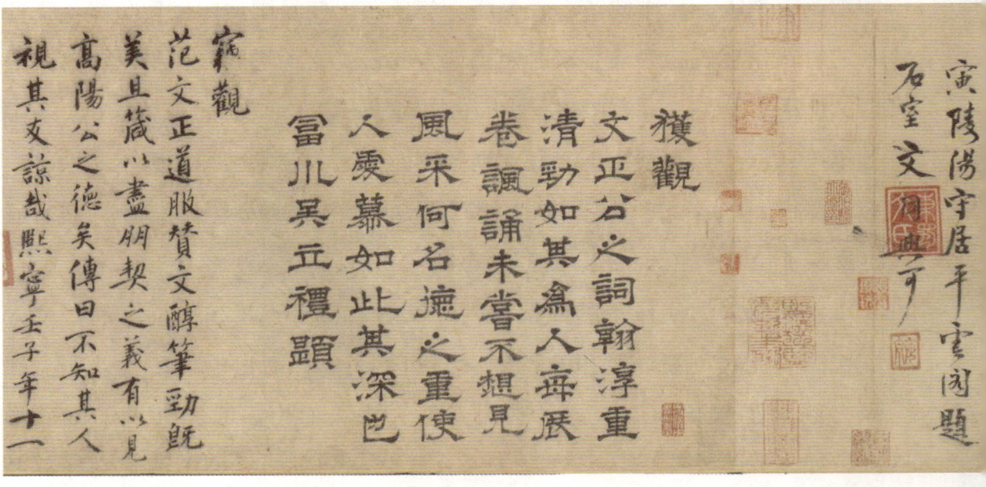

反对用手中权势为自己牟私利，他在遗嘱中表示："忝为宰辅，不可以将尽之言，为宗亲求官。"临终前，他又告诫子弟，"我家盛名清德，当务俭素，保守门风，不得事于泰侈"，要求家人不得厚葬。王旦身故后，真宗赞誉他为"全德元老"。

范仲淹也是宋代有名的清官廉吏。范仲淹（989—1052），字希文，谥文正，吴县（今江苏苏州）人。范仲淹自幼孤贫，但胸怀广大，有"士当先天下之忧而忧，后天下之乐而乐"的远大志向。在他推行的庆历新政中，明确规定要"明黜陟""择长官"，新政中很大一部分是涉及整顿吏治的内容。他认为需要选择贤者为官，"天下之政，唯有贤者用，方可序而不乱；天下之忧，必有贤者出，才能安而不躁"。他还进一步要求为官必须清廉为本，官员之间应该"濯缨交进，束带相见"。在他的仕宦期间，吏治严肃，政治清明，为官清

楷书《道服赞》卷及部分跋文·北宋·范仲淹

《道服赞》为纸本，是范仲淹唯一传世的楷书作品。宋代大书法家黄庭坚评价其书为"落笔痛快沉着，似近晋、宋人书"。此卷结字端谨，笔墨清健，有晋人书风。

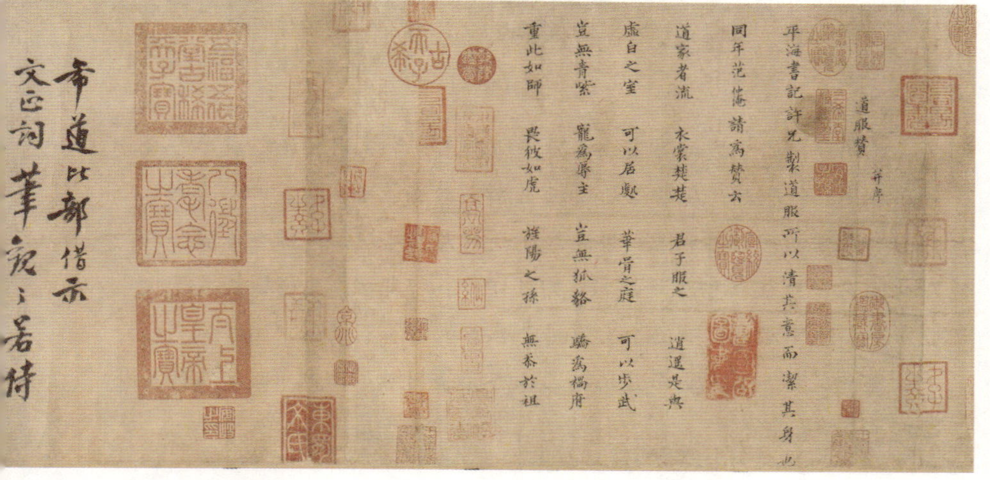

正，爱民如子。景祐二年（1035），范仲淹以尚书礼部员外郎身份入朝。宰相吕夷简素知范仲淹敢言直谏，便提前警告他“汝非言官之职，不得妄议军国大事”。但范仲淹不畏强权，宁可舍官弃命也决不姑息养奸。面对范仲淹冒死直谏，吕夷简又借故将范仲淹权知开封府。开封府为京都之所，皇亲国戚、官宦大族、奸富猾吏，盘根错节，向来难治。范仲淹到任后“决事如神”，大力整顿，革除弊政。每上朝言事也“多陈治乱以开人主，历诋大臣不法者”。数月后，开封府“肃然称治”。当时开封城中流传着“朝廷无忧有范君，京师无事有希文”的民谚。范仲淹权知开封府所立下的功绩丝毫不逊于后来的包拯，他以自己的端方廉正为后世树立了榜样和楷模。

清官群体是中国历史上一种较为特殊的现象，也是一笔宝贵的社会财富。清官精神中的为民请命、清廉刚正等精髓已经融入中华民族的传统美德和共同价值取向当中。虽然清官群体也有其为封建统治服务的阶级局限性，但毕竟能给社会民众带来一丝慰藉、一点希望。

历史断面

活字印刷

庆历年间，平民毕昇发明了活字印刷术。毕昇用胶泥刻成单字烧硬，备用。印刷时，在带框的铁板上涂上松香、蜡、纸灰的混合物，然后将所需活字排在框里，排满后就放到火上焙烤。待松香等混合物熔化后再用铁板把字压平成板，则可印刷。印完后，又将铁板置于火上加热，取下活字，以便下次使用。活字印刷术不仅是中国印刷史的一次重要的技术革命，而且比德国人谷登堡用活字印刷《四十二行圣经》早了四百余年。

关键词：冗官 / 冗兵 / 冗费

庆历新政和王安石变法

▪ 1043年～1074年

北宋中期，在社会政治经济发展的同时，潜伏的社会危机也逐渐显现出来。土地兼并问题极为严重，已是“富者有弥望之田，贫者无卓锥之地”，大量的农民失去了土地，农民起义频频爆发。西夏频频入侵，辽又乘机不断要挟，北宋朝廷一味妥协求和，以求暂时安宁。由于每年岁币、岁赋负担沉重，加上长期的冗官、冗兵、冗费问题困扰，改革的呼声四起，所以北宋中期出现了庆历新政和王安石变法。

内忧外患中

北宋政权到了宋仁宗时期，内部是财政入不敷出，外有西夏不时进犯，各种社会危机开始显现出来。虽然宋代的财政收入超过前朝，但国力并未有所增强，而是陷入了“所入虽多， 国用日匮”的尴尬境地，国家财政常年出现赤字。导致国家财政赤字的原因是多方面的，其中最重要的是冗兵、冗官、冗费和日益严重的土地兼并问题。

先说冗兵，宋朝在兵力来源上，实行募兵制，尤其在饥馑之年从饥民中招募士兵，以达到防止内乱的目的。但如此一来，军队成了难民收容

所，随着兵额不断扩大，养兵费用也越来越高，但战斗力却愈来愈弱。宋太祖开宝年间（968—976），禁军与厢军仅有三十七万左右。到仁宗庆历年间（1041—1048），两者总数已达一百二十余万，国家每年收入的绝大部分都用来供养庞大的军队，也就造成了“冗兵”的积弊。再说冗官，北宋在立国之初就采取了一切办法来扩大统治基础，其科举取士人数之多在历史上是空前的。唐代科举进士一科岁取不过三十余人，而宋太宗朝，岁取数百人；仁宗一朝，共取进士四千余人、诸科五千多人。其他各种恩荫入仕之途，北宋也都“大开绿灯”，这都导致官僚人数激增。同时，宋代官员所享受的待遇也相当丰厚，仁宗时岁入三千九百万缗钱，官俸支出占三分之一；而到了神宗时，岁入五六千万缗钱，支出完军费后居然不够支付官员的薪俸。冗官的存在，不仅使养官冗费不断增加，而且还使土地兼并日益严重，国家财源日渐困顿。宋真宗时期实行了职田制度，各级官员的职田都免交赋税，使国家税收减少。到乾兴元年（1022），官吏职田达“天下田畴之半”。各级官吏依靠特权大

^《帝鉴图说》之天章召见·明

据史书记载，宋仁宗曾在天章阁召见丞相及御史大夫以上的官员，咨询他们朝政的得失，并赐予笔纸让他们写下来。翰林学士张方平，条答汰冗兵、退剩员、慎磨勘、择将帅四事，宋仁宗认为很切合实际。天章召见这个故事反映了宋仁宗励精图治、求治心切。

肆兼并土地，直接影响了国家的税收。

在国家外部环境方面，仁宗康定元年到庆历二年（1040—1042）之间，建西夏、称皇帝的党项首领李元昊多次对北宋发动了大规模的军事进攻。在经历了三川口（今陕西延安西北）、好水川（今宁夏隆德西北）和定川寨（今宁夏固原西北）等三次大规模战斗后，宋、夏双方损失都不小，最后在庆历四年（1044）订立和约，规定西夏取消帝号，宋朝册封李元昊为夏国王，每年赐给西夏绢十五万匹，银七万两，茶三万斤，称“岁赐”。再加上澶渊之盟后，宋朝每年要输给辽绢二十万匹、银十万两的“岁币”，这些都成为宋代经济最沉重的负担。为了缓解国家财政危机，宋廷自然将大宋子民作为了责任承担者。沉重的赋税和各种差役最终导致社会矛盾的全面激化。这种种弊端让宋仁宗、宋神宗两位皇帝和一些士大夫们忧心忡忡，他们准备行动起来改变“祖宗之法”。

庆历新政

庆历三年（1043）四月，宋仁宗将范仲淹调回京师，担任参知政事，

南京半山园王安石故居

王安石“熙宁新法”失败后，退居在这里，封荆国公，世称荆公。

与枢密副使富弼、韩琦等人一同主持朝政。此时，北宋的官僚机构越发臃肿，行政效率低下，国家财政入不敷出。面对这样严重的统治危机，宋仁宗几次召见范仲淹等人，催促道："你们为国尽心，不必有什么顾虑，凡是急需变革的事情，都尽快提出来。"

范仲淹一向主张改革弊政，早在天圣五年（1027），他就上书朝廷，提出一系列革新建议。得到皇帝的信任与委托后，范仲淹认真总结了酝酿已久的改革思想，很快呈上著名的新政纲领《答手诏条陈十事》，在其中提出了"明黜陟、抑侥幸、精贡举、择官长、均公田、厚农桑、修武备、减徭役、覃恩信、重命令"十项以整顿吏治为核心的改革主张。宋仁宗和其他大臣商议后，决定将这些改革措施以诏令的形式逐步颁发全国。于是，北宋轰动一时的庆历新政在范仲淹的领导下开始了。同年年底，为检查各地官员的为官操守，范仲淹专门选派了一批人去四处探访。一旦得知哪个官员欺压民众、贪污受贿，范仲淹就翻开官员们的花名册，把这个不称职的人勾掉。枢密副使富弼见他毫不留情地罢免了一个又一个官员，担心他因此得罪太多的人，于是劝说道："你一笔勾掉很容易，但是这一笔之下可要使他们一家人痛哭啊！"范仲淹听罢，指着那些官员的名字愤慨道："一家人哭总比一路人哭要好吧！"在这样严格的考察下，众多尸位素餐的不称职者被清理出官场，大大提高了朝廷的办事效率。

然而庆历新政直接损害了盘踞在北宋官场的腐朽势力的利益，因此他们对改革派恨之入骨。为了破坏新政的推行，这些人纠集起来一同诬蔑范仲淹、富弼、欧阳修、石介等人结交朋党，又重金贿赂宦官，让他们不断在宋仁宗面前散布范仲淹的谗言。枢密使夏竦在改革派官员的抨击下丢掉了官职，恼羞成怒的夏竦让家里的一个丫鬟每天临摹石介的书法，然后以石介的字迹伪造了一封密信，在这封信里宣称要废黜宋仁宗，拥立一个符合改革派心意的傀儡皇帝。在夏竦的蓄意谋划下，改革派阴谋另立皇帝的谣言四处传播，一时人心惶惶，宋仁宗开始动摇，虽然他没有相信传言，但面对

^ 岳阳楼中范仲淹和滕子京铜像

一篇流芳百代的《岳阳楼记》让人们记住了范仲淹和滕子京，一段脍炙人口的“先天下之忧而忧，后天下之乐而乐”的传世警句，让后世对范仲淹的处世精神肃然起敬。

改革中遇到的种种阻力，他最终还是失去了继续改革的信心。

庆历五年（1045），宋仁宗下诏废止一切改革措施，随即解除范仲淹参知政事的职务，将他贬至邓州（今河南邓州）担任地方官。不久，富弼、欧阳修等革新派人士也相继被外派地方。至此，历时了一年有余的庆历新政以全面失败告终。

王安石变法

宋仁宗去世后，太子赵曙即位，是为宋英宗。英宗体弱多病，在位五年就因病离世，其子赵顼即位称帝，是为宋神宗。神宗做太子时就很欣赏法家

《帝鉴图说》之轸念流民·明

据史料记载，宋神宗熙宁年间，天时大旱，赤地千里，民不聊生，流离失所。官员郑侠绘制了《流民图》并奏疏上给神宗皇帝。神宗皇帝看了奏疏及图，反复长叹，夜不能寐。第二天便让开封府查勘新法不便于实行的，进行取缔，一时间民间欢呼相庆。此作就是根据这个故事绘制的。

思想，他在读《韩非子》时曾说："天下弊事很多，不可不改革。"如今登上帝位，自然要锐意改革，富国强兵，改变前朝遗留下来的暮气沉沉的政局和危机四伏的现状。熙宁元年（1068）四月，神宗召王安石入京，变法立制。

王安石（1021—1086），字介甫，号半山，临川（今江西抚州）人。他在少年时，曾随着做官的父亲到过许多地方，对当时的社会问题有一些感性的认识。庆历四年（1044），王安石以进士第四名及第，步入官场。多年为官经历，使王安石深切地认识到土地兼并是导致当时社会普遍贫困化的主要根源，更严重地危害到国家的长治久安。为此，忧国忧民的王安石早在嘉祐三年（1058）就曾上万言书——《上仁宗皇帝言事书》，要求"改易更革"。可惜，没有得到最高统治者的回应。到神宗时，王安石众望所归，责无旁贷地扛起变革的大旗。为了推动变法，熙宁二年（1069）二月，王安石创立了一个指导变法的新机构——制置三司条例司，并与吕惠卿、曾布等人一起草拟新法，各路设提举常平官，督促州县推行新法。后来，废除条例司，由户部司农寺主持大部分的变法事宜。从此，一场在中国历史上产生重大影响的变法运动轰轰烈烈地展开了。围绕富国强兵这一目标，王安石先后推行了农田水利、青苗、均输、保甲、免役、市易、保马、方田均税等新法。王安石变法以“富国强兵”为目的，前后推行了近十五年，收到了一定的效果，乡村地主和自耕农都减轻了部分差役和赋税负担，国家增加了财政收入，朝廷内外的仓库所积存的钱粟“无不充衍”。

王安石像

作为中国古代三大改革家之一，王安石在封建时代第一个喊出了“天变不足畏，祖宗不足法，人言不足恤”的三不足宣言，但因为个人性格、旧党阶层的强烈反对和王安石自身用人不当，变法最终失败。

王安石虽然有着改革者的勃勃雄心和坚强意志，可他做事执拗，冷面无情，人称“拗相公”。他大刀阔斧地改革，得罪了朝野上上下下所有的既得利益者。人不和，政不通，再好的决策都难以执行。尽管王安石并没有丝毫的退却，可宋神宗并不像王安石那么坚决，他渐渐动摇起来。特别是在熙宁七年（1074），河北大旱，数月无雨，灾民遍地。一些官员趁机散布谣言，说是变法遭到了天

谴，才发生了旱灾。神宗的祖母曹太后和生母高太后也在神宗面前哭诉。为此，神宗整日长吁短叹，不知如何是好。王安石见此，不得不自请辞去宰相一职，出任江宁（今属南京）知府。

熙宁八年（1075）二月，神宗再次召王安石回京任宰相，可是几个月后，天空上彗星出现，人们认为这是不吉利的预兆，纷纷攻击新法。无论王安石如何为新法辩护，神宗还是犹豫不定。神宗的动摇使王安石失去了支持力量，各地对新政阳奉阴违。第二年春天，处处碰壁的王安石眼见自己的主张无法贯彻执行，再一次辞去相位，从此潜心学问，不问世事。元丰八年（1085），神宗病死，其子哲宗赵煦继位，太皇太后高氏听政，以司马光为首的保守派重新掌权，新法立刻被废除。王安石的变法最终以失败告终，但因对变法的态度而形成的新旧两党之间的相互攻击，一直贯穿了整个北宋中后期，直至北宋灭亡。

历史断面

沈括与《梦溪笔谈》

沈括(1031—1095),字存中,北宋著名的科学家。沈括生活的神宗年间,正是王安石变法的重要时期,沈括是变法的积极支持者,后因变法失败,他被一再贬官,晚年来到润州(今江苏镇江)的梦溪园,潜心著书,写下了科学巨著《梦溪笔谈》。《梦溪笔谈》长达30卷,内容广博精深,涉及天文、地理、数学、物理、化学、文艺、历史、哲学等方面的知识,详细地总结了中国古代,特别是北宋时期自然科学所取得的辉煌成就,英国科学家李约瑟高度评价了《梦溪笔谈》的不朽价值,他说:“沈括是中国整部科学史中最卓越的人物。”

关键词：元祐党人碑

祸国的党争

▪ 北宋中后期

积弊难消的北宋自从王安石变法以来，新旧两党纷争不断。这场原本因为政治观点、施政措施不同而爆发的政治斗争，逐渐异化为个人恩怨的争执，最终堕落到成为小团体甚至个人之间的争权夺利，恶意攻讦。

一意孤行

司马光（1019—1086），字君实，陕州夏县（今山西闻喜）涑水乡人，世称“涑水先生”。宋仁宗宝元元年（1038），司马光考中进士，历任馆阁校勘、同知礼院、天章阁待制兼侍讲、知谏院、御史中丞、翰林院学士兼侍读等职，可谓功名早就。在朝廷任职期间，司马光与王安石曾多次共事，然而由于政治见解的不同，二人渐行渐远，最终反目成仇。

熙宁三年（1070），王安石开始实施变法，因为政见不同，司马光坚辞枢密院副使一职，宣称自己和王安石只能有一个人留在朝堂中。宋神宗无奈之下，只得让他出任判西京御史台，外迁洛阳。虽然司马光与王安石在变法一事上存在严重分歧，然而就竭诚为国来说，二人并无差异，只不过在政策取向及具体措施上各有侧重而已。王安石主要是围绕着当时财政、军事上存在的问题，通过大刀阔斧的经济、军事改革措

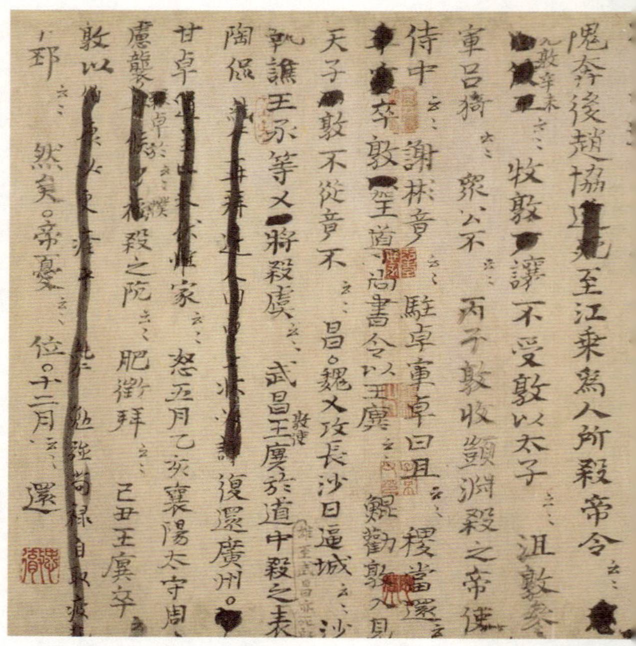

施，以解决燃眉之急。司马光则认为现在是守成时期，应该偏重于伦理纲常、官员风纪的整顿，将原有的制度完善和发展，即使某些环节需要改革，也要稳妥小心，“治天下譬如居室，敝则修之，非大坏不更造也”。相对来说，司马光的主张比较保守，但是从王安石变法过程中出现的偏差和问题来看，他的政治眼光还是有准确的一面的。

来到洛阳之后，司马光开始专心修纂史书《资治通鉴》。元丰八年（1085）宋神宗逝世，他年仅十岁的儿子赵煦即位，是为宋哲宗，由太皇太后高氏垂帘听政。高氏是王安石变法的主要反对者之一，在政治上相对保守和固执。她垂帘听政后做的第一件事情，就是召回反对变法最为坚决的司马光主持国事。次年，高氏任命司马光为尚书左仆射兼门下侍郎，成为北宋王朝的宰相。司马光出任宰相后，在高氏的支持下开始全面废除新法，史称“元祐更化”。当时保守派内部也有不同意见，保守派重臣范纯仁并不赞同全面废止变法措施，他对司马光说：“王安石制定的法令有其可取的一面，不能因人废言。”但是司马光根本听不进去。执政八个月后，司马光便因病去世，但是他的举措为其他保守派官员继续严格执行。由于司马光大量起用保守派官员，又将支持变法的大臣逐出朝廷，在很大程度上激化了统治集团的内部斗争。元祐八年（1093）九月，高太后去世，宋哲宗开始亲政，同年改元绍圣（1094—

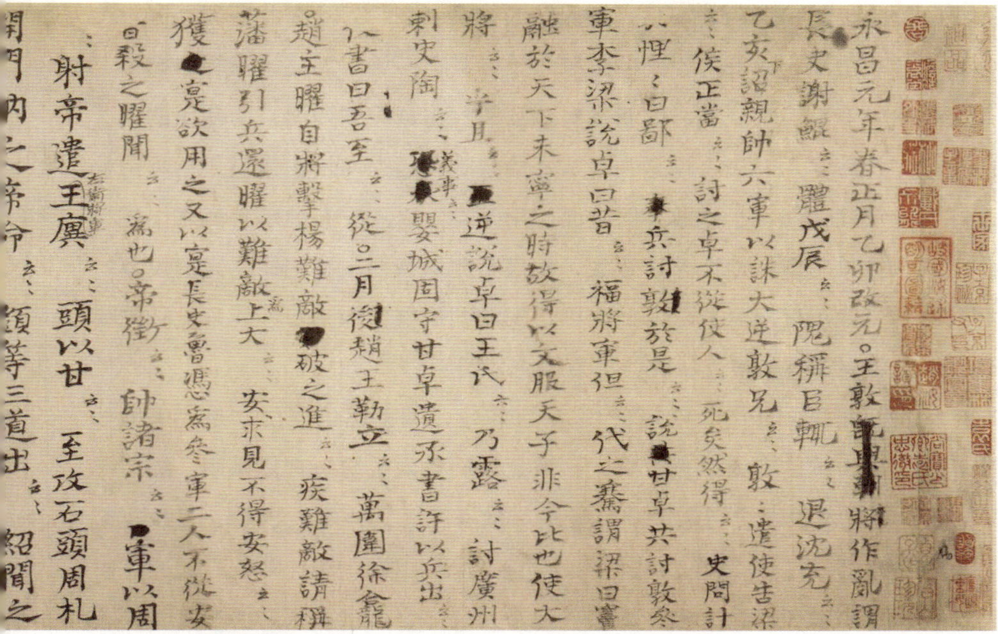

^《资治通鉴》残稿卷（局部）·北宋·司马光

残稿是司马光亲笔手书，记录了东晋元帝公元322年（永昌元年）的事件。司马光为人行事都很严谨，黄庭坚谓："余尝观温公《资治通鉴》草，虽数百卷，颠倒涂抹，迄无一字作草。"从这一小段残稿可以看出，司马光的确是"无一字作草"。现藏于中国国家图书馆。

1098）。年轻的皇帝开始重新起用新党，并大力打击保守派，使新、旧两党的政治斗争愈演愈烈。

元祐党人碑

由新、旧两派的党争所造成的大规模政局动荡，在北宋几起几落。党争之始源于神宗起用王安石在朝廷主持变法，形成新党；反对变法的重要官僚如文彦博、司马光、苏轼等，或被贬谪外地，或自请外放，被称为旧党。神宗英年早逝后，司马光等保守派官员回到朝廷。在此期间，旧党对新党的攻击演化为毫无原则的意气之争，甚至开始采用文字狱等卑鄙手段来给对方罗织罪名。新、旧两党对政敌的打击越来越残酷，所使用的手段也越来越卑劣。高氏去世后，哲宗开始亲政，因为怨恨在太皇太后垂帘期间自己形同傀儡，于是放弃旧党而起用新党。以王安石继承者姿态出任宰相的章惇，不留余地地整肃政敌，他甚至向皇帝提出要把司马光的坟墓掘开，暴骨鞭尸以示惩戒。为此深感不安的同僚警告他千万不能开这种先例，以免将来冤冤相报无法收拾，章惇方才罢手。

元符三年（1100），25岁的宋哲宗病死，端王赵佶继位，是为宋徽宗，由厌恶新政的向太后垂帘听政，被贬的旧党人士纷纷官复原职。短短9个月后，向太后因病结束了垂帘听政。徽宗在正式执掌大权后，又决定将变法继续下去，曾经是变法派中一员，也是中国历史上臭名昭著的奸臣、权臣蔡京被任命为宰相。为了巩固个人权势，蔡京主张严厉迫害“元祐党人”。就在他进入权力中枢的当月，北宋政府开始禁行元祐之法，已经去世的旧党官员削去官衔，在朝为官的一律降职流放。九月，挖空心思迫害旧党的蔡京在端礼门立起了一块“元祐党人碑”，又命令全国各地的州县都刻“党人碑”，以此诏告天下。

“元祐”是哲宗早期的年号，在当时由旧党掌权，他们被自己的政敌称为“元祐党人”。相对应支持变法的人士又被人称为“元丰党人”。所谓的“党人碑”，就是在元祐年间（1086—1094）当政以及蔡京所厌弃的120名官员的名单。崇宁二年（1103）二月，徽宗接受蔡京的建议，诏令元祐党人子弟不准前往京师。四月，下旨毁掉司马光等人在景灵宫内的绘像，又在全国范围内收缴、销毁元祐党人的文集。耸立在端礼门外的党人碑是徽宗亲笔写就，在长长的名单前面着重说明这些人及其子孙永远不得为官，皇室子女也不得与碑上诸人的后代通婚，已经订婚的也要奉旨取消。同样的石碑分别在全国各地树立。立碑者的意图相当明确，就是羞辱这些旧党人士。

然而民间的舆论并不能为当朝宰相所左右。在长安有一位名叫安民的石工，当地官府接到朝廷的命令后，要他按照汴京的样式在石碑上刻字，安民拒绝接受这样的工作。官员们向他询问缘由，安民说道："小民虽然十分愚昧，却也知道立碑的意义。不过像司马光这样的人，海内对其正直有口皆碑。现在指斥他为奸人第一，让小民无法理解，所以不能镌刻。"当地官员怒叱道："你知道什么？朝廷有命，我等尚且不敢违抗，你区区一个石工，被官府调来服役，难道还敢违抗朝廷吗？"安民哭泣道："当然不敢不接受差役，但是小民的姓名，请求不要按照惯例刻在石碑背上，免得世人知道是我刻的石碑。"官员又叱责道："你的姓名有什么用处？哪个要你镌上？"安民这才勉强遵命，完工后痛哭而去。

党人碑的竖立，标志着新、旧两党由治国理念之争，彻底蜕变成私利、意气与权力之争。从此，北宋王朝的政治空气迅速恶化，曾经意图强国富民的变法，在不肖的继承者与顽固的反对者两相扭曲下，成为谋取私利的手段和攻击政敌的借口。与此同时，王安石的新政在蔡京手中迅速变质，在变法的旗帜下，一个庞大的官僚集团想尽办法为自己谋取私利。比如原本为了减轻百姓劳役负担的免役法，由于执行者不可告人的目的而成为增加税收、敲诈人民的手段。

徽宗崇宁五年（1106）正月，某夜晚汴京的天空上出现彗星。不久，文德殿东墙上的"元祐党人碑"遭到雷击，被断为两截。迷信道教的徽宗很是恐惧，认为这是上天在表示愤怒，于是派人在深夜偷偷地把端礼门党人碑毁坏。宰相蔡京发现此事后，恼羞成怒地说："碑可以毁掉，但碑上的人名我永远不会忘记的！"

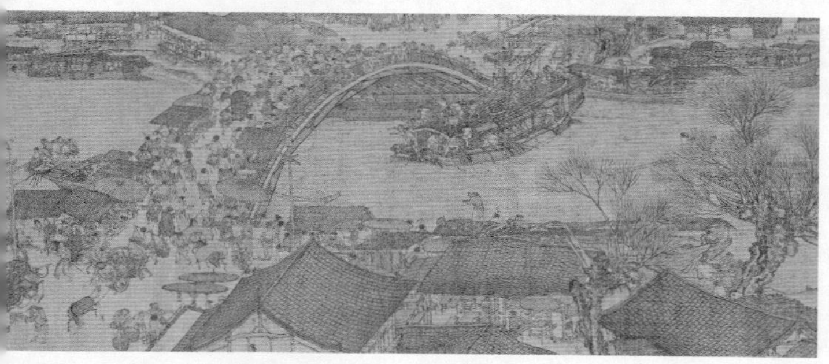

◂清明上河图·北宋·张择端

张择端，字正道，东武（今山东诸城）人，宋徽宗时期翰林图画院画家。《清明上河图》是张择端在宣和时期（1119—1125）所绘的名卷，以其宏伟壮阔的画面，真实地描绘了北宋宣和年间汴河及其两岸在清明时节的风貌。全卷所绘人物五百余位，牲畜五十多头，各种车船二十余辆艘，房屋众多，道具无数，场面巨大，用笔细致，为后世了解、研究宋朝城市社会生活提供了重要的历史资料。据后人考证，张择端此图暗藏讽诫之意，对于徽宗安于求道、不能居安思危进行了委婉地劝诫，尤其是不设防的城门、懒散的官吏这些细节都有这种意思的体现。

专题

宋词的豪放与婉约

⊙婉约之柔 ⊙豪放之雄 ⊙南渡之后

唐诗宋词是中国古代文学的双子星座。随着城市经济的繁荣、市民阶层的扩大、审美情趣的多元化，兴于晚唐五代的配乐演唱的长短句诗体——词，在宋代达到鼎盛。宋词的题材内容包罗万象，从反映相对狭小的生活零星感悟扩展到表现士人及现实生活的多个侧面，情怀旨趣亦庄亦谐、雅俗共赏，相互影响融合，形成了词调各异、词体多样、流派繁多的宋词盛景。流传至今的宋词作品有两万余首，可考作者一千五百余人，涌现出大批优秀词人。宋代词作风格多样，“婉约以易安（李清照）为宗，豪放惟幼安（辛弃疾）称首”，既有婉约之柔，又有豪放之雄，代表着中国古代词体文学的最高成就。

婉约之柔

源于市井歌谣的词在宋代由于文人雅士的介入而逐渐雅化，向精致、婉约发展。宋代词作中婉约之风以柔美、婉曲、隐约、微妙为特点，讲究音律和语言的和谐、意境营造的空灵飘逸、情趣表达的迂回婉转，内容多为男女情爱，离愁别绪，伤春悲秋。宋末沈义父曾对婉约手法进行了小结：“音律欲其协，不协则成长短之诗；下字欲其雅，不雅则近乎缠令之体；用字不可太露，露则直突而无深长之味；发意不可太高，高则狂怪而失柔婉之意。”

▸李清照像·现代·顾炳鑫

此图是按照李清照词《醉花阴》词意绘制的，作者以精细的笔触表现出了词中“帘卷西风，人比黄花瘦”的凄凉意境。

宋人也有以婉约手法抒写爱国壮志、时代感慨的，如辛弃疾的“更能消几番风雨”，多用“比兴”象征手段来抒发情怀，旨意朦胧隐晦，耐人寻味。

婉约之风是宋代词坛的主流，晏殊、欧阳修、柳永、秦观、李清照等一系列词坛名家大体上都可归诸婉约范畴。柳永是北宋第一个专力作词的词人，多作慢词，长于铺叙，是婉约派的早期代表。一阕“多情自古伤离别，更那堪冷落清秋节。今宵酒醒何处，杨柳岸、晓风残月。此去经年，应是良辰好景虚设。便纵有千种风情，更与何人说”的经典之作《雨霖铃》，引发万千离愁，凄清冷落之意跃然纸上。北宋中后期，“专主情致”的秦观吸取了柳词的营养，擅长“将身世之感打并入艳情”之中，将情词中的悲苦与文人士大夫的人生悲剧完美结合。庆湖遗老贺铸之词则“雍容妙丽，极幽娴思怨之情”，词采华丽、浓艳，有“妖冶”之风。周邦彦的词作缜密典丽，“愈勾勒愈浑厚”，既有人工精巧，又包含自然圆润。婉约一派至南宋李清照达到极点。她提出词“别是一家”之说，自辟途径，语言清丽。论词强调协律，崇尚典雅、情致，前期多写其悠闲生活，后期多悲叹身世，情调感伤，以一句“知否？知否？应是绿肥红瘦”“无限凄婉，却又妙在含蓄，短幅中藏无数曲折，自是圣于词者”。后

南宋词人陆游像

期所作“寻寻觅觅，冷冷清清，凄凄惨惨戚戚”，仍是言有尽而意无穷。在宋词发展过程中，讲求“阴柔”的婉约一派占据着相当突出的地位，对宋词词风影响极深。

豪放之雄

宋初词坛延续五代花间词派及南唐令词小曲的遗风，多渲染艳情别绪，以迎合士大夫歌舞宴乐的需要。晏殊、欧阳修等人逐步将士大夫特有的生活感受入词，极力表现文人优游诗酒的惬意人生，促使词进一步雅化。自柳永开始，极力铺陈渲染内心感情，对都市生活的刻画也渐为盛行，饱含市民阶层欣赏旨趣的词作大大增加。而宋词的婉约之风也逐渐盛行，最终达到鼎盛。

首创宋词豪放之雄的北宋大文豪苏轼致力于反映士大夫更为广阔的思想空间，在词中言志抒情、记游怀古，使词突破了“聊佐清欢”的局限和诗词有别的人为分割，从内容到形式真正独立，形成雅俗分流的局面。“大江东去，浪淘尽，千古风流人物。故垒西边，人道是，三国周郎赤壁。乱石穿空，惊涛拍岸，卷起千堆雪。江山如画，一时多少豪杰！”苏轼一曲《念奴娇·赤壁怀古》豪放大气、气势雄浑，是宋代豪放派词作的代表。苏轼力主“句句警拔，诗人之雄”，率先倡导豪放之雄，经由南宋辛弃疾的发展和创新，豪放词派在宋代词坛得到了空前的发展。

苏轼在词作中往往慷慨淋漓地抒发胸臆，表现出“亲射虎，看孙郎”的豪迈和“会挽雕弓如满月，西北望，射天狼”的壮志。苏轼所开创的新词风也直接影响到后世词家，他们更多将个人感怀、身世历程融入词作当中，词风进一步雅化，豪放之作在词坛振起雄风。

南渡之后

至靖康之变后，中原动荡，宋室南渡，苏轼所开创的豪放词风又进一步与文人士大夫满腔的爱国热情、官宦政治生涯相结合，词风更为坦荡磊落、开阔大气，更洋溢着强烈的爱国精神。出生于南渡之后的张孝祥继承前辈爱国主题，一阕《六州歌头》“淋漓痛快，笔饱墨酣，读之令人起舞”，主战派张浚读罢此作，大为感动，不久之后就主持北伐，张孝祥词作之影响力可见一斑。南宋词人辛弃疾，与苏轼并称为“苏辛”，则是宋室南渡后豪放派词作的领军人物。其词作热情洋溢，慷慨悲壮，笔力雄厚，一声“我最怜君中宵舞，道男儿到死心如铁”，感情饱满，痛快酣畅；而“举头西北浮云，倚天万里须长剑”中挥戈北伐、收服故园的爱国之心可昭天日。苏、辛等人“壮词”先后辉映，为宋代词坛增添了雄浑刚毅之彩。

苏轼像

宋词中婉约、豪放两种风格流派使宋代词坛呈现双峰竞秀的气象。两种风格相互有别又相互融合，辛弃疾的“青山意气峥嵘，似为我归来妩媚生”便是佳例。平易清浅而意味深厚的宋词在婉约和豪放中展现出永久的文学艺术魅力。

关键词：花石纲 / 方腊起义

靖康之耻

■ 1126年～1127年

宋徽宗是中国历史上最著名的书画皇帝，他作为书画家是极其成功的，可作为皇帝却是极其失职的。他排斥正直之士，肆意打击“元祐党人”，任用以蔡京为首的“六贼”等大批奸佞小人，奢华好物，怠弃朝政，最终导致了靖康元年（1127）闰十一月二十五日，北宋的首都开封被金军攻破，立国168年的北宋王朝在风雨飘摇中轰然倒塌。宋徽宗赵佶和他的儿子钦宗赵桓，相继成为金军的俘虏。这个在中国历史上污天垢地的大变动被称为“靖康之耻”。

徽宗之昏

元符三年（1100）正月，宋哲宗赵煦去世。由于哲宗无子，兄终弟及，端王赵佶（1082—1135）继承了皇位，次年，改元建中靖国，这就是北宋历史上有名的宋徽宗。即位之初，宋徽宗曾经有一番作为，他平反冤狱，选贤任能，反对党争，大有中兴之主的气象。然而随着蔡京出任左仆射兼门下侍郎，成为朝廷首相，徽宗统治下的朝政开始向一个黑暗的深渊滑去。

蔡京出任首相后，在宋徽宗的授意下，打着“绍述”宋神宗改革事业的旗号，开始全面打压元祐党人。崇宁元年（1102）九月，经过徽宗的同意，蔡京将文彦博、司马光等120位元符年间恢复旧法的官员登记为元祐奸党，由徽宗御笔亲书刻石于端礼门，已经死了的削去官衔，活着的一律降职流放。通过详定元祐党籍，正直的官员几乎全部被排挤出朝，而蔡京的同党却步步高升，一举把持朝政。以蔡京为首的这个奸邪小人集团，被时人称为"六贼"，共有蔡京、王黼、童贯、梁师成、朱勔、李彦六人。他们打着绍述新法的旗号，逢迎徽宗的心意，肆意妄为：一方面，引导徽宗尽情享乐，营造艮岳，大兴"花石纲"；一方面，在朝中公然卖官鬻爵，在地方巧立名目，增税加赋，搜刮民财。

崇宁元年（1102），醉心享受的宋徽宗下令在杭州设立"造作局"，这个拥有数千名工匠的皇家手工业工场专门为皇室制造各种奢侈用品，所需的原料、工钱，悉数从民间无偿征取。三年后，醉心于园林艺术的宋徽宗降下旨意，在苏州设立"应奉局"，这个机构的任务是在江浙一带为皇帝搜罗珍奇物品与奇花异石，由此在中国的史书上留下一个特殊的名词——花石纲。为了找到品相奇特的花石向皇帝邀宠，各地官吏如狼似虎地到处搜

> 《帝鉴图说》之应奉花石·明

寻，不论是在高山峻岭还是在深宅大院，只要有一石一木稍稍值得玩味，便有官府差役在上面做出皇家记号，于是这件物事就成了呈献皇帝的供品。如果它在百姓家中，那么在起运前主人就必须妥善保护，稍有不慎就会被官僚以大不敬的罪名处治。运输时又往往拆墙毁屋，更有贪官污吏借此上下其手、盘剥百姓，为此倾家荡产者不计其数。北宋的花石纲前后持续了二十多年，形成了一场波及全国的大灾难。

宣和二年（1120）十月，在应奉局官吏频繁光顾的睦州青溪（今浙江淳安县），世代传习明教的平民方腊不堪忍受官吏勒索，借宗教的名义发动了一场声势浩大的起义。方腊自称“圣公”，担任起义军统帅，定年号为永乐，起义将士包着黄色头巾作为标志，旬日之间聚众十余万。几个月之内，方腊起义军就席卷东南地区，得到近百万民众的群起响应。为了欺骗民众，徽宗下了一道罪己诏检讨自己，并下令撤销了造作局和应奉局。与此同时，他将原本准备讨伐辽国、由童贯率领的十几万大军先行派遣到江浙，务求一举荡平方腊“逆贼”。就在方腊起义前后，宋江领导的起义军也活跃于河北、山东、淮南一带。他们打出“劫富济贫”的旗号，在所过之处，诛杀贪官恶霸，将他们的财产分给贫苦百姓，因而得到广大群众的支持和拥护。宋江起义军人数不多，却作战勇敢，屡次以少胜多击败宋军，他们转战各地，产生了很大影响。南宋时，说唱艺人以此编出《宋江三十六人赞》的评书，他们的事迹在民间辗转流传，慢慢演变成“梁山好汉一百零八将”的故事。方腊起义和宋江起义虽然最后都被镇压了下去，但他们却给了北宋王朝一次沉重的打击。

宋徽宗得知各地皆被扑灭后，不但没有吸取教训，反而变本加厉地在东京汴梁设置了应奉司，命令各地官员加紧搜刮“四方珍异之物”，为自己修筑美轮美奂、空前绝后的皇家艺术园林“艮岳”。同时，昏聩的徽宗还采纳了辽人马植的献策，准备从辽国手中收复幽、云十六州。

北伐惨败

幽、云十六州，是指五代时期被后晋石敬瑭割让给契丹的华北北部幽州（今北京）与云州（今山西大同）一带的州县。这一地区的丧失，使整个中原门户洞开，一马平川的华北平原完全暴露在北方游牧民族的威胁之下。从后周世宗开始，中原王朝多次试图收复十六州的故土，然而除了莫州（今河北任丘）和瀛州（今河北河间）两地之外，其他十四州始终没有再次纳入中原王朝的版图。宋太宗曾对辽国发动过两次大规模的进攻，两次都遭到惨败。其中一次宋太宗御驾亲征，结果宋军大败，在激战中中箭受伤，坐在一辆驴车上狂奔才得以逃生。

进入12世纪之后，北宋一雪前耻的机会似乎来到了。徽宗政和元年（1111），大宦官童贯奉命出使辽国。在其回国的途中，一个名叫马植的辽国汉人向童贯献上收复故土的计策。童贯听到后喜出望

> 听琴图·宋·赵佶

《听琴图》是一幅优秀的中国人物画。画中主人公，居中危坐石墩上，黄冠缁服作道士打扮，双手置琴上，轻轻地拨弄着琴弦。现藏于北京故宫博物院。

^ 汝窑青釉莲花式温碗·北宋

器作十瓣莲花形。以莲花或莲瓣作为器物之纹饰及造型，随佛教之传入而盛行，尔后更取其出泥不染之习性，寓意廉洁，广为各类器所采用。本器状似未盛开莲花，线条温柔婉约，高雅清丽。作为艺术家来说，宋徽宗是艺术史上难得的天才，一辈子最喜汝瓷，是汝瓷发展的最大的开拓者、推动者。他喜欢“雨过天晴云破处”那份内敛优雅的青，从此让汝瓷有了超越任何其他瓷器的独特艺术魅力。汝窑因宋徽宗的爱赏而兴起，随着“靖康之役”而陨落，短短二十年时间造就了中国瓷器史上的传奇，是徽宗朝兴衰成败最好的见证物。现藏于台北故宫博物院。

外，于是嘱咐马植继续留在辽国，见机行事。三年之后，女真首领完颜阿骨打因为不满辽国统治者的压榨，于白山黑水之间起兵反辽，几年之内所向披靡，日暮西山的辽国在女真人凌厉的攻势下不堪一击。马植认为时机已经成熟，于是在政和五年（1115）叛逃北宋，得到宋徽宗的亲自接见，欣喜不已的宋徽宗任命马植为秘书丞，赐国姓，从此马植改名为赵良嗣。随后，被虚幻的胜利景象冲昏了头脑的北宋君臣，冒失地作出了与辽国背盟的决定。重和元年（1118），北宋派遣使者马政渡海来到金国，与金人谋求结盟。两年后，北宋再派特使赵良嗣前往金国，商议南北夹击灭辽。经过讨价还价，金太祖完颜阿骨打口头答应在破辽以后，宋收回燕京（今北京）一带原属唐朝的汉地，但要将原来付给辽国的"岁币"原额转交金国，这就是历史上著名的"海上之盟"。

宣和四年（1122）三月，十五万宋军终于浩浩荡荡地踏上征程，然而穷途末路的辽军在将领耶律大石的率领下仍屡次击败宋军，甚至反击到北宋境内。这时，担任辽国常胜军统帅的郭药师带着八千部属于涿州（今河北涿州）投降北宋，引导宋军再次进攻燕京，结果宋军在燕京城下又被打败。为逃避兵败的罪责，童贯秘密派遣使者前往金营，请求金军出兵燕京。十二月，金军一举攻下燕京，这时完颜阿骨打提出，燕京可以交还，但是北宋需要另外支付一百万贯钱财。宋徽宗无奈只好应允，从此北宋每年除了要向金国交纳岁币五十万以外，又增加了一百万贯的"代税钱"。金军撤走前在燕京城大肆抢掠财物，又把大批居民掳去做奴隶，北宋接收到的只是一座残破的城池和少量衣衫褴褛的百姓，然而就算是这样的"胜利"也让汴京的君臣们得意非常。背叛辽国的郭药师则官拜太尉，获封燕山郡王，镇守燕京。

屡战屡败的宋军终于接收了这些满目疮痍的城市。汴京派遣来的文武官员以解救者自诩，有意无意地将幸存的居民视为异己。幽、云十六州的汉族居民认为自己不但得不到信任，甚至受到北宋驻军的歧视，"北人（契丹人）指曰汉儿，南人却骂作番人"。金军在撤离当地前，大肆掳掠青壮劳力，已在故土生活了上百年的汉族居民被迫随军北迁。这些人固然怨恨入侵的异族女真，但也同样仇视与女真结盟的北宋。几年之后，决定南侵的金军利用北方汉人的这一心态，将他们编入南下的军队。面对滚滚而来的铁骑，拥兵自重的郭药师又一次背叛了自己的君主，成为金军进攻北宋的先导。

靖康之耻

在联金灭辽的过程中，宋军的腐败无能让金朝统治者看在眼中，后者在俘获了辽天祚帝耶律延禧，扫清了除西迁的耶律大石外的辽残余势力后，终于决定南下伐宋。宣和七年（1125），金军主力分东西两路南下，东路以宗望为主帅，从南京直扑燕山，西路以宗翰为主将，从大同府攻取太原，一场大战就此爆发。经过象征性的抵抗后，北宋在幽、云地区的守将郭药师率所部投降，摇身一变成为金军南下的先锋。除了太原一城之外，整个北方地区如同摧枯拉朽一般让金人横扫而过，数以万计的宋军哗变、投敌。告急文书像雪片一样飞到宋徽宗面前，这位艺术家皇帝不但没有着手准备防御外敌，居然宣布退位，让心不甘、情不愿的皇太子赵桓即位，是为宋钦宗。面对敌人咄咄逼人的攻势，开封的满朝文武吓得不知所措，胆怯的宰相白时中、李邦彦两人劝说钦宗南逃，这时主战的太常少卿李纲站了出来，全面负责东京的防务。靖康元年（1126）正月初八，金军抵达东京城下，李纲亲自到城墙上督战，几次打退了攻城的敌人。此时，各地勤王的军队陆续赶到东京，河北、山东义军也奋起抗金，形势对孤军深入的金军极其不利，金军主帅宗望转而实行诱降。宋金和谈刚刚结束，不甘受辱的一支宋军“违约”袭击了金军大营。为了平息金人的愤怒，昏庸无能的钦宗罢免了主战派中的李纲等人，结果金军并没有因而退走。开封上下群情激愤，在太学生们的带领下，上万人来到宣德门外为李纲鸣冤，钦宗只得将李纲官复原职。李纲复职后，金军的嚣张气焰得到遏制。然而直到此时钦宗依旧没有坚决抗战的意志，他不顾群臣反对，最终还是同意了金人的议和条件，割让太原（今山西太原）、中山（今河北定州）、河间（今河北河间）三镇，并大量赔款。

< 三弓床弩（模型）

宋代攻守常用此器，杀伤力极大，标志着古代冷兵器发展的较高水平。

在第一次东京保卫战结束后的六个月，金军再一次大举南侵。靖康元年（1126）八月，金军西路统帅宗翰从云中（今山西大同）出发，东路统帅宗望从保州（今河北保定）发兵。两路大军长驱直入，连续攻克太原、洛阳、真定、中山等北方大城，分别于当年闰十一月抵达东京城下。此时的东京乱作一团，不久前击退金军的李纲已被贬出京师，文武百官意见不一又相互推诿，居然听信了神棍郭京的谎言，找来几千名地痞无赖组成了所谓的“六甲神兵”出城迎敌。结果不但没有打退金兵，连开封的城墙都被金军占领。靖康元年（1126）十二月初二，宋钦宗亲自前往金营呈上降表。这一次和谈，金人的要求比从前苛刻了许多，除割地之外，他们还索要黄金、白银各一千万锭，布帛一千万匹。身陷敌手的钦宗一一答应。两天后钦宗被释放回城，北宋朝廷开始着手筹备金银，更派钦差到河东、河北去交割土地。然而金银筹集工作却不顺利，从靖康元年（1126）十二月拖延到第二年正月，依旧没有凑足金人要求的数量。等待不及的金军将钦宗再次招到金营，然后对随行官员说，他们要将皇帝扣为人质，直到金银如数交出后才能放回。被囚禁的宋钦宗只得下诏，要求宗室、豪

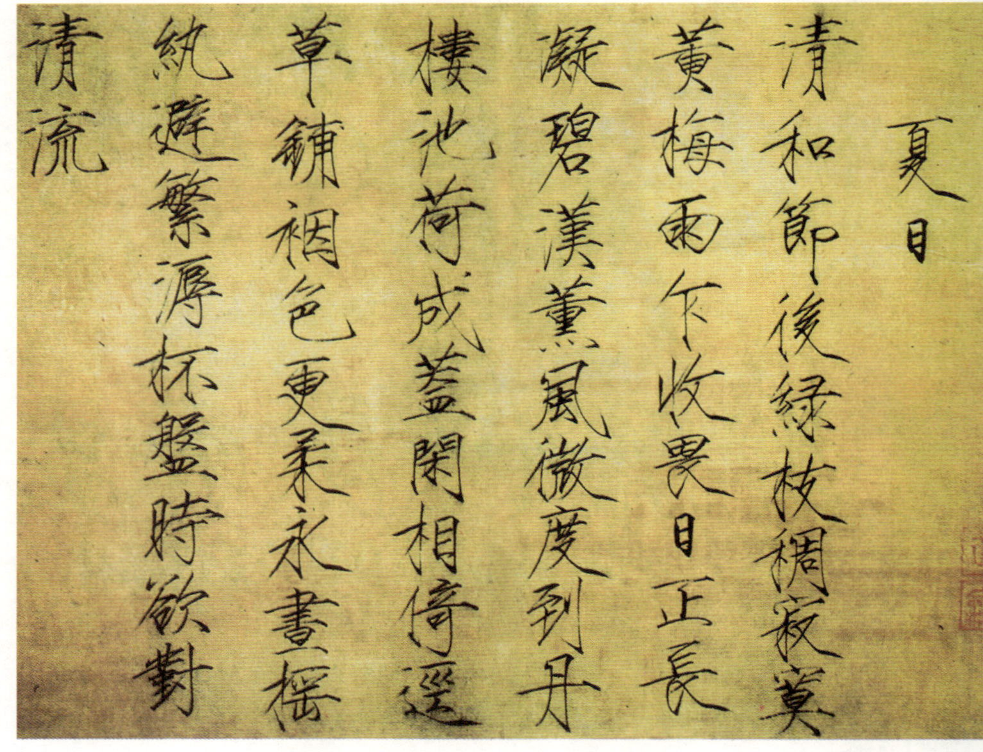

^ 夏日诗帖 · 北宋 · 赵佶

宋徽宗赵佶不仅是画家，在书法上也有较高的造诣，他创造出独树一帜的“瘦金体”，瘦挺爽利，与他所绘的工笔重彩相映成趣，为后人竞相仿效。

族、内侍、僧道、娼优等，务必将家中蓄存的金银全部交出。到靖康二年（1127）正月十九日，东京城内的官吏们总共搜刮到黄金十三万八千两、白银六百万两、绸缎一百万匹。靖康二年（1127）二月六日，金下令将钦宗和徽宗贬为庶民。四月初，满载而归的金军挟持徽、钦二帝和其他四百多名皇室成员，以及拒绝降金的官员、工匠数千人北去，留下了一座残破的东京城，这便是后来岳飞立志要洗雪的“靖康耻”。

关键词：绍兴和议

南宋的偏安

▪ 南宋时期

靖康之变后，宋徽宗的第九子赵构作为“漏网之鱼”，成为继承皇位的不二之选。然而，为了巩固皇权，赵构无视父兄被掳的奇耻大辱，无心收复江山，而是越江远避，在金人面前一味求和，摇尾乞怜。偏安一隅的南宋在建国之初就表现出了不思进取、苟且求和的软弱性。

江南避祸

靖康之耻后，徽、钦二帝和皇族、官吏数千人，被押到了金国。国不可一日无君，宋朝残存的官民发现徽宗的后裔中有人侥幸逃过了金兵的追捕，这就是康王赵构。赵构（1107—1187），字德基，宋徽宗赵佶第九子，宋钦宗赵桓之弟，宣和三年（1121）年封为康王。赵构的母亲韦氏，在徽宗的后宫中地位较低，并不受徽宗的宠爱。因此，赵构在皇子中的威望也不高，本与皇位无缘。钦宗靖康元年（1126）春，金兵第一次包围开封时，他还曾以亲王身份在金营中做过一段时期的人质。开封解围之后，赵构与张邦昌出使金国，代表北宋政府与金国谈判，希望能够割地议和，罢兵休战。但是，金兵第二次南下包围开封，全国民众积极要求武力抗金，不允许任何卖国求和的行为。因此，当赵构一行到达磁州（今属河北）时，磁州的百姓拦住了赵构的队伍，不让他到金国去求和。地方官宗泽也对赵构说："金人要殿下去议和，这是骗人的把戏。他们已经兵临城下，求和又有什么用呢？"赵构自己也回想着自己在金营的岁月，害怕再次被金朝扣留，于是他顺应民意留了下来，自任河北兵马大元帅，驻守相州（今河南安阳）。然而，当朝廷危难之际，赵构却没有率军救援京师，而是移师河北大名府，观望局势，保存实力。随后，赵构又转移到山东东平府，以避敌锋。第二年，靖康之变发生，赵构成为全国上下公认的合法继承人，被推到了皇帝的宝座之上。无论这个皇帝本身的素质如何，他在战乱中起到了凝结人心的作用，把被战事打乱的各方力量重新团聚起来，成为宋朝军民新的希望所在。

"绍兴和议"

靖康二年（1127）五月，众望所归的赵构在南京应天府（今河南商丘）登基，改元"建炎"，成为南宋第一位皇帝，是为宋高宗。此后，直

到绍兴三十二年（1162），禅位于孝宗，赵构在位三十六年，对南宋初年国家政局的走向产生了重大的影响。

高宗在位初期，年轻气盛，有意抗金，收复河山。他任命主战派大臣李纲为相，军民士气大振。但是，没过多久，这个众望所归的“中兴之主”就令大家失望了，他罢免了李纲，面对咄咄逼人的金军，只会一味逃跑、求和。建炎元年（1127）和建炎四年（1130），金军两次大举南侵，试图活捉赵构，灭掉南宋。高宗不顾众臣的反对，抛弃了中原众多的百姓和广大的国土，一路南逃，先后到过越州（今浙江绍兴）、明州（今浙江宁波）、定海（今浙江镇海）等地避难，甚至还一度漂泊到了海上。直到

∨ 中兴四将图·南宋·刘松年

中兴四将指的是对南宋政权有救亡之功的四位著名将领，从右至左分别为刘鄜王光世、韩蕲王世忠、张循王俊、岳鄂王飞。历史上关于中兴四将的人选一直有所争议，吴玠、李显忠、刘锜等将领也被认为是中兴四将的人选。但无论哪种说法，岳飞都是中兴四将之首，韩世忠也是战功赫赫，而刘光世则素有逃跑将军之称，张俊与秦桧合谋制造“岳飞谋反”的冤狱，二人入选均有滥竽充数之嫌。

^ 宋高宗赵构像 · 南宋

建炎四年金兵撤离后，高宗才回到江南。

绍兴元年（1131），惊魂初定的高宗回到行在临安（今浙江杭州）。此后，他纵情声色，大兴土木，极尽享乐，纵容奸臣秦桧弄权。为了巩固皇位，高宗还杀害了一心北伐的名将岳飞，与金国人屈辱求和，签订了“绍兴和议”。双方约定宋向金称臣，金“赐予”宋土地，双方东以淮河中流为界，西以大散关（今陕西宝鸡）为界，南属宋，北属金；南宋割让唐州（今河南唐河）、邓州（今河南邓州）二州给金，以及商州（今陕西商县）、秦州（今甘肃天水）的大半土地；此外，宋每年向金朝纳贡银25万两、绢25万匹，在每年春季送至泗州（今江苏盱眙西北）交纳。作为交换，金朝归还了河南和陕西一部分地区，并送还徽宗梓宫和在“靖康之难”中被掳去的高宗生母韦太后。

“绍兴和议”是南宋与金订立的一项屈辱和约，南宋王朝俯首称臣，以沉重的代价换来宋、金之间维持了20年的和平时期。此后双方虽也发生过冲突，但是规模已大不如前。

关键词：莫须有

岳飞之冤

■ 1142年

在南宋初年，因为与金国战争不断，南宋优秀的军事将领也如井喷般地出现。比如取得和尚原、仙人关大捷，为南宋保住巴蜀的西军将领吴玠，比如在顺昌之战中大破十万金军，力挫铁浮图的东京留守刘锜，都是一时瑜亮。然而无论是官方史书，还是民间口碑，南宋抗金第一名将的荣誉还是当之无愧地归属悲剧将领岳飞。这位生活俭朴、爱护士卒、军纪严明、善于用兵的一代名将在所谓的南宋“中兴四大将”中年纪最轻、资历最浅，在德才方面却最为优秀，军事成就最引人瞩目，他的冤屈也成了千古之殇。

> 宋代巢车（模型）

巢车是中国古代一种设有望楼，用以登高观察敌情的车辆。因为车上高悬望楼类似鸟巢，所以得名为巢车。

百战名将

岳飞（1103—1142），字鹏举，相州汤阴（今属河南）人。岳飞少年时向同乡周同学习枪术、箭术，不到二十岁就已经能拉开三百斤的强弓。靖康元年（1126），岳飞在相州从军。当年十二月，赵构在相州建立大元帅府，岳飞就在大元帅府担任下级军官的职务。次年五月，赵构在应天府即位称帝，岳飞迫不及待地上书，请求高宗赵构出兵恢复中原，却被以“越职言事”的罪名罢去军职。然而岳飞并没有放弃保家卫国的志向，在建炎元年到建炎二年间（1127—1128），他先后在河北招讨使张所、八字军首领王彦、东京留守宗泽等人的麾下效力，在讨伐曹成、王善、孔彦舟等“游寇”的过程中屡立战功，积累了宝贵的军事经验，形成了个人的指挥风格和军事班底。建炎四年（1130），在大将张俊的推荐下，岳飞出任了通泰镇抚使兼泰州知州，正式成为南宋的中级军官。绍兴元年（1131），因为平定“巨寇”李成有功，岳飞被任命为神武副军统制，成了独当一方的大将，岳飞所部也由杂牌军跃升为南宋朝廷的主力部队。

南宋建炎四年（1130）到绍兴五年（1135），因为不满南宋政权和地主豪强的压迫与剥削，两湖地区爆发了声势浩大的钟相、杨么起义。建炎四年（1130）二月，钟相称帝，定国号为楚，自称楚王，建立了农民政权。后来，钟相战死，余部在杨么的领导下继续在洞庭湖一带坚持战斗，屡次击败南宋军队。绍兴五年（1135），对义军无计可施的宋高宗只能派已是神武后军都统制的岳飞前往镇压义军。当年五月，岳飞率军赶到了鼎州（今湖南常德）前线，他采用剿抚并用的手段，招降了义军黄佐、杨钦等人。针对义军水军强大，尤其是车船战力出众的特点，岳飞命令砍伐附近君山上的树木制作木筏，堵塞湖道，再以草木投入湖中，使车船不得行驶。当年六月，岳飞所部攻破了杨么最后的根据地夏诚寨，杨么投水自尽。镇压了杨么起义后，岳飞本人升任招讨使。同时，岳飞所部也因为收编了数万投降的义军，实力大增，被南宋朝廷改为后护军，与韩世忠、张俊、刘光世、吴玠四人的部队并为南宋政权的王牌主力。

绍兴六年（1136）到绍兴七年（1137），岳飞所部与金国扶植的伪齐政权多次交锋，屡战屡胜。岳飞的武阶官（表示官员等级、确定品位和俸禄而无实际职务的虚衔）升为武臣中最高的太尉，职官（实际的职务）也升为宣抚使，其部下辖前军、后军、左军、右军、中军、游奕军、踏白军、选锋军、胜捷军、破敌军、水军、背嵬军共十二军，二十二位统制官，大小将领二百五十二人，岳飞和他的岳家军已经成了南宋最强大的军事力量。然而个人的荣辱和地位的改变并没有让岳飞忘记北伐中原、收复河山的军人使命，他在绍兴九年（1139）上书高宗，明确表示反对

> 岳飞像・现代・徐菊庵

^ 岳飞参花图·清·吕焕成

此图绘岳飞端坐于凉台之上，神态安详，上挑的眉眼及雍容的仪态仍不失英雄气概。右侧站一头髻高挽、手捧花瓶的贵妇。左侧一侍从手持月牙斧，神态威仪。现藏于天津市艺术博物馆。

与金国议和。这时的高宗已经厌倦了在金军的追击下东奔西跑、如同惊弓之鸟的日子，他任命投降派大臣秦桧担任右相兼枢密使，全权主持议和事务。岳飞的上书不但没有让高宗产生共鸣，还让后者愈发忌惮，投降派的旗帜人物秦桧更是对岳飞恨之入骨。岳飞见高宗不纳忠言，却打算用“称臣、每岁纳银、绢五十万两、匹”来换取和平，愤懑满胸，于鄂州（今湖北武汉武昌）写下了千古名篇《满江红》以宣泄心声。

撼岳家军难

令人感慨的是，最终让岳飞能重新走到抗金前线的不是励精图治的南宋君主，反而是背信弃义的金国君臣。绍兴十年（1140），金国发生政变，主战派的宗弼等人掌握政权。五月，金国撕毁和议，决定发兵南下，大举攻宋。当年六月，惊慌失措的宋高宗急令岳飞、韩世忠、张俊等人进攻河南诸州，以策应被宗弼大军围攻的顺昌（今安徽阜阳）刘锜所部。可没等岳飞等人动手，刘锜就在顺昌大败金军，金军主力退回开封。高宗得到这个消息后，认为危机已经解除，立刻要求前线各军采取守势，以便和金朝再开和议。六月下旬，司农少卿李若虚赶到德安（今湖北安陆），传达高宗退兵的旨意。此时岳飞已经做好了北伐中原的准备，他坚决不同意撤兵，李若虚为岳飞的慷慨陈词所打动，表示愿意支持岳飞北伐。

不久，岳飞所部迅速北上河南，连续攻克颍昌、陈州、郑州等地，距离金军在中原地区的战略中心开封只有四十余里。七月一日，岳家军再取洛阳。然而由于张俊、刘锜等人已经奉诏班师，岳家军的侧翼失去了友军的保护。金军主帅宗弼察觉了宋军的态势，亲率女真精锐骑兵"拐子马""铁浮图"共计一万五千人，偷袭岳飞在郾城的指挥部。当时岳家军各部都在外线作战，岳飞手下只有背嵬亲军和游奕马军的一部分，敌我力量极其悬殊。可岳飞毫无惧色，指挥若定，他以精锐的重装步兵拖延、消耗敌军，用麻札刀对付金军的重装骑兵，然后再命长子岳云率五百骑兵从侧翼反复冲杀，最终大败金军的精锐骑兵。此役过后，金军主帅宗弼对部下痛哭说："从海上之盟起兵后，我一直靠着'拐子马'取胜，到今天终于全部覆灭了！"从此以后，南宋民谣中就有"金人有金兀术（宗弼），我有岳少保；金人有拐子马，我有麻札刀"的词句。

郾城之战后，岳家军前锋三百人于临颍城南小商桥与金军遭遇，被团团包围。领兵将领杨再兴毫无惧色，奋勇杀敌，竟然斩杀金兵两千余人，直至中箭而死。杨再兴殉国后，张宪等部随后杀到，再次大败金军。不甘心失败的宗弼集合了部将韩常等四个万户共三万骑兵再次围攻颍昌（今河南许昌）。坐镇颍昌的岳家军将领王贵以踏白军、选锋军守城，自己带领岳云、姚政和岳家军中精锐的游奕军、背嵬军出城迎战。双方从早晨一直杀到中午，胜负未分，守城的董先、胡清趁机出城，从外线冲杀敌阵，金军全面溃败。此战杀死金国统军上将军夏金吾及千户五人，活捉大小首领七十八人，俘虏二千人，杀死五千人，缴获战马三千匹，铠甲器械不计其数。

经过颍昌大捷，宗弼主力已不堪再战，金军甚至已经打算撤离开封。然而高宗、秦桧却依旧严令各军班师，甚至把驻扎在顺昌的刘锜也调回镇江。岳飞眼见友军纷纷后撤，并且后方的粮草也逐渐停止供应，只得放弃洒下无数鲜血才得以收复的郾城、颍昌等地，退守淮中防区。

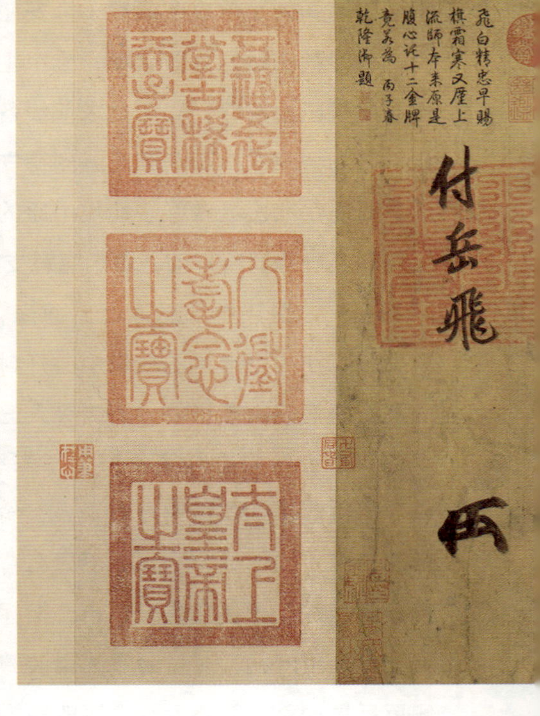

千古之冤

在绍兴十年（1140）的一系列大战中，宋军频频奏凯，宋高宗意识到金军已经不能威胁到南宋政权的存亡，这让他心中稍安。可另一方面，他又不愿意彻底击败金朝，以免宋钦宗被释放，威胁他帝位存在的合法性。因此，高宗和秦桧这对君臣一拍即合，他们决定收回抗金大将们的兵权，尤其是岳飞和韩世忠的兵权。绍兴十一年（1141），高宗召岳飞等人前往临安，以赏功的名义，升韩世忠、张俊为枢密使，岳飞为枢密副使，同时收回三人的兵权。接着，高宗和秦桧开始炮制罪状，打击主战将领，首选目标原定是韩世忠。但岳飞不予配合，反而为韩世忠诉说冤屈，这让高宗和秦桧把矛头又对准了岳飞。当年八月，岳飞被罢官免职。然而秦桧等人并不打算就此放过岳飞，秦桧利用岳家军内部矛盾，威逼利诱都统制王贵、副统制王俊先出面首告张宪“谋反”，继而牵连岳飞。

当年十月，岳飞和爱将张宪被抓入大理寺监狱。为了制造出岳飞谋反

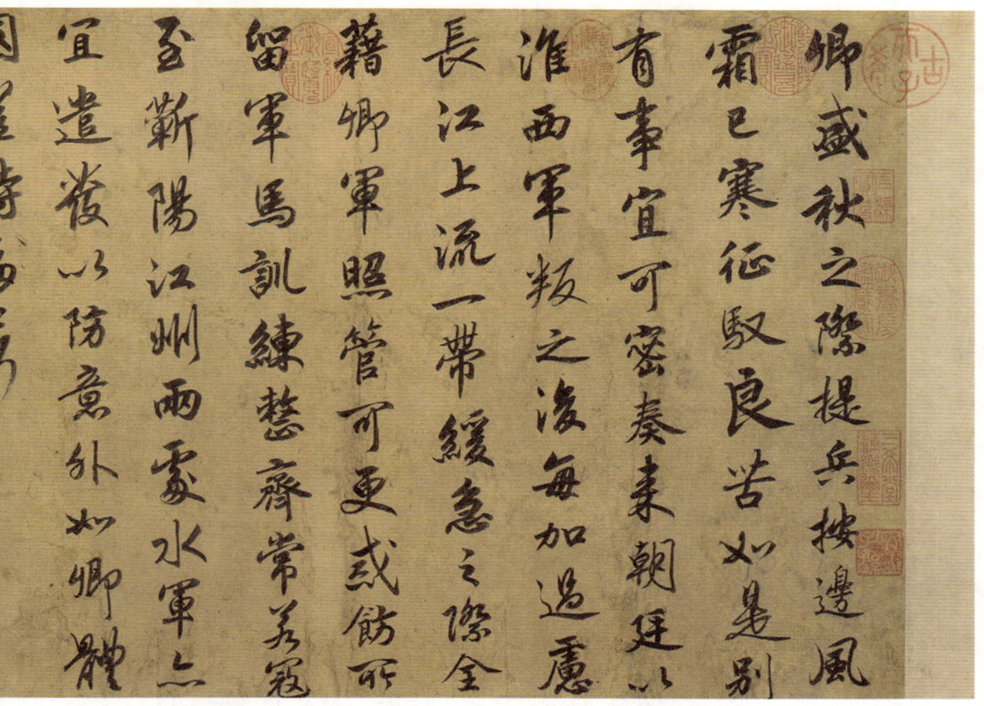

^ 赐岳飞批札卷·宋·赵构

这幅卷轴是宋高宗赵构写给岳飞的手札，大意为将长江上流一带的防御交给岳飞所部，同时要求岳飞整训军马，派出蕲阳、江州水军防备意外发生。从内容推断，书札约书于绍兴四年（1134）前后，当时岳飞和高宗关系尚属密切，岳飞所部也被视为南宋朝廷的重要国防力量。现藏于台北故宫博物院。

的“铁证”，秦桧与大将张俊相勾结，还收买了岳飞的心腹将领王贵，试图建立一个“完整”的“证据链”来处置岳飞。然而当主审官何铸审问岳飞时，岳飞脱下上衣，露出其母早年在其背上刻下的“尽忠报国”四个大字，一切诬陷都显得苍白可笑。随后，何铸向秦桧报告岳飞无罪，秦桧立即改派心腹万俟卨担任主审。当年十二月，秉承秦桧旨意的主审官万俟卨判定岳飞为谋叛罪。当时已经赋闲在家的韩世忠找到秦桧，追问有何证据证明岳飞谋叛，秦桧含糊其辞地回答说“莫须有”，这三个字最终造成了

^ 岳飞墓和岳云墓

岳飞墓，也称岳坟。位于浙江省杭州市栖霞岭南麓，是南宋抗金名将鄂王岳飞的墓地。墓呈圆形，墓碑刻有“宋岳鄂王墓”。岳飞墓的左侧是岳云墓，墓碑上写着“宋继忠侯岳云墓”。

中国历史上的一起特大冤案。绍兴十一年（1141）大年除夕，三十九岁的岳飞被处死在大理寺狱中，其子岳云、部将张宪被斩首，家产籍没，家属被流放至今广东、福建一带。

表面上看，岳飞之死是秦桧的手笔，而实际上却是高宗赵构打压南宋初年武将势力、维护皇权的一种狠辣手段。岳飞本人刚直倔强，长于谋国而短于谋身，在与高宗的君臣相处中犯下了不少令皇帝忌讳的错误。比如高宗在逃避金军途中遭遇苗刘兵变，失去了生育能力，岳飞却一再进言希望皇帝尽快确立太子，武将干涉皇室的继承问题是皇家的大忌，岳飞的行为给了赵构猜忌的理由。绍兴七年

（1137），大将刘光世病死，高宗准备将刘光世的部队划归岳飞指挥。可因为宰相张浚的反对，高宗食言，岳飞一怒之下辞职，回到庐山给母亲扫墓守孝。这种负气的做法给了张浚等人攻击岳飞的口实，也让高宗产生了岳飞要挟皇帝的感觉。绍兴十年（1140）的北伐结束后，岳飞的声望如日中天，他文武双全，不贪财，不好色，不喜物质享受，又深得军心民心，这样的人如何不被当时的统治者所猜忌？

绍兴三十二年（1162），宋孝宗即位后，追复了岳飞少保、两镇节度使的职务，岳飞诸子中的岳云、岳雷、岳霖被追复官职。孝宗淳熙五年（1178），岳飞被追谥为武穆，宋宁宗时又被追封鄂王，这段千古冤狱终于得到了昭雪。

历史断面

火药的使用

火药是中国古代的伟大发明，早在商周时期，木炭就被运用在冶金中，春秋战国时期，硫黄和硝石的性能又渐渐被人们掌握。随着炼丹术的长期发展，到唐代，火药最终成型。火药的大规模运用是在宋代，并在军事上显现出巨大威力。庆历四年(1044)，由曾公亮、丁度编撰的《武经总要》里首次记载了毒药烟球、蒺藜火球、火炮三种火药武器的配方。宋代火药武器经历了由制造火药箭、火炮等燃烧性武器到制造霹雳炮、震天雷等爆炸性武器的重大发展。在一系列战争中，霹雳炮得到广泛的使用。除火炮、火药箭外，宋代还出现了管形火器。开庆元年(1259)，用竹筒内装火药制成的突火枪问世。

关键词：隆兴和议

符离之战与开禧北伐

■ 1163年～1207年

明末清初的思想家王夫之曾经说过："南宋高宗朝有恢复之臣，无恢复之君；孝宗朝有恢复之君，无恢复之臣；宁宗朝既无恢复之君，也无恢复之臣。"这话说得恰如其分。宋高宗时，国有良将，但高宗无心收复北方故土，所以最终是偏安一隅。宋孝宗时，君主一心北伐，但主持北伐的大臣和前线的将领缺乏足够的才干，所以才有了符离之战的惨败。到了宋宁宗时，权柄操纵在韩侂胄手中，北伐成了其巩固权位、提高声望的手段，最后的结果必然是覆师折将、身死国衰。

孝宗的北伐

宋金绍兴和议之后，软弱的宋高宗和投降派大臣对这种偏安局面十分满意，将收复失地的使命忘得一干二净。然而金国统治者灭亡南宋的野心并未泯灭，绍兴十八年（1148），海陵王完颜亮发动宫廷政变，自立为帝。绍兴三十一年（1161）七月，完颜亮组织起来的六十万大军，分四路大举南侵。完颜亮亲自率领其东路主力兵临采石（今属安徽），企图渡江灭宋。然而南宋参谋军事虞允文在采石之战中指挥若定，屡次挫败了金军的渡江企图。不久，金军发生兵变，完颜亮被杀，南宋这才侥幸逃过一场兵劫。

采石之战后的第二年，宋高宗退位为太上皇，将皇位内禅于太子赵眘，是为宋孝宗。孝宗登基后，和贪图安逸的高宗不同，他年轻气盛，立志光复中原，收复河山。他恢复了名将岳飞的谥号“武穆”，追封岳飞为鄂国公，罢斥了一批秦桧的党羽，鲜明地表现自己主战反和的立场。隆兴元年（1163），孝宗任命了主战派大臣张浚为枢密使，都督江淮兵马，全权负责南宋前线的军事指挥。孝宗本打算让张浚整顿军务，再伺机与金人一战。可张浚到任没多久，金左副元帅纥石烈志宁就致书于张浚，语气傲慢地要求南宋履行《绍兴和议》的内容，将海、泗、唐、

> 浮雕持斧武士像·南宋

邓、商五州之地割让给金国，并支付当年的岁币。孝宗严词拒绝了金人的要求，反提出要重议疆界、双方地位必须平等的要求。恼羞成怒的金人一看宋朝皇帝如此“不识时务”，立刻兵陈虹县（今安徽泗县）、灵璧（今属安徽），做出了大军即将南下的姿态。

面对金国咄咄逼人的态势，张浚主张一改以往消极防御的战略，先发制人，抢先对金发起进攻，可这一主张立即遭到了主和派的强烈反对。平心而论，此时确实不适合北伐，一方面是高宗和大批主和派大臣在内部对北伐形成了巨大的牵制；另一方面承平日久，宋军士兵缺乏训练，装备很差，能征惯战的宿将也大多故去，政治、军事两方面都存在严重的隐患。可孝宗错误地估计了形势，轻率地认为恢复中原在此一举，于当年四月命令张浚督军北伐。五月，张浚命部下李显忠、邵宏渊率军渡淮河北上，正式拉开了孝宗朝北伐的序幕。

战斗刚一开始，金军因为轻敌无备连连失利，宋军则一路进展顺利。李显忠攻克灵璧，邵宏渊也攻克了虹县。金右翼军都统萧琦、泗州知州薄察徒穆向宋军投降。为了鼓舞将士斗志，张浚也随即渡

^ 谈笑措置帖·南宋·张浚

《谈笑措置帖》是张浚写给岳飞的书札。岳飞于绍兴三年（1133）四月带兵至虔州平定反叛，“斩十大王”，“一无遗类”，六月班师。此帖称“虔贼陆梁”，当是四、五月份所发，时张浚三十六岁。

河督战。五月中旬，李显忠率军猛攻淮北重镇宿州（今属安徽），斩杀金军数千人，攻占宿州城。这一消息传回南宋，无论是孝宗、朝中主战派大臣，还是普通百姓都极为振奋。孝宗下旨提升李显忠为淮南、京东、河北招讨使，邵宏渊为副使，并犒赏北伐军士。

就在南宋君臣为宿州大捷兴奋的时候，失败的危险已经悄悄地逼近。首先，功臣李显忠对士兵赏赐不厚，宿州参战的士兵每人得钱不过三百，大大折损了士兵的作战积极性；其次，大将邵宏渊自诩功劳不在李显忠之下，却仅仅得了个招讨副使，心怀怨恨，私下散布谣言，动摇军心。此时，金朝已从开始的惊慌失措中调整过来，金世宗急令左副元帅纥石烈志宁率领数万金军进攻宿州。宋金双方在宿州城外连番苦战，伤亡都很惨重，邵宏渊的儿子邵世雄带头逃跑，宋军其他将领也大批逃亡，李显忠只好率部撤入宿州。面对金军的猛攻，邵宏渊依然坐视不援，反而一再劝李显忠撤军南还。李显忠孤掌难鸣，只好下令北撤。宋军撤出宿州没多久，就在符离（今安徽宿州）被金军追上，十几万大军伤亡殆尽，辎重全部留给了金人，李显忠、邵宏渊二人仅以身免，史称此役为“符离之战”。

符离的惨败，给了南宋内部的主和派攻击孝宗北伐战略的口实，他们大肆攻击张浚，高宗也不断地斥责孝宗，要求和议。孝宗无法抵挡来自高宗和主和派的双重压力，只好下诏称“朕以太上圣意，不敢重违”，开始进行和议，并一度降张浚为江淮东西路宣抚使。尽管手中筹码不多，孝宗却始终想以较好的条件和议。他一面积极部署宋军防务，一面撤换了懦弱无能的和议正使卢仲贤，罢黜了主和派大臣汤思退，与金人展开了外交战。隆兴二年（1164），宋金正式达成了和议。这份名为“隆兴和议”的协议商定：宋不再向金称臣，双方为叔侄之国，改岁贡为岁币，减十万。尽管“隆兴和议”是宋金所有和议中屈辱色彩较为淡化的一个，但毕竟不是基于同等国力的平等协议。尽管此后孝宗念念不忘北伐雪耻，但直至他逝世也未能实现这一愿望。

开禧北伐

孝宗长期受太上皇高宗挟制，等到高宗去世，他也是年至花甲的老人，失去了锐意恢复的信心。淳熙十六年（1189）二月，孝宗传位于“英武类己”的太子赵惇，是为宋光宗。不料赵惇惧怕皇后李凤娘，在悍妒的皇后压迫下，他与孝宗的关系也日益疏远。绍熙五年（1194）五月，宋孝宗病重，但是受李皇后挑拨的宋光宗却拒绝前往孝宗居处重华宫探望。六月，宋孝宗在遗憾与寂寞中病逝，光宗再次以自己有病为由拒绝主持孝宗的丧礼。消息传出，不满的大臣们聚集在宗室、知枢密院事赵汝愚的周围，开始策划政变，迫使光宗禅位，拥立皇子嘉王赵扩为帝。废立之事必须获得太皇太后吴氏的支持，这样身为外戚，与内廷关系密切的韩侂胄（韩侂胄父亲是太皇太后吴氏的妹夫）进入了赵汝愚的视野。在韩侂胄的努力下，太皇太后终于同意下诏。

当年七月初五，太皇太后下诏宣布光宗内禅，嘉王赵扩在孝宗灵前被披上黄袍，即位称帝，是为宋宁宗。政变是成功了，但为了抢夺政治权力，赵汝愚和韩侂胄却反目成仇。韩侂胄是外戚身份，深得宁宗信任，拉拢了一批大臣为其所用；而赵汝愚却因为以宗室任宰相、专擅国政而受到宁宗的猜疑，终于在庆元元年（1195）二月被罢相，贬往永州（今属湖南）安置，后死于该地。赵汝愚被罢相，理学人士多有上疏论救，为了巩固权势，韩侂胄将理学领袖朱熹等人的学说列为伪学，下令禁止，列为伪学党籍的官员纷纷被贬官，史称“庆元党禁”。

此时北方的金朝渐渐衰落，内有农民起义蜂起，外有蒙古侵扰边境，陷入内忧外患之中。欲立下不世功业的韩侂胄认为可以乘机北伐，恢复中原。为了制造北伐的舆论，嘉泰四年（1204），朝廷追封岳飞为鄂王，两年后又削去秦桧的王爵，改谥谬丑。消息传出，朝野振奋。次年，改元开禧，取的是宋太祖“开宝”年号和宋真宗“天禧”年号的头尾两字，表示了南宋朝廷的恢复之志。韩侂胄为全面主持北伐，出任平章军国重事。他下令各军密做准备，同时拿出朝廷封桩库的金钱做军需，又命大将吴曦练兵巴蜀，为西路主将，赵淳、皇甫斌准备出兵取唐、邓，郭倪指挥宋军渡淮。

战事首先在淮河沿岸打响，在这里南宋的又一颗将星冉冉升起，他便是毕再遇。毕再遇是岳飞部将毕进之子，史称其“武艺绝人”，能拉开两石的硬弓，曾受到孝宗的召见，赐予战袍。开禧二年（1206）四月，毕再遇随武锋军统制陈孝庆渡淮攻泗州。毕再遇头戴鬼面具，率领敢死队一举登上泗州东城，杀敌数百，金军溃乱，从北门逃出。毕再遇再攻西城，树大将旗，高声喊道：“大宋毕将军在此，尔等乃中原遗民也，可速降。”金军闻之胆寒，开城出降。不久，他又在灵璧为掩护撤退的宋军，手挥双刀，直插敌阵，以四百八十骑大破金军五千人。此时，陈孝庆率部攻占虹县，江州统制许信攻下新息县（今属河南），光州义军攻下褒信县（今河南新蔡西）。宋军连战皆胜，形势一片大好。这年五月，宁宗正式下诏宣布北伐。北伐诏下，群情激愤。爱国诗人陆游这时已经八十二岁，闻听朝廷北伐，欣喜不已，作诗言志道：

中原蝗旱胡运衰，
王师北伐方传诏。
一闻战鼓意气生，
犹能为国平燕赵。

> 宋宁宗像·南宋

宋军只求速胜，军事准备十分不足，韩侂胄既没有练出一支精兵，又无出众的参谋，也没有做好长期作战的准备。他起用的陈自强、苏师旦都是其亲信，才能不堪担当军国重事。东路虽有毕再遇一柱擎天，但是大部分宋军自符离之败后久已不遇战争，战斗力低下，而且又缺乏出众的将帅，已不堪支撑灭敌的重任。果然，宋军在其后的作战中连连失败，多数一战即溃，甚至不战自溃。只有毕再遇一军取得多次胜利。这时西线传来噩耗，镇守四川的大将吴曦企图割据，早就与金军暗通款曲。虽然开禧三年（1207），吴曦便被所部将士杀死，这却打破了北伐的原有部署。

金军解除西线后顾之忧后，以主力渡淮南下，攻至长江北岸。中路出唐、邓攻襄樊，西路全军分驻川陕边界。三路并进，连连陷落南宋许多州县。此时刚被起用的两淮宣抚使丘崈面对不利形势，认为战之不能胜，于是秘密与金军商谈和议。面对南宋的议和使臣，金朝虚声恫吓，说要以长江为界；斩元谋奸臣（指韩侂胄等），函首以献；增加岁币，出犒师银，方可议和。韩侂胄闻听大怒，决意再度整兵出战。但是这时朝中的反韩力量已在礼部侍郎史弥远和宁宗皇后杨氏的联络下结合起来。开禧三年（1207）十一月初，在史弥远策划下，先是通过宁宗御笔罢韩侂胄平章

军国重事。次日，乘韩侂胄入朝奏事时，中军统制、殿前司公事夏震发动突然袭击，把他劫持至玉津园夹墙内杀害，而宋宁宗直到三天后才知道这一阴谋。同时史弥远又杀死韩侂胄的亲信苏师旦，将两人头颅割下送给金朝。

嘉定元年（1208），宋金再度达成和议，两国关系由叔侄关系降为伯侄关系，增岁币银三十万两，绢三十万匹。同时加犒军费二百万贯，开禧北伐彻底失败了。次年，陆游也带着“王师北定中原日，家祭无忘告乃翁”的遗恨离开人世。开禧北伐的失败在于仓促出兵，当时宋军并未完全做好准备，各路宋军缺乏训练与配合，又长期不作战，导致畏敌如虎。同时又没有选择好时机，当时金朝虽有内忧外患，但是并没有严重到分崩离析的地步，还拥有相当的实力。再次韩侂胄用人失当，缺乏干练的将才。西路主将叛变，东路主将主和，最终导致全盘皆输。

聘金图·金·杨邦基

此图描绘的是南宋使臣出使金国的情景，画面中的四位宋使并未受到金国的热情接待，迎接的乐工自顾谈笑，迎接的官员身份较低，这反映出金国对宋使臣的羞辱，应是宋国战败后的一次出使求和情景的反映。现藏于美国纽约大都会博物馆。

专题

理学的兴盛

⊙开山祖师周敦颐 ⊙二程奠基 ⊙学以致用的张载
⊙理学的集大成者朱熹 ⊙陆九渊的心学

宋代的理学名家辈出，成就非凡，代表人物有北宋的周敦颐、程颢、程颐、张载和南宋的朱熹、陆九渊等。其中又可分为程朱理学、陆九渊心学和张载的"气"一元论三派。程朱理学是客观唯心主义，陆九渊心学是主观唯心主义，张载的"气"一元论是唯物主义，其中占支配地位的是程朱理学。理学是在儒、佛、道三教互动融合的基础上孕育形成的，标志着儒学发展史上的一个新高峰，影响十分深远。

▼周敦颐赏莲图（局部）·明· 刘俊

开山祖师周敦颐

周敦颐（1017—1073），字茂叔，道州营道（今湖南道县）人。他继承《易传》和部分道家及道教思想，写成《太极图说》和《通书》，提出"无极而太极"，"太极"一动一静，产生阴阳万物的宇宙构成论。周敦颐认为人是万物生成之一，但又有区别，"万物生生而变化无穷焉，唯人也得其秀而最灵。形既生矣，神发知矣，五性感动而善恶分，万事出矣。圣人定之以中正仁义而主静，立人极焉”。他又模仿“太极”而建立“人极”，以“诚”作为道德本体的最高境界，强调人只有通过主静、无欲，才能达此境界。其学说对后世理学发展产生了极大的影响。后世凡提及宋代理学，周敦颐及其学说当列为首位。

▲程颢像·清

二程奠基

程颢（1032—1085），字伯淳，后世称其为明道先生。宋神宗时为太子中允监察御史，在洛阳讲学十余年，弟子有“如坐春风”之喻。程颐（1033—1107），字正叔，后世称其伊川先生，官至崇政殿说书，讲学达三十余年。其学以“究理”为主，认为“天下只有一个理”，突出一物之理即万物之理，此说开南宋理学之先河。程颐还用儒家的“理”来规定人的本性，提出了著名的“性即理”论点，并主张“涵养须用敬，进学在致知”的修养方法来“格物穷理”，目的在“去人欲，存天理”。程颐也有一些为后世诟病的观点，他曾提出“饿死事极小，失节事极大”，反对寡妇再嫁，较为偏激。

▲程颐像·清

二程为胞兄弟，亦称大程、小程，因皆

为河南洛阳人，其所创学说也被称为“洛学”。“洛学”后来为朱熹所继承和发展，世称程朱学派。二程学说的核心是“理”，即“唯心理”，关键命题是“一草一木皆有理”，但“万物皆只是一个天理”，“天理”就是人类社会永恒的最高准则。二程由此对封建伦理道德进行新的阐释，将三纲五常视为“天下之定理”。二程从哲学上论证“天理”与“人欲”二者的关系，达到规范行为维护封建秩序的目的。程颢、程颐所创建的“天理”学说在中国古代哲学思想史上具有重要地位，后来的朱熹、陆九渊、王阳明，在二程开辟的方向上发展了理学。

学以致用的张载

张载（1020—1077），字子厚，凤翔县（今陕西眉县）人。因在县横渠镇讲学，故人称横渠先生。他曾讲学关中，所以其学派被后世称为“关学”。张载抱负远大，提出“为天地立心、为生民立命、为往圣继绝学、为万世开太平”。其所创关学注重“学以致用”，十分重视自然科学，以自然科学知识来论证其宇宙观，带有朴素的唯物主义思想。张载提出“太虚即气”的学说，肯定“气”是充塞宇宙之实体，“气”的聚散变化，

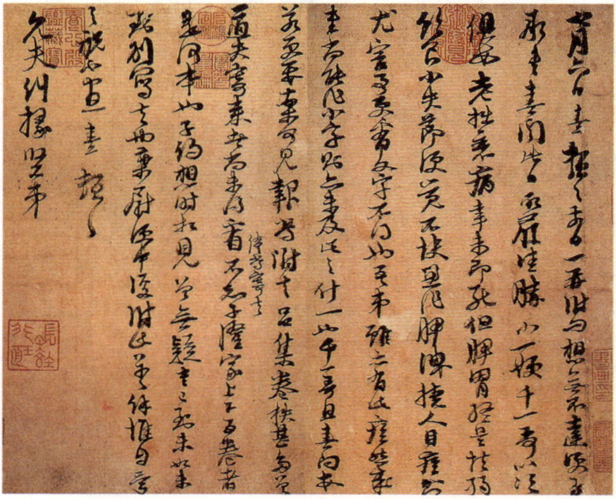

与允夫手札·南宋·朱熹

▸朱熹像·清

在山东曲阜孔庙大成殿中，供奉有十二位儒家哲人，其中包括子贡、子路等十一位孔子的亲传弟子，唯一不是孔子亲传弟子却位列其中的就是朱熹，可见其人在儒学中的地位。

形成世间各种事物现象。张载提出“义理之学”必须向纵深发展，“盖惟深则能通天下之志”。“关学”特别重视躬行礼教的道德实践，强调“学以变化气质”，反对把“心性之学”仅当作空谈，主张“德性所知，不萌于见闻”。这些思想对后世理学具有开创意义。清朝学者全祖望曾说：“横渠先生勇于造道，其门户虽微有殊于伊、洛，而大本则一也。”

理学的集大成者朱熹

朱熹（1130—1200），字元晦、仲晦，号晦庵，徽州婺源（今江西婺源）人。朱熹是中国古代最著名的哲学家、理学家之一，宋代理学的集大成者。朱熹在历代儒者中的地位及实际影响仅次于孔子和孟子，其思想学说自元代开始就被定为官方哲学。

朱熹一生著述极丰，《四书章句集注》是最具代表性的传世之作，对后世影响深远。《四书章句集注》是朱熹为《大学》《中庸》《论语》《孟子》所做的注，又简称为《四书集注》。朱熹用毕生精力撰写和反复修改《四书集注》，前后共40年。朱熹通过注释和序来阐释理学的基本范畴和命题，强调天理纲常和名分等级的永恒性，以宣扬从孔孟到二程的道统思想。

自此，《大学》《中庸》《论语》《孟子》被称为“四书”，与“五经”一起列为科考的必备书目，成为封建社会最重要的经典著作。朱熹集理学之大成，继承周敦颐的“太极”阴阳、二程之“理”、张载之“气”，并援佛、道入儒，构筑了一个更为博大精深、结构完备的理学逻辑体系。在理气论上，朱熹坚持理气不可分离、理先于气而存在的客观唯心主义观点。朱熹认为道心即“天理”，恶的人心就是“人欲”。他主张“存天理、灭人欲”，并指出了“正心、诚意”的“修身”方向，指明世人自觉认识“天理”的实践途径。

朱熹一生历仕南宋高、孝、光、宁四朝，但实际从政时间不过十载，其余时间都在讲学和著书。朱熹一生门徒众多，在《朱子语类》中有名可考的笔录者就有九十多人。朱熹十分重视读书教育，他曾重建庐山白鹿洞书院，并邀请其时的论敌陆九渊来此讲学，反响极大。这次极负盛名的讲学，成为后世学者论辩的楷模。朱熹以“格物致知”视为为学之道的起源，认为“为学之道，莫先于穷理；穷理之要，必在于读书；读书之法，莫贵于循序而致精；而致精之本，则又在于居敬而持志”。朱子学说在明、清两代被确立为儒学正宗，对后世影响至深。

陆九渊的心学

陆九渊（1139—1193）字子静，江西抚州金溪（今江西临川）人，后世称象山先生。他是宋代主观唯心主义理学的代表人物。陆九渊的哲学根本命题是“心即理”，认为“万物森然于方寸之间，满心而发，充塞宇宙，无非此理”，故称“心学”。他主张“吾心即是宇宙”，断言天理、人理、物理只在吾心之中，“人皆有是心，心皆具是理，心即理也”，往古来今，概莫能外。陆九渊以此来论证封建等级秩序、道德规范等“天理”，都是发自人本心而恒久不变的。陆九渊的主观唯心主义论调与朱熹的客观唯心主义“理气论”迥异，但都是“同植纲常，同宗孔孟”。尽管两人“所学多不合”，曾在信州铅山（今属江西上饶）鹅湖寺展开过有关“理”与“气”的大辩论，但是二人私交甚好，书信往来，论辩不已。在治学方法上，陆九渊也主张由本心出发，只需“发明本心”，不必多读书外求，他认为“学苟知本，六经皆我注脚”。陆九渊也主张“格物”，但是他的格物不是研究事物本身，而是内求于自己的本心。陆九渊这些哲学思想被明代的王阳明发扬光大，发展成“知行合一”和“致良知”。

▼白鹿洞书院

相传唐贞元年间，洛阳人李渤与其兄长在庐山五老峰下隐居读书，养鹿自娱，久而久之，鹿通人性，令人惊奇。再加上此处地势低凹，俯视如洞，因此被称为“白鹿洞”。后南宋理学家朱熹到访，满目荒芜，叹息不已，于是责令官员修复白鹿洞书院。

关键词：湖上平章

宋末权臣：史弥远与贾似道

▪ 南宋后期

北宋初年，为了限制宰相的权力，将相权一分为三，财权划归三司使，军权划归枢密使，宰相只剩下了行政权。然而到了南宋时期，因为与后金战事频繁，宰相兼任枢密使已成为惯例（秦桧死后高宗朝曾短暂分离）。军权与行政权的过分集中必然会导致权臣产生，再加上孝宗之后的南宋帝王要么体弱多病，要么年幼登基，外戚势力干预政治愈发明显，这才催生了秦桧、韩侂胄之后另外两大权臣的发迹，也就是独掌大权二十五年的史弥远和历经三朝的“湖上平章”贾似道。

第一权相

史弥远（1164—1233），字同叔，是孝宗朝右相史浩的养子。由于攀附曾经拥立宁宗为帝的权相韩侂胄，在其升任平章军国重事后，史弥远也随即得到重用，从六品的司封郎中一跃升为礼部侍郎，并兼任太子赵曮的翊善（教导皇子的一种官职）。

但史弥远之志绝不止此，他的野心随着权位的迅速升迁而迅速膨胀。开禧北伐失败之后，力主抗战的韩侂胄威信大减。南宋被迫遣使议和，金

> 《历代帝王像》之宋理宗像·清·姚文瀚

宋理宗原名赵与莒，后被立为宁宗弟沂王嗣子，赐名贵诚。后被立为宁宗皇子，赐名昀，是南宋的第五位皇帝。

国提出以韩侂胄首级作为议和的前提，理所当然遭到韩侂胄的拒绝。但主张投降政策的史弥远却认为有机可乘，他利用太子赵曮向宁宗建议诛杀韩侂胄，意在借机取而代之，但宁宗不予理睬。于是，史弥远绕过宁宗，和对韩侂胄怀恨在心的杨皇后结为联盟，杨皇后伪造宁宗的御批密旨，矫诏派遣中军统制、殿前司公事夏震在玉津园杀死了韩侂胄。

诛韩之后，史弥远升任宰相，他破坏了北宋以来文武二府分掌大权的祖制，以宰相兼枢密使，并使之成为南宋后期的固定制度，造成了南宋后期皇权不振、权臣专政的恶劣影响。自此，史弥远不但以宰相而兼枢密使，集文武二府军政大权于一身，而且在宁宗、理宗二帝时代独霸相位长达二十五年，创两宋历史上权臣主政时间之冠。

然而，当年协助史弥远杀害韩侂胄，对金乞降求和的太子赵曮，却在嘉定十三年（1220）突然死去。次年，宋宁宗另立赵竑为皇子。史弥远并不希望赵竑成为皇位继承人，因为平日里赵竑已经对史弥远的擅权跋扈表示出强烈的不满情绪，甚至对身边人说，将来即位之后要把史弥远贬斥到八千里外的新州（今广东新兴）或者恩州（今广东阳江）。这些都被史弥

楼舡图

楼舡是一种楼船，为宋代水军战船的一种。

远安置在赵竑身边的耳目所告发，而赵竑却浑然不觉。史弥远在宁宗面前诽谤不成的情况下，便开始着手策划废掉赵竑，另立他人为宁宗的继承人。嘉定十六年（1223），史弥远收买国子学录郑清之，阴谋在宁宗去世时，废太子赵竑而另立宗室赵贵诚为帝。为此，他安排郑清之作为赵贵诚的老师。嘉定十七年（1224）八月，宁宗突然病重不起，再不能处理朝政，史弥远遂加快了策划宫廷政变的步伐。在宁宗弥留之际，史弥远一方面通过郑清之转告赵贵诚即将立他为帝，一方面在夜里急召翰林学士入宫，草诏二十五道以应付宁宗崩后的局面。在宋宁宗病死的当晚，史弥远派人召赵贵诚入宫，并通过杨皇后的家人威胁杨皇后说："史弥远已命殿帅夏震派兵看守皇宫及赵竑，如果不同意废立，祸变必生，杨家也会被灭族。"杨皇后权衡利害关系之后，被迫同意。接着，史弥远伪造宁宗遗诏，宣布："废赵竑为济王，立赵贵诚为太子，即皇帝位。"为了证明赵贵诚即位的合法性，史弥远对外宣称：宁宗在世的八月份，即已诏令以贵诚为太子，赐名昀。赵昀即位，是为宋理宗。至此，史弥远实际上已经完全控制了南宋政权，即使是理

^ 缂丝牡丹图册（局部）·南宋·朱克柔

缂丝是一种装饰性、欣赏性极高的工艺品，它采用其特有的各种不同的戗色方法缂织花纹，使花纹高雅，富有笔意，并具有很强的质感，甚至享有“一寸缂丝一寸金”的声誉。这件牡丹图，色彩配色浓淡似真。现藏于辽宁省博物馆。

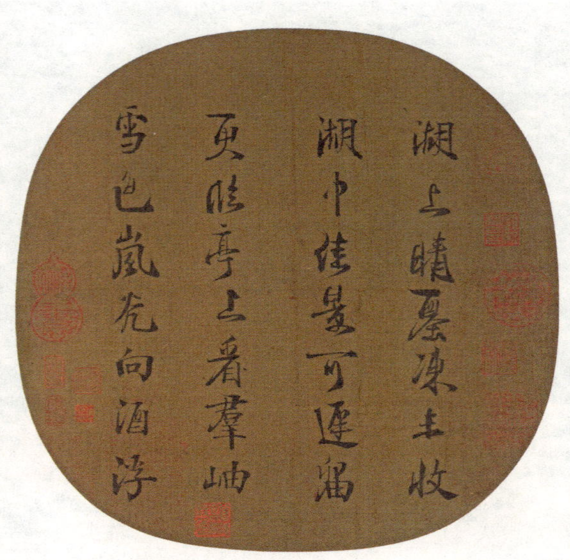

行书《西湖雪霁诗》扇面·宋·赵昀

宋理宗一生受制于权臣，委政于奸相，唯一值得称道的是对程朱理学的推崇。其书法作品多以扇面形式传世，书风面目独特。现藏于美国纽约大都会艺术博物院。

宗本人也只不过是他手中的傀儡。在二十五年的独相专权的时间里，他变更中枢旧制以决朝政，把持将帅任免以专军权，控制台谏以打击异己，植党营私以布局天下。就其专权程度而言，即使是高宗朝的秦桧也难以望其项背。

湖上平章

邵定六年（1233），权臣史弥远病死，但南宋出权相、奸相的“传统”并没有终止，宋理宗、宋度宗、宋恭帝三朝又出了一位有“湖上平章”之称的末代宰相贾似道。

贾似道（1213—1275），字师宪，台州天台（今属浙江）人。其父贾涉，在宁宗朝曾官至淮东制置使。在父亲死后，缺乏家教的贾似道“少落魄，为游博，不事操行”，后来以父荫入官补嘉兴司仓。嘉定四年（1211），因为其姐贾贵妃得宠于理宗，从此官运亨通。宝祐二年（1254），不学无术的贾似道竟然升为同知枢密院事，此后几年步步升迁，到了宝祐六年（1258），升任枢密使、两淮宣抚使，担任起保卫南宋两淮边防的重任。开庆元年（1259）正月，贾似道以枢密使改兼京西、湖南北、四川宣抚大使，都提举两淮兵甲，湖广总领，江陵知府，集长江中上游地区的军事、民政、财政大权于一身，又负责两淮的军事，全面负责南宋抵抗蒙古大军的前线防务。

开庆元年（1259）二月，蒙古大汗蒙哥亲自率南侵的西路军进攻合州（今重庆合川）钓鱼城，屡攻不克，蒙哥于七月被击毙在钓鱼城下。与此同时，蒙哥之弟忽必烈此时正率东路军围攻江淮重镇——鄂州。为此，理宗任命贾似道为右丞相兼枢密使，率军由江陵（今属湖北）至汉阳（今属湖北武汉），又进入鄂州，督师抗击。恰巧此时，忽必烈接到密报，得知蒙哥阵亡，蒙古汗廷人心浮动，遂决心北返以争夺汗位。贾似道也私下遣使，以南宋愿称臣纳币、割让长江以北土地等条件求和。忽必烈由于急于回师，就顺水推舟同意了贾似道的求和要求，率军北返，鄂州之围遂解。

贾似道隐瞒向蒙古乞降、签订和约的真相，而以战胜蒙古军报功。昏庸的理宗竟然相信了他的谎话，认为他对社稷有再造之功，进封少师、卫国公。景定元年（1260），忽必烈派郝经入宋，索取贾似道答应的“岁币”。贾似道害怕暗中乞降的情况被元使泄露，命人将使臣郝经一行拘留于真州（今江苏仪征）。这种做法激怒了忽必烈，只是因为蒙古内部叛乱不断，这才没有立刻兴兵南下。鄂州之战，对于贾似道个人是个难得的良机，此后他便开始了长达十六年的独霸宰执、专政擅权的时期。

蒙古军北返之后，南宋小朝廷又进入到一个相对安宁的阶段。以理宗

^ 黑漆嵌螺钿花蝶纹盘 · 南宋

盘为木胎，髹黑漆。敞口，弧壁。盘内心嵌螺钿装饰兰花一枝，蝴蝶两只，间以坡石小草。整体构图简洁大方，是南宋漆器中的佳作。现藏于美国弗利尔赛克勒美术馆。

和贾似道为首的整个统治集团，对近在咫尺的亡国威胁浑然不觉，很快又重新过起了莺歌燕舞的日子，全然不顾这种歌舞升平的背后隐藏着何等巨大的危机。景定五年（1264）十月，理宗因病去世，贾似道奉遗诏拥立太子赵禥即皇帝位，是为宋度宗。度宗即位后，南宋国势更加严峻，满朝君臣却依旧陶醉于西湖歌舞的喧嚣热闹之中。贾似道因为定策之功，其权力和地位更得以稳固。度宗为了追求享乐安逸，把朝政大权拱手让给贾似道，甚至尊称贾似道为“师臣”，加号平章军国重事，贾似道则俨然如同太上皇一般。咸淳三年（1267），宋度宗特许贾似道可以三日一入朝，又将位于西湖旁葛岭的别墅赏赐给贾似道，让其养尊处优，贾似道将其扩建，命名为“半闲堂”。即便如此，贾似道也只是五天才入朝办公一次，他置朝政于不顾，每日唯以斗蟋蟀为乐，并著有《蟋蟀经》，描述自己养蟋蟀、斗蟋蟀的经验。此外，他还贪货好色，为了一条陪葬的玉带，竟将功臣余玠的墓冢挖开，甚至强取宫女叶氏为妾。贾似道的大部分时间几乎都是在半闲堂和西湖上游戏取乐中度过的，于是时人借机编出儿歌讥讽说："朝中无宰相，湖上有平章。"

咸淳十年（1274），宋度宗去世，在贾似道的主持下，扶立度宗嫡子、年仅四岁的赵㬎为帝，是为宋恭帝，贾似道仍然主持朝政大权。当时元世祖忽必烈已经派大将伯颜率军南下灭宋，贾似道先是隐瞒不报，后又在芜湖督战时弃师而逃，导致南宋军队大败，军士死伤逃亡不计其数，天下舆论大哗。在强大的压力下，太皇太后谢氏被迫将贾似道免职，贬往循州（今广东龙川西）。在前往循州的路上，贾似道被会稽县尉郑虎臣所杀。

^ 木棉庵旧址碑刻

木棉庵位于福建漳州龙海市下九湖木棉村，贾似道被贬循州，道出木棉庵，郑虎臣杀贾似道于此地。现有碑刻多方，其中一方碑刻镌"宋郑虎臣诛贾似道于此"十个大字，是清乾隆间知县袁本濂所立。

关键词：襄樊之战

钓鱼城之战和襄阳保卫战

■ 南宋后期

钓鱼城之战和襄阳保卫战是南宋抵抗蒙元南下的两次重要战役，对于中国历史乃至世界历史都有着重要的意义。在钓鱼城之战中，蒙古大汗蒙哥意外身亡，使得蒙古的侵宋战争功亏一篑，南宋王朝得以再延续二十年；而襄阳保卫战的失利，则意味着南宋江淮门户洞开，南宋的灭亡已经为期不远。

血战钓鱼城

宋理宗端平元年（1234），南宋与蒙古联合灭亡了金国，然而南宋的君臣们很快发现自己换了一个更为凶狠的邻居。灭金之后，骄横的蒙古统治者独占了原来金国的全部土地，幻想收复中原的南宋决心出兵河南，却被蒙古军队杀得溃败而还。灭金的次年，在报复南宋“侵犯疆土”的名义下，蒙古大军兵分两路，分别从陕西和淮河下游对南宋发动了进攻。在这次战争中，四川地区（包括今四川省和重庆市）被蒙古军队破坏得最为严重。

不久，蒙古大汗窝阔台汗去世，南下的蒙古军队相继北返，南宋才因而得到喘息的机会，加紧对各条防线进行休整和充实。淳祐二年

（1242），在两淮抗蒙战争中战绩颇著的余玠，被宋理宗派遣到四川主持军政事务。为了巩固西部防线，余玠在四川采取了一系列政治、经济和军事措施，并依据山区地形修筑了诸多城堡，其中最为重要的就是钓鱼城。

钓鱼城建筑在今天重庆市合川的钓鱼山上，这座小山突兀耸立，山下嘉陵江、渠江、涪江三江汇流，南、北、西三面环水，地势十分险要。钓鱼城既有山水之险，又有交通之便，通过水陆可以通达四川各地。到任之后的第二年，余玠便采纳当地军民的建议，于山上修筑了这座城堡。钓鱼城分内城和外城，外城建筑在悬崖峭壁上，城墙是用条石垒成的。城内有大片的农田和丰富的水源，周围的山麓也有许多可以耕作的土地。这样完善的防御体系，再加上复杂的地形，使钓鱼城成为一座易守难攻的军事要塞。

重庆合川钓鱼城

宝祐五年（1257），蒙古大汗蒙哥再次派遣大军南下进攻宋朝，并亲自率领主力攻打四川。到了第二年秋天，蒙古军已经占领了四川的绝大部分城池，只剩下钓鱼城等仍在坚守。南宋开庆元年（1259）二月，杀掉蒙古人的招降使者后，南宋守军凭借要塞屏障，开始了极其激烈的钓鱼城大战。虽然蒙古军的攻城器具十分精备，无奈钓鱼城地势险峻，多数器械根本发挥不了作用。南宋守军在主将王坚及副将张珏的协力指挥下，击退了蒙古军一次又一次的进攻。蒙古军虽然几次登上城头，却都被拼死鏖战的将士们杀退。强攻不得的蒙古人打算围困钓鱼城，迫使其开城投降。但是几个月之后，在南宋守军的嘲笑声中，两尾30斤重的鲜鱼以及一百多张面饼被丢到山下的营寨中。宋军投书蒙古军，宣称即使再围困十年，蒙古军也没办法拿下钓鱼城。

此时蒙古军久屯于坚城之下，又正值酷暑季节，畏暑恶湿的蒙古人由于水土不服，各种传染性疾病开始在军中流行起来。按照《元史》记载，蒙古大汗蒙哥在当年六月也得了重病，不过根据当地地方志的描述，蒙哥则是被南宋守军击成重伤。无论哪个记载是当时的真实情况，蒙哥再不能指挥军队是无疑的事实。到了七月，蒙古人开始从钓鱼山下撤退，大军北行到金剑山温汤峡（今属重庆）时，蒙古大汗蒙哥去世。

嵌金八宝龙纹铁盔·蒙古

作为山城防御体系的典范，钓鱼城在冷兵器时代充分表现了其强大的防御作用，成为敌军难以攻克的坚固城堡。自蒙哥之后，钓鱼城几次顶住了蒙古人的进攻，直至最终守将开城投降才落入敌手。

襄樊之战

钓鱼城之战后的第二年，北返的忽必烈在开平（今内蒙古正蓝旗东）

> 饿鹘车（模型）

此车为宋代战争时用以破坏城防工事的饿鹘车（模型）。

即汗位。当年四月，忽必烈建元称帝，是为元世祖。建立元朝后，元世祖灭亡南宋、一统中国的野心并没有削弱。为了实现这一目标，他将进攻的重点从四川改为襄樊（今属湖北）。

襄樊位于南阳盆地南端，一条汉水流过襄阳和樊城之间，人称“跨连荆豫，控扼南北”，地理位置十分险要，自古就是兵家必争之地，也是南宋抵抗蒙古军队的边防重镇。咸淳三年（1267），投降蒙古政权的南宋将领刘整向忽必烈进献攻灭南宋策略，“先攻襄阳，撤其捍蔽”，他认为如果南宋“无襄则无淮，无淮则江南唾手可下也”。根据刘整的建议，忽必烈开始实施针对襄阳的战略包围。首先，蒙古政权统治者派人用玉带贿赂负责襄阳防御的南宋荆湖制置使吕文德，请求在襄樊城外置商业往来的榷场，得到南宋方面的应允。不久蒙古人又以防备盗贼、保护货物为名，要求在襄樊外围筑造土墙，目光短浅的吕文德再次同意了这一要求。于是蒙古人在襄阳东南的鹿门山修筑土墙，又在土墙内建筑堡垒，建立了围困襄樊的第一个据点。

咸淳四年（1268），蒙古将领阿术等人又在襄阳附近修筑了两个城堡，切断了宋军从陆路救援这座城市的道路。咸淳六年（1270），蒙古军队依据襄樊西、南两面的山岭，修筑漫长的围墙和十座堡垒，彻底切断了襄阳与西北、东南的联系，使其成为一座孤城。在这期间，蒙古军队还大力营建水军。刘整与阿术特意上书忽必烈皇帝：“我精兵突骑，所当者破，惟水战不如宋耳。夺彼所长，造战舰，习水军，则事济矣。”忽必烈当即责令刘整负责“造战船，习水军”，很快便组织了一支拥有五千艘战船的庞大舰队。

南宋为了救援襄阳，于咸淳三年（1267）任命吕文德的弟弟吕文焕为襄阳知府，兼京西安抚副使。次年年底，为打破敌人的围困，吕文焕组织襄阳守军主动进攻蒙古军队，却被敌人打得大败，宋军伤亡惨重。仅在咸淳五年（1269），南宋将领张世杰、夏贵、范文虎等人就几次挥师襄樊，意图打破蒙古军队的封锁，但是无不惨败而归。至此，宋军与蒙古军队已经在襄樊外围进行了长达三年的拉锯战。然而这时蒙古军队对襄樊的包围已经形成，南宋组织的援军屡战屡败，襄樊守军的反攻也不能取得胜利，当地军民只好困守两城。

咸淳八年（1272）年初，元军对樊城发起了总攻，著名的“襄樊之战”正式开始。三月，元军攻破樊城外城，宋军只得退到内城继续坚守。到了四月，南宋京湖制置大使李庭芝招募襄阳府、郢州（今湖北钟祥）等

^ 襄阳城临汉门

临汉门，是襄阳城六大城门之一，又称小北门。位于今天的湖北襄阳古城。“汉沔津梁”“北门锁钥”是对它作为战略要津的又一赞誉。小北门城楼建筑在拱券式城门洞上，城楼四柱三间，重檐歇山顶，七檩抬梁构架，砖木结构，为清代建筑。

地民兵三千余人，由张顺、张贵等人带领，经水路星夜支援襄阳。临行前，张顺激励士卒道："这次救援襄阳的行动十分艰巨，每个人都要有必死的决心和斗志，你们当中的有些人并非出于自愿，那就赶快离去，不要影响这次救援大事。"士兵们群情振奋，纷纷表示要奋勇杀敌。经过浴血鏖战之后，宋军击破元军的封锁，成功进入了被困达五年之久的襄阳城，极大地鼓舞了城中军民的斗志。然而战斗中张顺英勇牺牲，几天以后襄阳守军在江水中捞到他的尸体，悲愤的军民将他安葬后立庙祭祀。

不久，张贵在另一次意图打破包围的战斗中被元人俘虏，英勇牺牲。为了尽快攻下襄樊，元军用计烧毁了樊城与襄阳之间的汉水浮桥，从而切断了两城之间的联系，失去支援的樊城很快陷落。樊城失陷后，襄阳的形势更加危急，吕文焕多次派人到朝廷告急，却始终没有盼到援兵。咸淳九年（1273）二月，困守襄阳的吕文焕被迫向元军开城投降。历时五年的襄樊保卫战结束。

历史断面

指南针的使用

指南针同火药一样，也是中国古代的伟大发明。早在战国时期，中国就出现了用磁石制作的指南工具"司南"。到宋代，人们使用磁性钢针作为指南工具，宋代科学家沈括在《梦溪笔谈》中记载了装置指南磁针的四种方法：水浮、指爪、碗唇、缕悬。指南针的改进给航海事业带来了划时代的影响。依托着先进的指示工具和精良的航行设备，宋朝成为当时海上贸易的大国。指南针技术被阿拉伯人传到了欧洲，后世麦哲伦的环球航行、哥伦布发现美洲新大陆等都借助了指南针的神奇力量。

关键词：海战

崖山海战

■ 1279年

崖山海战，又称崖门战役，是宋朝末年南宋与元朝的最后一次战役。对于元军而言，这是一次以少胜多的大战，宋元双方投入军队三十余万，最终宋军全军覆灭。此次战役之后，宋朝也随之覆灭。南宋军民十余万人在海战失败后投水殉国，上演了极为壮烈的一幕。

临安失守

宋咸淳九年（1273）元军占领襄阳后，于次年六月大举伐宋，以伯颜为统帅，兵分三路南下江淮。不久，宋度宗病死，其年仅四岁的儿子赵㬎即位，是为恭帝，由理宗皇后

< 元世祖忽必烈像·元

正是在忽必烈的努力之下，建立了幅员辽阔的统一多民族国家——元朝，定都大都（今北京）。

> 铁镶银腰牌·元

腰牌上的文字是元代的八思巴文，也就是元世祖忽必烈时期由“国师”八思巴创制的蒙古新字，它的创制推广在一定程度上推进了蒙古社会的文明进程。

谢道清以太皇太后的身份垂帘听政。宋德祐元年（1275），元军顺江直下，沿江宋军、城邑相继投降。当年二月，南宋宰相贾似道承受不住朝野内外的巨大压力，率战舰两千余艘、将士七万前往抗击元军。结果在丁家洲（今安徽贵池北）一战中，元军骑兵从左右两翼突袭宋军，贾似道弃军逃往扬州，宋军大败。当年十一月，伯颜将大军分成东、西、中三路，直扑临安，伯颜亲率中军进攻常州。南宋知州姚訔、通判陈炤、将官王安节等奋勇守城，姚訔在城破时战死，陈炤、王安节率宋兵展开巷战，都英勇战死。另一路元兵攻取安吉（今属浙江）东南的独松关，附近州县宋兵皆闻风而逃。

德祐二年（1276）正月，伯颜率领的中路军攻至皋亭山（今浙江杭州东北），宋朝派员求和，伯颜不允，还扣留了前来交涉的南宋右丞相兼枢密使文天祥。当年二月，伯颜率军进入临安。宋恭帝、全太后以及官僚和太学士被俘，押送到大都（今北京）。恭帝被元世祖废为瀛国公，后来入寺为僧。太皇太后谢氏因病暂留临安，不久也被押往大都。

继续抗元

南宋大将张世杰、刘师勇及苏刘义等将领以朝廷不战而降为耻，各自领本部兵马撤出。宋度宗的杨淑妃在国舅杨亮节的护卫下，带着自己的儿子益王赵昰、广王赵昺出逃，在金华与大臣陆秀夫、张世杰、陈宜中、文天祥等会合，重整兵马，封赵昰为天下兵马都元帅，赵昺为副元帅。元

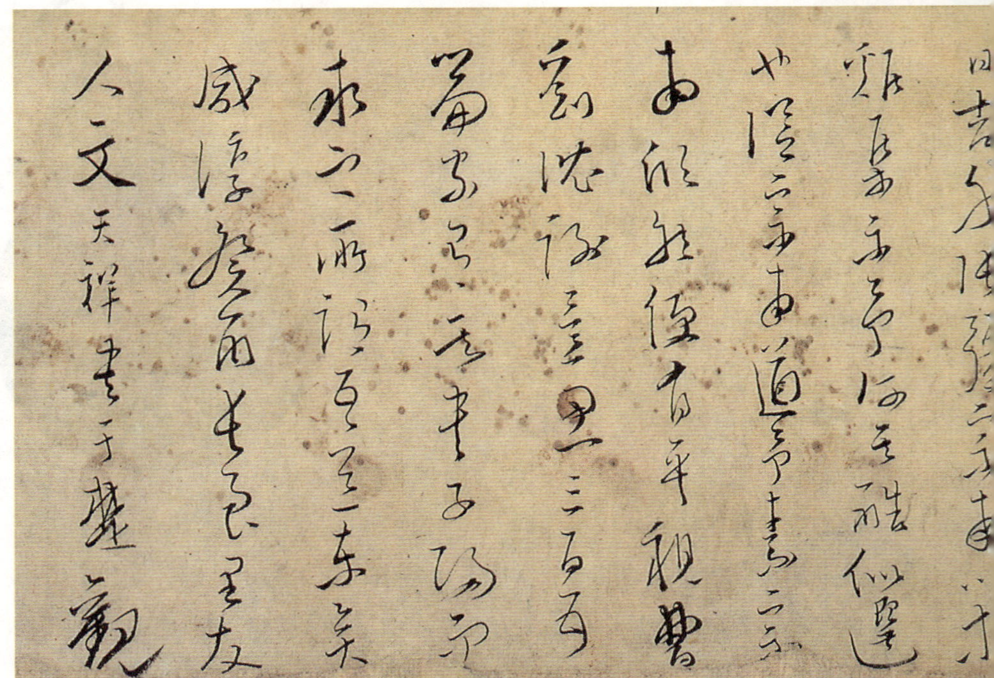

军统帅伯颜率大兵穷追不舍，二王一路逃到福州。不久刚满七岁的赵昰登基，是为端宗，改元“景炎”，尊生母杨淑妃为杨太后，加封弟弟赵昺为卫王，改福州为安福府，张世杰为大将，陆秀夫为签书枢密院事，陈宜中为丞相，文天祥为少保、信国公并组织抗元工作。

赵昰做皇帝以后，元朝加紧了消灭南宋残余势力的步伐。景炎二年（1277），福州终于被攻陷，端宗的南宋流亡小朝廷直奔泉州。泉州市舶司、阿拉伯裔商人蒲寿庚与张世杰不和，张世杰要求借船，可是蒲寿庚阳奉阴违，导致船只不足。张世杰于是没收蒲寿庚所属的船只和货物出海，蒲寿庚大怒，杀尽留在泉州的南宋诸宗室及士大夫，南宋流亡小朝廷逃往广东。端宗准备逃到雷州（今属广东），不料遇到台风，帝舟倾覆，端宗差点溺死，因此得病。景炎三年（1278），张世杰带端宗逃至碙州（今赣江东南硇州岛）。四月，端宗病逝。端宗死后，他七岁的弟弟卫王赵昺登

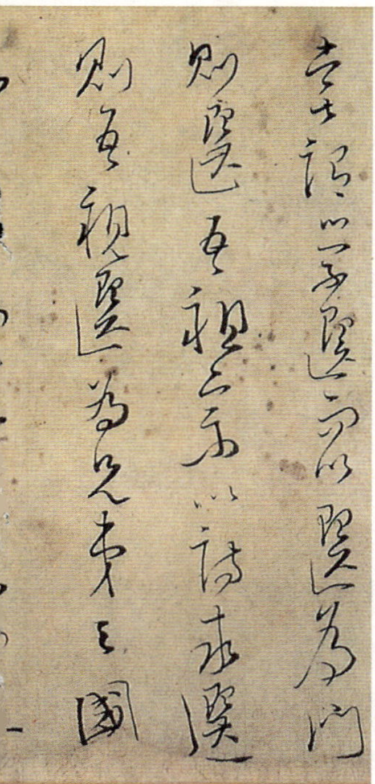

^ 木鸡集序卷（局部）·南宋·文天祥

《木鸡集序卷》是文天祥应同乡好友张疆的邀请而写的文章，文中强调学习应从难从严，先学《诗经》后读《文选》才能有所收益。写完这篇《木鸡集序卷》的半年后，文天祥就投入了抗元战场，最终慷慨殉国。现藏于辽宁省博物馆。

基，年号“祥兴”。是为宋末帝，赵昺登基以后，南宋小朝廷想占领雷州却遭到失败，于是在陆上已无立足之地，因此左丞相陆秀夫和太傅（皇帝的老师）张世杰护卫着赵昺逃到崖山（今广东新会南海上），建立基地，准备继续抗元。不久，在广东和江西两省抗元的文天祥在广东海丰的五坡岭兵败被俘，在陆地的抗元势力终于覆灭。

祥兴二年（1279），张弘范率元军水师对南宋行朝进行了最后的围剿，文天祥也被挟持到了崖山。张弘范企图借重文天祥的影响力，说服行朝投降，这当然遭到了文天祥的拒绝。文天祥在零丁洋上（广东中山南边的海面）写下了著名的《过零丁洋》一诗作为自己的回答，诗云：“辛苦遭逢起一经，干戈寥落四周星。山河破碎风飘絮，身世浮沉雨打萍。惶恐滩头说惶恐，零丁洋里叹零丁。人生自古谁无死，留取丹心照汗青。”张弘范读后慨叹：“好人好诗！”

此后，文天祥被押解到元朝首都大都（今北京）。元世祖忽必烈非常敬重他的人品和才学，指示有关官员加紧进行劝降工作。元人先后以其妻女、弟弟劝降，甚至派出投降了的宋恭帝和另一位状元宰相留梦炎出来做说客，都遭到了文天祥的断然决绝。忽必烈仍然不甘心，再派平章政事阿合马出面劝降，开出元朝宰相的价码来利诱文天祥，文天祥终究不为之所动。至元二十年（1283）十二月，誓死不屈的文天祥最终在大都菜市口英勇就义，时年四十七岁。

最后一战

祥兴二年（1279），张弘范大举进攻赵宋朝廷临时驻地崖山。双方兵力对比为张弘范统领的元朝水军有战船五百艘，这时只到达三百艘，而张世杰有战船一千艘，兵民二十余万，纸面势力看宋军占有优势。然而从战略方面来看，宋军没有大陆的依靠，孤立无援，得不到补充，而元军已经占领了整个大陆，军需给养源源不断，宋军纵然能打退一次两次的进攻，可是在大海之上后勤断绝，后援全无，失败是必然的。再从战术角度来讲，宋军虽然有庞大的海军，但却没有机动灵活地发挥战船数量上的优势，反而将千多艘船只以“连环船”的办法连贯在海湾内，也正是这一点导致了宋军后来的失败。

宋王台

南宋末年临安失守时，宰相陆秀夫与张世杰保幼主南逃，曾在今香港一带躲避过。后因不愿被虏受俘，陆秀夫便携幼帝投海自尽。后人遂在其休息过的马头涌“圣山”的一块巨石上刻“宋王台”三字，以示纪念。

海战开始后，元军战船大举猛攻，可是宋军连环船队防御严密，元军攻不进去。于是又乘风以小船载茅草和火油，纵火冲向宋船。可是宋船上均涂满了泥，并用长木防御元军的火攻。元朝水师火攻不成，就封锁海湾，断绝宋军给水及砍柴的道路。宋军水道断

绝，无淡水可用，士兵们吃干粮只能饮用海水，多呕吐腹泻，战斗力和士气顿挫。张弘范趁机三次派人到张世杰处招降，均被严词拒绝。二月六日，张弘范将军队分成四部，乘着潮水发动南北夹攻，宋军大败。这时张世杰见大势已去，抽调精兵，和苏刘义带领余部十余只船舰斩断大索突围而去。赵昺的船在船队中间，此时天色已晚，风雨交加，迷雾大起，咫尺之间不能辨认。而元军又杀至，大臣陆秀夫背起七岁的赵昺，一起投海身亡。不少后宫侍从和大臣亦相继跳海自杀，南宋军民共计十余万投水殉国。

当时张世杰希望以杨太后的名义再找宋朝赵氏宗亲为主，以图后举；但杨太后在听到宋帝赵昺的死讯后亦赴海自杀。张世杰收太后尸身，葬于海滨。几天后，海上飓风骤起，部下们都劝张世杰上岸避风，以图再战。满心悲凉的张世杰却叹息说：“此时此刻，还用避风吗？我为大宋江山已经尽了全力，一位皇帝去世，我再立一位，现在新皇帝又死，这是天要亡我大宋吧。”不久风浪越来越大，座船倾覆，张世杰溺亡于海上，这位抗元名将饮恨于大海之中，宋朝灭亡。

历史断面

纸币出现

北宋前期，四川地区出现“交子”，这是世界上最早的纸币。天圣元年(1023)，宋廷将“交子”的发行权收归政府，在益州(今四川成都)设立交子务，由政府负责印制和发行。南宋纸币逐渐成为与铜钱并行的货币。绍兴三十一年(1161)在临安设立了“行在会子务”，正式在东南各路发行会子，称为“东南会子”。纸币在南宋时成为流通的货币，但随着财政状况每况愈下，为了弥补巨大的财政亏空，南宋政府不得不发行大量的纸币来缓解危机，导致通货膨胀现象时有发生。

中国简史(中卷)

A Brief History of China

世界简史

郭方 主编

中卷

A BRIEF HISTORY OF THE WORLD

石油工業出版社

隋唐五代

宋

辽西夏金

元明清

581年

杨坚称帝建隋。

755年

安史之乱开始。

626年

玄武门之变，李世民登基，是为唐太宗。

641年

文成公主入吐蕃和亲。

753年

鉴真东渡，抵达日本。

960年

陈桥兵变，赵匡胤称帝，国号宋。

中外历史大事件时间表

501年～1800年

日本

英国

法国

俄罗斯

646年

日本大化改新。

987年

于格·卡佩加冕法国国王。

1337年

英法百年战争开始。

800年

查理称帝。

14世纪

欧洲文艺复兴运动开始。

1453年

东罗马帝国灭亡。

1115年

完颜阿骨打称帝，是为金太祖。

1206年

大蒙古国建立，铁木真称成吉思汗。

1405年

郑和下西洋。

1127年

靖康之变。

1368年

朱元璋称帝，是为明太祖。

1662年

顺治帝卒，玄烨即位，即康熙帝。

501年～1800年

1588年

西班牙无敌舰队失败。

1649年

查理一世被送上断头台。

1492年

哥伦布初次到达美洲。

1672年

第三次英荷战争开始。

1682年

彼得一世即位。

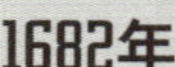

1559年

伊丽莎白女王加冕。

目录

Contents

第三章

中古破晓 / 183

不列颠混战与亚瑟王 / 184

克洛维引领法兰克王国 / 190

专题：神秘的欧洲修道院 / 200

加洛林王朝诞生记 / 206

查理大帝的帝国理想 / 213

维京人的“疯狂海盗团” / 221

夹缝中的萨克森王朝 / 230

奥托大帝 / 236

卡佩带给法兰西的希望 / 244

奥托三世的跨世纪帝国 / 248

专题：丝绸之路，联通世界的金丝带 / 254

躁动不安的中古日本 / 260

中古朝鲜的分分合合 / 265

专题：失落的文明 / 270

第四章

征服与扩张 / 277

威廉一世的诺曼征服 / 278

神圣罗马帝国的虚实 / 284

“美男”腓力四世与法国制造 / 290

专题：中世纪的骑士团 / 296

“上帝信使”圣女贞德 / 302

西班牙收复失地运动 / 310

波兰王国的风雨彩虹 / 316

成吉思汗的蒙古征服 / 322

塞尔维亚人的艰苦创业 / 330

伊凡三世一统俄罗斯 / 335

奥斯曼土耳其雄霸天下 / 341

高丽王朝降龙伏虎 / 348

武士道与幕府统治 / 355

新航路的开辟 / 361

专题：意大利文艺复兴 / 368

第五章

诸强雄起 / 375

“童贞女王”伊丽莎白 / 376

查理一世走上“断头台” / 385

“弑君者”克伦威尔 / 391

斯图亚特王朝复辟 / 398

专题：奴隶贸易的血与腥 / 404

亨利四世的治国之道 / 410

红衣主教黎塞留 / 416

叱咤风云太阳王 / 424

新沙皇打造罗曼诺夫王朝 / 429

彼得大帝的伟业 / 434

“三十年战争”定欧洲 / 441

三次英荷战争 / 450

专题：欧洲启蒙运动 / 458

第三章

中古破晓

这是一个被人视为黑暗的时代，疾病、战乱、罪恶充斥其中，但宗教又为众人鼓起了新的希望。

法兰克王国强势崛起，加洛林王朝奇迹诞生，夹缝中的萨克森王朝缓慢前行，中古日本躁动不安，中古朝鲜分分合合……在这个骑士四处征伐的时代，在这个教权和皇权并重的时代，在这个传说和恐怖迭出的时代，新纪元的太阳正在慢慢升起，在弥漫的黑暗中放射出第一缕曙光。

▷ 巨石人像之谜

关键词：亚瑟王／混战

不列颠混战与亚瑟王

■ 公元5世纪～公元9世纪

从罗马人撤离不列颠到诺曼人征服不列颠的这段时期，被后世定义为亚瑟王和他的传奇英雄们的时代。虽然不乏英雄气概和伟业丰碑，可不列颠的历史却风雨飘摇、苦难不断。这是民族迁徙的时代，是未来的国家在动荡中萌芽的时代，是历史的阵痛期。

凯尔特人引狼入室

自公元初年成功占领不列颠岛之后，罗马帝国对英国进行了长达400年的统治。当时的不列颠人在罗马人占领不列颠之后，也被编入了罗马帝国，成为其中的一部分。

然而，从公元4世纪后期开始，罗马帝国开始面临一波又一波野蛮的马上民族的侵袭。为了对抗欧洲大陆上的入侵者，罗马帝国不得不撤回其在不列颠岛上的军团。

罗马人撤走后，变为独立自治的不列颠很快就卷入了内部冲突之中，并面临着来自异教蛮族的攻击。公元5世纪中叶，为了驱逐异教的皮克特人和苏格兰人，当时的不列颠国王沃尔蒂格恩做出了一个后患无穷的决定——他

^ 古代撒克逊人

撒克逊人是日耳曼人的一支，起初居于波罗的海沿岸，后迁至德国境内的尼德萨克森一带，称为萨克森人。为了区分于萨克森人，史学界便把居于不列颠的萨克森人称为撒克逊人。

向日耳曼民族的一支撒克逊人求援，并许下了丰厚的条件。但沃尔蒂格恩没有料到，撒克逊人虽然成功如约驱逐了皮克特人，可其却成了不列颠人更为强大的敌人。

尽管不列颠人支付了庞大的报酬，却仍然无法满足这些蛮族的贪欲——不列颠岛土地肥沃、城市富裕，而且地处交通便利的位置，因此，撒克逊人兴起了征服该地的念头，并在随后的一个世纪中，日耳曼的其他部落和民族，如朱特人和盎格鲁人，也加入了这一行列。由于这三个部族语言文化一样，当时的不列颠人仍统称他们为“撒克逊人”。这就是英国历史上所谓的“日耳曼人征服”，也称为“条顿人征服”。

^ 圆桌骑士

圆桌骑士是传说中不列颠伟大国王亚瑟王所领导下的高贵骑士。传说骑士最多时曾有150名，他们在战场上冲锋陷阵，在圆桌上商议国事。圆桌也有平等、团结之意。

亚瑟王的传说

传说中伟大的亚瑟王在日耳曼民族入侵的这段时期里，以凯尔特人的英雄身份登场了。据说，亚瑟王是不列颠国王尤瑟的儿子，其在魔法师梅林的帮助下，率领骁勇善战的圆桌骑士们东征西讨，最终建立了一个强大而统一的王朝。

作为一位近乎神话般的传奇人物，有关亚瑟王究竟是否真有其人，其故事最初如何诞生、源自何处，皆无从考证。一般认为，亚瑟王的原型生活在公元6世纪左右，其可能是凯尔特人部落的一个首领，或者干脆是将一个或几个英雄形象糅合在一起而塑造的人物。

但撇开具有强烈罗曼蒂克和英雄主义气质的神话成分，亚瑟王的传说生动地反映了凯尔特人反抗异族入侵的精神。

公元9世纪时，威尔士的修道士兼历史学家内尼厄斯在其作品《不列颠史》中，比较详细地记载了这位伟大的英雄反抗撒克逊人的12场战役，并称亚瑟“和不列颠诸王并肩作战，但他才是战役的领袖”。

内尼厄斯生动地描述道：亚瑟和不列颠岛上的其他领主联合起来对抗撒克逊人，亚瑟是他们的首领。第一次战斗发生在莱茵河口。第二次到第五次发生在林赛境内的杜布格拉斯河。第六次发生在巴苏斯河上。第七次发生在卡塔克特—卡里登，即卡里登森林。第八次是吉纳亚城堡之战，在这次战斗中，亚瑟肩扛圣母神像——在耶稣和圣母的保佑下，异族人被打得狼奔豕突，许多人沦为不列颠人的刀下鬼。第九次战斗在莱格宁斯城。第十次在特里比特河岸边。第十一次在安格尼德山上。第十二次在巴顿山，亚瑟单枪匹马轻取960人的性命。在这12次战斗中，亚瑟均大获全胜。

此后数百年间，有关亚瑟王的故事开始借吟游诗人之口在欧洲广泛流传，内容渐成体系，充满了瑰丽的想象。其中，公认最为完整的描述亚瑟王传奇的文学作品是15世纪的英国作家托马斯·马罗礼编写的《亚瑟王之死》，该书在西方流传非常之广，仅次于《圣经》和莎士比亚的作品。

亚瑟王壁画

传说中的亚瑟王是一位极富传奇色彩的中古不列颠国王，圆桌骑士的伟大首领。但人们对他的认识主要来自凯尔特神话传说和中世纪的文献，没有涉及他的真实生活。

七国时代

尽管传说中的亚瑟王最终于巴顿山一役一举击溃了撒克逊人，将所有外来侵略者驱逐出了英伦，但从现在残存的对那段历史的文献记录来看，当时的凯尔特人最终未能阻止日耳曼民族的入侵。

凯尔特人被击败后，一部分人逃到了现在的威尔士以及英格兰西南部的康沃尔地区，还有一部分人越过英吉利海峡定居于现在法国的布列塔尼地区。而作为战胜者的盎格鲁－撒克逊人以及朱特人，慢慢地在这块孤悬于欧洲大陆之外的土地上开始建立起自己的统治。

自公元6世纪起，英国出现了以盎格鲁－撒克逊人为核心的7个“蛮族”国家——肯特、诺森布里亚、东盎格利亚、麦西亚、埃塞克斯、萨塞克斯和韦塞克斯，这便是英国历史上的“七国时代”。

英国的这段历史堪比中国历史上的战国时代，这期间，各国烽烟四起，群雄并出，争王称霸。

肯特是第一个建立的独立王国，同时也是最著名的一个。这个王国的创建者就是曾与不列颠人国王沃尔蒂格恩签订友好协议，协助其击退皮克特人但最终掉转枪口的撒克逊人首领亨吉斯特。

到了公元6世纪末，肯特王国的第五代统治者艾特尔伯特成为第一位称霸大不列颠岛的国王，据说其霸权范围一直延伸到杭伯河以南区域。

597年，艾特尔伯特在首都坎特伯雷接待了罗马教皇格列高利派出的传教使节圣奥古斯丁，并在圣奥古斯丁的影响下接受了洗礼，成为七国中第一位皈依基督教的国王。

第二位接受基督教的国王是诺森布里亚的第四任国王埃德温，也是继肯特的艾特尔伯特之后，七国时代中第二位称霸的国王。

诺森布里亚最初是由两个以迪斯河为界，分别叫作伯尔尼西亚和德拉的独立小王国组成。伯尔尼西亚的国王埃特尔弗里特将两个小王国合并为诺森布里亚王国，并为王国增加了苏格兰和威尔士的领地。然而不久之后，此前被吞并的德拉王国的王子埃德温起兵复仇，打败了埃特尔弗里特，自己当上了诺森布里亚王国的国王。

627年，埃德温接受洗礼后成为基督教徒。在这位国王的出色治理下，诺森布里亚也迅速在英格兰建立了霸权。不过，好景不长，632年，威尔士的格温尼德王国与麦西亚王国结盟，合力攻打诺森布里亚，埃德温在战争中被杀死。埃德温死后被教会追封为圣徒，因此他又被称为诺森布里亚的圣埃德温。此后的诺森布里亚王国则连番动乱，国势衰微。

^ 爱格伯特像

这幅藏于大英博物馆的印刷品是爱格伯特的肖像，在肖像的下部画的是他在海岸上打败维京人的情景。

这一时期还有一位著名的国王——韦塞克斯的爱格伯特。还是王子时的爱格伯特曾因王位继承纷争而逃至法兰克国王查理曼大帝的宫中避难。直到韦塞克斯前任国王过世，他才返回不列颠继承了王位。

正是在爱格伯特的手中，韦塞克斯王国先后征服了七国中的部分王国，将它们的疆土纳入自己的版图，并首次将其统治下的国家称为英格兰。

然而，获得初步统一的英格兰却很快因新的敌人的来临而陷入了漫长的痛苦时期——他们就是来自丹麦和挪威的维京海盗，英格兰人统称他们为丹麦人。

此后的数百年，尚未完成“安内”工作的英格兰人只好分出大部分精力“攘外”，苦苦与这些海盗们周旋，对付他们烧杀掳掠和侵占领土的恶行。

关键词:墨洛温王朝

克洛维引领法兰克王国

■ 公元5世纪～公元6世纪

在侵入罗马帝国的日耳曼诸民族中间，法兰克人是小兄弟，无论从人数还是文明程度上都是如此。但正是这个小兄弟，最终取得了最大的成就。时运好，结局必然也好，融合日耳曼和罗马文明的使命，最终落到了法兰克人头上。克洛维和他的墨洛温王朝也因此名垂史册。

法兰克人到来

v 法兰克王朝时期的象牙雕刻

在拉丁民族中间被叫作“蛮族入侵帝国”、在日耳曼民族中间被叫作“民族大迁徙”的这场影响深远的运动，在公元5世纪进入了末期。

日耳曼民族对罗马人并不陌生，从共和国时代开始，高傲的罗马统帅和他们的军队，就多次和这些居住在森林里耕种小块土地、除了战斗不知有更体面的事业的民族打交道。对于这些粗野的敌人，尽管罗马统帅经常取得辉煌的胜利，但也

^ 法国的卡尔卡松古城堡

这座城堡原是法兰克人的领地，460年被西哥特人占领，后来才回到法兰克王国的手中。

足以让其大伤脑筋。

从公元1世纪到公元4世纪，罗马帝国从最初的强盛逐渐转向衰败。之后的两个世纪里，日耳曼人大量拥入罗马帝国。蛮族人的到来，加重了帝国原本沉重的国防压力，而相比可能被煽动起来争夺帝位的罗马士兵和罗马将军，日耳曼蛮族人和他们的首领所带来的威胁要小得多，于是帝国允许他们保持自己的风俗、信仰和生活方式，群居于帝国领土之内，条件则是服役。

日耳曼各部族——哥特人、汪达尔人、勃艮第人以及前途更加远大的法兰克人就这样踏进了罗马帝国的舞台。

“法兰克”在斯堪的纳维亚古语中有“勇敢”之意。作为迁入帝国的日耳曼人中的一支，他们勇敢而好斗。但和哥特人、汪达尔人不同的是，他们没有离开自己的家乡并全部迁入征服的土地，而始终保持着莱茵河岸边的故土，并逐渐兼并罗马的领土。他们是比侵略者更可怕的征服者。

迁入罗马帝国的法兰克人有两支，一支是分布在莱茵河中游所谓的“利普埃尔人”，另一支则是分布在莱茵河下游所谓的“撒利克人”。

358年，罗马帝国尤利安皇帝允许撒利克人以服役为条件，定居在马斯河和凯尔特河之间的领土上。445年前后，撒利克人之王克罗迪奥向西南扩张领土，征服了包括康布雷和阿拉斯在内的直到索姆河的地区。

克罗迪奥国王死后，他的小儿子墨洛温为了争夺王位追随了罗马人，而他的哥哥则因此和匈奴人结盟。451年，双方在夏龙战场上兵戎相见。最后匈奴人败退，墨洛温继承了法兰克的王位，并成了战胜匈奴人的罗马英雄埃吉乌斯的同盟者。

469年，法兰克人和罗马人联合起来抵抗了试图越过卢瓦尔河的西哥特人。正是利用法兰克人和哥特人的对抗，埃吉乌斯的儿子赛阿格里乌斯才得以在北高卢建立起独立王国（苏瓦松罗马人王国）。

神圣的法兰克人之王

法兰克人的统治者属于古老的“墨洛温王朝”，这个家族的源头和其他古老的蛮族王室一样消失在神话的丛林之中。“墨洛温”这个名字属于法兰克人古代传说中的半神半人——传说墨洛温的母亲是国王克罗迪奥的妻子，在她怀有身孕时被海中的妖怪引诱，于是墨洛温的身体里同时流淌着君王和魔鬼的血液。由于这种离奇的身世，墨洛温王室的人们都有着种种超人的神力。

他们精通各种奇异幻术，他们的脖子上戴着象征王权的魔法项链，能够与野兽乃至整个森林交谈，能够看到千里之外，洞悉别人的内心。伤口经过他们的手触摸就能够自动愈合，甚至他们的袍子都能治疗疾病。墨洛温王室的国王们因此被他们的臣民恭敬地称为“魔法国王”或者“术士国王”。

这些神奇的君王的另一个显著标志是他们的长发，所有墨洛温家族的成员都留着长发。法兰克人相信他们的头发里蕴含着神秘的力量，这力量给他们带来了神授王权和至高无上的权威。

481年，法兰克国王契尔德里克一世逝世，其子克洛维继位。此时的克洛维面临的是分裂的法兰克各小邦。而当时在高卢东部，勃艮第人建立了巩固的国家，哥特人则在高卢南部和西南部建立起自己的统治，并在意大利的东哥特王国的支持下威胁着克洛维。

此外，在东方曾经和匈奴人一起结盟入侵高卢的图林根人——因为蹂躏法兰克人国土时的残暴行为而与法兰克人结下刻骨仇恨，也威胁着克洛维的背后，使他无法专心在一个方向上作战。

虽然强敌环伺，但克洛维仍有很多他的敌人们所不具备的优势。首先是北高卢的大片罗马帝国的皇室庄园被夺为王室财产；同时，战乱频繁的莱茵河沿岸，仍保存着部分当年罗马人为军事需要而修筑的公路系统，这使得法兰克人的领地无论是行军还是管理都比对手来得容易。此外，法兰克人的人数比哥特人和汪达尔人都要少，那些因战争而荒废的庄园和土地就足以安置法兰克的战士，而不会导致其与原住民发生激烈的冲突。在迁入罗马帝国的诸民族中，法兰克人对待原住民的政策被认为是最温和的原因也在于此。

在这些王室直辖领地和夺取的土地上，法兰克人按照国王的命令成群结队地聚居，形成一个又一个规则的居民点。按照法兰克人的习俗，他们都有义务随时应国王的召唤从军出征。为了管理他们，作为最高军事统帅的国王为每一个地区任命了一个军官，负责战时召集军队，平时审判案件和维持秩序，这些人都被授予罗马式的官衔“伯爵”。伯爵们由自己的卫队保护，战时则率领自己辖区的战士们加入国王的军队。

进入罗马帝国的法兰克人，在文明程度上要低于已经基督教化的哥特人，他们还保持着自己的自然崇拜和神秘信仰。但是在狂热的正统派罗马—高卢人眼中，即使是异教徒的法兰克人也比信奉阿里乌斯派（基督教正统派之外的派别）异端的哥特人可爱些。

宗教上的蒙昧状态和对原住民的温和政策，使法兰克人能更多地得到罗马人民的容忍甚至帮助，而他们的对手哥特人则陷入了正统派罗马人民的刻骨仇恨之中。

继位之后的克洛维首先把矛头指向软弱而孤立的苏瓦松罗马人王国。486年，他向苏瓦松进军，并要求赛阿格里乌斯指定战场和他决战。赛阿格里乌斯毫不犹豫地出战，却被法兰克人击败。赛阿格里乌斯逃出战场，投奔

战场上的克洛维

486年，克洛维一世战胜了罗马帝国在北部高卢的最后统治者赛阿格里乌斯。这次胜利让法兰克人的统治扩张到了卢瓦尔河以北地区。

西哥特国王阿拉里克二世。但此时已经令人生畏的克洛维以战争威胁西哥特国王，阿拉里克二世出于畏惧，将赛阿格里乌斯出卖给了克洛维。赛阿格里乌斯不久就被克洛维杀死，而苏瓦松也被并入克洛维的领土。

之后，克洛维将目光转向其他法兰克人的部族领袖，并充分表现出一个蛮族国王的凶猛和残暴。他的暗杀阴谋无所不用其极，残忍事件层出不穷。而唯一的目标就是把法兰克诸部族统一在他的绝对王权之下。

统一法兰克各部的克洛维的目标很明确，那就是和一切其他蛮族国王一样向南进军，夺取保留着罗马文化的地中海沿岸地区——夺取这些地方依然残存着的罗马城市文明和稳定税收、富饶的皇室土地和元老庄园。但当时这些地方被西哥特人统治着。为了挫败西哥特人，他必须瓦解对手的同盟。

493年，法兰克人连续举行了两场婚礼——一场是克洛维的姐姐奥多佛莱达和东哥特的狄奥多里克大帝的婚礼，这场婚礼给克洛维带来了同东哥特人的同盟。另一场婚礼是克洛维自己的婚礼，在这一年他和信仰正统基督教的勃艮第公主克洛提尔达结婚，以此拉拢了勃艮第人，从而彻底地分化了他的敌人。

赢得有利地位的克洛维为解决后顾之忧，于497年向威胁着自己后背的日耳曼人的另一分支阿拉曼尼人进军。然而，这次法兰克人的军队被阿拉曼尼人席卷，濒临崩溃——传说克洛维在此时向天发誓，如果自己赢得胜利就皈依基督教。图尔主教格列高利在他的编年史中写道：“正在此时，他看到阿拉曼尼人转身向后，开始奔逃。因为他们看到他们的国王战死了，就向克洛维投降。高喊‘我们恳求您不要再叫人死亡，我们现在是您的臣民了’。”

战斗结束后，克洛维和战场上生还的3000名法兰克人选择了皈依基督教。

罗马之友和国王执政官

496年的圣诞节，兰斯主教雷米吉乌斯为克洛维洗礼，克洛维作为法兰克

^ 这幅版画描绘了497年克洛维率领3000名亲兵皈依基督教的场景。

君王正式皈依了基督教。自此，迁入罗马帝国的日耳曼民族与罗马－拉丁民族之间发生融合的最后的障碍被突破了。法兰克人作为日耳曼诸民族中的最强大者，皈依了罗马－拉丁民族中间最有影响的正统基督教派，罗马帝国政教一体的道路得以再次复归，日耳曼－罗马帝国的历史开始了。

皈依基督教的克洛维此后以正统信仰捍卫者的面目出现，在反对阿里乌斯派异端的口号中向南进军。这一次勃艮第人跟他联合在一起，甚至拜占庭帝国的阿纳塔修斯皇帝也和他联合起来反对哥特人。507年，克洛维向西哥特王国进军，西哥特王国境内信奉正统派信仰的罗马－高卢人民视克洛维的征服为解放之战。

面对克洛维的攻击，哥特人混乱不堪，原本准备与克洛维决战的阿拉里克二世在部下的劝说下决定撤退，以避开法兰克人的锋锐。同时，因对方撤退而得以顺利渡过艾维纳河的克洛维对其穷追不舍。

据说，克洛维在夜间靠流星的指引前进，就如以色列人在沙漠里靠火柱指引一样。在普瓦蒂埃附近的沃维勒，法兰克人追上了哥特军队，随即发起了凶猛攻击。哥特人在不利状态下仓促应战，但表现出了少有的勇气。

阿拉里克二世冲出阵线和克洛维一对一决斗，哥特人和法兰克人短兵相接，整夜鏖战。在恶战中，克洛维亲手杀死了阿拉里克二世，而自己随即被两个急切地要为国王报仇的哥特战士围攻，最终他依靠胸甲的保护和战马的飞驰才得以从长矛下逃脱。

战斗双方尸积如山，毫无纪律和战术可言，全靠嗜血的本性和好勇斗狠

^ 克洛维接受洗礼

496年，法兰克国王克洛维接受雷米吉乌斯的洗礼，正式皈依基督教。

决定胜负。最后，失去国王的哥特人战败，而法兰克人在尸山血河中赢得了胜利。

阿拉里克二世的儿子逃出战场，甚至不敢退守王都图卢兹，而是直奔西班牙，在那里恢复西哥特王国的统治。高卢西南部信奉正统基督教的人民热烈欢迎法兰克征服者，在昂古列姆，主教派人挖通了城墙，使城墙在法兰克军队的号角声中自行坍塌。克洛维还夺取了阿拉里克的王都和金库。

他的胜利直到东哥特军队的到来才被阻止。在东哥特王狄奥多里克的干涉下，西哥特王国避免了灭顶之灾，并得以保留了比利牛斯山以北的一条狭长地带的主权。但从比利牛斯山到卢瓦尔河之间的阿基坦地区，从此被置于法兰克王权之下。

克洛提尔达督促儿子练习投射

克洛提尔达是勃艮第国王的孙女，于493年与克洛维结婚，是他的第二任妻子。她和克洛维共有4子。图中为克洛维去世之后，克洛提尔达督促儿子练习投射的画面。

历史断面

金鸢尾花纹章

作为法国王室象征的三朵金鸢尾花的王家纹章，据说出自克洛维时代。传说在克洛维的一次带兵出征中，一个天使手持一面盾牌交给虔诚的王后克洛提尔达，称手持这面盾牌就能战无不胜，而盾牌上的纹饰就是三朵金鸢尾花。

克洛维手持盾牌出战，果然得胜而归，从此就把它作为上帝庇护法兰克君王的象征带在身边。不过，这三朵所谓的金鸢尾花究竟是不是鸢尾花却存在争议，有说法称其其实应该是戟上的尖铁。但无论如何，金鸢尾花的形象无疑是中世纪纹章中最受欢迎的形象之一。直到今天，当骑士的武功和盔甲都已成为过去，金鸢尾花的形象依然在魁北克的旗帜上高高飘扬。

508年，拜占庭皇帝阿纳塔修斯一世的使节，在图尔向凯旋的克洛维递交了任命他为“荣誉执政官”的任命书，同时授予他王服和罗马式的紫袍。

克洛维把这些赏赐向他的罗马—高卢臣民展示，以此证明自己统治的“罗马正统性”。尽管其本人对罗马帝国和基督教都未必有多少深切的热情，但这并不能阻止他的臣民欢呼其为“执政官奥古斯都”，更不能阻止教会视他为“新君士坦丁”以及他的国家为“帝国”。

晚年的克洛维迁都巴黎，在这里他建造了圣彼得教堂，并编订了萨尔法兰克人的习惯法——《撒利克法典》。511年，46岁的国王执政官克洛维在巴黎逝世，被安葬在他修建的教堂里。

作为第一个正统基督教君王，克洛维和他的墨洛温王朝深刻地影响了中世纪的西欧。作为经圣坛祝福的第一个蛮族王朝，他们的水晶球和魔法项链，都为后世的君王所效法。甚至他们的长发，直到今天依然在英国法官的假发中展示着自己亘古长存的魅力。

专题

神秘的欧洲修道院

⊙基督教隐修生活 ⊙圣本尼迪克

当查士丁尼皇帝颁布了他垂之后世的《查士丁尼法典》并踏上波澜壮阔的再造帝国之路时，另一个人在遥远的意大利，也踏上了自己的道路。他不是皇帝，不追求赫赫武功，而是深入苦难的渊薮，去哀悼亡者，抚慰生者，他就是圣本尼迪克。也正因为如此，查士丁尼的帝国烟消云散，而他的名字却被人民铭记。因为灵魂比剑更强大，爱比杀戮更持久。

基督教隐修生活的兴起

脱离尘世，抛弃烦恼的世俗生活，到旷野中去，在寂静中寻找安宁，这本是一切宗教所共有的愿望，但是早期基督徒们却并不喜欢这种行为。

公元2世纪时，基督教神学家特图良曾经警告基督徒们不要被静谧、玄奥的冥想引诱，因为“基督徒不是摒弃世俗生活的婆罗门、犬儒派或者林间隐士”。但是，东西方紧密的贸易往来所带来的文化交流以及公元3世

▼巴黎圣母院教堂

巴黎圣母院教堂是一座位于法国巴黎市中心西堤岛上的教堂建筑，也是天主教巴黎总教区的主教堂。它始建于1163年，在1345年全部建成，历时180多年，无数的小说、电影、音乐剧与这座教堂有着密切联系。

纪时罗马帝国的大动荡，都助长了基督教隐修生活的兴起。在一个动荡不安的社会里，焦虑的人民越来越急切地希望逃离他们的生活，去追求灵魂的平静和彼岸的安宁。

▲英格兰汉普郡的温切斯特大教堂

这座教堂有900年以上的历史，是欧洲最大的教堂之一。《傲慢与偏见》的作者简·奥斯汀的墓碑就矗立在这座教堂之中。

如果说公元3世纪时的“柱顶圣徒”西门和“高僧”圣安东尼带领着他们的追随者逃往沙漠和荒野，还只是基督教隐修生活的小小萌芽，那么不到一个世纪里它就迅速变得枝繁叶茂。到公元6世纪时，埃及的修士人数甚至已经赶上了城市人口。

公元4世纪的圣巴西略被认为是基督教隐修生活之祖。他大约出生于330年，很早就投身于神学研究，并最终抛弃全部财产成了一名修道士。370年前后，圣巴西略成为凯萨利亚总主教。为了管理他的修道院，圣巴西略制定了一部成文规章，在规章中他确定了基督教隐修生活的几个基本规则，比如共同居住，共同劳动，共同进食和每天7次的共同祈祷等。

圣巴西略制订的这部规章被叫作“巴西略规章”，在东方教会里被广泛遵守，并被看作基督教修道院制度的第一个成文规章。

创立者圣本尼迪克

传说圣本尼迪克生于480年，虽然关于他的出生年代并没有可靠的证据，但是其生活在公元五、六世纪之交的意大利却基本可信。

这是一个山雨欲来的时代。476年,蛮族雇佣军首领废黜了最后的西罗马皇帝,并把皇权的象征物送往君士坦丁堡。而在君士坦丁堡接受他们归顺的皇帝芝诺也是出身于蛮族。此后,哥特人首领狄奥多里克在芝诺皇帝的帮助下进军意大利并建立起了他的哥特王朝,开始和罗马贵族们一起统治国家。但是,哥特人的阿里乌斯派异端信仰,却成了他们和信奉正统派信仰的罗马人臣民之间不可逾越的鸿沟,并为未来查士丁尼皇帝的光复战争和这个蛮族王国的灭亡种下祸根。

圣本尼迪克就在这样一个时代于一个翁布里亚的小贵族家庭中出生了。青年时代的他曾到罗马求学,但是狄奥多里克统治下渐渐复苏的罗马并没有让这个年轻人感到满意。相反,连续战争带来的种种苦难,以及国家与人民之间的彼此对立,使他深感不安。

圣本尼迪克很快放弃了学业,到苏比亚克的山洞里过起了隐士生活。当人

民再次发现他时，他的学识和信念已经令人折服。据说，一位神父在山间遇到了圣本尼迪克，就和他交谈起来，结果神父深深惊叹于这个年轻人对修道和宗教的见解。圣本尼迪克的名声因此不胫而走，各路而来的追随者开始聚集在他身边。

后来，当附近一个修道院的院长死去时，修士们便请求圣本尼迪克做他们的领袖。在这里，圣本尼迪克第一次表现出了他作为修道院制度的缔造者的姿态，为修士们制订了严格的规章并且身体力行。这让已经习惯了懒散生活的修士们对其渐渐心生怨恨，甚至意图谋害他——传说，当修士们举起盛满毒酒的酒杯要圣本尼迪克饮用时，圣本尼迪克向酒杯祝福，结果酒杯突然破碎，修士们的阴谋就此败露。

逃脱了谋杀的圣本尼迪克离开了修道院，回到了他的山洞。但是虔诚的追随者们依旧纷至沓来——他们聚集在圣本尼迪克身边，效仿他的方式和他一起过修道的生活。就这样，圣本尼迪克在山间建立起了十几个小的修道院。

529年，连蒙特卡西诺山上此前信奉异教的山民也被圣本尼迪克感化而皈依了基督教。于是，圣本尼迪克在山上原本著名的太阳神神庙的旧址上，建立起了蒙特卡西诺修道院——这也是他度过人生最后时光的地方。

◂最后的晚餐

达·芬奇绘。取材于《新约圣经·马太福音》，描绘了耶稣和十二门徒共进最后一餐时预言“你们其中一人将出卖我”后，门徒们或震动、或愤怒、或激动、或紧张的场面。现收藏于意大利米兰圣玛利亚德尔格契修道院。

在蒙特卡西诺，圣本尼迪克为他的修道院制订了详细而严格的制度。这些制度最终被述诸文字，变成了著名的《圣本尼迪克规章》。这个规章成为日后遵循它的圣本尼迪克会修士的会规，因此也被叫作“圣本尼迪克会规”。

随着查士丁尼皇帝发动罗马帝国复国战争，动乱和持续的鏖战使整个意大利血流成河，人民被苦难和灾祸深深折磨。而与动荡的社会相比，蒙特卡西诺山上宁静而有节制的生活就像是天国在人间的投影，这里的修士们医治病人、抚慰伤者和埋葬死者，同时接纳那些穷苦的人。

人们仿佛看到了另一种形象的上帝，一个不再高高在上、威严不可一世的天国君主，而是如同基督一般，在苦难的人们中间分担他们的哀愁，同情他们的疾苦，和他们一起生活，并在平静安宁中许诺给他们更多的幸福。圣本尼迪克和他的修道院在这个动荡的岁月里成了人民的安慰，也成了人们信仰的指引。

547年，当贝利撒留和哥特王在意大利的鏖战进入胶着阶段的时候，圣本尼迪克在蒙特卡西诺山上逝世。此后，修道院一度被入侵的伦巴底人摧毁，但是追随圣本尼迪克的人们又很快重建了它。

圣本尼迪克虽然过世，但其留下的规章却成为此后西欧修道院制度的榜样。如同查士丁尼的《民法大全》等于罗马法一样，圣本尼迪克的规章就相当于修道士制度的法则。

当300多年后，修道院复兴运动兴起的时候，克吕尼大修道院的修士们高喊的也是“回到圣本尼迪克”。至于本尼迪克会士，一度可以作为全部修道士的总称。

1220年，在圣本尼迪克逝世几个世纪以后，圣本尼迪克被教会宣布为圣徒。从圣本尼迪克到如今的1000多年的历史中，在本尼迪克会的修士们中已经诞生了24位教皇、4600多位主教和5000多位圣徒。1964年，教皇保罗六世宣布圣本尼迪克为“欧洲的主保圣人”，并称赞他为“西欧隐修生活的始祖”。

▼教堂中有关圣本尼迪克传授教法的绘画

VISIBLE HISTORY OF THE WORLD

关键词：加洛林王朝

加洛林王朝诞生记

■ 公元8世纪～10世纪

克洛维的皈依转动了历史的车轮，而加洛林家族则为了自己的前程推动它滚滚向前。克洛维选择了方向，而丕平为了篡夺克洛维子孙的宝座，在这条道路上昂然迈进，让加洛林家族登上了历史舞台。

家族的唯一统治者

加洛林王朝时期的胸针

克洛维去世以后，他的儿子们平分了王国。在经历诸多战争、四分五裂以后，法兰克墨洛温王朝的实际政权转到了加洛林家族中查理·马特（“铁锤”查理）的手里。查理作为墨洛温王朝的宫相，先后平定内乱，抗击外侵，实行改革，为末期的墨洛温王朝做了很多努力。但历史终究要前进，741年，“铁锤”查理逝世。而这个时候的墨洛温王朝也走到了尽头。

查理去世之前，对后代做了安排——把奥斯特拉西亚、图林根和阿勒曼

∧ 查理大帝接见外国使者的版画

查理大帝是法兰克加洛林王朝的第二个国王，在其统治期间，法兰克王国扩张成为一个庞大的帝国。

尼亚授予长子卡洛曼，纽斯特里亚、勃艮第和普罗旺斯授予次子丕平。而其中的丕平（丕平三世）就是加洛林王朝的创立者。

为了稳固统治，继位的丕平和卡洛曼不得不于743年推举墨洛温家族的契尔德里克三世为国王，这也是墨洛温王朝的最后一位法兰克国王。之后兄弟俩联合起来在莱西河畔会战中挫败了巴伐利亚公爵奥迪洛和他的阿勒曼尼亚援军。然后，卡洛曼挥师进军萨克森，攻克霍赫泽堡。

然而，加洛林两兄弟的胜利未带来持久的和平。镇压完敌人之后，两兄弟之间立刻爆发了内战。他们和墨洛温王朝的王子们一样凶狠地投入到激烈的内战中去。747年，丕平战胜了卡洛曼，卡洛曼屈服并退入修道院。自此，丕平成为加洛林家族中唯一的统治者。

教会的威力

随着法兰克人进入罗马帝国，罗马帝国的重要的社会组成部分——教会，也就与法兰克人发生了联系。随着晚期罗马帝国社会的分解，教会的意义日益

^ 加洛林王朝时期的艺术品

重要——它的免税特权使它成为大地主，积聚起巨大财富。世俗国家对教育的漠视也使教会逐渐垄断了教育和文化。教会为法兰克王国提供了有文化和才干的官吏。而墨洛温王朝则利用教会和教士把罗马式的统治方式推进到日耳曼人聚居区的领土上。

克洛维的皈依消除了法兰克人和他们征服的罗马－高卢人民之间的最后障碍，法兰克人走上了罗马帝国式的政教合一的道路。教会在原罗马帝国领土内复兴，在法兰克统治者的支持下蓬勃发展。

“日耳曼的使徒”圣伯尼法斯就是这个传教时代的代表人物。

圣伯尼法斯于675年出生于不列颠岛上的威塞克斯，本名温弗里德。早年在南安普顿附近的努斯林修道院跟随舍博恩的奥尔德赫姆学习。716年，他来到大陆传教，首先到达与不列颠贸易频繁的佛利斯兰，之后到了罗马朝圣，得到了教皇格列高利二世的信任。719年，他被教皇授予罗马圣徒伯尼法斯的名字，并奉命到北方传教。

伯尼法斯的传教活动首先在黑森和图林根地区开始。他的传教活动，对从721年开始征服这一地区的法兰克王国建立自己的统治有着重大的影响——

这是伯尼法斯与法兰克王国建立关系的开端。722年11月30日，伯尼法斯被教皇授予主教圣职，从此“铁锤”查理成为伯尼法斯传教事业的保护者和支持者。

加洛林家族的支持使伯尼法斯得以摧毁日耳曼人地区古老信仰的重要遗迹——盖斯马尔的雷神橡树，并建立起弗里茨拉尔修道院。732年，教皇格列高利三世提升伯尼法斯为大主教。738年，伯尼法斯最后一次到罗马，这次他被教皇任命为驻法兰克王国的使节，同时授权他整顿法兰克和德意志的教会。741年，随着比拉堡、维尔茨堡、埃尔夫特主教管区的建立，伯尼法斯在中部德意志的传教取得了初步的成功。

公元8世纪的教皇需要加洛林家族来帮助自己清除拜占庭和伦巴底人的威胁，同时教皇希望借助加洛林家族的力量在德意志扩大基督教的信仰。而为了传教就必须设法收回“铁锤”查理没收的教会地产，整顿法兰克的教会，从而恢复他们的力量。

而加洛林家族则希望通过教会的力量来使自己的统治合法化。丕平在拥立契尔德里克三世时已经体会到自己不是国王所导致的困扰。相比仍然视加洛林家族为贵族首领的法兰克贵族，教会显然更可靠也更容易操纵。因此丕平沿着“铁锤”查理的道路继续与教皇接近。

742年，伯尼法斯在奥斯特拉西亚宗教会议上做出要求贵族们偿还教会财产的法令，但这一法令很快遭到法兰克贵族的抵制。743年，埃斯迪纳宗教会议对此做出了妥协，暂缓了收回财产的法令。

新王朝的诞生

丕平与法兰克教会的妥协，打开了与教皇接近的道路。而教皇因为拜占庭和伦巴底人的压力也迫切地需要法兰克人的援助。

早在“铁锤”查理的时代，教皇就两次通过伯尼法斯向“铁锤”查理求援。750年，当教皇再一次向丕平求援的时候，丕平命令圣丹尼斯修道院的院长

法兰克大军与萨克森人作战的场面

福尔拉德和维尔茨堡主教布尔夏德写信给教皇，说："有的国王手中没有权力，而有的人手握大权却不是国王，这两者中谁更有资格做国王呢？"教皇回信说："与不保持国王权力的人相比，还是拥有权力的人称王为好。"

于是，丕平借此把墨洛温王朝的末代国王契尔德里克三世送进修道院，还剪去了他被人民视作神圣标志的长发。751年，丕平让人们按照法兰克人的方式推举自己为法兰克国王，然后由伯尼法斯为自己加冕。

自丕平开始，加洛林家族从事实上的统治者转变为真正的国王。

当丕平登基为王时，伦巴底国王也正日益威胁着罗马教皇。751年，伦巴底国王爱斯图尔夫占领了拜占庭的拉文纳总督辖区，而正为阿拉伯人所牵制的拜占庭无力抵抗。

被迫直接面对伦巴底人威胁的教皇斯蒂芬二世，于753年越过阿尔卑斯山来到法兰克王国。754年1月，国王丕平亲自到旁迪昂迎接，为了表示对教皇的尊重，他向教皇行跪拜礼并亲自为教皇牵马。

作为回报，来到巴黎的教皇在圣丹尼斯修道院再次为丕平加冕，并为其两个儿子行涂油礼。从此，继墨洛温王朝诸王后，丕平和加洛林王朝的子孙也成为主的受膏者，正式继承了墨洛温王朝诸王的神圣地位。

同时，教皇还下令禁止法兰克人从非丕平子孙的人中选择国王。于是加洛林王朝的世袭权力通过教皇的命令实现了。丕平借助教会的力量篡夺了墨洛温王朝，但也为之后教会干预国家事务埋下了隐患。

他与教皇之间的一问一答，在丕平看来是教皇通过判决订立了规则，而在教会眼中则是丕平依照教皇的命令而成为国王。这和其为教皇牵马和跪拜等小事一起，在注重先例和习惯法的中世纪，深刻地影响了法兰克国家的历史。

丕平献土

心满意足的丕平以他自己和两个儿子的名义，宣誓要保卫罗马教廷，保证把拉文纳总督辖区和罗马纳公国交还给"罗马人"。

^ 丕平画像

丕平，法兰克国王，又称“丕平三世”“‘矮子’丕平”，查理大帝的父亲，加洛林王朝的创建者。

754年，在谈判和加冕刚刚结束不久，丕平就毫不犹豫地履行诺言，发动了对伦巴底人的战争。在“铁锤”查理留下的强大军队面前，伦巴底人不堪一击，伦巴底国王爱斯图尔夫很快屈服，向丕平求和，答应交出他占领的土地，并且承认法兰克人的宗主权。但丕平刚率领军队撤走，爱斯图尔夫就撕毁了合约，拒绝把领土交给“罗马人”。于是丕平再次披挂上阵。

756年，法兰克军队把爱斯图尔夫围困在首都帕维亚，爱斯图尔夫再次屈服。这次丕平命令他把领土交给其任命的全权使节，并以文书的形式确认了教皇对这些领土的主权。

自帝国崩溃以来，教皇的优先权第一次得到了确认，教皇国不仅得到了事实上的基础，也得到了法律依据。丕平以土地回报教皇的行动，被后世称为“丕平献土”。

晚年的丕平忙于镇压国内的反抗，那些刚刚并入王国的领土——萨克森、巴伐利亚、阿基坦都爆发了起义。丕平在萨克森遇到了强有力的反抗——即使采取洗礼和刀剑并用的手段也难以使萨克森人驯服。丕平为这些反抗耗尽了精力。

768年，丕平在镇压了阿基坦人的反抗后，病死在返回的途中。之后他的儿子查理曼和卡洛曼依照法兰克习惯法，一起登上王位。771年，卡洛曼去世，查理曼成为法兰克王国唯一的国王。这样，查理大帝的时代来临了。

关键词：帝国复兴

查理大帝的帝国理想

■ 742年～814年

日耳曼人的王国能否成为一个国家在现代人眼中不言而喻，但在日耳曼人统治下的罗马臣民尤其是教士和知识分子眼中却成了问题。尽管和罗马臣民之间没有了信仰上的巨大鸿沟，但日耳曼人要想成为罗马帝国的继承者却仍需巨大的努力。而查理大帝就用其毕生功业使日耳曼民族跨过了最后的鸿沟，缔造了一个全新的日耳曼－罗马国家。

罗马帝国复兴

800年的冬天，一队来自遥远的圣地耶路撒冷的使团出现在古老的帝国都城罗马。这是一支由耶路撒冷大主教率领的使

> 查理大帝画像

这幅画像是根据法国罗浮宫的一座青铜塑像临摹而成。这位身材魁梧的国王左手捧着象征王权的金球，右手拄着象征力量的宝剑，双眼炯炯有神地注视着前方。

《圣丹尼斯编年史》中的插图，描绘了法兰克国王查理大帝视察教堂修建工程的情景。

团，他们应当时圣地的支配者阿拔斯王朝的哈里发之命来拜会法兰克人的国王查理曼——这位西欧最强有力的君王。

58岁的查理曼此时正率领着他令人生畏的军队驻扎帝都。为了把被罗马人放逐的教皇利奥三世送回罗马的宝座，这位法兰克人的君王，依照教皇的请求披上了罗马式的紫袍，在罗马人民和他们的教皇之间当起了仲裁人。耶路撒冷大主教使团的到来，无疑让这个强大的君王很满意，因为这个使团不仅为他带来了象征着圣城保护者身份的圣城城旗和钥匙，还为他带来了遥远的东方君主——阿拉伯帝国的哈里发的问候。

一个世纪前，查理曼的祖先在普瓦蒂埃打败了阿拉伯军队。如今为了反对他们共同的敌人——西班牙的伍麦叶王朝，新王朝的哈里发不但承认了查理曼作为西欧基督教世界的统治者身份，还承认了他对基督教圣城耶路撒冷的保护权，甚至要和查理曼平起平坐订立攻守同盟。这对查理曼来说，无疑是在外交上的一大成就。12月23日，圣诞节前的最后一天，按照查理曼的命令，罗马教会的高级教士和罗马城的贵族们聚集在圣彼得教堂，等待查理曼对罗马人和教皇之间的争讼做出裁决。他是会废黜教皇，然后像传言中那样为罗马任命一位法兰克人做教皇，还是会站在利奥三世一边？人人都在猜测。这时，查理曼披着罗马人庄严的紫袍出现在了教堂，而在他的注视下，教皇利奥三世走上了圣坛，手按《圣经》向上帝祈祷，然后大声宣誓自己无罪。当教皇做无罪宣誓时，没有人敢站出来反驳他。于是查理曼宣布教皇是清白的，教皇则立刻宣布赦免曾经公开反叛他的人。

当子夜弥撒开始的时候，查理曼跪倒在地，而教皇利奥三世却突然起身，把一顶拜占庭式的皇冠戴在查理曼的头上。聚集在教堂里的罗马贵族们齐声欢呼："尊敬的查理曼万岁！上帝加冕的虔诚的奥古斯都万岁！伟大的罗马皇帝万岁！"在他们的带动下，法兰克骑士们也跟着欢呼起来。

在欢呼声中，教皇利奥三世跪倒在查理曼面前，依照拜占庭的方式，向这位罗马的君王行臣服礼。尽管对查理曼来说，这一切的发生显得十分突然，但对历史来说，却意义深远。因为从476年最后的皇帝被废除到此时，3个多世纪过去了，罗马这个古老帝国的旧都终于有了一个自己的皇帝。

罗马帝国的复兴从理想变成了现实。

查理曼的帝国理想

加冕对查理曼来说是意外的，但这并不是说查理曼自己不希望成为皇帝，相反，从他第一次进军意大利，就在谋求这样的机会。

查理曼要为他统治的人们建立一个国家。在此以前，法兰克人的国家观念和罗马人完全不同。事实上，在罗马人的眼中，法兰克人的“王国”根本谈不上是“国家”，对他们来说，只有拜占庭帝国这个罗马帝国的正统继承者才算得上是“国家”。而查理曼要做的就是缔造一个日耳曼人和罗马人都能接受的新国家，他把这个目标表达为“罗马帝国的复兴”。这也意味着查理曼需要对法兰克人和基督教进行彻底的改造。

为了实现这个计划，查理曼致力于对教会和基督教传教事业的扶植，曾经没收教会地产的查理曼·马特的子孙，成了基督教会的慷慨施主。在莱茵河以东，查理曼在日耳曼人的土地上建立新教区，在法兰克人的土地上则复兴旧有的教区。查理曼还兴建了宫廷学校，让法兰克人贵族的子弟接受罗马式的教育，为将来成为教士和宫廷官员做准备。

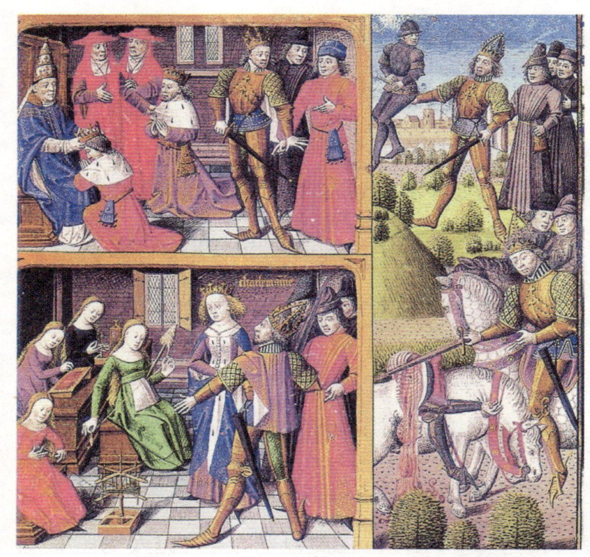

法兰克国王查理大帝的传记手稿，描绘了他的日常生活场景：参拜主教（左上）、与皇后一同视察纺织坊（左下）、与士兵在一起（右）。

不过，在扩大教会的同时，查理曼也毫不犹豫地将教会置于自己的统治之下。他亲自在自己的宫廷学校和宫廷教士中间任命主教和修道院长，将高级教士看作自己的官员，并依照他们的表现进行奖掖和惩罚。对教会的教义和仪轨，查理曼也认为自己有无可辩驳的权威，让宫廷教士以他的名义编订了《加洛林书》，明确规定了基督教的基本信条和宗教仪轨，而全然不顾教皇的态度。

查理曼的宫廷神父称赞他为“教士国王”，而他自己更倾向于接受“新大卫”这个名号。被比作基督教的理想君王大卫王，显然更符合查理曼的计划——因为他的帝国理想即是“在上帝的帮助下，对付异教徒，保卫神圣的基督教会，捍卫基督教的生存”。在精神上使他的国家基督化的同时，查理曼开始逐渐复兴罗马人的国家秩序。整个法兰克国家被分为600个郡，这些郡由查理曼任命的伯爵们管理。伯爵们负责征收税收、召集和统率当地的军队、审判和裁决纠纷。而他们的助手则被叫作“子爵”。

强大的宫廷还需要一个辉煌的首都，王都亚琛就在此时兴起。亚琛位于加洛林家族祖传地产的中心位置，距离马斯河上的港口马斯特里赫特32千米，从罗马时代就以温泉而著称，又紧邻阿登山和爱弗尔的狩猎场，从而成为查理曼经常前往的行宫。

当查理曼沿着自己基督教帝国的道路前进，一步步使日耳曼－罗马国家浮出水面之时，国外的事件加速了这一进程。教皇利奥三世一直在谋求摆脱拜占庭权威的机会。797年，拜占庭的伊琳娜女皇废黜儿子君士坦丁六世一事，让他找到了适合的借口，并就此事与已经在意大利建立统治的查理曼结成了盟友。

799年，被罗马人驱逐的利奥三世来到查理曼的宫廷，得到查理曼的支持，而利奥回报给查理曼的则正是文章开头那一幕“突然起身”的皇帝加冕。

然而，虽然查理曼一直谋求成为皇帝，但这场加冕却仍让其感到一些不满——加冕主要由教皇和罗马贵族主导，这就脱离了查理曼依靠法兰克人建立新国家的轨道，同时因为是在教皇加冕之后才得到部下的欢呼，这很容易被认为是教皇的加冕赋予了查理曼以统治的权威。事实上，日后的教皇也正是通过这种解释而争取到了决定皇帝人选问题上的发言权。因此，查理曼回避了“罗马皇帝”的名号，而只把自己的头衔写作“上帝加冕的、伟大贤明的奥古斯都、罗马帝国执政官、依靠上帝恩典的法兰克和伦巴底国王”。

为了明确日耳曼－罗马帝国的日耳曼人色彩，813年，查理曼将法兰克诸侯们召集到亚琛，身披全套皇帝袍服，头戴皇冠，站在教堂的圣坛前，在全体法兰克诸侯的欢呼声中让他的继承人路易自己为自己戴上皇冠，从而将路易加冕为自己的共治皇帝。在这个过程中，查理曼没有征询教皇的意见，也没有让教皇为自己的儿子加冕，由此避免了800年的加冕典礼成为日后遵循的先例。

加洛林文艺复兴

传教的扩大和新教区的建立需要更多更有教养的教士，除了宫廷学校之外，787年，查理曼大帝命令王国境内的每一座教堂和修道院都要设立学校和图书馆，以传授教士和世俗人士“读书和写作的能力”。

查理曼大帝的身边聚集着以阿尔昆为首的一批受过良好教育的教士学者，这些人帮助皇帝更好地理解传统的罗马文化。于是，在皇帝的扶植之下，一个以宫廷教士和高级教士为主体的文人群体形成了。

阿尔昆和他的追随者们在查理曼大

> 查理大帝在罗马的圣彼得大教堂加冕。

帝的帮助下，第一次开始了对《圣经》的校勘，同时把《圣经》翻译为拉丁文。

随着拉丁文教育和抄录拉丁文文献的扩大，传统的拉丁语也发生了变革。传统的拉丁语中，句与句之间不分开的写法令法兰克人学习拉丁语倍感困难。于是，在查理曼的支持下，阿尔昆对拉丁文的书写格式进行了改革，第一次确定了以一个大写字母作为一个句子的开头，而以一个句号作为结尾的书写格式。这样书写的拉丁文整齐清楚，便于阅读和学习，遂成为拉丁文书写的标准格式。同时，随着修道院中文献抄写工作的开展，抄本开始广泛流传，宫廷神父们所使用的字体也逐渐成为风尚，这种字体后来被称为“加洛林字体”。

在查理曼统治的时代，受教育并掌握文化的主要是教士，因此，加洛林文艺复兴也首先体现为宗教文化的复兴。除了拉丁文的革新、宗教文献的抄录和教会学校的扩大，查理曼的基督教扩张政策也必然导致教堂建筑的复兴。在亚琛大教堂和一系列修道院教堂的建筑中，西欧的建筑艺术得以发展，雕刻和绘画也得到了用武之地。

尽管加洛林王朝的文化首先是基督教和拉丁语的，但在查理曼统治下，日耳曼人的民歌和传说也开始逐渐被搜集整理。在基督教的仪式上究竟是采用拉丁语还是日耳曼民族的语言，曾经是教士们争论的对象，但是查理曼以国家法令的形式做出了回答——“既用拉丁语也用条顿语。”794年，他又强调说：“在上帝面前这种语言和希伯来语、希腊语、拉丁语有着同等的地位。”

814年1月28日，72岁的查理曼大帝在王都亚琛逝世。为了缔造理想中的国家，他在一生中付出了巨大的努力，而他的努力则给当时仿佛蛮荒一片的欧洲带来了前所未有的文化进步，这种进步被后世称为“加洛林复兴”或者“加洛林文艺复兴”。而查理曼本人则被中世纪的人们尊称为“大帝”；到了现代，人们则因其在欧洲统一的道路上做出的贡献而将他称为“欧洲之父”。

维京人的“疯狂海盗团”

■ 公元8世纪～11世纪

在基督教世界形成的最初几个世纪里，维京人给欧洲人带来了很大的麻烦。他们从北方汹涌而来，焚烧村庄，劫掠教堂和修道院。他们驾驶着中古世纪最好的船只，来无影去无踪。可以这样说，在几个世纪里，他们的出现让每个海岸、每条河流都存在着不安全因素。

来自峡湾的人

维京人的原意是“来自峡湾的人”，他们生活在1000多年前的北欧斯堪的纳维亚地区，即今天的丹麦、挪威和瑞典等地区，并因那里随处可见的峡湾而得名。维京人体形高大，头发金黄，身体强壮，有比较明显的北欧人种的特征。

> 维京海盗的平底战船

维京人是农耕民族，在气候温暖适合耕作的地区开垦土地，种植大麦、燕麦、小麦等耐寒的作物，并豢养牛、绵羊、山羊、猪和马。此外，维京人还捕捞鱼和贝类，并驯养捕猎到的驯鹿来做粗重的工作。维京人是天生的水手和船匠，常年从事海上航行。他们制造了中古世纪的欧洲最适合于航行的船只“长船”，并与其生死不离——生前以之为家，死后则成为维京战士驶向彼岸世界的棺船。

尽管在当时欧洲人的眼里，维京人是来自北方的蛮族，但事实上他们不仅非常讲究外貌和装饰，还拥有极高的工艺制造天分。

横行英格兰

自公元8世纪后期起，英国便进入了恐怖的维京人时代。当时，英国正处于历史上的“七国时代”。面对这些悍勇善战的维京海盗，一片散沙状态的英国人节节败退，只能求和并向其支付大量贡品。867年左右，维京人已经逐渐征服了诺森布里亚，包围了麦西亚王国，并在约克和诺丁汉安营扎寨，甚至到达了伦敦和剑桥。然而，这些在英格兰横行无忌的维京海盗们很快遇到了一位顽强的对手——韦塞克斯王国的阿尔弗雷德大王。876年，一支维京海盗军队向韦塞克斯发动进攻，结果却在埃丁顿一带遭遇阿尔弗雷德大王秘密军队的奇袭，几乎全军覆没。

878年，丹麦海盗首领古特伦率军队进逼韦塞克斯，结果再度遭遇阿尔弗雷德大王的迎头痛击。损失惨重的海盗们最终在谈判之后，接受了阿尔弗雷德大王提出的“分土而治”的协议。

根据协议，海盗们正式控制了英格兰北部的大片地区和东部一带，即从泰晤士河口到爱尔兰海，斜跨英格兰。由于这批维京人主要来自丹麦，这一块地区因此施行丹麦的法律，从而也被称为“丹麦法区”，也成为维京人在斯堪的纳维亚以外开拓的殖民地中最宽广和富饶的一块地区。

此后，阿尔弗雷德大王在位期间，这些丹麦维京人在英格兰的数度攻击均铩羽而归，甚至失去了已经侵占的包括伦敦在内的大片土地。不过，在899年阿尔弗雷德大王去世之后，厉兵秣马的丹麦维京海盗很快卷土重来，并在100多年后，终于如愿以偿，夺得了英格兰的统治权。

v 维京人的龙头战船与此前的罗马式、希腊式战船截然不同，欧洲人只要看到船首高昂的龙头，就知道维京人来了。

围攻巴黎

在维京海盗举着战旗挺进大半个英格兰的同时，欧洲大陆也未能免遭这些海盗的大肆洗劫和屠戮。每年夏天，维京人都会将他们的战线向前推进，沿途烧杀抢掠，并蚕食欧洲各国的疆土。

法王查理二世（“秃头”查理）曾想尽办法阻止这股劫掠风潮，包括建造要塞，与维京人谈判，向他们献上丹麦金，甚至收买了一些海盗首脑，游说他们背叛自己的同胞。然而，这显然不能满足维京海盗们愈来愈大的胃口。885年，大批丹麦维京人在夏天抢劫完里昂之后，在首领西格弗雷德的率领下，乘船沿塞纳河直趋法国首都巴黎，企图将其一举攻下。

^ 战斗中的维京海盗

这群来自北欧的骁勇战士，头戴兽角，手持利刃，整个欧洲大陆都曾在他们面前瑟瑟发抖。

当时统治法国的是查理三世，又叫“胖子”查理。然而在当年11月24日，维京海盗兵临巴黎城下时，“胖子”查理却正亲率大军远征意大利。巴黎城内只有伯爵厄德和巴黎主教约斯兰，带领着200名骑士和少量士兵守卫。这点兵力，在拥有700艘船、3万名兵力的丹麦维京人眼里，可谓不堪一击。但让维京海盗们始料未及的是，面对他们庞大的军队，巴黎的居民毫无惧色，在厄德伯爵和约斯兰主教的领导之下，迅速团结起来。他们将此前的巴黎主教圣杰梅的心脏与骸骨放在堡垒周围，以示自己的力量来自忠诚的信仰，并誓与巴黎城共生死。

随后，维京海盗们手持武器，水陆并进，向巴黎城发动了进攻。但让海盗们心惊胆战的事情发生了，大桶沸油和燃烧着的沥青被人从城头倾倒下来。被烧烤至死的维京海盗几乎堆成了小山。愤怒之下的维京海盗开始放火烧城。尽管如此，堡垒中的巴黎军民却依旧不肯投降。

886年2月，巴黎南面的木桥被河水冲垮，除了留下部分人继续围困巴黎，大部分维京人趁机长驱直入法国，在塞纳河和卢瓦尔河之间烧杀掳掠。而此时，巴黎城内饥寒交迫，瘟疫流行，到处都是死人，城堡已经陷入绝境。眼看围困将要成功，海盗们却没有料到此时的厄德伯爵正趁着夜色悄悄越过城墙，穿过他们的防线，将巴黎的困境禀报给了法王“胖子”查理。

“胖子”查理得到消息后，日夜兼程，几天后赶回巴黎。然而，尽管此时海盗们在人数上已不及这支国王的军队，却依然让“胖子”查理始终占不了上风。无奈之下，这位法王向丹麦维京人谈判求和，承诺给他们700磅黄金作为送别礼，请求他们离开。

886年年底，维京人权衡利弊之后，拿着黄金离开了巴黎，但他们并未就此回去，而是再度抢掠其他地区。

维京人的定居和基督教化

面对日益强大的抵抗，维京人逐渐选择了妥协，开始在已侵占地区定居下来，并日渐被基督教化。

侵袭英国的丹麦维京人在被阿尔弗雷德大王击退后，被迫接受协议在英国东部（丹麦法区）定居下来。同时，阿尔弗雷德大王还说服了丹麦海盗首领古特伦接受基督教的洗礼，并成为他的教父。

航行中的维京人船队

尽管这些维京人仍被允许保留对奥丁神的信仰，然而，在与当地人的融合过程中，不可避免地为基督教强大的文化力量所同化，并慢慢成了英格兰的顺民。

同样，到了10世纪初期，维京人也已经在法兰克沿岸很多地方定居下来。911年，另一位查理三世——“昏庸者”查理即位成为法兰克国王，他认为维京人既然已定居下来，战争就没有意义了，不如接受现实。他与已定居法国北部纽斯特里亚一带的丹麦维京海盗首领罗洛（其本人出身于挪威维京贵族家庭）立约，将纽斯特里亚的部分地区划给罗洛（现在的诺曼底一带），并授予其诺曼底公爵的称号。而作为回报，罗洛需发誓皈依基督教并对法兰克国王效忠，采用法语，许诺努力抗击其他北欧海盗的劫掠行动等。

就这样，越来越多的维京海盗在欧洲各地定居下来，为基督教世界慢慢同化。虽锐气犹存，野性却已褪去，欧洲的海盗时代终归沉寂。

海盗王朝的顶峰

10世纪末，“八字胡王”斯汶成了丹麦国土上海盗的王者。他先是打败了与他争夺斯堪的纳维亚霸权的对手——挪威国王奥拉夫·特里格维逊，随后像他的前辈一样将注意力转向了西方。

面对斯汶的侵略，当时的英国国王埃塞尔雷德起初意图用丹麦金来换取和平，然而他很快意识到这根本无法停止丹麦人的骚扰。1002年11月13日圣布赖斯之夜，忍无可忍的埃塞尔雷德对境内的所有丹麦人发动了一次残忍的大屠杀，被杀者中甚至还包括丹麦王斯汶的姐妹。

丹麦人为此发动了疯狂的报复，他们变本加厉地洗劫和蹂躏英国海岸。1013年，丹麦王斯汶亲自率领舰队远征英格兰，并顺利攻下了伦敦城和其他各郡。英王埃塞尔雷德见势不妙，仓皇出逃至诺曼底（其妻爱玛是当时诺曼底公爵之女），并宣布放弃王位。斯汶就此将英格兰揽入怀中，成为“北方的恺撒”——丹麦和英国的共同的王。至此，英国也进入了丹麦王朝统治时代。

不料好景不长，1014年，斯汶从马上意外摔落而死。年仅18岁的儿子克努特从英国回到丹麦。但此时他的兄弟哈拉尔德已在丹麦宣告为王。

1015年，克努特带领舰队向英国发动远征，重新要求对英国王位的继承权。此时埃塞尔雷德过世，其子埃德蒙登上王位，率领军民展开保卫战。在战事不利的情况下，埃德蒙被迫和克努特签订和平协议——埃德蒙治理韦塞克斯，克努特统治麦西亚和诺森布里亚，并约定两人中不论谁先死，另外一方都有权继承全部领土。

然而，一年之后，年轻的埃德蒙突然死去，克努特因此顺理成章地加冕登位为整个英格兰的国王。巧的是没过多久，克努特在丹麦的兄弟哈拉尔德也过世了，克努特又成了丹麦国王。

后来，克努特还当上了挪威国王，并将手臂试探性地伸向了瑞典。这样便形成了一个版图包括挪威、英格兰、苏格兰大部和瑞典南部的帝国，他也因此成为“克努特大帝”。这位颇为勤政爱民的国王很喜爱英格兰，将其看作他的主要王国，大部分时间居住在那儿，还娶了前国王的遗孀爱玛做续弦。

1035年11月，年仅三十几岁的克努特王死于夏弗特斯堡。随着他的死，强大的“丹麦帝国”也走向了衰落，并最终土崩瓦解。

传奇落幕

克努特王死后不久，不只英格兰摆脱了丹麦的控制，挪威也摆脱了其强固的羁绊，马格努斯成为挪威国王。马格努斯与当时的丹麦国王哈迪·克努特达成协议——谁的寿命长，谁就接收另一个王国。因此，哈迪·克努特死后，挪威王马格努斯便成了丹麦王。而在马格努斯过世后，他的继承人哈拉尔德·哈德拉德和克努特大王的姐姐埃斯特里德的儿子斯汶·埃斯特里德森分别成了挪威和丹麦的国王。

1066年年初，当时的英国国王忏悔者爱德华去世，其内兄哈罗德·古德汶取得了英国王位。然而，挪威国王哈德拉德认为，根据马格努斯与哈迪·克努特的协议，自己也拥有对英国王位的继承权，因此联合此前与兄长哈罗德反目成仇，并遭到流放的托斯蒂格，发动了对英国的远征。当年9月18日，哈

德拉德率领1万兵马横渡北海，登陆泰恩河口。随后，哈罗德率领军队与入侵者在约克附近的福尔佛门德爆发了激烈的战斗，双方都死伤惨重。夜幕降临后，损失更为严重的英军先行撤退，挪威人取得了暂时的胜利，并移师驻扎于约克东侧的斯坦弗桥。

然而，哈罗德的援兵到达，他们对挪威人发动了一次突袭。9月24日黄昏，在英军的弓箭和强攻的双重打击之下，挪威军队土崩瓦解，哈德拉德与托斯蒂格携手归西。最终，在哈罗德的允许之下，来时曾装满300艘战舰的挪威军队，乘着24条战船离开了英国。维京海盗时代、中古欧洲的传奇，就此慢慢落下了帷幕。

< 一群维京海盗劫掠归来，放下方帆，将龙头船缓缓划向岸边。

VISIBLE HISTORY OF THE WORLD

关键词：夹缝中的王国

夹缝中的萨克森王朝

■ 10世纪～11世纪

加洛林帝国因冯特内战役而元气大伤，而与贵族的损失相比王权的损失更加无可弥补。当“昏庸者”查理被废黜时，最后统一帝国的努力宣告失败，从此，帝国的东西两大组成部分都要开始选择自己的道路。首先面对抉择的是德意志，因为此刻它面对着更大的内忧外患。

德意志还是东法兰克

10世纪的德意志和整个西欧已经多灾多难。维京人折磨着德意志的海岸，匈牙利人则从东方袭来，不断闯入德意志腹地大肆劫掠。查理大帝的晚年已经体会到了维京人最初的威胁，而与几十年后的悲剧相比，那时维京人的暴力则仿佛儿戏。

910年，加洛林东王朝的末代东法兰克国王之子路易，率领着王家军队在奥格斯堡附近的莱西菲尔德与匈牙利人会战，遭到惨败，国王本人在战后不久便死去。

随后，是继续作为东法兰克王国保持与加洛林西法兰克的统一，还是作为德意志王国独立寻求出路，成为摆在911年11月聚集在福希海姆的萨克森和法兰克贵族面前的首要问题。

11月10日，组成东法兰克王国的四大部族公国的代表们，以传统的德意志人的方式选举了法兰克人的公爵康拉德为国王。虽然贵族们还不愿意彻底割断与法兰克王国的关系而选择了一个法兰克人为王，但是德意志王国的历史却由此开始了。

在做出这个历史性抉择的次年，萨克森的公爵奥托死去。其子亨利继位，这就是绰号“捕鸟者”的萨克森公爵亨利。

^ 亨利一世画像

东法兰克国王，萨克森王朝的创建者。

“捕鸟者”亨利

新公爵亨利很早就通过一系列抵抗斯拉夫人的战斗，表现出了作为一个军事统帅的才能。而作为一个贵族和诸侯，他的统治也是冷酷无情的。他通过教会的命令与原本的妻子——梅泽堡伯爵的女儿哈特堡离婚，并强占了她作为嫁妆的地产。同时他又通过与萨克森强大的维度金德家族的玛蒂尔德结婚而大大扩充了自己的领地。

公爵亨利首先要面对的第一个挑战就是他父亲选举的国王康拉德。当亨利继承公爵爵位时，康拉德国王提出了要剥夺亨利占据的图林根领地的举措。此举立刻激怒了年轻的公爵。他迁怒于国王的顾问美因茨大主教哈托，并占领了美因茨教会在图林根的地产。

愤怒的国王派遣自己的兄弟埃贝哈德进军萨克森，亨利毫不犹豫地迎战。双方在埃雷斯堡交战，公爵大获全胜，继而进军王家领地。当康拉德国王亲率大军赶来时，亨利率军后退，国军追击到格丁根附近的格洛纳。经过

^“捕鸟者”亨利一世

此图描绘了亨利一世得知自己当选公爵的场景。当他得知自己荣升公爵时，正在野外捕鸟，因此后人便称其为“捕鸟者”亨利。

长期对峙，双方达成停战协议——亨利成为德意志各公国中第一个战胜王权，保住自己领地和财产的公爵。

918年，当康拉德国王即将离世时，他把自己的兄弟召到床前说：“法兰克人有强大的军队，有城堡和武器，还有国王的权力标志，拥有所需要的一切。但唯独缺少一样，就是国王的幸运。如今幸运已经同高尚的风俗一起转向了亨利，最大的权力在萨克森人手里。”遵照老国王的意愿，埃贝哈德同亨利缔结了同盟，并把国王的权力标志移交给了亨利。

919年5月，法兰克尼亚的弗里茨拉尔举行了萨克森和法兰克尼亚人的集会。聚集在这里的贵族们选举亨利为国王——第一个非加洛林、非法兰克人的国王诞生了。

夹缝中的王国

萨克森公爵家族奉东法兰克的柳多尔夫伯爵为祖先。柳多尔夫伯爵死后，其子布鲁诺继位。880年，布鲁诺在率领萨克森军队抵抗维京人时阵亡。随后，布鲁诺的弟弟奥托继位，成为萨克森的公爵。这个奥托就是国王亨利的父亲。

刚刚登位的国王遇到重重困难，首先是组成王国的四大部族公国中的巴伐利亚和士瓦本没有参加弗里茨拉尔的会议。巴伐利亚人更是直接选举了他们自己的国王阿努尔夫。同时，王国西部的洛林也已经脱离了王国而加入西法兰克王国。

德意志王国仿佛置身于夹缝之中，而统治着王国的国王也处境不稳，王国和王位都岌岌可危。

但亨利的统治是冷静而审慎的。他明智地避免了和巴伐利亚人的正面交战，转而以迅雷不及掩耳之势攻入摇摆不定的士瓦本公国。士瓦本公国的布夏尔德公爵放弃了抵抗，向国王投降。此时，巴伐利亚人的国王陷入了孤立无援之境。

920年，亨利进军巴伐利亚，但阿努尔夫坚守雷根斯堡，令国王的军队陷入长期战斗。与此同时，西法兰克国王“憨直者”查理同洛林的吉赛尔伯特之间的矛盾爆发。亨利为了收复洛林而站在了吉赛尔伯特一边。正围困雷根斯堡的王家军队无法转而向西与查理的军队作战。查理的军队入侵王国境内直指莱茵河左岸的沃尔姆斯。

被夹击的亨利被迫与阿努尔夫达成妥协。阿努尔夫放弃王位，向国王臣服，而国王则承认阿努尔夫的自主权。王国终于在形式上得到了统一。随即，亨利率兵西进，准备与查理决一死战。

查理已经无力再战，对德意志的军事行动已经耗尽了晚期加洛林王朝的力量。于是，921年11月7日，亨利和查理分别作为东、西法兰克的君王在莱茵河中的一条船上会晤，缔结了《波恩条约》。通过条约，查理承认亨利国王是莱茵河左岸的洛林的主人，并承认了非加洛林王室的亨利的合法地位。德意志王国的存在，第一次得到了加洛林王室的认可。

德意志人的国王

统一了王国又在西方厘定了边界的亨利，成了整个王国的唯一统治者。

而他的最大威胁依然存在，那就是匈牙利人。从919年开始，匈牙利人接连几次入侵德意志，而亨利的步兵无法抵抗其强大的骑兵部队。926年，试图抵抗匈牙利人的亨利在萨克森战败，不得不逃往乌尔岑附近的皮肖城堡避难。但幸运的是，一个匈牙利首脑的被俘，使亨利得以与匈牙利人缔结和约，并争取到为期9年的停战。

926年11月，亨利在沃尔姆斯召开王国会议，并通过了亨利提出的《城堡法》。根据《城堡法》，德意志王国境内开始大量修筑城堡，每个农民都被编入队伍，既要耕种土地又要承担修筑城堡的使命。这些城堡内将储存足以应急的粮食、战士，并作为附近地区的避难所；而在和平时期还可以作为民众集会的会场和一个地区的中心。同时，王家军队被改组，骑兵被大量增加，并特别按照对抗匈牙利人的需要进行了训练。

连续两年的大规模备战，使亨利得以在东方采取主动。928年，他连续渡过易北河降伏了当地的斯拉夫人。929年，他在巴伐利亚的阿努尔夫公爵的陪伴下进军布拉格，降伏了波希米亚公爵温泽尔。932年，相信自己足以战胜匈牙利人的国王在埃尔夫特召开了王国会议。当会议如国王所愿决定开战之后，国王便下令停止给匈牙利人支付供金。

933年，匈牙利人果然大举入侵，而亨利正率领军队严阵以待。933年3月15日，双方在里阿德遭遇。60岁的老国王当时已经重病在身，但是据说他从病床上一跃而起，勇敢地率领他的军队投入到战斗中。

清晨时分战斗打响，匈牙利人射出暴雨般的弓箭，但德意志军队用盾牌抵挡住了他们的进攻，然后在盾牌的保护下列成密集队形，手持长矛向匈牙利人发起了进攻。

德意志人用长矛组成一道密不透风的枪阵，令匈牙利骑兵无所适从。当匈牙利人陷入混乱时，国王身边竖立起了圣米歇尔的战旗，这让德意志人士气空前高涨，高喊着冲向匈牙利人。匈牙利人在劫掠德意志几十年之后，第一次尝到了溃败的滋味。

胜利的国王随即挥师北进，成功迫使丹麦王公克努巴臣服并接受洗礼。从此，维京人的最后威胁被消除了。

936年7月2日，功成名就的亨利一世在梅姆莱本行宫逝世。此前，他已经在919年选定次子奥托为王位继承人。这样，德意志王国的第一个世袭王朝——萨克森王朝诞生了。

萨克森王国统治下的城镇

VISIBLE HISTORY OF THE WORLD

关键词：日耳曼之王

奥托大帝

■ 912年～973年

加洛林帝国确立了西欧日耳曼—罗马帝国的道路，但其迅速瓦解又使西方帝国的复兴之路变得晦暗不明。在加洛林帝国废墟上兴起的诸王国中，西部王国正在加洛林王朝末代诸王的统治下分崩离析，前途未卜。意大利和勃艮第王国此时亦四分五裂。这时，历史把舞台留给了萨克森王朝的德意志，而神圣罗马帝国的千年历史大戏也由此开幕。

神圣奥托加冕

936年8月7日的清晨，从各地赶来的人们把王都亚琛的大教堂里里外外挤得水泄不通。在唱诗班的吟唱中，侍从们捧着象征神授王权的王冠和权杖走进来，紧随其后的是在高级教士们簇拥下的德意志王国教会里地位最高的美因茨大主教和科隆大主教。他们是来主持这一天的加冕典礼的，但人们所热切期待的君王却迟迟未到。

神圣罗马帝国的皇冠

人们所期待的新国王奥托是先王亨利一世之子。此时，他正在王宫里由五大部族公国组成的王国的公爵们依照日耳曼人的习俗选举为王，然后由公爵们送上王座，并接受公爵们的宣誓效忠。与认为当国王无须教会加冕的先王亨利相比，新国王对教皇要尊重得多，但这种尊重还不足以使他把教会的加冕放在公爵们的宣誓之前。

∧奥托一世画像

德意志萨克森王朝的第二代国王，神圣罗马帝国的首任皇帝，“捕鸟者”亨利一世之子，被世人称为“奥托大帝”。

在一阵鼓乐声中，24岁的国王身着法兰克人的长袍在公爵们的簇拥下走进教堂。美因茨大主教向国王致敬后把年轻的国王领到观礼的人们面前，然后高声宣布：“这就是由上帝拣选的、先王亨利指定的、由全体诸侯推举为国王的奥托。你们接受这个人做你们的国王吗？”

人们随即以一片震耳欲聋的欢呼和掌声回答了大主教的提问。接着，美因茨大主教把国王奥托领到圣坛前，侍从送上王权的象征物长剑和权杖，大主教把它们依次献给国王，并给予大声祝福。

身佩长剑、手持权杖的国王跪倒在圣坛前，科隆大主教高举璀璨的国王金冠戴在奥托的头上，所有人一起高唱圣诗祝愿国王。

德意志王国的王位第一次在父子间传承，新王朝——萨克森王朝随着新国王奥托的加冕而诞生了。

亲人还是仇敌

无数次王位更迭的历史见证，每任新王即位，都不会愿意看到其统治

∧ 奥托大帝继位以后，平定了诸多叛乱，其中就包括他的弟弟亨利的反叛——亨利在法兰克尼亚公爵的支持下，决定与他哥哥争夺王位。但经过一番征战以后，还是接受了哥哥的统治。此为奥托大帝与其弟弟亨利和解的场景。

下的民众认为自己有挣脱枷锁的机会。

易北河以东被亨利一世征服的斯拉夫人起来反抗日耳曼人的统治，而试图镇压的萨克森和图林根军队被波希米亚公爵波列斯拉夫打败。于是，刚刚加冕的奥托国王就不得不投入到对斯拉夫人的战争中。

937年，奥托国王进军征服了斯拉夫人中抵抗得最顽强的雷里达人。但与边境的叛乱相比，更大的叛乱才刚刚开始。在战后的处理中，国王拒绝了自己的异母兄弟唐克马尔的要求，未任命他为易北河边境的边疆伯爵，于是唐克马尔对国王怀恨在心，开始寻机报复。

937年7月，巴伐利亚公爵阿努尔夫逝世，当国王宣布要收回巴伐利亚公爵管理公国内教会的特权时，新公爵埃贝哈德以公开叛乱作为他对国王的回答。938年，埃贝哈德成功地击退了国王的讨伐。唐克马尔认为时机到了，在法兰克尼亚公爵的支持下起来争夺他哥哥的王位。

虽然这次叛乱被迅速镇压，但只是之后一系列的叛乱的开端而已。

唐克马尔叛乱的第二年，国王的另一个兄弟亨利也起来反叛，他得到了刚屈服于国王的法兰克尼亚公爵和另一个大公国洛林的公爵，甚至得到了西法兰克王国路易四世的支持。939年3月，在莱茵河畔比尔腾地会战中，洛林公爵的军队一度把追击的国王奥托逼入绝境，不过国王最终仍反败为胜。

当国王西进追击亨利时，法兰克尼亚公爵的军队从南方攻入萨克森，占领了布赖萨赫。国王试图通过美因茨大主教调解他和公爵的矛盾，但大主教本人却已站到了公爵一边。国王不得不回师萨克森，当其围攻布赖萨赫时，叛军已经攻入萨克森腹地。

万分危急之际，唯一没有参战的士瓦本公国的公爵选择站在国王一边，他的参战令叛乱者们措手不及。939年10月2日的安德纳赫会战中，士瓦本公爵赫尔曼打得叛军土崩瓦解，法兰克尼亚公爵和洛林公爵战死，亨利不得不向国王投降。奥托得以转危为安。

国王奥托的作为

安德纳赫会战的胜利拯救了奥托，使他得以稳固王位，同时第一次有机会作为德意志的国王在欧洲采取行动。

他的第一个目标是曾在亨利的叛乱中反对他的西法兰克国王路易。940年，奥托国王率领军队侵入西法兰克王国，正与国王对抗的法兰西亚公爵于格及其追随者在阿迪尼向奥托宣誓效忠。之后奥托侵入勃艮第王国，将勃艮第王子康拉德带回德意志并宣布自己为其监护人。

投身国际角逐的同时，奥托也对德意志的公国采取了措施。首先他不再为法兰克尼亚公国任命新的公爵，而把这个公国直接置于其王权之下。944年，他任命好友红发康拉德担任洛林的公爵。946年，他命令诸侯选择王子柳多尔夫为德意志国王，作为自己的继承人。947年，他通过将女儿嫁给洛林公爵，并让儿子娶士瓦本公爵赫尔曼的女儿为妻，从而同士瓦本和洛林都建立了亲戚关系。最后一个大公国巴伐利亚的公爵贝希托尔德在948年死去，奥托把这个公国授予了自己的兄弟亨利。于是，构成王国的五大公国完全被国王置于自己的控制之下，同时又实现了王朝的世袭，奥托的权势前所未有地强大。

950年，奥托向东进军波希米亚，迫使公爵波列斯拉夫向他屈服。与此同时，意大利的国王罗塞尔逝世，伊夫雷亚藩侯贝伦加尔立刻在首都帕维亚自封为意大利国王，并囚禁了罗塞尔国王的王后阿德尔海德。

951年，美丽的王后逃出囚禁她的加尔达城堡，向奥托国王求援。这就给早就试图插手意大利事务的奥托国王一个充满浪漫色彩和骑士精神的借口来进军意大利。

这年夏天，奥托率领庞大的军队跨越阿尔卑斯山——被封为士瓦本公爵的王子柳多尔夫和巴伐利亚公爵亨利都奉命随军出征，征讨意大利。面对奥托的大军，四分五裂的意大利未进行任何抵抗。9月，奥托进入首都帕维亚，被诸侯推举为意大利国王。同时应奥托的召唤，阿德尔海德来到帕维亚与奥托结婚。

莱西菲尔德之战

奥托与阿德尔海德的再婚，刺激了已被选为国王的王子柳多尔夫。951年年底，他脱离了国王的军队和美因茨大主教一起率兵返回德意志。他在德意志召集部下的行为迫使奥托国王也率兵返回德意志。国王离开时任命洛林公爵红发康拉德为其意大利的代理人。奥托一撤退，贝伦加尔就率兵返回意大利。康拉德没有和他交战，而是擅自达成了协议。

奥托国王虽然批准了协议，但康拉德仍感到受到了国王的冒犯。952年，阿德尔海德为奥托国王生下了一个儿子，这进一步刺激了王储柳多尔夫。953年春天，他最终和康拉德公爵一起发动了叛乱。叛乱者在自己起兵的同时还与匈牙利人结成同盟，为他们的入侵提供向导和援助。

匈牙利人的入侵使原本在国王和王储之间摇摆不定的人们倒向国王一边，而劫掠后满载而归的匈牙利人将他们的同盟者抛在脑后，于是依然忠于柳多尔夫的人也纷纷感到绝望。954年6月，美因茨大主教和国王妥协，同时洛林公爵红发康拉德向国王投降。被孤立的柳多尔夫在几个月后，最终向奥托投降。

第二年，匈牙利人再次侵入德意志，分成几路在劫掠了巴伐利亚之后进军士瓦本。他们的进攻在奥格斯堡城下，遭到了奥格斯堡主教乌达尔里希的坚定抵抗。主教的抵抗为国王争取了聚集兵力的时间。除了洛林外，整个王国的军队都被召集起来，最终组成了一支据说有13万人的惊人数量的军队。

军队被分为八个军团，前三个军团是巴伐利亚人，第四军团是法兰克尼亚人，第五军团是由国王亲自率领的萨克森人，第六和第七军团则是士瓦本人，最后一个军团是臣服不久的2000名波希米亚士兵。德意志王国各部族都聚集在奥格斯堡，同时也把宗教崇拜带到了此地。日耳曼人信奉的使徒圣骨和圣物，几乎无所不在。

战斗一开始，匈牙利人迅速渡过莱西河，迂回到王家军队后方，打垮了波希米亚人后卫，并劫掠王家军队的辎重。但法兰克尼亚军队在红发康拉德的率领下，英勇地抵抗了匈牙利人的进攻。急于洗刷自己背叛罪行的康拉德表现得异常英勇，连续击退匈牙利人的进攻，最终在筋疲力尽时中箭阵亡。

法兰克尼亚军队被突破后，萨克森军队随即在国王本人的率领下投入战斗。据说奥托国王在敌军逼近时向圣枪祈祷，然后在天使的指引下战斗。无论其真假，匈牙利人的进攻确实都被萨克森军队粉碎。而当匈牙利人渐渐体力不支，而河流又妨碍其施展速度优势以避开对手时，王家军队投入了反击。

匈牙利人的阵线在这场进攻中崩溃，河流妨碍了他们逃走，而此前的残暴行为也使他们无法从敌人那里得到宽恕——众多俘虏被屠杀，3个匈牙利王公被国王公开绞死。

莱西菲尔德会战的胜利“使过去几百年的一切胜利黯然失色”。从此，匈牙利人放弃了劫掠，转而定居在自己的土地上，并开始接受西欧的文化。

日耳曼人之王

955年的胜利使奥托的权势在王国之内不再有任何挑战者，并在整个西欧成为令人敬仰的英雄。没有什么还能阻止他成为第二个查理大帝。

罗马和意大利的局势都在发生变化。首先是被派去讨伐意大利贝伦加尔的王子柳多尔夫在957年病死，于是贝伦加尔变得更肆无忌惮，发动了对教皇的战争。而曾经拒绝奥托的罗马勋贵也已在954年死去，其子屋大维继他之后成为罗马勋贵，并于955年被选举为教皇，称作约翰十二。面对贝伦加尔的步步紧逼，约翰十二向奥托求援。

永恒之城罗马如今向奥托伸出了双手。961年5月，奥托开始准备进军。在召集军队的同时，他在沃尔姆斯召开了帝国会议，让德意志诸侯选举其子奥托为新国王奥托二世，并在亚琛加冕。在保证了王位世袭之后，他和王后阿德尔海德一起率军跨过阿尔卑斯山。面对奥托的大军，贝伦加尔再次不战而逃。进入王都帕维亚的奥托，随后向罗马进军。962年2月2日，即在基督教的圣烛节，奥托在教皇和罗马人的欢呼声中进入罗马城，并加冕为皇帝。

虽然此后由于不愿接受奥托的统治，教皇约翰十二又和贝伦加尔联合起来反对奥托，这也迫使奥托围攻罗马城和任命新的教皇，甚至在晚年第三次率军进攻意大利，但一个新的帝国在加洛林帝国瓦解之后的近一个世纪后，再次建立了起来。

973年5月7日，伟大皇帝奥托在梅姆莱本逝世。和查理大帝昙花一现的帝国不同，奥托大帝的帝国长存于世——到1806年最后的皇帝佛朗茨二世退位为止，存在了将近1000年。

历史断面

罗马帝国的国号

奥托建立的帝国国运悠长，存在了将近1000年，直到1806年最后的皇帝佛朗茨二世退位并宣布帝国解散为止。而在此期间，帝国的国号也几经修改。

在中世纪，领地或国家的地位是跟着领主走的。奥托加冕成皇帝，那么其国家就随之变为帝国。而奥托做的是罗马皇帝，所以其帝国就是罗马帝国。之后和教皇的冲突，使皇帝们起来捍卫自己的宗教地位，于是在斯陶芬王朝时代，帝国或者罗马帝国前加上了一个修饰语，成为“神圣的帝国”或者“神圣的罗马帝国”。而由于自马克西米利安一世皇帝后，几乎没有皇帝再到罗马加冕，帝国的世界性名存实亡。同时随着文艺复兴后德意志民族思想的逐渐觉醒，“神圣的罗马帝国”这个名号之前又被加上了“德意志民族的”这个修饰语。

关键词：卡佩王朝

卡佩带给法兰西的希望

■ 约938年～996年

于格·卡佩的当选和加冕，宣告了加洛林王朝的完结。此后的300多年里，14代卡佩王朝的国王相继登上法国王位，尽管最初的领地很狭小，但是通过他们持续不断的努力，最终缔造了“基督教世界第一王侯”的法兰西大君主国。

王朝崭露头角

卡佩王朝在它的前两位君王登位的时候，还没得到它日后为人熟知的这个名号。“卡佩”的名号来自法兰西公爵大于格的外号，其本义是法衣。大于格是罗贝尔一世国王的儿子，并在国王死后继承了法兰西公爵的领地。大于格之所以得到这个外号，是因为他从图尔的圣马丁修道院得到了圣马丁穿过的法衣。

卡佩王朝是加洛林王朝西部支系走向穷途末路的历史中的另一个主角，从厄德到罗贝尔一世这个家族已经诞生了两位国王。而另一位国王鲁道夫一世则是这个家族的女婿。937年，当鲁道夫一世国王死去时，诸侯们试图拥戴大于格为王。但是相比山河日下的王位，大于格显然对鲁道夫一世留下的勃艮第公爵领地兴趣更大。为了和加洛林王朝和解，他迎回了查理三世流亡在外的儿子路易，并拥戴其为国王，是为“海外归来者”路易四世。

大于格虽然没有站出来争夺王位，但对领地和权势却毫不放松。939年，当路易四世因为支持德国的叛乱者而与奥托一世国王爆发战争的时候，大于格毫不犹豫地站出来反对他的国王。他配合进军法国的德国军队，出兵围攻属于国王的拉昂城堡，甚至公开向奥托宣誓效忠。大于格有生之年牢固地掌握了法兰西和勃艮第两公国的公爵职位，同时在卢瓦尔河流域和香槟地区获取广阔的世袭地产，为家族的权势打下了牢固的基础。

同时，为了进一步扩大卡佩家族的权势，大于格还竭力干预教会的事务，想方设法地争取教士的支持并把属于国王的主教任命权夺到自己手中。948年，围绕着法国教会的最高职位兰斯大主教的任命权，他和国王爆发了公开的决裂。

在大于格的努力下，法国教会的很多主教都站在卡佩家族一边。包括巴黎的圣丹尼斯修道院、图尔的圣马丁修道院和圣日耳曼·德·普雷修道院在内的一系列王国境内的大修道院，都被置于卡佩家族的统治之下。大于格的权势使艳羡不已的诸侯们，给了他另一个外号——“修道院长”。

954年，当路易四世死去的时候，他选择了大于格为他的儿子罗塞尔的监护人，从而承认了大于格作为王国实际统治者的地位。

身为摄政的大于格，因为已经把加洛林王朝的王位置于自己手中，而采取了打击诸侯独立性加强王权的政策。955年，他拥戴年轻的国王罗塞尔一起出征普瓦蒂埃，并且一战成功。可惜的是，当卡佩家族的权势如日中天之时，大于格却在956年病死，因而没能利用摄政的机会取得更多的成就。

∨ 于格·卡佩像

大于格之子，巴黎公爵，987年加冕成为西法兰克国王，建立了法国历史上伟大的卡佩王朝。

卡佩铸就辉煌

大于格死后，他的两个儿子于格·卡佩和奥托为了争夺家族领地而爆发战争。此时，原本被大于格视为工具的国王罗塞尔反而取得了争端仲裁者的地位。他以国王的名义做出裁决，把法兰西公爵领地授予长子于格，把勃艮第公爵领地授予次子奥托。

大于格的死也使卡佩家族的事业一时陷入混乱。于格和奥托兄弟都还很年轻，无法名正言顺地继任摄政。而同样年轻的国王罗塞尔却从大于格的政策和亲征的经历里形成了恢复正统王权的强烈愿望，并在自己的舅舅科隆大主教布隆的支持下，开始走上与卡佩家族对抗的道路。

科隆大主教布隆同时还兼任下洛林的公爵，他死后下洛林的公爵一直虚悬，因此引起了当地的雷金纳德家族反对奥托二世皇帝的骚乱。977年，为了和雷金纳德家族和解，奥托二世皇帝把下洛林公国授予了布隆的另一个外甥——罗塞尔国王的兄弟查理。但此举激怒了梦想恢复加洛林王权的罗塞尔国王。

978年春天，他率领两万军队突然攻入洛林，并且一举攻占王都亚琛。为了显示自己占领洛林的决心，罗塞尔命令部下把亚琛行宫上面向东方的鹰旗一概改成面向西方。但是他的胜利却持续不长——奥托二世皇帝很快召集了帝国军队，把他逐出了洛林，并且攻入西法兰克王国境内。

面对走投无路的国王，于格·卡佩和法国的多数大诸侯都采取了反对奥托二世皇帝的态度。当奥托二世逼近巴黎时，于格·卡佩接纳了国王，并抵抗奥托二世的进攻。奥托二世皇帝对巴黎的围攻遭到失败而被迫撤退。之后，同样蒙受重大损失却无功而返的国王罗塞尔和皇帝奥托二世，最终在马古特缔结了停战协议。

980年以后，尽管罗塞尔国王被奥托二世皇帝指定为奥托三世的监护人，但他对国内外的事务却一概束手无策。当奥托二世死后，德国的内乱使

> 罗浮宫夜景

罗浮宫原为12世纪时据守塞纳河的要塞，卡佩王朝时期的军事重地，现在已经成了举世闻名的博物馆。

他再次起来为征服洛林而攻入德国时，于格·卡佩抛弃了他而站在奥托三世一边。986年3月2日，罗塞尔国王在拉昂去世，加洛林王朝的命运已经无可挽回。

986年，最后的加洛林王朝国王路易五世继位，他不仅不打算与于格·卡佩和解，相反要以叛国罪控告支持于格·卡佩的兰斯大主教。但是他的计划还没来得及实行，就在987年5月的一次狩猎中意外死去。

路易五世死后无子，按照继承权，王位应该归属国王的叔叔下洛林公爵查理。但是于格·卡佩毫不犹豫地召集了自己的军队，以武力迫使法国诸侯选举自己为国王。

987年6月30日，以兰斯大主教为首的法国诸侯在桑利斯正式选举于格·卡佩为国王，并于7月3日在兰斯举行了加冕典礼。

尽管于格·卡佩自己登上了王位，但是他的领地并没有因此而进一步扩大，权力也没有比过去扩大多少，相反，王位使他成为其他同样强大的诸侯嫉妒的对象。

为了保证王位的世袭，于格·卡佩在自己加冕之后不久就为自己的儿子罗贝尔二世举行了加冕礼，从此开始了持续3个多世纪的卡佩王朝。

VISIBLE HISTORY OF THE WORLD

关键词:跨世纪帝国

奥托三世的跨世纪帝国

■ 980年～1002年

有一个预言让基督徒们相信某天基督国要降临,然后开始千年至福;有一种信念让罗马人相信罗马帝国就意味着永恒。当人类的第一个千年即将终结的时候,这个预言和这种信念通过基督教罗马帝国合而为一。人们相信千禧年到来之时,罗马帝国会复兴,悲惨的时代将过去,而千年至福将随之降临。

孩童国王和他的王国

奥托大帝在他权势达到顶峰时死去,留给继承人一个强盛的帝国。983年圣诞节,德意志诸侯们聚集在王都亚琛,簇拥着一个孩子来到大教堂。这个孩子就是年仅3岁的皇子奥托。他披着华丽的长袍,跪倒在圣坛前,美因茨大主教和拉文纳大主教为他抹上圣油,之后把象征王权的王冠戴在他头上,人们欢呼奥托王朝的又

^ 奥托三世像,出自《福音书》插图。

一个国王诞生了。

中世纪的谚语说："孩子做国王，王国就要遭殃。"仿佛为印证这句话，斯拉夫人此时在北方掀起了反抗的狂潮，奥托大帝缔造的萨勒河和易北河以东据点全被摧毁。然而这只是个开头。沉浸在新国王加冕庆典中的人们没注意到，一队信使正快马加鞭赶往亚琛。他们带来的消息彻底震惊了亚琛的人们。原来，在奥托加冕前的12月7日，他的父亲皇帝奥托二世去世了。原本只是皇储的奥托，现在成了奥托帝国法律意义上的唯一统治者。

^ 奥托三世分析战争形势

奥托三世一生都在为恢复罗马帝国而努力，因此长期驻扎在意大利。但后来终因罗马市民发生暴乱，被迫离开意大利。离开后的第二年，他便去世了。

一个动荡不安的时代来临了。争斗的焦点是小国王的监护权。第一个起来行动的是孩子的叔父"争吵者"亨利——这个始终与奥托二世争斗不休的叔父，一接到皇帝的死讯就说服看押他的乌德勒支主教释放了他，接着赶到了亚琛，说服了诸侯们承认他为小国王的监护人。但亨利的目的不仅是为国王摄政，第二年的复活节他召集支持者在奎德林堡选举自己为国王。这种公开的篡权激怒了支持他摄政的诸侯们——刚回到德意志的王太后泰奥法诺立刻就得到以美因茨大主教和萨克森公爵为首的诸侯们的支持。

面对王太后的大军，亨利只做了微弱的反抗就在985年6月屈服了，放弃了王位并交出小国王奥托。王太后泰奥法诺被承认为国王的监护人和摄政——摄政的泰奥法诺王太后致力于恢复德意志的国力和和平，放弃了收复东北部地区的努力，而满足于巩固萨克森的东边界。

在西方，曾武力支持“争吵者”亨利并出兵占领了凡尔登的法国国王罗塞尔和继承他王位的路易五世，相继死去。987年，在于格·卡佩和加洛林家族的查理的斗争中，泰奥法诺王太后通过与胜利者于格·卡佩的联合，顺利收复了被占领的凡尔登，同时在西部为王国建立了可靠的和平。991年6月，泰奥法诺王太后逝世，国王的祖母阿德尔海德接替她继续为奥托摄政。

革新罗马帝国之路

994年9月，在左林根的帝国会议上举行了隆重的骑士挥剑礼，15岁的奥托三世国王身披铠甲高举宝剑，在帝国诸侯的欢呼声中宣布自己成年。至此，摄政结束了。

刚成年的国王比奥托二世皇帝还要热衷于罗马帝国的理想。在宣布摄政结束的帝国会议上，新国王急切地宣布自己将进军罗马并接受皇帝加冕。一个以国王的希腊教师菲拉加斯为首的使节团被派往君士坦丁堡，以便为“未来的皇帝”向一位拜占庭公主求婚。

仿佛是为了向年轻的国王炫耀自己的力量，斯拉夫人再次蠢蠢欲动，迫使国王首先安定自己的东部边界。995年的秋天，奥托国王在波希米亚军队和波兰军队的支援下进攻斯拉夫人。但胜利的国王没有在德意志停留多久，第二年春天，教皇约翰十五的信使来到德意志。被罗马勋贵驱逐出罗马城的教皇向国王求援，而奥托国王也立刻决定进军罗马。

到达意大利的奥托国王在帕维亚接见了罗马人派来的使节团，使节团告诉国王教皇约翰十五已死，并请他作为“未来的皇帝”任命一位新教皇。奥托选择了自己的亲戚宫廷神父布隆——这就是第一个德意志人教皇格列高利五世。

^ 奥托三世加冕皇帝以后，一直有着“复兴罗马帝国”的愿望，想成为这个基督教帝国的统治者，但临终前也没有实现这一伟大梦想。此为在享有奥托三世的福音下，基督教教徒们净足。

996年5月21日，罗马的圣彼得大教堂里举行了隆重的加冕典礼。奥托三世接受了他梦寐以求的皇冠，真正成了“罗马皇帝”。加冕之后，奥托皇帝应教皇格列高利五世之请，赦免了被流放的罗马勋贵克雷森蒂，之后率军返回德意志。

但格列高利五世的仁慈没给他带来安宁。皇帝走后不久，克雷森蒂就煽动他的支持者起来造反，驱逐了格列高利五世。教皇的求援信被送往德意志，但奥托皇帝因斯拉夫人的威胁而无法出兵。克雷森蒂夺取了罗马的统治权，并拥立出使君士坦丁堡归来的皇帝的希腊教师菲拉加斯为教皇，称作约翰十六。

直到997年年底，战胜易北河斯拉夫人的奥托皇帝任命自己的姑母摄政，代其统治德意志，而自己率领庞大的军队再次进军意大利。面对皇帝的军队，克雷森蒂和他的教皇毫无抵抗之力。

998年2月，约翰十六试图逃亡拜占庭，但失败被捕，而克雷森蒂在罗马抵抗失败之后被俘获处死。皇帝夺回了罗马。

对于奥托三世来说，效法查理大帝再造罗马帝国的光荣，在第一个千年纪即将终结、千年至福即将到来的时刻，回到罗马，使它成为即将到来的永恒帝国的首都，使自己成为这个基督教帝国的统治者，是其最大的愿望——这一愿望被概括为“复兴罗马帝国”。

作为皇帝的奥托三世和以往的日耳曼皇帝们不同，他穿罗马式的紫袍，称自己为“罗马皇帝”。他引入拜占庭式的宫廷礼节，在宫廷里使用拉丁语和希腊语头衔。他亲自主持宗教会议，并借此签署教会法令。

999年，格列高利五世逝世，奥托皇帝选择自己的老师热尔贝为新教皇。

千禧年正在来临，新的君士坦丁和新的西尔维斯特教皇要从罗马出发，为实现千年帝国的梦想而为世界建立秩序。999年12月，奥托皇帝在教会和帝国的高级贵族们的簇拥下从罗马出发，去波兰的格内森，朝拜殉道圣徒“圣阿达尔贝特”的墓地。

在波兰，皇帝授予波兰公爵波列斯拉夫“勋贵”的头衔，使他从德意志王国的臣属变为“帝国的合作者”，由“臣服者”变为“君王”。同时设立格内森大主教管区，从而承认了波兰教会脱离德意志教会的独立地位。波兰顺从地接受了皇帝的赐予，成为千年帝国秩序的实践者，教会也对帝国的利益俯首帖耳。

世界奇人的离去

奥托的帝国在他从波兰回到罗马时已如日中天。千年帝国仿佛的确随着千禧年的到来从天而降了。

然而罗马人对统治和秩序的耐性也已到了顶点。1001年年初，罗马人发动了反抗皇帝的叛乱。震惊的皇帝登上教堂的高塔向罗马人喊话：“我为了你们离开了自己的祖国，我处处偏爱你们，而你们却拒绝我，残杀我的朋友，将我拒之门外。”

讲话感动了罗马市民，但皇帝仍不敢在罗马过夜，和教皇一起退出罗马城。之后，罗马人发动了更大规模的叛乱。

罗马叛乱深深刺痛了奥托皇帝，他在修道院进行了长时间的忏悔，但他对

^ 奥托三世对一伯爵执行死刑

罗马帝国的信念仍然没有消退。1001年4月，奥托皇帝在拉文纳召开宗教会议，将匈牙利教会独立组成格兰大主教管区，任命阿舍里克为大主教。4月中旬，皇帝与威尼斯总督结盟。

当年夏天，皇帝降伏了本尼凡托，同时派人催促德意志增派援兵。

等待援军的奥托皇帝甚至和拜占庭皇帝实现了和解——拜占庭接受他的求婚，答应派遣一位出身高贵的未婚妻。一切似乎都回到了复兴帝国的正道，只待援军到来降伏罗马，一切混乱就可以过去了。但皇帝已等不到援军的到来。1002年1月24日，突然高烧的皇帝在距离罗马40千米的帕特诺城堡逝世。至此，一代伟大的帝王就此离去。

历史断面

西尔维斯特二世

牧羊人的儿子热尔贝出生在950年前后的法国。圣热罗姆修道院的修士们看中他的天赋，让他成为一名修士。热尔贝修士立刻表现出惊人的好学，甚至为查阅藏书而旅行到西班牙。973年，他被兰斯大主教阿德尔贝隆任命为主教座堂学校的教师，并于991年当上了兰斯大主教。

年轻的奥托三世对热尔贝修士的教皇之路来说，是一位至关重要的人物。奥托三世与热尔贝早就相识，并非常赏识他，于996年任命他为拉文纳城大主教。999年，教皇格列高利五世逝世，奥托皇帝给予热尔贝更大的恩惠——选择他为新教皇。而热尔贝则以“西尔维斯特二世”为名号，以示他视奥托皇帝为新的君士坦丁大帝。

专题

丝绸之路，联通世界的金丝带

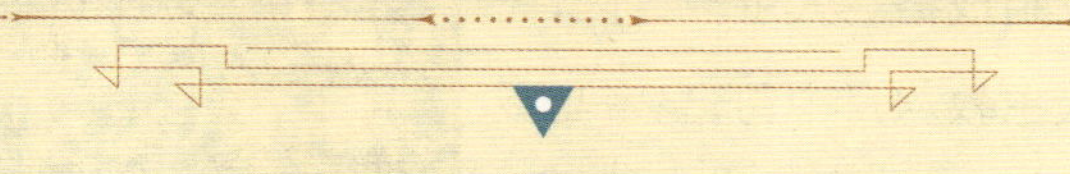

⊙丝绸之路 ⊙求经 ⊙瓷之国

古老的东方，天高地阔，黄沙万顷，一条神秘悠长的道路向西延伸，延伸至遥远的天际。这里有大漠孤烟，长河落日的点缀，也有延绵数里的驼队和阵阵驼铃打破亘古的荒凉与寂寞。这条路上流动着富可敌国的财富，流动着坚定不移的信仰，流动着飞天袖间美丽的花朵，它就是闻名世界的“丝绸之路”。

外交之路

早在先秦时期，中国西部的塞种、月氏、乌孙等古老的民族为了生存，从甘肃河西走廊一带陆续向西，迁徙到新疆及中亚，在这之间就已经开辟了一条交通路线。但是由于民族、国家之间的冲突、战争频发，兼之荒漠、高山等恶劣的地貌因素，使这条路凶险无比，阻隔重重，时断时续。

公元前2世纪，栖息在今河西走廊的大月氏，被匈奴王擒杀了国王，被迫西迁。此时西汉王朝正在崛起，汉武帝刘彻得知消息，试图与西域诸国联合抗击匈奴。公元前139年派张骞等人出使大月氏。自长安出发，刚入原河西大月氏地域，便被匈奴截获。扣留十年后得以逃脱，经乌孙，过大宛（今伊犁河流域）、康居（今中亚哈萨克境）到达已在新地域繁衍生息的大月氏，而大月氏人新迁之所，古称“贵霜帝国”（今印度北、阿富汗、吉尔吉斯一带），水草丰美，土地肥沃，百姓安居。国王不愿配合西汉远征，夹击匈奴。张骞再赴中亚大夏等国，前后历时十几年，出生入死，却无功而返。

▲张骞出使西域（敦煌壁画）

此后汉武帝反击匈奴频频胜利，并在河西走廊建立了武威、张掖、酒泉、敦煌四郡地方政府，开辟了与西域、中亚各国的贸易、外交关系。公元前119年，张骞再次为使，带300人，携大量金银丝帛等礼物，往西域各国。经乌孙、大宛，至西域、大月氏、康居、身毒、安息、奄蔡、条支等国。乌孙等国也相继派使臣回访。自此，互通有无的往来积极进行。公元前59年，汉宣帝设西域都护府，“丝绸之路”终于正式开辟。

信仰之路

丝绸之路的畅通繁荣，使得经济贸易迅速发展繁荣，同时也促进了东西方之间思想文化交融贯通，这种思想文化的交流，是与宗教密切相关的。

东晋时的法显，西去求法曾渡太平洋到过美洲。399年法显偕四人自长安出发，经敦煌越南疆西域到了天竺（今印度），到了释迦故里摩揭陀国。他在印度各国

两年多，学习了梵文，取回并翻译了大量佛经，还亲自撰写了《佛国记》一书。后来他又到锡兰逗留两年，又取得不少佛经，然后乘船回到中国。前后历时14年，史学家称他为东方的达·伽马。自此中国水手们熟悉了通往西方的海路，他的归国路线就是“海上丝绸之路”。

继法显之后，有很多高僧西去求经，其中最有成就的是唐朝的玄奘法师。公元7世纪，大唐僧人玄奘踏上了陆上

◂玄奘（602—664），唐代著名高僧，法名“玄奘”，被尊称为“三藏法师”。玄奘为探究佛教各派学说分歧，于贞观元年一人西行5万里，历经艰辛到达印度佛教中心那烂陀寺取真经。

丝绸之路，前往西方寻求佛法。公元627年他自瓜州出发，经高昌与高昌王结拜兄弟，高昌王举全国之力支持玄奘西行，西行队伍穿过焉耆经龟兹国，过戈壁，翻凌山抵达西突厥帝国，受到热情款待。玄奘给国王讲解了一夜佛法，改变了国王的信仰，使得佛教在此国重新兴起。631年春天，玄奘西行到达印度，在此修学经法10年之久，于641年夏满载经文，离开印度返回大唐。回国后他翻译经卷的同时完成了《大唐西域记》的撰写。书中记载了当时印度各国的政治、社会、风土人情，至今仍为研究印度的重要资料。他取回佛教经典657部，唐高宗特在长安建大雁塔使其藏经、译经。

65岁的法显，经西域至天竺，游历30多个国家，收集了大批梵文经典，前后历时14年。玄奘穿沙漠，越雪山，决绝西行历西域16国，跋涉数万里，17年求法历程。他们留下的不仅仅是宝贵的佛教经典，更是对理想的不放弃，对信念的坚持的民族精神，是他们让“丝绸之路”镀上了一层神圣而庄严的光芒。

▲元代青花鱼藻凸花牡丹大盘

财富之路

丝绸之路开通之初，由于运输能力有限，路途漫长，沉重的、体积大的不易运输的货物不可能有长途贸易，所以最先出现的是丝

▲唐代黄地团窠宝相花纹斜纹纬锦

▲新疆阿斯塔纳古墓群出土的唐代禽兽纹锦

绸、茶叶、陶瓷、珠宝、香料等奢侈品贸易。

这些商品中最具代表性的就是丝绸。在当时的罗马帝国有“一两黄金一两丝”的说法，可见丝绸的珍贵。新石器时代中期，中国便开始养蚕、取丝、织绸了。到了秦汉时期，丝织业不但得到了大发展，而且随着汉代中国对外的大规模扩张影响，丝绸的贸易和输出达到空前繁荣的地步。贸易的推动使得中原和边疆、中国和东西邻邦的经济、文化交流进一步发展，从而形成了著名的“丝绸之路”。隋代，中国蚕桑丝绸业的重心已经转移到了长江流域。唐朝是丝绸生产的鼎盛时期，无论产量、质量和品种都达到了前所未有的水平。丝绸的对外贸易也得到巨大的发展，不但“丝绸之路”的通道增加到了三条，而且贸易的频繁程度也空前高涨。丝绸的生产和贸易为经济繁荣做出了巨大的贡献。

除了丝绸，中国让世界惊叹的还有陶瓷。因为瓷器不宜在陆路运输，于是另一条大路在海上向世界伸展。它的雏形就是法显归国时候走过的海路路线。这就是被称为“欧亚大陆桥”的“海上丝绸之路”。这条以瓷器贸易为主的道路以东南沿海为起点，途经东海、南海、印度洋、阿拉伯海到非洲的东海岸；或经红海、地中海到达埃及；或由东南沿海直达日本、朝鲜。青花的素雅、天青的神秘、斗彩的斑斓，让中国古韵附着于中国陶瓷，在西南沿海至地中海沿岸氤氲缠绕。所以“ China”是中国瓷器，“ China”中国也是当之无愧的“瓷之国”，瓷器经由海上丝绸之路，让东西方为之惊艳与痴迷。

▼唐代三彩陶骆驼载乐俑

唐三彩是盛行于唐代的铅釉陶器的总称，因为器物上有光亮的黄、绿、白或者黄、绿、蓝等多色釉彩而得名。唐三彩是唐代对外交往的历史见证，比如这件造型优美的唐三彩生动刻画了一只昂首挺立的骆驼，驮载着5个胡人俑。这代表了东西方的文化交流。

除了财富的流动，中国的丝纺技术、四大发明传入欧洲，使世界格局为之改变。而西方文化，如数学、医学、建筑、天文学等，也经由海陆两条丝绸之路流入中国。这条路对东西方的政治、经济、文化的发展产生了极大影响。到了明清时期世界性的航运异军突起，这条求同、求道、求富的道路基本上完成了它的历史使命和历史贡献。

关键词：遣唐使

躁动不安的中古日本

▪ 公元5世纪～公元9世纪

公元7世纪，中国在隋末短暂的动荡之后，迅速迎来了统一。在一海之隔的日本，新国家也在逐渐形成。璀璨的唐文化强烈地吸引着这个年轻的国家，效法中国建立同样辉煌的国家已成为一种风尚。就这样，遣唐使的时代到来了。

华风东渐

当大和国基本统一日本列岛之际，中国正处于南北朝时期，由于频发的战乱，不少中国人流落日本。这些移民将当时在世界上亦处于领先地位的中国文化和生产技术带到了日本。而作为一个尚未成熟的国家，日本也对先进的中华文明充满了仰慕。

从413年到502年，大和国王先后13次向东晋及南朝宋、梁等遣使朝贡，并请求授予封号。

589年，隋朝统一中国，从而结束了自东汉末年以来近4个世纪的分裂动乱，社会经济文化迅速发展。而此时日本也迎来了圣德太子摄政。这位开明的摄政者不仅励精图治，锐意改革，而且本人汉学功底深厚，因此其决定直接师事中国，积极学习中国先进的政治和文化制度，以建立完善的国家体制。

此后，从600年到614年期间，圣德太子先后数次遣使到中国——这是中国和日本作为两个统一的国家正式交往的开始，而这些使者可以说是后来大批遣唐使的先驱。

西渡大唐

在隋炀帝三征高句丽之后，中国境内再次出现政权更迭，但初建的大唐很快确立了自己在东亚地区的霸主地位，日渐强盛。

630年，当时大和国当政的舒明天皇第一次派出了遣唐使。此后，自630年到894年（平安时代初期）前后，日本共派出了19批遣唐使。然而在日本的奈良、平安时代，人们掌握的航海技术非常有限，遣唐使们搭乘木船横渡大海的旅程可谓艰险无比，失事、沉船、漂流等危险时有发生，因此最终真正成行并到达唐都长安的只有13批遣唐使。

最初的遣唐使的使团规模一般较小，经常是一二百人乘着一两艘船沿朝鲜半岛沿岸抵达中国。到702年至752年期间，遣唐使迎来了极盛时期。为了深入学习盛唐文明和实现全盘唐化，大批日本留学生被遣往中国，这些使团一般每次达五六百人，走的是经南方诸岛抵达大陆的南路。而到了唐朝后，这些遣唐使也经常长期留唐，学习时间比较长。

^ 舒明天皇像

不过，随着安史之乱和黄巢起义的爆发，到了公元9世纪后半期，唐王朝已摇摇欲坠，因此日本学习中国的热情有所降低，使团规模也开始缩小，留唐时间也减少为一两年。这时遣唐使的航路为直接西渡东海的大洋路。到了894年，新任的遣唐使菅原道真引用一个留学生的报告上奏宇多天皇，称“大唐凋敝”“海路多阻”，建议停派遣唐使。天皇接受了这一建议，两国关系遂告中断。

日本派往中国的遣唐使大多通晓经史、才干出众且有较高的汉学水平，甚至相貌风采、举止言辞也不同凡响。而遣唐的留学生则分为留学生和学问僧，一般从有才华的贵族子弟和僧侣中挑选。

唐风时代

数百年间，遣唐使们历经艰险，为日本引进了先进的大唐文明。此后，日本在政治、经济、军事、文化、生产技术以及生活风尚等方面都打上了深刻的盛唐烙印，并开辟了一个日本史上的“唐风时代”。

遣唐使的贡献首先是引进唐朝的典章律令，推动日本经济政治制度的革新。如公元7世纪中期的“大化革新”中，日本仿照隋唐制度，不仅改革了从中央到地方的官制，并且建立了通过考试选官的科举制。同时，日本还照搬了唐朝的班田制和租庸调制，从而建立起中央集权的政治制度，完成了日本社会向中央集权国家的过渡。

当然，唐代对日本的影响更集中地体现在文化方面。遣唐使每次都带回大量汉籍佛经，日本朝野皆以会汉文擅写唐诗为荣。在建筑艺术上，最著名的便是当时日本的都城平安京的建筑格局，可以说基本上是唐都长安城的翻版。

而在文化交流中，影响最为深远的莫过于文字和语言。正是在中国汉字标音表意的基础上，日本创造了假名字母——片假名和平假名，大大推动了本国文化的发展。同时，儒学和道家精神也在日本蔓延开来，深刻地影响了日本人的精神世界。可以说，当时日本的大部分文明都来自唐朝，中国文化已经深深地烙进了日本的历史。

乡树扶桑外

茫茫东海，碧涛汹涌，万里长空。一位垂垂老者站在船头遥望东方，日出之处便是阔别多年的故乡。

37年前，还是风华正茂的年轻人的他，挥别亲友冒着生命危险远赴异国求学，然而此后多年，虽然长安热闹繁华，却不能磨灭他的思归之情，夜夜回桑梓。“少小离家老大回”，这一日他终于踏上了回乡之路。这位老者便是日本遣唐使中家喻户晓的阿倍仲麻吕，中文名字晁衡——这个名字是唐玄宗赐予的。

717年前后，日本政府第九次向唐朝派遣遣唐使，晁衡就是这支500多人的使团的成员之一，同行的著名留学生还有吉备真备和学问僧玄昉等人。经过漫长而艰难的旅程，这些年轻人终于到达了他们日夜向往的大唐都城——长安城。

到达长安后，晁衡就进入国子监太学求学。他天资聪颖又勤奋好学，即便与中国人比，其学问也可谓出类拔萃。随后，晁衡的才华也得到了唐朝政府的赏识，被任命为卫尉少卿、秘书监兼卫尉卿等职务。晁衡还是一位才华横溢的诗人，他与当时的著名诗人、名士，如李白、王维等人来往密切，时常诗歌唱和，留下了诸多动人的佳作。

然而，不知不觉中，晁衡在中国逗留了近40年，他再也抑制不住内心深藏多年的思乡之情，多次向唐玄宗提出回国的请求。最终，唐玄宗答应其随回国的日本遣唐使使节一起返回日本。得知晁衡即将返回日本，他的诗友们为

^ 阿倍仲麻吕在唐咏歌图

其举行了盛大的告别宴会。王维的送行诗《送秘书晁监还日本国》道：

积水不可极，安知沧海东。
九州何处远，万里若长空。
向国惟看日，归帆但信风。
鳌身映天黑，鱼眼射波红。
乡树扶桑外，主人孤岛中。
别离方异域，音信若为通。

753年10月，晁衡等人乘坐四艘帆船，从苏州黄泗浦起航，驶往日本。值得一提的是，船队中还有一位扬州延光寺的著名高僧鉴真和尚和他同行。然而，不幸的是，这支船队在途中遭遇风暴，晁衡所在船只与其他船失散。

晁衡遇难的传闻传回唐朝，在南方漫游的李白因此写下了痛悼挚友的诗句《哭晁卿衡》：

日本晁卿辞帝都，
征帆一片绕蓬壶。
明月不归沉碧海，
白云愁色满苍梧。

万幸的是，晁衡所在船其实并未沉没，而是漂流到了安南（今越南）沿岸。755年，他和其余数十位海难幸存者历尽艰险，再度返回长安。自此，晁衡再也没有回到过他魂牵梦萦的故乡。770年1月，73岁的晁衡最终过世于长安。但这位遣唐使的故事却从此流传于中日两国人民之间，成为当时两国文化交流往来的友谊的象征。

遣唐使阿倍仲麻吕

关键词:统一三国 / 后三国时代

中古朝鲜的分分合合

▪ 公元1世纪～10世纪

自公元7世纪开始,小国和部落林立的朝鲜半岛开始出现统一的王国。而对统一的新罗和其后的高丽王国来说,都无法否认强盛的中华文明对其的泽被。

新罗一统三国

早自公元1世纪起,朝鲜半岛上就存在着诸多小国,并于其后互相吞并统一为高句丽、新罗和百济三国,其势力一直互相制衡。而自公元4世纪后期起,新罗先与高句丽结盟对付百济和日本。然而,随着高句丽的南下,新罗开始携手百济对付高句丽。随后,新罗又撕毁了与百济的盟约,夺得了汉江流域。最后,新罗找到了最为强大的盟友——中国的唐王朝。

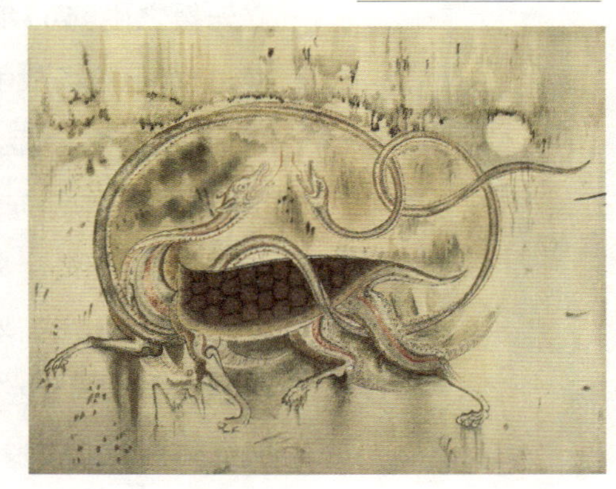
高句丽时期的壁画

645年,唐太宗乘高句丽国内政变之机亲率10万大军远征。不

^ 始建于李氏王朝时期的昌德宫，是朝鲜李氏王朝宫殿中保存得最为完整的一座，被称为“韩国的故宫”。

过，这一次唐军并未能攻下高句丽，只好班师回朝。

660年，唐高宗再次与新罗达成共同攻打百济的协议。唐朝派大将苏定方率13万大军自海路随流东下，与新罗武烈王的5万军队会师。最终，百济为唐、新联军所灭。百济亡后，失去盟友的高句丽处于了孤立无援之中。667年，唐高宗发动了对高句丽的大规模进攻，但这场战争却断断续续进行了7年。668年春夏，各路唐军会师共同出击，最终平定高句丽，并在平壤设立安东都护府统领这一地区。

自此，朝鲜半岛上的三国时代宣告终结。然而不久之后，唐朝和新罗为争夺百济和高句丽的故地，再次爆发了战争。由于受西北吐蕃局势的影响，唐朝对朝鲜半岛采取了退守政策。就此，新罗统一了朝鲜半岛大部分地区，定都庆州。

新罗统一朝鲜半岛之后，仿效唐朝建立起了一整套国家制度，进入了蓬勃发展的时期。同日本一样，统一的新罗也效法唐朝施行了租庸调制，促进了农业生产的进步。统一的新罗还同中国、日本等往来密切。据史书记载，近300年间，统一的新罗以朝贺、献物等名义向唐派出使节共126次，而唐以册封、答赍等名义向统一新罗派使34次。

后三国时代与王氏高丽

武烈王统一朝鲜半岛后的100多年间，是新罗的鼎盛期，可谓国泰民安。765年，新罗第36代君主惠恭王即位，但因其年幼，由其母满月夫人摄政。然而，此后的新罗政条不理，盗贼蜂起，时有暴动。

780年，惠恭王与妃嫔等被杀，武烈王系血统就此断绝。而因王位继承问题，又连续发生暴乱事件。自此，新罗王朝开始走向衰亡，各地农民暴动频仍，地方割据势力强大。公元9世纪中叶之后，许多地方豪族开始脱离新罗统治，其中就包括甄萱、弓裔等。甄萱出身土豪，后因军功而被擢升为将领。892年，亦举旗起兵，接连攻下数城之后，占领武珍州（今光州），宣布独立。

900年，甄萱在朝鲜半岛西南部建立“后百济”。打着复兴百济的口号，后百济的军队甚至一度攻入新罗的都城，逼死了当时的国君景哀王。

弓裔则是新罗王子，内部争权失败后亦举起反旗，于901年定都松岳（今开城），国号“高句丽”，史称“后高句丽”。904年，后高句丽改国号为“摩震”，911年又改为“泰封”。

至此，朝鲜半岛上再次形成了新罗、后百济和后高句丽三国鼎立之势，史称“后三国时代”。然而，918年，弓裔的部将王建以行为不轨和滥用权力为由将其推翻，自立为王，改国号为“高丽”。高丽采取了怀柔新罗却强硬对付后百济的政策。927年，高丽派兵进驻新罗并击退了入侵的后百济军，并于此后积极展开了对后百济的攻势。

935年3月，后百济因继位纷争发生内乱，甄萱被迫归降高丽，并得到了王建的优待。这也加速了新罗的投降。同年11月，新罗敬顺王带领王室贵族和官吏归降高丽。

继新罗王朝之后，高丽王朝再次统一朝鲜半岛。在社会经济文化方面，高丽王朝崇尚佛教，并相当重视源自中国的儒学。社会的稳定也有助于农业、手工业和商业的发展，正是在这一时期，出现了著名的高丽瓷器和各种精致的高丽绸缎等。

> 统一后的新罗同中国来往十分密切，曾向唐派使100多次。可以这样说，当时统一的新罗在文化、建筑、饮食等方面，从发达的唐朝那里学习了很多，也受到了很多影响。此为唐朝时期明州城的复原模型。

月湖

专题

失落的文明

⊙大津巴布韦 ⊙复活节岛

这是一段丢失的记忆，这是一段失落的文明。它们无数的秘密都因世人的无知而被掩盖。西方人一度认为，黑色非洲没有自己的文明，但“石头城”大津巴布韦，让他们哑口无言；被称为“世界的中心”的复活节岛上的巨石人像从何而来，至今无人知晓。然而不可否认的是，这些都是上苍赐予我们的灿烂文明。

属于黑人的文明

津巴布韦的传统木雕

津巴布韦一词，意为“受敬仰的石头城”，原指散布在津巴布韦及其周边的200多座规模不同的石头城。而津巴布韦人将位于维多利亚堡（津巴布韦首都哈拉雷以南320千米处）东南部的一大片石头城废墟，称为“大津巴布韦”。

曾有相当一段时间，西方人出于偏见，认为非洲的黑人没有发展出属于自己的文明。因此，关于谁建造了大津巴布韦的问题，一度认为

▲大津巴布韦的部分遗址

是公元前来自地中海的腓尼基人的作品，也有人将其与阿拉伯人联系起来。但此后经过考证，人们认为这座石头城应该是非洲南部曾有过高度发达的黑人文明的产物。

早在公元前200年左右，津巴布韦的土地上就有许多土著居民。公元5世纪前后，在大津巴布韦遗址地区，出现了居民点。这些居民点在公元6世纪到公元7世纪这段时期逐渐扩大。到了11世纪左右，马卡兰加古王国开始在此地大兴土木，营建宏伟壮观的石头城，作为都城和宫殿。

石头城的修建一直延续了数个世纪、几个王朝，并最终发展成为日后的规模。

▲津巴布韦王国的都城复原图

所罗门王的藏宝之地

大津巴布韦遗址是非洲南部最大的古代建筑群，被誉为非洲撒哈拉大沙漠以南地区的一大奇迹。事实上，早在中世纪，有关大津巴布韦的遗址奇观的传说就由阿拉伯人传到了欧洲。不过，在阿拉伯人的传播中，以讹传讹地将大津巴布韦与所罗门王联系在了一起。因此，当后来欧洲人发现这个遗址时，误以为这就是所罗门王的藏宝之地。

这是一个美丽的误会，但也由此可见大津巴布韦遗址的庞大壮观。整座石头城坐落于一个风景秀丽的山谷之中。古城的建筑群可分为两大部分——一部分在一片开阔地带上，叫“大围场”；另一部分位于一座小石山上，叫“卫城”。

大围场依山傍崖，四周是花岗石砌的围墙，高10米，厚5米，全长240米，面积4600平方米。墙内还有一道内墙，长90米，呈半圆形。大围场的建筑主要有神庙、石碑和宫殿等，还有一座高15米的圆锥形的实心塔，据分析应该是当年皇室的祭祀场所。各种建筑物间主要由石头铺的曲径相连通，墙的通口和屋门则多是凿通的巨大花岗石，门首和一些石块上雕刻着各种精细的图案。

卫城则一般被认为是平民百姓居住的地方，其修筑在距大围场不远的一座地势险要的小石山上，四周同样围墙环绕，只开着仅容一人侧身而过的狭窄石门，可谓“一夫当关，万夫莫开”。站在卫城顶端，整个大津巴布韦尽收眼底。

从已经发掘到的文物来看，大津巴布韦曾是一座非常繁荣的城市，农业、冶炼业和贸易都非常发达。遗址附近保留着古代的梯田、水渠和水井，有很大的铁矿坑和冶铁工具，还有古代铸造钱币用的泥模和许多金银首饰。

此外，据史书记载，当时的南部非洲与阿拉伯、印度以及遥远的中国都有着贸易往来。在大津巴布韦的一个货仓遗址中，人们就发现有近东的陶瓷、阿拉伯的玻璃、黄金及印度的佛教念珠等，甚至还有中国明代的青花瓷。

世界中心的居民

在太平洋最偏僻、最与世隔绝的一个孤岛上，一段神秘的文明曾以其独特的方式独自演绎又寂寞散场。千百年后，当旧文明世界的人们踏上这个以“世界的中心”为名的孤岛之时，他们再度为这里的文明所折服。

1722年4月5日，荷兰探险家雅各布·洛加文在历经数月的艰苦航行之后，突然发现了一个孤悬于太平洋中的小岛。由于这一天正好是复活节，所以这个小岛被命名为“复活节岛”。

但雅各布·洛加文并非是第一个上岛的人，在此之前就有一批人世世代代定居于这个世外孤岛之上。这些土著居民将自己的家乡称为代比多·古拉，意为“世界的肚脐”，即“世界的中心”——当现代人类在航天飞机上鸟瞰地球之时，才发现这个说法是如此的形象，因为浩瀚太平洋中的复活节岛，确实如同地球的一个小小的“肚脐”。

不过，现代考古学家一般采用波利尼西亚人以及太平洋诸岛的土著居民的叫法，称复活节岛为“拉帕努伊岛”，岛上的原居民为拉帕努伊人。

复活节岛有这样的传说——大约1500年前，一个名叫霍图·玛图阿（意即“伟大的祖先”）的波利尼西亚酋长带着妻子、6个儿子和其他族人乘坐着巨大的木筏，来到了复活节岛，并在此世代定居下来。

而经考古研究发现，公元5世纪到公元8世纪之间，复活节岛上确实已开始有人类活动。生物学家通过检测古拉帕努伊人的DNA，也确定他们为波利尼西亚人。因此，现代考古学界一般认为，拉帕努伊人是在大约公元5世纪时，漂流到复活节岛上的一批波利尼西亚人的后裔。

巨石人像之谜

当雅各布·洛加文踏上复活节岛，看到岛上气势恢宏的巨石人像群时，这位来自文明世界的探险家惊呆了。这些被当地居民称作“摩艾”的石像，矗立在一个名叫“阿胡”的海滨祭坛上，气势磅礴。它们大多高7米至10米，重30吨至90吨，有的石像一顶帽子就重达10吨，均由整块的暗红色火成岩凿刻而成。

摩艾们额头狭长，鼻梁高挺，眼窝深邃，而且面部表情栩栩如生，有的安详端庄，有的杀气腾腾，有的则仿佛在沉思冥想。

这些摩艾们的凿刻始于公元7世纪，并一直延续到了15世纪，其中大部分完成于12世纪至15世纪。据统计，复活节岛上共有887尊摩艾，除了288尊被成功运送到“阿胡”祭坛上、397尊仍留在采石场中外，其余的都散落在运输途中。

如此数目众多、工程浩大的巨石人像为何而建，又是如何而建，一直是一个谜团。事实上，当雅各布·洛加文登岛之后，他就发现复活节岛上只有枯萎的野草和矮小的灌木。因此，人们一度非常疑惑于如此贫瘠的土地如何能够负担建造巨大的石像群所需要的大量的物力和人力。

不过，后经科学家考证发现，公元5世纪前的复活节岛植被茂盛、物产丰饶，而且全岛随处可见枝繁叶茂的大棕榈树——这正是制造舟船、滚木、吊杆和撬杠的理想材料。

古拉帕努伊人在此定居和繁衍之后，也许是为了纪念去世的部落首领或祭祀神灵，同时也是作为势力范围分界线的标志，他们开始凿刻巨大的石像，并砍伐大棕榈树和刺麻等植物来造船和做搬运工具。

然而，随着岛上的人口不断膨胀，不断地凿刻石像和砍伐树木，大棕榈树最终被砍伐殆尽。接着，岛上的其他生存资源也开始枯竭，自然环境日渐恶化。再后来，饥饿、战争、疾病等接踵而来，岛上人口也越来越少。

就这样，复活节岛走向了衰亡。雅各布·洛加文看到的，仅仅是这个文明的孑遗，只有那些沉默的巨石人像，仿佛仍在诉说着其往日的繁盛。

▾探险家们发现巨石人像

第四章

征服与扩张

这是一个征服与扩张的时代，是一个文明与愚昧交织的时代，更是一个压迫与反抗激烈碰撞的时代。

腓力四世掀起“法国制造”，西班牙开始收复失地，塞尔维亚人走上创业之路，伊凡三世一统俄罗斯，高丽王朝降龙伏虎，幕府统治扎根日本……而新航路的开辟、文艺复兴新思潮的席卷而来，也将近代的序幕徐徐拉开。

▷ 文艺复兴美术大赏

VISIBLE HISTORY OF THE WORLD

关键词：诺曼征服

威廉一世的诺曼征服

■ 约1028年～1087年

诺曼人是日耳曼人的一支，过着原始落后的游牧生活。相对于中世纪的欧洲来说，他们是野蛮的民族。但他们的铁蹄却踏遍了整个欧洲，而且成功地在很多欧洲国家建立了公国，并实行殖民统治。11世纪，诺曼人在“征服者”威廉一世的带领下，对英格兰进行了征服，掀起了诺曼狂潮。

诺曼人的壮大

诺曼人，意思是指“北方的人”，主要包括丹麦人、挪威人和瑞典人。他们是日耳曼人的后裔，一直以来过着游牧生活，生产力水平相当低下。由于人口压力越来越大，于是诺曼人开始将

> 威廉一世像

诺曼底公爵，英格兰第一位诺曼人国王，被称为“征服者威廉”。但就是因为他的征服，改变了英国历史的进程。

目光转移到欧洲。从公元9世纪开始，他们分三股力量向欧洲发起了猛烈的侵略。其中，瑞典人主要是在东线扩张，一边做生意，一边做海盗，很快就在现在的俄罗斯境内建立了诺夫哥罗德和基辅罗斯两个公国，也就是现代俄罗斯人的先祖。而西线的挪威人，曾经占领了很多北欧国家，甚至还到过现在的美洲。但不幸的是，他们缺少后来的航海家那一双双“发现”的眼睛，与机会失之交臂。

这里成就最卓著的是中线丹麦人的侵略。当时的英格兰处在分崩离析的割据状态，7个小国共同存在，历史上称之为“七国时代”。公元8世纪末期，诺曼人拉开了对不列颠的侵略序幕。虽然没有取得什么实质性的成就，但是那里的文化和先进生产力已经给他们留下了深刻的印象。后来，他们就没有中断过对这片土地的向往。879年，英国人在结束国内“七国之乱”重新恢复统一后，向丹麦人宣战。国王阿尔弗雷德大帝与他们签订了和平协定，划线而治。

与此同时，诺曼人还将魔爪伸向了法兰西。他们占领了法兰西西北部的大片地区，并在那里建立了自己的公国——“诺曼底公国”。10世纪，诺曼底公国成为法国最大、最有影响力的几大公国之一，而且还对外发动了几次侵略，其中最著名的就是威廉一世对英格兰的征服。

窘迫的身世

威廉一世出身名门但并不高贵，主要是因为他是诺曼底公爵在已有妻室的情况下，与出身低微的母亲私通后生下的孩子。中世纪最不受人尊重的就是私生子。这个让威廉无可奈何的出身，是他一生中最大的耻辱，也是他一辈子都不愿提起的伤痛。但幸运的是，他是父亲唯一的儿子，所以即使是私生子，也理所当然地继承了父亲的所有财产和地位。

威廉拥有父亲的一切时才8岁，所以没有人把他放在眼里。而他也在别人的冷嘲热讽中一天天成长起来。从小就看惯了钩心斗角的他，在尔虞我诈

英国坎特伯雷大教堂中威廉一世的塑像

的欺骗中过早地成熟。他经历了无数次反抗和暴动，当历史将他推到风口浪尖的时候，他毅然地选择在苦难中成长。渐渐地，他成了一位智勇双全、坚毅而残忍的杰出青年。

“为达目的不择手段”的威廉，为了给自己找到一个稳固的靠山，与弗兰德尔的公主结为夫妻。也许是受到私生子身份的伤害和母亲的影响，威廉很小心地呵护着与妻子的感情，并且与她生了9个孩子，其中两个后来成了像他们的父亲一样优秀的国王。

深谋远虑的威廉很早就跟英国国王爱德华提到过继承英国王位的事情，当时爱德华迫于自己在诺曼底公国避难，而且也对诺曼人怀有好感，所以他并没有拒绝威廉的要求。而且爱德华妻子的兄弟哈罗德在法国遭绑架的时候，也是威廉救的他。那个时候，这位王亲是满口答应，甚至还立下字据，要在爱德华去世以后，支持威廉继承英国王位。似乎一切都是按照威廉的意思在发展。但事与愿违，爱德华去世前立下遗嘱，将王位传给哈罗德。哈罗德自然不愿再提以前的誓约，心安理得地坐在国王的宝座上。这当然激怒了威廉，他在积极地为自己争取各方面的支持下，准备对英国开战。1066年，威廉开始了对英国的征服。

“诺曼征服”上演

英格兰和法兰西之间只有一个狭长的英吉利海峡相隔，游泳健将们只要愿意，都可以游到对岸。但是，当时的诺曼人主要是骑兵，要穿过这条海峡必须借助船。经过几个月的准备后，万事俱备，只欠“南风”。

为了顺利渡海，只有等到刮南风的时候，才能扬帆起航，但南风却迟迟不吹。威廉以为上帝是在阻止他的行动；但恰恰相反，上帝为威廉送去的是一份“大礼”。

哈罗德即位以后，他的兄弟联合了挪威人的势力，起兵反抗，欲与其争夺王位。被逼无奈的国王只有率领部队平定叛乱。就在这段时间，焦急的威廉在对面的海岸等待着吹起南风。

哈罗德在为自己庆功的时候，上帝也为威廉送去了南风。得知威廉要登陆的消息时，哈罗德一刻也坐不住了，带领残兵剩将6000余人，日夜行军，并一路召集军队。

威廉挥着教皇赐予的“圣旗”，以上帝的名义，在基本上没有遇到一兵一卒的情况下，顺利地登上了英格兰的大陆。就在他刚刚下船的时候，却不小心摔倒在地上。所有的将领都以为是一个不吉利的象征，但威廉站起来，高兴地说：“此战必胜，看我的双手已经拥抱了英格兰！”

历史断面

诺曼底公国

诺曼底公国是中世纪法国最著名的公国之一，由诺曼人建立。诺曼人是公元8世纪至11世纪北欧日德兰半岛和斯堪的纳维亚半岛等地的日耳曼人，常以海盗形式出现。911年，诺曼人从法国手中谋得塞纳河口一带地区，并在那里建立了诺曼底公国。但定居后的繁荣与富饶，驱使着贪婪而富有冒险精神的诺曼人向外扩展。1066年，他们在威廉一世的率领下，征服了英格兰，史称“诺曼征服”。他们为当地植入了更加完善、严密的体制，加速了英国的封建化进程。

从两军的战略战术上来说，彼此并没有太大差别。某种程度上，诺曼人的骑兵还没有英国人的部队灵活性强。但是，威廉比哈罗德更善于用兵、更老练，必要的时候，比哈罗德脑筋转得更快。

虽然在战争刚开始的时候，哈罗德一直都占上风，但威廉临危不惧，沉着应对。最后，他用佯装撤退的方法，瓦解了英国人坚不可摧的盾墙，像楔子一样插入了他们的心脏，大获全胜。哈罗德不幸眼睛中箭，当场毙命。这就是后来人说的“诺曼征服”。

^ 诺曼底城堡

《末日审判书》

诺曼人对英国的征服，是英国最后一次遭受外族入侵。威廉并没有在刚刚尝到胜利滋味的时候，就匆匆地向伦敦进发，而是颇有眼光地把周围的一些地方征服以后，让孤立无援的伦敦主动投向他的怀抱。

不久，老谋深算的威廉终于成功地坐上了英国国王的宝座，被称为“威廉一世”或“征服者威廉”。

刚开始的时候，有许多英国人反对一个外族人来统治他们，所以，纷纷举起反抗的大旗。但一向以狠、冷著称的威廉一世，从来都没有让这些人得逞。

几个较大的封建家族都被消灭以后，他把目光投向了骑士阶层。除了保留一些与自己同族的盎格鲁－撒克逊人骑士的领地外，他没收了其他贵族的土地，分给了与他一起打江山的诺曼贵族们。他曾让所有的英格兰人向他鞠躬敬礼，并猖狂地宣称：“我的附庸的附庸，就是我的附庸！”

1086年，他下令调查全国所有的土地，明确农民应承担的封建义务和纳税金额，并将所有信息编辑成册。当时接受调查的人都必须报告自己土地的归属、收入和自己的财产等详细情况。所以，后来人们又称其为《末日审判书》。同时，很多自由农民被记录成农奴，大大地推进了英国的封建化进程。同时，这也为历史学家们提供了丰富的资料，具有相当高的价值。

威廉去世后，他的儿子威廉二世和亨利一世接过父亲的旗帜，继续为英国的封建主义发展做出积极的努力。在中世纪这个黑暗的年代中，发展最快的也就是11世纪至12世纪。虽然诺曼征服是外族入侵，但诺曼人让英国抓住了中世纪的黄金发展时期，及时为英国带去新鲜的血液和活力，影响了英国的整个未来。

VISIBLE HISTORY OF THE WORLD

关键词：黄金诏书 / 帝国虚实

神圣罗马帝国的虚实

■ 10世纪～19世纪

962年，德意志国王、萨克森王朝的奥托一世由教皇约翰十二世加冕称帝，成为罗马的监护人和天主教世界的最高统治者，建立了神圣罗马帝国。但直到1254年，这个帝国才称为“神圣罗马帝国”。在帝国的全盛时期，它的疆域包括德意志、奥地利、法兰西东部、瑞士、意大利北部和中部、捷克、斯洛伐克和荷兰等地。1806年灭亡于拿破仑之手。

帝国的诞生

神圣罗马帝国的雏形可以追溯到法兰克的查理曼时期。他在位时南征北战，几乎占领了整个欧洲。教皇在罗马为其加冕，称为“罗马人的皇帝”，所以有人认为“神圣罗马帝国”源于查理曼所建立的帝国。但许多学者并不认同，认为当时并没有“神圣”二字，因此只将其称为“法兰克帝国”。

即使没有“神圣”二字，这个“罗马人的皇帝”依然对后代产生了巨大诱惑。查理曼死后，他的儿子“虔诚者”路易继位，他的3个儿子群起叛乱。路易死后，长子罗退尔继位，他的两个兄弟——日耳曼的路易和“秃头”查理，联合起来反对他，战争不断。843年，3个兄弟在凡尔赛缔结条约，将查理曼留下的庞大帝国瓜分了。条约规定：日耳曼的路易得到莱茵河右岸地区和巴伐利亚，大致与今天德国的领土一致，称为“日耳曼”或“德意志”，即“东法兰克王国”；“秃头”查理所得大致与今天法国相吻合，称为“法兰西”，即“西法兰克王国”；长子罗退尔得到意大利中部、北部以及路易、查理所占地区之间的狭长地区，即“中法兰克王国”，罗退尔保留了“皇帝”称号，查理和路易只有“国王”的称号，3个王国独立发展，互不统属。

^ 神圣罗马帝国国徽

国徽是头顶皇冠的双头鹰图案。双头鹰图案沿袭了古罗马帝国的图腾，意为帝国是古罗马的正统继承者。双头鹰翅膀上的七大选帝侯国和德意志各大诸侯的旗帜，表示帝国的普世性和辽阔疆域。

东法兰克王国中最强大的是萨克森公国。919年，萨克森公爵亨利一世取得了东法兰克王国的统治权，建立了萨克森王朝，创立了德意志国家。936年，其子奥托一世继位极力打击贵族势力，加强王权，最终控制了德意志的五大公国。955年，他击败马扎尔人，收复周边地区。962年，罗马教皇为其加冕，称其为“罗马的监护人”和“罗马天主教世界的最高统治者”，恢复了查理曼时的“罗马人的皇帝”称号。此后这一称号一直在东法兰克帝国传承，但直到1254年才有了“神圣罗马帝国”的称号。它虽也来自教皇，但本质上还是德意志民族国家，皇帝只是通过征服意大利来取得“罗马皇帝”的合法性。

^ 教皇约翰十二世为奥托一世加冕

962年，教皇为奥托加冕，建立神圣罗马帝国。此后800多年，此帝国一直统治着西欧和中欧。

“实权”与“失权”

神圣罗马帝国的早期曾是统一政权，但后期分裂割据的趋向愈来愈明显，逐渐蜕变成为许多封建公国、宗教贵族领地和自治城市的政治联合体，皇帝权威形同虚设。自奥托一世加冕以来，帝国先后经历了8个独立王朝、1个空位时期和1个混合家族世袭时期。在萨克森与法兰克尼亚两朝，因皇帝拥有较多权力，他们和教皇发生了多次冲突。

11世纪至12世纪，是霍亨施陶芬王朝统治时期，中央权力衰弱，国内各地缺乏经济联系，帝国变得很不牢固。12世纪至13世纪，由于德意志皇帝缺乏作为税收来源和扩张王权的基础——强大的王室领地，因此中央政府势力渐弱。同时意大利地区北部城市，如威尼斯、佛罗伦萨等由于资本主义发展，财富充盈，不断吸引着皇帝的眼球，使得他们大都率兵南下掠夺，乐此不疲。而帝国的权力则落入了国内王公手中。这就使得神圣罗马帝国虽拥有大一统的“国家”之名，实际上却逐渐演变成一个松散的“邦联组织”。

1254年至1273年，神圣罗马帝国历史上还出现了皇位空缺，更显皇权之颓势。此时各诸侯、骑士和城市间的纷争、内讧不断。13世纪末，帝国内部出现了许多独立的大封建领主，皇帝已无权对其直辖领地外的封建诸侯进行管辖。随着皇帝地位的不断下降，1356年，卢森堡王朝的查理四世被迫颁布《黄金诏书》，明确规定皇帝不再世袭，而由选举产生。此后，16世纪的奥地利哈布斯堡王朝试图重振皇权，再创辉煌，但因遭到强烈反对也只能作罢。

严格来讲“神圣罗马帝国皇帝”的称号，也只是中世纪欧洲的一个别样的王公头衔罢了。和其他王公相比，也只是名义上的“高高在上”，并没有什么实际的特殊权力。“神圣罗马帝国皇帝”的财政收入基本上仅来自自己的领地内，皇帝不能从其他诸侯处征税或行使其他权力。甚至皇帝也常因为这一至尊的称号而陷入为保留这一称号而进行的战争中。结果不但无法使自己变得更为强大，反而成为各诸侯、教皇或主教攻击的对象，皇权一落再落。所以说，“神圣罗马帝国皇帝”是真正的“有名无实”。

《黄金诏书》

神圣罗马帝国缺乏公认的皇室继承法。因此一旦皇帝去世，往往造成各诸侯争夺皇位，导致帝国的长期分裂和内战，陷入无政府状态。为了克服这一状况，神圣罗马帝国的诸侯们试图通过选帝侯制度来加以解决。

所谓“神圣罗马帝国”的选帝侯制度，也就是依据一定的程序和制度，通过选举的方式确定选谁做皇帝的制度。1356年，德意志国王、卢森堡王朝的查理四世为了谋求诸侯对其子继承王位的承认，在纽伦堡制定了著名的“黄金诏书”，以法律的形式确认了大诸侯选举皇帝的合法性，由此开创了所谓的“选帝侯”制度。

诏书确立了帝国的七大合法选帝侯：特里尔大主教、美茵茨大主教、科隆大主教、普法尔茨伯爵（莱茵行宫伯爵）、勃兰登堡边地侯、萨克森公爵及波希米亚国王。这七大选帝侯既作为“皇帝”的选举者，同时也作为“皇帝”的

^ 庞大的哈布斯堡

候选人，即被选举者，被选举出来的人只能称“德意志国王”，而不称“皇帝”。只有进入罗马，并由教皇加冕后的“德意志国王”，方能称为“神圣罗马帝国皇帝”。此后，几乎所有的“德意志国王”都通过这种方式得到“神圣罗马帝国皇帝”的称号。

1273年，哈布斯堡家族获得了“德意志国王”“神圣罗马帝国皇帝”称号，并于1437年将此称号作为“世袭”的遗产传给了子孙。此后哈布斯堡家族一直把持神圣罗马帝国皇位（1742年至1745年除外），直到1806年帝国灭亡。哈布斯堡家族垄断皇位后，也不再需要教皇为其加冕，所以确切地说，此时的“神圣罗马帝国皇帝”已成为奥地利－德意志君主的一般称号。

“虚”与“实”

法国著名启蒙思想家伏尔泰给这个“神圣罗马

帝国”的评价引人瞩目，即“它既不神圣，也不罗马，更非帝国”。从上文来看，它这个“神圣”没有合法性，是自己加在自己头上的；而“罗马”也只是在用武力强迫教皇为其加冕而得来，不具有真实的意义。从本质上看，这个帝国根本不是“罗马”的，只能称为德意志民族的；如果我们将“神圣罗马帝国”和查理曼所建立的法兰克帝国相比较的话，就会发现从领土的广袤、稳定性、统一性、皇帝的权力等各个方面，它都不配“帝国”这一称号。应该说，伏尔泰的评价还是比较贴切的。

但从德意志民族国家的发展历程看，神圣罗马帝国又是它不可或缺的一部分。罗马帝国灭亡后，德意志地区成为蛮族横行的地区，通过加冕“神圣罗马帝国皇帝”的称号，提高了日耳曼人的地位，使其获得合法的统治基础。此后，这一体制积淀成思想传统，成为德意志民族的“象征”，并成为德意志民族始终不被肢解，最终形成统一强大的“德意志帝国”的精神凝聚力和身份认同的标志，甚至成为威廉二世、希特勒等人赖以建立“德意志第二帝国”“德意志第三帝国”的历史基础之一。从经济层面上看，神圣罗马帝国这种分裂格局，有利于新的经济方式的产生，例如汉萨同盟、城市的复兴等，促进了中世纪社会向近代社会的转型。从政治、文化层面上看，市民文化的产生和二元制的政治体制，加速了德意志民族的形成。

> 神圣罗马帝国时期的工艺品

VISIBLE
HISTORY OF THE
WORLD

关键词：美男子 / 法国制造

“美男”腓力四世与法国制造

▪ 1268年～1314年

法国卡佩王朝经过历代君主的努力，王权逐步增强。到了“美男子”腓力四世的强硬统治时期，王权更是“欣欣向荣”。值得一提的是，他重拳出击的天主教会，更是深深地打上了“法国制造”的烙印。

拓疆固王权

卡佩王朝经过约两个世纪的苦心经营，到12世纪晚期，已经初步改变了原先那种手无缚鸡之力的落魄形象——王权的威慑力和向心力有了较为明显的增强，王室领地的物质力量以及与周边地区的经济交往也有了较大长进。

有了这样的基础，卡佩王朝后期的君主们开始迸发出前所未有的活力，先后出现了3位在政治上颇有作为的君主。其中有以武功和狡黠著称的腓力二世、以信仰虔诚闻名的路易九世，还有以贬损教会而名垂后世的腓力四世。

1285年登上王位的腓力四世，是卡佩王朝后期强有力的君主之一。他身材高大，风度翩翩，人称“美男子”。在他统治时期，延续了卡佩王朝先祖

^"美男子"腓力四世

^ 腓力四世骑马图

们的一贯做法，使王权得到进一步加强。

1284年，腓力四世通过与法国东部香槟伯爵领地和比利牛斯山区纳瓦拉王国女继承人胡安娜结婚，使卡佩王朝顺理成章地得到了这两个地区。法国南部的波亚图和土鲁兹领地因无嗣也相继归并到法国。而后他又把手伸向了加斯贡尼。当时法国南部的加斯贡尼尚属英国统治，腓力四世趁英王爱德华一世忙于平定英伦三岛的内乱之际，吞并了英王在法国的这块领地。之后由于法国在弗兰德尔战败并忙于和教皇斗争，腓力四世与爱德华一世议和，但法国依然占领了加斯贡尼的大部分地区。为扩张领土，腓力四世曾连续进攻弗兰德尔，1304年他终于攻占了长期不肯臣服的弗兰德尔。通过联姻和战争双管齐下，腓力四世将王室领地大大扩展。

国家机器的“锻造”

在腓力四世统治时期，朝廷里设立了“御前会议”，它所属的某些机构后来分化成独立的机构。比如，御前会议的司法部门就分离出去成为“大理院”，下分大法院、调查院、审理诉状院、成文法听取院四个“院”。大理院审理来自外省的上诉案件，其成员必要时也要到外省去正式处理案件。

从御前会议又分出了“审计院”。这是1320年成立的机构，像大理院一样，设在西特岛。王家金库最初在圣殿隐修院，后来迁往罗浮宫。王宫里还设有负责掌印玺的“御玺署”和货币管理机构。

为了加强吏治，腓力四世从不同的地区和阶层中选拔官吏，充实到从中央到地方的所有行政机构，使其成为王室得心应手的工具。为了征求臣民的意见，他还经常召集他们的代表举行会议，这些会议就是后来“王国三级会议”的前身。

1302年，腓力四世首次召开了三级会议。会议的目的是听取国王的决定，使这些决定具有普遍的价值。从此，国王常常借等级会议来提高自己的权威，扩大王权的社会基础。而这样的会议也一度促进了王权的发展，促进了法国的政治统一。

取财有“道”

腓力四世时期，财政缺乏正常的来源，特别是长期频繁的军事行动更加重了财政负担。他曾尝试建立税收制度，在王室领地上征收“炉灶税”等直接税和“盐税”等间接税，但收效甚微。后来，他干脆求诸一些非常的渠道。1306年，腓力四世首先将目光瞄准因经营有方而拥有巨额财富的犹太人，这些犹太人被剥夺全部财产之后，立即被驱逐出境。

为了摆脱财政上的困境、加强王室的经济实力，腓力四世于1307年对占有大量土地和财富的圣殿骑士团进行严厉打击——骑士团成员被冠以滥施巫术、生活淫荡以及信奉异端等罪名，其中有36人在这一年被严刑拷打致死。1312年，腓力四世又迫令教皇解散了圣殿骑士团。这样国王不仅摆脱了债务，还敛到了骑士团的大量财物。

腓力四世为了广开财源，颁布了一系列旨在禁止“奢华”生活方式的法令。例如，1294年的一项法令规定：普通自由民不论男女均不得穿皮衣，均不得佩戴任何金银首饰或珠宝饰品；公爵、伯爵、男爵一年中新做的服装不能超过4套，儿童一年中只能做1套新衣服；不论任何人，正餐均不得超过两菜一汤，而每盘菜里只能有一块肉。对于违反上述规定者，法令规定了明确的罚款金额。为了有效贯彻这类法令，腓力四世还明文规定，全社会成员均有权告发违规者，违规案一经查实，告发者即可获得罚款的1/3作为酬金。且不论这类规定是否合理，它毕竟表明法国王权有了明显的发展，它的触角已经伸展到社会生活的各个方面。

“法国制造”——罗马教廷

在腓力四世为金钱而采取的各种行动中，最具持久性影响的是他对教会所采取的强硬政策。1296年，腓力四世下令向一直享有各种特权的法国教会征收20％的所得税。但这遭到了教皇卜尼法斯八世的坚决反对，因为他原系前任教皇派驻法国的特使。他的12处领地中，有7处在法国，征收所得税会直接损害他的利益，所以他立即发出“教俗敕谕”，未经教皇同意，禁止教士向国王交纳所得税，否则开除教籍。

腓力四世也不甘示弱，报之以禁止一切黄金、白银和珍贵珠宝输往国外，这样教会就不可能从法国得到收益。教皇次年被迫媾和，默认了腓力四世的征税权。不甘失败的教皇发布一连串谕令，宣布教会权力高于世俗权力，撤销国王对神职人员的征税权，并命令所有法国主教到罗马开会。腓力四世于1302年2月召开法国历史上的第一次三级会议以获取支持，公开与教皇对抗。腓力四世还派人去意大利，与

^ 阿维农城堡

腓力四世将教廷从梵蒂冈迁至法国南部边界的阿维农城，由此开始的七任教皇都是法国人，教皇成为法国国王的“人质”，历时68年，史称“阿维农之囚”。

罗马贵族科隆纳勾结，闯入教皇住宅，把卜尼法斯八世凌辱、殴打一顿，并以死相威胁，悲愤交加的教皇在几周后因受惊过度愤懑而死。

在卜尼法斯八世去世两年后，在法王的压力之下，法国波尔多大主教被选为教皇，称克莱门五世。腓力四世将教廷从梵蒂冈迁至法国南部边界的阿维农城，由此开始的七任教皇都是法国人，教皇成为法王的“人质”，历时68年，史称“阿维农之囚”。事实上，他们都处在法国国王的控制下，由此教廷被打上了“法国制造”的烙印。

专题

中世纪的骑士团

⊙圣殿骑士团 ⊙条顿骑士团 ⊙善堂骑士团

中世纪的骑士团，主要是为保卫第一次十字军东征的胜利果实而成立的，具有宗教、军事和慈善3种作用。12世纪初，在圣地巴勒斯坦地区，首先成立了最有影响力的3个骑士团：圣殿骑士团、条顿骑士团和善堂骑士团。这些骑士团都具有安贫、守贞和服从的特点，并且都遵守相关规则、制度。但这三者又各有特点，各有千秋。

圣殿骑士团

圣殿骑士团，又有人称其为“基督和所罗门圣殿贫穷的骑士”。“圣殿”指的是所罗门的圣殿。因为这个骑士团的创始者当时所住的地方离所罗门圣殿很近，而且骑士团的总部也设在其附近，所以人们称其为“圣殿骑士团”。这个骑士团最具标志性的服装，就是白色长袍，背部有红色十字架。但穿这种衣服的人，必须是其中的高级骑士，普通骑士是没有资格穿的。

他们的领导人是由选举产生的，而且是终身任职，被称为宗师或大团长。宗师下面有3个阶层：骑士、士兵和牧师。宗师只对教皇负责，不受当地封建君主和主教的支配。骑士大部分都是装备精良、骁勇善战的勇士，是骑士团的主要战斗力量，从事军事活动。而牧师则是本分工作，主要负责骑士团的祷告和其他宗教事宜。骑士团成员不仅有免税权，而且还有征税权，他们可以在自己

▲圣殿骑士团最后一任团长雅克·德·莫莱在骑士团管理地——博内。

的领地上征收“什一税”。教皇给予的特权、王公大臣的捐赠、自己的抢劫以及税收，使得骑士团很快就成为一个拥有雄厚实力的经济团体。他们发明了一套很复杂的银行系统来管理账目，被后人称为银行业的鼻祖。但如此耀眼的光芒也引来了不少觊觎者的目光，法王腓力四世就是其中之一。

1307年，已经对骑士团的财富垂涎三尺的腓力四世开始采取行动。他联合了教皇克莱门五世，将圣殿骑士团成员以“异端罪”全部逮捕。腓力四世这位“美男子”给当时的所有事务官都发了一封密信，要求他们逮捕所有的圣殿骑士团成员。所有的骑士团成员要么是在逮捕中因为反抗而被杀害，要么就是在审讯中受折磨而死，或者是最后被处以火刑。据说，骑士团宗师在被执行火刑之前，曾恶狠狠地诅咒谋害他们的人，扬言说他们将活不到一年。结果，他的预言还真的实现了，教皇在一个月后就暴病身亡，而腓力四世也在半年后的一次打猎中突然死亡。

▲雅克·德·莫莱画像

圣殿骑士团最后一任团长，是基督教世界中最有名的圣殿骑士。1307年，被法国国王腓力四世逮捕，后在巴黎塞纳河上的小岛被处以火刑。

1312年，教皇宣布解散圣殿骑士团。至此，圣殿骑士团结束了自己辉煌的历史，惨淡地退出了历史舞台。剩下散布其他国家的骑士团成员都转变成军事修会成员，过起了普通修会会员的生活。

条顿骑士团

1190年，在圣地巴勒斯坦的阿克成立了另一个赫赫有名的骑士团——条顿骑士团，全称是“耶路撒冷圣玛丽娅医院的条顿骑士团”。这个组织刚开始的时候是一个完全的慈善组织，8年后，转变成带有明显军事倾向的组织。这个骑士团的成员，仅限于日耳曼贵族。他们的代表性特征，就是带有黑色十字的白色长袍，以及绘有红色宝剑和十字的斗篷。他们不仅享有教皇特许权，而且还有另外113项特权。

较之其他两个来说，条顿骑士团的发展速度在刚开始的时候是比较缓慢的。1226年，骑士团帮助匈牙利人打败了普鲁士人。因而，匈牙利人允许他们在将当地的斯拉夫人基督教化以后，将普鲁士交给骑士团管理。50年以后，条顿骑士团顺利地完成了普鲁士斯拉夫人皈依基督教的过程，进入了鼎盛时期。但他们并没有安于现状。在尝到权力和金钱的甜头后，他们又将魔爪伸向了更远的黑海区域。这引起了立陶宛和波兰的不满和愤怒，一场战争在所难免。

14世纪末，立陶宛和波兰通过联姻，拉近了关系，也加快了他们联合起来对付骑士团的进程。1410年，波兰国王带领所有能够团结的骑士团的敌人，在普鲁士的坦能堡，与条顿骑士团进行了一场恶战。条顿骑士团因寡不敌众，战败而逃，不仅所有指挥官阵亡，而且宗师也都被杀害。条顿骑士团从此走进黑暗的命运中。

1525年，普鲁士境内的骑士团解散，几十年以后，所有的骑士被赶出波罗的海区域。在艰难维持了几个世纪之后，1809年，拿破仑一世正式宣布解散条顿骑士团。

善堂骑士团

▼骑士受封仪式

善堂骑士团，又称医院骑士团或约翰骑士团，其成员必须是贵族出身。与前面两个比较来说，这个骑士团是最古老，也是存在时间最长的骑士团。至今，它仍然活动在世界上需要帮助的地方。而且，这个骑士团本身拥有雄厚的经济实力，再加上继承了其他骑士团的财产，可以说是财大气粗。虽然它现在已经不是一个很大的组织，但是它与87个国家存在外交关系，在全世界范围内吸收成员和慈善捐款——他们的领地只是一栋大厦，但他们却发行自己的钱币和邮票。

善堂骑士团在十字军东征尚未开始的时候，就已经出现，只是那个时候它的主要任务是行善，如给染病的基督徒免费看病，为饥饿的兄弟姐妹提供食宿等。那个时候的组织并不完善，很多规则都没有制定。第一次东征之后，他们由一群慈善家变成了军事家和士兵。1530年，该骑士团获得了马耳他岛的管辖权，并在那里建立了“马耳他骑士国”，所以，他们的标志性服装就是八个尖角的白色马耳他十字，黑色外套（后来改为红色外套）。他们的旗帜上，也是八个尖角的马耳他十字。

教皇当时赐予他们马耳他岛屿的主要目的，就是想让他们阻止穆斯林向欧洲扩张的想法。他们一直很尽职地坚守着自己的岗位，从来没有擅离职守，直到拿破仑的铁蹄踏上这片土地。虽然，1798年拿破仑强迫他们投降，投降后的大部分骑士团成员逃离了马耳他岛屿。但1834年，教皇又重新号召并组织了善堂骑士团。从此以后，他们又回到了最初成立时的目的，从事一些慈善事业，为发生战争、重大地质灾害、严重瘟疫灾害的地方，送去他们的援助物资。

今天看来，1.2万平方米的地方，让善堂骑士团成就了一个光荣的梦想。他们现在在全球范围内的正式成员只有几十个，但他们拥有一万多名的骑士。而且，在这些杰出的成员名单中，你会发现很多名人的影子，比如说曾经做过美国财政部长的威廉·西蒙等。

面纱下的骑士团

除了上述的三个影响比较大的骑士团以外，还有几个比较小的骑士团，比如说，圣剑骑士团（曾经与条顿骑士团合并）、蒙特萨骑士团、基督骑士团等。这些骑士团的出现，为中世纪的欧洲增添了许多绚丽而精彩的瞬间。很多人对骑士团中的勇敢骑士们大唱赞歌，说他们是夜空里的点点繁星，点亮了很多人的美丽童话。但是，我们同时也应看到他们的另一面。

最初成立骑士团的目的，带有无可厚非的军事性质，即军事修会的性质。有些骑士团虽然发挥了很大的慈善作用，但同时他们为了聚敛财富，经常出去“抢劫”。

揭开他们的面纱，他们又是什么样的人呢？首先可以肯定的是，在“安贫”的戒律下，大部分骑士团都成为强大的经济实体，而且还发展出了类似现代银行系统的经济管理系统。有谁会想到是“安贫”的骑士团成为银行业的鼻祖呢？他们没有人在乎“贫困”的“安乐”，所有人在乎的都是“暴富”的“享受”。如果不是因为经济实力太强，圣殿骑士团不可能被推到“异端”的道路上；要不是财富增长得太快，利欲熏心，条顿骑士团也不可能那么快就遭遇联军的攻击，瞬间一蹶不振。

再者，骑士团成立之时，虽然都带有慈善的功能。但实际上他们把这种做善事的机会商业化，将上帝的仁慈变得充满铜臭味。圣殿骑士团就是靠这样的途径发家致富的——他们给异地的朝圣者买地产，朝圣者走后地产就归他们，但他们不需要退还任何东西。

在“修会”的面具下，他们过的是极端世俗的生活，奢侈、豪华。或许，我们在给他们戴上桂冠的同时，也要想到他们没戴桂冠时候的样子。

正在决斗的两名骑士

骑士们的决斗可以因为任何一个原因而进行。一旦接受决斗，双方必定全力以赴，在证人的见证下公平进行。

VISIBLE HISTORY OF THE WORLD

关键词：圣女／上帝信使

“上帝信使”圣女贞德

■ 1412年～1431年

1337年至1453年是英法历史上战火频燃的时期，两国展开了长达一个多世纪的较量。但在这场战争中，涌现出了一位传奇英雄——圣女贞德。这位“上帝派来的信使”，在最黑暗的岁月里帮助法国实现了奋斗百年的梦想，赢得了一个又一个辉煌的胜利，创造了人们代代传颂的英雄传奇。

岌岌可危的战争格局

圣女贞德举着军旗走进战场

英法两国既是一衣带水的近邻，又是长期合作的盟国——王室世代联姻，英国的诺曼王朝和安茹王朝都是法国的封建主创立的。联姻的最大后果之一，就是在王位继承上纠缠不清。1328年，法王查理四世死后无嗣，王室发生混乱，三级会议推举瓦罗亚家族的腓力继位，即腓力六世。但这引起了英王爱德华三世的不满——他是法国先王腓力四世的外孙，极力要求按血统继承王位。但三级会议以女系家族不能继承王位为由拒绝。这也成了英法百年战争的导火索。

与难以厘清的王室继承关系相伴，尖锐的领土争端也使英法两国纠纷频起。另外，法国北部的弗兰德尔是毛纺织业兴盛的宝地，也成为两国必争之地。

1337年，酝酿已久的英法百年战争正式爆发——最初的战局对法国极为不利。英国有强大的海军，法国可望而不可即。1346年，英军利用英吉利海峡的便利交通及装备一新的弓箭手，以较小兵力在克莱西之役中大获全胜：法军约1500名骑士战死，英军仅损失3名骑士和40名弓箭手。这是英法正面冲突的预演，也是英军以少胜多的辉煌战例。

1356年，法王及大批贵族也沦为英军俘虏。之后，法王查理五世励精图治，改组军队，几乎收回全部失地。但好景不长，他不幸去世了。之后，年仅12岁的查理六世继位。但他生性懦弱又患疯病，大权旁落他人之手。

此时登上英国王位的亨利五世是位卓越的君主，又是位久经沙场的统帅。1415年，他亲率大军在阿金库尔大败法军，并长驱直入占领巴黎和法国北部地区，迅速扭转了战局。法国被迫接受和谈，英国利用已取得的战果咄咄逼人。1420年双方约定：查理六世之女嫁给亨利五世，亨利五世及其后裔在查理六世死后继承法国王位。1422年，查理六世与亨利五世相继死去，王位由亨利五世和查理六世之女所生的不满周岁的婴儿继承。查理六世之子查理只得退守法国南方，勃艮第派占据东部，英军步步紧逼，王室岌岌可危。

上帝派来的翩翩信使

1412年，贞德出生于法国东北部香槟与洛林交界处的一个普通农民家庭，是一个牧羊女。幼年时的贞德天真无邪、无忧无虑，父母和姐姐都很疼爱她。她喜欢在田野玩耍，尽情享受大自然的乐趣。相传她10岁那年，平静而美好的生活由于一场残忍的战争而被断送。一天，她在教堂做完忏悔回家，跳

^ 贞德在希农

贞德在希农求见法国王子查理，请求保卫法兰西。

跃着穿过一片田野，跑累了就躺在地上。突然，狂风大作、万云翻腾，一个可怕的幻象出现了——一位面相严肃的长者用手指着她，然后消失了。随后，她身旁出现一把已拔出鞘的、金光闪闪的利剑，那形状极像教堂高高挂起的十字架。贞德吓坏了，飞快地赶回家。整个村落一片狼藉，家里空无一人，她绝望地大声呼喊父母和姐姐的名字。姐姐凯瑟琳出来后，把她关进狭窄的小木门里。

几个英军士兵叫嚣而来，环视四周所有值钱的东西——一名士兵粗暴地扑向惊恐的凯瑟琳，企图强暴她，凯瑟琳誓死不从，被英军一剑刺死。小贞德在门缝里眼睁睁地看着这惨绝人寰的一幕，悲痛不已。

英军走后，她悲痛地埋葬了姐姐，毅然离开了收留她的亲人，加入了教会。她相信是上帝选中了她，让她来拯救正在承受苦难的法兰西民族，并以姐姐的死来做警示。

数年之后，法国陷入了最黑暗的时刻，英军包围法国南部军事重镇奥尔良，法国王室朝不保夕。贞德再次受到幻象感应，不远千里地去面见查理，声称自己是上帝的信使，上帝指示她来挽救法兰西。她向王子描述了幻象，并要求统领驻守奥尔良的法军。王子半信半疑地答应了，因为当时绝望的人们已有很多相信她是救世主，一些士兵也愿意誓死追随她。

圣女贞德铜像

1429年，身穿铠甲的贞德赶赴奥尔良，在战前对士兵做了慷慨激昂的演讲，然后骑上战马，举着象征上帝意志的大旗和那把金光闪闪的利剑，驰骋疆场，完全将生死置之度外。在她的感召下，士兵们精神大振，以一当十，猛攻英军。经过激烈战斗，他们竟把英军赶出了奥尔良，神奇般地扭转了当时法国所面临的严峻局势。

奥尔良的胜利是英法百年战争

的转折点，贞德在其中发挥了神奇的作用。英军司令彼得福在战后致英国政府的信中，这样总结英军失败的原因："他们所依靠的是一个女子，她运用了神秘的办法作战。堡垒已被攻陷，似乎是上帝攻进来的。"在贞德的带领下，法军又接连取得了一系列的胜利，法国上下一片欢腾。同时，在贞德胜利的捷报声中，查理也在兰斯大教堂加冕称王，称查理七世。

牧羊女的宁死抗争

继位后的查理安于现状，沉湎于享乐，希望用和谈得到巴黎，换取和平。但贞德在对英战争中建立的崇高威望和感召力，也使权欲熏心的他惴惴不安。他对贞德继续抗英的要求横加阻挠、处处刁难，许诺给贞德的援军迟迟没有发放。但陷入困境中的贞德，依靠着坚定信仰和对法国人民真诚的热爱，带领着支持者孤军奋战，不过不幸的阴影却离她越来越近。

1430年的康边之役，战事异常艰苦。5月23日清晨，贞德率少数军士主动向英军发起攻击，因势单力孤被迫向康边城撤退，由贞德断后。但康边城防司令弗莱对英军畏之如虎，竟在贞德尚未进城时强令士兵拉起吊桥，将贞德关于城外。就这样，贞德拼死奋战，但终因寡不敌众，被勃艮第人俘虏。

贞德被俘的消息很快传到了法国民众当中，陷入无尽悲痛之中的将军和百姓自发地聚集起了一万金克朗，希望国王能出面与勃艮第人谈判，赎回他们的救世主。不料，国王口惠而实不至，见危不救，残忍地把这笔钱据为己有。最终，卑鄙的勃艮第人以一万金币的高价把贞德卖给了英国人。

1431年，当地的主教召开大会对贞德进行审判。他们对贞德严刑拷打、威逼利诱。但她宁死不屈，坚定地表示："我确信侵略者除了被杀死的，其他都要被赶出法国！"

虽死犹生的一代"圣女"

手足无措的英军为了置贞德于死地，对教会一再施压。教会竟丧心病

^圣女贞德率军进入兰斯

兰斯的重要性在于，它是法国国王举行加冕典礼和祭圣仪式的传统地点（一般在兰斯大教堂举行）。此次法军决定进攻兰斯，其实是一次冒险行动，因为兰斯的距离是巴黎的两倍，而且已经深入敌军的领土。

狂地编造供词指控她犯有异端邪说罪，宣判她为“女巫”。英军立即下令在鲁昂广场的火刑柱上对其施以火刑。

当时场面异常惨烈——熊熊大火烧过贞德的脚和腿，火焰直窜到她的脸上，锁着她的铁链也被烧得通红。满身伤痕的贞德早已没有呼喊的力量，她的手和脚在烈火中颤动着、抽搐着，眼睛却在尽力地注视着天空。大火没有摧毁她为上帝献身的坚贞信念，她带着对法兰西民族的坚定信念走向了她的理想天国，那年她才19岁。

贞德的英雄事迹与悲惨遭遇，感染了许许多多绝望中的法国人民。在贞德爱国主义精神的鼓舞下，法兰西民族的民族意识开始觉醒，他们团结起来向英军展开猛攻，战事步步推进。1435年以后，法军在极其艰苦的环境中节节取胜——被爱国热情激励的士兵

圣女贞德被执行死刑

贞德被绑在火刑柱上，嘴里在默默地祈祷，并向旁边的牧师请求赐予她一个小的十字架。接着，烈火被点燃，几分钟后，法国人的“民族英雄”“自由女神”被活活烧死。

们不辞劳苦、奋力拼搏，用自己的身躯顽强地对抗英军的炮火。被胜利鼓舞的士兵愤怒地冲上城楼砍下原来英军的旗帜，把自己的旗帜高高挂起，一座座城池相继被法军掌控。

1453年，百年战争结束，英国除保留了加来港外，交出全部的法国领土。至此，法国终于取得了抗英战争的胜利。

取得胜利的法兰西民众并没有忘记他们的民族英雄，为了表达对她的爱戴，人们亲切地称她为“奥尔良少女”。

之后，经多方调查审理，教会于1456年6月16日为贞德平反，推翻了以前的不实判决。几百年后，罗马教廷正式封这位牧羊女为“圣女”，而她的故事也因此被世人代代传颂。

^ 狱中的圣女贞德

曾带领法国人民走向胜利的圣女贞德被宗教裁判所判为异端，并处以火刑烧死。图中她那澄澈的眼睛依然坚定地望着未来，她旁边的主教大人有点不解地看着她。

关键词：收复失地

西班牙收复失地运动

■ 公元8世纪～15世纪

西班牙可谓是一个命运奇特的国家。漫长的岁月里，它在异族的统治下曲折前行。不过也正是由于异族的教化，给它带去了智慧、信仰、文明和祖国意识。由此，从公元8世纪开始，它本能地开始“光复运动”，直到1479年统一国家。

阿拉贡斐迪南国王

追寻历史轨迹

公元前3000年左右，伊比利亚半岛上来了一批地中海沿岸的土著人。后来，在民族大迁徙时代，凯尔特人、巴斯克人穿越比利牛斯山脉迁入半岛，与伊比利亚人和平混居。不久，冒险家腓尼基人来到这里做生意，把他们的神明和血祭介绍给当地人。公元前7世纪左右，希腊人也来到西班牙，将美的艺术传递下去。不过，这些可不是他们的终极目标——在和平贸易一段时间后，便开始扩张据点。

罗马帝国兴起后，西班牙又换了一个主人。新主人的影响极为深远，从行政制度到法律，从语言到艺术，从经济到宗教，都教化了粗野的西班牙人。基督教诞生后，很快传入西班牙，并逐渐流行于这座城市中。公元4世纪，基督教成为罗马的官方宗教，西班牙教会从此受到罗马主教的管辖，他们的命运被紧紧地连在一起。

公元5世纪初，一场大规模的迁移再度出现，几近黄昏的罗马帝国已无力抵挡这种所向无敌的冲击，西班牙更是惴惴不安。419年，西哥特人在半岛建立了第一个民族国家。此时，罗马帝国的整套体制已在西班牙运转自如，所以30万西哥特人的影响微乎其微。589年，西哥特统治者雷卡雷多正式宣布改信罗马天主教，放弃阿里乌斯教，从而实现了宗教上的统一与国内的团结。

西班牙后来走上了穷途末路，统治者终日沉溺于声色犬马，政权实际由教士和大臣掌握。711年，阿拉伯人从南部入侵西班牙，半年之内便控制了西班牙的大部分地区。第二年，阿拉伯的北非总督穆萨亲率大军出征，控制了伊比利亚半岛，西班牙沦为阿拉伯倭马亚王朝的一部分。

阿拉伯人攻下西班牙后，封建制度得到进一步的巩固。此外，他们还带去了农耕技术、建筑艺术、畜牧业、医学等许多新文化。虽然阿拉伯人实行比较宽容的宗教政策，但他们之间的精神壁垒十分坚固。伴随着阿拉伯帝国的四分五裂，基督教徒便紧抓良机，收复失地。这样，长达7个多世纪的“光复运动”，就此拉开序幕。

悠悠复国史

阿拉伯的势力刚刚延伸至西班牙时，退守到北方的阿斯图里亚斯山区的西哥特人就展开了基督教收复家园的运动，奋力去抵抗穆斯林的北上先锋队。随后在公元8世纪至11世纪的300年间，出现了许多独立的王国，如卡斯蒂利亚、那瓦尔、阿拉贡，还有东北端的加泰罗尼亚。它们在收复运动

^ 伊莎贝拉

西班牙斐迪南国王的王后、卡斯蒂利亚女王伊莎贝拉。

中，围绕埃布罗河构成了一道防线。

这些基督教小王国，为驱逐共同的敌人，常常通过联姻来团结力量。莱昂王国（原阿斯图里亚斯王朝）在斐迪南一世时与卡斯蒂利亚统一，趁阿拉伯帝国分裂之机，领导“光复运动”。斐迪南征服了葡萄牙北部地区，赶走了那里的阿拉伯人。他去世后，将统一的王国分给三个儿子，但由此开始了兄弟相残的战争。被人们称为“勇士熙德”的罗德里格·迪亚士便是此时的传奇人物。

在卡斯蒂利亚与那瓦尔争夺扩大地盘的战役中，罗德里格为卡斯蒂利亚杀开了一条血路，大大地鼓舞了士气。不过，结果是卡斯蒂利亚的桑什王被谋杀，而罗德里格却因英勇而名声大振。他要求阿方索发誓兄长桑什不是他杀的，便宣布阿方索为卡斯蒂利亚的国王。后来的日子里，熙德时而为穆斯林军队效力，时而又为基督徒征战，在刀光剑影中四处征服。1094年，他攻占了穆斯林西班牙最繁华的城市巴伦西亚，残忍地屠杀了城里的守卫者和国王，完全拥有了这座富庶的城市，又将清真寺改为教堂，熙德常在这里恳切地祈祷、忏悔。只要他活着，穆斯林就不敢贸然夺回巴伦西亚。他不由自主地被卷入了“光复运动”，直到1099年去世。

12世纪至13世纪，西班牙开始了轰轰烈烈的十字军运动。在阿拉贡，“好斗者”阿方索一世率领十字军一路攻占了不少重要边塞，进逼格林纳达。

他去世后，阿拉贡与加泰罗尼亚合并。后来，穆斯林的阿尔摩哈德王朝曾掀起宗教狂热，在西班牙仅取得一次胜利之后，便被卡斯蒂利亚、阿拉贡和那瓦尔联合起来的基督徒军队及教皇英诺森三世派来的欧洲十字军团击败。1212年7月16日成为西班牙人永远感恩纪念的日子，托洛萨战役将阿拉伯军队打得落荒而逃。到13世纪末，西班牙的收复失地运动大体完成，阿拉伯人只剩下半岛南部一隅的格林纳达。

v 西班牙人为了实现自己的“光复”梦想，经历了几个世纪的苦难和征战，最终以“收复失地运动”的成功而告终。此为征战中的西班牙军队。

民族国家的成长

在与阿拉伯人的长期斗争中，西班牙各小国逐渐形成，马克思曾精辟地分析说：“西班牙地方性的生活、各省和城市公社的独立性、社会的复杂情况，起初是由这个国家的地理特点造成的。而后来历史的发展则是依各省摆脱摩尔人统治所采用的各自不同的方式。”卡斯蒂利亚是伊比利亚半岛上的一个重要国家，“光复运动”胜利后，教会和大封建主的地位显著提高，

作战主力骑士形成小贵族，许多农民摆脱了农奴的地位，获得了人身自由。此外，为了巩固国王的权力，开始重视立法与法典的编纂。阿方索十世颁布了《七法全书》，它是罗马法与本国习惯法的结晶，体现了君权至上的原则。1230年，莱昂王国与卡斯蒂利亚在分分合合之后，最终实现了永久统一。在阿拉贡王国，贵族封建主势力扩大，独立性增强。1250年，成立了由大封建主把持的国会，有权废立国王。与此同时，国家的商业、手工业经济逐渐发展起来，走向海外扩张。

在西欧中世纪城市茁壮成长的浪潮下，日趋壮大的西班牙各城市也兴盛起来，最为著名的是巴塞罗那，它是当时世界第一流的沿海通商城市。这段时期卡斯蒂利亚的畜牧业也得到了迅速发展——羊毛畅销于佛罗伦萨，成为出口的主要产品。总之，西班牙在各小国中市场繁荣，外国商人也纷纷抢占商机，各国商船络绎不绝地停泊在重要港口。

终圆一统梦

其实，西班牙的统一意识早已经产生。卡斯蒂利亚和阿拉贡王国都出现了强大的封建专制特权阶层，对农民恣意剥削压迫，以致暴动、起义频繁。尖锐的阶级斗争使统治者认识到长此以往国家必会走向衰竭，需要统一并削弱大封建主，更需要联合起来将阿拉伯人彻底赶出半岛。在这样的思想准备下，1479年，阿拉贡斐迪南国王与卡斯蒂利亚女王伊莎贝拉结婚，两国正式合并，圆了统一之梦。他们两个同样才华出众，又都是虔诚的基督教信徒，这样完美的结合谱写了西班牙历史的美妙篇章。

不过，国王和女王是以同等地位结婚，依然各自保留行政、司法、财政制度。新王国成立后，他们立即着手完成光复国土的大使命。他们开始围攻最后的堡垒——格林纳达，这是一个光艳照人、令人心醉的好地方，他们决意要夺回来。其间又发生了许多事件，双方通过秘密谈判达成条款。1492年1月2日，格林纳达的国王保布迪尔领着50名随从，迎向斐迪南和伊莎贝拉，将该城的钥匙、大印转交给胜利者。西班牙军队进入城内，传令官大声宣布“格林纳达交给天主教徒国王了”。至此，将近8个世纪的阿拉伯统治终被粉碎，“光复运动”胜利了。

尽管伊斯兰国家的统治被摧毁，有些臣民被迫改宗天主教，但作为穆罕默德的忠实信徒怎能轻易改宗。为此，伊莎贝拉下令铲除摩尔人。1478年，为恢复天主教血统的纯洁性，新王国设立了宗教裁判所，驱逐了所有的犹太人，这就意味着把大批医生、科学家、哲学家等宝贵人才赶走了。血统大清洗充满着西班牙人的宗教狂热，天主教成为全国上下的唯一信仰。

政治和宗教的统一，一方面凝聚了西班牙的力量，为西班牙的强大奠定了社会基础；另一方面对异教徒的清洗措施，又为西班牙的长期发展埋下了隐患。

格林纳达的陷落

格林纳达的国王保布迪尔领着50名随从迎向斐迪南和伊莎贝拉，将该城的钥匙、大印转交给胜利者。至此，历经几百年的西班牙“光复运动”以胜利宣告结束。

VISIBLE HISTORY OF THE WORLD

关键词：动荡

波兰王国的风雨彩虹

■ 公元9世纪～14世纪

10世纪末，坚韧不屈的波兰人民在经历了血与火的洗礼后，终于在美丽的波兰大地上，建立了属于自己的国家。正如一切战略要地一样，波兰王国的崛起之路必然要与战争相随。虽然波兰王国经历了数次瓜分、数次衰落，但坚强的波兰人民并没有向命运低头，他们挺起胸膛、满怀信心地为王国的独立和崛起而英勇奋战。

在血与火的洗礼中崛起

在人类历史上有这样一个国家，它美丽富饶但又多灾多难。它的苦难曾让我们感到悲愤和同情，它的崛起曾给予我们信心和力量，它的美丽曾让我们向往和留恋，它就是波兰。

> 梅什科一世画像

皮雅斯特王朝的第一位波兰大公，波兰历史上最杰出的帝王，被后世尊称为“波兰国父”。他在位时期，基本上统一了波兰的国土。

“波兰”在斯拉夫语中意为“平原”或“平原之国”。从世界地图上看，这个“平原之国”位于欧洲大陆中部或中欧东北部。其战略地位十分重要，是欧洲列强必争之地。因此，历史上的波兰屡遭列强瓜分。然而，向来热爱和平、民主和自由生活的波兰人民并没有屈服气馁，而是带着坚定的信念，带着奔涌的激情和淋漓的鲜血，在战役之中前进。他们团结起来，拿起武器，一次次使波兰大地重现光明。

波兰人是西斯拉夫人的一支，最初分布在西起奥得河、东至布格河和维普什河之间，后来北到波罗的海，南到喀尔巴阡山，都留下了波兰人的足迹。

波兰国家的形成相对比较晚，直到公元9世纪末10世纪初才逐渐形成。大约在9世纪中期，在波兰地区出现了两个部落联盟：一个是小波兰部落联盟，称为维斯瓦公国；一个是大波兰部落联盟，称为大波兰公国。当维斯瓦公国遭到摩拉维亚国家的侵略而灭亡之后，统一波兰的光荣使命自然落到了大波兰公国身上。大波兰公国地处瓦尔塔河中游，位置适中，首都格涅兹诺有坚固的防御设施，较少受到德意志和捷克封建主的侵略，而且境内土地肥沃，物产丰富。于是大波兰公国的王公梅什科一世顺应历史潮流，统一了大部分波兰地区，开创了波兰王国的美好新时代。

为了巩固自己的统治地位，迎合新兴封建主阶级的利益要求和提高波兰的国际地位，波兰王国的开国君主梅什科一世，于965年与捷克结成政治婚姻——娶了捷克公主杜布拉娃为妻，并开始信仰基督教。这之后，梅什科一世又在全国范围内推行基督教。从此，波兰加入了基督教文明世界的行列。

“勇者”时代

992年，梅什科一世因病医治无效去世。他在临死之前做了一件糊涂事，即把国家分给了几个儿子。这边父亲刚一咽气，那边几个兄弟就开始了自相残杀。这种骨肉相残的局面一直持续到长子“勇者”波列斯拉夫夺得王位，才宣告结束。波列斯拉夫继承父亲的遗志，收复了克拉科夫和散多梅希在内的

∧ 波列斯拉夫一世画像

波列斯拉夫继承父志，收复失地，统一波兰，成了波兰历史上伟大的帝王。

小波兰地区。这样，父亲未完成的事业——统一波兰，终于被儿子实现了，并由此开辟了一个“勇者”时代。

在波列斯拉夫手握长剑扩大波兰王国版图的同时，他也意识到和平对于巩固统治的重要性，因而他采取了灵活多变的外交政策。他首先对德意志推行睦邻友好政策，与德意志皇帝奥托三世建立了平等友好的关系。奥托三世亲切称波列斯拉夫一世为“兄弟和帝国的同事”“罗马人民的朋友和同盟者”。在奥托三世支持下，1025年，波列斯拉夫一世实现了自己梦寐以求的愿望——加冕称王。

波兰与德意志的友好关系随着奥托三世的病故而终结。德意志新任皇帝亨利二世野心很大，对波兰推行赤裸裸的侵略政策。于是双方围绕着乌日茨和米尔斯科的统治权再起争端。经过长期的战争，亨利二世被打败，被迫宣布放弃对这两地的统治权。“勇敢者”波列斯拉夫又一次勇敢地捍卫了波兰的独立和主权。

对于当时斯拉夫国家中的第一大国——罗斯，

波列斯拉夫在统治初期也经常给一些好处费。为了表示自己的诚意，他还把自己的女儿远嫁过去，以求万世太平。

在波列斯拉夫一世“一手执剑，一手送糖”的外交政策下，波兰王国的统治面积日益扩大，成为当时仅次于罗斯的第二大斯拉夫国家。可以说正是在波列斯拉夫一世的统治下，早期封建波兰王国才逐步崛起并发展到了极盛。

不幸的是，才体验了2个月的国王生活，波列斯拉夫就带着遗憾永远地离开了人世。“勇敢者”的离去使得刚刚崛起的波兰王国又逐渐衰落下去——历经艰辛才完成统一的波兰王国，再次陷入了无止境的封建分裂的混战局面中。

短暂的中兴

1037年，在波兰这块美丽的土地上爆发了一次大规模的农民起义。这次起义席卷了整个波兰地区，并且波及西里西亚。据波兰史书记载：起义者“举行暴动，反对主教和神父。其中有些人被剑刺死，得到高贵的惩罚；另一些人则被乱石砸死，得到可耻的处罚”。

正当波兰地区陷入一片混乱的时候，捷克大公趁机率兵侵入波兰。捷克的这一举动引起了德意志皇帝亨利三世的强烈不满，因为他不希望一个强大的捷克出现在他的面前，也不想看到波兰起义的火焰蔓延到易北河和波罗的海沿岸的斯拉夫人地区。于是，亨利三世决定出兵援助波兰封建主镇压起义，并迫使捷克从波兰撤兵。

当农民起义的号角越来越微弱的时候，在农民起义中流亡国外的卡齐米日一世回到国内，并登上王位。卡齐米日一世看到波兰四分五裂的状况，意识到要想重新恢复昔日辉煌的波兰王国，仅仅依靠一己之力是远远不够的。于是，他首先求助于基辅大公雅罗斯拉夫，娶他的妹妹为妻，双方结成亲家。随后，他又拜见了亨利三世，请求他出面调解一下波兰和捷克之间的关系，在黄金白银的诱惑下，亨利三世爽快地答应了。不久，西里西亚便回到了波兰王国的怀抱。

这样，在卡齐米日一世的多方活动下，波兰重新实现了统一。波兰人民终于可以睡个安稳觉了，卡齐米日也因此被亲切地称为“中兴者”。卡齐米日逝世以后，那个美好的中兴局面没能维持太长的时间，波兰大地上又开始硝烟弥漫。在那个群雄逐鹿的时代，歪嘴的波列斯拉夫三世依靠广大骑士最终胜出，暂时统一了波兰。

然而，这美好的一切随着波列斯拉夫的去世而化为了泡影。父亲死后，儿子们并没有执行他的遗嘱——实行长子继承制。为了争夺王位，兄弟之间早已忘却了儿时一起度过的幸福时光——他们拉帮结派，组成自己的小集团，随时准备置自己的兄弟于死地。

多事之秋

13世纪对于波兰人来说，注定是个多事之秋。一方面，国内王位争夺战正处于白热化的阶段；另一方面，普鲁士人和鞑靼蒙古正在旁边静静地看着那些反目成仇的波兰王子的笑话，准备时机一到就拔剑指向波兰。

在这种内忧外患的局势之下，波兰王公愚蠢地采取了一项引狼入室的政策，即求助条顿骑士团来对付北方边境的大敌普鲁士人。只见一批批身穿白衣，胸佩黑十字的骑士如恶狼般地源源不断涌入波兰，等到他们凶性大发时，波兰大公们才如梦初醒，但为时已晚。

那边鞑靼蒙古人也没闲着，忙着趁火打劫——他们在波兰东南部焚烧城市和村庄，俘虏和屠杀百姓。鞑靼蒙古的野蛮入侵遭到波兰人民的顽强抵抗，最终被迫撤退。蒙古人退出后，波兰王公便顺应民意准备重新建立统一的波兰国家。最先进行统一尝试的是西朗斯克和大波兰的王公们，但均以失败告终。

1304年，流亡匈牙利的“矮子”瓦迪斯瓦夫冲破重重阻力，悄悄回到了波兰。他的到来恰如黑暗里的一盏明灯，为处于水深火热中的波兰人民指明了前进的道路。然而，瓦迪斯瓦夫所面临的形势不容乐观。在国内，教俗权贵和城市贵族竭力反对统一；在国外，西部的勃兰登堡和北部的条顿骑士团不断蚕食波兰领土，南部的捷克国王贪婪地觊觎着波兰的王位。瓦迪斯瓦夫没有被眼前的这一切吓倒，他明白只要有人民在，自己就有成功的希望。因此，他在各种场合都不忘展现自己和蔼可亲、体贴民情的美好一面。这样过了没多长时间，他便赢得了越来越多的民意支持。

在稳定了自己在小波兰的统治后，瓦迪斯瓦夫开始施展自己的外交才能。功夫不负有心人，他成功地争取到匈牙利和立陶宛的支持。在他们的鼎力相助下，瓦迪斯瓦夫基本上统一了波兰，并将统一的波兰重新定名为“波兰王国”。

1320年的一天清晨，风和日丽、阳光明媚，瓦迪斯瓦夫迎着东升的太阳来到了教堂，在那里，格涅兹诺大主教早已等候多时。良辰吉时已到，主教把象征着无上权威的皇冠郑重地戴在瓦迪斯瓦夫的头上。只见瓦迪斯瓦夫温柔地抚摸着这金灿灿的皇冠，忍不住内心的喜悦笑了起来。瓦迪斯瓦夫死后，虽然波兰王国在崛起之路上遍布荆棘、充满坎坷，几度遭到侵略者的瓜分，但被波兰人民的英勇奋斗，挡了回去。

^ 瓦迪斯瓦夫一世铜像

波兰国王，是波兰恢复王国地位后的第一位国王。他在位时期，把波兰诸多的小公国合并为一个王国，为波兰王国的强大奠定了扎实的基础。

关键词:蒙古帝国

成吉思汗的蒙古征服

▪ 12世纪～13世纪

乔叟在自己的《坎特伯雷故事集》中写道:“这位高贵的君王叫成吉思汗,在他的那个时代威名远扬。任何地方,任何区域,都不曾出现过这样一位杰出的万物之主。”出生于1162年的成吉思汗,用征服让世界知道了自己,记住了自己。世界历史也因为他的出现,发生了巨大的转变。

初升的帝国

成吉思汗本名铁木真,艰难的童年生活,使其变得坚忍无比,这似乎是每一个将要创造新时代的君主所必须经历的锤炼。在数次生死存亡的关头,铁木真都活了下

< 成吉思汗像

铁木真(1162—1227),蒙古帝国可汗,尊号“成吉思汗”。这是存世最早的成吉思汗画像,据说是他的孙子忽必烈亲自过目且认可的成吉思汗画像。

来，并且每一次的困难艰险，都推动着他在人生道路上继续前进。也许最初的他只想能过上温饱的日子，加入一个强大的部落，像父亲那样管理数十个族人，过着逐草而居的生活。但不幸的是，这种美好的愿望却在父亲被塔塔儿部人毒死后成为泡影。年幼的铁木真不得不扛起家族生存的重担，与命运抗争。

1178年，16岁的铁木真迎娶了早年父亲为他聘定的妻子。如果一切可能的话，或许他可以实现当初的理想，过着简单的生活，为家族、为他所效忠的部落生或死。但是，命运之神又再次考验着这个年轻的家族首领。他的母亲是当年父亲从蔑儿乞部人手里抢回来的，事隔多年之后，蔑儿乞部人又报复性地从他手里抢走了他新婚不久的妻子。铁木真逃过了那次报复，但却失去了妻子。为了找回爱妻，他不得不重新加入一度远离的残酷无情的战争中，而这次的加入就注定了他一生的征程。

铁木真打败了夺走妻子的蔑儿乞部人，打败了杀死父亲的塔塔儿部人，打败了所有将他当成敌人和他认为是敌人的人。他最终成为塔塔儿部人、蔑儿乞部人和乃蛮人的可汗，但他拒绝用“古儿汗”或“太阳汗”这样古老部落的头衔来称呼自己。他为自己选择了“成吉思汗”，在蒙古语中意味着强壮、坚硬、无畏及不可动摇。他在草原上为自己准备了隆重的加冕仪式。

^ 成吉思汗骑射图

当然，这时世界上没有任何一个国家注意到这位骤然崛起的统治者和他刚刚建立的年轻的蒙古汗国。他和他的国家就像初升的太阳一样，明亮、崭新却不耀眼夺目。成吉思汗和他新建立的国家正在耐心地等待跃上海平面的瞬间，那个时候整个世界都将臣服于他的脚下。

征途的开始

1210年，这已经是成吉思汗成为草原游牧民族最高首领的第四个年头，也是他新国家建立的第四个年头。此时的他功成名就，似乎应该开始享受自己拼杀半辈子换来的荣华富贵了。然而，一切对他来说才刚刚开始。当他拒绝向女真的黄金可汗继续下跪叩头时，他就明白自己再也不愿向任何人叩头，再也不是任何人的蒙古奴隶，于是决定要打败所有自己须臣服的对手。

女真人建立的金王朝，凭借着对周边少数民族货物来源的控制，统治着他们。也正是因为这种控制，成吉思汗之前的蒙古最高首领王罕曾效忠于女真的黄金可汗。如今女真人希望成吉思汗能继续保持这种臣服的状态，来实现自己对草原民族绝对的控制力。

当女真可汗嘲笑成吉思汗的帝国如一盘散沙时，他很快就尝到了苦果。蒙古人并不是在战争中获得荣誉，而是在胜利中赢得荣誉。他们在每次战役中都只有一个目标——完全的胜利。在这样的信念驱使下，使用什么手段对付敌人，怎样作战或如何避免挨打，都变得无关紧要。

1214年，成吉思汗最终包围了黄金可汗的宫廷，黄金可汗承认自己是成吉思汗的附庸，成吉思汗成了契丹人和女真人共同的最高君主。然而，他带着战利品刚踏上回家的路程时，女真人就背离了他们的协议，企图逃到开封重新建立自己的权威。这被成吉思汗视为叛乱，是一种对盟约的背叛。

成吉思汗重新挥师而下，占领了这座数月之前才突袭过的中都。当他再度离开时，他驱赶那里的居民，焚毁那里的一切，让这座城市在他们的征程上彻底消失。

征服女真所带来的巨大财富让成吉思汗意识到：他的国家应该有属于自己的商业基础。于是他向周边国家派遣使节，希望通过商谈贸易协议建立正式的商业关系。但是，当花剌子模杀死成吉思汗的使臣，将使臣的尸首送回蒙古羞辱成吉思汗时，他引来的是即将夷平整个世界的龙卷风。

成吉思汗来到他屡次祈祷的不儿罕·合勒敦山顶，脱掉帽子，面朝大地，为他即将开始的征程祈祷了三天三夜。

成吉思汗的铁骑横扫花剌子模。他侵袭的不仅仅是一个成立12年的年轻帝国，而是整个古代文明社会。13世纪的伊斯兰国家，包括阿拉伯、突厥和波斯都是世界上最富有的国家，拥有一种世界级的文明，因此蒙古人入侵此地，所造成的影响比其他任何地方都要大得多。

成吉思汗指挥着蒙古骑兵部队，突然降临花剌子模的城市，这支十多万的铁骑给他的对手带来了前所未有的恐惧。

对于投降的人，他们给予公平的对待，提供保护和某种基本的家族权利。对于抗拒者，他们则认为有责任去残暴无情地消灭并且摧毁其处所，使其他的听闻者感到恐惧而不再重蹈覆辙。

成吉思汗的遗愿

入侵花剌子模只是成吉思汗征服世界的开始。不断的胜利给他们带来了巨额的财富，也让成吉思汗意识到他的帝国不得不依赖于不断的征服向前发展。倘若他暂时停下来的话，自己家族内的派系倾轧就会威胁到帝国的生存。或许更迫切的是，他的部众已习惯于依靠战争获得稳定的、源源不断的商品货物，而不愿再使用孩童时期就已熟知的那些简单商品。为满足这一贪婪的欲望，他必须继续新的征服。

成吉思汗善于用兵，更善于利用舆论。他并不迷失于武力的征服，因为他清楚对手心理的恐惧更利于他们取得胜利。每一个被征服的城市里，总有一些人会被送往别的城市，来描述他们的经历，加深人们对蒙古人的恐惧，

成吉思汗统一漠北图

1189年，铁木真成为蒙古乞颜部首领后，开始了统一漠北的漫漫征程。他通过十三翼之战、攻打塔塔儿、阔亦田决战、消灭王罕、乃蛮部等一系列重要的战役，终于使草原各部落实现了统一。

为随后而来蒙古人的征服提供心理上的便利。与同时代文明的军队的恐怖行为相比较，蒙古人并不仅是用凶猛而残忍的行为来引起恐慌的，因为他们似乎完全轻视富人和有权势者的生命，更多的恐慌则是来自他们来如闪电、去如疾风，攻无不克、战无不胜的征服战争。尽管他们在战争中屡次面对强大的敌军，但所取得的空前军事胜利总是让他们的对手闻风丧胆。

带领着这样一支强大的军队，成吉思汗发动了他人生的最后一场战役。他率军攻打西夏，将西夏作为自己南下征服的开端。可就在即将胜利时，他离开了人世。

他除了给他的子孙留下他人难以企及的个人成

就外，还有他未完成的遗愿——征服更广阔的世界。

新发现、新征服

成吉思汗死后，汗位由他的三儿子窝阔台继承。蒙古人的西征也因为新汗的继位庆典而停止。当蒙古人在尽情地宴饮、举行各种活动时，那些曾被征服的臣服者再次反叛，并停止向蒙古人进贡。因此，为了重申蒙古的统治地位，窝阔台又重新调动军队，发动新的战争来增强蒙古人对中亚的控制。

当年成吉思汗进攻花剌子模时，花剌子模帝国的继承人札兰丁曾逃到印度避难。经过多年的努力，札兰丁已成为整个西伊朗的主人，他一直为花剌子模王室的复辟做着积极的努力。为了防止花剌子模的复辟，窝阔台派出由那颜绰儿马罕统率的3万蒙军进入波斯，在札兰丁还来不及集合军队之前，以闪电般的速度经呼罗珊和剌夷抵达波斯，札兰丁闻讯仓皇逃走，最后死于逃亡途中。除掉存在的隐患后，绰儿马罕并不急于返回，而是派出小股军团到伊朗——美索不达米亚边境，进行抢掠，占领了蔑剌合，还以惯用的方式在城内恣意屠杀。周边城镇的居民闻风丧胆，纷纷投降，并交出丰厚的物品以取悦蒙古人。在绰儿马罕之后，窝阔台又派那颜拜柱担任波斯的蒙军首领——那颜拜柱的任职期是1242年至1256年，在此期间他因进攻科尼亚的塞尔柱克苏丹国，为蒙古的西征做了重要的贡献。这次征服将蒙古帝国的领土扩展到东罗马帝国边境，也让蒙古人意识到他们下一个对手就是强国林立的欧洲。

随后长达5年的欧洲战争，标志着蒙古军事力量达到了顶峰。1241年，窝阔台去世。蒙古的西征到此画上了句号。

黄金帝国的遗产

从成吉思汗到他的儿子们再到他的孙子们，他们所统治的蒙古帝国是世界上版图最辽阔的帝国。他的家族是草原上最尊贵的家族，被称为"黄金家族"。对草原人来说，黄金象征着王权。然而成吉思汗十分明白，他帝国的一切来源于持续的对外征服。面对自己的孩子为继承权争夺不休时，他鼓励他们向更广阔的地方建立自己的帝国。他的子孙们继承了他的遗愿，发动了对中亚、欧洲的征服，甚至派使臣到达了英格兰，让远在地球另一端的国家感到了威胁。

当成吉思汗的孙子忽必烈最终实现其遗愿，统一了全中国后，蒙古帝国成为世界上版图最大的帝国——整个东亚、中亚、北亚、西亚大部分地区，东南亚、南亚部分地区，欧洲中部和东部，以及非洲最北部都在其统治范围内。

成吉思汗建立的蒙古帝国是世界历史上最后一个部落大帝国。他的家族从他一直到他的孙子忽必烈，一生都在为这个帝国的版图戎马奔波。蒙古帝国的出现打破了数千年疆域的屏障，让货物、知识和思想首次得到了国际交流。

他们试图征服全世界，却缺乏治理世界的手段；他们努力改变世界，但世界也改变了他们。有人恨他们的残暴，将战火带到了全世界，给世界许多地区带来巨大的灾难；也有人歌颂他们的功绩，说他们的出现是世界许多变化的催化剂。如他们使罗马的教皇使节与印度的佛教高僧畅所欲言，使来自法国、意大利和中国的工匠撞在一起，使波斯、爪哇和锡兰的商人相逢在一块。孰是孰非，一言难尽，直到今天，人们还在评说，而且还将继续评说。

v 成吉思汗陵（衣冠冢）壁画

成吉思汗陵内的西走廊壁画，生动地反映了成吉思汗的毕生功勋和当时蒙古族的社会状况、宗教信仰及生活习俗。

关键词：塞尔维亚人 / 创业

塞尔维亚人的艰苦创业

▪ 10世纪～14世纪

在民族大迁徙的影响下，塞尔维亚人登上了欧洲的舞台，从此开始了他们艰难的创业征程。1168年，斯蒂凡·尼曼雅领导塞尔维亚人，建立了尼曼雅王朝。在几代人的共同努力下，到斯蒂凡·杜尚时期，王朝走向了辉煌。

艰难的创业

塞尔维亚人的祖先是南部斯拉夫人的一支。公元6世纪至公元7世纪，在民族大迁徙多米诺骨牌效应的影响下，大批南部斯拉夫人渡过蓝色多瑙河涌入巴尔干半岛。在同当地土著居民和伊里利亚人的融合过程中，塞尔维亚人的足迹遍布自萨瓦河中下游以南至亚得里亚海沿岸一带。

大约在公元8世纪至公元9世纪时，这一地区开始出现了由大公统治的国家，但由于这一地区在地理位置上处于拜占庭帝国和保加利亚王国之间，因此在很长的一段时间里，这一地区经常处于两国的交替统治之下。

公元9世纪末期，西蒙大公统治下的第一保加利亚王国的势力扩张到塞尔维亚东部地区——他们大肆劫掠，无恶不作，塞尔维亚人被迫流离失所，四处逃难。这些入侵导致当地人口锐减，生产遭到严重破坏，而且这种不利局面持续了近一个世纪之久。直到10世纪后期，由于塞尔维亚人与拜占庭帝国结成同盟，联合反击保加利亚人的侵略，塞尔维亚的大部分领土才得以解放。不久第一保加利亚王国被拜占庭帝国灭掉了，塞尔维亚人终于脱离狼窝，有了喘息之机。可是，前有狼后有虎，不久塞尔维亚人又陷入危机，再度成为拜占庭的附庸。

此后一段时期，塞尔维亚人的历史仍然是一部列强争权夺利的苦难史。当时，政局最为混乱的要数拉什卡。由于东罗马帝国的暗中操纵和离间、分化塞尔维亚各大公间的团结，他们之间战乱不休。所幸西部地区由于远离东罗马帝国，所以西部的一些大公才得以团结一致，不屈不挠地抵抗东罗马帝国的侵略，维护国家的独立与主权。他们在11世纪中期，建成了一个组织较为健全的国家，沃伊斯拉夫为第一位国王。

沃伊斯拉夫的后继者米哈伊洛大公后来又征服了拉什卡，将其纳入了自己的版图，并且从教皇格列高利七世手中得到一顶王冠，取得了基督教会的承认，由此给王位披上了合法的外衣。米哈伊洛大公曾一度领导塞尔维亚人摆脱了保加利亚和拜占庭帝国的奴役，获得了独立和自由。

然而创业容易守业难，米哈伊洛大公的后代们没有很好地维护住这来之不易的胜利果实，塞尔维亚再度陷入分裂的混乱状态，人民又一次陷入水深火热中。

走向辉煌的尼曼雅王朝

12世纪匈牙利同拜占庭帝国之间的几次战争，为塞尔维亚摆脱奴役、争取独立提供了有利时机。1168年，斯蒂凡·尼曼雅继位拉什卡的大公后，便利用这一天赐良机联合其他地区的大公，共同反抗拜占庭帝国的统治，谋求民族独立和自由。联军很快便占领了科索沃平原、马其顿东部和泽塔王国及莫拉瓦等地，最终迫使拜占庭承认了塞尔维亚的独立。从此在塞尔维亚这块土地上，建立起一个庞大、松散却独立的塞尔维亚王国和延续了

^ 斯蒂凡·尼曼雅一世画像

中古时代塞尔维亚贵族，尼曼雅王朝的创建者，被后人视为“东正教”的圣人。13世纪，他将王位让于其子尼曼雅二世。之后尼曼雅二世加冕称王，这也标志着塞尔维亚得到了当时诸国的承认。

200多年的尼曼雅王朝。

13世纪前半期是塞尔维亚王国独立发展的初期，其间斯蒂凡·尼曼雅让位于其子斯蒂凡·尼曼雅二世，然后退居一所修道院，不再过问国事。1217年，尼曼雅二世加冕称王。此举意味着塞尔维亚得到了当时诸国的承认，也意味着统治者国内地位的加强和威信的提高。按照当时的观点，政治上的独立还应反映在有单独的教会组织这一点上，而塞尔维亚在经历了种种政治动荡之后，是受奥赫里德大主教辖区的教会管辖的。为此，国王的胞弟、在塞尔维亚居住多年并协助兄长处理政事的萨瓦，来到皇帝和大总主教的住地——尼凯亚。几经奔波后，萨瓦得到了皇帝的敕令，根据这一敕令在塞尔维亚国王的领土范围内，建立了独立教会的大主教区。从此，塞尔维亚成为政教合一的国家。

明君斯蒂凡·杜尚

国王斯蒂凡·杜尚统治时期，塞尔维亚达到历史上最辉煌灿烂的时期。雄才大略、智勇双全的斯蒂凡·杜尚继位伊始，便开始施展自己的聪明才智，对内继续发展经济，对外执行果敢的外交政策，使国力达到顶峰，建成了煊赫一时的中世纪塞尔维亚帝国。1331年，斯蒂凡·杜尚登基执政。即位不久，他便利用拜占庭帝国内战的机会，发动了对拜占庭帝国的征伐，陆续占领了马其顿、阿尔巴尼亚，把疆土扩张到亚得里亚海、伊奥尼亚海和爱琴海，几乎占了巴尔干半岛面积的2/3。此后，杜尚还计划联合威尼斯，攻占君士坦丁堡，但因国内矛盾重重而未能实现。鉴于国内政局的不稳定，杜尚开始放缓对外扩张的步伐，转而悉心治理内政。

1346年的复活节，塞尔维亚的大主教在斯科普里城，为杜尚举行了盛况空前的加冕典礼，同时尊他为“塞尔维亚和罗马人的皇帝”。帝国的首都已从拉什卡迁到斯科普里。杜尚把帝国分为两部分：马其顿、希腊、阿尔巴尼亚由他直接治理，塞尔维亚本土交由他的儿子乌罗什治理，并授予国王称号。这些措施很好地维护了王国内部的团结和政治独立，从而把塞尔维亚控制下受分封的公国变成一个疆土扩大了一倍以上、政治上独立的大塞尔维亚王国。

杜尚统治时期，塞尔维亚的经济也有很大的发展。这一时期，塞尔维亚发展最快的是手工业，其中首推采矿业。由于塞尔维亚拥有很多的矿产资源，所以斯蒂凡·杜尚登基以后便不遗余力地大肆鼓励发展采矿业，还招募大批国外劳工开采矿藏，以增加国家财政收入。

文化方面，由于这一时期塞尔维亚人摆脱了拜占庭帝国的控制，获得了独立，因而拜占庭文化对他们的影响逐渐削弱。与此同时，伴随着日益活跃的对外贸易，西方文化和习俗的一些精髓逐渐传播到国内。这对当时塞尔维亚这块文化贫瘠地来说，恰如久旱逢甘霖。塞尔维亚人如饥似渴地吸收这些文化精华，使得这一时期的文学和艺术如雨后春笋般发展起来，世俗文学也开始流行。

斯蒂凡·杜尚画像

当然，我们还不能忘记杜尚的另一大贡献——制定并通过了《斯蒂

凡·杜尚法典》。1349年，为了缓和塞尔维亚大贵族和皇亲国戚之间的矛盾，维护塞尔维亚贵族和教会的地位与权益，巩固业已形成的封建秩序，杜尚在新都斯科普里召开了教俗贵族会议，会议上讨论并通过了《斯蒂凡·杜尚法典》。1354年，法典的补编又编成，以加强杜尚对达官显贵的约束，维护其帝位和权力。

终结者乌罗什五世

透过对法典的分析，我们可以清晰地看出，在辉煌的塞尔维亚王国内部，依然存在着尖锐的社会矛盾和阶级矛盾，这决定了其必然会从辉煌走向衰落。再加上它的辉煌是建立在对外扩张的基础上的，王国内部各个地区之间的政治离心力远远大于向心力。

杜尚在世时，凭借其个人的威严，尚能维持王国统一的局面，但1355年杜尚刚刚去世后，塞尔维亚各个地区就开始闹独立。匈牙利趁机占领了塞尔维亚北部的一些地区，接着南部又处在土耳其的威胁之下。

1371年，杜尚之子乌罗什五世去世，就此辉煌了200多年的尼曼雅王朝终结了，塞尔维亚王国也开始急剧衰落下去。

王朝的终结使得灾难再度降临到塞尔维亚人民头上，塞尔维亚人又一次踏上了争取民族独立的苦难征程。

德卡尼修道院油画

德卡尼修道院由14世纪中期的塞尔维亚国王斯蒂凡·杜尚所建造。它拥有保存完好的拜占庭时期的油画。这些描绘超过1000个圣人的油画，几乎覆盖了教堂的整个内部。此图则以神化后的王朝成员为题。

关键词:统一俄罗斯

伊凡三世一统俄罗斯

▪ 1440年～1505年

他引导封建割据的罗斯走上了统一的道路,他继承盲父的遗愿,为下一代开创了一个全新的俄罗斯帝国。对他的描述说法不一,但他被人们称为“伊凡大帝”,一个配得上其使命的称职的统治者。

罗斯的统一

伊凡三世的出生并不平顺。他的父亲瓦西里二世在家族争斗中被俘,并被刺瞎了双眼,年幼的伊凡被藏在修道院之中而幸免于难。与此同时,作为金帐汗国的属国,莫斯科公国还承受着来自其他国家征服的压力。在这样内忧外患的环境中,年幼的伊凡很早就开始辅佐失明的父亲治国——12岁开始领兵出征,22岁继承莫斯科大公之位。也正是因为如此,他并不需要像其他刚登基的新皇一样稳固自己的地位,反而是立刻展开了他计划多年的“罗斯的统一”。

从自己的祖父到父亲,先辈们的积累使得莫斯科公国到伊凡三世时代,在罗斯各公国中已经独占优势。继位之后,他就立刻开始了自己的扩张计划,先后吞并了雅罗斯拉夫尔公国和罗斯托夫公国。与这两个不具威胁的小公国相比，诺夫哥罗德公国才是伊凡三世更想吞下的美食。他对诺夫哥罗德的征服蓄谋已久，但他谨慎的性格决定了他并不会急于吞下这颗果子。针对诺夫哥罗德自己内部统治集团的分裂，伊凡三世将武力和招抚交替使用，一共分了3次才吞并了诺夫哥罗德。

1471年，舍隆河决战打败诺军之后，伊凡三世已经把诺夫哥罗德人握在掌心之中。他们宣誓效忠大公、交付赔款。1475年他又亲临诺夫哥罗德，排除异己，收买百姓，一切准备充分之后，于1477年正式出兵吞并。

伊凡三世画像

在正式占领了诺夫哥罗德后，他将一部分对手以叛国罪处决，另一部分流放，同时还将相当数量的诺夫哥罗德贵族家庭迁移到其他地区，彻底消灭了这一地区可能存在的隐患。莫斯科公国的领土由此扩张到北冰洋。

1485年，他又吞并了老对手特维尔公国，这个公国的抵抗甚至比诺夫哥罗德还少。特维尔的归并就意味着已经鲜有罗斯诸侯国可供吞并了。但伊凡三世的野心并非局限于尚未统一的罗斯诸侯国，这位莫斯科大公认为自己是所有前基辅土地的继承者，他的这一观点无论是在对外关系上还是国内统治上都清晰地表达出来。为了实现

^ 1570年，伊凡三世将诺夫哥罗德洗劫一空。

他认为的理所当然的继承权利，伊凡三世在拿下诺夫哥罗德和特维尔之后，又通过武力迫使立陶宛承认斯摩棱斯克和波洛茨克的一部分，以及契尔尼哥夫－谢韦尔斯克的大部分地区都是属于莫斯科大公的领地。志得意满的伊凡三世开始给自己配上了“全罗斯大君主”的尊号，以此来证明他所享有的功绩。

宿敌的交锋

与史诗般的库里科沃战役相比，蒙古统治在伊凡三世这里终结就显得有点虎头蛇尾了。尽管在那场著名的战役后，莫斯科大公已经获得了相对独立的统治权。但在名义上，大公的继承还要得到可汗的认可，要向金帐汗国定期缴纳贡赋等，履行一系列属国的职责。虽然伊凡三世的继位是未经可汗确认的，但他也像他的父亲那样不是定期地向金帐汗国缴纳贡赋，而

^ 俄罗斯邮票

1995年的俄罗斯邮票，邮票上的人物就是著名的莫斯科大公伊凡三世。

是不定期地送一些“礼物”来表示他所谓的效忠。在时机成熟后，他连这点“礼物”也不送了。俄罗斯大公不断增强的力量和声望必然导致他与蒙古人的最后对峙。

1465年和1472年，惩罚性的蒙古远征军先后两次进攻莫斯科，都被挡在了莫斯科公国的边界地区。1480年，伊凡三世公开宣布不再效忠金帐汗国，阿合马汗决定竭尽全力教训一下不听话的罗斯人。阿合马汗率领鞑靼大军抵达奥卡河，为进攻莫斯科做准备。伊凡三世闻讯后，立刻派自己的长子率军到奥卡河支流乌格拉河御敌。双方以奥卡河为界，相互对峙坚持到了11月。鞑靼军缺乏粮草，衣着单薄，又没有得到盟友许诺的援助。而莫斯科军队却得到了封邑王公的增援部队，还得到了国内民众的支持——他们要求与鞑靼人斗争到底。当鞑靼军队被饥寒所困不敢前进时，俄军从克列缅茨转向鲍罗夫斯克地区。阿合马汗误认为是俄军绕道奇袭，仓皇逃遁，鞑靼军溃退。阿合马汗想要在俄罗斯重建其权威的努力失败后，不久就在国家的内讧中被杀。此时，金帐汗国被分为几个小汗国，这进一步削弱了蒙古的统治势力。1480年，延续了近2个半世纪的鞑靼人的统治结束了。而罗斯人与宿敌的斗争至此也画上了句号。

权力下的双头鹰

统一国家俄罗斯的形成，就要求建立中央集权的统治制度。这首先表现在莫斯科大公地位的上升和神圣化上。1472年，伊凡三世迎娶了拜占庭末代皇帝君士坦丁十一世的侄女——公主索菲娅。梵蒂冈撮合莫斯科大公与拜占庭公主之间的联姻，是希望通过这次联姻将俄罗斯置于教皇的控制之下，并建立反土耳其人的广泛战线。

然而，随着君士坦丁十一世的突然死亡，这一如意算盘完全落空了。反而是伊凡三世开始以拜占庭皇位的继承人自居，提高了自己在莫斯科统治者的地位。他将拜占庭的双头鹰标志添加到自己家族的圣乔治标志上，并且依照拜占庭模式设计出一套复杂的宫廷仪式。他开始使用“沙皇”和“专制君主”这一最高头衔，并将加冕礼设计得如宗教仪式般庄严。1497年，他颁布了一部通行全国的法典，在这部法典中，规定了拜占庭的双头鹰国徽为俄罗斯国徽，并且将其图案刻在了俄国国玺上。这样，俄罗斯正式获得了象征自己国家的标志。

伊凡三世撕毁诏书

15世纪，金帐汗国遣使来到莫斯科大公国索要贡赋——此时的金帐汗国已经远非昔日辉煌，伊凡三世自然拒绝，并当着使者的面撕毁诏书。这标志着金帐汗国对莫斯科大公国长达两个半世纪的统治结束了。

国家的奠基者

俄罗斯统一后，莫斯科大公成了全俄罗斯国家唯一的君主，统治权力高度集中于他一人之手——这样一种变化需要新的相适应的制度来维持。因此，伊凡三世也开始着手制定新的统治制度。

为了加强国家的武装力量，伊凡三世废除了先前由各王公独立指挥的亲兵队，建立了以服役贵族为主体的庞大的常备军。每个从国家手里取得土地的贵族都必须依大公的要求服军役，必须亲自骑马、全副武装。这样军权就直接掌握在大公手里。然而，伊凡三世最主要的措施还是颁布了1497年的通行全国的法典。它不仅仅是将双头鹰的国家象征法律化，更重要的是法典的推行，巩固了实行中央集权统治的国家权力，建立了以莫斯科为中心的俄罗斯统一国家的政府机构。这部法典充分体现了新兴的地主阶级的意志，并将农奴制的关系固定下来，用法律的手段保障了封建主作为国家主体的特权，是农奴制度在全国范围内确立的标志。

由于俄罗斯中央集权国家是在大贵族的支持下建立起来的，因此，伊凡三世在编纂这部法典之初，就本着保障封建贵族的利益的原则而制定。

除了农奴制的确立外，在内政方面，对人民采取严密的管理——国家有权镇压人民的反抗，对贵族则给予优惠的政策。除限制威胁到其统治地位的大封建贵族的权力外，对波雅尔、地主和僧侣的财产都提供保护，对于触犯到这些人财产安全的人都要受到死刑的威胁。此外，在宗教方面，给教会以特权的同时，伊凡三世还开始被尊为“真正的东正教世界的首领”。俄罗斯帝国也被视为东正教信仰的保护者。

伊凡三世是俄罗斯国家的奠基人，让欧洲知道了俄罗斯的存在，甚至让使欧洲都发抖的土耳其苏丹听到了莫斯科公国人傲慢的语言。他更是第一位被称为“代表全民族的罗斯君主”的统治者。1505年10月，重病卧床的伊凡三世撒手人寰，终年65岁。

关键词：奥斯曼土耳其帝国

奥斯曼土耳其雄霸天下

■ 13世纪～16世纪

奥斯曼人与中国有着千丝万缕的联系，前身即为中国隋唐时期西北地区的突厥人——他们从事游牧，逐水草而居。13世纪初，蒙古大军入侵中亚，奥斯曼人遭到驱逐，被迫西迁，进入安纳托利亚，归顺塞尔柱罗姆苏丹国。13世纪末，趁罗姆苏丹国动荡之际，酋长奥斯曼宣布独立，建立了自己的国家，也铸造了奥斯曼国家的雏形。

欧洲人的强敌

奥斯曼一世死后，其子乌尔汗即位——乌尔汗是奥斯曼国的真正缔造者。在他统治时期，国家机器逐渐完备，国家领土急剧扩大。他下令建立常备军，组建近卫军团；完善国家行政机构，在中央设立迪万（国务会议）；中央向各地派遣行政、军事长官和教法官，加强对地方政府的控制。

∨ 奥斯曼帝国国徽

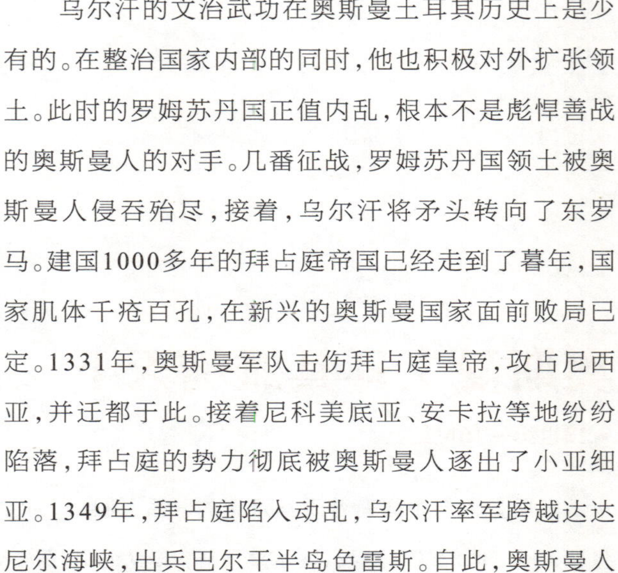

乌尔汗的文治武功在奥斯曼土耳其历史上是少有的。在整治国家内部的同时，他也积极对外扩张领土。此时的罗姆苏丹国正值内乱，根本不是彪悍善战的奥斯曼人的对手。几番征战，罗姆苏丹国领土被奥斯曼人侵吞殆尽，接着，乌尔汗将矛头转向了东罗马。建国1000多年的拜占庭帝国已经走到了暮年，国家肌体千疮百孔，在新兴的奥斯曼国家面前败局已定。1331年，奥斯曼军队击伤拜占庭皇帝，攻占尼西亚，并迁都于此。接着尼科美底亚、安卡拉等地纷纷陷落，拜占庭的势力彻底被奥斯曼人逐出了小亚细亚。1349年，拜占庭陷入动乱，乌尔汗率军跨越达达尼尔海峡，出兵巴尔干半岛色雷斯。自此，奥斯曼人踏上了欧洲的土地。

穆罕默德二世画像

奥斯曼土耳其帝国的第七代君主，在历史上以“尚武好战”著称。穆罕默德二世在位期间，大肆扩张领土，攻陷了君士坦丁堡，终结了千年之久的拜占庭帝国的辉煌。

乌尔汗去世以后，其子穆拉德一世继承父亲遗志，继续向东南欧扩张。而此时东南欧的局势使奥斯曼人尽得天时：拜占庭帝国江河日下，实际辖地不过君士坦丁堡及其周围一隅领土；巴尔干强国塞尔维亚面临着分崩离析的局面；保加利亚自1330年被塞尔维亚打败后，元气大伤，一蹶不振。

穆拉德即位后，第一件事就是发兵占领亚得里亚堡，接着一路凯歌，西色雷斯、马其顿、索菲亚等地也纷纷被攻陷。1389年，在科索沃战役中，奥斯曼军队力挫保加利亚、塞尔维亚和匈牙利三国联军，一战震惊了欧洲各国。欧洲人对奥斯曼人无可奈何，只有坐看巴尔干半岛被奥斯曼人蚕食。所谓唇亡齿寒，君士坦丁堡很快暴露在奥斯曼人面前，成为一座孤城，拜占庭的灭亡只是迟早的事情了。

1453年，苏丹穆罕默德二世率15万大军、舰船300艘，亲征君士坦丁堡。但君士坦丁堡三面环海，形势险要，城防建筑固若金汤，穆罕默德二世的军队久攻不下。不久，苏丹改变进攻策略，用金钱收买了热那亚人，借道加拉太，具体做法是在加拉太后面陆地上用木板铺了一层道路，上面涂上油脂，把舰船从上面拉过去进入海湾，接着在水面架起浮桥，从水陆两方夹攻君士坦丁堡。5月29日，君士坦丁堡城被攻陷。随后，苏丹迁都君士坦丁堡，并将其易名为“伊斯坦布尔”，将城内的圣索菲亚大教堂改为大清真寺。

伊斯兰世界霸主

东南欧被征服之后，奥斯曼帝国的大军没有止步，继续在中亚、西亚和北非东征西讨、所向无敌，堪称伊斯兰世界的霸主。

15世纪初，奥斯曼帝国先后出兵击败了伊朗萨法维王朝和埃及马木鲁克王朝——哈里发也做了俘虏，并被奥斯曼苏丹取而代之。至此，奥斯曼已占据了阿拉伯世界的核心地区。麦加圣地谢里夫也不得不卑躬屈膝，表示臣服，并供上大量的伊斯兰教圣物。

后来在苏丹苏莱曼统治时期，奥斯曼帝国发展到了顶峰。苏莱曼统治奥斯曼土耳其长达46年，发动了13次征战，先后出兵征服伊拉克、黎巴嫩、希贾兹、也门等地。他还向东南欧地区派遣军事长官、伊斯兰教法官、传教士等，扩大伊斯兰教的影响力。苏莱曼还确立了奥斯曼帝国的海上霸权——1538年，奥斯曼帝国舰队和西班牙等国的联合舰队在希腊西部的海面大战，只有150艘战舰的奥斯曼舰队并不惧战，以少胜多，力挫两倍于己的联合舰队，使威尼斯被迫割地并赔款30万金币。

奥斯曼国家继承了拜占庭的众多遗产，改变了阿拉伯帝国分裂后，伊斯兰世界各自为政的混乱局面，俨然已是一个横跨欧亚非的大帝国。

圣索菲亚大教堂

土耳其伊斯坦布尔的宗教建筑，有一千多年的历史，是一幢“改变了建筑史”的典型的拜占庭式建筑。因其巨大的圆顶而著称于世。

帝国的根基

奥斯曼帝国的强盛有多种原因，用完善而严密的军事制度所铸就的无往不胜的军队，是帝国强盛的一个重要原因。奥斯曼军队是由西帕希骑兵和耶尼切里兵团两部分组成，军团纪律严明，战斗力极强。耶尼切里兵团在军队中占有特殊地位——作为一支常备步兵团，于14世纪60年代初建立，是穆拉德一世时期从战俘中挑选的1000人而建立的一个兵团。从兵团起源和人员结构上看，它实际上就是当时伊斯兰国家盛行的奴隶兵团的一个变种。

耶尼切里兵团内部纪律严谨，士兵必须吃住在兵营内，要绝对听从上级的命令。士兵常年在训练和作战中度过，个个装备精良，吃苦耐劳，在帝国对外征战中常常起主力军的作用。奥斯曼帝国军队是当时世界上最先进的实战军队，是第一个使用火枪和加农炮的军队。在围攻君士坦丁堡时，奥斯曼军队开始使用猎鹰加农炮。奥斯曼骑兵不穿戴重盔甲，表现出高速和高机动性，使用弓箭、短剑作战，作战模式与蒙古骑兵类似，善于包抄，发动突袭。帝国几任苏丹都是杰出的军事统帅，智勇双全，洞悉战略形势并能把握时机。辅之以外交策略，软硬兼施，因而能屡战屡胜。

帝国强盛的第二个重要原因就在于奥斯曼土耳其采取了奖励军功的种种制度，特别是它的土地制度。在奥斯曼土耳其帝国，80%的土地归国家所有——国家土地一般分成哈斯、泽美特和梯马尔3种。哈斯当然是王室成员的领地和政府官员的食禄田，但泽美特和梯马尔这两种土地是以服军役为条件，赠给有军功的专门从事征战的士兵。收入低于2万阿克切的土地为梯马尔，在2万到10万阿克切的则为泽美特。按照军功分给士兵不等的土地，这一政策吸引了大量的青壮年踊跃参军，保证了帝国的兵源。

发达的商业和文化

奥斯曼人不但善于治军，而且有敏锐的商业头脑，充分利用国家占据的欧亚贸易咽喉的地理位置，鼓励对外贸易和过境贸易，帝国由此成为世界闻名的商品中转站。来自东方的瓷器、香料、丝绸在此转到西欧各国，同时西欧的毛织品等也经此转输到东方各地，帝国政府也从转口贸易中坐收渔利，获得了高额的收入。另外，活跃的对外贸易也刺激了帝国境内的城市经济，特别是手工业专门化的发展与进步。伊斯坦布尔、大马士革、巴格达、开罗等城市都是著名的手工业中心。

16世纪，奥斯曼帝国文化达到鼎盛时期。奥斯曼文化深受伊斯兰教影响，同时也兼有拜占庭文化的因素。位于君士坦丁堡的圣索菲亚大教堂就是拜占庭文化的杰出代表，教堂整体宽阔高大，气势雄伟，最令人赞叹的是，教堂中间巨大的圆顶稳定地安放在四个拱形门上面却安然无恙。在君士坦丁堡陷落之后，奥斯曼人没有毁掉这座代表“东方与西方、过去与未来结合”的古老教堂，而仅是在教堂外面的四个角上竖立起四根圆柱，将它改造成了具有伊斯兰特色的清真寺。

苏莱曼一世死后，奥斯曼帝国渐趋衰败。地方封建割据日益加强，土地高度集中，农民承担着沉重的

徭役赋税，国家财政入不敷出。阶级矛盾和民族矛盾日渐尖锐，帝国境内先后爆发了10多次农民起义和教派起义——16世纪至17世纪的杰拉勒运动，甚至严重动摇了帝国的统治根基。

1571年，在勒班多战役中，奥斯曼帝国的海军被西班牙和威尼斯的联合舰队击败，从而失去了对地中海的控制权。至此，在内外交困之下，奥斯曼土耳其帝国日趋衰败，走上了分崩离析之路。

v 勒班多战役

1571年，奥斯曼帝国的海军在勒班多战役中被西班牙和威尼斯的联合舰队打败，失去了对地中海的控制。从此，奥斯曼帝国开始走向衰落。

关键词：高丽王朝

高丽王朝降龙伏虎

▪ 10世纪～14世纪

高丽王朝结束了朝鲜半岛三足鼎立的局面，统一了天下，建立起中央集权的专制统治。但是，两班贵族的激烈斗争、奴婢的大规模起义及来势汹汹的蒙古入侵，都让这个站稳不久的国家，陷入风雨飘摇的境地。

健全制度初兴起

918年，泰封国大将王建发动政变，自立为王，定都开京，改国号为高丽，开创了王氏高丽王朝。当时，朝鲜半岛处于高丽、后百济与新罗三国鼎立的局面。但经过10多年的混乱征战，高丽逐步消灭了割据的群雄。

新罗于935年归降高丽。次年，后百济也被高丽消灭。至此，高丽王朝统一了朝鲜半岛。

高丽一方面承袭新罗和泰封国的旧制，另一方面仿照唐宋的政治制度，实行了一套新的封建集权统治体制。高丽在中央推行三省六部制。门下省总管国家各项事务，并负责向国王提出劝谏和咨询；尚书省总管全国的官吏，下设吏、户、礼、兵、刑、工六部；三司掌管全国财政。此外，设有御史台负责纠弹，翰林院经办文书，中枢院处理军事要务。而最高国家权力机关是都兵马使司（以后改称都评议使司），由二品以上的文武高官组成，辅佐国王审议重大决策。全国分为10道和12州，各道由中央派遣节度使掌控其行政军事大权。军事方面实行的是府兵制，征召20岁以上的良人、壮丁服兵役。军队分置于中央和地方，中央政府直辖的正规军有二军、六卫，约5万人，地方常备军约10万人。另外，在西北和东北边防重镇置兵马使。

能歌善舞的高丽女子

统一后的高丽政府对全国土地进行清查，并将耕地和山林登记造册，高丽主要实行的土地政策是“田柴科”和公田制。土地基本上都是国家才有权支配的“公田”。颁行于976年的“田柴科”，实际上是公田制下的贵族官僚食邑制度。高丽将文武官员按人品（身份）划分若干等级（品），分别授予不同数量的耕地（田）和山林（柴）。对闲人（地方土豪）政府也授田加以笼络；政府还对服役的士兵授田。文武官吏、闲人、府兵所得的田柴虽称为私田，但他们并不能直接支配和经营，只能终身享有“收租权”，而且租额必须由政府统一规定，若受田柴者死亡，他的田柴就需交还政府，不得世袭。此外，还有功荫田柴，是颁赐给开国功臣、归降土豪和五品以上文武官员的，这类田柴可以由子孙继承；而公廨田柴，是拨给诸庄宅、宫院、百司、州府郡县衙署、馆驿等以充用度。

经济、文化欣欣向荣

由于经历了长期的混战，国家土地荒芜，民生凋敝，所以高丽适时采取了一些措施以恢复国家元气：先后颁布了减免租赋徭役、放贱还良、限制高利贷等缓和矛盾的怀柔政策，以稳定社会秩序；实行奖励垦荒、保护耕畜、鼓励农桑、设立义仓扶持贫苦农民等措施，使战乱中遭到破坏的农业逐渐得到

恢复和发展。大量的荒地、坡地都被开垦出来，国库的收入也得以增加。

农业的发展促进了手工业和商业的繁荣。但这一时期的商业和手工业基本上是以官营为主，高丽政府在采取鼓励态度的同时，进行了严格的控制和监管。

高丽王朝时期的陵墓

政府在首都开京设有军器监、中尚署、掌冶署、都染署等衙署，负责掌管几十种手工业生产部门，所生产的产品专供王室和两班贵族使用。除了开京之外，地方手工业也有一定程度的发展，包括丝绸纺织、铜铁、陶瓷、笔墨纸砚、竹漆器等产品，这些产品由专业工匠在官府的监督下制造，也可以由农民在家中自行生产，但是所有产品都必须以常贡或别贡的名目上缴给国家。

高丽时期的商业，以官方的贡赋贸易为主。各地的手工业品和大量农产品作为租税贡赋，输往开京和各地的行政中心，然后再由官方或特许商人同外国进行国际贸易。开京作为全国最大的市场，政府专门在此设立“大市左右长廊”，负责经销从各地征收的贡品。宋朝是高丽的主要贸易对象，高丽主要输入绸缎、瓷器、药材、香料、书籍、纸张、文具、乐器等，输出人参、松子、毛皮、金、银、铜、硫黄、花纹席子、折扇等。此外，高丽与契丹、女真，甚至伊朗都有贸易往来。除了开京和个别大城市设有集市，在各地方行政中心还兴起了乡市，主要交换一些生活必需品，也有一些往来于各地村庄的行商，但这类私人的商业活动受政府的严密控制。

^ 高丽王朝臣子的纪念碑

高丽主要的交换媒介是大米和布匹，在对外贸易的刺激之下，高丽开始尝试使用金属货币作为流通手段。996年，高丽始用“铁钱”。1097年，高丽设立铸币官专管铸造货币。高丽先后共铸造了“三韩通宝”“东国通宝”“海东通宝”3种货币。不过，由于高丽商品生产不甚发达，直到11世纪后期，货币流通才慢慢普及起来。

高丽提倡儒学，发展科举，还在平壤设立学校，向两班贵族子弟教授儒学，另外在开京创设了国家最高学府——国子监。高丽政府设立清燕阁和西京修书院，专门搜集、保管图书。另设秘书省，专管缮写、出版各类书籍。11世纪初，政府招揽学者编纂历代史书，编成了《海东三国史》《旧三国史》等史书——这一时期由金富轼所编的纪传体史书《三国史记》，成为至今可见的最早的朝鲜史书。自印刷术从中国传入朝鲜半岛以后，在高丽时期有了很大的发展。11世纪时，历时60多年、耗资巨大的《大藏经》（6000多卷）印制完成，但是这部经书在蒙古入侵时被烧毁。几年以后，高丽政府重印《大藏经》。这套《大藏经》（又称“八万大藏经”）则一直保存至今。这两套《大藏经》集中显示了高丽的印刷成就。高丽时期，朝鲜人还使用了金属活字印刷术。

混乱的武人专权

高丽王朝提倡儒学，强化科举制。三省六部官员全由文职充任。这批文臣称为“文班”，二军六卫的高级将领则称为武班。高丽初期，为了防止军事贵族的势力过分强大威胁中央政权，高丽对两班贵族实行文尊武卑的政策。但是结果证实这种对武将的压制并没有达到预期的目的，反而加剧了两班的矛盾，导致了血流成河的惨剧。

1170年8月，毅宗到普贤院游宴，负责守卫工作的郑仲夫、李义方等武将趁机发动政变——毅宗被废，被放逐到巨济岛。之后，明宗继位，史称“庚寅之乱”。1173年，兵马使金甫当想通过军事政变铲除郑仲夫的计划失败。郑仲夫再一次对文官大开杀戒以示报复，史称“癸巳之乱”。

高丽王朝时期的地藏王菩萨画像

经过这两次事件，高丽君王成为任人摆布的傀儡，高丽王朝开始了武臣长期专权的局面。而且，对权力的无休止的追求，令武将之间也剑拔弩张、兵戎相见，高丽政局陷入一片混乱之中。

内忧外患终灭亡

武将专权后，王室、两班贵族、地方土豪以及佛教寺院兼并土地的行为更加明目张胆，土地私有制迅速发展，田柴科和公田制全面崩溃。土地被大量私有，政府所得税赋日益减少，为了解决财政困难，政府加紧横征暴敛。在这样的情况下，众多失地破产的农民沦为贱民、公私奴婢，众多农民、手工业匠人也因繁重的徭役、征课过度而纷纷逃亡。再加上天灾不断，走投无路的人们纷纷揭竿而起，起义呈星火燎原之势在全国蔓延开来，形成了朝鲜历史上第二个民众武装起义的高潮，高丽统治陷入危机之中。此外，已经焦头烂额的高丽政府，此时还要面对蒙古大军压境的现实，对于咄咄逼人的蒙古大军，高丽政府只有迁都江华岛以求偏安。

1258年，高丽王朝发生政变，高宗投降蒙古。随后，蒙古在开京设置“征东行省”，派达鲁花赤监督高丽国政和勒索贡物，并强迫高丽国王娶蒙古公主为王后，还要送王子到大都做人质，在国王死后才可归国即位。此时的高丽，深深陷入民穷国困的泥沼之中，而内忧外患境况也加剧了它的分崩离析。直至元朝灭亡，高丽曾得到一丝喘息的机会，但是对外战争又让武将的势力不断高涨。1392年，高丽被掌握大权的武将李成桂灭亡。

李朝城门

1392年，高丽被掌握大权的武将李成桂灭亡。李成桂建造了被今天的韩国人民称为“第一大国宝”的南大门“崇礼门”（位于首尔）。

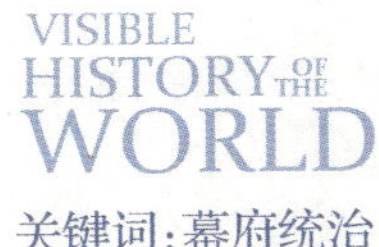

关键词：幕府统治

武士道与幕府统治

■ 12世纪～19世纪

在日本，新兴崛起的武士阶层给优雅懒散、奢靡浮华的平安朝，带来了一股朴素、刚劲之风。在幕府的权威之下，天皇和公家朝廷逐渐沦为精巧的装饰，而延续数百年的武人干政，也滋生了以武士道为代表的武家精神与文化。

武士的崛起

不论是拥有号令天下的实权还是沦为傀儡，作为天照大神的嫡系子孙，天皇的“正统”地位一直毋庸置疑。当武士这一新兴势力崛起，并迅速成长为问鼎天下的强大势力时，以天皇为代表的公家逐渐沦为精巧的装饰，失去了昔日的荣光与权力，只能屈尊于武家之下。日本自此开始了武人干政的历

> 源赖朝

日本镰仓幕府第一代将军，平安时代末期武将源义朝之子，武家政治创始人。

史。一晃百年，以武士道为代表的武家精神与文化在悠长的岁月之后，已经弥散在日本的每个角落，流入日本人的血液之中。

武士出现于藤原时代的庄园。当时，平安朝的权贵们继续沉浸在优雅懒散、奢靡浮华的气息中，朝廷的各项政务都变得十分“仪式化”，流传下来的祖先日记被奉为金科玉律，是指导这些仪式的最高基准。国家组织形同虚设，朝廷武力组织涣散崩溃，土地兼并十分猖獗，而且连民众也随着土地被“兼并”了，成为“私民”。日本各地庄园林立，庄园的拥有者是名主，为了维护对庄园的统治，扩大庄园的势力，各名主纷纷组建自己的私人武装。这种私人武装被称为武士团，其私人的主从关系十分鲜明。武家在各地兴起之后，逐渐以实力雄厚的地方豪族为中心，进一步联合形成了地域特征明显的大武士团，武家的势力迅速壮大。

从院政时代开始，武士的活动范围开始从地方向中央迈进。一批

幕府武士

平安时代，恒武天皇为了巩固政权设立了武士。而武士忠于职守、精干勇猛的精神也渐渐演变成了武士道。

强有力的武士在中央担任军事将领、警察等职务，逐渐取得一些政治发言权。而这个时代最活跃的武家要数源氏和平氏。平、源两氏进入中央后逐步培植起自己的势力，而彼此之间也免不了明枪暗箭，争权夺势。两氏对公卿权贵极尽讨好之能事，但公卿贵族们并不买账，视其为村野蛮夫，十分不屑。即便在源氏武名达到巅峰的时候，他在朝廷的地位也仅是正四位下，贵族们对允许他上殿十分反感。此时的武家虽拥有强大的实力，政治上却受制于公家。不过，这一现象在京都发生“保元之乱”后发生了变化。

“保元之乱”因贵族之间争权夺利而起，拥兵的武家无疑是朝廷平息内乱所依靠的支柱。平氏借此机会取代藤原氏掌握朝廷大权，开武家左右朝廷之先河。不过，平氏虽然出身武家，却十分向往公家政治传统。平氏一族中很多人在性格、教养方面也竭力模仿公家，失去了武家的特点。平氏于公武之间的暧昧徘徊，结果却两不讨好，平氏专权很快被取代，而且平氏也在公武两股势力的夹击下丧命。平氏专权虽然短暂，但可以窥见武家已不再满足于只充当公家的爪牙，让其任意驱使的卑微角色。而武家实力的不断壮大和其地位的提高，已经让武家拥有了与公家相抗衡乃至凌驾其上的能力。

公、武两家的对抗

剿灭平氏的正是老对手源氏。掌权的源赖朝与平氏不同，他的武家意识十分明确，把扎实巩固武家实力作为首要目标，建立起健全的武家政治。源赖朝认为控制家人是确保武家势力的根本条件——他把自己的家人派往各地担任守护和地头，再通过这些守护行使对全国的警备权，通过地头行使对全国的征税权。源氏的这些家务机构实际上取代了朝廷的中央机构。随着源赖朝陆续掌握了这些国家命脉，武家的统治体制也深深地渗入了公家的政治机构。

源赖朝当上右大将和征夷大将军后，在镰仓建立幕府，幕府作为武家政治的中央执行机关，从这时开始拥有了号令天下的权力。值得称道的是，源

幕府武士内讧争斗的画面

日本幕府时期，武士的地位极其重要，不仅各派武士之间有争斗，同时，同一幕府内部的武士也经常会发生争斗。

赖朝开创的武家政治即便已经掌握天下大权，也不否定公家政治，严守武家的传统和本分，言行举止时常透露出对朝廷的尊崇。

源赖朝死后，幕府内部争夺领导权的斗争激化，朝廷认为这是倒幕的大好时机，发动了“承久之乱”。因为内讧等原因，此时的幕府呈现出混乱和削弱的表象，但支持这个武家政治机构的根基纹丝未动，仍在井然有序地运行。幕府军队势如破竹，在一个月内迅速取胜。作为战胜的一方，幕府这时秋后算账，完全改变了以往对朝廷的尊崇态度，将后鸟羽、土御门、顺德3个太上皇流放，废黜仲恭天皇。从此，幕府实权由源赖朝妻子的娘家北条氏夺得。显然，以“承久之乱”为契机，武家政治无论在特点还是实力方面，都得到了飞跃发展。幕府政权强大的威力已经势不可当，取代公家的自信与野心昭然若揭。此后，到元军入侵之时，幕府政治进入了全盛阶段。

当然，在幕府统治时期，幕府和公家的矛盾并未消弭，有时仍然非常尖锐。如镰仓幕府于后醍醐天皇时期灭亡，随后由后醍醐天皇领导的“建武中兴”，经过两年的挣扎并未能如愿以偿。事实上，朝廷当初打败镰仓幕府依靠的仍旧是武家的力量。因为此时的社会实力已经掌握在武家手中，公家的许多权力也渐渐被武家阶层取代。

镰仓幕府灭亡以后，取而代之的是室町幕府。武家足利高氏建立霸权。虽然公家对武家操纵权力的现状十分不满，但心有余而力不足。后醍醐天皇带着象征正统身份的“神器”只能出走吉野，而足利高氏则另立新君作为傀儡，南北朝对峙的局面就此形成。

不过，深受公家文化影响的足利高氏认识到，正统君主所拥有的权威是无可替代的，武力并不能解决所有问题。这样，南北朝对峙最终以议和告终。尽管如此，公家的软弱无能已暴露无遗。

“下克上”的风暴

“水能载舟，亦能覆舟！”借助各地守护和武将的力量，室町幕府得以成立。但作为回报，幕府也推行了一些政策扩大了守护和武将的势力，而且对他们逾矩的扩张，幕府只是采取放任的态度。

长此以往，这些守护、武将不但拥有了强大的势力，脾性也变得异常暴躁，政治野心日益膨胀。但幕府统治的基础却日益脆弱。面对这种不利的情况，幕府无计可施。

八代将军足利义政在任期间，爆发了起因复杂的“应仁之乱”。动乱几乎席卷了日本全土，室町幕府和守护大名的势力在动乱中迅速衰落。首先是幕府这个“中央政权”几乎逐渐沦为和畿内的一个地方政权。各地守护的相继叛乱，幕府武将间的相互抗衡，让原本就病患缠身的幕府更加元气大伤。而此时的室町幕府早已失去了号令天下的能力，统治岌岌可危。

此外，各地守护大名也趁机不再给幕府缴纳贡粮。这样，将军徒有虚名，成为受权臣任意摆布的傀儡。而颠沛流离、命运坎坷、飘零于乱世的室町幕府最后为织田信长所灭。

室町幕府第一代征夷大将军足利尊氏的陵墓

守护大名虽然在幕府面前骄横跋扈，但在自己的领地内，他们的权力也日渐被家臣所掌控，有的家臣甚至杀掉大名取而代之。同时，武士往往也对下级步卒的飞扬跋扈无能为力，步卒也开始在武家社会中崛起——一些原来的地方土豪、武士甚至平民，实力逐渐强大，各自割据一方，取代了以前幕府任命的守护大名，成为“战国大名”。

因此，以“应仁之乱”为开端，日本进入了轰轰烈烈、刀光剑影的战国时代。“下克上”的风潮愈演愈烈。而这些以下克上崛起的新兴势力，具有新的价值观，不断挑战旧有的豪门权贵并取而代之，旧有的社会秩序已经被破坏殆尽。整个国家已经被卷入战乱的旋涡中，纷繁的乱世大幕徐徐拉开。

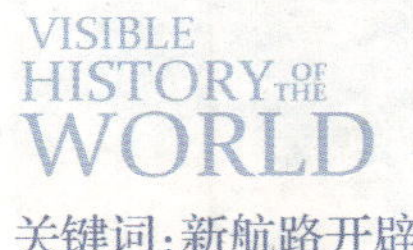

关键词:新航路开辟

新航路的开辟

■ 15世纪～17世纪

15世纪到17世纪之间,欧洲船队出现在世界各地的海洋上,在为寻找自己的贸易伙伴而努力。他们想通过这种方法,发展新生的资本主义。因而一批著名的航海家就此诞生——哥伦布、达·伽马、麦哲伦、迪亚士等。新航路的开辟,使东西方贸易飞速增加,对世界各大洲的发展产生了巨大而长远的影响。

东西方交往的使者

马可·波罗闻名世界,只因他在游记中把遥远的东方描绘成富庶繁华的人间天堂,令无数人魂牵梦绕。一代又一代的冒险家驾起航船,开始了寻找新航路的漫漫航程——那金光闪闪的黄金和琳琅满目的珠宝成为他们面对艰辛与苦难的强大动力。

∨ 穿着鞑靼服装的马可·波罗

马可·波罗是意大利乃至世界的著名旅行家及商人。他先后跟随家人,历经多年来到中国,并在中国生活和游历了17年。他

访问了中国的多座古城，对中国的文化有了深入了解。但后来在本国的一次战争中被俘。在狱中，通过马可·波罗口述、他人记录，他们整理完成了著名的《马可·波罗游记》。

《马可·波罗游记》涉及面很广。全书共分四卷，第一卷记述了马可·波罗一行东游的所见所闻；第二卷记载了元初的社会情况、宫殿建设、节庆礼仪、历史名城等，还对忽必烈时期开明的政治给予了热情歌颂；第三卷讲述了中亚、西亚、东南亚以及非洲南部的风土人情；第四卷叙述了蒙古成吉思汗的后裔诸王之间的战争和亚洲北部的历史。

游记大大丰富了欧洲人的地理知识，用真实、生动的笔法向整个欧洲打开了神秘的东方之门，在当时可谓振聋发聩。游记发行后，无数人被其中曲折、新奇的故事吸引，争相传阅。游记为欧洲迎来了新时代的曙光，对15世纪欧洲的航海事业起了巨大的推动作用。哥伦布、达·伽马、约翰逊等许多探险家读了游记后，更加憧憬中国、印度、日本等东方诸国的富庶与文明。游记还为这些探险家提供了详尽的海上航线。后来的哥伦布就曾认真研读此书，还做过密密麻麻的批注，这为他日后的远航发现奠定了基础。

此后，一代代的后继者把马可·波罗的事业继续了下去，极大地促进了东西方文化的交流与发展。而马可·波罗也因这部奇书名闻天下。

^《马可·波罗游记》插图

根据马可·波罗的见闻而写成的《马可·波罗游记》，向世界介绍了中国这个神秘的国度。这也激起了欧洲人对东方的热烈向往。

哥伦布远航

15世纪前后，随着商品经济的发展和贸易的扩大，资本主义经济在西欧萌芽，黄金作为货币的职能越来越重要。因此，迫于对黄金的渴望，一些欧洲的商人、封建主和航海家开始了冒险航行，希望找到通往“香料盈野，黄金遍地”的东方航道。而哥伦布便是其中之一。

哥伦布曾经说过：“黄金真是一个奇妙的东西，谁有了它，谁就可以为所欲为。有了黄金甚至可以使灵魂升入天堂。”为了梦想，哥伦布将一生都奉献给了航海事业。

在西班牙国王的支持下，哥伦布先后4次远航，历经巴哈马群岛、古巴、海地、多米尼加、特立尼达等地。但遗憾的是，哥伦布并没有找到他想象中的富庶的东方世界。

哥伦布的新航路虽然没能到达富庶的东方世界，但幸运地发现了美洲的大部分地区。而他的成功也振奋了欧洲的探险家们。随后，西欧各国人士竞相加入远航探险的队伍，形成一股地理大发现浪潮。1522年，麦哲伦的环球航行发现了东方的航道。这对于哥伦布来说，也算是一种安慰。

哥伦布的远航是大航海时代的开端。它改变了世界历史的进程，使海外贸易的路线由地中海转移到大西洋沿岸。从那以后，西方终于走出了中世纪的黑暗，开始以不可阻挡之势崛起于世界之上。

∧ 哥伦布远航归来面见西班牙国王和王后

麦哲伦环球探险

在人类历史上，关于地球的形状有很多种说法，地球到底是圆是方，对于大航海时代的人们来说，是一个未解之谜。后来许多信奉“地圆说”

的航海家在地理大发现时期，有了许多惊人的成就，似乎从一个侧面说明了地球是圆的。然而，这终归不是实证。可是后来麦哲伦的环球探险，让“地圆说”得到了印证。这在世界航海史上具有里程碑的意义。

麦哲伦率领船队，先后横渡大西洋，穿越美洲，最后抵达亚洲。在此期

^ 1520年10月，麦哲伦船队穿过维尔金斯角后到达进入太平洋的海峡入口，即后来的“麦哲伦海峡”，位于南美大陆和火地岛之间，长约600千米，宽3千米至33千米。

间，他开辟了后来为人所知的“麦哲伦海峡”。然而不幸的是，在途经菲律宾的时候，麦哲伦死于菲律宾的部族冲突中。

这样，麦哲伦的环球梦想，戛然而止。但是他的船队，坚持了他的梦想，在他死后继续向西航行，最终回到了欧洲，完成了他生前的环球梦想。

虽然麦哲伦并没有走完环球航行的全部路线，但人们仍把环球航行的功绩归给了他。可见他在航海事业上，为人类做出了不可磨灭的贡献。而这次航行，也成了航海探险史上一座不朽的丰碑。

达·伽马的新航路

达·伽马凭着狼一般的意志和勇气，率领船队从里斯本出发，绕过好望角，到达莫桑比克，最终到达印度，并从印度满载而归。他突破了欧洲航海的生理和心理极限，开辟了葡萄牙百年来梦寐以求的新航路，成为世界史上著名的航海家。然而，这个航海功臣在新航线开辟后就迫不及待地伸出锋利的獠牙，露出他狡诈、残暴的强盗本性，贪婪的欲望之火犹如烈火烹油般熊熊燃烧，在鲜血染红的海面上，为葡萄牙托起了一个耀眼的“黄金帝国”梦。

他的新航路的开辟，虽然伴随着殖民和鲜血，但促进了欧亚商业的快速发展，为全球贸易发展，做出了巨大的贡献。新航路的开辟，也使印度通往欧洲的陆地贸易成了落日余晖。通过这条航道，欧洲殖民者对东方国家开始了残酷的殖民掠夺，难以计数的东方财富源源不断地流向西方。

经过近百年孜孜不倦的探索与冒险，葡萄牙通过屠杀和抢掠，控制新航路，不但走出了贫困交加的窘境，还一跃跻身于欧洲最富有的国家之列，还囊括了东大西洋、西太平洋、整个印度洋及其沿岸地区的贸易和殖民权力。葡萄牙横跨半个地球的东方殖民帝国逐渐建立起来，而达·伽马开辟的新航路就是霸业途中最关键、最重要的一环。

达·伽马画像

葡萄牙航海家、探险家、葡属印度总督，早期的殖民主义者。他奉国王之命，率领舰队开辟新航路，而他的航路也大大促进了欧亚商业贸易的发展。

专题

意大利文艺复兴

⊙城市兴起 ⊙商业发展 ⊙大师涌现

作为昔日罗马帝国的中心——意大利，灿若繁星的大师们在这里创造了文艺的辉煌。当时光流逝了1000年后，还是在这块地方，我们仿佛又看到了这精彩的一幕。只不过他们穿着昔日希腊、罗马的服装，运用着昔日希腊、罗马的道具，在丰厚的文化土壤上，演出着属于他们自己时代的乐章。

光辉的新时代

文艺复兴是指14世纪末在意大利各主要城市首先兴起，于16世纪在西欧盛行的一场有关文学、艺术、建筑和自然科学等各方面的思想文化运动。当时，新兴的资产阶级借助复兴希腊、罗马古典文化的名义，进行了一场新思想和新文化的解放运动，也带来了一段科学与艺术的新时期。这一时期，

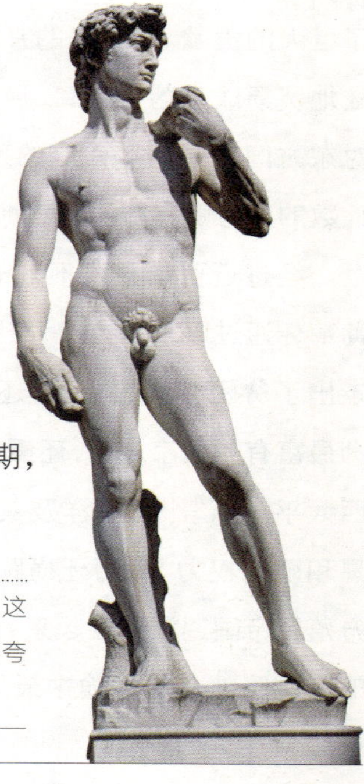

▸大卫

《大卫》是意大利文艺复兴时期具有代表性的作品。这尊雕像由大理石雕成，被誉为“西方美术史上最值得夸耀的男性人体雕像”之一。

人才济济、硕果累累、百家争鸣、百花齐放。现代欧洲历史就此拉开了序幕。

文艺复兴最早起源于意大利，这绝非偶然现象，它有着诸多深刻的历史原因。因为意大利在当时的欧洲率先出现了资本主义萌芽，其阶级基础、思想观念和物质条件都已经有了较大的发展。而且它有着丰厚的历史文化遗产和得天独厚的地理位置，再加上它特有的政治环境，所以意大利成为文艺复兴的勃兴之地，也就不足为奇了。

作为古代罗马帝国统治的核心地区，它保留了大量古希腊和古罗马的文化遗产，还保留了大量用希腊语和拉丁语写成的古籍，记录了古希腊和古罗马在文化上的非凡建树。这些东西足以唤醒意大利人对自己国家历史文化的沉思。

除了这些可以见到的历史遗产外，古希腊和古罗马还留下了更重要的精神遗产。古希腊给后人留下了民主政治和人文主义精神——人们参政议政，保家卫国，监察官员，整个国家生机勃勃。

西欧城市的兴起

11世纪，随着欧洲商品经济的发展，大量的城市如雨后春笋般在各地纷纷涌现，意大利尤其明显。随着人口的增加和城市规模的扩大，城市巨大的需求将大量农村地区卷入了市场。十字军东征也在客观上促进了东西方的交流。意大利商人把白种人奴隶运往拜占庭帝国和一些中东国家，又从君士坦丁堡和阿拉伯国家运回东方的奢侈品，卖给西欧封建主，如胡椒、丝绸和瓷器等。而西欧必须拿出自己的物品来交换。由此促进了西欧羊毛和纺织业的发展，西欧的社会结构也开始发生变化了。

西欧的城市虽然兴起晚，但发展迅速，新兴的市民阶层开始形成。市民阶层反对封建领主和城市贵族。意大利中北部的一些城市如威尼斯、热那亚和佛罗伦萨等甚至建立起了独立的城市共和国。市民通过选举产生出市议会作为

▲意大利海港和古代遗迹

最高权力机构，以制定政策并铸造货币。商人们结成商人公会，手工业者组成行会以维护自身的利益。市民阶层发动了一波接一波的争取城市自治的运动，市民与国王联合起来对抗封建割据，西欧的资本主义经济获得了快速的发展。1378年，佛罗伦萨梳毛工人起义更是世界上第一次无产阶级起义。

商业的迅猛发展

意大利在地中海中部，是东西方交流的中转站。当时，新航路还没有开辟，东方的商人将货物运到中东，再由东地中海商人将货物贩卖到意大利，意大利人又把这些商品转卖到全欧洲，所以地理位置异常优越的意大利便积聚了大量的财富。例如，随着国际贸易的发展，货币兑换在商业上的作用越来越大。当时的欧洲由于诸侯割据导致货币体系非常混乱，币质也极其低劣。为了识别、兑换和保管方便，就有了货币兑换商。而意大利人凭借其充足的财富，充当起了这个角色。随后，这些货币兑换商扩大了经营范围，向欧洲各国派驻代理人。于是，欧洲第一家银行于1346年在热那亚成立。

由此可见，当时的意大利虽然国家分裂，战争频繁，但经济上呈现出一种特有的繁荣。城市中，由于商品生产的竞争而分化出了富裕的手工作坊主。他们雇用学徒和帮工，使自己成了最早的资本家。另外，一些商人则演变为包买商，通过手工工场把分散的小生产者组织在一起，使他们丧失了独立的地位而成为雇佣工人。农村中，农民也开始了两极分化，大批破产农民沦为雇农，而其中的一些富裕农民则开始经营带有资本主义性质的农场，成为农村中的资产阶级。另一些封建领主则在自己的领地上经营资本主义式农牧业，这些封建领主就是资产阶级化的新贵族。

于是，意大利的一些城市共和国财力越来越雄厚，手工业越来越发达。随着小生产者的分化和货币资本的原始积累，自然经济开始解体，市场开始扩大，资本主义萌芽开始在意大利各个主要城市出现。资产阶级作为一个新兴的阶级开始出现，他们以宗教为外衣，在科学、哲学、文学、艺术、教育和生活方式等方面反对封建主义。

大师的摇篮

意大利是教皇所在地，因此宗教氛围一直就比较浓厚，同时，宗教题材的艺术品需求对文艺复兴时期的艺术发展产生了重大的推动作用。而且，文艺复兴时期的大学者们，大多在教会所建立的大学中从事研究。这些中世纪的艺术品和知识为意大利的文艺复兴打下了雄厚的基础。

花园中的圣母

另一方面，继承了许多古希腊、古罗马遗产的拜占庭帝国与意大利各地有着广泛的联系，两地的学者有着频繁的交流。1453年，奥斯曼帝国攻占君士坦丁堡，拜占庭帝国灭亡。大批熟悉希腊语和拉丁语的学者逃到意大利，带去了大量古希腊、古罗马的古籍，为意大利的文艺复兴运动添砖加瓦。

▲达·芬奇自画像

此外，意大利的四分五裂导致各城市、国家之间的激烈竞争，同时也使他们大量吸引了人才以增强自身的实力。由于意大利没有一个统一的王权制约和管制自由的学术氛围，“异端分子”的活动相对自由，因此大批先进知识分子来到意大利，文化和科学巨匠们在意大利纷纷涌现。例如，“文学三杰”但丁、彼特拉克和薄伽丘，名震古今的“美术三杰”达·芬奇、拉斐尔和米开朗琪罗，还有大科学家伽利略和布鲁诺，等等。

新兴资产阶级认为中世纪是“黑暗时代”，是社会、经济和文化的整体倒退时期，所以努力复兴古典文化。但“复兴”其实是对现实人类知识和思想的空前解放与再创造，有着积极的作用。

文艺复兴运动创造了光辉灿烂的文化，发展了科学技术，促进了人们的思想解放，预示了资产阶级革命时代的到来。

第五章

诸强雄起

16世纪到18世纪，是欧洲出现转折、君主树立权威、变革多发的时代。

英国内战爆发、查理一世走上断头台、克伦威尔独裁统治、斯图亚特王朝复辟……血雨腥风；法国亨利四世宣扬治国之道、黎塞留纵横捭阖、路易十四叱咤风云……惊心动魄；俄国沙皇混乱争夺，彼得大帝建立旷世伟业……风云江湖；荷兰“风车”掀起三次英荷战争……

诸强雄起，刀光剑影、多姿多彩。

▷ 伊丽莎白女王为何终身未嫁

VISIBLE HISTORY OF THE WORLD

关键词：童贞女王

“童贞女王”伊丽莎白

■ 1533年～1603年

谁说女子无才便是德？伊丽莎白一世的睿智和果敢恰到好处地颠覆了这句话。为了国家利益，她放弃了私人婚姻，将自己嫁给了英格兰国家和人民。这位“童贞女王”把英国逐渐领进了“光荣时代”，即伊丽莎白的辉煌时代。

英格兰的晴日

1558年的一天，25岁的伊丽莎白正坐在哈特福德庄园的一棵橡树下看书。一群王公贵族策马而来，纷纷在她身边下跪，称呼她为女王。那一刻，她双手合十向上天感激道：“这是神的奇迹啊！”她一直期待的那一天终于来临了。

与姐姐玛丽相比，伊丽莎白的早年命运也并未好到哪里去。她的性格并不像玛丽那样古怪，而是出人意料的早熟和敏感。她非常懂得如何保护自己，小小年纪便能说一口

^ 伊丽莎白赐予德雷克爵士的宝石

德雷克因在打击西班牙海盗事业中的杰出表现，成为伊丽莎白女王的宠臣。德雷克于1581年环球航行归来后，被授予骑士称号。

^ 玛丽一世和伊丽莎白回到伦敦

玛丽一世是英国历史上第一位女王。她性格古怪，勇敢而倔强，被人称为“血腥玛丽”。她死后，伊丽莎白继位。她的宗教政策在很大程度上被伊丽莎白颠倒。

流利的希腊语、法语、意大利语及西班牙语等。面对父亲的薄情寡义，伊丽莎白在青春期时便冷淡了一个女孩的生活重心——婚姻。

在挨过了姐姐玛丽一世的腥风血雨之后，新教徒伊丽莎白一世的登基宛如英伦头顶的一轮晴日，成为英国民心所向。从被贵族们称为“女王”的那天起，伊丽莎白就开始了任命新内阁的工作。王公贵族们惊讶地看着这位新女王的王者风范，纷纷倾倒。1559年1月15日，人们欢呼着、簇拥着伊丽莎白一世在西敏寺进行了加冕典礼。在去往加冕的途中，女王收下了路边一个乞丐为她献上的鲜花，并将这束鲜花一直带进了西敏寺教堂。人们为这一举动热泪盈眶，他们感知到了新女王的诚恳与善良。在加冕典礼上，人们高呼"上帝佑护我王"，伊丽莎白一世则睿智地回应道"天佑我民"。在她加冕的那个下午，英国变成欢乐的海洋。

伊丽莎白一世开始执政时，英国正处于内忧外患之际。在外，英国在欧洲大陆的最后一块陆地加莱被法国人夺去，从此英国真正成为一个大西洋上的岛国；在内，天主教与新教之间的宗教矛盾从未止息过。在当时负债累累的情形下，伊丽莎白一世确立了自力更生的岛国民族信念，英格兰民族的自我意识从这一刻开始觉醒。另一方面，伊丽莎白在即位之初，罗马教廷就拒绝承认她王位的合法性。她顺势带领英国脱离与罗马教皇的关系，宣布英国为新教国家，并发布至尊法令，将政教大权一齐抓在自己手中。她以左右逢源又坚持原则的政治手腕，选择了一条折中的宗教路线，使新教与天主教至少在外表上取得平衡，重新确定了圣公会外圆内方、兼收并蓄的特质，使其成为英国人区别于欧洲其他国家的特有标志之一。1571年，伊丽莎白一世主持定稿《三十九信条》，编入《公祷书》，沿用至今。《三十九信条》采取中间立场，宽容而中庸：既与天主教一刀两断，又保留其基本形式；既坚守新教要义的"因信称义"，又与加尔文的严酷无情保持距离；既对马丁·路德的一些看法保持沉默，又对激进的再浸礼派进行批评。无论如何，伊丽莎白一世的宗教方针使得英格兰至少与信仰新教的苏格兰能达到"貌合"，为后来的统一打下了基础。

追求独立自主的女王

自从伊丽莎白一世登上王位，求婚者就络绎不绝。因为女王在即位时就已经25岁了，以当时的婚龄来说，已经是很大的年龄了。女王的婚姻成

> 伊丽莎白画像

伊丽莎白一世是都铎王朝的第五位也是最后一位君主。她终身未嫁，因此被称为"童贞女王"。

为英国内外所有人关注的最大焦点，大臣们轮着班儿向她进言，请求她尽快选择一位合适的丈夫，尽早为王国诞育接班人。而各国的求婚大使也络绎不绝——包括她的姐夫、西班牙国王腓力二世以及瑞典国王、奥地利大公、法国国王、萨伏依公爵、安茹公爵等王公贵胄。然而，伊丽莎白知道与这些宗教信仰水火不容、家族利益争斗你死我活的外国求婚者中的任何一个结合，都可能使英国卷入欧洲大陆无穷无尽的冲突中；而如果与国内的任何一个单身大贵族结婚则会引起激烈的宫廷宗派斗争，甚至引发内战。这两样结果都是伊丽莎白所不想看到的。实际上，透过父母的婚姻、姐姐玛丽的不幸婚姻，她早已将婚事看淡。所以，她的婚事一拖再拖。

伊丽莎白在29岁那年竟然患上了天花，这在当时被认为是不治之症。在重病之余，伊丽莎白和议会大臣们开始考虑继承人的问题。那时，她的表侄女苏格兰女王玛丽·斯图亚特、凯瑟琳·格雷都是有继承权的人，可她们二人一个是热诚的天主教教徒，一个后来在婚姻问题上违背并触怒了伊丽莎白。因此，两个人选她认为都不可能继承英国王位。幸运的是伊丽莎白竟然从死神手中溜了出来——经过一段时间的养护，她重获了健康。她终于可以腾出手来重建英格兰的经济以及应对那些觊觎她王冠的人。

1563年，伊丽莎白试图让寡居的玛丽·斯图亚特嫁给新教徒莱切斯特伯爵一世罗伯特·达德利，以获得宗教上的统一，可是，这个计划遭到了玛丽的拒

^ 被软禁的玛丽·斯图亚特

1568年5月19日，逃到英格兰的玛丽· 斯图亚特被伊丽莎白的军官囚禁在卡莱尔城堡。在囚禁期间，她说了那句名言——“In my end is my beginning”（我死即我生），并将这句话镶嵌在她衣服的花边上。

绝。1565年7月底，玛丽出人意料地嫁给了汤恩利勋爵亨利·斯图亚特——此人具有英格兰和苏格兰王室的血统，二人的孩子极有可能继承苏格兰和英格兰的王位（事实上也的确如此，他们的后代为英王詹姆士一世）。这次联姻令伊丽莎白恼怒并感到了王位面临威胁。不久，1566年，玛丽女王生下了继承人，即后来的英格兰詹姆士一世、苏格兰詹姆士六世。随后，汤恩利在一次事件中身亡，人们纷纷揣测是玛丽女王杀了亲夫，因为她在12周之后就嫁给了新教徒伯斯维尔伯爵。这一次，苏格兰的贵族们趁机起兵反叛玛丽，玛丽被迫退位，将王位传给了只有1岁的詹姆士。随后，她从苏格兰逃到了英格

兰。1568年5月19日，玛丽被伊丽莎白软禁起来，在长达18年的软禁生涯中，玛丽并不消停，参与了数起阴谋夺取英格兰王位的事件。最终，伊丽莎白再也不能容忍玛丽，以企图刺杀伊丽莎白的罪名，于1587年2月8日在北安普敦郡佛斯里亨城堡将她处以极刑。

西班牙"无敌舰队"

1588年夏，西班牙的"无敌舰队"在英国舰队炮火的轰击下慌乱撤退。

女王的生意经

1573年，伊丽莎白已经40岁，如再不结婚将很难诞育子嗣。面对大臣们提出的结婚请求，伊丽莎白将戒指戴在无名指上说："我只可能有一个丈夫，那就是英格兰。"这句话，在英国人心中造成了空前的震撼，人们也将她奉若神明——从此她便以"童贞女王"著称。

伊丽莎白接手英国时，英国是个负债累累的国家。至16世纪80年代，英国不仅偿还了外债，国库也有了相当的积累。这与伊丽莎白的治国方针有着莫大的关系。身为新教徒的女王厉行节俭，同样也追求金钱。她的宫廷开支不到玛丽时期的1/3，即使说她吝啬也并不过分。她总是精打细算，省之又省。如她喜欢跳舞，但盛大的舞会通常不是在宫廷，而是在大臣的庄园和官邸举行。当然，这笔巨额开销令许多大臣叫苦不迭。此外，伊丽莎白具有商人的经济头脑，聘请被称为"商人之王"的格勒善为财政顾问。1560年，在她的支持下，一座巨大的王家交易所在伦敦建立起来，成为英国和欧洲各地商人云集之地，红火兴隆的生意使女王的钱袋很快鼓了起来。

在经商的同时，女王也投资冒险生意——海盗抢掠。在她的带动下，许多大臣们也纷纷投资海盗事业，获利丰厚。当西班牙大使一次次地上门提出缉捕凶手时，伊丽莎白也发布缉捕海盗命令，但那不过是做做样子。而霍金斯、雷利、德雷克等海盗巨头都是女王的座上宾，受到女王的呵护和褒奖。当西班牙要求英国处死德雷克时，女王却把他封为骑士。1588年，西班牙与英国矛盾激化，西班牙组织了一支庞大的"无敌舰队"，向英国扑来。面对来敌，不甘示弱的伊丽莎白迅速组织起由140艘船只组成的舰队。此时昔日的海盗霍金斯、德雷克、雷利成为皇家海军——或许他们的船炮不如西班牙，但他们具有丰富的海战经验，加之海盗的亡命精神，都使英军战斗力强于对手。果然，在一场大风的帮助下，西班牙的"无敌舰队"败得一塌糊涂，从此日渐衰落。而在伊丽莎白的领导下，英国却逐渐踏上了通往海上霸主的台阶。

关键词:断头台

查理一世走上“断头台”

▪ 1600年～1649年

查理一世倒行逆施,引发了纳西比之战——克伦威尔让他一蹶不振。此战之后,他由君主沦为了阶下囚。但是囚禁中的他依然策划着叛乱,希望恢复自己昔日的权威。但最终的结果是,在忍无可忍的英国民众的呼声中,他被推上了断头台。

第二次内战

1646年6月,议会军攻克了王党军的大本营牛津,国王查理一世化装逃跑,跑到了苏格兰。不久之后,英国议会与苏格兰议会经过讨价还价后达成协议——英格兰人以40万英镑从苏格兰人手里买回查理一世。查理一世成了英国议会的阶下囚,被监管在汉普顿宫,但拥有一定程度的人身自由。

查理一世被软禁之后,议会中产生了分歧,大多数人包括克伦威尔都不想惩治国王,甚至只是想逼迫国王做出某些让步。但是被软禁的查理一世不甘心失败。11月11日夜,查理一世趁着汉普顿宫的防守松懈,逃到了南部的怀特岛,在那里得到了苏格兰使者的迎接。

查理一世逃跑的消息传出后,在国内引起了巨大的震动,民众和下层士兵们纷纷要求追捕国王。克伦威尔最初还因为国王逃脱而暗自庆幸,因为他

^ 查理一世来到卡里斯布鲁克城堡

查理一世来到城堡后，收到一位小姑娘送来的玫瑰花。但不久之后，他的行径就遭到了众人的谴责。现藏于罗浮宫博物馆。

并不希望与国王闹得太僵，甚至对查理一世抱有很大的幻想，希望查理一世能够满足他们所提出的条件。但是到了11月21日，克伦威尔的态度却突然变了，因为这天他截获了国王给王后的一封密信。从信件的内容来看，查理一世宁愿和苏格兰人合作，也不愿意和克伦威尔合作，并承诺成功之后给苏格兰人各种各样的好处。面对残酷的现实，克伦威尔只好打消了和国王合作的念头。

1647年12月26日，查理一世与苏格兰人签订了秘密协议，协议中约定苏格兰人派军队帮助查理一世恢复王位，解散英国的议会军和议会；作为回报，查理一世答应在全国推行苏格兰人信仰的教派。一场新的内战正在酝酿。

1648年2月，南威尔士的王党酿造了暴乱，苏格兰人应时而动，由原来与英国议会合作，转而支持查理一世，第二次内战爆发。此时从伦敦到其他城市的一些王党成员也纷纷行动起来，就连海军舰队也有一部分投到了王党方面，形势危急。

面对危急局势，议会内部消除了分歧，议会军再次开赴前线，迎战王党军队。议会军作战英勇，加上得到了民众的大力支持，战局很快就有利于议会军。1648年7月上旬，议会军成功平息了南威尔士王党的叛乱。8月，王党的军队被彻底击溃，第二次内战结束，议会军再次取得了胜利。

查理一世走上断头台的前夜

此画描绘了查理一世走上断头台的前一天晚上，与两个孩子依依分别的场面。通过画面，我们看到两个孩子表情痛苦，无法接受父亲即将离去的现实。

围绕国王的斗争

1648年12月，查理一世再次沦为阶下囚，被囚禁在温莎城堡。但是以克伦威尔为首的一些人仍然无法下定决心惩治国王，也不愿废除君主制度。可在民众与士兵的呼声中，议会也只好组织人讨论审判国王的问题。然而讨论持续了近半个月，直到12月28日，议会下议院才通过决议，把查理一世作为背叛国家、挑起内战、破坏法律和人民自由的罪犯加以审判。但是克伦威尔却将对国王的审判看成无奈之举。12月底，他在议会讨论审判国王的问题时说："任何人，无论是谁，如果打算废黜国王或者剥夺国王子孙的王位继承权，他就将是这个世界上最大的叛徒和犯上作乱的人。但是，如今上帝已经把这样的角色加在我们身上，我们别无他法。"

英国的议会分为上议院和下议院，根据当时的法律规定，审判国王的决议由下议院先通过，下议院通过后要经过上议院的同意才能生效。但是当决议递交到上议院时，上议院的16位议员一致投了反对票。民众和士兵对这样的结果十分不满。既然上议院不同意，那么就让下议院享受最高权力。

1649年1月4日，在民众和士兵的推动下，通过了下议院享有最高权力的决议。决议规定：国家的法律来源于人民，代表人民的下议院是最高的权力机关，下议院的决议可以不经过上议院和国王的同意直接生效。

^ 查理一世之死

1649年1月30日，查理一世在白厅广场前被送上断头台。

这样，1月6日，下议院通过了审判国王查理一世的最终决议——成立了由135人组成的特别法庭。

查理走上断头台

对查理一世的审判从1649年的1月20日开始。对查理一世的指控是：国王本来应该为谋求国家的和平和人民的利益而努力，但是查理一世却一心贪图权力，横征暴敛，当议会不满足他的无理要求时，他便挑起了内战，使无数人丧生，他对人民犯下了深重的罪行。

对于惩治国王的事情，高等法院中达成一致，但是在如何惩治上，高等法院又产生了很大分歧——高等法院中的一部分人提出判处查理一世死刑，但很多人表示反对——曾经能征善战的议会军总司令费尔法克斯甚至宣布拒绝出席对国王的判决。但民众和士兵却支持处死咎由自取的查理一世。

1月20日，查理一世被带到了伦敦的威斯敏斯特大厅，在这里他将接受审判。但在一个王权专制的国家中，法律上没有规定如何审问国王——尽管没有明确的法律条款可以宣判查理一世，但法官们还是援引了罗马法对查理一世进行了判决。

1月27日，在签署最后判决书时，135位特别法庭成员只有67人出席，而最后在判决书上签字的仅有52人——这说明很多人还是支持王权的。判决书上对查理的判决是：他是暴君、叛徒、杀人犯和善良人民的公敌，判处查理一世死刑，判决将在1月30日执行。

1月30日，天气晴朗却寒风刺骨，上千名市民围在白厅广场周围，等待着国王查理一世被推上断头台。这样的事情在英国史上没有发生过，更是震惊了整个欧洲。

查理一世被带到了距离白厅广场不远的一个房间里，他正在做着人生落幕前的最后准备。他已经与两个孩子做了最后的道别，也向上帝做了最后的祷告。他看见了广场周围有无数的人在等待着他被推上断头台的那一刻。但他心里好像并未生出太多的恐惧，因为他知道自己应该为倒行逆施付出代价。

之后，他被推上了断头台，但他还在努力表现出国王的气度和威严，甚至对围观的人说："我将宽恕将我送上断头台的人，因为宽恕是国王的权力。"查理一世进行了默祷，默祷之后，他的生命便走向了终结。

关键词：弑君

“弑君者”克伦威尔

■ 1599年～1658年

1644年7月2日，在英格兰北部的马斯顿荒原上，国王军与议会军展开了一场血战。大炮的轰鸣声此起彼伏，火绳枪发射后的白色烟雾笼罩着整个荒原。突然，一队身披重甲的骑兵如同尖刀一般切入了国王军的肋部。仅仅一个晚上，这支骑兵就消灭了国王军4000人。而指挥这支铁骑的军官就是被尊为“护国公”的克伦威尔。

新模范军

1642年，查理一世的国王军在诺丁汉点燃了英国内战的烽火。战斗一开始，议会军队连战连败，被王党军一路追杀。为了扭转战局，议会决定重新建立一支强大的新军队。正是在这个背景

> 身穿戎装的奥利弗·克伦威尔

奥利弗·克伦威尔是英国内战中的军事将领，是议会军战胜王党军的关键人物。

下，克伦威尔登上了历史的舞台。

克伦威尔于1599年4月25日，出生于英格兰亨廷顿郡的一个清教家庭。他早年在剑桥大学学习历史与法律，上学时就接受了清教的信仰，成了一个虔诚的清教徒。1628年和1640年，克伦威尔两次被选为议员，由于他思想激进而且能言善辩，很快成了议会中引人注目的人物。英国内战爆发后，克伦威尔从家乡的农民和手工业者中挑选青年，组建了一支军队。由于这支新军纪律严明，作战勇敢，主力部队是身披重甲的骑兵，所以被人们称为“新模范军”和“铁骑军”。

内战终结

1645年6月14日，国王军与议会军在英格兰中部的纳西比荒原展开了最

新模范军

这支新军纪律严明，作战勇敢，主力部队是身披重甲的骑兵，人们称为“新模范军”和“铁骑军”。

后的决战。战斗一开始，查理一世就命令王党军的骑兵猛击议会军的侧翼，想要来个侧翼包抄。没等查理一世的骑兵达成突破，克伦威尔的骑兵就已经击溃了王党军的右翼，直接攻入了查理一世所在的主阵。惊慌失措的查理一世在卫兵的掩护下化装成仆人，逃往了苏格兰。1647年2月，英格兰议会以40万英镑的高价将查理一世从苏格兰人手中赎回，持续了5年的内战暂时告一段落。

王党刚被打败，革命阵营的内讧又开始了。当时议会中分为长老派和独立派。长老派代表大资产阶级和上层新贵族，政治上较为保守，老想和国王妥协；独立派代表着中小贵族的利益，主张建立共和国。双方不断争吵，以至于对监狱的看管也大大放松了，查理一世趁机逃跑。1648年，查理一世在英格兰西南部挑起了暴乱，结果再次被新模范军镇压，查理一世又被抓回了监狱。

此时，长老派议员对查理一世还抱有幻想，仍然主张让查理一世复位。军人们流了多少鲜血才打倒了国王，现在议员们居然要让国王复位，军人们的愤怒终于被点燃了。1648年12月6日，新模范军的普莱德上校率领一支军队进入议会，驱逐了大约140名长老派议员，这就是英国历史上著名的“普莱德清洗”。经过清洗，议会中只剩下了60名左右的独立派议员，因为议会达不到法定的人数，所以这个时期的议会被称为“残缺议会”。

当时“残缺议会”要主持的第一项工作就是审判查理一世。1649年1月27日，议会组织的最高法庭对查理一世进行了审判，法官以“叛国罪、挑起内战罪、破坏法律和英国人民自由罪”判处查理一世死刑。第二天，克伦威尔平静地在判决书上签了字。1649年1月30日下午1时，憔悴的查理一世被押上了断头台。

查理一世之死激起了欧洲所有封建王朝的愤怒，他们把恶毒的诅咒全部“送给”了敢于处死国王的克伦威尔。同年5月19日，在全欧洲的谴责声中，“残缺议会”宣布英国为共和国。

^ 奥利弗·克伦威尔画像

英国政治家、军事家、宗教领袖。1653年，克伦威尔自称“护国公”，从此开始了他的独裁统治生涯。

护国公征战

共和国成立之后，克伦威尔掌握了英格兰的军政大权。为了巩固自己的统治，他发动了对爱尔兰和苏格兰的战争。1652年5月，经过血腥镇压，克伦威尔终于征服了爱尔兰。克伦威尔的地位在战争中得到巩固。军队也在战争中得到了巨大的利益，很快成为克伦威尔建立独裁统治的支柱。1652年9月3日，英格兰、苏格兰两军在伍斯特展开决战。克伦威尔再次力挽狂澜，荡平了苏格兰。1654年，英格兰正式合并了苏格兰，英伦三岛正式宣告统一。

率军队从苏格兰班师回国后，克伦威尔与“残缺议会”的矛盾开始公开化。1653年4月19日，克伦威尔在伦敦召开军官会议，要求议会自动解散。第二天，议会也针锋相对地推出了新的选举法，准备与克伦威尔抗争到底。得到这个消息后，克伦威尔马上带着自己的卫队进入了议会。“议员先生们，你们的罪行已经太多了，人民要选择更好的人来执掌政权！”克伦威尔以响亮的嗓音高喊着。“你怎么敢污辱议会！”议员们愤怒地指责克伦威尔。此时，克伦威尔大手一挥，两队身高马大的士兵立即冲了进来，把议员们全部驱逐出去。克伦威尔走到了议长的位置旁，拿起议长的权杖，笑着说：“这个玩具有什么用呢？”权杖原是国家权力的象征，现在却成了克伦威尔手中的玩具。

1653年12月16日，克伦威尔正式成为“英格兰、苏格兰和爱尔兰终身护国公”。在盛大的就职仪式上，克伦威尔身披黑色长袍，脚穿便鞋，表示不以军人身份出场。他接过象征权力的玉玺和宝剑，一个军事独裁政权就这样建立起来了。从此，克伦威尔将内政、外交、军事、立法种种大权牢牢控制在自己手中，成为英国的最高统治者。

^ 图中上图为纳西比战役中王党军的旗帜，下图是克伦威尔的议会军旗帜。

护国公之死

成为护国公之后，克伦威尔在英国实行了赤裸裸的军事统治。他把全国分成11个区，每个区派一名将军做行政长官，实行军管。行政长官直接向护国公负责，他的意志在区域内不可违背。军政府还制定了严格的清教戒律，要求英国人必须按照清教规定行事，人们不仅不能喝酒，不能赌博，在安息日还不能出门，店铺也不能营业，谁要在这个日子在街上闲逛就会受到严厉的惩罚。

相对于对内的高压统治，克伦威尔还把海外扩张的“事业”做得风生水起。他通过议会颁布《航海条例》，规定外国商人不得与英属殖民地通商，进入英国的商品必须由英国船只或者生产国的船只运入英国港口，否则就会被没收全部货物。这个规定让热衷海上中转贸易的荷兰收入锐减，而英国商人则赚得盆满钵满。为了这个规定，英国和荷兰还爆发了一次大规模的海战。最终，荷兰因为实力不济，被迫同意了这个《航海条例》。接着，英国又凭借着自己无坚不摧的新式炮舰挨家挨户地找人“做生意”，先后取得了与西班牙殖民地通商的特权和自由进出波罗的海的权力。在法国的支持下，英国还通过对西班牙的战争，夺取了加勒比海上奴隶贸易的中心——牙买加和有“欧洲大陆金钥匙”之称的敦刻尔克。英国的商人在这波扩张浪潮之中尝尽了甜头，滚滚的金银不断从美洲、欧洲和亚洲向英国流去。

晚年的克伦威尔失去了昔日的骁勇和威风，他精神极度紧张，常常疑心别人要暗杀自己。1658年，重病缠身的克伦威尔在病榻上辗转反侧，仿佛看到了那些铺垫在自己成功之路上的鲜血和尸骨，害怕自己的所作所为得不到上帝的宽恕。当听到牧师说“上帝会宽恕所有人”之后，克伦威尔松了一口气，颤抖着说出“我得救了！”9月3日，克伦威尔指定儿子理查·克伦威尔为护国公的继承人。下午3时，克伦威尔与世长辞，他的部下将他安葬在了威斯敏斯特大教堂。

给克伦威尔一个绝对公正的评价是件困难的事情，英国的历史学家一般认为克伦威尔是一位独裁者，但他在特定历史时期巩固了清教的地位，并最终实现了英伦三岛的统一，开始了英国海外扩张之路，算得上一位有贡献的无冕之王。

^ 军事独裁政权的建立

画面中克伦威尔带着自己的卫队进入了议会，要求议会自动解散。

关键词：复辟

斯图亚特王朝复辟

■ 1660年～1714年

克伦威尔的独裁统治结束之后，查理·斯图亚特登上了王位，即查理二世。之后，他便开始了斯图亚特王朝的复辟活动。然而这一时期，似乎一切都出现了逆转——英伦大地上空的愁云惨淡，预示着一缕清风将吹尽它的阴霾。

"小丑"退出舞台

1658年克伦威尔死后，克伦威尔的儿子理查德·克伦威尔即位护国公。理查德为人懦弱，以致王党分子给他起了一个绰号——"小丑"。一些曾臣服于克伦威尔的高级军官，现在也不服从他的管制，都希望能将权力掌握在自己的手里，成为第二个克伦威尔。至此，英国又陷入了政治纷争之中。

∨ 查理二世时期的艺术品

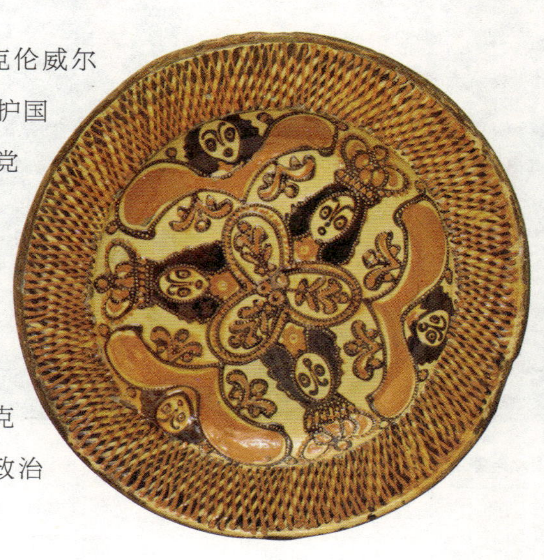

^ 查理一世的孩子们

这是查理一世与玛利亚皇后所生的5个孩子。从左向右依次是：玛丽公主、詹姆士二世、查理二世、伊丽莎白公主和安妮公主。

1658年12月，理查德召开了新的议会，希望依靠文职人员来治理国家，但遭到军官们的反对。同时议员们也对军队比较敌视，认为国家不能处在军人的控制之下，那是令人不能容忍的。随后，以弗利伍德为代表的军官迅速采取行动，迫使理查德解散了议会。但紧接着，下层士兵也暴露出对高级军官们的不满，要求重新召开议会。

^ 庆祝查理二世复辟

这幅油画创作于1660年，描绘了英国王室为了庆祝查理二世复辟，在海牙举办的盛大宴会。画中查理二世正和他的姐姐玛丽跳舞。

1659年7月，第二次议会召开，但弗利伍德再次领导军人们强行解散了议会，并组建了以他为首的、主要由高级军官组成的“安全委员会”作为临时政府，管理国家大事，理查德则被迫放弃护国公的职位，退出政治舞台。

查理二世重返伦敦

弗利伍德的“安全委员会”组建后，没能赢得人心——伦敦的一些贵族拒绝服从弗利伍德的统治。同时军官之间的争权夺势也愈演愈烈。此时，驻扎在苏格兰的乔治·蒙克将军看到了伦敦的混乱局势，准备进军伦敦。

蒙克将军是坚定的王党成员，在王党军队战败的时候，蒙克宣布服从议会，但是很快便带领自己的军队开赴苏格兰，避开了伦敦的政治旋涡。在苏格兰，蒙克一直同查理一世的儿子查理·斯图亚特积极接触。当弗利伍德解散议会之后，蒙克高调宣布自己要保卫议会，维护人民的权利，便率军向伦敦进发，并很快得到了费尔法克斯军队的支持。

1660年2月，蒙克进入伦敦。此前弗利伍德的“安全委员会”因不能解决英国面临的日益严重的经济困难，被民众赶下了台。蒙克进入伦敦后，虽然极力稳定政局，但仍缺乏一股力量能够建立稳固的统治。于是人们开始怀念王权专制的时期，把目光投向了斯图亚特王朝的复辟。

1660年4月，伦敦召开了一届特别议会，这届特别议会决定派人到荷兰去商谈查理·斯图亚特回国的事宜。随后，查理·斯图亚特在蒙克的授意下，高调宣布：如果自己回国继任国王，将对内战期间的一些制度和财产不予变更，并允许信仰自由；除了直接参与处死我父亲的人外，其他反对过国王的人将一概不予追究。

查理·斯图亚特的这番言论赢得了英国人的支持。1660年5月，查理·斯图亚特在长期逃亡之后，重返伦敦，登上了王位。

查理二世的统治

查理二世当上国王之后，原本希望恢复以往的君主专制制度，但情况已经发生了改变——以大商人为代表的资产阶级的力量已经壮大。因此，在查理二世的政府内，既有以前的王党成员，也有以前的议会成员，两派之间的分歧十分明显，以致后来形成了两个党派——辉格党和托利党，但这两派又都在政府中拥有一定的权势。

查理二世在当上国王初期，他的一些所作所为的确让人们看到了希望。在“弑君犯”这一问题上，他表现出了一定程度的宽容。反对过查理一世的人大部分被赦免，除了已经去世的，最终只将9个人定为死刑。面对查理二世的宽容，王党的其他分子则表现出了不宽容。他们甚至将克伦威尔

∧ 詹姆士二世画像

詹姆士二世是英国历史上最后一个天主教国王。

等人的尸体挖掘出来进行鞭尸。

后期，因议会中的一些议员仍在积极限制国王的权力，查理二世表现出了不满。查理二世在外交中，一直与法国较为友好。查理二世的外交行为使英国人认为他们的国王要效仿法国的太阳王，加强国王的权威，压制人民的自由。查理二世为了免受苛责，开始在外交上采取两面派的做法——一方面表面上同荷兰、瑞典结成反法同盟，另一方面暗地里与法国签订秘密协议，允诺在未来的法荷战争中帮助法国。而作为回报，法国将给查理二世提供财政援助——在与议会的斗争中，查理二世的软肋就是拨款权力受议会限制。这样在得到法国的财政援助后，查理二世便变得底气十足，甚至几次将议会解散。

詹姆士二世的倒行逆施

1685年，查理二世的弟弟詹姆士继承王位，即詹姆士二世。即位之初，詹姆士二世并未表现出独裁专制的意向，但没过多久，形势就发生了转变。詹姆士二世要重建强大的君主权威，要建立完全听命于自己的常备军。然而当时的英国，国王不能够掌握常备的武装力量，这就是王权不能过于强大的直接原因。

詹姆士二世即位之初，英国境内曾经发生了一起规模不大的叛乱。在镇压这次叛乱中，詹姆士二世召集了一支大约3万人的军队。在顺利镇压起义后，詹姆士二世便要将这支军队建成隶属于国王的常备军，这引起了人们对国王的不信任。

此外，詹姆士二世还极力推崇天主教——自伊丽莎白女王以来，英国信奉国教、排斥天主教一直是国家的基本国策之一，现在国王竟然成了天主教的信徒。不仅如此，詹姆士二世还任命了大量的天主教徒担任文武官员，并赐给天主教徒大量的田产，甚至一些军队的指挥权也落在了天主教徒的手中。

在詹姆士二世的支持下，天主教徒的活动越来越频繁，这引起了国教徒极大的不满。正是在宗教的问题上，詹姆士二世使得曾经一直支持他的托利党，也开始出现大量反对的声音——他们开始与国王疏远，而与辉格党人走得越来越近。

此时，詹姆士二世预感到了政治危机，1687年便颁布了《宗教自由宣言》，表示一切非国教徒都可以公开进行各种形式的宗教活动。从字面上看，这一宣言虽然有着宗教自由的影子，但对于当时的英国国教徒来说，这无异于挑衅。

1688年4月末，詹姆士二世再次发布了一则《宗教自由宣言》，并要求在以后的每个星期日都要在教堂宣读这一文件。这一消息传出后，大约有90%的教士拒绝服从，以坎特伯雷大主教为首的7名主教向国王递交了一份“请愿书”，指责国王此举非法。詹姆士二世恼羞成怒，命人将7位主教交付法庭审讯。但是，法庭最终判决7位主教无罪释放，而詹姆士二世的威信却遭到了严重的质疑。此时，斯图亚特王朝的末日临近了。

专题

奴隶贸易的血与腥

⊙黑奴"受宠" ⊙争相贩奴 ⊙猎捕黑奴

关于人类的起源，历史学家和人类学家有很多不同的见解。很多人认为，人类源于非洲。对于这个问题，也许人们会一直争论下去。但关于黑人的故乡，人们没有争论，那就是非洲。虽然今天黑人遍布全世界，但他们的祖辈却是以一种悲惨的方式离开非洲大陆，四海为家的。

初次来到美洲

奴隶贸易由来已久，但是以前的奴隶贸易并没有像18世纪大西洋两岸的奴隶贸易那么"繁荣"。大西洋两岸的奴隶贸易使得非洲黑人远涉重洋、远离故土来到遥远的美洲大地，并且成为改变美洲历史的主要劳动力。没有非洲黑人的劳动，美洲的开发是不可想象的。非洲黑人并非通过移民迁徙到美洲，而是西方殖民者通过血与火的劫掠、毫无人道地将他们贩运至人烟稀少的美洲大陆。

早在15世纪，欧洲人就开始了大航海时代。1492年，哥伦布发现了新大陆，从此掀开了世界历史的新一页。美洲逐渐沦为欧洲人的殖民地，面对广袤无垠的美洲大陆，欧洲人似乎不知道怎么从这块新大陆上获取财富，因为这片富饶的土地上，缺乏一种经济发展的要素——劳动力。

欧洲人的海上冒险使得大西洋成为沟通欧洲、非洲和美洲的通衢大道。在

▲北美殖民地的奴隶正在种植园中劳作。

欧洲人眼中，美洲和非洲都是新大陆，都是财富的处女地，如何将这些财富开掘出来就成为萦绕在欧洲人脑海中的问题。美洲土著在欧洲人到来之后，便被瘟疫困扰，欧洲人携带去的天花和殖民者对当地土著的杀戮使印第安人几乎遭到灭顶之灾，剩下的土著印第安人也不愿意为欧洲人所役使。于是，欧洲人便到别的地方寻找劳动力——他们发现非洲的黑人不但强壮，而且可以很好地适应美洲的热带气候。

黑人奴隶“受宠”

非洲，尤其是西非，在欧洲殖民者到来之前便盛行奴隶买卖。为了掠夺奴隶，君王们频繁地发动战争。当欧洲殖民者到来之际，原先的奴隶贩子便与欧洲人合作，因为欧洲人可以向他们提供枪炮、朗姆酒等稀罕的商品。这些奴隶贩子便用从欧洲人那里换来的枪炮去

▲ 奴隶贩子在非洲从事罪恶的奴隶贸易。

掠夺更多的奴隶。

欧洲人比较喜欢男性黑人奴隶，尤其是10岁至24岁的青壮年劳动力，因此被运抵美洲的奴隶基本都是男性。这也与非洲的社会形态有关系，当时非洲多数国家还停留在母系社会阶段。在这种社会中，女性不仅是社会的领导者，也是主要的劳动力，因此非洲人也愿意把不起多大作用的男人们交给奴隶贩子。

到了18世纪，甘蔗种植园在美洲热带雨林地区迅速发展起来，种植园主们对黑人奴隶的需求如饥似渴，因为蔗糖种植是个劳动力密集型的产业，需要强壮且有韧性的劳动力，非洲黑人是最佳人选。大西洋两岸的奴隶贸易开始繁荣起来，每年有几十万枪支流落到非洲。这些枪支弹药不但使非洲各地为争夺奴隶而引发的战争不断，而且还使绑架事件频频发生。大量的黑人被运往美洲的甘蔗种植园。当欧洲人在品尝蔗糖的甘甜的时候，是否想过，千里之外的黑人正在甘蔗种植园里尝尽人间的苦涩。

各国争相贩奴

随着美洲甘蔗种植的兴盛，非洲黑人奴隶便成为种植园主的抢手货，他们愿意出高价购买奴隶。为利润所驱动的欧洲奴隶贩子，便开始在非洲海岸大肆搜捕黑人奴隶。猎奴成为一项高风险、高利润的冒险活动。

非洲海岸线比较平直，但地形比较复杂，而且到处是瘟疫，没有有效的药物，欧洲人是不敢深入非洲大陆内部的，他们只能在沿海一带徘徊，猎捕奴隶的重任便交给了那些当地的经纪人。这些人驾驶独木舟，带着欧洲人的枪支弹药，深入非洲内陆猎捕奴隶。在沿海一带，有专门场所来看押抓来的奴隶，等凑够了数目，便一起卖给欧洲的奴隶贩子。

欧洲各国政府对奴隶贸易非常重视，他们将奴隶贸易当作本国经济的一部分，认为奴隶就应该提供给本国的种植园，而不能卖给竞争对手。因此，各国在奴

▼一个非洲的女孩被黑奴贩子吊在空中鞭打，而其他几个女孩坐在旁边瑟瑟发抖。这就是当时黑奴的处境——不被当人看，不分男女，随意买卖。

隶贸易方面存在竞争，他们支持本国的商人，扶植本国的贸易公司，支持他们在非洲海岸建立商栈。

葡萄牙捷足先登，在奴隶贸易中拔得头筹，因为葡萄牙比其他欧洲国家更具有优势。葡萄牙人是大航海的先行者，当欧洲各国忙于内乱的时候，葡萄牙人已经在南美大陆建立起一个辽阔无边的殖民地——巴西。巴西资源丰富，葡萄牙人不仅发展了甘蔗种植，而且还发现了金矿和银矿。种植园和矿山都需要大量的劳动力，因此葡萄牙的奴隶贩子根本不担心没有市场。葡萄牙人也是最先在非洲沿海探险的欧洲国家，对非洲人的风俗、地理都比较熟悉，因此在非洲沿海建立起了比较好的贸易网络，与当地的奴隶贸易经纪人关系比较融洽。

紧随葡萄牙人其后的是荷兰人。荷兰人是有名的海上马车夫，他们资金雄厚，经验老到，怎么会错过奴隶贸易呢？荷兰人与葡萄牙人一样，在非洲沿海有很好的猎奴网络。他们比葡萄牙人技高一筹的是，在仔细研究市场供求之后，才出手购买奴隶，因此他们不会做那种贵买贱卖的傻事。很快，荷兰人大有垄断奴隶贸易之势，以至于1729年有些英国商人惊恐万分道："多数奴隶贸易都落到荷兰人手中了！"不过，英国人很快后来居上。他们在强大的海军力量的支持下，建立起了海上霸权，可以将奴隶随意输入美洲大陆。

奴隶贸易前后长达几百年。正是欧洲的殖民者与当地的经纪人联手才将非洲的黑人装进了地狱一般的贩奴船，在美洲的种植园、矿山中忍受炼狱般的生活。

血腥的猎捕黑奴

黑人奴隶从被猎捕开始，便踏上了一条不归之路。他们首先搭乘猎奴队的独木舟来到非洲海岸的"货栈"，他们要接受医生的检查，就像兽医要检查牲口的体格是否强壮一样，然后被烧红了的烙铁在身上烙上一块印记，以标明由哪个公司来采购。在此过程中，奴隶们没有停止过反抗，有的甚至准备自杀。如果经过这一连串的折腾能够幸存下来的话，那么他将登上漂洋过海的运奴船。

运奴船的条件非常恶劣，里面臭气熏天，毫无卫生设备，粗制滥造的食品更是难以下咽。有些奴隶无法忍受这种非人的待遇，便试图跳海。为了防止他们跳海，进行奴隶贸易的人把他们用锁链锁在船舱里面。在这样的环境中，他们要在海上颠簸4至8个星期，许多人都会病死。病死的奴隶便被扔到海里面喂鲨鱼，据说，几乎每个运奴船后面都会有鲨鱼尾随。据学者估计，每1个到达美洲的黑人背后是5个惨死于途中的同胞。在长达上百年的贩奴贸易中，非洲至少损失1亿青壮年劳动力。由此可以想象，贩奴贸易对非洲生产力发展是一个多么大的灾难。

被运送到美洲的黑人将在一个完全陌生的环境中生存下来，语言不通、宗教不同，更难以忍受的是，他们将像牲口一样被自己的主子驱赶、辱骂甚至杀害。

▼19世纪奴隶贸易的一个场面：巴西的奴隶贩子正在检查一群即将运往本国的黑人奴隶。

VISIBLE HISTORY OF THE WORLD

关键词：治国／南特敕令

亨利四世的治国之道

■ 1553年～1610年

我们将目光转向法国——他在三亨利的角逐中脱颖而出，宗教信仰在他那里成为治国的权宜之计。他面对的是一个破败的法国，但在乱世中却凭借着自己的聪明才智寻找到一条治国之道，于1598年颁布了著名的"南特敕令"。虽然天不假年，但他用双手创造了无限的荣耀。

三亨利之争

1572年，那瓦尔国王安托万战死沙场后，他19岁的儿子亨利继任为国王。此时的那瓦尔王国虽然实质上是一个独立的王国，但在名义上属于法国。亨利从即位开始，就不可避免地卷入了当时的宗教冲突中，成为胡格诺教派名义上的领袖，与天主教处于敌对状态。而

> 亨利四世像

法国的国王和大部分公爵信仰的正是天主教。

^ 战斗中的亨利四世

由于新旧教派冲突引发的宗教战争，已经在法国持续了很长时间，整个社会民生凋敝，百姓苦不堪言。为了缓解教派之间的冲突，当时法国国王查理九世的母亲卡特琳，决定将女儿玛尔戈嫁给那瓦尔国王亨利，婚礼定于1572年8月18日举行。这一举措对于当时的天主教徒和胡格诺教徒来说，都是一个盛大的庆典。当时有大量的胡格诺教徒前往巴黎参加亨利的婚礼，其中包括胡格诺派中最为重要的人物——科利尼海军元帅。8月22日，天主教派吉斯公爵亨利雇用杀手趁着克利尼缺少防范时前去刺杀他，但所幸克利尼只是身负重伤，并未丧命。这件事让胡格诺派教徒群情激奋。

这时，卡特琳害怕胡格诺派在巴黎闹事，会威胁到王室的安全，于是强迫查理九世下令屠杀在巴黎的胡格诺教徒。从8月23日到8月24日，2000多名胡格诺派教徒在毫无防备的情况下被屠杀，横尸街头，这就是历史上著名的“圣巴托罗缪之夜”。在这场惨烈的屠杀中，刚刚度过新婚之喜的那瓦尔国王亨利因发誓放弃新教信仰，才免遭屠戮。

1574年5月，查理九世病逝。查理九世的弟弟昂儒公爵亨利即位，即亨利三世。亨利三世一方面与重新恢复新教信仰的那瓦尔国王亨利有矛盾，另一方面又

亨利四世进入巴黎

与权势日盛的吉斯公爵亨利有矛盾，在相当长的时间里，这三个亨利之间展开了没有硝烟的战争。

1588年，吉斯公爵联合巴黎的一些势力，迫使亨利三世逃离首都巴黎。愤怒的亨利三世出逃后，派人将吉斯公爵暗杀了。吉斯公爵死后，他的弟弟马延公爵为了替哥哥报仇，在巴黎扶植了一位主教担任国王，他自己则掌控大权，与亨利三世为敌。

亨利三世为了夺回王位，决定与那瓦尔国王亨利联合。1589年，两位亨利的联盟军开始围攻巴黎。可就在大功告成之前，亨利三世被人刺杀了。但由于亨利三世没有子嗣，所以按照规定最有资格继承王位的那瓦尔国王亨利，登上了法国国王的宝座，即亨利四世。这样就拉开了法国波旁王朝统治的序幕。

亨利四世赢得人心

亨利四世支持新教中的胡格诺派，对广泛信仰天主教的法国人来说，他即位之初没有多少人承认他的权威。亨利四世清晰地认识到了这一点，也不愿让宗教问题成为自己治国的障碍。1593年7月，亨利四世在一座大教堂中正式宣布自己放弃新教，皈依正统的天主教。亨利此举收到了很好的效果。几天之后，亨利和巴黎方面实现了停战。1594年3月，亨利四世在巴黎群众的欢呼声中，踏进了首都，住进了王宫，成了全国承认的新国王。

在亨利四世宣布皈依正统天主教后，另一个问题又出现了——信仰新教的民众对亨利四世产生了不满情绪。亨利四世知道，只赢得天主教徒的心还不够，如果不能同时赢得新教徒的心，那么两派之间的战争可能还将持续下去，这对于法国的建设将是百弊而无一利。

为了获得新教徒的拥护，亨利四世不顾一些天主教公爵的反对，于1598年颁布了著名的“南特赦令”。该赦令一方面规定法国的国教为天主教，另一方面规定法国全境公民有信仰新教的自由，承认公民的平等地位并给予保障。法令颁布后，的确得到了新教徒的拥护，但当时的巴黎高等法院却拒绝登记该法令，也就是不承认该法令合法。

面对这一状况，亨利四世充分显示了他恩威并施的手段——他先是召集法官并告诫他们：“我是法国的国王，名副其实的法国国王，你们要顺从。你们这些法官就好像我的右臂，但是如果我的右臂生了病，不听使唤，我就会毫不犹豫地用左臂砍掉右臂。”

在威胁过后，亨利四世又表现出对天主教的虔诚，宣布要资助天主教会主办各项慈善事业，并定期前往教堂参加礼拜。

在亨利四世的恩威并施之下，“南特赦令”最终获得了巴黎高等法院的认可并开始在全国实施。而这为亨利进一步整饬法国的内政外交，提供了很好的基础。

整饬内政外交

为了更好地治理法国，亨利四世要树立自己作为国王的权威。亨利四世为了控制巴黎高等法院这个至关重要的权力部门，将自己的心腹阿尔莱任命为巴黎高等法院院长。这样就避免了巴黎高等法院总是与国王的政策唱反调或试图限制国王的权力。

为了进一步强化中央权力，亨利四世还大力控制官员的任免，并限制地方王公贵族的权力。但地方王公贵族们不甘心自己的权力被一点点剥夺，因此一些人联合起来，准备夺取王权——其中的核心人物是比龙元帅和布永公爵等。

这些人趁法国西部各省对盐税不满的机会，准备发动一场暴乱。但他们没有料到亨利四世的反应异常迅速。比龙很快就被逮捕受审，以叛国罪被判处死刑，并于1602年斩首。紧接着，亨利四世又以强大的军队，袭击同样握有一部分兵权的布永公爵。1606年布永公爵宣布投降。而此时，已经没有人能够质疑国王的权威了。

在树立威望的同时，亨利四世没有忘记恢复被长期宗教战争毁坏的法国经济。于是，他任用了自己昔日的伙伴——精明能干的苏利公爵担任财政总监。苏利的确没有辜负亨利四世的期望，在担任财政总监后，采取了一系列措施来整顿经济。

为了更好地征税，苏利免除了1596年税款——这样才能使民众有积极性去交1597年之后的税款。亨利也没有给民众增加太多的苛捐杂税，只是征收他之前就确定的税目。但要求在征这些税的时候严格执行，不能有遗漏。

当时的法国是一个农业大国，苏利为了提高农民的积极性，又减免了农民的人头税，并招抚流散农民，将一些士兵遣返回乡务农。为改善农业的生产条件，政府还组织疏通河道、修建堤坝、开垦荒地。为了发展农业生产，亨利四世和苏利专门请来荷兰专家传授排涝技术，大量印制一些使土地丰产的书籍。在苏利的积极努力下，法国的国库迅速充盈起来，社会又恢复了生机。

内政上成功的法国，在外交上也同样取得了不小的成绩。1600年之后，法国相继收回了一些被其他国家占有的土地，并在意大利地区进行了长期的斡旋外交，使法国的国际地位得到了很大的提升。

亨利四世曾经满怀豪情地说：“如果上帝能够给我足够的时间，我将让欧洲见证一个强大法国的崛起。”只是上帝并没有给他足够的时间。

1610年5月的一天，亨利四世在马车里被一名狂热的天主教徒刺死。他的治国之道，也终被历史铭记。

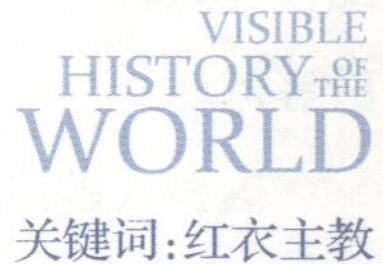

关键词：红衣主教

红衣主教黎塞留

■ 1585年～1642年

他是一位主教，也是一位纵横捭阖的首相。他将国家的利益看得比个人的生命还重，他用自己的行动实践着自己的名言："人或不朽，救赎可待来日；国无永生，救赎唯有当下。"他就是红衣主教黎塞留。

初次亮相

^ 亨利四世和玛丽·美第奇的婚礼

1610年5月，备受法国人民拥戴的国王亨利四世死于刺客的刀下。人们怀着无比悲痛的心情，迎来了年岁尚幼的新国王路易十三。由于路易十三年仅9岁，所以只能由其母亲美第奇家族的玛丽王后代为摄政。

玛丽没有什么政治抱负，而且目光短浅。面对那些在亨利四世死后，希望重新获得更多权力并不断挑起事端的王公贵族，她只能采取金钱收买的策略，笼络一些能够为她所用的人——其中最受玛丽宠信的是意大利人孔奇尼。但这种笼络手段对贵族阶层并不能起到充分的作用，他们力图恢复昔日的封建特权。于是，有些贵族起兵作乱，还要求召开三级会议来商讨权力的分配问题。

要求召开会议的王公贵族们的初衷是要与王室作对，但结果却出乎他们的意料——三级会议的多数代表站在了王室一边，要求加强王权，并要求取消能够使王公贵族牟取暴利的俸禄制度。三级会议的召开使贵族们自食恶果，也使王权趋于稳定。也正是在这次三级会议上，一直被后人称作"法国历史上最伟大、最具谋略、最无情的政治家"的黎塞留出场了。

作为教士阶层的代表，时任枢机主教的黎塞留在这次会议上语出惊人，积极支持王室，在会议中发挥了不小的作用。他引起了孔奇尼的注意，并得到了孔奇尼的赏识，很快就被孔奇尼推荐给摄政玛丽，并委以国防和外交国务秘书的要职。至此，黎塞留的政治生涯成功打开。

∨路易十三塑像

登上巅峰

1617年，路易十三开始亲政。在吕伊纳的帮助下，路易十三迅速剪除了孔奇尼任命的一些大臣。与此同时，路易十三又将孔奇尼的妻子——也是玛丽的同胞姐妹，当作女巫治罪。玛丽害怕遭到毒手，仓皇逃往布卢瓦。在这种纷乱的情况下，曾经深得玛丽和孔奇尼器重的黎塞留也被迫来到教皇的领地阿维尼翁避难。黎塞留才华出众，在避难期间写了《保卫天主教信仰的主要原理》一书，并把它献给教皇。教皇看后非常满意，没过多久就将黎塞留擢升为红衣主教。

已经在政治旋涡里浸染过几年的黎塞留，不甘心只是作为一个红衣主教，了此一生。于是，他开始积极活动，努力促成路易十三与其母亲玛丽的和解。在黎塞留的积极努力下，1619年，路易十三与母亲实现了和解。黎塞留也因在此过程中的表现，得到了路易十三的初步赏识。

1621年，大权在握4年的吕伊纳去世。吕伊纳去世后，路易十三更加倚重黎塞留——黎塞留逐渐进入权力中心。1624年8月，黎塞留在排挤掉几位竞争对手之后，终于成了首相。从此，他开始了自己长达18年、纵横捭阖的政治生涯。

粉碎阴谋

黎塞留性格刚烈、意志坚定，而且有着很宏伟的治国抱负。而路易十三则相对软弱，从最初的母后摄政，到倚重吕伊纳，再到倚重黎塞留，个人积极决策的影子几乎看不到。黎塞留尽管大权在握，却没有对路易十三有丝毫的不敬，在任首相的18年里，对路易十三始终忠心耿耿。他曾明确宣称自己的毕生目标只有两个：第一个是使国王崇高，第二个是使国王荣耀。而路易十三对这位铁腕人物自始至终的信任，也为黎塞留施展才华提供了广阔的空间，使其能够为法国的发展做出巨大的贡献。

为了使国王受人尊敬，就要先整治国内的问题。黎塞留担任首相之初，面对的是王公贵族与王室之间的尖锐矛盾——如何巩固和发展法国的专制君主制，成为他要办的头等大事。随后，黎塞留与那些飞扬跋扈、不服从国王领导的王公贵族们，展开了长期不懈的斗争。

斗争伊始，黎塞留认为要想打倒王公贵族们，首先要做的是从经济上限制他们。他认为应该取消或削弱王公贵族们的俸禄，用节省下来的钱建立现代化

^ 黎塞留的三面像

尚帕涅在描绘黎塞留这位伟大人物时，着重于人物性格的刻画，设法充分揭示黎塞留的外貌和心理特征。因此他运用了罕见的绘画方式，在一个画面上同时出现一个模特的三种不同角度的肖像。

的行政机构，建立强大的舰队和商船，这样才是对国家有利的。同时，王公贵族的收入减少，也将使他们难以组建起属于自己的军队来和王权抗衡，可谓一举两得。为了实践自己的想法，1626年，黎塞留召集王公贵族们召开了大型会议，倡导进行国务改革。但王公贵族们知道自己的特权和利益将受到侵犯时，不甘心默默接受——一场政治阴谋开始酝酿。

此时，朝廷中的众多王公贵族在一起密谋对付黎塞留的办法，这其中有王后安娜、孔代亲王、埃帕尔农公爵等人。他们为了永绝后患，计划用谋杀的方式将黎塞留除去。这样路易十三也将受制于他们——他们的特权不仅能够继续维持甚至还会扩大。他们的如意算盘打得不错，可正当他们准备采取行动的时候，他们的阴谋败露了。

黎塞留无法容忍这些王公贵族们如此藐视自己和国王的权威，为了给这些用心险恶的人一点颜色看看，黎塞留毅然将多名公爵送进了监狱，并将一位公爵斩首示众，以表示自己改革的决心和勇气。

这次失败并没有改变贵族们要除掉黎塞留的想法。1630年，新一轮的阴谋开始上演。这一次太后玛丽是主谋，参与者有王后安娜、国王的亲弟弟加斯东、掌玺大臣马里亚克等人。他们判断此时路易十三对黎塞留的信任度已经降低，因此可以离间路易十三与黎塞留之间的关系——先削弱黎塞留的权势，以后就可以轻松地制服他。

v 黎塞留画像

11月11日，太后玛丽来到了美第奇宫，向国王路易十三哭诉黎塞留的无情无义，要路易十三将黎塞留革职。面对母亲的哭诉，路易十三只好表示顺从。太后玛丽等人心花怒放，以为这次胜利的天平会倾向于自己这一边。

这一次，所有人都明确地看出了首相黎塞留在劫难逃。就连黎塞留本人也感到了一丝绝望。毕竟所有权力的基础都来自国王本人。正因为路易十三本人长期和王公贵族们斗争，也正因为路易十三的信任，他才能够大权在握，毫无顾忌地显示自己的权威。可现在路易十三的意志如果发生了动摇，那将意味着他多年来的努力毁于一旦，自己的命运也将发生重大改变。阴霾袭上了黎塞留的心头。

然而，这些人都错误地估计了形势。路易十三虽然算不上一位强大的君主，却能够看清究竟谁站在自己这一边。就在所有人都认定路易十三将会把黎塞留革职的时候，路易十三召见了黎塞留。见面之后，路易十三带给黎塞留的不是斥责，而是一颗定心丸。路易十三对黎塞留说："我需要对我的国家负责，而不是对我的母亲负责。"这带给黎塞留莫大的惊喜和感动，他知道自己所做的一切国王是理解和支持的。

消除了顾虑的黎塞留，自然不会让太后玛丽等人安安稳稳地去策划他们下一步的计划，开始反戈一击。很快，太后玛丽被流放到距离巴黎80千米的贡比涅；路易十三的弟弟加斯东被处以大不敬的罪名，责令他以后要谨言慎行；掌玺大臣马里亚克则被直接投入监狱。此后，又出现了几次针对黎塞留的阴谋甚至叛乱，但都被黎塞留一次次轻松地化解了。在粉碎王公贵族阴谋的同时，黎塞留也在有条不紊地进行着强化中央集权的改革，从制度上限制王公贵族的权力。

强化集权

要使国王受到敬畏，就要使王室具有权力，这是黎塞留执政过程中的一个重要思想。为了强化中央集权，黎塞留在中央设立了各部大臣，这些大臣直接受首相领导。他们个人的利益也与国王、首相对他们的政绩如何评定休戚相关。这样,原来由贵族们控制的"国务会议"基本上就被架空了。

在地方上,虽然各地的行政长官总督还是由一些贵族们担任,但黎塞留又将以往设置的临时官职主计官变成常设官职,这一官职负责监督地方上的行政、司法、税收等诸多方面。一旦主计官认为地方上有某些问题处理不当,就可以直接向国王和首相禀报,国王和首相将及时就反映的情况做出处理。这就使得主计官的地位实际上比总督还要高,地方的权力被中央控制。

同时,主计官这一官职还不得转让或世袭,直接由中央任免,这样使中央的权力更容易长久维持。

要加强中央集权,除了政治上的举措,还要有经济上的根基。为了使中央政府能够掌控尽可能多的资金,黎塞留还大力扶植工商业的发展,积极拓展海外贸易和殖民地。

在黎塞留任首相期间,法国拓展了在加拿大的殖民地,也拓展了在土耳其、伊朗、俄国等国的市场。此外,黎塞留的敛财之道就是靠对百姓的横征暴敛。黎塞留曾经说过这样的话:"如果人民太舒适了就不大可能安分守己,应该把他们当作骡子,让他们疲于奔命,否则安逸会把他们宠坏的。"据说在黎塞留去世的时候,税收已经征到了他死后的3年。

外交手腕

为了提高法国在欧洲各国中的地位,身为红衣主教的黎塞留并未被欧洲那种宗教热情及思想狂热重于一切的观念束缚,而是秉持国家至上的原则,斡旋于欧洲各个国家之间,向哈布斯堡王朝在欧洲的霸权掀起了不屈的挑战。曾有人问黎塞留为什么要这样做,黎塞留说出了他那句掷地有声的名言:"人或不朽,救赎可待来日;国无永生,救赎唯有当下。"

1618年,欧洲爆发的"三十年战争"是人类历史上最惨烈的战争之一。黎塞留上任之后发现,当时的法国实际上已经处在哈布斯堡王朝通过"联姻外

^ 玛丽·德·美第奇在马赛港登陆

玛丽的豪华宫船抵达了马赛港，一位头戴军盔的姑娘伸开双臂欢迎王后来到法兰西。三个仙女正在海水中挽着缆绳让宫船尽快靠岸，这体现了玛丽作为路易十三母亲的王威。但在与黎塞留的政治斗争中，她最终以失败而告终。

交”对法国形成的包围圈当中。法国面临的局势相当紧迫，一旦战争按照预期的形势发展下去，法国将彻底无力对抗哈布斯堡王朝的霸权。黎塞留审时度势，制定了新的目标和策略。

黎塞留上任之初，因为忙于平定内部的乱局，无力直接参与大战，因此通过外交手段极力促使英国、丹麦、荷兰等国结成反哈布斯堡同盟。1625年，在黎塞留的不断斡旋下，英国、丹麦、荷兰结成了同盟。就在这一年，丹麦出兵援助德意志的新教诸侯，使“三十年战争”由最初的德意志内部战争，演变成了一场国际大战。当1629年丹麦战败的时候，黎塞留又怂恿并资助瑞典到德意志境内作战——此时的瑞典国王正是古斯塔夫二世。

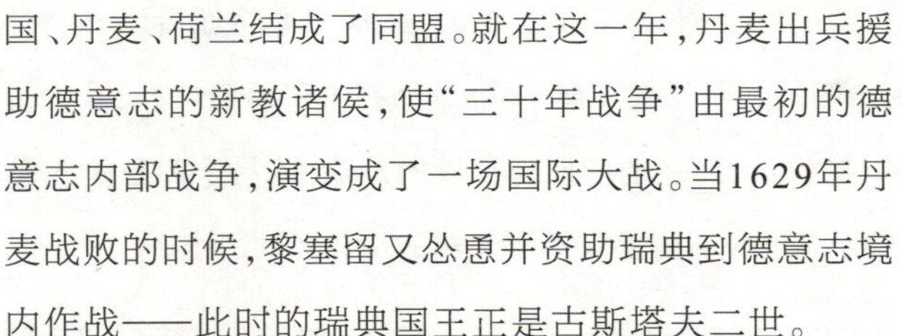

为了使德意志继续保持分裂割据状态，黎塞留还促使巴伐利亚选帝侯脱离德皇，保持中立。到了1635年，随着国内局势的平定，黎塞留终于得以公开地加入“三十年战争”的争夺战中。法国的参战，迅速改变了战场上的对峙状况，也严重挫败了哈布斯堡王朝的锐气。

1642年，当“三十年战争”的双方已经显示出胜败迹象的时候，黎塞留走完了他的人生旅途。

在去世之前，神父问黎塞留要不要宽恕他的敌人，黎塞留坦然答道：“除了公敌之外，我没有敌人。”这样一个铁腕人物，在一生中实现了自己的诺言，他已经使国王崇高和荣耀，也使自己成为法国历史上的传奇。

VISIBLE HISTORY OF THE WORLD

关键词:集权 / 重商

叱咤风云太阳王

■ 1638年～1715年

太阳王路易十四是法国历史上一位声名显赫的君主，伏尔泰将他看作一个时代的标志。曾几何时，路易十四的光辉笼罩了整个欧洲。路易十四笃信，构成君主的伟大和尊严，不是他们手中的权杖，而是他们使用权杖的方法。路易十四正是凭借自己运用权力的独特方法，才在世界历史上留下了深刻的烙印。

颠沛少年时

∨ 路易十四纪念金币

1638年9月5日，路易十四在王室城堡中诞生了。他的诞生本身就被看作奇迹，因为路易十三夫妇结婚20多年一直没有生育，人到中年才喜得贵子。这似乎在冥冥之中就预示着小路易将有着非同凡响的一生。

路易十四继位时才5岁，由于年幼，一直由母亲安娜摄政，而真正手操权柄的却是红衣主教马扎然——马扎然深得上一任主教黎塞留的信任，在安娜太后摄政后被任命为首相。

^ 路易十四画像

马扎然精明能干，继续推行黎塞留时期的内外政策。但他的横征暴敛，不断提高税收，激起了贵族和平民的不满。

随着民怨的加深，“投石党”运动爆发——投石原本是儿童玩的一种游戏，在此却有破坏和反对当局的意思。1648年5月，巴黎高等法院为抵制政府的横征暴敛，联合各地法院，以整顿政府弊端为名，向国王提出了诸种改革要求。对此，马扎然和安娜太后不仅断然拒绝，还逮捕了数名法官，以求杀一儆百。然而，此举不仅没有扼制住人民的反抗，反而抗拒的烈火越燃越旺。

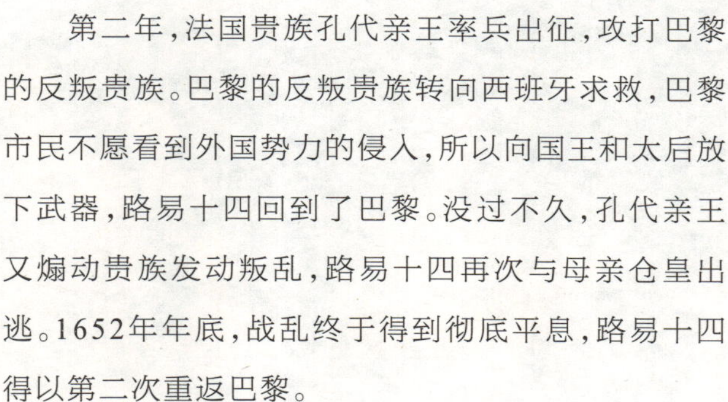

第二年，法国贵族孔代亲王率兵出征，攻打巴黎的反叛贵族。巴黎的反叛贵族转向西班牙求救，巴黎市民不愿看到外国势力的侵入，所以向国王和太后放下武器，路易十四回到了巴黎。没过不久，孔代亲王又煽动贵族发动叛乱，路易十四再次与母亲仓皇出逃。1652年年底，战乱终于得到彻底平息，路易十四得以第二次重返巴黎。

大权集于一身

1661年，老谋深算的首相马扎然辞世，这给了路易十四充分展现才能的机会。

马扎然去世之后，人们都等待着路易十四任命新的首相，但是国王没有丝毫举动，反倒亲自处理各项政务。路易十四还下令将马扎然的财产全部没收，一方面使自己成了最有钱的君主，另一方面收买了人心。当路易十四迟迟不宣布新首相的人选，并叫各主管部门都向自己汇报大小事宜的时候，法国人民高兴地发现，一个掌握实权的君主终于出现了。

为了将君主专制推向极致，为了实践自己的那句名言“朕即国家”，路易十四开始采取多方面的集权措施。1665年，巴黎高等法院召集会议，准备讨论国王的一项敕令。按照传统，高等法院有权通过这种方式制约国王的权力。就在法官们集会讨论时，身着戎装、手执马鞭的路易十四突然进入巴黎议会厅，对议员们说：“你们的集会所带来的不幸结果是众所周知的，我命令你们解散这次集合讨论敕令的会议。主席先生，我禁止你召集此种会议，并禁止你们任何一人提出此项要求。”

贵族的叛乱一直使路易十四心有余悸，但是他在处理贵族问题上，一反

强硬打压的方式，使用了怀柔政策，充分显示出他使用权杖的多种方法。路易十四在巴黎郊外建造了一座奢华的凡尔赛宫，以国王恩宠的名义，邀请大批贵族离开他们的领地移居凡尔赛宫，并许以丰厚的赏赐和俸禄。当贵族们日益迷醉于凡尔赛宫的声色犬马、疏远自己的人民的时候，他们也就丧失了实权，丧失了同国王对抗的资本。

扮成太阳神阿波罗的路易十四

在这幅油画中，路易十四被绘成太阳神阿波罗，他的家庭成员也被绘成陪伴其左右的众神。

要想确立王权至高无上的地位，与教权的冲突将不可避免。身为天主教徒的路易十四，在极力镇压新教的同时，也反对天主教会干涉自己的事务。路易十四对新教采取了彻底清洗的政策，迫使大量新教徒逃离法国。为了与天主教会争权，1673年，路易十四宣布法国所有主教只能由国王任命，此后又一再重申王权高于教权。

路易十四将大权集于一身，使其在法国的地位再也无人能够抗衡。

重商强国本

路易十四在商业问题上，并未像在政治问题上一样，保持一种唯我独尊的姿态，而是积极支持财政大臣柯尔伯的各项措施，使柯尔伯有足够的空间发挥自己的才能。

柯尔伯重商主义政策主要分为三个方面：一是保护和扶植国内的手工业生产。通过贷款解决工场主资金不足的问题，由国家出资兴建大量的王室和私人手工工场，扩大生产规模，完善生产部门。二是实施关税同盟和保护关税政策。虽然在政治上路易十四已集诸种大权于一身，但在商业上仍旧存在着各贵族领地各自为政的现象。为此，柯尔伯在法国内部通过实施关税同盟政策，实现了内部商品的自由流通。为了抵制其他国家商品的大量流入，保护国内企业，柯尔伯还提高了从其他国家进口商品的关税，甚至直接禁止一些商品的进口。三是发展工商业，保护法国的对外贸易。在路易十四时期，法国先后建立了西印度公司、东印度公司、北非公司等，发展殖民贸易。同时，与英国、土耳其等国签订协议，联合保护商人利益。

随着重商主义政策的执行，法国的经济出现了空前的繁荣，人们都开始称颂路易十四。但是在法国富强的过程中，路易十四的野心也一步一步膨胀了。

不堪征战苦

路易十四亲政后，发动的第一场大规模战争是针对西班牙的。1665年，路易十四的岳父、西班牙国王腓力四世去世。新即位的国王年仅4岁，路易十四趁机对西班牙提出领土要求，理由是西班牙公主嫁过来时，应有一笔可观的嫁妆，但西班牙一直没有兑现，现在要以西班牙的领土作为补偿。西班牙自然不愿意，路易十四开始御驾亲征。最后，法国占领了西属尼德兰的12处要塞。此后，法国又向荷兰、瑞典、丹麦等多国开战，太阳王的威名传遍了欧洲的大小国家。

路易十四经历的最后一场战争，仍是面向西班牙的。1700年，西班牙国王查理二世逝世。由于他死后没有继承人，欧洲各国纷纷卷入了那场为争夺西班牙王位继承权而展开的战争。在长达十几年的战争中，法国、葡萄牙和西班牙是一方，英国、荷兰和奥地利是另一方。尽管法国最终还是如愿以偿，使路易十四的孙子当上了西班牙国王，但法国的国力得到巨大消耗——法国巨额债务缠身，已经濒于崩溃的边缘。

路易十四一生中取得的伟大、辉煌的业绩，随着一次次令法国人民精疲力竭的战争而消耗殆尽。战争虽然能够成就个人的荣耀，但也能让他走向灭亡。

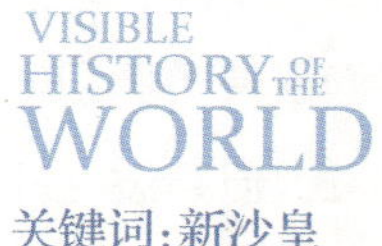

关键词：新沙皇

新沙皇打造罗曼诺夫王朝

■ 1613年～1917年

接着转向俄国——在经历了伊凡四世去世、伪沙皇引爆的波俄战争后，俄国人已经苦不堪言。但是他们还要面对外国人的侵袭。在民众的不懈斗争下，俄国最终又重新走上了正轨。一个崭新的王朝——罗曼诺夫王朝，来临了。

国内危机重重

虽然俄罗斯当政的7位贵族，击溃了沙皇伪季米特里二世，但是在波兰人面前却弯下腰来，甘心俯首称臣。7位贵族原本想推举波兰王子瓦迪斯瓦夫为俄罗斯沙皇，但是波兰国王并不同意——波兰国王西吉蒙特三世想要自己一身兼任两国国王，建立一个庞大的波兰－俄罗斯帝国。

> 米哈伊尔·罗曼诺夫画像

罗曼诺夫王朝的第一位沙皇，但他的登基不是因为其文治武功，而是全俄缙绅大会选举的结果。换句话说，他做沙皇并非出于本意，而是被逼而为。

此时，莫斯科已经处在波兰军队的占领之下，波兰军队对莫斯科实行了恐怖统治。1611年3月19日是俄罗斯的复活节，莫斯科市民们手持圣像和十字架，准备在克里姆林宫和红场之间游行，举行传统的宗教仪式。但是波兰驻军长官却害怕大规模的宗教仪式会演变成集体造反，于是命令波兰军队大开杀戒，7000多名手无寸铁的俄罗斯民众惨遭杀害，莫斯科愁云压城。

虽然莫斯科已经落入了波兰人手里，但是俄罗斯其他地区还在抵抗波兰人的进攻。为了实现自己的大帝国之梦，1611年6月，西吉蒙特三世举兵强攻俄罗斯的西部重镇斯摩棱斯克。斯摩棱斯克的军民奋起反抗，最终全城8万人中7万人英勇战死。

就在西吉蒙特三世大举动兵的时候，瑞典也看到了俄罗斯的虚弱，立即出兵东进，希望能够分得一杯羹。瑞典的军队很快占领了涅瓦河流域，随后瑞典大军又进抵诺夫哥罗德城下，逼迫诺夫哥罗德民众选举瑞典国王查理九世的儿子菲利普王子为俄罗斯沙皇。1611年7月中旬的一个夜里，诺夫哥罗德城内一个贵族的家仆偷偷打开了城门，将瑞典人引进了城——瑞典军队占领了诺夫哥罗德。接着，瑞典军队又接连占领了诺夫哥罗德地区的伊凡、雅姆、科里波耶等城，刀锋直指尼日涅－诺夫哥罗德。

在外国军队步步紧逼、7位大贵族奴颜婢膝地面对波兰人的时候，俄罗斯广大人民开始反抗起来，反抗的烈火开始熊熊燃烧。

民众的反抗

早在1611年初，俄罗斯梁赞地区的领导人普罗科比和弟弟扎哈里，就已经将梁赞地区的贵族、农民和哥萨克等组建成一支全民性的武装队伍。3月初，这支在历史上被称为“第一民军”的队伍从科罗姆纳出发，迅速兵临莫斯科城下，开始向莫斯科的波兰驻军发动进攻。但是没过多久，民军中的哥萨克贵族发动了武装叛乱，普罗科比兄弟被杀，“第一民军”瓦解了。

1611年7月，当瑞典的军队觊觎尼日涅－诺夫哥罗德的时候，尼日涅－诺夫哥罗德的民众们开始自发组织起来。1611年秋，尼日涅-诺夫哥罗德组建起了地方自治会，商人出身的库兹马·米宁当选为地方自治会的会长。米宁在一座大教堂内举行了盛大的集会。在会上，他慷慨陈词，号召大家拿起武器，一同消灭侵略者。根据米宁的建议，尼日涅-诺夫哥罗德很快又组建起了一支民军，由季米特里·帕扎尔斯基公爵担任民军指挥官。

1612年3月，这第二支民军经过充分的准备后，从尼日涅-诺夫哥罗德出发。为避免与波兰和瑞典军队正面作战，造成不必要的消耗，民军先溯伏尔加河北上，4月到达了雅罗斯拉夫尔。在这里，民军受到了当地民众的热烈欢迎。米宁和帕扎尔斯基率领的军队，在这里驻扎了大约4个月，组建起了临时政府全国委员会，宣布不接受莫斯科的叛国政府，由临时政府全国委员会统管全国的事务。

∨波兰国王西吉蒙特三世塑像

1618年8月末，民军再次进军，这次直接前往首都莫斯科。波兰的守军见民军气势汹汹而来，火速请求波兰国王给予支援。波兰国王派遣霍德凯维奇率波军前来援助克里姆林宫中的波军，希望能够与守城内波军对民军形成内外夹攻之势，使民军腹背受敌。

米宁和帕扎尔斯基知道情况不妙，但只有率民军应战。他们准备先攻击长途跋涉而来的霍德凯维奇部队，以收以逸待劳之效。霍德凯维奇则在暗自高兴，尽管民军要先对付自己，但守城波军绝不会袖手旁观。在战争打响后，当莫斯科城内的波军出

米宁向尼日涅－诺夫哥罗德人民发出呼吁

来助阵的时候，民军就将大势已去了。可霍德凯维奇的如意算盘并未得逞，在大战即将展开之际，已经投靠波兰军队的哥萨克骑兵却突然转到了民军一边，倒戈相向。民军迅速抓住了有利时机，米宁立即率领五六百人的突击队猛攻霍德凯维奇军队的侧翼，帕扎尔斯基乘胜发起全面攻势。波兰的前锋招架不住，向自己的兵营逃窜。民军紧追不舍，波兰军队只好放弃全部辎重，四处逃散。击败了波兰援军，米宁和帕扎尔斯基决定采取围城的战略对付波兰守军，因为此时波兰的守军已经陷入了无援的境地。

民军围在莫斯科城四周，整日摇旗呐喊，大大挫伤了守城波军的锐气。守城波军在苦守4周之后，再也无法支撑下去，在克里姆林宫的城墙上升起了白旗。1612年10月，民军接管了莫斯科，首都再度回到俄罗斯人民的怀抱。

新沙皇登基

米宁和帕扎尔斯基率领民军将波兰人从莫斯科赶走之后，马上商量选出新沙皇，以稳定政局。最终，他们决定以临时政府全国委员会的名义邀请一些大贵族、上层人士、官员、主教等一起召开缙绅会议，商议选举新沙皇事宜。

1613年1月，50个城市的700多名代表齐集莫斯科，会议在莫斯科克里姆林宫的乌斯宾大教堂召开。

因为前来的代表涵盖的阶层十分广泛，他们提出了许多新沙皇的人选。有的人提出让波兰国王瓦迪斯瓦夫担任沙皇，有的人提出让瑞典国王古斯塔夫二世担任沙皇。但这两个人选引起了大多数人的反对。因为如此一来民军的一切努力等于化为泡影，战死沙场的将士也就白白付出了生命。接着一些俄罗斯的王公也被列为候选人，但都被一一否决了。

在几轮争论过后，米哈伊尔·罗曼诺夫成了众望所归的人选。他是伊凡四世皇后的亲侄孙，有一定的皇族血统。不过更重要的他是费多尔·罗曼诺夫的儿子。当年费多尔·罗曼诺夫曾和大贵族们痛恨的戈都诺夫争夺沙皇之位，后来遭到戈都诺夫的迫害，于1601年被流放到北方，被判当40年的苦行修士。费多尔·罗曼诺夫命运多舛，在被流放4年后，于1605年被伪季米特里一世召回。1608年，伪季米特里二世又宣布他为总主教。1610年，他奉命前往波兰谈判，结果被扣在波兰当人质。他在俄罗斯威望极高，被人们亲切地称为“费拉叶特长老”。

为了表示对费拉叶特长老的感恩，同时也因为米哈伊尔·罗曼诺夫有着部分皇族血统，与会代表最后一致认为米哈伊尔·罗曼诺夫是最合适的沙皇人选。

1613年2月21日，米哈伊尔·罗曼诺夫正式即位为沙皇，俄国从此开始了罗曼诺夫王朝。而那位曾经带兵冲锋陷阵，解放了莫斯科的帕扎尔斯基却没有得到一官半职，也没有得到赏赐，反而被认为是一个“危险人物”，被排挤到远离莫斯科的地方——1642年，这位曾经的统帅孤寂地死去。

1619年，费拉叶特长老被波兰释放回国，米哈伊尔对其父是言听计从。这时的费拉叶特长老虽已66岁高龄，却掌握了僧俗大权，使中央政权达到前所未有的巩固，也使罗曼诺夫王朝能够稳定地传承下去。

v 米哈伊尔的父亲费拉叶特长老

米哈伊尔下诏规定，大牧首费拉叶特享有与沙皇同等的待遇，大牧首成为实际上的太上皇。此后，费拉叶特大牧首逐渐掌握了实权，以铁腕手段开始对俄罗斯实行统治。

关键词：西学／剪须／建都

彼得大帝的伟业

▪ 1672年～1725年

当17世纪启蒙运动的理性之光开始普照欧洲大地时，欧洲各国为权势展开了激烈的角逐。不过这一时期的俄国似乎还处于冰封状态，依然那么贫穷、落后。彼得一世的横空出世，打破了种种枷锁，将西方的理性之光引进了俄国境内。

西去取经

1672年6月9日，莫斯科的教堂钟鼓齐鸣，沙皇阿列克谢·米哈伊洛维奇的儿子彼得诞生了。但不幸的是，彼得4岁的时候，沙皇就去世了。从此，宫中上演了一幕幕争权夺利的斗争。而彼得就是在这种尔虞我诈的环境中长大的。1682年，彼得成为俄国的君主，

> 彼得大帝铜像

即彼得一世。

17世纪的俄国濒临太平洋和北冰洋，坐拥西伯利亚这片辽阔的领土，拥有肥沃的土地和丰富的自然资源。然而，这样一个国家，却落后封闭、偏安一隅。它没有通向外界的出海口，没有一支正规军，没有一所像样的学校，甚至许多达官显贵都目不识丁。当理性的曙光照耀西欧大地的时候，当欧洲国家开始迈进现代社会的时候，拥有广阔土地和众多人口的俄国却仍然生活在中世纪。登上王位的彼得决定改变这种困境，让俄国搭上欧洲现代化的快车。

^ 彼得大帝返回莫斯科

1697年3月，彼得决定去欧洲做一次长途旅行——这次旅行对俄国的未来影响巨大。西方的技术，尤其是军事技术让彼得眼前一亮，他的脑海中逐渐浮现出一幅改革的蓝图。

彼得化名“炮手彼得·米哈伊洛夫”，出访欧洲。他先后到过瑞典的里加、东普鲁士、荷兰的阿姆斯特丹和海牙、英国的伦敦、奥地利和波兰等地。彼得身体力行，用心感受欧洲的点点滴滴。访问期间，他在东普鲁士学习制炮，在荷兰的萨尔单造船厂做木工，在阿姆斯特丹了解军舰制造，在英国参观海军，甚至还在荷兰的东印度公司当过船长。

经过一番实地考察，彼得不仅了解了西方，同时也在反省俄国的落后与衰败，一种强烈的反差刺激着这位野心勃勃的君王。他决定向西方学习，因为只有这样俄国才能跟上时代的潮流，否则只能在与世隔绝中走向衰亡。

彼得剪须

当时的俄国男子有崇尚大胡子的习俗，他们认为胡子是上帝赐予他们的礼物，所以俄国男子一成年就开始蓄胡子，没留胡须的男人会被人笑话，剪掉胡子还会被认为是大逆不道。可是，从欧洲回来的彼得，已经看不惯男人们留着长长的胡须——在他看来，这正是俄国保守落后的象征。

∨ 彼得大帝为大臣剪去胡须

1698年，当几位大臣问候远途归来的彼得大帝时，彼得大帝突然拿起剪子朝他们的胡子剪去。这些大臣们来不及躲闪，马上失去了威风八面的胡须。这还不算完，没过多久，彼得大帝将全民剪须作为命令颁布全国。《剪须令》明确规定剪胡须是所有俄国人的义务，若不履行该义务，则必须缴纳保须税。胡须没有了，人们以为彼得可以放下剪刀了。可他们万万没想到，彼得又把剪刀伸向了他们的宽袍长袖。

在一次有许多贵族参加的宴会上，彼得手拿剪刀挨个儿给来宾剪掉袍袖。彼得还命人把更改服装的敕令贴满全国的各个角落，规定俄国男子统一穿着短上衣、长腿裤，戴法国式礼帽，穿长靴或皮鞋；女子则穿裙子，戴高庄帽，穿欧洲样式的皮鞋。

在剪胡须换服装之后，俄国人在精神面貌上与西欧人日益接近，也开始了向西方学习的漫长过程——他们不再故步自封，而是将目光转向了西欧的舰船、枪炮还有隆隆作响的机器。

军事革新

彼得进行了一系列的军事革新。为了获得更多的兵员，1700年，彼得在全国实行征兵制，规定不分贫富贵贱，各个阶层都有义务服兵役。经过53次征兵之后，几十万俄国热血青年应征入伍。除此之外，彼得还着手培养自己的军官团，将贵族青年派到西欧各国学习军事技术、军事理论，同时聘请西欧的军事人才到俄国做军事顾问，使西方的军事理念能够在俄国传播。彼得还在国内建立了各种军事院校，培养中下级军官和各种专业人才。经过几年的培训和历练，彼得军队的战斗力得到了很大的提高。

彼得还发现，要想取得战争的胜利，除了要有先进的武器外，还要有各种制度和产业相配套。俄国军队的纪律性要比瑞典和普鲁士军队差很多，于是彼得便起草军事纪律，以铁的纪律去规范官兵——《军事法规》在1716年，应运而生。除此之外，彼得开办了各种军火工厂，生产枪炮、舰船，提高军队的装备水平。当时英国驻俄国的外交官惊恐地发现俄国建造的军舰，其技术水平不亚于欧洲任何国家。

经过彼得的一系列改革，俄国军队旧貌换新颜。在彼得之前，几代沙皇都曾希望寻找一个通往外部世界的暖水港口，但是几乎每次都是失望而归。虽然彼得一世当政之初，俄国还是个闭塞的内陆国家，贸易几乎都掌握在

∧ 彼得大帝创建圣彼得堡

别国手中，但是彼得决心为俄国找到一扇通往西方的窗户。他与南方的邻居土耳其修好，集中全力对付瑞典。在长达21年的北方大战结束后，彼得终于实现了几代沙皇的夙愿，如愿得到了波罗的海沿岸的出海口。而经过北方大战的洗礼，俄国成功地取代了瑞典，成为北方的军事大国。

修建新都

彼得的改革虽然取得了很大的成效，但是招来了一片反对之声。因为彼得在进行改革的同时，还削弱了贵族的权力，这引起了他们的不满。面对改革过程中的反对声音，彼得不为所动，反而决心铲除这股势力。

莫斯科是保守势力的巢穴，为了推进改革，彼得决意迁都。其实，早在北方战争初期，俄军攻陷了瑞典诺特堡要塞时，彼得一世便为芬兰湾边这片海水环绕的土地所迷醉。也许在那个时候，彼得内心就已经有了迁都的念想。在镇压了几次贵族叛乱之后，彼得便延请设计师为俄国设计新都。

在一片低洼泥泞的土地上，修建一座全新的都城谈何容易。不过，彼得丝毫不畏困难，他的主意已定。1703年5月16日，城市的修建工作正式开始，城市也被定名为圣彼得堡。此后，数十万人在建筑工地上劳作，全国各地的石料也都被搬运到此，彼得也亲自参与到这座城市的建设中。

18世纪中叶的俄国圣彼得堡

涅瓦河左岸为冬宫，右岸为科学院。彼得大帝于1703年开始修建圣彼得堡，征召了无数劳工，几万人在修建中死去。为了充实新首都的人口，彼得大帝还把原本不愿意来的贵族和其家庭成员全都迁来，使其定居圣彼得堡。

经过数年的努力和劳作，一座新城出现在人们的眼前，宽阔的涅瓦河从城市穿行而过，新城就好像建在水上一样，高耸的教堂、富丽的宫殿，雄伟壮观。除此之外，它本身就是一个天然的军港，是俄国海军的落脚点。之后从1711年到1714年，彼得大帝亲自制定搬迁名单，派人按名单催促莫斯科的部分贵族、商户等按期限迁移至圣彼得堡，不得有误。

圣彼得堡的名字很值得人们玩味，它有多重含义，从它的名字便可以看出它的文化意蕴和历史使命。“圣”是神圣的意思；“彼得”是《圣经》所记载的使徒的名字；“堡”是城市的意思。圣彼得堡不仅是俄国向西方开放的窗口，也代表着俄国要恢复古罗马帝国声威的雄心壮志。

俄罗斯彼得保罗大教堂

俄罗斯古教堂，坐落于圣彼得堡市涅瓦河畔，最初因彼得大帝而建，现在已经改为博物馆。此教堂内保存了从彼得大帝到尼古拉二世，几乎所有俄罗斯沙皇和皇后的遗骸。

“向西看”是彼得改革的指导思想，他愿意用西方的思维方式修建新都，也愿意用西方的文明与理性改造俄国。他改革了文字，以简洁明快的世俗字体代替了烦琐的斯拉夫字体；建立了第一批世俗学校、第一个博物馆、第一座公园、第一批剧院……在彼得的时代，俄国第一份报纸《新闻报》出炉，他甚至还亲自担任编辑。

彼得创造了无数个第一，因为他想让俄国崛起为世界第一。俄国在彼得的手中找到了崛起的支点，还有大国的梦想。以后的数个世纪，俄国人都在为了大国的梦想不倦地征伐着、扩张着。

关键词：三十年战争

“三十年战争”定欧洲

■ 1618年～1648年

1618年至1648年欧洲爆发了“三十年战争”。这场战争旷日持久、异常惨烈，欧洲的主要国家几乎都卷入其中。这场战争意义深远，表面上各国是为宗教信仰而战，但其实是为了国家利益而战。在这场大战结束时，签订的和约奠定了近代欧洲的国际格局与主权观念。

欧洲的对峙局面

> 绘有黑色双头鹰的哈布斯堡家族纹章

1555年，在奥格斯堡宗教和约签订之后，神圣罗马帝国皇帝、哈布斯堡王朝的查理五世和新教诸侯之间达成了妥协，确立了“教随国定”的原则，新教诸侯和天主教诸侯各自拥有自己的势力范围，互不干预。新教与天主教势力相当，七大选帝侯中的勃兰登堡、萨克森和普法尔茨三个信奉新教。尽管有“教随国定”的约定，但两派之间还是不断明争暗斗。1608年，为了使新教的力量团结起来，新教诸侯建立了以普法尔茨选帝侯腓特烈五世为首的“新教联盟”。天主教诸侯见新教诸侯建立了联盟，为了使自己不处于劣势，也组建起以巴伐利亚公爵为首的“天主教联盟”，天主教联盟得到了神圣罗马帝国皇帝、哈布斯堡王朝的鲁道夫二世皇帝的支持，两个同盟从此处于对峙状态。

斐迪南二世画像

哈布斯堡家族斯蒂里亚支系的代表人物，曾任神圣罗马帝国皇帝。这位野心很大、才能不高的皇帝狂热支持天主教，压制新教，结果却让德意志陷入了无尽的战火之中，也引发了对欧洲有决定意义的“三十年战争”。

在德意志之外的欧洲，有的国家支持新教同盟，有的国家支持天主教同盟。当时欧洲的哈布斯堡家族控制了西班牙、奥地利等众多国家，对法国形成了包围之势，法国为了削弱哈布斯堡家族的势力，就支持新教联盟，反对同样是哈布斯堡家族成员的神圣罗马帝国皇帝。

北欧的丹麦和瑞典一直谋求南进，并且信仰的也是新教，支持新教联盟。因为这样既可以捍卫信仰，又能满足自己向南扩张的需求。英国国王与新教同盟领袖腓特烈之间有姻亲关系，也站在了新教联盟一边。西班牙因为与神圣罗马帝国皇帝同是哈布斯堡家族成员，支持天主教联盟，教皇自然也站在了天主教联盟一边。这样，在德意志境内和境外出现了两个阵营的对峙，气氛越来越紧张，平静的湖面即将卷起滔天大浪。

掷出窗外事件

1526年，神圣罗马帝国皇帝、哈布斯堡王朝的斐迪南一世，继承了波希米亚（捷克）和匈牙利的王位，从而兼并了这个地区。在捷克最初成为哈布斯堡家族的领地时，鲁道夫二世皇帝曾经有过承诺——此后的历任捷克国王都遵守捷克的法律，保留捷克的议会，并尊重捷克的新教信仰。

1617年，哈布斯堡家族的斯蒂里亚支系的斐迪南二世继任捷克国王。斐迪南是一个狂热的天主教教徒，因此他一当政，就撕毁了此前鲁道夫二世做出的承诺，不遵守捷克的法律，威胁要取消捷克的议会，这激起了捷克百姓心中的怒火。更为严重的是，斐迪南要打压捷克人的新教信仰，并迫害捷克的新教徒。1618年，斐迪南下令禁止新教徒在布拉格举行集会，捷克的议会提出了强烈抗议。

1618年的5月23日，一大批愤怒的捷克人冲进王宫，要教训一下飞扬跋扈的国王，斐迪南吓得仓皇而

v 围攻

“三十年战争”给欧洲各国带来了很大的动荡，更给欧洲人民带来了重大的灾难。画面描绘了“三十年战争”期间，士兵们在一教堂旁对抗敌人围攻的场景。

逃。大家搜寻整个王宫，找到了国王的两个宠臣，他们想给这两个人点颜色看看。有人提出按照捷克人的方式，将他们从高高的窗户扔出去，以示对国王的羞辱，这一提议立刻得到了人们的应和。于是群情激愤的人们将国王的两个宠臣从窗户扔了出去，这就是历史上著名的“掷出窗外事件”。两个被扔出窗外的大臣虽然保住了性命，但是引起了斐迪南的报复。斐迪南决定劝说哈布斯堡家族发动一场战争，狠狠地打击一下捷克人，让这些捷克人此后不敢再做出反抗之举。

已经开始反抗的捷克人自然不会坐以待毙，他们组成了自己的临时政府，宣布废黜斐迪南，并且要自立国王并组织起义。于是“三十年战争”的导火索引燃。这场旷日持久的大战总共分为4个阶段，分别是捷克阶段、丹麦阶段、瑞典阶段和全面混战阶段。

捷克阶段

1619年6月，捷克的起义军开到了奥地利哈布斯堡家族的首都维也纳附近。这时斐迪南二世已经即位成为神圣罗马帝国皇帝，名义上成了整个德意志的君主。捷克人希望能在天主教联盟的军队作战之前，与刚刚即位的斐迪南进行谈判。斐迪南迫于形势，表面上接受与捷克人的谈判，暗地里则不断派人向天主教联盟寻求帮助，甚至以将普法尔茨选帝侯的爵位转让给巴伐利亚公爵马克西米连一世为条件，来换取天主教同盟出兵帮助他镇压捷克人。

天主教联盟很快集结了2.5万多人的队伍，并向斐迪南提供了大量金钱援助，希望能够一举扑灭捷克人的反抗火焰。在天主教联盟的强大兵力面前，捷克起义军吃了败仗，被迫于1619年8月退回捷克境内，并正式选举普法尔茨选帝侯腓特烈五世为捷克国王。

斐迪南当然不会容忍捷克人自行选出国王，他命令天主教联盟的军队继续进攻，以惩罚捷克人不尊重皇帝的做法。与此同时，支持天主教联盟，并且同属于哈布斯堡家族的西班牙，向普法尔茨进军。

1620年11月，捷克同普法尔茨联军与天主教联盟的军队在白山附近相遇并发生战争，虽然联军在地理上占有优势，但是武器装备与天主教联盟的军队对比起来显得落后，最后被天主教联盟军队击败。腓特烈五世也只好逃往支持新教联盟的荷兰避难。捷克重新被哈布斯堡家族控制。斐迪南将捷克超过半数的土地分给了神圣罗马帝国的贵族们，并且还强迫捷克的新教徒都要改信天主教。虽然此后普法尔茨等新教诸侯展开了几次反攻，但都被天主教联盟军队击败，"三十年战争"的第一阶段以天主教联盟军队获胜结束。

丹麦阶段

捷克阶段的战事虽然以天主教联盟军队的胜利结束，但是一场席卷欧洲的大战却刚刚开始。法国不能容忍一直对它构成威胁的哈布斯堡家族的势力越来越强大；荷兰为了摆脱西班牙的控制，与西班牙之间的战争如火如荼；普法尔茨选帝侯腓特烈五世是英国国王詹姆士一世的女婿，英国自然不能袖手旁观；丹麦和瑞典则不愿看到神圣罗马帝国皇帝再度在德意志境内实施有效的统治。

综合以上因素，本来只是捷克人

∨ 克里斯提安四世画像

克里斯提安四世于1588年继承了丹麦和挪威王位。在"三十年战争"期间，克里斯提安四世与荷兰、法国、英国结盟。战争初期取得了胜利，但终以失败而告终。

反对斐迪南的起义演变为一场卷入欧洲大部分国家的国际战争。1625年，法国首相黎塞留提议，由英国、荷兰、丹麦三国结成反对哈布斯堡家族的联盟，丹麦负责出兵，而英国与荷兰负责提供各种援助。由此开始了“三十年战争”的第二阶段——丹麦阶段。

丹麦与挪威的君主克里斯提安四世，答应出兵德意志，甚至当政务会议的议员们不同意他参战的时候，他竟一意孤行地率领军队出发了。他给了自己一个冠冕堂皇的理由，那就是同是新教徒的他不能看着德意志的新教徒处于危难之中。

1625年，克里斯提安四世在英、法、荷三国的支持下，与新教联盟共同向德意志的天主教联盟发动进攻，很快便占领了德意志的西北部地区。与此同时，英军则占领了捷克西部地区。新教联盟虽然在进军的最初阶段节节获胜，但是这种胜利未能持续下去。1628年，斐迪南二世请出了当时声名显赫的贵族华伦斯坦担任自己军队的指挥官。华伦斯坦没有辜负斐迪南二世和天主教诸侯们的期望，于1628年4月击败英军，随后又击败了克里斯提安四世，并控制了属于新教诸侯的萨克森地区。丹麦被迫于1629年5月与神圣罗马帝国皇帝签订了《吕贝克和约》，保证不再插手德意志事务。战争第二阶段再度以天主教联盟的胜利告终，哈布斯堡家族的统治范围进一步扩大。

瑞典阶段

丹麦阶段结束后，大获全胜的华伦斯坦开始计划在波罗的海建立一支强大的海军舰队，以便对付北欧诸国和英国，这使瑞典国王古斯塔夫二世感到不安。他害怕自己国家的地位将来也会受到哈布斯堡家族的挑战，况且新教国家迫切地希望同样信奉新教的古斯塔夫能够和他们并肩作战，扭转新教国家的不利局面。

早在1626年，古斯塔夫二世已经因为与德意志的诸侯国因争夺波罗的海口岸展开过战争，但那时他还未卷入“三十年战争”。1630年受形势所迫，古斯塔夫二世正式卷入“三十年战争”，并且得到了法国等国的资金支持，率领军队进入德意志境内，从而开始了战争的第三阶段——瑞典阶段。

古斯塔夫二世进入德意志境内，马上得到了新教联盟的勃兰登堡选帝侯和萨克森选帝侯的配合。此时古斯塔夫二世的对手也不是华伦斯坦，华伦斯坦已经因为被猜忌解职，顶替他的是提利伯爵。古斯塔夫二世很快打败了神圣罗马帝国的军队，充分展现出了他的军事才华。天主教联盟陷入了岌岌可危的境地。在这种情况下，天主教联盟不得不又请出华伦斯坦披挂上阵。1632年11月，古斯塔夫二世与华伦斯坦在吕岑地区展开决战。在这次战役中，古斯塔夫二世阵亡，但是瑞典军队依然取得了胜利。兵败的华伦斯坦再度受到猜忌，后来遭到了刺客的暗杀。

神圣罗马帝国皇帝趁机联合西班牙的军队，对瑞典军队展开围攻。到1634年9月，瑞典军队被西班牙军队击败，退回国内。萨克森选帝侯和勃兰登堡选帝侯也被迫于1635年签订了《布拉格和约》，对神圣罗马帝国皇帝做出让步。第三阶段的胜利者依然是天主教联盟。

全面混战阶段

哈布斯堡家族第三次获胜使得法国大为震惊。法国原本是天主教国家，但是为了自身利益，它支持的却是新教联盟。此前，它一直没有正式卷入战争，只是暗地里对新教国家提供资助，希望他们能够打击法国的对手哈布斯堡家族。但是当丹麦、瑞典等国都以失败收场的时候，法国只好直接出兵了。1636年，法国与瑞典结成同盟，联手出兵，至此，“三十年战争”进入了彻底的混战阶段。

从1636年开始，法国与西班牙和神圣罗马帝国展开正式交锋，西班牙和神圣罗马帝国的天主教联盟两面夹击，一度进抵法国首都巴黎附近，但是最终被法国击退。1638年，法国更是在海上打败了西班牙引以为傲的海军。1639年，当西班牙海军重新集结想一雪前耻的时候，却被荷兰的海军歼灭了主力。与此同时瑞典军队也取得了辉煌战绩——1637年，瑞典军队控制了德意志北部地区；1642年，瑞典军队击败了神圣罗马帝国皇帝的军队。

从1645年开始，法国、瑞典在战场上不断获胜，天主教联盟终于丧失了战斗力，被迫提出和谈。而英国、瑞典一方也有不小的损失，不希望战争再继续下去。并且此时丹麦因担心瑞典的强大，已经开始在后方向瑞典发起进攻，使瑞典难以再全力以赴在德意志境内作战。诸多因素结合在一起，促成了和谈的成功。1648年10月，参战双方达成和解协议，缔结了两个和约——《奥斯纳布吕克和约》与《明斯特和约》，合称《威斯特伐利亚和约》，至此"三十年战争"完全结束。

这场战争和这些条约都对历史产生了深远的影响。战争本身改变了欧洲的政治格局，德意志因为是主战场，经济遭到了重大破坏，分裂局面持续下去，令神圣罗马帝国更加名存实亡；荷兰在这场战争后，彻底摆脱了西班牙的控制，开始进一步发展海上事业；西班牙遭受严重打击后更加没落，彻底失去了欧洲一流强国的地位；法国消除了哈布斯堡家族的威胁，进一步确立了自己的欧洲霸主地位；瑞典获取了德意志北部的大片领土，也成为德意志诸侯之一，能够更好地参与德意志内部事务的处置，巩固了强国地位。

与战争相比，《威斯特伐利亚和约》的影响更为后世称道，因为它开启了以国际会议形式解决国际争端的先例，同时也对主权的观念进行了肯定，是现代国际关系的开端。

^《威斯特伐利亚和约》的签署

1648年10月24日，参战各方齐聚德意志的明斯特市政厅，签署了《奥斯纳布吕克和约》和《明斯特和约》，合称《威斯特伐利亚和约》。合约中战胜国利益得到了最大的体现，法国、瑞典收获颇丰，而德意志和西班牙则被进一步削弱。

关键词：海外扩张

三次英荷战争

■ 1652年～1674年

17世纪，英国和荷兰都积极从事海外贸易与扩张，利益冲突与竞争使两个国家之间三次开战。在这些战争中，英荷双方互有胜负，几次签订条约。但利益的驱使让条约只能成为暂时性和平的保证。一旦一方有意打破势力均衡，战争的硝烟就会再度弥漫。

战争一触即发

17世纪荷兰使用的船舶模型

1649年，英国国王查理一世被推上了断头台。英国的资产阶级、新贵族利用他们控制的议会，大力扩展他们的政治、经济实力。为了获得更多的财富，他们积极拓展海外市场，以获得更多的殖民地。而此时的荷兰正在崛起，并且在欧洲的海外贸易中取得了一定程度的优势，于是它希望遏制英国这个竞争对手。

英国护国公克伦威尔深知军队的重要性，认为要想更好地发展英国的海外事业，

^1653年3月14日，第一次英荷战争中的里窝那战役场景。

就要使自己的海军力量强大起来。于是，克伦威尔扩大了英国的海军规模，使英国的军舰数量由1649年的39艘上升到1651年的80艘，并且改进了军舰的型号和装备，使这种新型军舰更加灵活，更具有攻击性。在完成海军实力的提升后，克伦威尔开始了他打击劲敌荷兰的计划。

1651年，英国颁布了针对荷兰的《航海条例》，条例规定凡是从欧洲其他地区运往英国的货物，都要由英国船只或商品生产国的船只运送；凡是从亚洲、非洲、美洲等地运往英国、爱尔兰或者英国殖民地的货物，都要由英国船只或英属殖民地的船只运送。英国各港口的进出口货物以及在英国沿海从事贸易的货物，都要由英国船只运送。这些规定对于从事大量中介运输服务的荷兰来说，是一种公开的挑衅。荷兰对《航海条例》提出了强烈抗议，要求英国将其废除。英国毫不犹豫地回绝了荷兰的要求，两国之间的战争一触即发。

第一次英荷战争

1652年5月的一天，英国海军上将布莱克正率领20多艘军舰在多佛尔海峡巡逻，正巧碰上了荷兰海军上将特洛普率领的舰队——当时这支舰队正在执行为荷兰商船护航的任务。长期以来，英国海军总是要求其他国家船只在驶经多佛尔海峡时，向英国舰队致敬，这次布莱克上将对荷兰舰队提出了同样的要求。两国正因《航海条例》问题闹得十分不快，尤其是两国的海军将领们更想教训一下对手。在这种情况下，特洛普的舰队拒绝向英国舰队致敬。双方积蓄的恩怨一下子爆发出来，两支舰队展开了长达4个多小时的炮战。第一次英荷战争的大幕就此拉开。

1652年7月，英荷两国正式宣战，英国制定的作战战略是扼守住多佛尔海峡和北海，这是荷兰从事海外贸易的主要通道。英国要采取切断荷兰对外联系的办法，逼迫荷兰人投降。荷兰的舰队多次向英国舰队发起冲锋，但自始至终荷兰人也没能突破英国人的封锁。荷兰过度依赖对外贸易的弱点使它尝到了苦头，荷兰的财政收入迅速下滑，内部问题一一显现。荷兰无力再和英国僵持下去，开始与英国进行谈判。

1654年4月，英荷两国签订了《威斯敏斯特和约》，荷兰被迫接受了《航海条例》中的大部分内容：同意支付给英国东印度公司造成的财产损失，大约27万英镑；将大西洋上的圣赫勒拿岛的控制权交付给英国；同意在英国水域遇见英国舰队时致敬。

第一次英荷战争以荷兰的失败告终，但这只是双方矛盾的暂时缓和。

第二次英荷战争

1660年，英国的斯图亚特王朝复辟，查理二世登上了英国王位。查理二世十分重视海军的发展，赐予了英国海军“皇家舰队”的称号，并任命自己的弟弟詹姆士公爵为皇家舰队的最高指挥官。

为了进一步打压荷兰的海上霸业，查理二世推出了更为苛刻的《航海条例》。英国向荷兰的海外殖民地发起了新的攻势，但在克伦威尔去世后，因为高级军官们忙于争夺权势，英国海军的发展有所退步，战斗力也有所下降。与英国相比，荷兰的海军则有了很大的进步。第一次英荷战争之后，《航海条例》的阴影在荷兰海军心头挥之不去。他们一直期待着有一天能够一雪耻辱，因此海军的训练从未懈怠。此时荷兰海军的统帅是德奈特上将——这位将军励精图治，不仅严明军纪，还改变了作战思维。以往，荷兰海军的主要任务是为商船护航，德奈特将军认为荷兰海军要想摆脱被动作战局面，就要抛开为商船护航的模式，由海军独立作战，这样才能减少后顾之忧。

当查理二世颁布了更为苛刻的《航海条例》时，正准备复仇的荷兰海军开始采取战略行动。1664年8月，德奈特率领8艘战舰前往西非，从英国人手中收回了原属荷兰的据点，小试牛刀。1665年2月，荷兰向英国宣战，第二次英荷战争爆发了。

v 第二次英荷战争

在第二次英荷战争中，荷兰大获全胜。这是荷兰海军押着被俘的英国战舰归来。

在战争开始的时候，原本磨刀霍霍的荷兰海军却并没能如愿地给英国海军沉重的一击，反倒处于劣势。在英国海军的凌厉攻势之下，荷兰海军在长达几个

英荷战争的爆发是海上争权的表现，更是争夺海上利益的表现。画中为两次英荷战争后，渔业蓬勃发展，渔民们捕鱼的场景。

月的时间内，只能保证维护好自己的交通线不被英国人切断。

从1666年年初开始，英荷双方进入了战争僵持阶段，主要是由于荷兰同法国、丹麦结成盟友，共同反对英国。两国不仅向荷兰提供了大量的物资援助，法国还牵制住了英国的20支战舰，这使英国的实力受到削弱——双方基本上处于实力均衡的状态。

在僵持阶段，双方频繁开战，几个月内就发生了5次交火。1666年9月之后，胜利的天平开始逐渐向荷兰一方倾斜——从某种程度上说，这是德奈特将军的一场华丽表演。

1667年6月19日，德奈特将军率领由59艘舰船组成的荷兰舰队，趁着夜色航行到了英国的泰晤士河口。这时正值涨潮，德奈特命令舰队先溯流而上进入泰晤士河，然后用炮弹袭击两岸。很快，荷兰海军摧毁了几处英国炮台，并夺走了大量的黄金、木材等。当荷兰舰队驶到一个船坞时，发现这里停泊着英国的18艘大型战舰。荷兰舰队以猝不及防的速度将防守战舰的岸上炮台击溃，然后向着英国战舰开火，最后英国有6艘大型战舰被荷兰舰队的炮弹击毁。德奈特还将“皇家查理”号战舰俘获，作为战利品带回了荷兰。

荷兰舰队在泰晤士河里横冲直撞了3天，并给英国造成重大打击之后才安全返航。之后，德奈特又对泰晤士河口进行了长达数月的封锁。

德奈特的奇袭给英国造成了高达20万英镑的损失，并严重地挫伤了英国海军的锐气，使这堂堂的皇家舰队还没来得及组织大规模反攻的时候，就让德奈特全身而退了。

英国遭受了这次惨败，加上伦敦暴发了瘟疫和大火，因此难以再和荷兰抗衡下去，于是提出了和谈。1667年7月，英荷两国签订了《布雷达和约》。根据和约，英国将新的《航海条例》中的一些苛刻的条款取消，归还了在第二次英荷战争期间，占领南美洲的荷兰殖民地，并放弃了在荷属东印度群岛方面的利益。荷兰将自己的北美殖民地新阿姆斯特丹等地，割让给了英国，并承认西印度群岛为英国的势力范围。这个条约双方互相出让了部分利益，是一次就瓜分殖民地而达成的妥协。但总体来看，英国在这次战争中属于失败的一方。

第三次英荷战争

1672年，法国正式对荷兰宣战。英国马上站在法国一边，并在没有正式对荷兰宣战的情况下，于1672年3月袭击了荷兰的一支商船队，第三次英荷战争爆发。参加这场战争的国家，除了英国、法国和荷兰外，瑞典、西班牙和丹麦等国也参与了进来。

第三次英荷战争同时在陆地和海洋上展开。陆地上的进攻主要由法国来承担，法国的陆军很快就彰显出了欧洲第一陆军的实力，将荷兰陆军打得节节败退。荷兰的格尔德兰、乌得勒支等省相继落入法军手中。

随后，法国骑兵一路高歌猛进，甚至直逼荷兰的首都阿姆斯特丹。荷兰是一个低地国家，在万般无奈之下，刚刚出任荷兰执政的威廉只好下令掘开堤防，让海水倒灌，才阻挡了法国陆军的凌厉势头。陆上进攻因此告一段落——荷兰的所有希望都寄托在了海军身上。

德奈特将军此时已年过花甲，但是丰富的作战经验仍使他成了荷兰海军总司令的不二人选。德奈特对英法两国的海军情况进行了认真细致的分析，认为英国的海军是主力，法国海军不仅力量薄弱而且缺乏海战经验，因此不必过多注意。在分析了敌我形势之后，德奈特做出部署，由一小股舰队去牵制法国舰队，将海军的主力用来对付英国海军。在具体的战术上，德奈特将舰队主力放在了靠近荷兰领海的浅海中，这样更容易做好防守——因为陆军的失利已经不能让他再有疏忽与冒进。同时，德奈特也不断巧妙地运用它的奇袭战术。

海战最初，双方各有胜负。德奈特也再次凭借偷袭的技巧取得了一些小的胜利，但是对整体战局并没能产生决定性的影响。1673年的特塞尔海战，是双方正面交锋最为激烈的一场大战，也影响了未来的战争局势。1673年8月，英法两国舰队进行大规模集结，企图登陆荷兰的特塞尔岛，然后再水陆并进发动攻势。

第三次英荷战争

第三次英荷战争实际上也是荷法战争的一个组成部分，是英荷海上争权的最后阶段。

荷兰舰队事先探听到了消息，德奈特将麾下舰队编为先遣队、主力队、预备队三个分队，准备与英法联合舰队一较高下。但从实力对比上看，荷兰舰队明显弱于英法联合舰队。8月21日夜，德奈特指挥舰队成功利用风向，穿插到了英法联军的缝隙之中。

天刚刚放亮，德奈特命令舰队主动发起进攻，特塞尔海战上演。尽管英法联合舰队在兵力上占了优势，但是在作战方面，荷兰海军明显更胜一筹。法国舰队的水平无论是在训练上，还是在作战经验上都明显欠缺。在军舰被击中之后，不懂得把握有利战机继续战斗，而是忙于对舰只进行修补。不久，法国舰队就陷于混乱之中，德奈特将主力集中对付英国舰队——这场海战一直由清晨打到了黄昏，英法联军方面有9艘战舰被击毁，多艘被击伤。而荷兰方面只是有舰只被击伤。

特塞尔海战最终以荷兰的胜利告终，英法联军在惨败之后，联盟也宣告破裂。1674年2月，英荷两国签订了《威斯敏斯特和约》，承认两国于1667年签订的《布雷达和约》继续有效。荷兰给予英国一定的补偿，英国保证在接下来的荷法战争中保持中立。至此，英国与荷兰之间的三次战争，落下了帷幕。

专题

欧洲启蒙运动

⊙伏尔泰 ⊙孟德斯鸠 ⊙卢梭 ⊙狄德罗

启蒙运动发生在18世纪的欧洲，是继欧洲文艺复兴运动之后，出现的又一次轰轰烈烈的思想解放运动。它反对封建专制统治，反对封建教会思想，反对一切落后腐朽的东西。因此，它将是资产阶级革命成功的很好宣传。

启蒙运动之父

伏尔泰是法国著名的文学家、哲学家、启蒙思想家，是法国资产阶级启蒙运动的旗手，被称为“思想之王”“启蒙运动之父”等。

他反对君主专制，倡导君主立宪制。他主张天赋人权，认为人生来就

▸伏尔泰画像

法国启蒙运动的主要人物，也是著名的诗人、剧作家、散文家、小说家、历史学家、启蒙思想家、哲学家，自由思想和自由主义的倡导者。原名弗朗梭阿·马利·阿鲁埃，伏尔泰是他最著名的笔名。

▲费尔奈庄园

1760年，伏尔泰定居法国和瑞士边境的费尔奈庄园，这期间他与欧洲各国人士保持了频繁的通信联系，并且积极参与社会活动，撰写了大量文章，揭露宗教迫害和专制政体下司法部门的黑暗。

是自由和平等的。他认为法律应以人性为出发点，在法律面前人人平等。他曾经说过："我不能同意你说的每一个字，但是我誓死捍卫你说话的权利。"他猛烈抨击天主教会，说天主教是"一切狡猾的人布置的一个最可耻的骗人罗网"，号召大家与天主教会抗争到底。但他不反对财产分配上的不平等、不均衡，还主张信仰自由和信仰上帝。

伏尔泰才华横溢、酷爱自由，对法国的专制统治深恶痛绝，少年时代就有强烈的叛逆倾向，曾两度成为巴士底狱的“贵客”。他游历英伦三岛，对英国褒奖有加；伴随普鲁士国王腓特烈二世三年有余，结果不欢而散。他一生著作等身，语言诙谐，嬉笑怒骂皆成文章，成为法兰西最著名的文化领袖。

可以这样说，伏尔泰的一生，是为新思想奋斗的一生，是为启蒙运动奉献的一生。

▲ 孟德斯鸠画像

孟德斯鸠不仅是18世纪法国启蒙时期的著名思想家，也是近代欧洲国家比较早的系统地研究古代东方社会与法律文化的学者之一。

探寻三权分立

孟德斯鸠是法国著名的法学家、启蒙思想家，是近代欧洲较早研究东方社会和法律文化的学者之一。他的《论法的精神》，宣扬了理性的法律，对后世法律的形成与发展产生了重大影响。他认为国家的权力应该“三权分立”，由立法权、行政权和司法权三部分组成，极力反对君主专制。

孟德斯鸠提出的“三权分立”学说，体现了人民主权的原则，奠定了近代西方政治与法律发展的基础，直到今天还被某些国家使用。

孟德斯鸠虽然生活在一个君主专制的时代，但是他终其一生都在寻找民主之道——他身为贵族，却没有沉迷于灯红酒绿之中，而是放弃高官厚禄投身学术。他一生著作并不多，但是本本都是经典，一部《论法的精神》更是经典中的经典。然而时至今日，远隔重洋的北美哲人早已将孟德斯鸠的思想，灵活运用到他们的宪法当中，“三权分立”已然成为美国宪政的灵魂所在。

▲卢梭画像

法国著名思想家、哲学家、教育家和文学家，18世纪法国大革命的思想先驱，启蒙运动最卓越的代表人物之一。

挣脱自由的枷锁

他是欧洲最负盛名的思想家，在他背后是法国革命的惊涛骇浪；他被认为是现代民主自由的捍卫者，也被咒骂为现代极权主义的旗手；他活着的时候遭到误解、谩骂与迫害，他死去依然被误读，时而被当作先知供奉在祠堂，时而被当作恶魔打入地狱。他就是卢梭，一位留在人类思想史上的人物。

卢梭是法国著名启蒙思想家、哲学家、教育家和文学家，18世纪法国大革命的思想先驱，启蒙运动最卓越的代表人物之一，被称为“人民主权的捍卫者”。

卢梭的思想精华就是人民主权思想，提出“主权在民”说。他认为一切权利隶属于人民，必须为人民服务，体现人民的意志。

卢梭还强调“公共意志”，遵守法律是一种自由的行为，人民应该接受法律的统治，从根本上反对君主的封建统治。

此外，在法国启蒙思想家中，卢梭对封建社会批判最为严厉，最为激烈。

卢梭先后出版了3部著作：小说《新爱洛绮丝》、政治学理论著作《社会契

▲卢梭撰写了一本阐述对孩子因材施教思想的《爱弥儿》，这使法国人重新认识到了培养孩子兴趣的重要性。

约论》和教育学著作《爱弥儿》。这3部著作都透露出一个主题，那就是自由。在《新爱洛绮丝》一书中，卢梭批判封建的礼教，倡导建立平等自由的家庭伦理；在《社会契约论》一书中，卢梭提出了人民主权的理论，反对任何教权、皇权专制；在《爱弥儿》一书中，他总结了儿童教育的规律以及方法。

卢梭一直在用言行践行着他的新思想和新学说。

而人们也一直在潜移默化中受着他的思想和学说的影响。

狄德罗和《百科全书》

启蒙运动时期的法国是一个群星灿烂的国度，众多的思想家们将人们从神的世界带到人的世界，以人的理性与热情生活，摆脱了神的束缚，鼓励人们打破君主专制的重重枷锁。启蒙思想家们将人类分散的知识加以整理和系统化，便形成了百科全书。狄德罗，这位启蒙运动中百科全书派当仁不让的领导人，不仅是一个一流的组织者、管理者，也是一位卓然而立的百科全才，至今他的智慧光芒依然闪亮。

▾狄德罗画像

18世纪法国启蒙思想家、哲学家和作家，百科全书派的代表。

《百科全书》不仅仅是一部简单的辞典，还是一部反封建、反神权的宣言书。在编写《百科全书》的同时，狄德罗撰写了大量的个人论著，这些论著中的观点无不体现在《百科全书》中。《百科全书》不仅是狄德罗个人观点与思想的集中体现，也是他为人类精神进步做出的伟大贡献。

启蒙运动时期的思想家很多很多，作为代表的几位将他们的新思想传递给了世人，动摇了封建君主的统治，促进了社会的进步，激励着仁人志士为改造旧社会而不断斗争，为资产阶级取得统治地位做了很好的思想和理论的准备。

世界简史

郭方 主编　下卷

A BRIEF HISTORY OF THE WORLD

石油工業出版社

清

民国至今

中外历史大事件时间表

美国

英国

德国

俄罗斯

日本

1801年至今

1840年

第一次鸦片战争爆发。

1851年

太平天国起义。

1894年

中日甲午战争爆发。

1919年

五四运动。

1804年

拿破仑称帝，法兰西第一帝国开始。

1838年

英国宪章运动开始。

1861年

美国内战开始。

1868年

日本明治维新开始。

1870年

普法战争爆发。

1914年

第一次世界大战开始。

1917年

俄国十月革命。

1919年

共产国际成立。

1937年

中国抗日战争全面爆发。

1949年10月

中华人民共和国成立。

1997年

香港回归。

1801年至今

1939年

第二次世界大战全面爆发。

1945年10月

联合国成立。

1949年

北大西洋公约组织成立。

1979年

中美建交。

1993年

欧盟建立。

2001年

“9·11”恐怖袭击事件。

2003年

伊拉克战争爆发。

目录

Contents

第六章

殖民争霸 / 465

美国独立战争 / 466

美国国父华盛顿 / 474

法国大革命 / 481

路易十六的断头宣言 / 488

拿破仑加冕称帝 / 494

碎梦莫斯科 / 502

兵败滑铁卢 / 508

法国七月革命 / 513

美国内战的白与黑 / 519

“铁血宰相”俾斯麦 / 526

普法战争 / 532

巴黎公社运动 / 538

专题：第二次工业革命 / 544

日本明治维新 / 550

第七章

两战档案 / 557

萨拉热窝的枪声 / 558

马恩河翻盘奇迹 / 564

日德兰海战 / 570

决战索姆河 / 576

“一战”谢幕演出 / 582

专题：诡异的堑壕战 / 588

祸起凡尔赛 / 594

慕尼黑阴谋 / 599

鏖战不列颠 / 604

莫斯科保卫战 / 610

偷袭珍珠港 / 615

斯大林格勒战役 / 621

中途岛海战 / 627

诺曼底登陆 / 632

雅尔塔会议 / 637

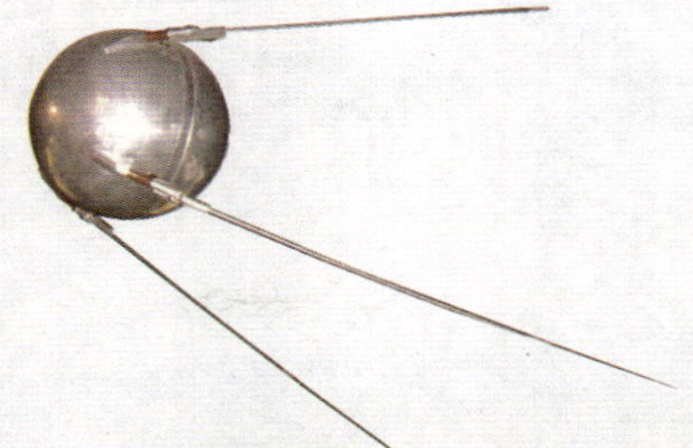

日耳曼战车投降 / 642

日本上空升起蘑菇云 / 648

第八章

世界新格局 / 655

杜鲁门主义 / 656

马歇尔计划 / 661

哭泣的柏林 / 666

北约、华约的针尖与麦芒 / 671

古巴导弹危机 / 677

越南丛林决战 / 682

尼克松访华 / 688

专题：“铁娘子”撒切尔夫人 / 694

推倒柏林墙 / 700

苏联解体 / 705

海湾战争 / 710

专题：曼德拉的光辉岁月 / 714

欧盟联体新时光 / 720

惊世撞击“9·11” / 726

新世纪新革命 / 732

附录：大事年表 / 740

2

第六章

殖民争霸

随着时间的推移，世界上老牌强国逐渐衰弱，已是后继乏力。而新的强者又不断雄起，跃跃欲试。

美国爆发了独立战争，法国“酿造”了大革命，拿破仑加冕称帝，俾斯麦推行铁血政策，普法战争厮杀……各个资本主义强国对殖民地的抢掠愈演愈烈。殖民争霸的剧目在世界的舞台上真正上演。

▷ 拿破仑为何英年早逝

VISIBLE HISTORY OF THE WORLD

关键词：独立战争

美国独立战争

▪ 1775年～1783年

美国独立战争的爆发，是北美13个殖民地政治、经济、文化发展的必然产物，是殖民地人民争取独立民族国家的正义战争。战争爆发后，乔治·华盛顿被任命为大陆军总司令，率领大陆军英勇作战，并最终取得了战争的胜利。

莱克星顿的枪声

1775年4月，正当英国议会辩论得热火朝天的时候，莱克星顿的枪声让双方屏住了呼吸。驻波士顿的英军奉命抓捕那些“心怀不轨”的叛乱分子，700多名英军前往康克德占领北美民兵的弹药库。就在他们行动的前夜，波士顿的银匠保罗·里维尔快马奔至莱克星顿，通知隐藏在那里的反英领导人转移，然后又和其他几个人赶到康克德报信。得到里维尔传来的消息之后，莱克星顿的民兵在半夜紧急集合起来，准备迎击英军的进攻。

19日清晨，英军终于出现了。霎时间，鼓声、喊声响成一片。在乔纳斯·帕科率领下，70多名民兵来到了一块草地上——虽然他们并没有进攻英军的打算，但是英军指挥官却没有打算放过这队民兵。

英军指挥官下令将这群民兵包围起来，帕科见状，命令民兵携带武器撤

退。在撤退的时候，不知道是谁先开了一枪，霎时枪声大作。在英军的攻击下，民兵四处逃散。其中有8人死亡，10人受伤，而英国士兵仅有1人受了轻伤。这次事件史称“莱克星顿的枪声”，标志着北美独立战争正式开始。

^ 莱克星顿的枪声

1775年4月19日，在莱克星顿打响第一枪的美国独立战争，是北美殖民地人民为反对英国殖民统治，争取民族独立而进行的民族解放战争。

第二届大陆会议

1775年5月，北美第二届大陆会议就在这样紧张的气氛中召开了。各殖民地的代表再次聚首，经过一番讨论，大陆会议决定成立一支2万人的大陆军，由弗吉尼亚人乔治·华盛顿担任总司令。

大陆会议虽然做好了武装抵抗的准备，但是对

独立宣言

1776年7月4日，第二届大陆会议在费城独立厅通过了《独立宣言》。

和解还抱有一丝希望。大陆会议向英王提交了《橄榄枝请愿书》，希望乔治三世能够排除阻碍，采取有力措施与北美实现和解。不过令大陆会议失望的是，1775年年底，乔治三世驳回了《橄榄枝请愿书》，关闭了和解大门，并且向北美增派军队，镇压叛乱分子。大陆会议不但失去了与英国谈判的资格，而且成为叛乱的指挥中心，现在除了战争，已无他途。后来大陆会议选举托马斯·杰弗逊起草文件。

1776年6月28日，杰弗逊将《独立宣言》的草稿提交给会议。7月2日，除纽约州外，其他十二个州都投票同意独立。7月4日，《独立宣言》正式付印，北美殖民地终于获得了作为一个国家的出生证明，从这一刻起，北美人将为这个国家而奋斗。

萨拉托加大捷

第二届大陆会议发布决议，将包围波士顿的民兵组成大陆军。1775年，6月15日，大陆会议任命乔治·华盛顿为大陆军总司令。1776年3月，经过长期激战，大陆军占领了多尔切斯特高地，整个波士顿城及其港口都处在了大陆军的炮火射程之内。3月17日，英军自动放弃了波士顿，大陆军开进这座城市。

为了镇压大陆军，英军将战略重心放在了哈得孙河和普兰湖一线，妄图把大陆军的活动中心新英格兰与中南部殖民地分割开来，而这里的战略要点就是纽约城。由于众寡悬殊，华盛顿率领的大陆军兵败纽约城，但他随即率军袭击了普林斯顿，重创英军两个团。1777年9月26日，威廉·豪率领英军占领费城。

在费城陷落的时候，驻扎在加拿大的英军在约翰·伯戈因的率领下南下，试图和威廉·豪会合，实现对北方的控制。1777年6月，伯戈因分兵两路从加拿大出发，一部由他亲自率领，由普兰湖至泰孔德罗加，然后经乔治湖抵达哈得孙河；另一部由巴里·圣莱杰率领，直扑莫霍克河谷。

英军的行动为华盛顿所察觉，他调兵遣将迎击来犯之敌，先后派出本尼迪克特·阿诺德、本杰明·林肯和丹尼尔·摩根支援北方军司令菲力普·斯凯勒。9月13日至14日，伯戈因率军渡过哈得孙河，进逼奥尔巴尼。此时，大陆会议任命新英格兰的霍雷肖·盖茨出任北方军的总司令。9月19日和10月7日，大陆军先后在弗里曼农庄和比米斯高地重创英军，英军损失惨重。10月9日，伯戈因率领英军撤退到萨拉托加。这时，大陆军切断了英军的粮草供应和退路，远在费城的威廉·豪救援不及。10月17日，伯戈因率领5600多名英军投降，萨拉托加战役以大陆军的全面胜利而告终。

决战约克镇

萨拉托加战役之后，受到沉重打击的英军为了集中兵力，主动放弃了费城，回撤纽约。大陆军虽然试图在途中截击英军，但未能得手。这样一来，整

萨拉托加大捷中的华盛顿（前排右一）

个北方战局进入了相持阶段。

但经过一番激战后，英军占了上风。1780年5月12日，林肯率领南方的大陆军5000余人向英军投降，这是独立战争中大陆军最惨痛的一次损失。随即克林顿率军返回纽约，留下康华利率领7000英军继续向南方展开攻势。8月16日，坎登之战中，盖茨率领的大陆军被英军击败。8月18日，托马斯·萨姆特率领的民兵被英军打败，南卡罗来纳陷落。这时康华利乘胜进军，侵入北卡罗来纳。10月，帕特里科·福格森率领的英军在王山受到民兵重创，英军进攻北卡罗来纳的计划受挫。1781年1月17日，摩根率领大陆军在民兵配合下，重创英军，剩余的英军在巴纳斯特·塔尔德率领下投降。

3月15日，格林以4500人的优势兵力在吉尔福德狙击英军，获得胜利。

这时，英军南方部队的总司令康华利率军退回威尔明顿，试图北上与克林顿派遣到弗吉尼亚的英军会合。

康华利撤退到弗吉尼亚之后，驻扎在约克镇，但是康华利没有料到的是，这个地方极易受到海、陆两面夹击。华盛顿抓住这个机会，制订了美、法联合围歼康华利的计划。

康华利在约克镇坚守数周之后，于10月19日率领7000多名英军向华盛顿投降，约克镇战役以大陆军的胜利而告终，独立战争胜利结束。

英军在约克镇向大陆军投降

1781年10月19日下午2时，英军在约克镇向大陆军投降，其队伍长达2000米。

VISIBLE HISTORY OF THE WORLD

关键词：美国国父

美国国父华盛顿

■ 1732年～1799年

作为一位杰出的将军，华盛顿一生戎马倥偬，将英国军队赶出了大西洋；作为美国的开国之父，华盛顿又为美国的百年宪政奠定了基石。打破一个旧世界需要勇气与胆魄，建设一个新世界却需要耐心与智慧。毫无疑问，华盛顿集胆略与智慧于一身，不愧是美国人民的伟大国父。

移民后代

1732年2月22日，乔治·华盛顿出生在弗吉尼亚州，是奥古斯丁·华盛顿的第三个儿子。华盛顿家族在英国声望非凡，其祖上曾担任过不同的官职。随着家业的衰败，1657年华盛顿的祖父约翰·华盛顿移民弗吉尼亚。

7岁到15岁的时候，华盛顿断断续续地在本地教堂和威廉斯先生那里学习，尤其是在数学方面，表现出了强烈的兴趣，对计算、测量相当精通。华盛顿的长兄劳伦斯·华盛顿曾经担任过英国步兵团的军官，参加过战争，这在年幼的华盛顿心中留下了深深的印象。

1743年4月，华盛顿的父亲患病去世，劳伦斯担负起了对华盛顿的教育任务。在兄长的教诲和熏陶下，华盛顿的求学生涯得到了继续。此时，他对一个新生的知识——土地测量学产生了兴趣，并且很快掌握了这门技术。16岁的时候，华盛顿开始从事土地测量员的工作，与劳伦斯的内弟乔治·费尔法克斯一起踏上了土地测量的旅途。1749年夏季，由于在土地测量工作中表现突出，华盛顿被正式任命为政府认可的测量员。

正当华盛顿在兄长的带领下成长的时候，他的哥哥劳伦斯突然罹患恶疾，在34岁的时候去世，将遗产交给了弟弟。

此后弗吉尼亚殖民政府为了扩大民团，将弗吉尼亚划分为四个区，华盛顿毛遂自荐，自愿担任北峡地区民团副官的职务。1753年2月，21岁的华盛顿被正式任命为弗吉尼亚北峡民团少校副官。

战争中的华盛顿

1754年，弗吉尼亚总督罗伯特·丁威迪派遣刚升为中校的华盛顿，率领弗吉尼亚第一军团前往俄亥俄，驱逐渗入进来的法国人。在俄亥俄谷地，华盛顿依靠印第安人的帮助包围了一个法国人的侦察队。在短暂的战斗之后，这些法国人非死即伤。这是华盛顿第一次独立指挥的战斗，但显示出了不同凡响的军事指挥才能。

华盛顿铜像

1755年，让华盛顿施展抱负的机会终于来了。政府组成了远征军，开赴俄亥俄谷地夺取俄亥俄河交汇岔口的“迪凯纳堡”。华盛顿自愿参加了这次远征。在莫农加希拉河战役中，远征军几乎全军覆没，指挥官也阵亡了。令人不可思议的是，华盛顿在战斗中表现得异常勇敢，在枪林弹雨中亲自操作发射炮弹。最后，华盛顿毫发无伤平安归来，一时之间成了弗吉尼亚的英雄。1758年，他参加了英军的另一次远征，成功地将法军驱离了迪凯纳堡。

然而在弗吉尼亚总督丁威迪看来，作战英勇的华盛顿未免有些功高震主了，因此他便经常故意刁难华盛顿。1759年，华盛顿辞去了军职，回到了弗农山庄，开始过上了绅士和蓄奴主的生活，并且担任了弗吉尼亚当地的下议院议员。

1774年，华盛顿被选为弗吉尼亚州的代表前往费城，参加第一届大陆会议。由于波士顿倾茶事件的爆发，英国政府关闭了波士顿港，而且废除了马萨诸塞州的立法和司法权力。莱克星顿和康科德之战后，华盛顿身穿军服出席第二届大陆会议，表达了自愿带领弗吉尼亚民兵参战的意愿。马萨诸塞州的代表约翰·亚当斯推荐他担任大陆军的总司令，并称他拥有“担任军官的才能……极大的天分和普遍的特质”。

1775年6月15日，大会正式任命华盛顿为总司令，华盛顿欣然接受了这个职位。在给友人的一封信中，华盛顿这样写道：“愿上帝保佑，我接受这一职责会有利于我们的共同事业，不会由于我的无知而有损于我的名誉。我可以在这三点上做出保证：坚信我们的事业是正义的；忠于职守；廉洁奉公。如果这些都不能弥补能力和经验的不足，我们的事业就会有失败之虞，我个人的名誉也会扫地殆尽。”

华盛顿对大陆军进行了全面的整顿，并带领他们取得了一次次的胜利。1781年10月，华盛顿率军取得了约克镇战役的胜利，美国独立战争胜利结束。1783年3月，华盛顿召开了一次会议，并在会上做了激动的发言——听众们为之动情，因为是他拯救了国家的命运，为美国人民争得了自由。

1783年，《巴黎和约》签署之后，英国承认美国独立。华盛顿以大陆军总司令的身份解散了大陆军。在新泽西的洛基山脚下，华盛顿向与他浴血奋战的士兵们发表了慷慨激昂的演说。12月4日，华盛顿在纽约市发表了正式的告别演说。随后，华盛顿回到了家乡，潜心农事，生活恬静。但作为一个爱国者，他无时无刻不思考着这个国家的前途和未来。

美国首任总统

1787年制宪会议在费城召开，华盛顿积极参与宪法的制定，并在第一次会议时当选为制宪会议主席。1788年11月，随着宪法的正式生效，一个新兴的邦联国家在北美正式诞生。根据宪法规定，国会立即通过决议，定于1789年1月的第一个星期三由美国人民推选总统候选人。最终，华盛顿以选举人全票（69票）通过当选为美国第一届总统，约翰·亚当斯则当选为副总统。

1789年4月30日，华盛顿的总统就职仪式在纽约隆重举行。

上午9时，各教堂举行庄严的祈祷仪式，祷告上帝降福于新政府。中午12时，华盛顿身着礼服，登上

华盛顿手按《圣经》宣誓

华盛顿手按《圣经》，宣誓就任美国首任总统。

国会派来的专用马车，前往联邦大厦。在宣誓仪式上，华盛顿手按《圣经》，庄重而清晰地宣读誓词。接着，华盛顿向参众两院宣读了就职演说，这篇演说也成为美国历史上的重要文献之一。

担任总统以后，华盛顿任命托马斯·杰弗逊为首任国务卿，亨利·诺克斯为陆军部部长，亚历山大·汉密尔顿为财政部部长，约翰·杰伊为大法官，埃德蒙·伦道夫为总检察长。这些人物在独立战争和制宪会议中功勋卓著，现在在新的政府中，他们又成了华盛顿的得力助手。

在处理总统与国会的关系上，当时宪法规定，总统缔结条约的权力必须根据参议院的意见或者取得众议院的同意。1789年8月，华盛顿为了与南方的印第安人签订条约，亲自前往参议院征询意见。但在他宣读文件时，由于会议大厅外人声嘈杂，议员们在没有听清楚的情况下议论纷纷。面对这样的情景，华盛顿拂袖而去。在第二周的周一，华盛顿派秘书给议会送去了一份详尽的材料。此后，华盛顿再也没有去参议院当面听取意见，这成了美国总统历代相承的惯例。而在处理总统与各部部长的关系上，华盛顿则不自觉地促成了美国内阁积极讨论问题的制度。

在汉密尔顿的努力下，美国的财政问题得到解决；在杰弗逊的努力下，美国的外交开始走上正轨。这两个得力人物成了华盛顿的左膀右臂。然而，随着两人地位的提升，汉密尔顿和杰弗逊在政治上的分歧越来越明显，在政坛开始出现了拉帮结派的局面。这是华盛顿最不愿意看到的，他尽力在两人之间周旋，以便化解两人的恩怨——在汉密尔顿和杰弗逊眼中，华盛顿是再公允不过的裁判了。

4年任期很快就过去了，华盛顿很想退出政坛，但是内阁对立的双方都

> 华盛顿画像

美国首任总统，两届任期后自愿归隐家乡。华盛顿被尊为美国国父，是美国历史上最伟大的总统之一。此画现藏于美国布鲁克林博物馆。

希望华盛顿连任。经过思想斗争，华盛顿最终同意连任总统。1793年2月13日，华盛顿以全票被选为第二届总统。

告别政坛

在第二届总统任满的前一年，华盛顿着手准备告别演说，并发表在费城的《美国每周新闻报》上。这篇演说词的发表，在全美国引起了极大的震动。政府要员们普遍感到惋惜和震惊。但大多数报纸对总统主动引退都加以赞美。原来想攻击他有权力欲的反对派也无话可说了。

1797年3月15日，华盛顿的马车驶上了前往弗农山庄的车道。虽然归隐了，华盛顿仍未完全忘却国事，他真心希望自己创建的合众国日益强大。此间，陆军部长麦克·亨利等人向他通报国事。继“XYZ”事件之后，美法关系又紧张起来，一度发展到一触即发的地步。1798年7月4日，政府为了加强统率作用，授予华盛顿中将军衔，并任命他为美军总司令，这是唯一担任这一职位的前总统。他接受这一任命的条件是：只有在遭到入侵的情况下他才上战场，而且他对总参谋部的组成具有批准权。幸运的是，事情和平解决了，没有宣布的“准战争”只限于海军冲突，华盛顿没有重新骑上战马。

1799年12月12日，在家中的种植园散步归来之后，华盛顿突患疾病，虽然经过了耐心的治疗，但于事无补。12月15日，这位美国国父在弗农山庄溘然长逝。华盛顿逝世的消息迅速传遍美国，举国哀悼。正在开会的国会休会一天，全体议员和工作人员佩戴黑纱。后来国会还发表了一个公开悼词。

18日，华盛顿的葬礼在弗农山庄举行。总统亚当斯派特使加急送来悼唁函，还运来了11门礼炮，准备鸣炮致哀。

华盛顿的遗体安葬在庄园上家族的老墓地里，葬礼简朴而庄重，一切只限于弗农山庄以内，完全符合华盛顿的遗愿，不用悼词。

为了纪念这位伟人，新建的美国首都以华盛顿名字命名。200年来，美国共有100余个城镇以华盛顿命名。

关键词:三级会议/攻占巴士底狱

法国大革命

三级会议的召开为第三等级登上政治舞台提供了一个平台，法国旧制度的种种弊病，在人民的呼声中显露无遗，人民对权利的要求如同溃堤洪水一般奔涌而出。巴士底狱这个封建王权专制的堡垒被攻破，路易十六的统治已经岌岌可危。当国民会议宣布废除封建特权之时，革命已经开始了。

三级会议的召开

1789年5月4日，三个等级的代表来到巴黎，其中有600多位第三等级身着黑色礼服的代表，285位贵族和308位教士。这是自1614年以来从未有过的盛会，人们期待这次会议能够将法兰西带出泥沼，走向光明的未来。

第二天，路易十六参加会议开幕式并致辞。教士们坐在梅尼大厅的右边，贵族居左，而第三等级坐在中间。当路易十六到达会场的时候，响起了一片热烈的掌声，不过人们最想知道的是路易十六的葫芦里面卖的什么药。

路易十六的开场白还是非常有煽动力的，他说："我期待已久的会议终于召开了，我非常荣幸能将各个阶层的代表请到这里来。虽然三级会议已经有很久没有召开了，但是我认为这种传统的会议能够为我们这个王国带

^ 路易十六画像

路易十六于1774年成为法国国王，1793年被处死，是法国历史上第一个被处死的国王。

来新的力量，它可以为这个国家开辟幸福的源泉。”但是这只是路易十六的客套话，他整篇讲话的主旨是向各个代表“哭穷”，希望三个等级能倾囊相助，帮助政府解决财政难题，对于各个等级期待已久的政治改革却只字不提。

最后，路易十六希望三个等级能够和衷共济，共度时艰。即便各个等级代表对国王的讲话并不满意，还是给了他掌声。路易十六讲完之后，轮到掌玺大臣巴朗登致辞，他首先把路易十六吹捧了一番，然后便为三级会议“定调”：各种决议必须经过三级会议自愿同意和国王的批准方能生效。同时这位掌玺大臣也为三级会议的议题画了一个圈——只能讨论税收问题、新闻出版问题，还有民法与刑法的改革问题，除此之外，一概不许讨论。

会议开完第一天，事实上就已经误入歧途，政府没有完全理解这次会议的重要性。政府身处困境之中，三个等级的代表是立法者，而非为路易十六敛财的经纪人。如果政府能够开诚布公地赋予这些代表们以真正的权利，也许会形成一种新的政治体制，避免血腥的革命。令人惋惜的是，政府不但没有一个改革的蓝图，也没有改革的诚意，包括路易十六在内的一些权贵头脑也一团糨糊。路易十六如果是一个行事果断的君主，也许情况会好一些，可是他完全在内克尔的改革派和王后玛丽·安托瓦内特的保守派之间摇摆不定。一些大臣希望在三个等级之间制造矛盾，他们最想看到的结果是三个等级之间内斗不已，只拿出钱来就可以了。

由于第三等级在人数上占据绝对优势，所以他们希望以人头计票，而第一等级和第二等级则要求按照等级计票——如果教士和贵族联手，就可以否决第三等级的任何议案。第三等级要求三个等级在一起开会，而教士和贵族则要求各自开会。虽然贵族和教士对国王也大为不满，但是此时他们却成为国王的暂时盟友，一起反对第三等级。

第三等级要求对代表的资格进行审查，却遭到其他两个等级的反对。这是因为如果共同审查资格，那么就要在一起开会，表决时按照人头计票，第三等级肯定占据上风。三级会议变成了资格审查的拉锯战，教士与贵族等级中有些人深受自由主义思想的影响，也坚持与第三等级一起开会。

在僵持之中，第三等级的力量得到壮大。6月17日，第三等级代表的资格审查完毕，在西哀士的建议

∨ 法国三级会议召开时的情景

下，第三等级成立了国民议会。第三等级自认为是法兰西人民的代表，由于第一、第二等级拒不参加资格审查，他们就无缘进入国民议会。到6月17日，三级会议实际上已经不复存在了。

革命前夜

1789年6月17日，国民议会成立之后，法兰西朝着革命迈出了重要的一步。国民议会很快便行使自己的权力，宣布立法权不可分割，既然第一、第二等级不愿意参加国民议会，那就将其排除在外。为了稳定局势，国民议会开会期间，暂停征收税赋，并且成立专门委员管理日用品，保证人民的需要。

形势的发展超出了权贵们的预料，那些贵族本想借机对国王施压，以获得更多的权力，没想到让第三等级捡了个漏子。虽然贵族与国王之间矛盾不断，但是他们都不打算废除等级制度。而如今第三等级的国民议会是要重新制定宪法，此举威胁到权贵们的利益，于是很多贵族又变成了国王的盟友。

路易十六是个优柔寡断的国王，他不辨好坏，什么话他都听。为了让内克尔的“忠言”远离路易十六，权贵们怂恿路易十六外出巡游。王公贵族们希望路易十六出来维持局面，以王权压制国民议会的行动。内克尔则希望国王作为各个等级之间的调解人，在增税问题上按照人头表决，在一些特殊问题上按照等级表决。内克尔希望在法国建立起类似英国的上议院与下

历史断面

人权宣言

1789年8月4日的革命，其成果集中体现在后来发表的《人权宣言》中。《人权宣言》借鉴了美国几个州的宪法文本，将平等、民主等内容都写了进去，第一条便是人生来就具有平等与自由的权利。昔日，美国的革命先贤从法国的启蒙思想家的著作中吸收营养，而如今法国人又从美国的宪法中寻找革命依据。大西洋对于革命中的法国和美国并不是一道天堑，而是一个思想交流的通道。

议院的机构。在征税问题上由下议院说了算，但是这种折中的方案，谁都不会同意。国民议会自认为是法兰西人民的当然代表，一切大权皆应该出于此。而权贵们则将国民议会视为犯上作乱，希望国王出席国民议会，并且严词喝退这些代表。

两大阵营已经形成，国民议会以制定新宪法作为自己的使命，而权贵们则希望解散国民议会。6月20日，路易十六的掌玺大臣通知国民议会的主席巴伊，国民议会必须停止活动。国民议会的会场被军警包围，代表们义愤填膺，有人提议到网球场继续开会，这一提议得到了积极的响应，于是代表们排队进入网球场，有些士兵深受感动，甚至主动给代表们当起了卫兵。在一个空旷的网球场中，代表们宣誓："不制定出新的法兰西宪法，绝不散会！"

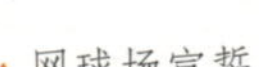

^ 网球场宣誓

1789年6月20日，由于国王路易十六封闭国民议会会场，第三等级代表们在网球场集会，宣誓"不制定出新的法兰西宪法，绝不散会"。

权贵们本想以此驱赶这些代表，没想到强硬的态度引起了更强烈的反感。后来路易十六赶赴国民议会的会场，发表了一通言辞强硬的演讲，并且命令国民议会就此解散，保留三级会议的形式。最后他威胁说，如果国民议会再"闹事儿"，国王将采取断然的措施。

路易十六的威严就随着他异常"义正词严"的威吓而去了，国民议会的代表并不买路易十六的账，他们依然开会制宪。国王与国民议会之间的角力依然在进行，路易十六身边的人要求国王调集军队围剿这些不听话的代表。争斗慢慢超出了口水官司的范围，一场流血冲突正在酝酿之中。

7月11日，正在用早餐的内克尔接到了一纸免职令，他被路易十六撤职，并且被流放。内克尔平静地吃完早饭，便准备远走他乡。内克尔被免职并流放的消息在巴黎大街小巷传开，巴黎的民众开始骚动，第三等级的代表们走上街头，大声疾呼：如果国王得逞，巴黎将面临屠城。现在瑞士与德意志的士兵正在向巴黎开来，我们必须自救！经过这一煽动，人们群情激昂，四处寻找武器。

攻占巴士底狱

成千上万的百姓在巴黎城区游来荡去，这引起了当局极大的惊恐，后来这些人在一个军训场的地下室找到了上万支枪——有人提议进攻巴士底狱。这一提议得到了众人的支持。巴士底狱是专制统治的象征，路易十六登基之后，曾经建议将巴士底狱摧毁。当时巴士底狱只有7个犯人，但是有重兵把守。上万人开始围攻这座堡垒，守城的官兵不得不与这些激情四溢的群众谈判。在谈判的间隙，有人爬到城墙上将吊桥的绳索砍断，这些手持枪械的群众便蜂拥攻入这个堡垒之中。守城的将领虽然已经命令手下投降，但是已经失去理智的群众将这个将领一枪毙了——不听话的士兵被杀死，头颅被割下来。

巴黎市民攻打巴士底狱

当路易十六听到这一切的时候，他问自己的臣下："这是一场叛乱吗？"有个大臣说："不，陛下，这是一场革命。"

攻占巴士底狱，是法国

大革命开始的标志，但是这场暴动并没有经过精心的组织，而是国王与国民议会之间矛盾与角力发展的结果。从这一天开始，权贵与国民议会之间和解的空间几乎不复存在。人们既然敢于将巴士底狱踏在脚下，就敢把那些贵族老爷也踏在脚下。国王，已经失去了昔日的尊严与威望。

废除封建特权

攻占巴士底狱的消息很快传遍了法国的各个角落，一时间，四处硝烟弥漫——农民们把领主的账本拿出来烧了，那些顽固抵抗的领主则被就地枪决。一直在开会的国民议会代表得知此事之后，精神振奋，心中也燃起了革命的热情。

国民议会派出几个代表团到国王那里，希望国王对此事做出解释。路易十六最后不得不到国民议会的会场予以澄清，并且保证将保卫巴黎的外国雇佣军撤出，说："我是衷心地相信你们。"国王在国民议会面前低头了，国民议会接管了巴黎，任命议会主席巴伊为市长，美国独立战争时期的法国英雄拉法耶特侯爵为国民自卫军总司令。路易十六的让步得到了国民议会的认可，国王和议会之间的关系得到改善。

路易十六身边的阴谋家们害怕革命的大潮淹没他们，于是悄悄迁就国王。曾流放的内克尔又重新被召回，从布鲁塞尔到巴黎的路上，内克尔受到了热烈的欢迎。他本可以成为革命的领袖，但是回到巴黎之后，闻知那些武装起来的市民杀死了不少官员，便对革命产生了不满，最后成为革命的敌人。

国民议会已经成为法国的权力中心，代表们也斗志昂扬地要改变法国。1789年8月4日，代表们宣布废除所有的封建特权。此外各种行会、监工制度也被扫进垃圾堆。1789年8月4日是社会革命的开始，也是7月14日攻占巴士底狱的继续。到8月4日，法国的封建统治已经岌岌可危，初步的革命已经完成，权力在短短几个月内发生了根本的变化。

VISIBLE HISTORY OF THE WORLD

关键词：审判／断头

路易十六的断头宣言

■ 1754年～1793年

路易十六，也许是波旁家族最没有权力欲望的一个人，但又是最倒霉的一个人。他的祖先遗留给他的不是一个金光闪闪的国王宝座，而是一座熔岩涌动的活火山。这座活火山在路易十六坐上去的时候，恰好爆发了。路易十六也随着大革命的浪潮提前到了天国。

与议会和解

1791年9月，法国历史上第一部成文宪法颁布生效，国民议会完成了自己的历史使命，为国民立法议会所取代。议员的面目焕然一新，国民立法议会宣誓效忠于宪法。这部资产阶级宪法如果得以顺利推行的话，也许法国大革命会就此而终结。

< 断头台

在法国大革命期间，断头台是执行死刑的主要刑具。法国人民给它起个外号叫“寡妇”。断头台在法国一直使用到20世纪。1981年法国废除死刑，断头台才退出了历史舞台。

逃到瓦雷讷被拘捕回来的路易十六，显然对这部宪法并不满意，但是他也没有表现出反对的意思。法国宫廷与立法议会的关系也不和谐。当时，立法议会派出60人去觐见国王，但路易十六仅派了一个大臣会见这个代表团，这让新成立的立法议会颜面尽失。后来路易十六亲自接见了代表团的团长，团长不冷不热地说："陛下，国民立法议会已经成立，特来通知你！"路易十六同样面无表情地说："最近比较忙，不能去你们那边！"

国民立法议会的这些议员们，对国王的傲慢大为不满。对于路易十六而言，这是十分不利的，因为当时的权力已经从宫廷转移到议会那边去了。国王如果

路易十六和臣子商议军事

路易十六时期装饰精美的垃圾桶

与议会为敌，那肯定没有什么好处——在议会中，要为国王特设一把御座式的扶手椅，同时要称呼国王为“陛下”或“主上”。但这些举措遭到了议员的反对，为此，双方弄得很僵。后来，路易十六不得不采取和解的态度，还对国民立法议会大加称赞。

在议会中，他向议员们谈到了法国在财政、军事、工业、贸易等领域中面临的困难，表示将动员军队，打击各种反革命的势力，保护法国的安全和尊严。最后，国王衷心希望与议会保持良好的合作关系——只有这样才能让法国摆脱困境，保证人民的各项权利。路易十六的一番演讲，博得了议员们热烈的掌声。瓦雷讷出逃造成的恶劣影响也一扫而光。

不干革命

不过，路易十六与议会的和谐与信任关系并没有持续多久，因为形势让路易十六没有太多的选择。法国虽然颁布了宪法，进行了方方面面的改革，但是缺少一个最重要的东西——安全。没有稳定的国内外环境，要进行政治、经济等方面的建设谈何容易。欧洲各国君主结成反法同盟，在法国边境陈设重兵，虎视眈眈地看着巴黎。除此之外，流亡的贵族和不宣誓的教士们，里应外合在国内制造种种叛乱。

在这种环境下，党派斗争愈演愈烈。而吉伦特派也崛起为议会中最具有影响力的党派——他们虽然不想颠覆政府，但竭尽全力支持革命，布里索是吉伦特派的代言人。吉伦特派在议会中属于中间派别，而那些与宫廷过从甚密的人被认为是保王派。

除了以上两派之外，还有激进的革命派——他们主张推翻君主，鼓动下层人民继续革命，建立新的政权。这一派以罗伯斯庇尔、丹东等人为代表——他们控制了雅各宾俱乐部，因此也被称为雅各宾派。

国外强邻环伺，国内叛乱迭起，党派斗争有增无减，法国要建立稳定的君主立宪政体难于上青天。面对国内外的紧张形势，议会通过了三条法令：第一，国王的弟弟必须在两个月之内返回法国，否则就剥夺其摄政权；第二，流亡在外的贵族，尤其是在法国边境集聚的贵族都有叛国的嫌疑。如果他们在1792年1月1日不解散的话，都按叛国罪判处死刑，财产充公；第三，拒不宣誓效忠宪法的教士们，必须举行公民宣誓，否则取消他们的薪水，并且将其视作叛乱嫌疑分子。如果继续顽抗，他们将受到严密监视。

议会的法令要经过国王的批准才能生效。于是议会便将这些法令交给路易十六审批。路易十六很爽快地批准了第一条。因为他也不想有个在境外惹是生非的弟弟威胁到他的王位。路易十六希望以他的声望呼吁这些贵族和教士服从国家利益，不要再做危害国家安危的事情。他不想对教士和贵族施行这么严苛的惩罚，所以一直拖延不批准法令的后两条。

民众对路易十六的拖延做法大为不满。但路易十六动员国内军队坚决保护法国的边境安全。这样，对外战争转移了人们的视线——路易十六身上的压力暂时得到缓解。1792年，路易十六对奥地利宣战，也博得了国人的高度赞扬。

不过，法国的对外战争进行得并不顺利——由于大量的军官已经叛逃，法国军队战斗力骤减，边境战争接连失败。此时，激进的革命派占据上风，要求法国转入战时体制，并且要求国王批准针对教士和流亡贵族的法令。路易十六沉默了几天之后，决定与革命决裂，不愿继续在革命的道路上前行。1792年6月13日，路易十六撤换了一些大臣，并且否决了议会的法令。

路易十六的举动惹怒了激进派，随着战争紧张进行，反王权的激进派占据上风，路易十六又摇身一变成为革命的敌人。

审判国王

1792年8月10日，巴黎民众发动了起义，将激进的雅各宾派推上了政治前沿。此外，令路易十六措手不及的是，保王派倒下了，而他自己也锒铛入狱。

此时，法国议会中的斗争丝毫不亚于战争——罗伯斯庇尔代表的雅各宾

派要求处死国王，建立起完全的革命政权。而议会就如何处理路易十六这一问题，也展开了激烈的争论。

路易十六已经不仅仅是个失败的国王，而是变成一个政治符号，一个党派政治的风向标。可怜的路易十六身陷囹圄，没有几个人愿意为他辩护，不利于他的证据倒是接连出现。议会发现，路易十六在1791年的信件中写道：如果他再次当权，将恢复旧制度，恢复教士们的权利。他还希望各国联军尽快攻入法国，打击那些无法无天的革命分子。

路易十六之死

路易十六喜欢机械，也有一些自己的改造。有一次他发现断头台的刀是直的，觉得不合理，效率低，便改成三角形。但让他没有想到的是，数十年后，他却成了自己改造的最大“受益者”。

各种各样的证据表明，路易十六一直策划反革命。但是毕竟他是一个国王，现行的法律并没有合适的条款给他定罪，也没有合适的法庭审判国王。有人认为，国王曾经是权力的象征，没有什么机构可以审判国王。而今他已经不是国王了，只是一个普通的公民，既然犯了叛国罪就要交付法庭审判。

有人认为讨论在哪里审判路易十六是愚蠢的，因为根本不需要审判就可以直接处死。因为国王是敌人，现在需要打倒他，而不是审判他。罗伯斯庇尔支持这样的观点，认为路易十六是叛国贼、人民的罪人，必须予以处死。最后，国民公会成为审判路易十六的法庭。

1793年1月21日10点10分，路易十六在巴黎革命广场（今巴黎协和广场）被处决。临死之前他对着人群大喊：“我是无罪而死的！我宽恕我的仇人们！”

同年10月，路易十六的王后玛丽·安托瓦内特也被斩首示众。

VISIBLE HISTORY OF THE WORLD

关键词：加冕称帝

拿破仑加冕称帝

■ 1769年～1821年

雨果曾说：“人类命运中这个人物的重量过分，搅乱了平衡。他个人计算着他比整个宇宙都要重要。人类的过剩精力都集中在他一个人的大脑中，一个人的头脑要决定全世界的命运，人类文明要延续的话，这将是一个致命的弱点。”这个人便是拿破仑。

科西嘉少年

> 青年时的拿破仑

从法国尼斯向南约170千米，地中海蔚蓝色的海水中，矗立着一座传说中因特洛伊王子科尔与提洛王后的孙女西嘉相爱而得名的岛屿——科西嘉岛。这座岛屿原本是意大利的属地。1768年，意大利国王将之转卖给了波旁王朝统治下的法国。一年之后，1769年8月15日，岛屿西岸阿雅克肖城中没落的意大利旧贵族夏尔·波拿巴的次子，在略显寒碜的客厅里匆匆降生。喜悦的父亲像天下所有的父母一样，对这个新出生的孩子寄予了厚望，因此为他取名拿破仑·波拿巴，即“荒野雄狮”的意思。

科西嘉的易手，使岛上大部分居民一时难以适应新的国籍身份，因此岛上的很多居民产生了强烈的科西嘉独立主义情绪。无疑，这种情绪曾深深地影响了小拿破仑的成长。但是，夏尔·波拿巴显然是位务实主义者，他作为阿雅克肖城薪水微薄的“皇家法官”，时刻关注着政治的风向，以期随时掉转船舵，改善自己的生活和提高自己的地位。1779年，年仅10岁的拿破仑就被迫按照父亲的安排，离开了从小一起嬉戏的伙伴和母亲温暖的怀抱，远赴法兰西布里埃纳军校——在这里他将要度过为期5年的军事学习生涯。

初到布里埃纳的拿破仑·波拿巴显得十分与众不同——他身材瘦小、单薄孱弱，操着带有浓重的科西嘉口音的法语，却又十分凶狠好斗，个性孤僻古怪，以致在同学中极少结交到朋友。但是这个少年老成的孩子在心中已有自己明确而清晰的主张——科西嘉民族主义的激情充满了他小小的胸膛，他的理想是要将科西嘉从法国的“奴役”下解放出来。纯真坚定的热情使这个少年有了足够的毅力，在布里埃纳的校园中汲取他所需要的一切知识营养。为此，他埋头苦读，沉溺于他最喜爱的历史中，如饥似渴地阅读——那些古代伟大的将军每每令他心潮澎湃。另外，他的数学和地理成绩也一样在同学中名列前茅。

1784年，15岁的拿破仑以优异的成绩从布里埃纳毕业，被巴黎高等军事学校录取，成了一名身穿银条纹袖口、红色衣领军装的“军官候补生”，开始真正接触到军事生活。

新学校的生活异常严格而有序，完全按军事化管理。除了繁重的学习任务，学员还要进行高强度的军事训练，这令拿破仑觉得难以忍受，因此他常常遭到教官的处罚。但是在其他学科的学习中，他是非常出类拔萃的，数学、防御工事构筑以及炮术成为他的长项。他对作战的天赋和爱好在此时初露端倪，以致教授这些科目的教官都不得不对他刮目相看。

1785年9月28日，他顺利地通过毕业考试，提前完成了学业。11月6日，穿着有银胸扣军装的拿破仑前往拉斐尔炮兵团报到。作为法国皇家炮兵上尉，自此开始了他一生辉煌的军事生涯。

阿尔克莱桥上的拿破仑

1796年，画家格罗跟随拿破仑军队来到阿尔克莱，画下了拿破仑将三色旗插到阿尔克莱桥头上的这一场景。此画现藏于俄罗斯冬宫博物馆。

在炮火中成长

早期的军事生涯中，这位略带稚嫩的年轻军官并无太多建树，当时拿破仑还一心沉浸在科西嘉光荣独立的梦想中。为此，一有机会他就返回科西嘉，和故乡志同道合的爱国志士积极筹划科西嘉的自由和解放。

在军中服役期间，他依然保持着特立独行的性格，远离社交，把一切可能的时间用来阅读书籍，寻求救国之路。卢梭、孟德斯鸠、伏尔泰等启

蒙运动巨擘的著作深深吸引了他，使他手不释卷。理性的光辉渐渐照亮了他一直过度狂热盲目的内心，社会契约论、主权在民等主张为他打开了另一片天地的大门，他开始用新的眼光看待科西嘉民族主义。拿破仑的信念在潜移默化中发生了改变，认识到科西嘉和所有法国人民的苦难来自封建的专制制度，而非某一个国家或个人的统治。很快他就成了坚定的革命主义者，1789年法国大革命爆发后，曾热切地为之欢呼。1792年，拿破仑第三次返回科西嘉，与科西嘉分离主义者发生了武力冲突，彻底抛弃了科西嘉独立的想法。此后，拿破仑才完全把自己作为法国的一分子，开始积极参与到法国的历史中。

1793年，24岁的拿破仑临危受命，围攻保王党所控制的堡垒——土伦。这位年轻的炮兵少尉在战斗中第一次展现了他的军事才华，为这一役的胜利做出了不可忽视的贡献。为此，他被提升为少校营长，不久又擢升为准将，在军界崭露头角。

1795年，热月党督政府面对保王党新一轮的武装叛乱束手无策，便想到了拿破仑。拿破仑不负众望，很快用大炮击垮了保王党人，稳定了局势。作为奖励，督政府

拿破仑和妻子约瑟芬

约瑟芬是拿破仑的第一任妻子，拿破仑加冕的时候，她被册封为皇后。由于没有孩子，拿破仑最终于1809年和她离婚。

晋升他为陆军中将兼巴黎卫戍司令。拿破仑在军界和政界中一夜成名，成了巴黎家喻户晓的大英雄。1796年3月2日，他又被任命为法国驻意大利方面军总司令；9日，拿破仑与情人约瑟芬·博阿尔内结婚，一时春风得意。

虽然拿破仑在意大利战场上以其出色的指挥技巧和英勇的战斗气概所向披靡，屡次击退奥地利和撒丁王国组成的第一次反法同盟的进攻，并最终迫使他们签订了议和条约，但督政府却在酝酿对付他的办法。因为随着拿破仑的声望日渐升高，督政府已经开始感受到一丝威胁。1798年，按照来自督政府的命令，拿破仑任东方远征军总司令，奉命离开土伦，远征地中海的埃及。

从执政官到皇帝

在埃及青尼罗河上，拿破仑遇到了首位令他在战场遭受挫折的敌手——英国海军上将纳尔逊将军。他不仅在尼罗河上摧毁了拿破仑的舰队，还将在未来更广阔的海面上给拿破仑更沉重的打击。面对海军主帅战死沙场，陆军受困，心情大为沮丧的拿破仑，把气全都出在了法老金字塔前巨大的狮身人面像身上——斯芬克斯的鼻子就是在此时被扭下的。

一次偶然的机会，拿破仑从一张过期的报纸上获悉法国本土内外交困，外部第二次反法同盟正在形成，内部保王党人再次集结。1799年11月，察觉到良机在即的拿破仑秘密返回法国，发动了“雾月政变”，将权力从督政府手中夺取过来，随即组织法兰西共和国执政府，并自任第一执政，成为实际的独裁者。

这位受到启蒙思想洗礼的执政官，终于有了机会能够施展自己的抱负，建立他心目中的理想王国。除了继续以军事行动巩固政权之外，拿破仑在国内进行了多项重大改革。其中最有意义、他最为自豪的是他组织编纂了《拿破仑法典》，以立法的形式最终保全了大革命初期的革命果实。他曾自述道：“我的伟大不在于我曾经的胜利，滑铁卢一战已使它随风而去，我的伟大在于我的法典，它将永远庇护法兰西的人民享受自由。”

^ 1799年11月10日，拿破仑把法国议会——元老院和五百人院全部解散，夺取了议会大权，并宣布成立执政府。图中描绘了拿破仑在五百人院受到议员们的排挤。

权力的叠加容易滋长个人的野心，独裁者拿破仑渐渐不再满足于第一执政十年任期的限制。1802年，参议院在他的要求下进行了民意调查，最后修改了共和八年宪法，将执政官任期改为终身制，拿破仑距离王冠上的那颗钻石仅仅一步之遥了。

不论是出于真诚的追随，还是纯粹作为官僚阿谀奉承的本性，围绕在拿破仑周围的官员们很快察言观

埃劳战役中的拿破仑

拿破仑和第四次反法同盟之间的一次重要的战役，1807年2月发生于东普鲁士境内。

色，明白了拿破仑这位无冕之王的意图。1804年4月30日，议员巨雷向保民院上了一份奏章，建议将共和国改为帝国。5月3日，参议院议长康巴塞雷斯率领全体议员宣读请愿书，恳求拿破仑接受人民的请求，为保护法国人民永远的自由而成为他们的国王。这正中拿破仑下怀，他稍微推辞之后便欣然应允。15天之后，参议院便正式批准了新的宪法，拿破仑从法律上成了法兰西第一帝国的皇帝。

作为欧洲的传统，而且为了给皇冠加上更加神圣的光环，拿破仑极为礼貌地邀请教廷教皇庇护七世前往巴黎为他加冕。教皇感到极大的震动和愤怒——那个小个子的法兰西新皇帝竟然破坏规矩让教皇屈尊就驾。但是在枪炮的威慑下，庇护七世只能忍气吞声，满足拿破仑所有的要求。1804年12月2日，教皇登上巴黎圣母院的祭台，冗长复杂的仪式过后，准备将皇冠戴到拿破仑的头上。没想到，早已经等得不耐烦的皇帝伸手接过了皇冠，亲自戴到自己头上，然后又把一顶小皇冠戴到皇后约瑟芬的头上。在人们的欢呼声中，法兰西第一帝国皇帝为自己进行了神圣的加冕。

重回帝制下的法国，将在这位35岁皇帝的率领下横扫欧洲大陆，整个欧洲旧世界的秩序将被这个新帝国搅得地覆天翻。欧洲历史又掀开了新的一页。

∨称帝时的拿破仑

VISIBLE HISTORY OF THE WORLD

关键词：败走莫斯科

碎梦莫斯科

■ 1809年~1812年

T.A.道奇在《伟大的将军们》一书中曾说：“无论在西班牙还是俄罗斯，拿破仑的战略，就纸上谈兵而论都是完美无缺的。但是他的后勤工作却缺乏保障作战胜利的性质。”结果，这句话在莫斯科得到了最好的验证。

求婚失败

1809年，拿破仑在欧洲的事业几乎达到了顶峰。面对如此骄人的成就，拿破仑不禁志得意满。然而美中不足的是，他虽然深爱着他的皇后约瑟芬，但约瑟芬却没有生育能力，无法为他生下一位能够继承法兰西第一帝国的王

> 拿破仑画像

法国画家安格尔绘。拿破仑在土伦战役中一战成名，从一个普通的军官一跃成为众人瞩目的风云人物，但他在莫斯科战役中吃尽了苦头。

子。因此，拿破仑最终与约瑟芬以离婚收场。

重新恢复单身的拿破仑将再结良缘的愿望，寄托到了俄国沙皇亚历山大的妹妹安娜·巴夫洛夫娜公主身上。他相信年轻美丽的巴夫洛夫娜公主一定能为他生下一位男性继承人，而且这桩政治联姻还会将欧洲两个最强大的国家紧密地联系在一起，成为欧洲名副其实的霸主。没想到门第之见极高的沙皇根本瞧不起这个科西嘉走出来的小个子平民皇帝，对拿破仑的求婚断然拒绝。

拿破仑骄傲的自尊心受到了极大的挑战，胸中怒火熊熊燃起——他愤然撕碎曾与沙皇就波兰问题达成的协议，支持波兰复国。而沙皇则针锋相对，对英国开放波罗的海沿岸港口——破坏了拿破仑精心组织的“大陆封锁体系”，还对来自法国的货物征收重税。在拿破仑眼里这种行为无异于公然挑衅，而他所要做出的回应，除了战争外，绝无他选。

大军出征

1811年8月，拿破仑将所有高级将领召集到宫中，研究对俄作战方案，并开始战前筹备工作。但在热战之前，双方先展开了一场外交竞赛。1812年2月24日，普鲁士在拿破仑软硬兼施下，同意派出2万人随他出征俄国，允许法国军队过境，并供应一部分粮草。3月14日，拿破仑利用姻亲关系又获得了来自奥地利的支持。而俄国沙皇则以挪威为诱饵，将瑞典拉拢到了自己身旁——双方壁垒森然，各自严阵以待，箭已经在弦上。

1812年5月9日凌晨，拿破仑踌躇满志地宣布大军东进。而这支名副其实的庞大军队足有60多万人——包括拿破仑的精锐部队20万人，来自奥地利和普鲁士的5万人，另外还有来自莱茵联邦的14.7万德意志军队，8万意大利军队，6万波兰军队以及荷兰、瑞士、西班牙、葡萄牙等国派出的军队。60万大军犹如一股巨浪般向东涌去。

如入无人之境

1812年6月24日，法国大军来到涅曼河河畔并顺利渡河。初入俄境，拿破仑命令部队保持高度警惕，随时准备迎接突然而来的战斗。但一连几天，行军路上都静悄悄的，除了荒漠、衰草和树林之外，连一个俄国人的影子都没发现。从6月底一直到8月中旬，法军如入无人之境，几乎没遇一兵一卒的抵抗便踏过了千里沃野。

但他的军队内部却出现了问题——一方面，草原上炎热的天气，极大地消耗了战士的体力。因抵抗力下降而引发的疾病，已经夺走了一些人的性命。另一方面，60多万人的饮食供应在部队开拔后不久就发生困难。拿破仑本以为进入俄国后，可以就地补给，没想到不仅俄国军队不见踪影，连俄国人也踪迹皆无，空荡荡的村落没有一颗粮食。

8月16日清晨，攻城的号角吹响。17日，斯摩棱斯克被攻陷。不过俄军撤走之前，放火烧了城内所有物资，法军将士的生命换到的不过是一片焦土。而经过之前的消耗和这一役的损失，法军的60多万人已经只剩下了30万人。

空城莫斯科

长久以来独断专行的法国皇帝，虽然意识到了危险，却仍然一意孤行——在补给越来越困难的情况下，仍命令剩余的部队继续向莫斯科推进。9月7日，法俄两国大军在莫斯科以西124千米处的博罗季诺相遇——波罗底诺是通往莫斯科的咽喉要道，法俄双方在此展开激战。

拿破仑动用了将近13万兵力、600门大炮发起猛烈攻击。而俄军总司令库图佐夫指挥20万俄军奋起反抗。拿破仑亲自指挥进攻，趁机占据了俄军阵地——法国付出了47名将军和近4万名士兵伤亡的惨重代价，但拿破仑终于拿到了通往莫斯科的“钥匙”。

9月14日，拿破仑骑在马背上率领法军浩浩荡荡开进莫斯科城。可斯摩

^ 莫斯科郊外的战斗

法军以凌厉的攻势兵临莫斯科，库图佐夫坚壁清野，在严寒到来的时候，迫使法军溃败莫斯科城下。

棱斯克那一幕又重演——莫斯科城中一片寂静，城内空空如也。更糟糕的是，一场不知从何而起的大火将莫斯科笼罩在一片火海之中。大火借着初起的秋风烧了三天三夜。大火熄灭之后，莫斯科到处都是碎瓦焦砾。

大火烧毁了房屋，士兵们没有营房可以遮挡深夜刺骨的秋风，只能瑟瑟发抖地拥挤着睡在残垣断壁或者冰凉的地窖里。因俄军撤走时带走了所有的粮食，半个月之后，法国士兵就断炊了。

一溃千里

进入10月，秋天最后一缕温暖的阳光即将洒尽，严寒的冬天一步步逼近——这样的天气比俄国大军更令拿破仑坐立不安。万般无奈下，拿破仑秘密派信使向亚历山大沙皇委婉表达了言和之意。但沙皇

^ 库图佐夫和俄军将领们

库图佐夫的作战特点是行动坚决，力争全歼敌人，作战形式多样，机动广泛大胆，并考虑取胜的实际可能。他善于及时准备好消灭敌人所需的一切条件，全力以赴达到目的。

在库图佐夫的建议下对拿破仑的请求不置可否，以此拖延时间。面对越来越严峻的形势，这位在战场上从不退缩的皇帝终于低下了高傲的头颅，决定撤退。

10月19日，曾浩浩荡荡开进莫斯科城的法军，垂头丧气地走了出来——拿破仑希望在严冬到来之前，能够率领仅剩的11.5万人赶到立陶宛过冬。溃不成军的法国将士们无精打采地从波洛夫斯克经维列亚、莫日艾克斯、多洛哥布什向斯摩棱斯克撤退，一路上烧杀抢掠，与强盗无异。

1812年10月30日，斯摩棱斯克城已经遥遥在望。可是随着法军的到来，另外一位不速之客也同时抵达了——往年12月才到的寒冬在1812年11月初，提前降临了。11月6日，乌克兰原野上刮起了第一场暴风雪。鹅毛大雪似乎将整个世界都覆盖了起来，也将大批从战火中幸存下来但衣衫单薄的法国士兵，永远地埋在了俄罗斯的土地上。暴风雪过后，法军11.5万人只剩下了5万人。

到达斯摩棱斯克还未来得及休整，俄军就赶了上来。又饿又冻的法军急忙继续向西逃跑。可是饥饿和严寒彻底打倒了法国军队——1.4万名官兵在撤退的路上倒下去之后，就再也没有站起来。11月14日，再次清点人数后，法军仅剩3.6万人。

11月28日，法军撤到明斯克附近的别列津纳河渡口，但此时俄军已经从三面包围过来。密集的炮火袭来，法军死伤无数。为保全主力，拿破仑下令炸桥——桥那边1.4万法军被俘或战死。剩余的法军拼命向涅曼河逃去，但寒冷的天气每天都在夺走数十甚至上百名法国将士的生命。

12月12日，拿破仑远征俄国的伟大设想，最后以2万多名羸弱不堪的法军，狼狈地从涅曼河的冰层上逃离而告终。

∨ 拿破仑败走莫斯科

莫斯科一战，让拿破仑威名扫地。莫斯科的大火烧掉了拿破仑的梦想，莫斯科的冰天雪地让拿破仑精锐尽失。

俄国的大风雪不仅断送了拿破仑征服俄国的美梦，使拿破仑从此一蹶不振，也断送了他在欧洲如日中天的帝国。至此，法兰西第一帝国走上了无法避免的毁灭之路。

VISIBLE HISTORY OF THE WORLD

关键词：兵败滑铁卢

兵败滑铁卢

■ 1815年6月

折戟莫斯科后，拿破仑元气大伤。但“雄狮”并非俗物，不久便得到了恢复。此时，拿破仑蓄势待发，想找回当初的辉煌。但让他没有想到的是，接下来的几次尝试让他彻底走向了灭亡——莱比锡惨败，巴黎失陷，自己被囚禁小岛等。而最后的兵败滑铁卢，更让他的辉煌成为了历史。

东山再起

经过一系列战争，获得胜利的反法联军，在维也纳举行了“胜利者的聚会”。此时，人们似乎忘记了那个被幽禁在地中海的逊位皇帝曾带给他们的惊惶和不安，完全沉浸在杯中的美酒和分割那个覆灭帝国的快感和争吵中。

1815年初，维也纳的代表们因分赃问题剑拔弩张、刀枪相向。法国复辟的波旁王朝倒行逆施引来百姓的怨声载道，人们开始深深怀念起拿破仑皇帝在位时法国的光荣和辉煌。

时机已经成熟，拿破仑决定行动。1815年3月1日，经过三天三夜的航行，巧妙地躲过波旁王室布置在海面上的监视军舰，拿破仑与1000多名贴身侍卫神奇地出现在法国南岸的儒昂湾。双脚重新踏上法国土地的皇帝难以掩饰心中的激动，他慷慨激昂的演说再一次响起：“士兵们，我们并未失败！我时刻在倾听着你们的声音，为我们的今天，我历经重重艰辛！现在，此时此刻，我终于又回到了你们中间。来吧，让我们并肩战斗！胜利属于你们，荣誉属于你们！高举起大鹰旗帜，去推翻波旁王朝，争取我们的自由和幸福吧！”聆听的士兵和群众中爆发出欢呼声，人们满怀豪情向巴黎进发。

进军出奇顺利，愚蠢的波旁王朝派出的阻击部队大多是拿破仑旧部，阻击对他们来说反倒成了前去归服旧主的堂皇借口。3月12日，拿破仑兵不血刃进入巴黎，大势已去的路易十八狼狈逃窜。3月19日，拿破仑再次登上帝位，万民欢腾。

第七次反法同盟

3月25日，英、俄、普、奥、意、荷、比等国拼凑起70万大军，重建反法同盟——威灵顿将军指挥着一支英国军队从北边向法国进军；布吕歇尔元帅率12万普鲁士军、携300门大炮在沙罗瓦和列日之间集结；施瓦尔岑贝格作为奥地利元帅在莱茵河畔整装待发；另外还有俄国军团也正带着枪炮穿越德国向巴黎而来。

只有20万军队的拿破仑已经意识到了被合围的危险。6月16日，拿破仑指挥法军在林尼击败了布吕歇尔率领的普军。普军被迫向比利时中部的布鲁塞尔撤退。首战告捷的拿破仑决心以闪电战术，接着进攻威灵

v 威灵顿铜像

有“铁公爵”之称的威灵顿，先在维多利亚战役中崭露头角，后在滑铁卢战役中功成名就、煊赫一时。

顿指挥的部队。17日，拿破仑兵临比利时小镇滑铁卢，与在伊比利亚半岛中挫败法军的英国将军威灵顿正面相对。

小镇滑铁卢

与欧洲任何一处小镇毫无二致的滑铁卢位于布鲁塞尔南大约20千米处，从这个小镇再向南2.5千米有一片丘陵地带——它的纵深大约3千米，最宽处约6千米。然而就是这片清幽、安宁的狭窄土地，即将上演欧洲历史上最为重要的一场战争，并且滑铁卢也因此被载入史册，成为人们耳熟能详的名字。

此时，以防守见长的威灵顿已经占据高地，筑城而守。英军兵力为：步兵4.9万多人，骑兵1.2万多人，炮兵5000多人，火炮156门。

经过严密部署，反复斟酌过作战方案，拿破仑麾下的法军也严阵以待，随时准备战斗。法军兵力为：步兵8.4万多人，骑兵1.5万多人，炮兵7000多人，火炮246门。

平庸的元帅

对作战计划充满信心的拿破仑只有一个担忧，那就是布吕歇尔的普鲁士军队虽然被击溃，但是其主力依然保存完整，倘若他与英军会合，那么法军无疑将面临巨大的危险。

随后，一向将“集中”奉为作战要诀的拿破仑做出一个决定——6月17日上午11时，他命令格鲁希率领3.4万名法军去追击去向不明的普鲁士军队，务必保持普军与英军的隔绝状态，确保拿破仑向英军进攻时，威灵顿军队无法得到布吕歇尔军队的驰援。

被委以重任的格鲁希元帅颇为踌躇地接受了这个命令。虽然从军20多年对拿破仑忠心耿耿，但这并不能保证他能成为一名优秀的将军。天资平庸的格鲁希不过是一个老实可靠、循规蹈矩的老兵，是漫长的时间才使他逐渐升到了元帅的高位。

^ 滑铁卢战役中的英国骑兵

拿破仑衡量再三，无奈中将这个重任放在格鲁希肩上。因为莱比锡战役中经历过部下叛变的拿破仑，至少能确信格鲁希对他是忠诚的。

兵败滑铁卢

6月18日上午，又是一个阴雨绵绵的天气，身穿灰色大衣的皇帝在雨中最后一次检阅部队。“皇帝万岁”的高呼声再次响起，激情感染了每一个即将参加战斗的士兵，皇帝的心中更是充满了信心。上午11时，拿破仑下达了作战命令，战斗打响。法军80门大炮齐发，炮弹如雨点一样同时落向英军阵地。在炮火的掩护下，内伊率领步兵发起冲锋。但是威灵顿的防御十分坚固，直到下午1时也没有被突破。山坡上躺满了牺牲士兵的尸体，法军的数次冲锋除了消耗了彼此力量之外，没有一点进展。双方都将希望寄托在能够及时赶来的援军身上。

威灵顿盼望着布吕歇尔，而拿破仑在得知了普军的前卫已经接近滑铁卢后，立刻向格鲁希传信，命令他赶来增援。此刻的格鲁希距离滑铁卢只有行军两个小时的距离，滑铁卢响彻云霄的炮声他已经清晰地听到。他的副司令认为应该立刻赶到战场上与拿破仑会合，但习惯于唯命是从的格鲁希怀抱着拿破仑让他追击普军的命令犹豫不决。他不知道正是他的犹疑以及泥泞的道路断送掉了拿破仑的滑铁卢之役，也彻底断送掉了拿破仑的再次崛起。而此时已经接近下午5时，法军又向威灵顿阵地发起了几次攻击。战斗几近白热化，激烈的肉搏战增加了双方的伤亡数量。而山穷水尽中唯一的希望只在于布吕歇尔或格鲁希谁的救援最先来到。

下午6时30分，法军右翼忽然枪声大作，拿破仑悬着的心终于放了下来。他坚信这是格鲁希率领的军队赶到了。但是他错了，从树林中冲出来的人群却穿着普鲁士军队的服装——原来布吕歇尔最终在格鲁希之前赶到了战场。得到援助的威灵顿精神大振，立刻发出了全线反击的信号。法军腹背受敌，全面溃退。转眼之间，胜败分晓，拿破仑裹挟在逃散的人流中败走滑铁卢。

至此，拿破仑帝国彻底陨灭，所有辉煌和光荣也都将随着他的离世消散在深暗的历史之中，只留下“滑铁卢”成为人们给失败寻找的一个代名词。

∨ 硝烟弥漫的滑铁卢战场

如果说莫斯科之战成就了库图佐夫，那么滑铁卢战场则成就了威灵顿。拿破仑的命运最终被这两员名将所左右。

关键词:光荣革命

法国七月革命

■ 1830年7月

法国七月革命宣言中说:“巴黎人,你们一向是最顽强、果敢的勇士。过去你们不但发动了我国的光荣革命 ,而且一再支援革命。今天你们又正在巩固革命的成果……近40年来,再没有比昨天更为美好的日子了。在其他任何民族的历史上也找不出像这样的一天……继续坚持战斗吧!你们的胜利一定会得到保证的。”

1814年宪章

莱比锡一役将法兰西第一帝国拖到了崩溃的边缘,曾深得拿破仑皇帝宠信的外交大臣塔列昂,悄悄与反法同盟站到了一起。1814年5月3日,在他的一手策划下,流亡20多年的路易十八回到巴黎,“正统主义原则”下的波旁王朝复辟。但饱经忧患的路易十八已不得不向法国的新形势、新体制妥协,接受现实。6月4日,路易十八颁布了名称为“宪

v 路易十八画像

法国国王,路易十五之孙,被送上断头台的路易十六的弟弟,法国波旁王朝复辟后的第一个国王。

章”的新宪法，史称《1814年宪章》。

根据《1814年宪章》规定，自由、平等被承认为普遍原则，财产权不可侵犯。法国为君主立宪制国家，议会分为贵族院和众议院，拥有制定和修改法律、审核预算等权力。选举和被选举权有严格的财产资格限制。国家司法独立，大法官任期终身制。

《1814年宪章》成为议会维护资产阶级利益而与王权斗争的武器。但它又规定国王至高无上。这样就使复辟的波旁王朝的君主们再度陷入“君权神授”的美梦中，不断企图恢复他们理想中的纯粹的旧波旁的“正统”统治。

查理十世

1824年，路易十八带着遗憾去世——他实行“合法的白色恐怖”，妄图恢复传统君主专制的努力，反而催生出“无双议会”与他抗衡。67岁的阿图瓦伯爵继承了兄长路易十八的王位，称查理十世。同时他也继承了路易十八未竟的愿望，开始变本加厉地推行反动政策，加大反攻倒算的步伐。他信誓旦旦地宣称“宁可去砍树谋生，也决不像英国国王那样统治”。

1825年4月27日，查理十世勾结议会中君主派通过的《赔偿亡命者10亿法郎的法令》，公然违背《1814年宪章》原则赔偿大革命中逃亡贵族的财产损失。随后查理十世又颁布保护天主教的条例；修改出版法，严格出版检查以钳民口；解散与他抗争的众议院，任命对他俯首帖耳的新贵族议员。顶着国王政府的压力，资产阶级以议会为基地与查理十世的斗争越来越激烈，政治危机不断加深。

法国的不幸接踵而来，1825年，英国引发的经济危机波及法国，先是金融业受到严重打击，然后工业生产持续下降。一波未平一波又起，1826年到1829年农业危机又席卷整个法国，土豆、谷物产量严重下滑，人民生活日益困苦，从未减少过的苛捐杂税更使人们怨声载道。各种危机交织在一起，空气中弥漫着动荡不安的气息。

七月敕令

议会的反抗令查理十世非常气恼，他无视已经十分严峻的社会危机，继续实施高压政策。而忍无可忍的议会决定进行坚决的反击。1830

自由引导人民

德拉克洛瓦绘。画家以奔放的画风和热情再现了法国1830年七月革命的激荡岁月，歌颂了这次由工人、小资产阶级和知识分子参加的革命运动的伟大。

年3月18日，议会草拟了一份向国王递交的《致辞》，然后以221票同意通过，史称《221人致辞》——强烈要求“陛下政府的观点要永远符合陛下人民的愿望，《宪章》把这作为公众事务正常进行的必要条件”。

恼羞成怒的查理十世再次解散议会，但选举产生的新议会中，反对派依然牢牢地占据着大多数。束手无策又于心不甘的国王不惜孤注一掷。7月25日，王宫中连续传递出来4项敕令：第一项敕令取消出版自由，任何报刊和20印张以下的出版物都应事先获得批准；第二项敕令宣布新的选举无效，解散新议会；第三项敕令实行新的选举法，众议院只由1/4纳税最多者组成的郡选民团选举，选举资格以纳税额计算，规定只计算土地税、动产税等，营业税和门窗税不再计算在内；第四项敕令规定9月6日和13日召集选区和郡的选民团，9月28日两院开会。这四道敕令被称为《七月敕令》。查理十世想以此压抑反对派，加强君主专制权力。最后，大部分中产阶级因此失去了选举权，矛盾因此尖锐化，酝酿在人民心中的怒火眼看一触即发。

光荣的三天

革命爆发之前，对国王还抱有一线希望的资产阶级，还是希望通过合法手段进行斗争。7月26日，在巴黎市政厅开会的工商业主，决定第二天罢工罢市表达对国王的抗议。《国民报》编辑部决定继续印刷报纸、起草抗议书作为对《七月敕令》的直接回击。傍晚，一些印刷工人和学生聚集到罗亚尔宫周围，高喊反对政府倒行逆施的口号，揭开了法国历史上七月革命的序幕。革命持续了3天，被称为“光荣的3天”。

27日，部分工厂、商铺停止开工和营业，罢工罢课的工人、学生走上街头游行示威。群情激愤的人们捣毁王室徽章的标志，抢夺武器，并在街道上筑起街垒。查理十世命令部队进行镇压，很快冲突演变为起义。

28日，革命开始向大规模发展。老兵、原国民自卫军战士加入工人和学生的队伍中来，聚集到一起的群众最多时达8万多人。满怀激愤的起义群众筑起

^ 巴黎街头的战斗

了一道道由石块、推倒的马车、家具及砍倒的树木构成的街垒。在巴黎圣母院上插起了三色旗，与国王的白色旗遥遥对峙。“打倒波旁王朝”“自由万岁”“共和国万岁”的呼声回荡在巴黎上空。马尔蒙元帅率领的国王军队对起义群众进行镇压，但是被革命者感染的部队却临阵倒戈，纷纷站到了起义群众的一边。29日，人们向罗浮宫和杜伊勒里宫发起攻击。国王军队一触即溃。中午刚过，巴黎就完全掌握在革命者手中。同时，外省的起义也传来捷报。3天的七月革命取得了胜利，但是付出了700名群众的生命。

七月王朝

付出了鲜血和生命的人民群众，强烈要求成立共和国，但是担忧革命再次引起社会大动荡的资产阶级却另有打算。人民在浴血奋战时，他们秘密聚集

^路易·菲力浦进入皇宫

路易·菲力浦是法国的最后一位国王。七月革命将他扶上了台，让法国进入了“七月王朝”时代。

在一起商议如何防止革命继续向前发展。28日，从外省赶来的议员拉菲特和拉法耶特主张召奥尔良公爵回巴黎摄政。29日，聚集在拉菲特家里的众议员们决定抢在起义者之前，组织市政委员会，并成立以拉法耶特为司令的国民自卫军。革命的胜利果实被资产阶级摘取。

7月31日，奥尔良公爵路易·菲力浦手举三色旗出现在王宫阳台上，拉法耶特代表议会正式授予他“摄政官”的职位。8月7日，议会两院联席会议通过了《1830年宪章》，宣布路易·菲力浦为国王，代表大金融资产阶级的“七月王朝”正式建立起来。

关键词:《解放黑人奴隶宣言》

美国内战的白与黑

▪ 1861年~1865年

马克思曾说："当前南部与北部之间的斗争不是别的，而是两种社会制度，即奴隶制度与自由劳动制度之间的斗争。这个斗争之所以爆发，是因为这两种制度再也不能在北美大陆上一起和平相处。它只能以其中的一个制度的胜利而结束。"

汤姆叔叔的小屋

17世纪，欧洲的思想启蒙运动提出了人生而自由、平等的口号，一大批启蒙思想家们对奴隶贸易提出了尖锐的批评——反对奴隶贸易和废除奴隶

>《汤姆叔叔的小屋》封面

美国作家哈里特·比彻·斯托（斯托夫人）于1852年发表的一部反奴隶制小说。这部小说中关于非裔美国人与美国奴隶制度的观点曾产生过意义深远的影响，并在某种程度上激化了美国内战的局部冲突。

制度的呼声交织在一起，渐渐形成了波澜壮阔的废奴浪潮。

这场浪潮也同样席卷到了曾洒满黑奴血汗的北美新国家——美利坚合众国。19世纪20年代，美国民间开始出现自发的废奴运动组织。1827年，美国已经出现了143个地方废奴团体。1833年，在费城成立了第一个全国性反对奴隶制度协会，废奴运动越来越激烈。1852年，身材矮小的斯托夫人出版了被林肯称为"酿成了伟大的胜利"的小说《汤姆叔叔的小屋》。这本带着伤感的小说真切地描绘了黑人的悲惨境遇。此书出版之后，立刻感染了心地善良的人们，一股更高的废奴浪潮被掀起来。1859年，约翰·布朗在弗吉尼亚的哈普斯渡口举行起义，更是将民间的废奴运动推向高潮。

黑白南北

1787年5月，美国13个州的代表在费城召开会议，制定了世界上第一部成文宪法。经过反复斗争和妥协，1789年所有州议会最终一致通过，修正后的宪法才得以生效。宪法虽然确认了三权分立、代议政府等资产阶级民主原则，但同时也公开承认奴隶制度，确认了奴隶制度的合法性。不过为了限制这一对民主来说极具讽刺意味儿的制度，宪法同时规定了蓄奴地区的永久界限。

依靠粗放式经营的奴隶制经济，只有不断开拓新的土地才能维持高额的利润，当宪法规定内的蓄奴诸州的肥沃土地被开垦殆尽之后，奴隶主贪婪的目光不禁又转向了美国新获得的广阔的西部领土。由于南方白人公民人数远远落后于北方，按照人口计算的众议院日渐成为北方自由州的天下。奴隶主们只能把希望寄予在参议院中，因为参议院不是按人口，而是按各州平均出两名代表计算。种种原因使奴隶主们在美国每取得一块新的领土时，都与北方吵得不可开交，以期增加蓄奴州的数量。

1820年"密苏里妥协案"使密苏里州成了一个蓄奴州；1854年，《堪萨斯-内布拉斯加法案》使奴隶主们再次获得了胜利。宪法因所规定的蓄奴地区界限被打破而尊严扫地。奴隶主们更加肆无忌惮，奴隶制不再有固定疆界，只要能够得到多数人的赞同就可以加入蓄奴州的阵营，以致出现了被奴隶主们运去的奴隶还不足50人时，新墨西哥州就成了蓄奴州的怪异景象。

蓄奴州的范围不断扩大，南北方的利益冲突愈加严重。正在飞速发展的北方工商业城市，因为得不到足够的劳动力而不得不减慢步伐。而南方种植园中低下的劳动效率，白白浪费了大量人手。北方希望政府提高贸易保护，使北方工业品与南方的工业原料在国内相互交换以提高美国商品的竞争力。但南方种植园主们却希望将手中的棉花运往价钱更高的欧洲，并从欧洲进口更便宜的商品，因此他们强烈要求降低关税。南北双方为此争吵不休，矛盾一天比一天尖锐，焦点渐渐集中到奴隶制度的存废上来。

林肯签署《解放黑人奴隶宣言》塑像

平民总统

1809年2月12日，肯塔基州哈丁县一个贫苦的农民家庭中出生了一个男婴，父母为他取名亚伯拉罕·林肯。清贫的家境使林肯从小深谙民间疾苦。9岁时，林肯失去了疼爱他的母亲，但幸运的是继母慈祥和善，对他如同己出，一家人过得非常融洽。因为贫穷，林肯小小年纪就辍学工作，为维持家计东奔西走。他先后在俄亥俄河上做摆渡工人，在种植园中做雇工，在商店中做店员，甚至还学习做木工。18岁时，林肯沿俄亥俄河航行千里到达了奥尔良。旅途中，林肯亲眼看见了黑人奴隶的悲惨遭遇。心地善良的林肯对伙伴说："等到我有机会来打击奴隶制度的时候，我一定要彻底粉碎它！"

长大后林肯成了一名以测量和计算精确著称的土地测绘员。辛勤工作之余，林肯始终保持着旺盛的学习精神。他阅读了大量书籍：《莎士比亚全集》《美国通史》……广泛的阅读使他成了一名博学睿智的人。他开始在一些政治集会上表达意见，抨击不人道的黑奴制度，对公众事业提出自己的建议。林肯的人格魅力渐渐增加了他在公众中的影响

美国内战中的史波特斯凡尼亚郡府之战

力，1834年8月，25岁的林肯被选为州议员。随后在朋友的帮助下，林肯开始学习法律，成了一名律师，开始在仕途上大展拳脚。

1846年，他当选为众议院议员。第二年，为辉格党所青睐的林肯作为党代表参加国会议员选举，并成功当选。他在国会中旗帜鲜明地反对奴隶制度，受到来自南方种植园主的仇恨。1850年，林肯在政治上受挫，退出国会。但林肯在人民中的影响力却越来越大。1860年，他成为共和党的总统候选人。11月，选举结果揭晓，虽然奴隶主控制的南部10个州没有一张票投给林肯，但林肯仍然以200万张票当选为美国第16任总统。

1861年3月，林肯宣誓就职。在就职演说中，他宣布“联邦不容分裂”，但为了最大限度地维护统一的局面，又许诺“无意直接或间接干涉蓄奴州的奴隶制度”。可是蓄谋已久的南方种植园主们却一意孤行，早在1861年2月，南卡罗来纳等6个蓄奴州就宣布成立“南部同盟”，并选举杰弗逊·戴维斯为总统，另立政府。随后又有5个蓄奴州加入叛军阵营。4月12日，叛乱军队开始炮轰联邦萨姆特要塞，正式挑起战争。4月15日，林肯签署政府令，下令讨伐叛军，美国历史上的第二次资产阶级革命——南北战争正式开始。

这不仅是一场奴隶制存废问题的战争，还是一场维护美国的国家统一与国家分裂之间的较量。战争初期，掌握着战争正义性的北方不仅有合法政府，而且实力更是大大地高于南方——2234万北方自由公民是南方910万人口（其中380多万为黑人奴隶）的两倍多。可是，由于南方叛乱者准备充分，且名将云集——“西点第一名将”罗伯特·李、“石墙”杰克逊、“不败的猛将”约翰斯顿等优秀的西点军校毕业将领，在战场上使装备精良的南方叛军如虎添翼。而为了恢复国家统一且担忧没有参加叛乱的蓄奴州的去留，林肯政府一直对解放奴隶犹豫不决，这极大地影响了北方部队的作战士气，以致叛军在战场上接连告捷。1861年7月的马纳萨斯战役和1862年夏的半岛战役，南方军队大获全胜，北方军队损失惨重。

林肯政府的压力陡增，废除奴隶制已经迫在眉睫。

^ 葛底斯堡战役

葛底斯堡战役是一场具有决定性的战役，是美国内战中最著名的一场战斗。画面描绘的是著名的“皮克特冲锋”的场景。此画现藏于美国国会图书馆。

《解放黑人奴隶宣言》

为了扭转战争形势，林肯进行了一系列革命措施。1862年5月，林肯政府颁布《宅第法》，规定：“凡美国公民只要交纳10美元的手续费，就可以在西部国有土地中领取一块不超过160英亩（约65公顷）的土地，连续耕种5年以后，即成为私有财产。”同时，他还下令武装从南方逃亡而来的奴隶，实行征兵法，调整军事领导机构，格兰特将军被任命为全军统帅。

1862年9月22日，林肯颁布了《解放黑人奴隶宣言》，宣布：“1863年1月1日起，凡当地人民尚在反抗合众国的任何一州之内，或一州的指明地区之内，为人占有而做奴隶的人们都应在那时及以后永远获得自由；合众国政府行政部门，包括海陆军当局，将承认并保障这些人的自由。”消息传到南方，渴望自由的奴隶成批逃亡北方，北方军队士气大振。国际上关注美国奴隶问题的国家也纷纷对北方表达了支持，南方在政治上陷于孤立。

1863年，林肯的改革措施在战场上显露出成效。7月1日，葛底斯堡大捷歼灭南军3.6万人，内战主动权转移到北方军队手中，战争形势迅速发生逆转。1864年9月，谢尔曼将军率军攻克亚特兰大，格兰特将军则率领军队逼近里士满。1865年，南方种植园中的奴隶几乎逃亡一空，南方经济陷于瘫痪。1865年4月9日，在北方军队的重重包围中，南军向格兰特将军投降，美国内战结束。

四年的战争夺取了美国将近100万将士的生命，但是换来了国家的重新统一，废除了黑人奴隶制度，为美国资本主义的发展进一步扫清了障碍，为美国的繁荣富强打下了坚实的基础。

美国内战中的牛山战役。这一战役中，菲力普·卡尼将军中弹身亡。

VISIBLE HISTORY OF THE WORLD

关键词：铁血宰相/统一

“铁血宰相”俾斯麦

■ 1815年~1898年

1815年4月1日，普鲁士勃兰登堡雪恩豪森的大容克地主斐迪南德·冯·俾斯麦年轻的妻子，为他生下了一个健壮的男婴，这就是德国近代史上杰出的政治家和外交家奥托·冯·俾斯麦。他的出现，让德国走上了统一大业。

容克之子

俾斯麦是个含着金汤匙出生的幸运孩子——父亲庞大的庄园和广阔的土地带来了滚滚财富，俾斯麦从小过着衣食无忧的生活。1823年，8岁的俾斯麦进入柏林小学读书。这所小学中的学生

> 俾斯麦画像

普鲁士王国首相，19世纪德国最著名的政治家。通过一系列铁血政策统一了德意志，并成为德意志帝国首相，人称“铁血宰相”。

大部分为资产阶级子弟，俾斯麦容克家庭的出身使得他在同学们中显得格格不入。这种被排斥、与群体相疏离的痛苦一直伴随着他整个小学和中学生活。但是当周围的同学沉浸在少年无忧无虑的欢笑和游戏时，孤独的俾斯麦将自己投入到了学习中，勤奋和天赋的智慧使他的语言天分很快展露出来。17岁时，俾斯麦成了格丁根大学（也译作哥廷根大学）的一名新生。但崭新的大学生活却没有给俾斯麦带来新的激情，不过大学中自由的氛围将他天性中的另一面激发出来：粗野、蛮横。腰挎佩剑，手牵狼狗，一副无赖打扮的俾斯麦在校园中游走、寻衅，他先后与同学进行过27次决斗。后来俾斯麦转入柏林大学修习法律专业，毕业后成了一名律师。

铁血宰相

后来俾斯麦又谋过很多职业，还得了一个河堤监督官的职务——这很适合他争强好胜的性格，很快就得到了人们的嘉许。1847年5月，俾斯麦使用权术迫使一位患病的议员退出，从而使自己顺利进入了柏林州议会，成为一名议员。野心勃勃的俾斯麦一步步接近自己的目标。

1848年，欧洲掀起了史无前例的革命浪潮，无数古老王冠被打破在地，普鲁士也未能幸免。3月，普鲁士柏林爆发起义，国王腓特烈·威廉四世处于危急之中。闻讯的俾斯麦组织了一支军队，准备开往柏林“勤王救驾”。这一举动赢得了普王的赏识。1851年，威廉四世任命俾斯麦为普鲁士驻法兰克福联邦会议代表，随后又升为大使。出色的工作能力使他担任这一职务长达8年之久。1857年，威廉四世因精神不佳由其弟威廉亲王摄政，威廉亲王任命俾斯麦为驻俄大使，从而开始了俾斯麦的外交官生涯。1861年，俾斯麦争任首相未果，失望之余请辞，转任驻法大使。

事情在普鲁士议会新一轮选举中出现转机。这一年，自由派取得了绝对胜利成为议会多数，他们立刻否决了普鲁士政府军事改革拨款的要求。议会和政府针锋相对，互不相让，陷入僵局之中，而俾斯麦成为能够化解这一尖

^俾斯麦（右一）与将军们商议军事

锐矛盾的希望。1862年9月23日，威廉一世将他从法国召回，并立即任命他为首相。

9月26日，成为首相的俾斯麦来到下院中发表首次演讲："德国所注意的不是普鲁士的自由主义，而是权力……普鲁士必须积聚自己的力量以待有利时机，这样的时机我们已经错过了好几次……当代的重大问题不是通过演说与多数人的决议所能解决的，这正是1848年和1849年的错误，而是要用铁和血。"从此，"铁血宰相"成为俾斯麦的代名词。这位"铁血宰相"开始领导普鲁士走向统一的道路。

统一大业

19世纪中叶，德意志还是个邦国林立的国家，四分五裂的局面越来越成为德国资本主义经济发展的障碍，统一的呼声越来越高。

俾斯麦上台伊始就将统一大业提上日程。普王对此深表赞同。自此，威廉一世和俾斯麦结成了十分牢固的君臣情谊，彼此支持，共同推动普鲁士王国走向辉煌。

俾斯麦第一个要对付的就是丹麦。作为德意志的北邻，丹麦一直在领土上大做文章，长期控制着原本属于德意志的石勒苏益格和荷尔斯泰因。1863年，丹麦违反1850年和1852年伦敦议定书，通过宪法宣布把两地并入丹麦国土，这不仅引起了当地人们的不满，更给俾斯麦找到了向丹麦开战的理由。开战之前，他首先与奥地利达成了同盟，并约定了取胜之后对这两地的划分方法。1864年2月，普奥联军6万多人向丹麦发起进攻，丹麦战败。10月30日，双方签订《维也纳条约》，丹麦失去了对石勒苏益格和荷尔斯泰因的控制权。1865年8月14日，普奥两国达成《加斯坦因专约》，将这两地瓜分，普鲁士获得了石勒苏益格。

荷尔斯泰因虽然落入奥地利之手，但俾斯麦并不担忧，因为荷尔斯泰因被普鲁士环绕。俾斯麦只需要等待时机，积蓄力量，与奥地利决一雌雄就可解决问题。经过两年精心备战，1866年6月8日，普军长驱直入荷尔斯泰因，并先后占领汉诺威、萨克森等地。6月17日，奥地利对普鲁士宣战，普奥战争开始。拿破仑战争中就已经呈现衰败趋势的奥地利，在对普鲁士的战场上依然遭遇了惨败。7月3日，萨多瓦一役，奥军战死1.8万人，被俘2.4万人。22日，奥地利不得不求和停战。8月23日，普奥双方在布拉格签订条约，奥地利被迫退出德意志联邦，普鲁士获得了荷尔斯泰因和战争中与奥地利站在一起的小邦国。

至此，德意志北部和中部领土连成一片。1867年北德意志联邦在普鲁士领导下建立起来，威廉一世成为联邦国王。但是德意志南部诸邦依然在法国的幕后操纵中，成为俾斯麦统一大业中的最后一块绊脚石。1870年，俾斯麦借西班牙王位继承问题大做文章，故意激怒法兰西第二帝国皇帝拿破仑三世。拿破仑三世向普鲁士宣战，并狂妄地说只是一次“到柏林的军事散步”。但是德意志人在俾斯麦的号召下加强了民族团结，47万普鲁士军队向法军发起进攻。结果拿破仑三世为这次“散步”付出了惨痛代价。

9月色当一役，法军大败，8.3万法国官兵举手投降，包括法兰西帝国皇帝。消息传到法国，举国哗然，第二帝国被资产阶级乘机推翻，建立了共和国。俾斯麦挥师直逼巴黎，法国被迫在《法兰克福条约》上签字：阿尔萨斯和洛林被割让给德国，法国赔偿德国50亿法郎。

至此为止，整个德意志已经统一在普鲁士旗帜下，俾斯麦的铁血政策大获成功。1871年1月18日，德意志帝国在凡尔赛宫宣告成立，威廉一世为德意志帝国首位皇帝，而俾斯麦则成为帝国第一任首相。

∨ 1867年，德意志联邦在普鲁士的领导下建立起来。1871年，威廉一世就任德意志帝国的首位皇帝。图中为威廉一世加冕称帝时的场景。

盛极而衰

战争已停息，但铁血宰相的“铁”和“血”的政策却没有停止，他还要用这项政策将统一后的德意志帝国推到欧洲第一强国的宝座上。

为此，俾斯麦在1871年到1877年间发动了一场“文化斗争”，成功压制了罗马教廷；1878年颁布《镇压社会民主党企图危害社会治安的法令》，镇压工人运动。为防止法国报复，俾斯麦先在1873年与奥匈帝国和俄罗斯结成“三帝同盟”；6年后，德意志帝国与奥匈帝国单独缔结同盟条约；1887年，又与俄国签订《再保险条约》;1882年,德国和意大利、奥匈帝国结成“三国同盟”,重重盟约将德意志帝国安全地掩护起来。

德国在统一之后获得了迅速的发展,国力日增,俾斯麦也因此在德国权倾一时。然而,1888年3月,威廉一世逝世,继位的威廉二世年轻气盛,对俾斯麦多有不满。已过古稀之年的俾斯麦渐渐厌倦了权力争夺,心灰意冷之余向年轻的皇帝递交了辞呈。1890年3月18日,俾斯麦正式下野。1898年7月30日,曾经叱咤风云的“铁血宰相”溘然长逝,终年83岁。

VISIBLE HISTORY OF THE WORLD

关键词：军事“散步”

普法战争

▪ 1870年~1871年

恩格斯《普法战争短评》：“第一，法军在迎击敌人的进攻时所处的阵地，使获胜的德军能够楔入法军分散的各军之间，结果把法军割裂为两支独立的部队，并使它们彼此不能会合，甚至不能配合作战；第二，巴赞军团在麦茨行动迟疑，结果被紧紧地围困在那里；第三，援救巴赞军团所用的兵力和所沿的路线，简直是唆使敌人俘虏全部援军。”

拿破仑三世的困境

1852年12月2日，路易·波拿巴·拿破仑效仿他的叔叔拿破仑·波拿巴黄袍加身，在1848年大革命后的动荡纷纭中，建立了法兰西第二帝国，是为拿破仑三世。

> 拿破仑三世画像

路易·拿破仑·波拿巴，即拿破仑三世。法兰西第二共和国总统，第二帝国皇帝。拿破仑一世的侄子。

称帝之后，拿破仑三世即大力推动法国经济建设。青年时流亡英国的经历使他看到英国兴盛繁荣的景象，也认识到相形之下法国工商业发展的落后。19世纪中期，正是在拿破仑三世的推进下，工业革命的成果才在法国快速普及起来，法国的经济也因此获得了长足进步，后来使法国成为仅次于英国的世界第二工业大国。相对于拿破仑·波拿巴，拿破仑三世的经济建树显然更为突出。

然而，为了小心翼翼地维护人民的幻想，也为了重现他所敬仰的那个辉煌帝国，拿破仑三世上台伊始便走上了对外战争的道路。他力图通过这一系列武力再造拿破仑神话，在历史上留下属于自己的一笔。可拿破仑三世显然高估了自己的军事能力——连年征战并未给他带来想象中的荣誉和辉煌，反而唤起了人民对战争年代创伤和痛苦的回忆。人们开始从幻想中清醒过来。拿破仑三世对战争的执着态度令人们厌倦而恐惧——被他打倒的奥尔良遗老们、主张共和制度的工业资产阶级和中小资产阶级也不约而同站到了反对他的一面。但按照拿破仑式的思维，再加上皇后为了儿子可以当上皇帝而提出的“战争是必要”的主张，他决定继续发动对外战争以摆脱困境。而这次战争的对象就是法国身边新近崛起的北德意志联邦。

未竟的统一事业

此时的普鲁士，更确切地说是北德意志联邦，也正在酝酿着对法国的战争计划。除了耶拿会战时拿破仑留给普鲁士的永久的耻辱令普鲁士人寝食难安之外，更现实的原因则是法国拦在德意志统一大业的道路中，使普鲁士必欲除之而后快。

1862年，普鲁士的“铁血宰相”俾斯麦上台，这个勃兰登堡容克的儿子是个狂热的德意志统一主义者，他将实现德意志统一作为自己的人生大业，也是他所为之忠心耿耿服务的普鲁士王国的大业。因此，准备两年之后，俾斯麦便急不可待地对丹麦开战，在气势汹汹的普鲁士军队面前，丹麦很快战败，石勒苏益格和荷尔斯泰因被普鲁士和奥地利瓜分，俾斯麦成功实现了他

^ 俾斯麦护送皇帝拿破仑三世

理想的第一步。然而这离最后的统一任重而道远，普丹战争结束之后，为达目的不择手段的俾斯麦很快与奥地利翻脸。1866年，普军长驱直入荷尔斯泰因，普鲁士和奥地利在战场上兵戎相见。萨多瓦一战普鲁士大获全胜，荷尔斯泰因和黑森等一些小邦国被普鲁士控制。第二年，连成一片的德意志中北部宣布组成联邦，普鲁士国王为北德意志联邦国王，俾斯麦也成为首位联邦首相。

普奥战争前，为了避免法国插手的可能，俾斯麦曾以莱茵河附近的领土为诱饵，使法国皇帝拿破仑三世心领神会地在普奥战争中保持缄默，以致如今德意志中北部虽然获得统一，但南部的巴登、符腾堡、巴伐利亚、黑森－达姆施塔特4个小邦国，依然在法国的支持下保持着独立。这是俾斯麦无法容忍的事情，为了统一大业的最后完成，普鲁士对法国的一战在所难免。

西班牙王位

虽然情形已经势如水火，但谁也不想成为战争的发动者而被舆论谴责，俾斯麦和拿破仑三世都在等待着一个合适的时机。

战争危机终于在1868年出现，这一年西班牙爆发革命，女王伊莎贝拉流亡国外，西班牙王位空缺。俾斯麦图谋造成对法国东西夹击之势，于是极力拉拢西班牙临时政府，建议由普鲁士国王威廉一世的堂弟利奥波德亲王继承西班牙王位。俾斯麦昭然若揭的目的即刻被拿破仑三世识破，他随即向普鲁士国王递交了抗议书，强烈反对俾斯麦对西班牙王位的建议。出于各自利益的考虑，英国、奥地利和俄国都附和法国，俾斯麦的图谋受挫。

为了永弥后患，1870年7月，法国要求威廉一世保证霍亨索伦家族永远不沾染西班牙王位。愤怒的威廉一世断然拒绝并将这一情况电告了国内的俾斯麦。俾斯麦获悉之后却高兴起来，与参谋总长毛奇和陆军总长房龙商量之后，第二天将改头换面的电文公开发表，文中对法国极尽侮辱的语言彻底激怒了拿破仑三世。1870年7月19日，法国对普鲁士宣战。

色当战役

拿破仑三世对战争充满了信心，轻蔑地对身边人说这次战争“不过是到普鲁士做一次军事散步”。拿破仑三世亲任总司令，勒布夫为总参谋长，在德法边境的阿尔萨斯和洛林集结了8个军，共约22万人编成莱茵军团，准备在普鲁士动手之前，先发制敌。具体计划为集中兵力越过国界，大军直指法兰克福以切断德意志南北联系，迫使南德诸邦保持中立，法国就可全力打击普鲁士。

普鲁士则在莱茵河中游梅斯和斯特拉斯堡之间，集中了3个军团共约47

万人的兵力。普鲁士国王威廉一世也御驾亲征任总司令，毛奇为总参谋长。作战计划为以优势兵力进攻阿尔萨斯和洛林，将法军围歼在边境，或者将法军向北驱赶，最后普军围攻巴黎，迫使拿破仑三世投降。

8月2日，拿破仑三世一声令下，法军在萨尔布吕肯向普军打响了第一枪。但是拿破仑三世原先的估计显然过于乐观，法军刚越过边境就遭到了普军的迎头痛击。仅仅两天之后，法军的攻势就停下来，而普军则从防守转入反攻，且攻势凌厉，法军接连败北。更为糟糕的是，本计划将德意志拦腰截断的法军却被普鲁士部队所割裂。巴赞元帅指挥的17万人被围困于麦茨要塞，而拿破仑三世和麦克马洪元帅的3个军共12万多人，在博蒙激战失利后退守色当。

普军参谋长毛奇立即命令军队占领麦茨河右岸至法比边界的整个地区，使法军两部彻底失去联系。9月1日，毛奇下令普军集中进攻拿破仑三世所在的色当——这将是普法战争的决定性战役。普军700多门大炮一齐向法军阵地进行猛烈轰击，雨点一样的炮弹落向毫无抵抗能力的色当城，城内顿成一片火海。麦克马洪几次被流弹击伤依然指挥法军突击，但已无法挽救失败的命运。下午3时，在20万普军的凌厉进攻下，色当城头升起了法军的白旗。拿破仑三世被迫向威廉一世递交了投降书，表示愿“将他的佩剑交到陛下的手中”。10万法军随同他们的皇帝和元帅成了普鲁士的俘虏。

普法战争以拿破仑三世的“散步”失败而告终。1871年5月10日，双方签订了《法兰克福条约》，法国割让阿尔萨斯和洛林的部分地区给德国，并赔款50亿法郎。

普法战争使俾斯麦最终实现了德意志统一的梦想。1871年1月18日，普鲁士耀武扬威于法国土地，德意志帝国在巴黎的凡尔赛宫宣布成立。而失败后的法国不仅承受着土地和赔款的损失，更使法兰西民族的自尊心受到极大的打击，拿破仑三世在人民心目中的形象轰然倒塌，法兰西第二帝国垮台。

拿破仑三世的军队与普军厮杀

VISIBLE HISTORY OF THE WORLD

关键词：镇压与反镇压

巴黎公社运动

■ 1871年3月～5月

马克思《法兰西内战》曾说：“公社最伟大的措施就是它本身的存在，它在闻所未闻的困难下工作着、行动着！巴黎公社升起的红旗，实际上只是标志着巴黎的工人政府的建立！他们已经清楚地、有意识地宣告他们的目的是解放劳动和改造社会！”

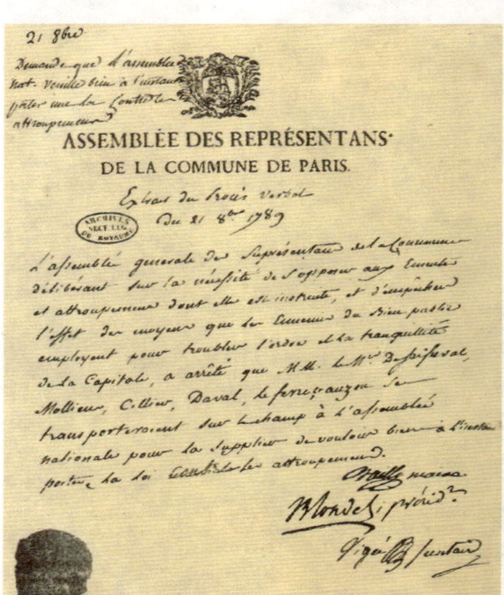

ASSEMBLÉE DES REPRÉSENTANS DE LA COMMUNE DE PARIS.

< 巴黎公社的传单

侵略与反侵略

1870年7月，法兰西第二帝国的皇帝拿破仑三世狂言到普鲁士做一次军事“散步”，亲自指挥22万大军开进德意志。可惜，拿破仑·波拿巴的侄子虽然继承了科西嘉人的张狂与傲慢，却没能继承他天赋的军事才能。这次张扬的对德战争其实反而正中普鲁士“铁血宰相”俾斯麦的下怀，成了他实现德意志统一大计的一枚棋子。不过一个月时间，拿破仑三世的战线就被普鲁士切割，失去支援的法国皇帝和元帅被困色当城。如雨点一样落下的炮弹彻底击碎了拿破仑三世的狂傲和勇气，卑躬屈膝的皇帝献出了自己的宝剑，成了法国历史上最后一位被敌人俘虏的君主。

巴黎公社时期的宣传画

色当一役，法国败局已定，德意志统一的道路已经扫清，志得意满的威廉一世和他的宰相俾斯麦却并未就此罢手。1806年，耶拿会战后，得胜的拿破仑大军曾开进柏林城，这种羞辱令普鲁士人没齿难忘，如今正是他们一雪前耻的时候。因此，接受了拿破仑三世投降的佩剑之后，俾斯麦并未下令停止进攻，反而按原计划继续向巴黎进攻。但是自普鲁士军队踏进法国领土的那一瞬间起，为了实现民族统一和保家卫国的正义普鲁士就转而成了面目可憎的侵略者。那些曾在战场上为民族尊严而英勇斗争的战士们，在法国大地上烧杀抢掠——他们的残暴行为激起了法国人民的强烈愤慨。蛰伏在人民心中的正义感，激励他们开始为了自己国家的尊严而斗争。

镇压与反镇压

1870年9月4日，拿破仑三世在色当投降的消息

传回法国国内，经过无数次革命洗礼的巴黎人民按捺不住胸中的怒火举行了起义——法兰西第二帝国葬送在人民的怒火中。但是人民再一次成为政权更迭的工具，权力最终落入资产阶级之手——以特罗胥将军为首的“国防政府”接管了拿破仑三世被剥夺的政权。

新成立的国防政府视法国人民日益高涨的爱国热情为洪水猛兽，对革

^ 国民自卫军是城市民兵组织，积极参与了保卫巴黎和争取建立巴黎公社的斗争。

命群众的恐惧甚于对普鲁士军队的恐惧，甚至为了苟安而向普鲁士皇帝屈辱求和。9月19日，普鲁士大军兵临巴黎城下。10月31日，17万法国正规军成为普鲁士的俘虏。愤怒的巴黎人民再次起义——将推翻背叛祖国利益的国防政府作为目标，可是起义被镇压了。

起义虽然失败了，但使巴黎人民更加清楚地认识到，要想维护民族独立与尊严，必须先将反动的资产阶级统治彻底推翻，必须建立自己的武装队伍。巴黎人民开始加紧建设国民自卫军，仅仅3个星期就组织了194个工人营队，人数达30万人。他们自己募捐购买武器，自己铸造大炮，任命自己的成员作为工兵营营长。这支以工人为主体的国民自卫军日夜坚守巴黎城，抵挡住了普鲁士一次又一次的进攻。

1871年2月17日，反动的奥尔良党人梯也尔上台，准备放手镇压巴黎的革命群众。3月，梯也尔调集了3万军队进入巴黎，威胁工人解散国民自卫军，被工人们义正词严地拒绝了。3月17日夜，梯也尔召集政府部长和将军们进行了秘密商谈。他们制订了详细的军事行动计划，预备先夺取国民自卫军的大炮，然后进行全城搜查，逮捕国民自卫军领袖。当时巴黎国民自卫军的417门大炮，主要布置在蒙马特尔高地和梭蒙高地。18日凌晨，一支政府军在列康特的带领下，悄悄地来到了蒙马特尔高地附近，这里只有几名守卫大炮的自卫军战士。政府宪兵残忍地将这些战士屠杀，但自卫军战士的枪声惊醒了附近的居民。消息传开，国民自卫军立刻行动起来——一些巴黎市民，包括妇女、儿童和老人也自动加入到了队伍中。人们拥上蒙马特尔高地，勇敢地拦在企图拖走大炮的政府军面前，指责政府军卑劣和可耻的卖国求荣行径。最后许多政府军战士羞惭地放下了武器，站到了巴黎人民的一边。坚持反革命的列康特将军和一些反动警察、宪兵被人民逮捕。梯也尔偷袭蒙马特尔高地的阴谋被粉碎。同时，梭蒙高地也传来捷报，偷袭的政府军同样被击溃。

巴黎公社成立

梯也尔这一无耻行为，使巴黎人民胸中的怒火燃烧得更加旺盛——巴黎各个工人区不约而同爆发了起义。国民自卫军和巴黎市民拿起武器，走上街头。巴黎的大街小巷又一次筑满街垒，只是这次街垒后面的人民更振奋，力量更强大。威力十足的大炮口时刻对准了反动军队。

中午，国民自卫军击溃了梯也尔调集来的镇压部队，向巴黎市中心挺进，起义从防守转入了进攻。下午3时，国民自卫军和自发的巴黎人民与政府军展开了激烈的巷战，政府军的陆军部和其他一些军事机关被革命队伍占领。梯也尔被吓得仓皇逃往巴黎西郊的凡尔赛宫。政府军和宪兵六神无主，闻风逃窜。晚上9时，国民自卫军控制了矗立着拿破仑·波拿巴铜像的旺多姆广场。晚上10时，巴黎市政厅升起了国民自卫军的红旗，聚集在广场的人们发出了一片欢呼声。

国民自卫军控制了巴黎全城，梯也尔的资产阶级政府被国民自卫军中央委员取代，起义取得了胜利。3月26日，巴黎举行了普选，许多工人、社会主义者和国际主义者代表被选举出来组织了革命领导机构。3月28日，巴黎公社宣布成立，历史上第一个无产阶级革命政权建立起来。

“五月流血周”

巴黎公社的敌人——梯也尔，虽然逃出了巴黎却并没有甘心。他一边重新集结残兵败将，一边向俾斯麦请求援助。

4月3日，为了扭转被动挨打的局面，巴黎公社决定先发制人，4万名公社战士向凡尔赛进攻，但因为寡不敌众和指挥失误，在成功进抵距离凡尔赛5千米处被敌人重兵包围。

4月6日，西南的梯也尔军队与东面及北面的普鲁士军队，形成了对巴黎的包围之势。保卫巴黎的1.6万名作战部队和4.5万名预备部队，决心与数倍于自己的敌人周旋到底。但因为组织不善，缺乏战斗经验，4月7日，巴黎讷伊桥和附近据点被敌人攻克。

公社战士不屈不挠地坚持斗争，在任何一个可能杀伤敌人的地方都给敌人造成了巨大的消耗。5月21日下午，梯也尔的反动军队从圣克鲁门进入巴黎城，一场震撼世界的巷战搏杀——“五月流血周”自此开始。

巴黎无产阶级和人民群众，不分男女老幼，为了保卫自己的新政权同手握钢枪、刺刀的敌人进行了殊死搏斗。至27日，200名公社战士被反动军队屠杀在拉雪兹神父墓前，公社战士伤亡殆尽。28日，巴黎公社最后一个街垒被攻克，巴黎公社倒在血泊中。

> 镇压巴黎公社的刽子手梯也尔

马克思在《法兰西内战》中说：“梯也尔这个侏儒怪物，将近半个世纪以来一直受法国资产阶级倾心崇拜，因为他是这个资产阶级的阶级腐败的最完备的思想代表。在他成为国家要人以前，他作为一个历史学家就已经显出他的说谎才能了。他的社会活动编年史就是一部法国灾难史。”

专题

第二次工业革命

资本主义统治确立 电气时代 垄断资本主义

战争给人们带来了无尽的伤痛，长时不能愈合。但从另一方面讲，也促进了科学技术的迅猛发展。1870年以后，各种新技术、新发明如雨后春笋般席卷大地，层出不穷，对经济发展起到了巨大的推动作用。电力的广泛应用、内燃机和新交通工具的创制、新通信手段的发明以及化学工业的建立，标志着第二次工业革命的浪潮已经来临。

资本主义统治的确立

1640年，英国斯图亚特王朝的查理一世试图向议会发起挑战，却没想到已经成长起来的资产阶级与新贵族联起手来将他赶下了王位。1688年“光荣革命”之后，英国王权专制时代一去不返，世界上第一个资本主义国家在大不列颠岛上首先冉冉升起。

这个新生的国家将整个世界带入了另一个时代，在它朝气蓬勃的光芒里，欧洲甚至世界的黑暗渐渐被照亮。1775年，美国独立战争爆发，资本主义在北美大陆站稳了脚跟；1789年，法国大革命将自由、平等、博爱的思想深入人心；1861年，在克里米亚战争中一败涂地的沙皇俄国进行农奴制改革，走上了发展资本主义的道路；1868年，日本天皇从幕府手中夺回权力后实施了一系列发展工商业的措施，成功“脱亚入欧”，成为暮气沉沉的东亚世界中唯一摆脱了落后状态的资本主义国家；1871年，统一的德意志帝国在铁血宰相俾斯麦的努力下，最终在巴黎凡尔赛宫宣布成立。同年，借助普法战争的余荫收回罗马的意大利的统一大业也全部实现，宣布将首都从佛罗伦萨迁往罗马，一个新的资本主义国家在亚平宁半岛上拔地而起。

至此，最初在大不列颠岛上燃起的星星之火，最终在全世界发展成燎原之势，这些新生的资本主义国家随着数量的增多连成一片，整个旧世界将因之被完全颠覆。资本主义是个天生的掠夺者，他们刚一诞生就将侵略扩张的矛头对准了所有还在落后的制度中跋涉的国家和地区。很快大片大片土地沦为他们的殖民地和半殖民地，他们从那里搜刮来的万千财富转而成为自身资本主义发展的强大助动力。

18世纪中期，英国的纺纱工人哈格里夫斯偶然发明了珍妮纺纱机，一场推动工业大踏步向前的革命自此开始。其后，机械师瓦特发明了改良蒸汽机，使工厂摆脱了河流的束缚，资本主义经济步入真正的大机器生产时期。人们从中发现了技术进步对生产的强大推动力，对科学理论的研究和实践兴趣更浓。第一波工业革命的浪潮还没有彻底结束，第二波更加汹涌的科技革命浪潮又接踵而来。

▼伟大的发明家爱迪生

进入电气时代

1831年，自学成才的英国科学家法拉第，经过7年反复实验终于发现了电磁感应现象，为现代电工学奠定了基础。在电学理论逐渐完善的过程中，科学家们开始研究并制造发电机。1866年，德国人西门子研制成功第一台发电机，几经改进后发电机在19世纪70年代走出实验室，被投入到实际使用中。电能传递速度快，传输过程中损失小，而且能够远距离输送，并便于集中生产和管理，因此电力很快取代蒸汽成为新型动力，从此人类步入“电气时代”。

神奇的电能吸引了大批科学家投入到它的应用研究中来，其中人们最耳熟能详的是“发明大王”爱迪生。在他2000多项发明中，给人类带来最大影响的是电灯。1879年10月21日，爱迪生在新泽西州门罗公园实验室制造出了世界上第一个使用碳化的卷绕棉线作为灯丝的电灯泡。这是他和他的助手们在试验过1600种耐热材料、6000种植物纤维后找到的最适合的灯丝材料。白炽灯发

▾ 莫尔斯电报机模型

1837年，莫尔斯发明的电报机是电报通讯的起源。它的通讯电码是以点、画符号组合而成，每一个码代表一个字母或一个数字。发报员用电键发出长短不一的电码，收报员听到嘀嗒的声音。嗒的声音是嘀的三倍长。收报员抄录嘀嗒组合的电码后再译成电文，这就是早期的电报。

出柔和的淡黄光芒，从此，光芒微弱而闪烁的油灯渐渐退出历史舞台，电灯如新兴的资本主义一样在世界历史中熠熠生辉。

▲电话的发明者贝尔

电磁感应原理启发的另一重要发明是通信。1837年，美国人莫尔斯制成了第一台电磁式电报机，他在华盛顿和巴尔的摩之间架设一条61千米长的实验线路并获得了成功。1880年，贝尔电报公司成立，电报成为人们沟通信息最为便捷的方式。1894年，意大利人马可尼又发明了无线电报装置；1899年，他在英法之间进行远距离无线发报成功；两年后，无线电波又成功横跨大西洋。原来靠人和动物传递消息的速度缓慢的方式经常导致的贻误从此再也不会发生了。1875年，波士顿大学声音生理学教授贝尔偶然在“U”形磁铁中插入音叉而获得了一些传声效果。又经过反复实验，1876年3月10日，他的助手沃森在卧室里清晰地听到贝尔在书房中呼唤他的声音，世界上第一台电话研制成功，人们可以从遥远的地方进行犹如面对面般交谈了。

此外，交通工具也发生了翻天覆地的变化。1876年，德国人奥托研制成了一台以煤气为燃料的四冲程内燃机。1883年，奥托的同胞戴姆勒在他研究的基础上用汽油代替煤气研制成了新的具有马力大、重量轻、体积小等优势的内燃机。两年之后，德国机械工程师卡尔·本茨将新式内燃机应用到交通工具上制造了世界上第一辆汽车，人类开始摆脱了体能的束缚以更高的速度到达目的地，本茨因此被誉为“汽车之父”。紧接着，德国工程师狄塞尔又在1897年发明了结构更简单、燃料更便宜但动力更强劲的柴油机，从此重型运输工具如轮船和火车再也不用浪费庞大的空间装着沉重的煤炭跑了。更令人激动的是，1903年12月17日，一直向往着自由飞翔的美国莱特兄弟研制的飞机终于在北卡罗来纳的基蒂霍克荒凉的海滩上成功试飞59秒，飞行260米，实现人类对天空的渴望。1905年，莱特兄弟的飞机持续飞行了近40千米；1909年他们的飞机搭载乘客飞行了135千米。一个新的工业部门——航空工业随后迅速发展起来。

除此之外，另一个新工业部门——化学工业也从20世纪80年代突飞猛进地发展起来，新的化学产品不断被提炼出来，塑料、人造纤维、绝缘物质等也先后被发明并投入生产和使用。

总之，人类自出现以来，无数个具有划时代意义的“第一”在第二次工业

▼莱特兄弟的飞行试验

虽然这架飞机看起来简陋，但这却是人类航空时代到来的标志，莱特兄弟无疑是20世纪最伟大的发明家之一。

革命中涌现，这些崭新的科学与技术的应用不知不觉中彻底改造着人们的生活和整个世界秩序。

过渡到帝国主义国家

与第一次工业革命相较起来，第二次工业革命真正体现了科学和技术的结合。许多发明成果不再仅仅是一些工匠在日常工作中进行的技术革新，而是以科学理论的研究作为指导，不管是电磁感应原理还是新化学元素的被提取，都成为后来发电机的发明、电力的广泛应用、新兴化工产业兴起的基本理论依据。这次革命的传播也不再是从英国开始逐渐蔓延到其他国家的单一传导方式，而是几个国家不约而同地同时进行着研究、发明和创造。美国、德国、英国等国家的研究成果共同使人类受益。并且，新发明投入生产的速度比起第一次工业革命时期大大缩短了时间，因此对人们生活和生产的改造效果也越加迅速地展现出来。在第二次工业革命发生时，英、法、美都已经完成了第一次工业革命，而德国和俄国的工业革命正进行得如火如荼，日本则刚刚开始。对于这些后来的资本主义国家而言，第一次、第二次工业革命紧密连接在一起，甚至在交叉同步进行，使他们充分利用了后发优势，在第二次工业革命中表现得活跃而出色，取得的成就令世人瞩目。

在科技的推动下，生产力飞速进步，资本主义经济出现了许多新景象。崭新的工业革命部门如雨后春笋般纷纷涌现，老工业部门被新技术加以改造而重新焕发生机，也有些部门被技术的浪潮所淘汰而退出了历史舞台。人们的生活发生了翻天覆地的变化，资本主义生产也逐渐与以往大不相同。新行业、老行业，新技术、老技术，竞争日益激烈，使大量财富渐渐集中到少数大资本家手中，垄断组织在各国以不同的面目出现，不论是托拉斯，还是卡特尔或辛迪加，都采用垄断的方式将资本主义生产和销售等各个环节瓜分。资本主义社会因此过渡到帝国主义阶段。

VISIBLE HISTORY OF THE WORLD

关键词：明治维新

日本明治维新

■ 19世纪60年代~70年代

鲁思·本尼迪克特曾说：“明治政府从未想过要把这次改革作为一种意识形态的革命而进行，他们只是把它当作一项工作。他们的意图就是要使日本成为一个举足轻重的国家。他们并不想进行彻底的改革……”这说的就是明治维新。

无可奈何花落去

12世纪前后，天照大神的子孙，日本天皇大权旁落，将军的幕府代替王城成为日本权力的中心。此后7个多世纪，将军统治盛极一时。但随着新时代的到来，宁静的日本群岛同样无法幸免。

> 大久保利通画像

日本明治维新时期的杰出人士，号称“日本的俾斯麦”。为了改革，铁血无情，不论敌友，最后被民权人士刺杀身亡。

1603年，丰臣秀吉的部将德川家康受封为“征夷大将军”，在江户开设幕府，史称“德川幕府”。在家康、秀忠、家光三代德川将军的励精图治下，幕府成功地建立起中央集权的政治制度。在消费的刺激下，都市和工商业呈现出一派繁荣。但封建制度已经油尽灯枯，注定走向没落的道路，这些加强控制的努力不过更证实了封建制度无法挽回的颓落。而短暂的繁荣也不过如行将就木之前的回光返照，转瞬就熄灭在黑暗中。

事实的确如此，德川幕府统治后期，危机重重。为了便于控制，德川幕府将全国居民分为士、农、工、商四个等级。其中“士”指所有武士，包括将军、大名和他们的家臣。他们习文练武，担任各级官吏，是国家的统治阶级。大名是将军分封在地方的封建领主，在自己的藩国中享有全权统治的权力。这种分封虽然在一定程度上成为将军控制地方的简便方式，但强藩大名常常成为与将军相抗衡的离心力，为幕府统治带来威胁。于是德川幕府规定各大名必须隔年到江户参觐、侍奉将军一年，且得将妻子儿女留在江户作为人质。这一残忍措施虽颇见成效，但积压在大名心中的不满却更多。

农民虽然排在第二等级，但实际上是最受剥削和压榨的对象——他们不能随便迁徙移居，不能买卖土地，甚至连耕种作物的品种都没有权利决定。走投无路的农民为了活命只能起而抗争，农民起义风起云涌。据统计，自18世纪以来，农民起义的年平均次数不断攀升，最初10年仅有5.5次，但到了80年代则已达到22.9次；19世纪更是频繁，仅30年代就爆发了279次起义。

“工、商”在幕府时代被视为最低贱、卑微的行业。然而随着资本主义萌发的发展，一些富商大贾从民间崛起，甚至出现了“大阪富豪一怒，天下诸侯惊惧”的局面。总之，与以往相较，整个日本社会已经在剧烈的变动中面目全非。

19世纪中期，这个闭塞的幕府社会成为太平洋另一边觊觎的对象——年轻而野心勃勃的美国要将这个岛国变成它在太平洋的补给站。1853年，佩里

^ 西乡隆盛铜像

好莱坞电影《最后的武士》曾经轰动一时，其中的主角原型实际上就是日本“维新三杰”之一的西乡隆盛。

率领四艘军舰叩开了闭锁的日本国门。日本面临沦为半殖民地的危险，人民对幕府的怨恨已经如火山一般，即将喷发出来。

倒幕运动

1860年，曾残酷处死了7名倒幕志士的幕府大老（幕府将军下的最高官职）井伊直弼，在江户樱田门外被刺死。这一事件迅速点燃了倒幕运动的导火线。

为了转移人民的注意力，1863年6月，德川幕府诏令宣布“攘夷”，但是遭到美、法军舰的攻击，英国军舰也对攘夷十分激烈的萨摩藩进行了武力镇压。攘夷失败的幕府很快重投列强怀抱。1864年，英、法、荷、美四国组建联合舰队，进攻倒幕运动的大本营——长州下关。长军不敌，幕府趁机兴兵征伐长州，妄图将倒幕运动彻底镇压下去。长州的守旧势力夺取了藩政，幕府军不战而胜，倒幕运动遭遇挫折。

暂时的失败更激发了倒幕派的斗争精神。1865年，长州藩倒幕派领袖高杉晋作组织80人起义，3个月横扫长州，夺回政权。之后，他改变策略，不再提倡“攘夷”，而转向全力武装倒幕。随后他征集了5000多名农民和市民，组织了新式倒幕军队——骑兵队。

第二年，长州和萨摩结成倒幕同盟，被激怒的幕府第二次征讨长州。15万幕府大军分四路进攻高杉晋作。但情况已经今非昔比，倒幕兵以一敌十，大获全胜。

次年10月，被后来称为“维新三杰”的倒幕领袖西乡隆盛、大久保利通、木户孝允会集京都。孝明天皇驾崩后，继位的明治天皇悄悄给他们下达了“讨幕密敕”。随后萨摩、长州倒幕军浩浩荡荡开进京都。幕府将军德川庆喜见势不妙，主动奏请“奉还大政”，但暗地里在大阪集结兵力准备反扑。

1868年1月，天皇在倒幕军队的帮助下发动政变，颁布了《王政复古大号令》，宣布废除幕府，命令德川庆喜“辞官（交出兵权）纳地（献出领地和人民）”。眼看大势已去的德川庆喜犹做困兽之斗，在1月底指挥1.5万军队分两路进攻京都。

倒幕军5000人分别在京都西南的伏见、鸟羽与幕府军遭遇。士气高昂的倒幕军以少胜多将德川庆喜打败。4月，逃窜回江户的德川庆喜被迫投降。5月新政府入主江户，将之改名为东京。幕府残余势力土崩瓦解。1869年6月底，盘踞在北海道函馆的幕府残余被消灭，幕府统治随之永远退出了历史舞台。

新政府的改革

1868年4月6日，明治天皇政府发布具有纲领性质的《五条誓文》——历

明治天皇颁布法令

史上有名的“明治维新”自此开始。随后，整个19世纪60年代末期到70年代初期，政府颁布了一系列具有资产阶级性质的政策。从政治、经济、文化等各个方面，对日本进行了大刀阔斧的改革。

政治上建立中央集权：1869年6月，政府强制实行“版籍奉还”，取消各地大名的地方统治权力，大名改名为藩知事，作为明治政府的地方官接受中央的统一领导。1871年，配合“版籍奉还”又实行“废藩置县”，废除原有藩国界限，重新划分全国行政区。全国被划为3府72县，中央重新任命府县官吏，原大名封建领主权被取消，大名全部移居京都领取国家俸禄。

同时还规定废除等级身份制度，公卿诸侯等贵族改称为“华族”，平常武士改称为“士族”。又废除了武士佩刀的特权。普通平民被编入户籍，建立了系统的户籍制度，政府以此为依据进行征税和征兵。

1870年，效仿西方设立工部省，聘请大批外国专家和技师，引进先进技

术设备和管理方法，建立了一批以军工、矿山、铁路、航运为重点的国有企业。同时建立示范工厂，鼓励私人发展资本主义企业。

19世纪80年代初期，政府又将一些成功的国有企业、矿山出售给大资本家，并以优厚的条件保护资本家投资。到19世纪80年代中期，殖产兴业到达高潮，日本经济突飞猛进。

为了达到强兵的目的，明治政府在陆军方面参考德国，在海军方面效仿英国，改革军队编制。1872年的征兵令规定，凡年满20周岁以上的成年男子必须服兵役，服役期为3年。1873年颁布征兵令，在“国民皆兵”口号下，大批青年被征入伍，建立起了一支常备军，称为“皇军”，即天皇的军队。他们还注重军事思想教育，平时向士兵灌输效忠于天皇的信念，并贯彻“武士道”精神。这为后来日本走上军国主义道路埋下了祸根。

明治维新之后的日本面貌焕然一新，迅速崛起的日本很快摆脱了民族危机，成为东亚强国。但为晋升资本主义强国之列，保留的封建残余使日本走上了令人不齿的对外侵略道路，开始在亚洲大肆扩张。

上野之战

1868年5月15日的“上野之战”中，天皇军队最后肃清幕府的武装“彰义队”1000多人。至此，德川氏260余年来的根据地——关东地区被连根拔除。

第七章

两战档案

战争从来是与文明相生相伴的。萨拉热窝的一声枪响，掀开了“一战”的序幕——马恩河奇迹、索姆河决战、日德兰海战……鲜血染红了河水，浸透了大地。

“一战”结束后的二十几个年头，“二战”再次爆发——不列颠之战、偷袭珍珠港、斯大林格勒战役、中途岛海战、诺曼底登陆……哀鸿遍野，满目疮痍，但法西斯军国主义最终在正义面前缴械投降。两战风云已成为人们不愿提起的痛苦回忆。

▷ 爱德华八世不爱江山爱美人

VISIBLE HISTORY OF THE WORLD

关键词:“一战”导火线

萨拉热窝的枪声

■ 1914年6月

第一次世界大战是帝国主义国家两大集团间为重新瓜分世界、争夺殖民地而进行的战争，是资本主义世界经济体系危机的产物，是资本主义国家进入帝国主义阶段后发展不平衡的结果。然而这一切的开始都要从萨拉热窝的枪声说起。

欧洲火药桶

巴尔干地区位于欧洲的东南部，濒临地中海，地处欧、亚、非三大洲的交会处，既控制着地中海和黑海的门户，也控制着通往印度洋的航路，战略位置十分重要。自14世纪以来，巴尔干地区一直处于奥斯曼帝国的殖民统治之下，因此这里的民众也一直在寻求建立独立国家。进入19世纪，随着奥斯曼帝国的逐步衰落，巴尔干地区的一些国家相继宣布独立，如塞尔维亚、保加利亚、希腊等。20世纪初，野心极度膨胀的奥匈帝国开始对外扩张，战略位置极其重要的巴尔干地区自然成了其优先考虑的目标。

1908年10月6日，奥匈帝国等待的机会终于到来了——以本国侨民在巴尔干地区波斯尼亚的安全受到威胁为由，出兵吞并了原由自己托管的波斯尼亚和黑塞哥维那。这一军事行动激起了塞尔维亚的强烈不满，于是，塞尔维亚开始调动军队进行反击。而俄国也对奥匈帝国的动作大为恼火，立即宣布支持塞尔维亚的军事行动。就这样，奥匈帝国和塞尔维亚两国的军队在边境形成了对峙，战争一触即发。

此时，德国站出来给奥匈帝国撑腰，于1909年3月21日向俄国发出了最后通牒，警告其如果参与到这场战争中来，德国不仅将对塞尔维亚宣战，也将对俄国宣战。俄国刚刚经历了日俄战争的惨败，元气尚未完全恢复，只能选择忍气吞声。发现俄国也是有心无力，塞尔维亚也就不敢再有进一步的行动了。这件事传到塞尔维亚国内之后，民众一时间群情激愤，对奥匈帝国恨到了极点。于是在塞尔维亚国内，反对奥匈帝国的一部分人先后成立了“国防会”“黑手会”等秘密组织，期望通过游击战、暗杀等极端方式来阻止奥匈帝国的扩张。

巴尔干战争

就在巴尔干地区局势趋于

v 威廉二世像

威廉二世1888年至1918年在位期间大力推行帝国主义政策，用他自己的话说就是“世界只有依靠德意志才能得救”，他要为德国“谋求一个阳光下的位置”。1914年，他利用萨拉热窝事件挑起了第一次世界大战。

紧张的同时，奥斯曼帝国衣钵的继承者——土耳其帝国的日子越来越不好过了。其控制下的殖民地被很多新崛起的帝国看上了，这里面就包括意大利。1911年9月28日，意大利向土耳其发出了最后通牒，抗议土耳其在其北非殖民地阻挠意大利在那里的“正常商务活动”，并要求土耳其开放这些地区的自由通商权，否则就只能采取武力。面对意大利赤裸裸的挑衅，土耳其断然拒绝了它的无理要求，意土战争由此爆发。结果，土耳其惨败于意大利。而此时的巴尔干人民也想借此机会彻底摆脱土耳其帝国对他们的统治。

1912年8月，塞尔维亚、保加利亚、希腊和门的内哥罗这四个独立的巴尔干国家先后达成协议，组建了一个名为“巴尔干同盟”的组织，联合起来攻打土耳其帝国，以解放被它占据了多年的巴尔干土地。同盟军很快就击溃了驻扎在巴尔干的土耳其军队，土耳其政府被迫求和进行谈判。1913年5月30日，各国在英国伦敦签署了《伦敦条约》。巴尔干同盟取得了巨大的胜利，由此获得了期盼已久的民族独立。但很快，胜利之后的短暂喜悦就被现实的分歧取代，最终又演变成了一场战争——由于保加利亚获得的领土面积最大，引起了塞尔维亚的不满。后者希望保加利亚能划出马其顿的一部分给它。而希腊则要求得到马其顿南部和西色雷斯。门的内哥罗也想从保加利亚手中取得部分土地，甚至连没有参加同盟的罗马尼亚也向保加利亚索要南多布罗加的土地。但保加利亚拒绝了上述四个国家的所有领土要求。于是这些国家开始组建反保联盟。巴尔干地区国家之间的战争由此拉开了序幕。

6月29日，保加利亚先发制人，对反保联盟里最活跃的塞尔维亚发动了进攻。不久，门的内哥罗、罗马尼亚、希腊等国也先后加入了这场混战。对巴尔干仍不死心的土耳其，随后也加入了对抗保加利亚的战争中。不久保加利亚就撑不住了，不得不请求和谈。8月10日，战争双方在罗马尼亚的布加勒斯特签订和约——保加利亚同意将马其顿的大半领土割让给塞尔维亚、希腊，并把多布罗加划给罗马尼亚，土耳其则重新占领了亚得里亚堡等。由于塞尔维亚获得了马其顿的大部分土地，严重威胁到了奥匈帝国在巴尔干的利益，因此引起了奥匈帝国的强烈不满。奥匈帝国开始寻找发动战争的机会，而且是和德国一起。

大战的帷幕

1914年5月，奥匈帝国总参谋长赫特岑多夫与德国参谋长小毛奇举行会谈，讨论共同出兵塞尔维亚的军事计划。6月12日，奥匈帝国王储弗兰茨·斐迪南大公前往德国和威廉二世举行会谈，正式确定了共同进攻塞尔维亚的计划。两周之后，奥匈帝国开始在靠近塞尔维亚边境的波斯尼亚首府萨拉热窝举行大规模军事演习，假想敌即是塞尔维亚。而得意扬扬的斐迪南大公则决定带着他的妻子前往萨拉热窝进行视察，同时观看奥军的军事演习。塞尔维亚"黑手会"获知此消息之后，立即决定和波斯尼亚当地的秘密民族主义团体"青年波斯尼亚"，共同安排暗杀斐迪南大

王储抵达火车站

1914年6月28日上午，斐迪南大公抵达萨拉热窝火车站，数百民众在车站迎接这位王储。与此同时，7名刺客也已混杂在人群中，伺机而动。

^王储斐迪南与妻子在萨拉热窝

奥匈帝国王储斐迪南亲自到萨拉热窝检阅军队并指挥军事演习。奥匈帝国的蓄意挑衅激起了塞尔维亚爱国者的极大愤慨。

公的计划，期望以此来阻止奥匈帝国对塞尔维亚的侵略。

6月28日清晨，获得斐迪南大公即将在当天访问萨拉热窝的消息之后，7名刺客便被安排在斐迪南的必经之路上，以确保此次行动万无一失。

上午10时，斐迪南夫妇在城郊检阅军事演习之后，乘坐敞篷汽车进入萨拉热窝城区。此时，趾高气扬的斐迪南不会知道，死神正在一步步向他逼近。当斐迪南的车队驶至市中心的阿佩尔码头时，埋伏在这里的第一个刺客没能动手，因为一个警察走过来站在了他的面前。另外一名刺客则突然从道路两旁围观的人群中冲了出来，奋力向斐迪南乘坐的车辆扔出一枚手榴弹。但这枚手榴弹被车篷挡了一下，掉到了地上，在后面一辆汽车前方爆炸。受到惊吓的斐迪南很快就缓过神来，故作镇静地走下车来察看爆炸现场，并指着那名已经被抓的刺客对大家说："先生们，这个人疯了，我们还是按原计划进行吧！"

随后，斐迪南按照原计划参加了市政厅的欢迎会，之后又决定驱车前往医院看望在爆炸事故中受伤的随从。但在前往医院的途中，又遇到了一名埋伏多时的刺客——19岁的波斯尼亚青年加夫里洛·普林西波。他用勃朗宁1900型手枪，对着斐迪南夫妇连开7枪。斐迪南夫妇分别被击中了颈部和腹部，10小时后，双双离开人世。

v 加夫里洛·普林西普被捕

加夫里洛·普林西普暗杀斐迪南大公后被逮捕。此后，他被判20年监禁，在1918年死于狱中。而这次暗杀也成了早就想吞并塞尔维亚的奥匈帝国发动战争的绝好借口。

斐迪南夫妇被暗杀的消息传到奥匈帝国，国内一片哗然。该国于7月28日正式向塞尔维亚宣战，并开始进攻塞尔维亚。俄国这时候也坐不住了，开始全国总动员，出兵援助塞尔维亚。8月1日，德国向俄国宣战，继而向法国宣战。8月4日，德国入侵中立国比利时，导致英国对德宣战。随后英国又向奥匈帝国宣战。至此，第一次世界大战在萨拉热窝的枪声中拉开了帷幕，协约国和同盟国两大敌对阵营，终于开始了一场旷日持久、真刀真枪的较量。

VISIBLE HISTORY OF THE WORLD

关键词：翻盘奇迹

马恩河翻盘奇迹

■ 1914年9月

德军在马恩河战役败退之际，惊慌失措的小毛奇向德皇威廉二世发出了一封电报："陛下，我们输掉了这场战争。"他说得很对，德国人不仅输掉了马恩河战役，而且必定会输掉整个战争，只不过还需要4年多的时间来证明而已。

施利芬计划

法国在1870年与德国的战争中以惨败而告终，拿破仑三世的法兰西第二帝国也在这一过程中土崩瓦解，普鲁士国王威廉一世则登基成为德意志帝国皇帝。这一系列的打击让法国人受到了极大的刺激。因此，法国在战后开始着手巩固法德边界上的工事——这条防线东南端从靠近瑞士的阿尔卑斯山脉开始，沿线经过贝尔福、埃皮纳尔、土尔和凡尔登，结束于西北端的阿登森林，再往北就是卢森堡、比利时等国。当这项庞大的防御工程完工之后，法国人长舒了一口气。他们认为德国人不会再像1870年那样直接从法德边界发动进攻，从而长驱直入法国境内了。

就在法国人认为凭借这条防线可以高枕无忧的时候，德国人也一直没有闲着。1891年至1906年担任德国陆军总参谋长的阿尔弗雷德·冯·施利芬

^“沙朗”出租车

1914年8月，巴黎军事长官约瑟夫·加列尼将军下令征用巴黎所有的出租车，以便将6000多名士兵运送到前线。马恩河战役中，1910年产的“沙朗”出租车是将法国士兵从巴黎运往前线的车辆之一。

通过多年的研究并根据德军的特点，设计了一项名为“施利芬计划”的进攻策略，即绕过法国军队重兵布防的法德边界，从比利时和荷兰东南部突入法国北部地区，直插其首都巴黎。

按照施利芬精心设计的作战计划，德军将以最靠近法国边境的德国城市梅斯为中心分为左右两翼——其中配置有79个陆军师的右翼为主攻方向，他们将以迅雷不及掩耳之势突入比利时，迅速击溃比军之后攻入法国内陆，从而让法国人苦心经营的法德边界堡垒防线化为乌有。而由8个师组成的德军左翼则需要一直留在法德边界，以牵制正面法军主力。如此布置下来，德军部队就会像一把长长的镰刀横扫法国北部地区，从而可以随后从北、西、南三个方向包围巴黎，并最终迫使法国进行和谈。

^ 威廉二世和小毛奇视察战场

马恩河战役中德军败北后，小毛奇也因此被威廉二世免去德军最高指挥官之职。西线战争至此转入持久的阵地战阶段。

施利芬计划除了将法国军队纳入考虑之外，还加入了英国会派出10万远征军的假想，最后还不忘对东线俄军可能采取的攻势进行了安排（鉴于俄军较慢的动员速度，施利芬只是在东线部署了10个师的兵力）。

德军的右翼

大战爆发前夕，80岁的施利芬走到了生命的最后阶段。然而，他用毕生心血而为的施利芬计划，在他去世一年多后，就被他的继任者小毛奇修改了。这也导致了德国人最终的被动。小毛奇的全名是赫尔穆特·约翰内斯·毛奇，他的叔叔就是德国历史上赫赫有名的军事将领赫尔穆特·冯·毛奇，又称老毛奇。但小毛奇没有从他叔叔那里学到什么真正的本领，而是靠着和德意志皇帝威廉二世一起从小长大的伙伴关系，获得了格外关照，一步步当上德军总参谋长。

小毛奇修改了施利芬计划，将施利芬一再强调的德军右翼部队减少了1/3兵力，将这些削减下来的部队补充给了左翼，甚至还有东线。此外，小毛奇还放弃了对荷兰的进攻。因为他觉得德军只需要通过比利时就可以到达法国。不久，德国右翼的两个集团军不得不为通过比利时狭窄的列日要塞区而伤透脑筋，不仅人员受到了极大损失，最关键的是宝贵的时间也在比利时被消耗掉了。

1914年8月4日，德军右翼开始大举入侵比利时。德军原本认为可以在几天内结束战事，却在列日要塞拖了十几天，直到8月16日才完全攻占这个要塞。8月20日，德军占领了比利时首都布鲁塞尔。随后，在比利时国王的恳请下，法国军队开始进入比利时境内。8月22日，在阿登森林地区与德军不期而遇，双方很快就爆发了大规模交战。很快，德军占据上风，法军总参谋长约瑟夫·霞飞不得不下令部队全线撤退。德军于8月24日开始突入法国境内。而在德军的左翼，法军从8月14日就开始从阿尔萨斯-洛林一线发动了攻势，希望

历史断面

施利芬和施利芬计划

施利芬于1865年进入德军总参谋部工作，1891年任德军总参谋长。他对毛奇、克劳塞维茨的战争理论充满敬意，在德军总参谋部期间，对法国和俄国进行了深入研究，同时根据著名的坎尼之战获得的启示(即汉尼拔采用包围敌军两翼和后卫的战术击败了强大的罗马军团)，为德国拟定了一个大胆的战争构想：利用德国兵力动员迅速的优势先行击败法国，然后集中力量对抗俄国。因为俄国落后的军事动员机制，其至少需要6周至8周才能完成战争动员，所以德国可以利用这一时间差和自己发达的铁路网，通过比利时对法国北部地区实施突袭，从而迅速打败法国，这就是施利芬计划的雏形。至1905年12月，施利芬完成施利芬计划的最终方案，并在1906年将此计划交托给小毛奇。

以此来牵制德军在比利时的进攻，并夺回自己在40多年前丢失的土地。准备充分的左翼德军抵挡住了法军的进攻，但此时小毛奇被暂时的胜利冲昏了头脑。他命令德军立即向退回坚固阵地中的法军实施攻击。很显然，这种攻击完全是徒劳的，反而给自己增加了许多伤亡。

到了8月底，法国人的处境已经是岌岌可危，似乎德军很快就会攻到巴黎城下。在这个危急时刻，屡次指挥作战皆失利的霞飞将军并没有慌乱，开始大规模地调兵遣将。霞飞将军将从阿尔萨斯—洛林地区抽调出来的部队和法军预备役部队混编成第6集团军，同时将费迪南·福煦的新编第9集团军调到与德军正面交锋的第5集团军右翼。此外，霞飞将军还撤换了几十名在此前战斗中表现令人失望的军官，其中包括两名集团军司令。

在霞飞将军的有效调度之下，法军的抵抗开始逐步变得有效起来。而在此时，小毛奇又犯下一个致命错误：面对俄军在东线的进攻，慌了手脚的他立即从德军右翼部队中抽调出两个军的兵力运往东部前线。加上德军需要在比利时留下大批部队以清剿比军残余力量，马恩河附近的法军数量对德军数量由此取得了1.8：1的局部优势。

法国的反击

1914年9月2日，德国第1集团军进抵马恩河，并开始准备渡河以直取巴黎。这一天，法国政府也开始向南疏散，霞飞则很快就将巴黎变成了一座大兵营，各路法军部队在这里重新进行集结，并按照他的指挥奔赴马恩河沿线，等待德军即将发动的进攻。而此时的德军经过近一个月的连续作战，已经疲惫不堪，再加上后勤补给时断时续，士气已经降到了最低点。

9月4日，霞飞将军命令法军第6集团军主动出击，渡过马恩河攻击德军的侧后方，其他法军部队则在马恩河沿岸发动反攻。第二天，出击的法军就和德军第1集团军交上了火，双方爆发了一场激烈的遭遇战。随后不久，法国第5集团军在弗朗歇·德斯佩雷的率领下突入德军第1集团军和第2集团军之

间的防御缺口，在德军防线上硬生生撕开了一个口子，法军随即发动了全面反攻。而此时担任掩护任务的法国第9集团军受到了来自两个德国集团军的猛烈进攻。在福煦的亲临指挥下，法军顶住了德军的进攻，胜利的天平由此开始向法国人这边倾斜。

9月8日，法军将两个德国集团军之间的缺口进一步扩大，并最终将这两股德军彻底分割开来。第二天，德国第2集团军面对即将被包围的危险，率先开始向北撤退。看着自己旁边的队伍撤离了，德国第1集团军也在同一天开始全线撤退。至9月11日，德军已经全部撤离马恩河阵地，马恩河会战由此结束。

^ 霞飞将军像

霞飞将军在“一战”期间任法军总司令，指挥的马恩河会战和凡尔登战役直接影响了法德两国的命运，也影响了整个欧洲的历史进程。

在这次战役中，交战双方先后投入了超过150万总兵力，而伤亡总人数则在30多万，其中法军伤亡约14万人，德军则伤亡近22万人。德军在此次战役中遭遇了巨大的失利，也失去了在闪电战中击败法国的最好机会。法国则凭借着这场逆转性的胜利，改变了法兰西再次被德军攻占的命运。

VISIBLE HISTORY OF THE WORLD

关键词：“一战”最大规模海战

日德兰海战

■ 1916年5月~6月

1916年5月的最后一天，呼啸的海风夹带着浓烈的咸味，吹过了斯卡格拉克海峡。在北海波涛汹涌的海面上，人类创造的最可怕的钢铁巨兽，狠狠地碰撞在了一起。此后，全世界人都记住了一个伟大的名字——日德兰。

决战前夕

1916年，已经是“一战”的第三个年头。在马恩河，在香槟—阿杜瓦，在马祖尔湖，几百万武装到牙齿的士兵在厮杀、战斗和流血，战斗机、毒气弹、马尔斯巨型火炮等可怕的杀人武器，相继亮相。陆地上打得这样热闹，海上也不平静。德国潜艇虽然屡屡偷袭英国的商船，但面对实力强大的英国本土舰队，德国的公海舰队也只能老老实实地龟缩在不来梅港和威廉港内。英国人嘲笑这支舰队是“存在舰队”，把堂堂的德国海军看成了“看门狗”。自尊心极强的德国皇帝威廉二世对此大为恼火，决定走马换将，任命海军上将莱因哈特·舍尔为公海舰队的新司令。这位水兵出身的海军上将一向以勇猛、好斗著称，他向皇帝提出了一个新的作战计划——以小规模舰队骚扰英国海岸，诱使英国的分舰队出击，再以公海舰队的主力围而歼之，然后和实力严重削弱的英国本土舰队进行决战。威廉二世对这个“钓鱼”战术非常满意，很快就批准了舍尔上将的计划。

1916年5月30日，德国海军中将施佩尔带领5艘战列巡洋舰、5艘巡洋舰、20艘驱逐舰组成的“诱饵舰队”驶出了威廉港，目的地是日德兰半岛和瑞典之间的斯卡格拉克海峡。在航行过程中，施佩尔命令部下不断地用无线电发报机发报，生怕英国人不能发现自己，耽误整个“钓鱼”行动。5月30日中午12点，一份德国海军将于次日出动的情报放到了英国本土舰队司令杰利科海军上将的办公桌上。尽管不知道德国舰队出动的规模，杰利科上将和他手下的贝蒂中将还是制订了一个和德国人类似的作战方案——贝蒂中将率领一支分舰队与德国舰队主动交火，然后再伺机撤退。等德国舰队开始追击后，杰利科上将率领本土舰队的主力从侧翼出击，一举消灭德国舰队。

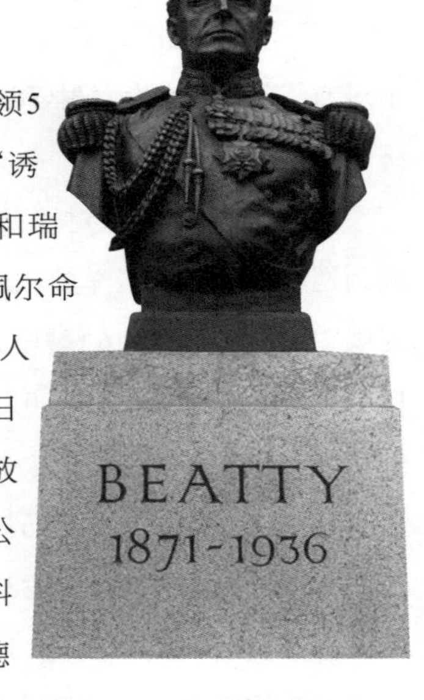

∧贝蒂中将塑像

日德兰海战结束后的第三年，贝蒂中将被晋升为海军元帅，并被封为伯爵，以作为对他长期服役和所做贡献的奖励。

意外的遭遇

5月30日晚，贝蒂中将率领着4艘战列舰、6艘战列巡洋舰、12艘轻型巡洋舰和27艘驱逐舰组成的“英国版”诱饵舰队从军港出发了。几个小时后，杰利科海军上将率领着本土舰队的主力也出发了，就尾随在贝蒂舰队的身后。第二天下午2点，两支庞大的舰队都出现在了北海的海面上，在贝蒂舰队的东边就是施佩尔的舰队，只是双方都没有察觉到对方的存在。下午2点20分，一艘丹麦籍货轮从两支舰队之间经过，货轮不早不晚地拉响了自己的汽笛，一股浓浓的蒸汽冲天而起。德国巡洋舰“埃尔平”号和英国巡洋舰“加拉蒂”号都向货轮方向靠近，它们很快就发现了对方，英国人抢先发射了这次海战中的第一发炮弹，日德兰大海战的序幕终于拉开了。

当时双方的实力对比是这样的：本土舰队有37艘“无畏”级战列舰和战列巡洋舰，34艘巡洋舰和80艘驱逐舰；而公海舰队只有23艘“无畏”级战列舰，11艘巡洋舰和63艘驱逐舰。那“无畏”级战列舰是什么样的军舰呢？1906年，英国海军花费750万英镑打造的巨舰“无畏”号下水，这艘“海上堡垒”装有10门305毫米主炮，满载排水量达到了2.1万吨，航速更是达到了可怕的21节。由于火炮设置巧妙，任何方向来袭的敌人都会同时遭到8门主炮的攻击，每4秒钟就会有8发305毫米的炮弹倾泻到敌人的头上。“无畏”号诞生后，各国纷纷效仿，主炮口径在305～381毫米之间，排水量在2万～2.5万吨之间的战列舰也被统称为“无畏舰”或“超无畏舰”，这种海上怪兽一时间成了海军力量的象征。日德兰海战中，杰利科和舍尔手中的王牌也正是这些无畏舰。

惨烈的决战

贝蒂中将和施佩尔中将几乎同时得到了敌袭的报告，施佩尔命令舰队向东南方向，也就是公海舰队主力所在的方向撤退。好不容易遇到德国军舰的贝蒂下令全速追击，完全忘记了自己诱饵的身份。就在两只前卫舰队大玩“猫捉老鼠”游戏的时候，他们身后的主力舰队也在加速赶往战场。下午3点48分，贝蒂舰队和施佩尔舰队开始了战斗。由于德国军舰装有先进的测距仪和指挥系统，所以德国军舰的射击更加准确，贝蒂舰队中的战列巡洋舰“狮”号、“虎”号、“玛丽王后”号相继中弹。下午4点整，一枚穿甲弹击中了贝蒂的旗舰“狮”号的炮塔，差点引发了弹药库的大爆炸。幸亏炮塔指挥官哈维少校在临死前下令向弹药库注水，“狮”号这才避免了被炸上天的命运。战后，哈维被

^日德兰海战中受损的“狮”号巡洋舰

日德兰海战中，英国皇家海军的“狮”号巡洋舰被德军舰主炮12发大口径炮弹命中，险些沉没。这张照片拍摄于1919年6月，维修人员正在修复“狮”号巡洋舰，主炮的前装甲板已被卸下。

授予了英国军人的最高荣誉——维多利亚十字勋章。“玛丽王后”号就没有那么好的运气，几发炮弹击中了它的弹药库，在一声惊天动地的爆炸声里，这艘排水量达到2万吨的无畏舰变成了一个火球，沉入了北大西洋冰冷的海底，船上的1275名船员中只有9人生还。几分钟后，英国军舰“不屈”号也步了“玛丽王后”号的后尘，第一轮交锋德国舰队以2：0领先。

祸不单行，就在贝蒂为巨大的损失而心痛的时候，舍尔率领的公海舰队主力赶到了战场。一看形势不妙，贝蒂急忙下令舰队向北撤退。杀红了眼的德军舰队哪里肯放过英国人，他们全力追击，完全不知道自己追逐的也是一个有毒的诱饵。晚上6点左右，杰利科的本土舰队出现了，24艘“无畏”级战列舰排成

^ 经历了日德兰海战后的“塞德利茨”号战列巡洋舰停靠在港口

这艘德国海军的战列巡洋舰于1911年11月5日开始服役，在日德兰海战中与“德弗林格尔”号一同击沉了英国皇家海军的“玛丽王后”号战列巡洋舰。而它也在这场海战中被22发大口径穿甲弹和1枚鱼雷击中，5座主炮塔全部失去作战能力，船舱进水量达5300吨，在与舰队失散的情况下，返回德国本土基地，因此有了“不沉战舰”之名。

了海战中最能发挥火炮优势的“T”阵形进入了战场，而公海舰队的阵形却是不利于火炮射击的纵队形。尽管德国军舰又击沉了英国军舰“无敌”号，但德军的战列舰“吕措夫”号也被打得千疮百孔。这时，舍尔从被俘的英国水兵口中得知自己面对的是整个本土舰队，上将这才发现他钓上来的不是可口的金枪鱼，而是要命的大白鲨，舍尔终于决定撤出战场。晚上 7 点整，“吕措夫”号带着肚子里的几万吨海水发起了决死冲锋，德国驱逐舰也向几个方向发动了佯攻，以掩护己方的战列舰突出重围。双方的巡洋舰、驱逐舰互相英勇地冲锋，战列舰305毫米主炮的炮口不停地闪动着耀眼的光芒。

6月1日凌晨3点，公海舰队终于冲破了本土舰队的包围，从合恩礁水域撤回了威廉港，追踪而来的英国人却只能在水雷区外愤怒地咆哮，德国人布下的水雷让他们望而却步。4点15分，杰利科上将命令本土舰队返航，日德兰海战终于结束了。

这场战斗中，英国人损失了3艘战列巡洋舰、3艘轻型巡洋舰和8艘驱逐舰，伤亡6900余人；德国人损失了1艘战列舰、1艘战列巡洋舰、4艘轻型巡洋舰和5艘驱逐舰，伤亡3000余人。

作为战列舰时代最辉煌的一次战斗，日德兰海战让越来越多的国家认识到了巨舰大炮的不足。也正是在这次海战之后，航空母舰和潜艇逐渐成了海战中取胜的决定性武器。

历史断面

日德兰鱼雷

鱼雷是一种能在水中自导、自控、自航，在水中爆炸毁伤敌方舰船的武器。“一战”中，鱼雷已经成了仅次于舰炮的主力武器。在战斗中，发射出去的鱼雷要么击中目标，要么自沉于海底，可在日德兰海战中，英国超无畏级战列舰“普鲁斯”号发射的一枚533毫米白头鱼雷，既没有击中目标，也没有沉没。它竟然像幽灵一样在大洋中漂泊了50多年，先后在北海、北大西洋、百慕大三角、美国东海岸等许多地方出现过，许多国家的海军官兵、船员都亲眼见到过这枚“古董”武器。其实，这枚鱼雷漂浮的原因很简单：“一战”时鱼雷的装药量很少，一般不超过30千克，而且鱼雷“身体”里有一个占其总长度1/2的密封气舱，这样鱼雷的浮力和本身重力几乎持平，所以它浮而不沉，还随着海水的流动开始了漫游。

VISIBLE HISTORY OF THE WORLD

关键词：坦克

决战索姆河

▪ 1916年7月~11月

1916年初，就在德国人为进攻凡尔登而紧锣密鼓准备的时候，法国人也没有闲着。他们正谋划着在法国北部的索姆河地区发动对德军阵地的进攻作战，而设计和部署这一战役的人正是此前已为法国立下赫赫战功的霞飞将军。

协约国的豪赌

霞飞将军希望通过索姆河战役迫使德国从俄国战线撤出部队，从而给德军以致命打击，以尽早结束这场已经造成巨大伤亡的战争。根据法英两国的协定，英国军队将在这场战役中给予法国方面最大的支持，将派遣最大规模的部队参战。英国远征军的指挥官是道格拉斯·黑格爵士。当他获知霞飞将军的作战计划之后，曾劝告过后者，希望能从易于进攻的佛兰德地区发动协约国的攻势，而不是在没有任何战略意义的索姆河地区做文章。但他的建议很快就被霞飞将军拒绝了。

此时，英国的志愿应募制已经被征兵制取代，所以可以从加拿大、澳大利亚、新西兰、南非和印度获得大批兵源。但由于这些新兵需要时间去训练，所以黑格稍后又建议霞飞将军推迟索姆河战役的时间，以便使协约国获得足够的优势，确保最终战役目标的达成。此外，黑格还在等待一种崭新秘密武器的到达，他认为这种武器将彻底改变堑壕战的战局。于是，他请求霞飞将军将战役推迟到8月15日，而不是之前制订的7月1日。然而霞飞将军再次否决了他的提议，坚持按照原定计划时间发动进攻，因为此时在凡尔登方向，法军的压力依然非常大。黑格在日记里这样描述当时的场景："我提到的时间是8月15日，霞飞将军马上很激动地说：'如果到那时我们还无所作为，法国军队就要被消灭了。'"

^ 冲锋前的准备

索姆河战役的惨烈程度是惊人的，照片中的英军士兵正在做着冲锋前的准备——给自己的恩菲尔德步枪上刺刀。

按照霞飞将军最初的设想，协约国会安排两个法国集团军和一个英国集团军在索姆河附近一条近100千米长的战线上对德军发动进攻。但法军在凡尔登被德军纠缠上之后，法国能用于索姆河战役中的兵力就大大减少，英国军队因此成了发动进攻的主力。协约国最初投入的兵力为39个师（战役过程中增加到86个师），其中英军25个师，以第4集团军为主，第3集团军为辅，在索姆河北岸卡尔诺以北地区发动进攻，正面25千米；法军第6集团军14个师，跨索姆河在英军右侧进攻，正面15千米。此外，协约国部队还有2000多门火炮、1160门迫击炮以及约300架作战飞机，在兵力总数和火力配备方面均超过防守德军。但担任主攻任务的英国军队中的很多部队都是由英联邦各国提供的，在协同配合方面经验比较欠缺，而且其中很多是新兵，没有任何实战经验，受到的训练也不充分。因此，他们中的很多人在战役发动的第一天就在冲锋中被打死了。

^战场上的霞飞将军与黑格

1915年，霞飞将军（前排中）与道格拉斯·黑格（前排左）在战场前线。这一年的12月10日，黑格出任英国远征军司令。

惨烈的战斗

英法军队的对面是正在磨刀霍霍等待敌军进攻的德军部队，主要是第2集团军，其第一线为9个师，预备队4个师（后总兵力增至67个师）。从部队数量上来看，德军处于绝对劣势，但他们也有自己的撒手锏。自“一战”开始以来，索姆河地区相对于其他战火纷飞的地区来说，算得上相当平静，双方更多时候都是在静默中对峙，很少发动大规模的攻坚战。可能是这一点促使霞飞将军选择将这里作为协约国在1916年的主攻方向。但德军在索姆河地区防御工事的坚固程度，完全超出了霞飞将军的想象。德军在这里一直都没有闲着，为加强3个主要防御阵地的防御能力，他们在沿河的2个方向做了大量准备工作，例如在坚实的白垩土中精心构筑了分隔开的地下坑道网等。这些堡垒包括厨房、洗衣房、急救站等设施，还有庞大的弹药储备，即使是强大的炮击也无法破坏这个地下综合掩体。这些掩体的进出口都隐蔽在村庄住房和附近树林中，有效保护了防守德军的安全。而且这些防御堡垒是逐个升高的，从而形成了密集的交叉火力网，迫使协约国的进攻者要冒着火力一级一级爬上来，而这段时间则成了德军最好的攻击时间。相对于德军完善的防御工事，协约国的露天堑壕工事显得非常简陋，士兵一旦探出身来，就会被德军狙击手干掉；从这些工事中跃出后发动大规模地面进攻，协约国的士兵都将成为隐蔽在掩体中的德军的最佳枪靶子。此外，协约国在战役准备的保密工作上也做得非常差，这些国家的驻外使馆武官在诸多场合透露了会发动大规模攻势的言论，这些情报被德国安插在马德里、海牙等地的间谍一一传回德国。当英法军队大批调往索姆河地区的时候，验证了上述情报的准确性，德国人更加明确了他们的防御重点，他们正静静地等待着猎物送上门来。

6月24日，协约国前沿炮兵部队开始对索姆河地区的德军阵地实施大规模炮击，为随后的阵地进攻扫清前进的障碍。这次炮击持续了整整6天，协约国军队共发射150万发炮弹——这个数字比英国在“一战”第一年全年制造的炮弹总数还要多。爆炸的场面异常“绚丽”，特别是在夜晚，很多协约国士兵都会爬出战壕，遥望德军阵地上星星般闪烁的爆炸。他们中的很多人都觉得数天之后的进攻将会是例行公事，因为在如此规模的打击下，德军是无法存活下去的。很快，这些人就会明白这样的想法是大错特错。

而在另外一侧，德军士兵安全地躲避在防御坑道里面，这其中还包括一位德军下士，他的名字叫阿道夫·希特勒。这个时候的他和大多数防御工事里的德军士兵一样，充满了对几天后战斗的期待，因为他们知道协约国的士兵会在德军完善的防御工事前像被割韭菜一样被消灭掉。对于当时的情景，希特勒在他的日记里是这样写的：“我毫不羞愧地承认，我为热情所陶醉。我跪了下来衷心地感谢上帝，为了荣幸地允许我活在这样的时候。”

7月1日，协约国的3个集团军在战线的3个方向上分别发动了攻击，并在部分地区突破了德军的第一道防线，但也因此付出了惨重的伤亡——当日被

^“马克”Ⅰ型坦克

照片中坐在“马克” Ⅰ型坦克上的英国士兵显得兴高采烈。对于他们来说，坦克厚达12毫米的车身钢板足以抵挡11.43毫米的机枪子弹，还能搭载他们越过又高又深且满是烂泥的壕沟。

德军马克沁机枪杀伤的人员数量就达到了近6万。第二天，英法军队攻占了德军第二道阵地，并一度占领巴尔勒、比阿什等德军防御要地。但随后德军投入了大量预备队对上述区域进行反复争夺，协约国的推进速度被迟滞。至7月中旬，协约国军队仅向前推进了数千米，没有达到战役预期目标，战斗陷入了僵局。进入8月初，英法军队数量增加至51个师，作战飞机也增加至500架，但仍不能改变战局。此时，德军也增加至31个师，僵局仍然未打破。

9月15日，英军在战斗中第一次使用了新式武器——坦克，也就是黑格爵士之前提到的秘密武器，总计49辆。但由于机械故障等原因，实际投入战斗的只有18辆。坦克投入战斗之初，的确让德国人吓了一大跳，也取得了一定的成效，配合步兵进攻取得了当日推进4千米至5千米的不俗战绩，之前每日推进速度仅150米至200米。但由于坦克数量有限，且战线宽度大，再加上技术远没有达到完善而故障频频。所以总体上取得的成效不大，对于索姆河战役的最终结局起不到多大的作用，反而在后续几次战斗中被德军击毁了10辆。

无言的结局

战役进入秋季之后，天气状况开始变得恶劣，大多数时间都是阴雨连绵，使得道路泥泞，很难再发动较大规模的攻势，索姆河地区的战斗开始趋向平静。至11月，索姆河战役正式结束，协约国的这一作战计划以失败告终，它们近半年的进攻最终只获得了一块10千米宽、50千米长的狭长地带，其中没有任何有价值的战略要地。协约国共伤亡79.4万人，德国伤亡53.8万人。霞飞也因此而很快被解除了所有职务，虽然他同时被晋升为法国元帅。但人们都清楚这个头衔只是个幌子而已。即便如此，索姆河战役还是消耗了大量德国军队的有生力量。胜利的天平经过1916年之后，逐渐倒向协约国一边。

VISIBLE HISTORY OF THE WORLD

关键词:“一战”结束

“一战”谢幕演出

■ 1917年2月~1918年11月

1918年，败局已定的德军在西线发动了数次大规模攻势，但最终也只能是无用的挣扎。终于在这一年的11月11日，德国宣布投降，第一次世界大战正式画上句号。这场战争总共有五大洲的30多个国家参加，双方参战兵力达6000多万，伤亡3000多万，因战争而死于饥饿和疾病的平民达1000万，交战各国的经济损失达2700亿美元，是一场不折不扣的人类浩劫。

初试啼声的美军

1917年2月，德国重新开始了无限制的潜艇战，这一举措彻底惹火了美国。美国开始对德宣战，加入协约国的行列。1918年，德国人在西线对协约国发动了一次闪电战——米夏埃尔行动计划，但结果是德国人在行动中损失巨大。德国人知道时间对于他们来说已经不多了，所以德军最高指挥之一鲁登道夫决定不给协约国军队以喘息之机，于1918年5月27日，在法国东北部的佛兰德发动进攻。为了迷惑敌军，鲁登道夫还在谢曼德达姆等地实施了佯攻。虽然此时协约国军队根据德军渗透部队的战术已经研究出了弹性防御战术，但在谢曼德达姆驻守的法军指挥官仍然机械地照搬步兵教科书上的

^德军最高指挥当局

1917年，德皇威廉二世（中）、保罗·冯·兴登堡（左）与鲁登道夫（右）在德军总部研究作战方案。威廉二世左臂先天残疾，照片中他习惯性地将左手插在兜中，而兴登堡和鲁登道夫也都将他们的一只手插在兜中。

防御战术，把重兵放在前沿，致使德军的渗透战术再一次取得成功。进攻开始不到一个小时，德军就突破了布满守军尸体的防线，朝着法军的后方挺进。看着佯攻的德军部队反而获得了战场的主动，鲁登道夫决定改变作战计划，命令在谢曼德达姆进攻的德军转为主攻部队继续全速挺进。几天后，势如破竹的德军居然又顺利推进到了几年前他们战败过的地方——距离巴黎不到60千米的马恩河畔。

此时，巴黎的防守非常薄弱，不得不将距离这里最近的潘兴将军率领的美国远征军的两个师拉过来。这些美国兵基本上没有多少作战经验，正在所谓的后方接受作战的基本训练，而现在后方也因为德军的进攻变成了前线。于是，美国远征军开始了在欧洲战场上的第一次战斗，结果居然击退了德军的进攻，迫使德军于6月6日结束了对巴黎的进攻。随后，这场战役中最激烈的一次战斗在一个叫作贝莱奥森林的地方展开。

经过3个星期的苦战，美军完全夺取了这片森林，与他们交手的德军士兵也不得不佩服这支初出茅庐的作战部队，称他们是“鹰犬之师”。为了表彰美国海军陆战队英勇作战的事迹，法国政府在战争结束后，将这座已被打成秃山的森林命名为“海军陆战队森林”，而这座森林在名义上也被划归美国政府所有。

全线崩溃

自此，德国人再也没有能力发动新的攻势，接下来该兵强马壮的协约国军队发言了。1918年7月18日，协约国的埃纳－马恩河反攻作战开始了。美国远征军的8个师首次作为主力部队担当主攻任务，一鼓作气将德军赶回了沿埃纳河和维斯尔河一线的防御阵地。与此同时，英国远征军也发动了一系列的反击作战，法军也进行了配合作战。8月8日，德军在西线全线崩溃，虽然还在苦苦支撑，但胜利对于他们来说已经是一件遥不可及的事情。

接下来，协约国开始谋划对德军的最后决战，期望通过一次大的会战彻底结束这场战争。他们计划对德军形成一个巨大的“压缩”包围圈：包围圈的左翼为英国远征军，向东横扫比利时和法国北部；右翼是美军第1集团军和法国军队，向北穿过默兹河和阿尔贡森林区。如果协约国的右翼部队能够突破德军的五道防线，并杀开血路穿越大约65千米的无人区，就能切断德军主要的铁路供应干线，迫使德军沿崎岖的阿登山区两侧后撤。因此，作为右翼主攻部队的美军是整个战局的关键。60万名美军、4000门大炮、4万吨弹药以及不

< 加拿大士兵进入法国北部城镇康布雷

这张照片拍摄于1918年10月。此前，撤退的德军在镇上放了一把火，但由于加拿大士兵的迅速到来，使得这个小镇避免了被焚毁的厄运。

计其数的补给品被火速运至战场前线，准备在9月底发动可以一锤定音的默兹—阿尔贡攻势。其中，中路美军将作为主力，长驱直入穿过蒙福孔山，插入德军在罗马格涅和库内尔的第三道防线。左路美军将扫荡森林和埃尔河谷进抵格朗普埃，这也是德军第三道防线中的一个主要堡垒，右路美军将占领库内尔和默兹河之间的地区。与此同时，法军部队将在阿尔贡森林西部和默兹河东部支援美军部队，进行策应作战。

9月26日，美军第1集团军打响了默兹－阿尔贡攻势的第一枪（同一天，保加利亚退出了同盟国）。在进行了3个小时的炮火准备之后，美军步兵开始一波又一波地冲向德军阵地。然而，战局的发展却不尽如人意——美军的进攻遭到了德军的顽强阻击。随后，德军6个师的增援部队赶到前线，补充到防守阵地中。10月1日，潘兴将军不得不承认美军在初期作战中没有

^ 欢呼胜利

听闻德国签署停火协议，美军第7步兵师第64团的士兵用欢呼和挥舞钢盔来表达他们的兴奋心情。

达成既定战略目标的事实，但还是坚持继续进攻，保持对德军的持续压力。

10月4日，美军总算在德军防线上撕开了一个口子，并通过这个口子突入到德军的防御纵深处，德军防线开始全线撤退。在随后几周的战斗中，美军最终突破了德军的第三道防线，取得了战役的主动权。由于美国人在此处的凌厉攻势，迫使鲁登道夫动用他的27个最精良的后备师，以增援摇摇欲坠的默兹－阿尔贡战线，从而缓解了其他战区协约国军队的压力。此后不久，土耳其、奥匈帝国等先后退出了同盟国，德国成了孤家寡人。

谢幕演出

1918年11月6日，美国第1集团军抵达了色当附近俯视默兹河的高地，对德国密集的铁路网进行了炮击，致使德军在此地的铁路运输陷入瘫痪。随后，美军强渡默兹河，攻占了位于色当和梅斯之间的整个德军阵地。与此同时，协约国左翼的英国远征军给予北路德国集团军群以沉重打击，迫使德军退向莱茵河。在一片风雨飘摇之中，德国开始走向最后的崩溃。而德国许多部队的士兵也纷纷起义，拒不执行最高统帅部的命令。11月7日，由中央党领袖、新任国务部部长马蒂亚斯·埃茨贝格领导的德国停战委员会开始同福煦元帅在贡比涅的火车车厢里谈判。

11月9日，已经控制不了局面的兴登堡不得不最后一次提醒德皇："我必须劝告陛下退位，并前往荷兰。"不到两天的时间，威廉二世就接受了兴登堡的建议宣布退位。临时政府很快就宣告成立，并于1918年11月11日凌晨5时，与协约国正式签署停战协议。

根据停战协议的规定，德国同意从所有侵占的领土撤出，包括于1871年从法国夺取的阿尔萨斯和洛林。它还保证遣返所有被俘的协约国士兵和平民而不要求进行交换，并交出大量战争物资，其中包括5000门大炮和2.5万挺机枪。需要注意的是，该停战协议对于德国工业基本上没有进行任何形式的削弱，使得德国人可以在20多年后重整旗鼓，再次发动第二次世界大战。

∨弗雷泽一家阅读当日报纸

1918年11月11日，加拿大多伦多市内的弗雷泽一家正在阅读当日报纸的头条——德国与协约国签署停战协议。

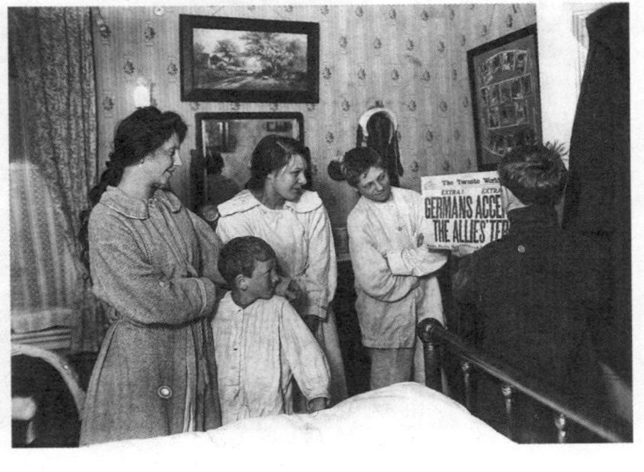

专题

诡异的堑壕战

攻城利器堑壕生活 堑壕友谊

堑壕战是一种利用修筑低于地面高度的堑壕来保护士兵进行作战的战争形式。进行堑壕战的双方都具有固定的防线。当交战双方火力大大增强，而活动能力和通信系统却没有多大改进时，就会使用堑壕战。

攻城的利器

堑壕战的历史要追溯到17世纪的欧洲大陆，当时这片土地上的主要战争都是围绕城堡展开的。虽然火炮已经开始使用在攻城战中，但仍不能成为攻城略地的利器。而且如果城堡也开始装备防御火炮，就会使得攻占城堡的战

▼ 堑壕上的风向标

“一战”时，一名澳大利亚士兵调整堑壕胸墙上的风向标。堑壕面对敌人的一侧叫胸墙，是用泥土或石头筑成的用以保护士兵的防护墙，背对敌人的一侧叫背墙。

斗演变成旷日持久的拉锯战。

一位名叫塞巴斯蒂安·德·沃邦的法国人打破了这一僵局，他首次采用堑壕战来攻城，取得了极好的效果。沃邦指挥围城部队在守军炮火射程范围之外挖掘一条环绕城堡的堑壕，之后由这条堑壕再按照“之”字形朝城堡方向挖掘分支堑壕，等到距离达到一定范围的时候，就将火炮由堑壕拉至城堡正前方抵近攻击，直至最终摧毁守军的防御城堡。沃邦堑壕在法荷战争期间发挥了巨大的作用，帮助法军接连攻克荷兰多座坚固的城堡。从此，中世纪城堡战时代宣告结束。

▲ 堑壕中的祈祷

1915年，在西班牙加利西亚，著名摄影师安德烈·柯特兹为“一战”留下了可贵的影像记录：某日清晨，一名士兵在潮湿泥泞的堑壕中祈祷。

在随后一些著名战例中，堑壕战同样发挥了巨大作用。例如在美国独立战争的约克镇战役中，华盛顿领导的美国军队在精通堑壕战的法国军队的帮助下，挖掘多条堑壕直通英军防守的约克镇据点，从而取得了胜利。

惨烈的拉锯战

到了“一战”期间，堑壕战演变成了敌我双方异常惨烈的拉锯战。马恩河战役之后，德军速战速决逼迫法国投降的战略企图失败，而法英军队也在德军构筑的防线面前止步不前。于是双方都开始通过“奔向大海”战术向海边进发，并在接触地域构筑防御堑壕工事，期望能够借此迂回到对方的防线背后，从而包围对手。就这样，双方构筑了长达700多千米的巨型堑壕体系，这条战线上爆发了多场重大战役，双方都付出了惨重的人员伤亡与损失。

“一战”时期的堑壕体系仍然沿用了沃邦时代的堑壕体系结构，主要由3部分组成：前沿为火力堑壕，其后为掩护堑壕，连接两道主壕的是“之”字形交通堑壕。敌我双方堑壕之间的地带则被称作无人区，其宽度通常在100～300米之间，中间布满了铁丝网、防步兵地雷等障碍物。而在部分争夺特别激烈的地区，两军堑壕相距可能不到10米。为了有效抵御敌方炮火的攻击，堑壕内布满了各种各样的防炮掩体。

法英军队堑壕中的掩体比较简单，因为他们觉得如果堑壕条件建设得太好的话，士兵就不大愿意出去冒死冲锋了。而人数上处于劣势的德国人则不是这样想的，他们更愿意在法国人的领土上长期坚守下去，所以他们的堑壕设施更加完备一些——有些堑壕的地面甚至还铺设有地毯、墙面上挂着镜子，等等。即便如此，堑壕里的生活仍然是十分艰苦的，尤其是遇到阴雨天气的时候，大家就只能在泥浆中放哨、战斗和睡觉。除了敌军的攻击和恶劣的天气之外，坚守堑壕的士兵们还得忍受老鼠、跳蚤、虱子等动物的侵扰，由此带来的疾病更是种类繁多。

▲士兵们的堑壕生活

1916年，法国香槟战区，一名法国士兵给同一堑壕的战友理发。“一战”中各种毁灭性武器被运用到战场上，可以将其射程之内地面上的一切物体摧毁。于是，堑壕战出现了。在猛烈炮火的轰击下，士兵们在堑壕里过着非人的生活，但他们在艰苦的环境里结下了深厚的生死友谊。

由于战线的相对稳定，双方的攻击时间也大致固定了下来，通常情况下每天都有两次攻击。当清晨到来的时候，法英军队会开始进行攻击，而太阳西沉的时候，德军则开始还以颜色。白天的时候，双方士兵的神经都是高度紧张的，以防备对方可能发起的进攻。同时，特别需要注意的是，白天是双方的狙击手频繁活动的最佳时间，千万不要让自己的身体高于堑壕之上，哪怕就几秒钟的时间。而到了夜晚，双方都心照不宣地不再发动攻势，开始利用这段时间修理己方受损的堑壕。通常情况下，每个士兵需要在前沿堑壕驻扎10天，接受5天左右的施工任务，再加上其他的整修工作，凑够一个月的时间就可以轮换到后方去休整。然而，很多士兵都无法坚持到一个月，他们要么是在冲锋时被打死，要么是在堑壕中被炮弹炸死，或者染上风寒等疾病病死。

在长达4年之久的堑壕战中，双方都不断投入大量最新研制的武器，例如毒气、战斗机、坦克等，但都对最终的战局没有产生决定性的影响。1917年俄国爆发十月革命并退出“一战”后，德军开始尝试在堑壕战中实施渗透攻击的战术，并取得了一定的进展。眼看着堑壕战的僵局即将被打破，第一次世界大战却结束了。在之后的第二次世界大战中，堑壕战在快速机动的机械化部队面前，已经失去了往日的优势，从此走向衰落。

堑壕战中的“友谊”

虽然协约国、同盟国的军队在堑壕战中的伤亡都很惨重，但双方的基层士兵们却在交战间隙尤其是西方传统节日时还能进行一系列“友好往来”，希望以此增进大家之间的“友谊”，因为谁都不希望自己在堑壕中被打死。“自己活的同时，也希望让别人活”，逐渐成了敌我双方士兵的共同信条，他们有意识地达成了一些默契。在很多战区，每天早餐时，双方士兵都要在空地中竖起一块木板。这块木板一竖起，枪战便停止了，他们各自开始打水和取给养。在整个早饭期间，只要这块木板竖着，双方便会停止枪击。但是，当木板倒下时，战争又重新开始。有时候，双方的官兵还相互喊话。一些战争前曾在不列颠工作过的德国士兵时常会向英国士兵询问他们熟悉的商店、街道的情况。他们甚至还把大声争论问题、唱歌作为一种娱乐和传递信息的方式。在阳光充足的日子，双方官兵会各自聚集在堑壕前沿举行即兴音乐会，唱爱国或伤感的歌曲。在宁静的晚上，歌声会从一方的阵地上飘到对方的堑壕，引来对方士兵的一片掌声，有时还会被要求再来一次。1914年12月24日，敌我双方甚至在各自的前沿阵地办起了迎接圣诞的庆祝会，当时一个德国人从战场那边喊了一句："英国人圣诞节快乐！"英国人也回了一句："你也是！"随后大家一起唱起圣诞颂歌。虽然各自军队的指挥官对这种状况头疼不已，三令五申禁止此类事情的发生，但仍然阻挡不住大家的热情，最终这些禁令也就没人去理会了。

▾ 战壕中的士兵

战斗是如此的残酷，战争又是如此的漫长，但士兵面对镜头还是露出了可贵的微笑。因为他们渴望着战争早些结束，回到家园。

VISIBLE HISTORY OF THE WORLD

关键词：凡尔赛和约

祸起凡尔赛

■ 1918年~1940年

“一战”结束以后，战败国德国受到了协约国有力的制裁，也为自己带来了10亿英镑的外债。外界看来，这将给德国带来很大的压力，短时间内很难翻起身来。但结果出人意料——德国经济快速复苏，对外争霸的野心再度升起。因为它从战胜国那里得到了比外债更多的贷款。

凡尔赛和约

战争就像潘多拉魔盒一样，一旦开启，将给人类带来巨大的灾难。1918年11月11日，持续4年多、造成3600万人伤亡的“一战”落下了帷幕。第二年，战争中的胜利者——英国、法国、美国、意大利、日本等协约国在巴黎近郊的凡尔赛宫召开和平会议，单方面制定并迫使德国、奥匈帝国等战败国签署了《凡尔赛和约》。根据该和约的规定，德国失去了1/8的国土、1/10的人口和300万平方千米的全部殖民地，并承担10亿英镑的战争赔款。同时，德国废除义务兵役制，解散德军总参谋部，陆军总人数不得超过10万人，海军不得超过1.5万人，舰只总数不得超过36艘，不得拥有主力舰和潜艇，不得建立空军，不得建立军校，不得拥有军用飞机、坦克和重炮等进攻性武器，拆除德国

^《凡尔赛和约》期间的四国元首

《凡尔赛和约》签订期间，与会的四国元首在一家旅馆门前留下了这张珍贵的合影。从左至右分别是：英国首相劳合·乔治、意大利总理维托里奥·奥兰多、法国总理乔治·克列孟梭和美国总统伍德罗·威尔逊。

在西线的军事工事，莱茵河左岸德国领土由协约国占领15年，德国不得在莱茵河左岸及右岸50千米内设防。德属非洲的殖民地由英、法两国瓜分，德属太平洋地区的殖民地则由英、日两国瓜分。

《凡尔赛和约》在极大程度上满足了战胜国的要求，但在德国国内却被称作“耻辱的和约”，由此埋下了引发日后更大规模战争的种子。

战后的德国虽然背上了沉重的战争债务，但由于英、法、美等国在对待德国问题上存在的巨大分歧而使德国获益不少。英国出于保持欧洲大陆势力均衡的考虑，并不希望德国就此一蹶不振而让法国在欧洲大陆称王称霸。而且此时共产党已在俄国建立起了社会主义政权，英国十分担心它会在欧洲蔓延，而让德国保持强大则是阻隔其向西发展的有效手段。法国则与英国的想法相反，时刻都在想方设法置德国于死地，

如此才能安享欧洲霸主的地位。另外，“一战”中最大的赢家——美国，出于开拓欧洲市场尤其是德国市场的缘故，非常慷慨地给予德国巨额贷款，同时加大了对德投资的力度。就这样，德国在英、美两国的支持下，不仅逐步减少了战争赔款的支付，还获得了大量英镑、美元的投资，国力开始迅速恢复，战争机器不断获得增强。而就在这时，一个名叫阿道夫·希特勒的德国国防军下士开始登上历史舞台。

恶魔登场

^ 墨索里尼和希特勒视察军队

希特勒于1889年出生在奥地利与德国接壤的边境小镇布劳瑙，其父是奥地利海关的一名普通职员。少年时期的希特勒性格叛逆，中学没毕业就辍学了，以打零工为生。“一战”爆发后，已经25岁的希特勒突然发现战争对于他来说是最好的展示舞台，于是自愿加入了德国军队。1918年，能言善辩的他加入了一个法西斯组织——“德国工人党”，并很快在这个组织中获得了领导地位。1920年2月，希特勒将该党更名为“民族社会主义德意志工人党”（即“纳粹党”），并在不久后成为该党主席。1923年11月8日，希特勒在慕尼黑的比格布劳凯勒啤酒馆发动了暴动，妄图推翻现政府并建立法西斯政权。很快，这次暴动就被镇压下去，希特勒也被判入狱。在监狱服刑期间，希特勒口述、其追随者鲁道夫·赫斯执笔撰写了臭名昭著的《我的奋斗》一书，详细阐述了征服全世界并建立由雅利安民族领导世界的规划。

1932年7月大选，希特勒极力煽动德国人寻求“新的生存空间”，宣扬“强权国家是改善经济的前提”。这些激进主张赢得了许多希望德国能走出经济困境的选民的支持，纳粹党最终获得了37.3%的选票，一举成为国会第一大党。1933年1月30日，希特勒被德国总统兴登堡任命为总理。1935年3月，希特勒宣布建立国防军，不久又颁布了国防法令，同时恢复普遍义务兵役制。这一系列措施已经从实质上废除了《凡尔赛和约》，战争的脚步越来越近了。

在意大利，贝尼托·墨索里尼同样在进行着庞大

v 啤酒馆外的聚会

希特勒一手叉腰，一手紧张地抓着自己的礼帽，他的双眼怒视着前方，仿佛那里是他夺权的障碍所在。站在他左边的是被称为纳粹党“思想领袖”的阿尔弗雷德·罗森堡，右边则是他当时的助手弗里德里希·韦伯。

的扩军备战行动。墨索里尼于1883年出生在意大利普雷达皮奥的一个铁匠家庭，从小就崇尚以暴力解决问题的行事方式。1919年3月，墨索里尼在米兰组建了一个名为“战斗法西斯”的组织，开始在意大利国内推行法西斯主义。1921年11月，墨索里尼又组建了正式的法西斯政党，并广泛招揽党徒。“一战”之后，意大利国内经济极度困难，政局也动荡不安，墨索里尼的法西斯宣传得到了大多数人的拥护。1922年10月15日，墨索里尼纠集4万名全副武装的法西斯党徒从那不勒斯出发，向首都罗马进军，企图以武力夺取政权。1922年10月29日，在经历了一场不流血的政变之后，墨索里尼成为意大利总理，法西斯专政开始在意大利确立。

战争策源地

1924年，意大利以武力威逼南斯拉夫割让了亚得里亚海北岸的港口阜姆，该港在“一战”后被划归南斯拉夫。墨索里尼于1935年发动侵略埃塞俄比亚的战争，次年又和德国一道干涉西班牙内战，扶植佛朗哥建立独裁政权。1936年10月25日，意大利与德国签订了《德意轴心协定》，两国在埃塞俄比亚、西班牙等问题上达成了一致。11月1日，意大利与德国结成了“罗马－柏林轴心”，墨索里尼成为希特勒在“二战”中的主要帮凶。

在远东和太平洋地区，美国、英国和日本之间的利益冲突也不断加剧。为了抑制日本的扩张，1921年11月，美国、英国、法国、日本、意大利、比利时、荷兰、葡萄牙、中国在美国华盛顿召开会议，共同签署了关于中国问题的《九国公约》。这一公约让日本人极度不满，也让日本国内军国主义势力的战争野心开始不断膨胀。1940年9月，日本、德国和意大利签订了《德意日三国同盟条约》。该条约规定当美国为了英国的利益而加入欧洲战争时，日本有为轴心国参战的义务，实际上日本已正式加入了轴心国联盟。至此，由德、意、日组成的轴心国成了“二战”的策源地，人类历史上最惨烈的一次大浩劫很快就要来临。

VISIBLE HISTORY OF THE WORLD

关键词:绥靖政策

慕尼黑阴谋

■ 1938年3月～9月

德国人的扩张野心日益膨胀，将《凡尔赛和约》早已弃之脑后，在莱茵非军事区大摇大摆地走着。此时，他们已经锁定目标，就是位于欧洲中心、军工业发达、矿产资源丰富、战略地位重要的捷克斯洛伐克。而英法的绥靖政策，也促成了《慕尼黑协定》的产生。

吞并奥地利

1936年3月7日，德国军队大摇大摆地进入了莱茵非军事区，《凡尔赛和约》变成了一纸空文。英法两国政府获知这一消息后极为震惊，立即向德国提出了强烈的抗议。希特勒立即使用惯用的伎俩，向英法保证这次行动只是象征性的，并不对任何国家构成威胁。当时英国上下对这件事情的普遍看法是“息事宁人”。但英国的软弱表现让德国占领莱茵河地区成了既成事实，也让希特勒在德国国内获得了前所未有的支持，可以放心大胆地拟订更大规模的战争计划。

在成功干涉西班牙内战之后，希特勒将目光投向了昔日奥匈帝国的中心——奥地利。1938年2月12日，希特勒向奥地利政府发出了最后通牒，命令

其承认奥地利纳粹党的合法性，对所有在押的奥地利纳粹党人实行大赦，并任命纳粹党人为内阁保安部长。奥地利政府断然拒绝了这些无理要求。

^ 维也纳的阅兵式

希特勒的脸上洋溢着一种衣锦还乡的快乐，这个维也纳的流浪汉终于能以一种前所未有的方式报复曾经轻视他的祖国——他将奥地利从世界地图上抹去，然后又在德国地图中将它加入，奥地利这个有着古老历史的国家就这样变成了纳粹德国的东方省。

于是希特勒决定动手。在德国的武力威慑之下，奥地利政府同意德军进驻奥地利，随即希特勒的部队占领了奥地利全境。3月13日，希特勒宣布解散奥地利共和国，其全部领土并入德国。就这样，希特勒兵不血刃地吞并了奥地利。这一次，英法两国还是照旧对德国发出了强烈抗议，但也仅限于抗议，并未采取任何实质性的行动。希特勒经过两次的试探之后，发现英法等国并没有实施真正意义上的制裁，于是胃口变得越来越大，捷克斯洛伐克也顺理成章地成了他的下一个目标。

染指苏台德

希特勒之所以对捷克斯洛伐克如此关注，一是希望将所有德国国土之外的日耳曼民族都并入德国，然后向东方扩张谋求更大的生存空间，二是认为捷克斯洛伐克可能会成为未来苏联进攻德国的空军基地，或者是英法两国的军事支持力量。

“一战”之后，为了维持多瑙河流域和巴尔干半岛的政治格局，捷克斯洛伐克、罗马尼亚和南斯拉夫在法国的影响和支持下相互签订了同盟条约。罗马尼亚拥有丰富的石油资源，南斯拉夫有丰富的矿石，两个国家都有庞大的军队，而他们的军火供应主要依靠捷克斯洛伐克。这三个欧洲小国联合起来就结成了一个强大的国家联盟，被称作“小协约国”。1924年至1927年，法国先后与上述三国签订了政治、军事协议，确立了对小协约国的领导地位，在南欧形成了与意大利抗衡的局面。

捷克斯洛伐克西部与德国接壤的边境有一个名叫苏台德的地区，那里居住着320万德意志人，他们大多能与当地居民友好相处。但自1935年开始，苏台德德意志党在德国的幕后指使下，开始谋求苏台德地区的独立。1938年4月24日，受德国吞并奥地利行动的鼓舞，德意志党党魁汉莱因公开叫嚣苏台德地区应实行自治，脱离捷克斯洛伐克成立一个纳粹国家。同时，希特勒也攻击捷克斯洛伐克政府正在有组织地虐待苏台德地区的德意志人，宣称“德国有责任去保护这些日耳曼同胞，应该为他们争取一般的自由，包括人身的、政治的和思想的自由”。一时间，捷克斯洛伐克国内局势骤然紧张起来。害怕战争的英法两国再次对强硬的德国进行了让步，敦促捷政府采取和平的方式解决苏台德争端。

v 1938年9月29日，法国总理达拉第（右一）、英国首相张伯伦（右二）、意大利总理墨索里尼（左一）和德国总理希特勒（左二）在德国慕尼黑会面。照片上，墨索里尼正和达拉第握手言欢。

迫于德国强大的军事压力以及来自

^ 1938年9月，在《慕尼黑协定》签订几小时后，苏台德小镇普拉纳的街道上就挂满了纳粹旗帜，小镇也被更名为普拉。

英法两国的“规劝”，捷克斯洛伐克政府与汉莱因开始了谈判。由于双方分歧太大，谈判没有持续多久，汉莱因就单方面宣布终止与捷政府的谈判，并煽动苏台德地区的纳粹分子不断制造骚动。高度警惕的捷政府动用军队迅速平息了这些骚动。希特勒随即放出即将对捷克斯洛伐克政局进行干预的风声，并于1938年5月19日调动军队向德捷边境集结。捷政府也不示弱，立即宣布局部动员，向捷德边境增兵，与德国军队形成了对峙。眼看着德捷两国就要兵戎相见，英法两国顿时慌了手脚。因为他们一直采取忍让策略就是为了防止战争的爆发，战争不符合它们在欧洲的利益。英法两国随即向“不听话”的捷克斯洛伐克政府施加了强大的压力，声称如果捷政府不听劝阻执意与德国对抗的话，英法将不会履行之前与捷克斯洛伐克签订的互助防御条约中所规定的义务。在这种压力之下，捷政府不得不同意在英法两国的调停之下，和德国就苏台德地区的地位问题进行谈判。同时，英法两国向希特勒明确表示“承认苏台德地区脱离捷克斯洛伐克的原则”，请求德国不到万不得已不要轻易动武。为此，英国首相张伯伦专程飞赴德国柏林会见希特勒，提议召开英、法、德、意四国首脑会议，商讨捷克斯洛伐克割让苏台德地区的相关事宜。张伯伦的建议正中希特勒下怀，后者立即就同意召开四国会议进行协商。

慕尼黑协定

1938年9月29日，英国首相张伯伦、法国总理达拉第、德国总理希特勒、意大利总理墨索里尼在德国慕尼黑举行会谈，商讨捷克斯洛伐克割让苏台德地区的事宜。捷政府代表虽然准时到达慕尼黑参加会议，但却被禁止入场，就这样眼睁睁地看着自己的国家被肢解。9月30日，四国政府最终签订了《关于捷克斯洛伐克割让苏台德领土给德国的协定》，这就是历史上臭名昭著的《慕尼黑协定》。按照该协定，捷克斯洛伐克将苏台德地区及同奥地利接壤的南部地区一起“转让”给德国。捷克斯洛伐克丧失了近1/5的领土（1.8万平方千米）、半数以上的工业设施和资源以及坚固的边境防御工事。

如愿吞并苏台德地区之后，希特勒的野心膨胀到了极点，1939年3月10日，德国军队开始向捷克斯洛伐克首都布拉格进军。随即，长期暗中接受德国支持的斯洛伐克人宣布脱离捷克斯洛伐克建立斯洛伐克国，并接受德国的保护。很快，捷克人也宣布停止抵抗，于是德军不费吹灰之力就成功占领了捷克斯洛伐克。而面对希特勒的再次挑衅，英法等国政府的首脑依旧沉湎于“欧洲即将迎来黄金时代”的幻想之中，没有对德国进行任何实质性的制裁。

∨张伯伦手中挥舞着《慕尼黑协定》，发表了热情洋溢的讲话，宣称绥靖政策成功。

VISIBLE HISTORY OF THE WORLD

关键词：最大规模空战

鏖战不列颠

■ 1940年~1941年10月

1939年9月，德军闪击入侵波兰。随后，英法联手对德宣战，但法国遭到重创。经历了波兰和法国的溃败后，英国成了欧洲战场上的孤军。它犹如希特勒的眼中刺、肉中钉，不断刺激着希特勒的神经。希特勒原本以为英国会接受和谈，但他想错了。这只孤军在丘吉尔的带领下，丝毫不给希特勒面子。这样，一场世界上最大规模的空战即将上演。

大战前的阴云

第二次世界大战爆发以后，英法联军被迫向德宣战。1940年5月27日，比利时投降，40万英法联军被困敦刻尔克。为了保存实力，英法

>1943年6月，一个纳粹军官正在向希特勒（中）和戈林（右）介绍Me-262喷气式战斗机的研制情况。在希特勒的“衬托”下，戈林的身材更显得臃肿无比。

∧在不列颠空战最激烈的阶段，英国皇家空军的飞行员们必须全天保持警惕，有时他们一天要起飞三次到四次迎击德军。尽管身心疲惫，但这些飞行员依然坚持战斗，因为他们明白一旦空战失败，后果将不堪设想。

联军上演了人类战争史上的伟大奇迹——敦刻尔克大撤退。虽然大多数英国远征军都从敦刻尔克幸运地返回了祖国，但还是元气大伤。

在海峡另一侧，希特勒的自信已达到了极点。他判断英国在强大的军事压力之下很快就会投降，于是将关注重心转到了东线，开始谋划进攻苏联。但他发现有美国在背后撑腰的英国根本就没有向德国投降的打算，于是气急败坏地批准了入侵英国的“海狮计划”。按照该计划的设想，德军会在多佛尔海峡法国一侧使用重炮对英国海防工事实施毁灭性打击，同时出动作战飞机夺取该地区的制空权，从而在英吉利海峡最便捷的一条通道上开辟一条狭窄的走廊，再用水雷将这条走廊的两侧围起来，同时由潜艇提供保护。准备妥当之后，德国陆军会坐渡船通过该走廊抵达英

^ 1940年，伦敦市民捐献出自家的铝制锅碗瓢盆，给英国皇家空军制造飞机零件。实际上，英国的物资还没有紧缺到这种程度，政府之所以号召这么做，是为了激发起英国民众的爱国之心。

国本土。最后，陆军在空军的掩护之下占领英伦三岛。

随后，在敦刻尔克没有捞到多少油水的德国空军元帅戈林，再次向希特勒打包票称——他可以在4个星期内将英国皇家空军从英伦三岛的上空给抹去并迫使英国投降，而不需要动用陆军。因为此时戈林的手中，已拥有2669架作战飞机，而英军作战飞机的数量则不到800架。虽然双方空军的实力相差悬殊，但英国此时拥有自己的秘密武器——雷达。它与战斗机、高射炮、探照灯、防空气球等构成了一套十分有效的防空体系，再加上英国完善的地面预警机制，都让德国人在后来的进攻中吃尽了苦头。

空中战争打响

从1940年7月10日至8月初，德国空军动用2400余架作战飞机对英国实施猛烈空袭。在第一阶段的攻击中，德国空军的首要攻击目标是多佛尔到普利茅斯之间的英国南部港口以及英吉利海峡中的英国护航舰队，以期清除渡海通道上的障碍，同时诱使英国战机出战并寻机将其消灭。英国皇家空军为保存实力，只派出小批战机与德机巧妙周旋。即便如此，在这一阶段的战斗中英国皇家空军共击落德机227架，自己仅损失96架，有效打击了德国人的嚣张气焰。

8月1日，希特勒签发第十七号作战指令，要求德国空军“尽快打垮英国空军”。于是戈林制订了代号为“鹰”的空中作战计划，并将德国空军开始全面出击的日期命名为“鹰日”。戈林希望这样能够在空战中尽快歼灭更多的英国作战飞机，为即将到来的渡海登陆作战提供有效的空中掩护。8月2日至9月6日，英国东南部和伦敦周围的军用机场、补给设施、雷达观测站以及飞机工厂等成为德国空军打击的重点。最初戈林将“鹰日”定在8月8日，后来由于天气问题而推迟至13日。此时德国空军一流的Bf－109战斗机由于受作战半径的限制，不能为庞大的轰炸机群提供远距离的护航，于是不得不冒险使用航程较长但作战性能稍逊一筹的Bf－110双发双座战斗机。8月15日，英德双方迎来了开战以来最大规模的一次空战。这一天，大约100多架德国轰炸机在完成对英国轰炸任务返航途中，遇到了英国皇家空军大批“喷火”式战斗机的拦截。很快，灵活的“喷火”式战斗机就将担任护航任务的40多架机体庞大笨拙不堪的Bf－110战斗机打得七零八落，并击落了大量的德军轰炸机。在这一天的所有战斗中，德国空军共出动作战飞机2000多架次，英国皇家空军则出动了所有的22个战斗机中队进行拦截，许多中队一天出动了两次，有些甚至出动了三次。最终英国人大获全胜，共击落76架敌机，其中大部分是重型轰炸机，自己仅仅损失了34架战斗机。从那天开始，德国空军的轰炸机如果没有Bf－109这样的一流战斗机护航，是不敢在白天对英国进行轰炸的。

8月28日，英国皇家空军首次对德国首都柏林实施了空袭，这让希特勒大为恼火，命令戈林立即对伦敦实施报复性空袭。希特勒相信这样做不仅能让这个当时欧洲最大的城市陷入混乱和瘫痪之中，而且可以使英国政府和人民产生畏惧心理，从而屈服于德国的意志。于是从9月7日开始，德国空军的攻击重点改为伦敦。这一天傍晚，德国空军共投入了625架轰炸机和648架战斗机，首次对伦敦实施了大规模空袭，造成了极大的人员伤亡与破坏。在接下来的57天里，伦敦平均每天晚上都会遭到德国空军200多架轰炸机的狂轰滥炸，许多无辜市民被炸死炸伤，城市建筑大多都被炸弹夷平。虽然伦敦遭受了前所未有的巨大损失，但这段时间却给英国皇家空军赢得宝贵的喘息之机，战争胜利的天平开始逐渐向英国人倾斜。

不列颠的胜利

1940年9月15日，可以说是不列颠空战的转折点。这天中午，当德国空军200多架轰炸机在600多架战斗机的掩护下，气势汹汹地再次向伦敦扑来的时候，迎接它们的是已经做好充分准备的英国战斗机。这一战德军共损失183架作战飞机，英军的损失则不到40架。当天，英国皇家空军庞大的轰炸机群袭击了从布洛涅到安特卫普的各个港口，对在那里停泊的德军登陆船舶实施了毁灭性打击。两天之后，面对长时间无法掌握制空权的局面，希特勒决定无限期推迟“海狮计划”，直到10月12日才正式宣布将入侵时间推迟到第二年的春天。

从10月开始，眼见夺取制空权和渡海登陆已经没有了希望，德国空军开始完全转向对伦敦和其他英国大城市实施夜间轰炸。尽管11月14日对考文垂和12月29日对伦敦的空袭都造成了英国重大的人员伤亡，但此时德国空军的进攻已经是强弩之末，英国人马上就要展开反击了。到了1941年7月，希特勒再次将“海狮计划”的时间推迟到1942年春，因为“到那时对苏联的战争就将结束了”。1942年2月13日，深陷东线战场泥潭的希特勒终于同意完全搁置“海狮计划”。从那以后，英国皇家空军先后对科隆、埃森、不来梅、柏林等德国大城市实施了战略轰炸，不列颠的上空又恢复了往日的平静。

不列颠之战是“二战”中英国对德国取得的第一次重大胜利，难怪丘吉尔在英国议会下院的一次演讲中深情地说：“在人类战争的历史上，从来没有过这么少的人对这么多的人做过这么大的贡献。”不列颠之战之后，盟军开始筹划反攻欧洲大陆的计划。

v 英伦空战期间躲在战壕里的孩子

面对纳粹德国对英伦三岛的狂轰滥炸，英国政府一方面组织力量保卫国家，一方面利用地下铁路、战壕和人员疏散等，尽可能地将人员伤亡降到最低。

VISIBLE HISTORY OF THE WORLD

关键词：致命寒冷

莫斯科保卫战

■ 1941年~1942年

哈尔德曾在日记中写道："只要能有相当良好的指导，再加上中等的好天气，则我们对于莫斯科的包围战是一定能成功的。"然而事实却并非如此——德军在风雪中功亏一篑，而苏联却借助风雪赢得了莫斯科战役的最终胜利，创造了风雪中的神话。

"台风"呼啸而来

自从"二战"爆发以来，在希特勒的带领之下，德军在欧洲的战斗就势如破竹。正如其所标榜的"闪击战"这个名称，德军如同闪电般凌厉而迅速的攻势，使得各个抵抗国的军队节节败退，毫无招架之力。短短的时间之内，欧洲一半的领土都掌控在德军手里。战事发展到1941年4月，以德军为代表的法西斯轴心国完全控制了巴尔干半岛，解除了欧洲东南部的后顾之忧，此时希特勒决定放心地征服苏联。1941年6月22日，德军发起对苏联的攻击。

1941年8月，希特勒向陆军总司令下达指令，要求暂停中央集团军群向莫斯科的推进，调整军队部署，将进攻重点转向南方以夺取粮产丰富的乌克兰、经济繁荣的克里木，与此同时也抽调部队支援北方集团军群对列宁格勒

^1941年，两辆被翻过来的苏联轻型坦克躺在列宁格勒（今圣彼得堡）通向莫斯科的公路上。苏联“二战”前生产的许多轻型坦克在面对德军坦克时实在不堪一击。这张照片从未在苏联的媒体上刊登过。

的包围，并实现德军与芬兰军队的会合。这样的指示源于希特勒对于德国军队获得更多的经济和政治成果的考虑。然而这样的军事部署，打破了德国陆军总部攻陷莫斯科的计划，延误了战机，为苏军组织军队保卫莫斯科提供了时间。

直到1941年9月30日，德军才继续了对莫斯科的攻击。希特勒明白，莫斯科是苏联的政治中心、铁路交通网的中心，更是军事中心，能否占领莫斯科是此次对苏战争成败的关键所在。正如陆军总参谋长哈尔德上将所说的“最好的解决办法是直接进攻莫斯科”。因此9月份的时候，希特勒将战争重点重新放回到莫斯科方向，这时也是攻陷莫斯科取得决定性胜利的最后时机了，德军必须在这个秋天取得战争的胜利。一旦冬天降临，德军没有冬日作战的装备，战争取胜就很难了。

1941年9月30日，德军开始实施进攻莫斯科的“台风行动”，第2装甲集群首先在布良斯克方向实施突击。两天后，第3、第4装甲集群则在维亚济马方向开始了攻击。虽然苏军进行了顽强抵抗，但依然阻挡不了德军装甲部队的推进。从10月3日开始，奥廖尔、斯帕斯杰缅斯克、基洛夫和尤赫诺夫在两天之内相继被德军占领。至10月7日，德军从南北两个方向突破维亚济马防线，苏军西方面军和预备方面军的大部分部队被包围，最终只有一部分突出重围。此时，莫斯科的第一道防御阵线已告失守，苏军被迫退守莫扎伊斯克防线，德军已从西、北、南三个方向包围了莫斯科。10月10日，苏军最高统帅部大本营将西方面军和预备方面军的残余部队合并整编为新的西方面军，朱可夫大将临危受命担任该方面军司令。莫斯科开始紧急疏散政府机关和重要企业，并开始在近郊地区构筑防御工事，组建新的民兵师，并做好与德军进行巷战的准备。为构筑防御工事，总计动员了45万莫斯科市民，其中75%为女性。

抗争中的胜利

1941年10月14日，北翼德军突入加里宁市，形成从东北方向迂回莫斯科的态势。苏军随即以西方面军的右翼部队组成加里宁方面军，对来犯德军实施了有效的阻击，粉碎了其从加里宁向东南发展并前进至西北方面军和西方面军后方的企图。10月15日，苏联政府的部分机构撤往距离莫斯科800千米的古比雪夫。但斯大林仍然坚持留在莫斯科，亲自指挥莫斯科保卫战。此时，天气开始转冷，道路变得异常泥泞，德军被迫全线停止前进，等待大地封冻。利用这一宝贵的战场间隙，苏军最高统帅部开始调动后方部分预备部队赶往莫斯科参战。

11月15日，经过短暂休整后的德军重新向莫斯科发动进攻，希望能在冬季最恶劣的天气到来之前占领莫斯科。但德军的进攻遇到了苏军的顽强抵抗，每向莫斯科前进一步，就会付出惨重的代价。11月底，德军在付出了惨重伤亡之后，在亚赫罗马地区进抵莫斯科运河，在纳罗福明斯克以北及以南地区强渡纳拉河前进至卡希拉。但此时德军的进攻已尽显疲态。苏军根据战场态势的变化，在亚赫罗马、卡希拉、图拉等地区对德军组织了强有力的反突击，战场主动权开始转到苏军手中。仅11月16日至12月5日这段时间，德军在莫斯科附近就死伤15.5万人，损失坦克约800辆、火炮300门，其作战官兵的士气受到了严重的打击，苏军转入全面反攻并消灭莫斯科附近德军的条件已经成熟。

绝地反击

1941年12月5日苏军开始展开全面的反攻，凌厉的攻势让疲惫不堪的德军已没有了还手之力。当天，德军中央集团军群司令博克元帅在向德军总参谋部发去的报告中称，他“已经到了山穷水尽的地步”。此时的莫斯科已是寒冬季节，气温下降到了－20℃以下，原打算在两个月内灭亡苏联的德军严重缺乏越冬准备。士兵没有足够的冬衣和防寒设备，坦克和汽车的水箱在严寒中被冻裂，发动机也难以启动，日常的

v 沮丧的德国士兵

莫斯科没有成为纳粹胜利的天堂，却成了埋葬纳粹的地狱。一名德国士兵沮丧地坐在地上，将头深埋两手之间，头发凌乱。而在他身旁就躺着战友的尸体。所有这一切都成了莫斯科之战残酷一面的具体表现。

^ 莫斯科严寒中的德国士兵

尽管德军士兵用衣帽将露在外面的头和脸紧紧地裹住，但眉毛和胡子上还是结了冰，连眼睛似乎也睁不开。-40℃的气温使得德军的推进彻底停止。同样的环境下，苏军却穿着厚厚的棉衣，应付自如，战争胜负的天平随着时间的流逝正悄悄地发生着变化。

后勤补给也由于恶劣天气的原因变得困难重重。12月8日，希特勒签发了第三十九号作战指令，命令苏德战场上的德军转入全线防御。固执的希特勒要求德军必须死守每一个阵地，一步也不能后退，直到最后一兵一卒、最后一枚手榴弹。

1942年1月5日，苏军最高统帅部根据德军已无力进攻莫斯科的有利局势，决定乘胜发动全线反击作战。至4月下旬，苏军取得了一个又一个的胜利，迫使德军后撤数百千米，解除了莫斯科和北高加索的危险，改善了列宁格勒的处境，收复了加里宁州、图拉州、梁赞州、斯摩棱斯克州、奥廖尔州、库尔斯克州、哈尔科夫州等地区。在整个战役中，德军约有50个师被歼灭，共伤亡50多万人（其中冻死冻伤的人数就有十几万人），损失1300辆坦克、2500门大炮、1.5万辆汽车和大量的其他装备。战役结束后，为了挽回德军低落的士气，德军的军事法庭以临阵脱逃、擅自退却、违抗军令等罪名给6.2万官兵判刑，希特勒还将博克元帅、布劳希奇元帅、古德里安上将、施特劳斯上将等高级军官撤职。

莫斯科保卫战的巨大胜利极大提升了苏联在军事、政治方面的国际地位，使得世界反法西斯联盟更加巩固，更重要的是这次胜利宣告了德军自入侵波兰以来屡试不爽的“闪电战”的彻底失败，由此苏联开始转入战略反攻的阶段。战役结束之后，连德军总参谋长哈尔德也不得不承认，莫斯科战役有力地证明“德国陆军常胜不败的神话已经破灭”。

VISIBLE HISTORY OF THE WORLD

关键词:对日宣战

偷袭珍珠港

■ 1941年12月

“或是大获全胜,或是输个精光。假如我们袭击珍珠港失败了,这仗就干脆不打了。”山本五十六是个军人,又是个赌徒。突袭珍珠港无异于一场豪赌,而这场冒险却直接影响了第二次世界大战的进程和结果。

扫除“眼中钉”

日本自1940年后开始不断向东南亚发展自己的势力,此举引起了涉足此地的其他强国的不安,尤其是强大的美国。为了遏制日本的强劲势头,美国冻结了与日本的经济贸易。这样的举措,也引起了日本国内的争执。最终经过一番争论、尝试、实验后,日本

^ 日本航空母舰“翔鹤”号上停满了战斗机,稍后这些战斗机将飞往珍珠港,对这座美军在太平洋的军事基地发动第一波攻击。它们的主要任务是袭击机场和占据制空权。

决定给美国一致命打击——袭击驻扎在夏威夷、被日本视为“眼中钉”的美国太平洋舰队。

1941年7月2日，日本御前会议通过一份名为《帝国国策纲要》的文件，宣称“不论世界形势如何演变，帝国均将以建设大东亚共荣圈为方针”。10月18日，好战分子东条英机出任日本首相，并兼任陆军大臣、内务大臣。

11月4日，日本陆海军最高参谋会议确定了对美开战的最后日期——定于12月初对驻扎在珍珠港的美国太平洋舰队实施打击。此次偷袭行动代号为“Z作战”。同一天，为了掩盖战争意图，日本派遣特使前往大洋彼岸与美国政府高层进行和谈。在接下来直到日美开战的20多天里，日本特使装模作样与美国人进行了多次和平谈判，每一次都强调日本无意在太平洋与美国开战，有效地麻痹了美国。

1941年11月23日，日本第一航空母舰舰队司令南云忠一指挥准备袭击珍珠港的30多艘海军舰艇（包括6艘航空母舰）。11月26日，这支偷袭舰队起航，秘密驶往目的地——珍珠港。12月2日，日本联合舰队司令山本五十六大将通知南云忠一攻击日期为东京时间12月8日，夏威夷时间12月7日。当天是星期日，也是美军的休假日，太平洋舰队大部分舰艇会停泊在港内，日军不会扑空。而且当天半夜到日出前会有下弦月，便于空军偷袭。

夏威夷时间12月6日23时，在距离珍珠港入口以南7海里的海面上，5艘日本海军伊级潜艇的艇员们借着月光正有序地将5艘袖珍潜艇（容纳2名作战人员）放入大海之中。一个小时之后，这几艘袖珍潜艇成功潜入了美军太平洋舰队的锚地，港口的灯光已清晰可见。12月7日3时，日本联合攻击舰队30余艘战舰航行到了距离珍珠港北面约220海里的海域。此时6艘航空母舰上担任攻击轰炸任务的飞行员被叫醒，吃完一顿米饭加鲷鱼的早餐之后，快速奔向飞行甲板上已经载满了炸弹和燃油的战机。6时许，第一攻击波的182架飞机开始一架接一架地起飞，这其中包括49架九九式俯冲轰炸机、40架九七式鱼雷攻击机和43架担任护航的“零”式战斗机。一个半小时之后，日本第一波攻击战机到达了珍珠港上空，毫无戒备的美军雷达操作员竟然把它们当作了美军战机。此时珍珠港内共有94艘美国海军舰艇（其中有8艘战列舰），它们即将成为日本飞机攻击的活靶子。

日本第一攻击波指挥官向所有担任攻击任务的飞行员发出了事先约定好的“虎！虎！虎！”攻击信号，珍珠港立即变成了一片火海。由于是周末的缘故，港内美军战舰上的人员不到3/4，而且很多防水密封舱门都被打开。面对日本人的突然袭击，美国人一

∨被日军鱼雷击中的正在起火燃烧的“西弗吉尼亚”号战舰。它的内侧就是“田纳西”号。

时乱了阵脚。停在港口外侧的“西弗吉尼亚”号战列舰最先被数颗鱼雷直接命中，舰体开始倾斜，很快海水就将甲板淹没。与此同时，“亚利桑那”号战列舰的前部弹药舱发生了剧烈爆炸，舰体被生生撕裂，黑红色的爆炸烟柱瞬间就蹿到300多米的高空。很快，“亚利桑那”号沉入海底，1000多名舰员阵亡。“俄克拉荷马”号战列舰同样不走运，由于整体防水密封性较差，在遭受鱼雷攻击之后，海水很快就灌满了该舰的所有防水密封舱，400多名舰员随着这个“水棺材”沉入了海底。

∨ 在日军轰炸十几分钟后，珍珠港的美军机场变成了一片火海，浓烟直冲云霄。然而照片中的美军士兵似乎还不敢相信眼前发生的一切，仍旧呆呆地注视着火光。

此次攻击持续了半个小时，美军损失惨重，但噩

梦还没有结束。8时40分，日军第二攻击波的176架战机飞临珍珠港上空，“内华达”号战列舰成为主攻目标。稍微缓过劲的美军艇员使用各种对空武器拼命向着日军轰炸机射击，日本人的攻击势头被有效地抑制住了。为了防止“内华达”号战列舰被日军击沉而阻塞珍珠港的主航道，几艘美军拖船成功地将其拖到了港口外围。日军轰炸机转而开始攻击停靠在船坞中检修的“加利福尼亚”号战列舰，很快就将其击沉。

日军攻击机群离去之后，珍珠港内到处都是熊熊的火焰和黑色的烟雾，死亡随处可见。在历时1个小时50分钟的袭击中，美军战列舰被击沉4艘、重创1艘、炸伤3艘，巡洋舰、驱逐舰和各类辅助舰被炸沉、重创10艘，188架飞机被炸毁在机场上。美军伤亡人数高达4400多人，其中死亡人数就达2403人。经此一役，美军太平洋舰队几乎全军覆没，只有“企业”号航空母舰由于在港外而得以幸免。与此形成鲜明对比的是，日本只损失了29架飞机和5艘袖珍潜艇。

美国对日宣战

获知日军偷袭珍珠港成功的消息之后，东条英机于12月8日上午对全国发表了广播讲话，号召全体国民竭尽全力打败西方列强：“为了消灭这些敌人，为了建立稳定的东亚新秩序，全国必须做好长期战争的准备。”当天晚些时候，日本全国广播系统开始播放战争宣言：“列祖列宗未竟之功必将继续完成，罪恶的根源必将迅速被铲除，持久和平必将在东亚牢固建立起来，由此保持我帝国的光荣。”

同一天，美国总统罗斯福向国会两院发表战争咨文时说道：“昨天，1941年12月7日——必须永远记住这个耻辱的日子——美利坚合众国受到了日本帝国海军突然的、蓄意的进攻。”很快，美国国会正式批准对日宣战。当英国首相丘吉尔听到珍珠港遭袭的消息之后激动万分，说出来的第一句话居然是“好了，我们总算赢了”，因为他知道，美国参战将会彻底改变这场世界大战的战略格局。随后他立即和罗斯福通了电话，罗斯福对他说：“现在，我们已经是风

^ 美国总统罗斯福签署对日宣战声明

珍珠港遇袭的消息传到华盛顿之后，美国民众群情激愤。随后，总统罗斯福在国会做了历史性的演说，决定对日宣战。

雨同舟了。”丘吉尔难掩心中的兴奋之情回答道：“有了美国在我们这一边，这对我来说，是最高兴的事。”

日本在偷袭珍珠港的同时，还袭击了菲律宾和马来西亚。在随后的半年时间内，日军迅速占领了香港、马来西亚、新加坡、印度尼西亚、缅甸、菲律宾、新几内亚、新不列颠岛、新爱尔兰岛和所罗门群岛等地，越南和泰国也相继被日本控制。在很短的时间里，日本的领土面积就增加到386万平方千米。日本的攻击行动让英美两国的利益受到了严重的损害，迫使这两个国家携起手来共同对付日本。

偷袭珍珠港，从战术层面来说日本人获得了巨大的成功，但从战略层面来看却是彻头彻尾的失败。把美国这个“庞然大物”拉入战争，导致日本不得不陷入多个战场同时作战的境地，令日本已经捉襟见肘的国力更加难以承受巨额的战争消耗，为其日后的覆灭埋下了伏笔。

关键词："天王星"行动

斯大林格勒战役

▪ 1942年~1943年

《进军斯大林格勒》一书中曾写道："敌我双方为争夺每一座房屋、车间、水塔，甚至每一堵墙等，都要展开激烈的战斗。其激烈程度是前所未有的。"是的，这场战役的胜负对两大阵营至关重要，双方都得打起足够的精神来应对。这就是艰苦的斯大林格勒战役。

转攻斯大林格勒

1941年6月，法西斯德国及其附属国不宣而战，背信弃义地撕毁了《苏德互不侵犯条约》，突然入侵苏联。大约在一年的时间里，苏联沿列宁格勒、莫斯科和基辅三个方向都遭到了德军的大举进攻。但由于苏军进行了顽强的防御作战，德军的进攻基本上被阻止在了列宁格勒、莫斯科和罗斯托夫一线。

1942年4月初，眼看德军攻占莫斯科已经没有希望，希特勒不得不开始考虑在自己兵力占优势的苏德战场南线做文章。德军将在这一年的夏季集中优势兵力进攻苏联的南翼，推进至高加索各石油区和顿河、库班河以及伏尔加河下游地区，夺取斯大林格勒之后迂回北上，从东面包抄莫斯科，并进逼乌拉尔和西伯利亚。在这一作战计划中，斯大林格勒成了德军的进攻重点。斯大林格勒位于伏尔加河下游西岸、顿河河曲以东，是苏联内河航运干线上的重要港口和南北铁路交通的枢纽，也是苏联南部的工业重心。在德军占领基辅之后，斯大林格勒就成了苏联中央地区通往南部经济区的交通咽喉，因此其战略地位非常重要。

担任主攻斯大林格勒任务的是由德军B集团军群调来的第6集团军，下辖13个师约27万人，各种火炮3000门，坦克约500辆，作战飞机约1200架，集团军司令为保卢斯上将。针对德军在南线的异动，苏军最高统帅部于1942年7月12日组建了斯大林格勒方面军，下辖12个师约16万人，各种火炮2200门，坦克约400辆，作战飞机700架，司令为铁木辛哥元帅。斯大林格勒方面军的任务就是在长达520千米的顿河防线上，对进攻斯大林格勒的德军实施阻击，防止德军强渡顿河并沿最短的路线突击斯大林格勒。

1942年7月17日，德军第6集团军果然首先对顿河大弯曲部实施了攻击。但在苏军第62、第64集团军的顽强阻击下，德军进展并不顺利。德军最高统帅部不得不将由霍特上将指挥的第4装甲集团军（原第4装

甲集群）从高加索方向紧急调至斯大林格勒方向。8月2日，其先头部队已逼近科杰利尼夫斯基，在西南方向对斯大林格勒构成了威胁。8月5日到8月10日，由崔可夫中将指挥的苏军突击集群与第4装甲集团军展开了激战，最终将德军赶回了外围防线，迫使其转入防御。

1942年8月10日，苏军主动退至顿河东岸构筑新的防线。8月19日德军再度发动了进攻，力图从西面和西南面同时实施突击以攻占斯大林格勒。苏军调集后方预备兵力，会同斯大林格勒方面军从北面对德军侧翼实施了反突击，迫使德军第6集团军分兵北上进行支援，斯大林格勒西面和西南面的压力得到缓解。这

v 废墟中的战斗

尽管身后的大楼已经被德军的炮火炸得千疮百孔，但英勇的苏军战士仍然在废墟中坚持战斗。这样的场面在斯大林格勒城内的一号火车站、红十月工厂和伏尔加河码头等，几乎随处可见。可以毫不夸张地说，斯大林格勒城内的土地已被双方官兵的鲜血染红。

之后，德军多次向斯大林格勒方向增兵，至8月底，围攻斯大林格勒的德军总数已达80多个师。

9月12日，德军从西面和西南面攻至斯大林格勒城下，第62、第64集团军退入城内与德军展开了激烈的巷战。苏德两军不断向城内增兵，每一个街道、每一栋楼房甚至是每一层楼面、每一个房间都成了双方争夺的焦点。仅是对斯大林格勒火车站的争夺，在一周时间内就13次易手。

9月26日夜，一位名叫雅科夫·费多托维奇·巴甫洛夫的苏军中士率领一个侦察小组坚守斯大林格勒市中心的一栋四层楼房长达3昼夜，击退德军多次猛攻，使得该建筑成为苏军防御体系中一个重要的支撑点。战争结束后，这栋建筑物被命名为“巴甫洛夫大楼”。

另外，斯大林格勒的工人们也为战争的最后胜利贡献出了自己的力量。红十月冶金厂的工人们在巷战打响之后仍然坚持生产，即使在德军坦克距离工厂只有几百米的危急情况下，一部分工人拿起武器阻击敌人，其他工人则冒着炮火继续生产。在战斗最激烈的9月份，该厂共制造了200辆坦克和150辆牵引车，通常情况是苏军驾驶刚刚装配好的坦克冲出厂门，就直接投入对德军的战斗。

9月底，德军再次向斯大林格勒增派了20万援兵，苏军也调来了6个步兵师和1个坦克旅与德军对垒，双方的激战更加惨烈。10月15日，德军调集重兵对斯大林格勒拖拉机厂实施了猛攻，守卫的苏军对其予以坚决的反击。

直至胜利的反攻

为了减轻德军对斯大林格勒市区的压力，苏联顿河方面军于1942年10月19日在北部转入进攻，苏联第64集团军于10月25日从南面对德军侧翼实施了反突击。11月11日，德军对斯大林格勒发动了最后一次进攻。从这之后，德军就再也没有踏入这座英雄的城市半步。11月19日清晨，苏军在谢拉菲莫维奇、克列茨卡亚两地的顿河登陆场，以及斯大林格勒以南的萨尔帕群湖实施了代

^ 斯大林格勒郊外的德国士兵和装甲车

远处是轰炸后的残垣断壁，近处是一辆装甲车和4个德国士兵。他们衣衫不整，早已失去了当年进军华沙时的嚣张气焰。他们目光没有神采，剩下的仅是战争带来的疲惫。

号为“天王星”的反攻行动，总计投入西南方面军、顿河方面军和斯大林格勒方面军共110.6万兵力、各种火炮1.55万门、坦克和装甲车辆1463辆、作战飞机1350架。苏军的强大攻势让德军难以招架，迅速向西溃退。11月23日，西南方面军和斯大林格勒方面军在卡拉奇、苏维埃茨基、马里诺夫卡地区胜利会师，从而对德军第6集团军和第4装甲集团军一部完成了合围，包围圈中总共有德军22个师约33万人。

希特勒得知第6集团军陷入重围之后焦急异常，一面命令保卢斯不惜一切代价死守，一面调集各路兵力组成顿河集团军企图解救被围德军。1942年12月12日，德军救援部队开始执行“冬季风暴”救援行动，不顾一切向第6集团军靠拢，企图前出至科杰尼科夫斯基一线从而突破苏军包围圈。19日救援德军突破苏军重重防线，抵达梅什科瓦河，距离第6集团军只有40千米。这时，苏军大胆穿插至救援德军的后方，对其形成合围态势。救援德军为求自保，不得不向南撤退，同时电告保卢斯自行突围。29日苏军收复科杰尼科夫斯基，彻底粉碎了德军的解围计划，第6集团军等德军部队已成瓮中之鳖。与此同时，苏联空军已夺取战区上空的制空权，被围德军赖以生存的空中补给被彻底切断。寒冬之中，冻死饿死的德军不计其数，包围圈也在不断缩小。

1943年1月8日，苏军向被围德军发出了最后通牒，敦促其立即投降，但保卢斯遵照希特勒的命令拒绝投降。10日凌晨，苏军发起了大规模攻势，在6天之内再次将包围圈缩小了一半。24日，眼看形势已难以支撑，绝望中的保卢斯向希特勒发出了准许向苏军投降的请求电报，以挽救余下官兵的生命。希特勒接到保卢斯的电报后怒不可遏，立即回复道："不许投降！死守阵地，战至最后一兵一卒、一枪一弹！"同时，希特勒提升保卢斯为德国元帅，其他117名军官各升一级。他在发给保卢斯的晋升电报中强调，在德国的历史上还没有任何一位德国元帅向敌人投降的先例，也就是让保卢斯在最后时刻选择自杀。

希特勒的这次加官晋爵并没有起到任何效果，被围德军的防线越来越小，至1943年1月27日，德军成建制的抵抗几乎停止，苏军开始了消灭残敌的战斗。2月2日，被围德军全部被歼灭，生俘9.1万人，其中包括24名将军。保卢斯在斯大林格勒中心百货公司的地下室内被苏军俘获，他并没有如希特勒所希望的那样选择自杀。2月3日，希特勒宣布全国为在斯大林格勒阵亡的几十万官兵致哀4天，最后还不忘挖苦保卢斯，"他还是没有能够跨进永垂不朽的门槛"。

德军在这次会战中被打死、打伤、被俘和失踪的官兵约150万，占苏德战场总兵力的1/4。从此以后，苏军开始了全面反攻，直至最终攻克柏林。斯大林格勒保卫战的胜利不仅是苏德战争的转折点，也是第二次世界大战的重要转折点之一。

VISIBLE HISTORY OF THE WORLD

关键词:美国决定性胜利

中途岛海战

▪ 1942年6月

美国少将斯普鲁恩斯曾说："中途岛之战的胜利，主要在于得到了一流的情报，其次还在于尼米兹将军的判断和安排。"中途岛海战是一场极具戏剧性的战役，是美国海军以少胜多的著名战例。在这次海军史上成败瞬息万变的战役中，情报信息和战略要术的重要性，同样不可忽视。

美日战争开始

日本自从1941年12月发动了太平洋战争后，不得不与美国正面为敌。在之后的几个月里，日本趁着重创美国之际加紧

> 美国海军将领尼米兹

美国海军著名将领、五星上将，最高职务曾任美国海军作战部部长。"二战"期间，在珍珠港事变后，尼米兹被派往太平洋战场担任美军太平洋舰队总司令。许多经典战役如中途岛海战、莱特湾海战等均出自他手。

∧从美军“约克城”号航母上起飞的“无畏”式舰载俯冲轰炸机。在中途岛海战中，这种飞机击沉了包括“赤诚”号、“加贺”号、“苍龙”号和“飞龙”号在内的4艘日本航空母舰，为美军的胜利立下了汗马功劳。

扩张步伐，相继占领了东自威克岛、马绍尔群岛，西至马来半岛、安达曼和尼科巴各岛，南至俾斯麦群岛的广大地区，几乎完全控制了整个西太平洋。但在这些胜利的背后，日本海军联合舰队司令山本五十六总是忧心忡忡。因为他知道树立美国这样的强敌是很危险的。

在偷袭珍珠港成功之后，山本五十六曾冷静而清醒地指出：我们只是唤醒了一个巨人，必须在巨人尚未起身之前完成袭击任务，彻底击毁美太平洋舰队。因此，山本五十六仔细研究了接下来的作战计划——速战速决，在美国没来得及准备之前，给其致命一击。

1942年5月5日，日军大本营海军部发布第十八号命令，决定在6月上旬由日本联合舰队协同陆军发动对中途岛和阿留申群岛西部要地的攻击，并最终占领这些地区，同时伺机全歼美国海军太平洋舰队主力。此战的主攻方向为中途岛，是美国在太平洋上一座极其重要的海空军基地。为了确保此次攻击能取得成功，日本联合舰队司令山本五十六决定投入他所能调集的最大兵力——计划出动舰艇200多艘，其中战列舰11艘、航空母舰8艘、巡洋舰23艘、驱逐舰65艘、潜艇21艘，以及大约700架飞机。这支庞大的舰队被分为6个战术编队，其中：山本五十六亲自率领第一舰队在中途岛西北600海里处坐镇指挥，包括旗舰“大和”号在内的战列舰7艘、轻巡洋舰3艘、轻型航空母舰1艘；第1机动编队由南云忠一中将指挥，包括“赤城”号、“加贺”号、“飞龙”号和“苍龙”号航空母舰，搭载有舰载俯冲轰炸机34架、鱼雷攻击机93架、战斗机120架；中途岛进攻编队由近藤信竹中将指挥，包括战列舰2艘、重巡洋舰8艘、轻巡洋舰2艘、轻型航空母舰1艘、水上飞机母舰2艘，并编有运输船12艘，共搭载陆军登陆部队5800人；北方进攻部队由细萱戎四郎中将指挥，担任攻击阿留申群岛的任务，其中包括以“龙骧”号和“隼鹰”号航空母舰为主力的第2机动编队、阿图岛和基斯卡岛进攻部队（陆军登陆部队2400人）；攻击先遣编队配置5艘潜艇，作战开始之前在夏威夷和中途岛之间海域散开，防止来自珍珠港美国海军编队的反击；岸基第24航空队配置鱼雷攻击机、战斗机各72架，在南太平洋各岛屿上分散布置，协助联合舰队完成中途岛作战任务。

就在日军进行大规模部队调动的同时，美军已通过海空侦察、破译密码等渠道几乎完全摸清了日军下一阶段的作战意图。太平洋舰队司令尼米兹上将决定动用所有可以调动的力量抗击日军对中途岛的攻击，并亲临中途岛视察，对守岛部队的人数和装备以及防御工事进行了增强。与此同时，尼米兹命令第16、第17特混编队秘密驶向中途岛。其实，日军的实力要远强于美军，但由于情报工作不力，日军的作战计划仍然建立在“美军只能在中途岛遭到攻击之后才能做出反应”的基础上，完全没有估计到美军舰队实施突然袭击的可能性。

6月3日上午，由中途岛起飞的美军巡逻机在该岛以西600海里的地方发现了日军输送登陆部队的船队，中途岛美军立即派出9架B-17“空中堡垒”轰炸机对其实施轰炸，击沉运输船和巡洋舰各一艘。6月4日凌晨，美军巡逻机在中途岛西北约200海里海域发现了日军联合舰队第1机动编队的踪迹，随即向岛上发出了紧急战斗警报。6时45分，由日军第1机动编队航母上起飞的108架作战飞机（其中鱼雷攻击机、俯冲轰炸机和战斗机各36架）飞临中途岛上空，美军战斗机立即起飞实施拦截。空战进行了约30分钟，美军共损失

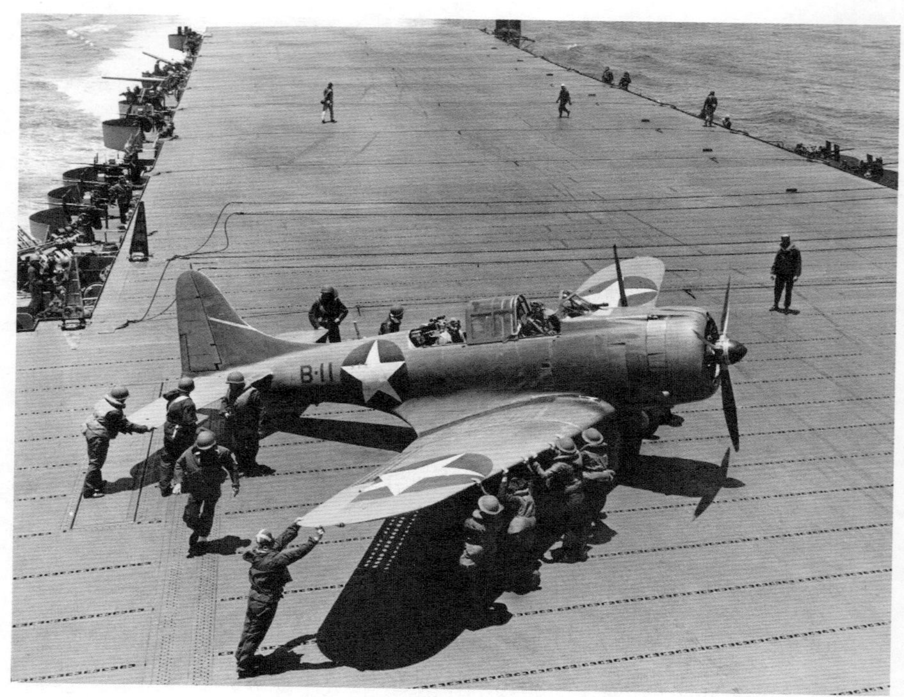

^ 中途岛海战中的美国“大黄蜂”号航母。甲板上正在准备起飞的是SBD－3“无畏”式俯冲轰炸机。

15架战斗机，而日军飞机仅被击落6架。由于岛上提前做好了防空袭的诸多准备，日军飞机的轰炸效果不太理想，再加上日军自身受到由中途岛基地起飞飞机的巨大威胁，南云忠一下令再次出动攻击机群对中途岛进行轰炸。由于这些作战飞机已经装配好了鱼雷，准备对可能出现的美军舰艇编队实施攻击，因此南云忠一下达了一个决定命运的命令——立即给这些作战飞机改挂炸弹。就在日军进行雷弹换装的关键时刻，从中途岛起飞的美军轰炸机群出现了。

全方位的胜利

1942年6月4日7时45分，日军侦察机在中途岛以北240海里处发现了美军多艘舰艇的踪迹，南云忠一随即命令停止雷弹换装工作，准备对这些美军舰艇实施攻击。半个小时之后，日军侦察机再次发回情报，称这批美军舰艇中至少有1艘航空母舰。此时，“赤城”号和“加贺”号的大部分鱼雷攻击机都已换上炸弹，而且所有战斗机都已起飞升空。于是，南云忠一决定首先收回已在舰队上空盘旋多时的第一波攻击机群，然后收回第二波攻击机群。至9时18分，这两批作战飞机全部成功降落。就在这个时候，美军特混编队派出的攻击机群突然出现在日军的视野中。美军头两批共41架鱼雷攻击机的攻击效果较差，均没有给日军造成多大损失，自身却被击落35架。10时24分，南云忠一命令攻击机群开始起飞，准备对美军航空母舰实施打击。就在这个关键时刻，美军50多架俯冲轰炸机突然从云层中出现，对日军航空母舰进行轰炸。由于日军航空母舰上满载装好炸弹准备起飞的飞机，因此在美军的这次打击之下损失惨重。

美军攻击机群成功完成攻击任务之后返回各自的航空母舰，特混舰队继续向西航行。12时，在“约克城”号以北20海里处担任护航任务的美军舰载战斗机发现了从“飞龙”号起飞的18架俯冲轰炸机和6架战斗机，随即对它们进行了拦截。虽然美军战斗机成功将大多数日机击落，但仍有6架俯冲轰炸机躲过了拦截，对“约克城”号实施了攻击，投下的炸弹中有3枚先后命中目标。经过紧急抢修，“约克城”号扑灭了炸弹爆炸后引起的大火，重新恢复了作战能力。但好景不长，14时26分从“飞龙”号起飞的10架鱼雷机和6架战斗机对“约克城”号再次实施了攻击。“约克城”号侧舷被两枚鱼雷直接命中，大量海水立即涌入造成船身倾斜。15分钟之后，倾斜越来越严重的“约克城”号宣布弃舰，次日被日军潜艇击沉。就在日军飞机对“约克城”号实施攻击的同时，美军侦察机发现了“飞龙”号，于是“企业”号航母立即起飞24架俯冲轰炸机前往攻击。下午5时，还在回味攻击“约克城”号得手后喜悦的“飞龙”号遭到了美军俯冲轰炸机的攻击，先后被4枚炸弹击中，并引发冲天大火，次日凌晨被美军击沉。

VISIBLE HISTORY OF THE WORLD

关键词：开辟第“二战”场

诺曼底登陆

▪ 1944年6月

在1943年底的德黑兰会议上，罗斯福、丘吉尔和斯大林最终确定于1944年5月，在法国大西洋沿岸实施大规模战略性登陆战役，以开辟欧洲第二战场，其代号为“霸王”，最高统帅由艾森豪威尔担当，地点定在了诺曼底。

开辟第二战场

1943年11月，代号为“尤里卡”的德黑兰会议正式拉开序幕。美、英、苏三国首脑确定了“海王”的计划，制定了开辟欧洲第二战场的时间表以及盟军登陆的地点——诺曼底。为了投入更多的兵力进行攻击，盟军还将原定于1944年5月实施的登陆作战延迟到6月初。为实施这一大规模的战役，盟军共集结多达288万人的部队。

盟军计划首先在诺曼底登陆场的右翼空降2个美军伞兵师，切断德军从瑟堡出发的增援，并协同登陆部队夺取犹他滩头。同时在登陆场的左翼空降1个英军伞兵师，夺取康恩运河的渡河点。然后首批登陆部队共8个加强营分别在5个滩头登陆，迅速建立登陆场。在巩固和扩大登陆场后，后续登陆部队上岸，其右翼先攻占瑟堡，左翼向康恩运河至圣洛一线发展，掩护右翼部队的进攻。接下来

^在被任命为盟军最高司令后，艾森豪威尔于1944年1月中旬抵达伦敦，组建了盟国远征军最高司令部。照片中艾森豪威尔（左二）和盟军将领们在伦敦司令部为即将开始的诺曼底登陆商讨作战计划。

登陆部队将攻占卡昂、贝耶、伊济尼、卡朗坦、布勒塔尼等地，最终直取巴黎。为了掩盖真正的登陆地点，盟军实施了大量的伪装行动，例如在英国东南部地区制造部队和船只集结的假象、利用双重间谍向德军提供假情报等。这些伪装行动让德军最高统帅部将西线大部分的德军配属在加莱方向，而对诺曼底方向完全放松了警惕。

大西洋壁垒

此时，德军在东线战场上部署了179个师的兵力，约占德军总兵力的65%。而在西线的法国、比利时、荷兰只有58个师约74万人（由龙德施泰特元帅指挥），包括33个海防师、15个步兵师、8个装甲师、2个伞兵师。西线德军被编为2个集团军群：B集团军群驻守在法国北部，共39个师，是西线德军的主力，由从

^ 诺曼底登陆的指挥者艾森豪威尔上将

北非战场铩羽而归的隆美尔元帅指挥；驻守加来的是该集团军群下辖的第15集团军，集结了23个师的重兵。G集团军群驻守在法国卢瓦尔河以西地区，共19个师，由布拉斯科维兹上将指挥。此外，西线战场还有2个作为战略预备队的装甲师，由希特勒亲自指挥。

为了防备盟军从英国本土发动对欧洲大陆的反攻，早在1942年7月20日希特勒就下令开始修建从挪威北部至西班牙海岸的由1.5万个坚固支撑点构成的防线，即所谓的"大西洋壁垒"。希特勒要求防线在1943年5月1日之前完工，但实际上直到1944年5月盟军发动进攻前夕，大部分地区的防御支撑点都还没有完工。倒是隆美尔就任B集团军群司令后，督促完善了部分沿海地区的防御体系，在深海中布设水雷，浅海中设置斜插入海的木桩（被盟军称作"隆美尔芦笋"），海滩上修筑了锯齿状的混凝土角锥、坦克陷阱，其间还布设了大量地雷。此外，德军还在能俯视海滩的制高点构筑隐蔽火力点，在海滩后面的开阔地区布设大量防机降的木桩。这些防御工事使盟军在此后的登陆中遭受了不小的损失。

跨海大反攻

1944年6月1日，盟军登陆部队开始在英国南部15个港口上船。原定登陆日期为6月5日，但由于登陆海域气象条件十分恶劣而被推迟24小时。6月5日午夜时分，盟军轰炸机群开始对法国海岸沿线的德军实施大规模空中打击。与此同时，盟军空降部队开始在登陆滩头两侧距海岸10千米至15千米的纵深地带实施空降，扰乱守军的部署并阻止其可能实施的反突击。6月6日0时16分，英军第6空降师被空投至登陆场的左翼地区，顺利夺取佩加索斯桥，在登陆先头部队到来之前防止德军装甲部队经由此处向海岸方向实施增援。但美军第82、第101空降师就远没有英国人那么幸运，他们乘坐的运输机和滑翔机由于偏离航线而无法在预定区域空降，因此许多士兵着陆之后都失去建制，陷入独力作战的不利境地，伤亡惨重。

5时30分，盟军海军舰艇开始实施炮火准备。一个小时后，盟军部队开始从五个滩头阵地实施登陆作战。剑海滩位于一段低矮的沙质陡壁下，长约3千米，紧邻奥恩河口的韦斯特朗港，也是五个登陆滩头中最东边的一个，法国北部的航运中心卡昂位于该海滩南边的15千米处。负责剑海滩登陆的是英军第3步兵师及第27装甲旅，他们在抢滩成功之后很快就突破德军防御阵地，并于当日午后与先前空降内陆的伞兵部队会合。当天在剑海滩登陆的2.9万名英军中，仅有630人伤亡。

宽约10千米的朱诺海滩正面为沙丘地带，德国守军部署在沙丘后方的村落中，对盟军登陆部队构成巨大威胁。朱诺海滩的登陆部队是加拿大第3步兵师及第2装甲旅。他们在登陆开始时就遭受重创，但还是登陆成功。此战加拿大部队官兵共有2.14万人，伤亡人数约为1200人。

金海滩是整个登陆行动的中心点，位于贝辛港和拉里维埃之间，此处海滩海岸的坡度较缓，对于英军第50步兵师及第8装甲旅的登陆十分有利。德军在海岸不远处设置4门155毫米重炮，在登陆过程中给英军制造了极大的麻烦。僵持一段时间之后，英国皇家海军舰艇的炮火将这些重炮摧毁，扫清了英军前进道路上的障碍。临近傍晚的时候，已有2.5万名英军顺利登岸，期间只有413名官兵伤亡。

在盟军登陆之前，隆美尔将战功赫赫的第352步兵师调至奥马哈海滩，

∧登陆之后向德军阵地进行炮击的盟军炮兵

成为五个滩头中德军防守最严密的一个滩头。奥马哈海滩位于卡朗坦河口以东，正面宽10千米，德军第352步兵师驻守在高30米的滩头峭壁之上，地势十分险要。负责在这里抢滩登陆的是美军第1步兵师及第29步兵师。在这里，美军遇到德军的猛烈攻击，伤亡率高达50%以上，奥马哈海滩附近的海水被鲜血染红。中午的时候，成功登陆上岸的美军在海军舰艇炮火的支援下，终于突破守军防线，建立登陆阵地。当天美军登陆人数为3.4万人，而伤亡人数达到2400人。

犹他海滩位于卡伦坦湾西侧，由一片低矮沙丘组成。美军在3个小时之内就越过滩头阵地，控制沿海公路，并与此前空降于敌后的空降部队胜利会合。犹他海滩登陆是诺曼底登陆战役中伤亡人数最少的抢滩登陆作战，2.3万名美军官兵中只有197名伤亡。

在1944年6月6日的登陆作战中，德军几乎没有组织起任何像样的反击。6月12日，盟军各登陆地点成功地连接成登陆场，大批盟军部队源源不断地从英国本土运来。6月21日，美军部队攻占瑟堡，为盟军开辟海上运输通道。至7月24日，诺曼底登陆战役胜利结束，盟军已在法国沿海地区构筑了一个正面宽150千米、纵深13千米至35千米的登陆场，为随后展开的大规模战略反攻奠定了坚实基础，并加速纳粹德国的溃败。

关键词：如何处置战败国／联合国

雅尔塔会议

▪ 1945年2月

1945年2月，在苏联克里米亚半岛举行的雅尔塔会议上，美、苏、英三国首脑在协调对德作战、战后处置德国、波兰边界划分、苏联对日作战、建立联合国等重大问题上达成共识，人类历史由此翻开新的一页。

齐聚雅尔塔

第二次世界大战进行到1945年1月底，希特勒的军队除了在匈牙利和意大利北部有一些脆弱的据点之外，实际上已经全部被美、苏、英三国军队

> 雅尔塔会议期间的三巨头

这张照片恰如其分地说明了三个大国之间的微妙关系：拿着雪茄的丘吉尔（左）冷静地看着罗斯福（中），斯大林（右）也兴致勃勃地斜身听着二人的话题，而事实上苏联的最高领导人根本听不懂二人使用的英语。

赶回其国境以内。对美、苏、英三国来说，德国失败已成定局，战后欧洲乃至世界如何重组的问题开始被提上议事日程。其中包括：如何处置战败后的德国，在最后对日作战中三国如何进行协作，战后的世界应该如何进行和平而有效的管理等。此时，苏联已在波兰问题上与美英两国产生巨大矛盾，迫切需要召开一次类似德黑兰会议的三国首脑会议，对这些问题与矛盾进行沟通和解决——三国最终确定于1945年2月4日至11日，在苏联的雅尔塔举行首脑会议，会议代号为“阿尔戈航海者”。

1945年2月2日早晨，罗斯福乘坐的“昆西”号重巡洋舰横渡大西洋抵达马耳他，与先期到达的丘吉尔一行会合。当天晚上，美英两国代表团一行700多人搭乘25架军用运输机从马耳他起飞前往雅尔塔。第二天中午，两国代表团的飞机降落在雅尔塔附近的萨基机场，前来迎接他们的是苏联外交部部长莫洛托夫。罗斯福被安排在末代沙皇的避暑行宫——利瓦吉亚宫下榻，为了照顾行动不便的他，三国全体会议都被安排在这里举行。

最后的战争

在为期8天的会议里，全体会议、领导人的私下会晤、参谋长或外长的分组会、午宴和晚宴穿插进行，三国首脑和随行人员对许多问题展开了激烈而又不失友好的讨论。

三国首脑首先讨论了最终击败德国的计划，以及战后对德处置的问题。经过激烈讨论，三方最终商定由苏军占领德国东部、美军占领西南部、英军占领西北部。而在德国首都柏林的占领问题上，三方同意由苏军管理该城的东北部，美英军队则将其西南部纳入自己的控制之下。此外，根据丘吉尔的建议，三国同意将美英军队控制下的德国的某一个地区划由法军占领，并邀请法国戴高乐政府参加盟国对德管制委员会。会议还规定，战后德国必须解除武装、拆除一切军事设施、取缔纳粹党、惩办战犯等。在德国战争赔款问题上，斯大林强烈主张以实物的形式要求德国拿出战争赔款，并根据“谁对战争胜利贡献大”和“谁在战争中遭受的损失多”为原则来进行分配。苏联的建议是德国战争赔款总额为200亿美元，其中一半应划归苏联。鉴于第一次世界大战后德国战争赔款的偿付能力问题，丘吉尔认为赔款数额和分配方案应该在计算出此时德国实际偿付能力之后再确定。罗斯福则表示美国除了没收德国在美的所有财产之外，不会要求德国的任何赔款。在这个问题上，三国直到会议结束都没有形成统一的决议，只是决定在莫斯科成立一个德国损害赔偿委员会，专门对德国战争赔款的数额与分配方法进行研究。

波兰问题是雅尔塔会议上另一个争论的焦点。在确定波兰边界的问题上，与会三方爆发了激烈的争论。大家都按照自身的利益来发表意见，最终确定波

v 在里瓦几亚宫召开的雅尔塔会议。照片中有罗斯福、斯大林、背对的丘吉尔，还有其他与会人员。

兰东部边境按照寇松线（1920年由英国外交大臣寇松提出的苏俄与波兰的停火线）来划定，但在若干区域苏联会给予波兰5千米至8千米的溢出部分。波兰将在北部和西部从德国获得领土补偿，其范围应征询波兰统一政府的意见，并在此次会议结束后确定。对于未来波兰政府的组成，苏联再次和美英发生激烈的争论。此时苏联支持的波兰临时政府已开始在全国范围内行使权力。而战争爆发以来一直流亡在英国伦敦并受到英国支持的波兰前政府，则希望能在未来的波兰事务中发挥更大的作用。尽管英国希望能在波兰问题上发挥更大的主动性，但由于波兰是由苏军解放的，因此最终不得不接受波兰临时政府成立的现实。

促成苏联对日作战是罗斯福雅尔塔之行的重要目的之一。此时美军在太平洋战场上与日军打得异常激烈，一系列岛屿争夺战已让美军损失惨重。根据美国军事当局的估计，在德国投降之后还需要约18个月才能打败日本。麦克阿瑟指挥的美军在雅尔塔会议的第二天才攻入菲律宾首都马尼拉，被寄予厚望的第一颗原子弹则还要再等5个月才能最终制成。如果苏联继续保持中立，日本就会将驻扎在中国东北的关东军调回本土，加入抗击美军登陆的行动中，到时美军的伤亡数字将是非常巨大的。急于要求苏联做出对日作战承诺的美国最终“大方”地将中国部分地区的主权利益赠予了苏联，这其中包括：今蒙古现状予以维持，战后如果蒙古公民投票决定独立，中国政府应承认其独立并以现有边界为国界；大连商港国际化，指定码头及仓库租给苏联，保证苏联在该港的优越权益；中苏共同使用旅顺口为海军基地，其防护委托苏联执行；通往大连的中东铁路和南满铁路由苏中合办的公司共同经营等。最终，苏联在如此优厚条件的诱惑下同意“在德国投降及欧洲战争结束后两个月或三个月内”参加同盟国对日本的作战行动。在没有中国政府代表参加并征得中国政府同意的情况下，美苏两国就将中国的主权作为筹码进行了交易。罗斯福让斯大林放心，他将在会议结束后亲自向被蒙在鼓里的蒋介石进行解释，并最终说服他接受在雅尔塔会议上达成的有关中国的决议。这件事充分暴露了大国的强权政治，是雅尔塔会议上的不和谐声音，为日后国际争端的产生埋下了种子。

联合国的诞生

在雅尔塔会议上，三国代表还讨论了建立联合国组织以解决国际争端的议题。联合国组织这一概念首先于1944年8月在美国敦巴顿橡树园举行的美、英、苏三国会议上被提出，该组织将由大会、安全理事会、托管理事会、国际法院和秘书处等组成，协调和处理国与国之间的纠纷与争端。在雅尔塔会议上，三国代表着重讨论解决敦巴顿橡树园会议上遗留下来的关于联合国的若干问题，其中包括由安理会确定接纳和开除会员国、停止和恢复会员国权利、选举秘书长等。会议还决定，联合国安全理事会的5个常任理事国是苏联、美国、英国、中国和法国。6月26日，51个国家的代表根据雅尔塔会议上形成的决议在《联合国宪章》上签字。同年10月24日，《联合国宪章》生效，联合国就此成立。次年1月10日，上述51个国家的代表在伦敦举行了第一届联合国大会，自此联合国开始正式工作。在随后的60多年时间里，联合国为全世界的和平与发展做出了不可磨灭的贡献，这是雅尔塔会议所取得的又一伟大成果。

^1945年4月25日至6月26日，联合国成立大会在美国旧金山召开。

1945年2月12日，美、苏、英三国首脑在《英、美、苏三国克里米亚（雅尔塔）会议公报》上签字，标志着雅尔塔会议胜利结束，人类历史即将翻开新的一页。

VISIBLE HISTORY OF THE WORLD

关键词：德国投降

日耳曼战车投降

■ 1945年5月

1945年5月7日，德国电台宣布德国无条件投降。5月8日，在柏林城郊的卡尔斯霍尔特苏军司令部，苏、美、英、法四国代表出席德国无条件投降仪式，德国武装部队最高统帅部长官凯特尔元帅等3名德军高级将领在投降书上代表德国签字。至此，纳粹德国宣告正式投降，第二次世界大战欧洲战场的战斗也宣告结束。

最后一击

1945年4月中旬，德军在东西两条战线上都已经陷入最后的挣扎，东面苏军距纳粹德国的巢穴柏林只有短短的60千米，西面的美英军队距离柏林也只有100千米。即将走向末日的纳粹德国仍将德军主力集中用来对付苏军，并与美英两国进行秘密接触，妄图在阻挡住苏军进攻的同时，只向美英军队投降。于是德军最高统帅部在柏林附近区域集中部署了“维斯瓦”集团军群和中央集团军群的庞大兵力，包括48个步兵师、9个摩托化师和6个装甲师约80万人，1.04万门各类火炮，1500辆坦克和装甲车及3300架作战飞机。此外还在柏林市内组建200多个国民突击队，守军总兵力超过200万人。在柏林外围的奥得河—尼斯河地区精心构筑了纵深达20千米至40千米的三道防御阵地，在市内则修筑大量街垒地堡，甚至在大部分临街房屋的窗户上都建立射击点，使得整个柏林变成一个巨大的阵地。

针对纳粹德国的部署，苏军最高统帅部大本营决定攻占柏林，迫使德国无条件投降。为此苏军投入最精锐的部队，包括白俄罗斯第1、第2方面军和乌克兰第1方面军，并配以波罗的海舰队、第聂伯河区舰队、远程航空兵第18集团军、国土防空军及波兰第1、第2集团军，总计250万人，各类火炮4.2万门，坦克和装甲车6250辆，作战飞机7500架。按照行动计划，苏军将兵分三路进攻柏林：朱可夫元帅指挥的白俄罗斯第1方面军突破奥得河东西两岸防线和附近若干地段，从东面执行主攻柏林的任务；科涅夫元帅指挥的乌克兰第1方面军前出至尼斯河东岸的南部直到苏台德山麓，从南面实施攻击；罗科索夫斯基元帅指挥的白俄罗斯第2方面军则前进到奥得河下游，从北面展开攻

∨1945年4月10日，美军第7军士兵冲入德国维尔茨堡，在被炸得面目全非的德军基地里惊喜地发现一门德国274毫米铁道炮。士兵们纷纷站在炮管上摆姿势照相，巨大的炮管上足足站了22名美国大兵。

势。为了与美英军队争分夺秒地抢进度，苏军最高统帅部要求柏林战役应尽早结束，力争在12～15个昼夜内结束战斗。

惨烈攻坚战

1945年4月16日凌晨5时，朱可夫元帅一声令下，白俄罗斯第1方面军首先对柏林德军发动进攻。苏军的各类火炮对德军前沿阵地进行了约20分钟的火力准备，空军轰炸机机群也对德军进行了狂轰滥炸。随后，苏军在前沿布置的140多架高空探照灯同时亮起来，照得对面德军睁不开眼。苏军步兵和坦克乘机发起冲击，很快就突破德军的第一道防线。与此同时，乌克兰第1方面军强渡尼斯河，也顺利攻下德军第一道防御阵地。

当白俄罗斯第1方面军先头部队推进到第二道防御地带枢纽的泽洛夫高地时，已经缓过神来的德军开始进行殊死抵抗。德军凭借有利地形，顽强地扼守每一条战壕、每一个伞兵坑，给苏军带来较大伤亡。朱可夫不断增加突击力量，并将两个坦克集团军投入战斗，但随后的战斗进展仍然不是很理想。4月17日晨，朱可夫集中白俄罗斯第1方面军所有火炮再次向德军进行猛烈炮击。这之后，数千辆苏军坦克对德军阵地发起总攻。一天之后，德军终于扛不住了，开始向柏林市区方向退却。与此同时，乌克兰第1方面军完全突破尼斯河防御地带，白俄罗斯第2方面军于次日成功强渡东奥得河。至此，苏军已从东、南、北三个方向对柏林完成合围。

4月20日清晨，白俄罗斯第1方面军先头部队第3集团军攻至柏林近郊，并于当日下午1时50分首次对柏林城内实施炮击，揭开柏林攻坚战的序幕。这一天，希特勒召集最后一次纳粹高层会议，讨论如何与苏军做最后战斗。会后，戈林和希姆莱仓皇逃出柏林，前往德国南部地区。次日，苏军第3集团军、近卫坦克第2集团军和第47集团军所属部队突入柏林郊区，与德军展开激烈交战。4月22日，希特勒决定要留在柏林直到最后。戈林获知希特勒的决定之后，立即请求应该由他以继承人的身份来继续行使元首的权力，但得到的答复却是被撤销一切职务。4月24日，白俄罗斯第1方面军左翼部队与乌克兰第1方面军在柏林东南会合，切断德军第9集团军与柏林的联系，并合围该集团军。4月25日，白俄罗斯第1方面军从柏林北面迂回，与乌克兰第1方面军第4坦克集团军在柏林以西会合，从而完成对柏林的合围，纳粹德国首都此时几乎彻底断绝了与外界的联系。

^ 盟军组织“希特勒青年团”的成员参观纳粹集中营遇难者的尸体，进一步揭露纳粹分子的暴行。

攻克柏林的最后战斗于4月26日打响，苏联空军在这一天出动数千架次轰炸机，向柏林投下成千上万吨炸弹，苏军炮兵部队几万门火炮也对柏林市区实施高密度的集中射击。火力准备完成之后，担任最后攻坚任务的苏军地面部队对柏林市区发起冲锋。每个街区、每条街道、每幢房屋，甚至是地铁隧道、排水管道都成为苏德双方争夺的焦点，战斗进行得异常惨烈，苏军每前进一步都会付出重大的伤亡。

4月28日，苏军第3集团军和近卫第8集团军逼近蒂尔花园区，这里有德国政府办公机构、国会大厦、最高统帅部等纳粹德国重要机关，是柏林德军的指挥中枢。下午时分，近卫第8集团军占领德军的通信指挥中心，完全切断柏林守军与外界的通信联系。这一天深夜，第3集团军步兵第79军对国会大厦发起最后的强攻。守卫大厦的德军负隅顽抗，给苏军造成极大的伤亡，这幢大厦的每一条走廊、每一个房间几乎都经历了双方的激烈争夺。

帝国的末日

1945年4月29日凌晨1时，希特勒在苏军越来越近的隆隆炮声中与爱娃举行了婚礼。这之后，希特勒口述了自己的遗嘱，出人意料地指定时任德军北部最高司令官的邓尼茨元帅在他死后继任德国总理和武装部队最高统帅，同时决定自杀以免活着落在苏联人手里。这一天，墨索里尼被游击队处死并暴尸示众的消息传来，希特勒知道留给自己的时间已经所剩无几。第二天，希特勒吃过午饭后，与此时还在身边的所有人一一握手道别。下午3时许，希特勒开枪自杀，结束了罪恶的一生，新婚妻子爱娃也服毒自杀。当天晚间21时50分，苏军终于攻占国会大厦，苏军英雄叶戈罗夫中士和坎塔里亚下士将胜利的红旗插上这幢已经千疮百孔的大楼顶端。之后不久，残余德军通过广播向苏军喊话，请求临时停火进行谈判。

5月1日凌晨3时55分，德国陆军总参谋长克莱勃斯打着白旗从德国政府办公机构的地下掩体里钻了出来，前往苏军近卫第8集团军的前线指挥所进行谈判。克莱勃斯首先通报了希特勒的死讯，然后希望苏军能先停止在柏林的军事行动，等到德国组成新政府后再进行谈判。德国的请求立即被发往莫斯科，斯大林很快就回复道："德军只能无条件投降，不进行任何谈判，不同克莱勃斯谈，也不同任何其他法西斯分子谈。"9时45分，朱可夫元帅向柏林德军发出最后通牒：德军必须无条件投降，否则苏军将在10时40分对德军实施最后的进攻，消灭所有负隅顽抗的敌人。

在苏军强大的军事压力之下，柏林德军最后不得不答应无条件投降。5月2日7时，德军柏林城防司令官魏德林上将前往崔可夫的前沿指挥所签署投降书。至下午3时，柏林德军完全停止抵抗，至此终于宣告苏军成功攻克纳粹德国的心脏——柏林。此役，苏军共击溃德军70个步兵师、23个坦克师和摩托化师，俘虏德军38万人，缴获坦克和装甲车1500余辆。苏军也为此付出巨大的伤亡代价，共损失30.4万人、坦克和装甲车2156辆、火炮1220余门、飞机527架。

∧这张名为《攻克柏林的胜利旗帜》的照片由苏联摄影家哈尔杰拍摄。照片中，面对燃烧着的柏林，一名苏联红军将苏联国旗插在国会大厦的最高处，标志着第三帝国的灭亡。

VISIBLE HISTORY OF THE WORLD

关键词：日本投降 / “二战”结束

日本上空升起蘑菇云

▪ 1945年8月

1945年7月27日，即在《波茨坦公告》发布后的第二天，日本政府做出“不予理会声明”，决意与盟军对抗到底。在这种情况下，美国总统杜鲁门下令对日实施原子弹打击，因为“唯一能说服天皇及其军事顾问们的办法，就是证明我们有能力摧毁他们的帝国”。

原子核恶魔

纳粹德国投降以后，日本成为美英两国最后一个轴心对手。针对这一问题，1945年7月26日，美、英、苏三国最终在打败日本问题上达成一致，签署了《波茨坦公告》。而在此之前，美国成功试爆了人类历史上第一颗原子弹，其产生的破坏力让世界为之震惊。原子弹的成功诞生，让时任美国总统的杜鲁门有了十足的底气——即使苏联不向日本出兵，美国也可以用原子弹促使日本投降。正如杜鲁门所说，原子弹是当时可以快速摧毁日本的唯一武器。

原子弹的研制最早起源于原子核物理学的研究，其奠基人是英国科学家卢瑟福。他在19世纪末至20世纪初发表多篇有关原子核物理学的论文，但

^保罗·蒂贝茨和他的战友们在B-29轰炸机前合影。他们在接到向广岛投掷原子弹的任务时，就已经抱定必死的决心。出发当天，每个人都随身携带氰化物毒药，准备万一被俘后吞药自杀。

当时的卢瑟福没有预料到他的这些研究成果会在日后成为杀伤力巨大的原子弹研制的奠基理论。进入20世纪二三十年代，意大利的费米、奥地利的梅特勒、法国的居里夫妇、英国的查德威克等人相继获得重大突破，使原子核物理研究进入应用实验阶段。1939年初，德国科学家哈恩和斯特拉斯曼发表了有关铀原子核裂变现象的论文。在随后的几个星期里，许多国家的科学家都验证了这一巨大发现，并进一步提出有可能创造这种裂变反应持续进行的条件。这一重大科学发现本应为人类开发出一种高效的新能源，但却首先被用于军事目的。同年，纳粹德国率先建立归属于德国陆军的研制原子弹的机构，其代号为“U工程”。

^1945年8月6日8点16分，名为“小男孩”的原子弹在距离地面600米的高空爆炸。在千分之一秒的瞬间，广岛上空出现一个温度高达几千万度的巨大火球，高温使半空中的飞鸟也化成灰烬。随后，巨大的气柱和尘埃腾空而起，形成一朵高耸天际的蘑菇云。

曼哈顿工程

1939年9月1日，德军对波兰发动闪电战，第二次世界大战由此拉开帷幕。随着纳粹德国不断扩张，欧洲大陆的一些第一流的核物理学家因不满希特勒的独裁统治而纷纷移居美国。此时德国在核物理方面的研究已经居于世界领先地位，这些客居美国的欧洲核物理学家对此深感忧虑，担心德国会首先研制出原子弹，并投入到战争之中，到那时人类将会遭受灭顶之灾。10月，西拉德等多位核物理学家联名写信给著名物理学家爱因斯坦，希望能由他出面致信美国总统罗斯福，向其阐明研制原子弹的重大意义以及美国应抢在德国之前研制成功原子弹的紧迫性。爱因斯坦随即向罗斯福写信，提请他注意德国在核物理研究方面的动向，希望美国能首先研制出原子弹，以避免战争的扩大化等。很快，罗斯福就复信同意爱因斯坦的建议，同时下令成立研究原子武器的专门委员会。

1941年12月6日，罗斯福批准一项研制原子弹的计划，即“曼哈顿工程”，但当时下拨的科研经费只有6000美元。十分巧合的是，就在“曼哈顿工程”开始实施的第一天，日本联合舰队就发动对美国海军基地珍珠港的突然袭击，导致美军损失巨大。数年之后，“曼哈顿工程”研制出来的原子弹被投向日本本土，从而结束第二次世界大战，当然这是后话。1942年6月，已经参战的美国决定投入更多的人力、物力到原子弹的研制工作中去。美国陆军开始在田纳西州的橡树岭（负责电力和热力生产）、华盛顿州的汉福德（负责钚的生产）、新墨西哥州的洛斯·阿拉莫斯等地，秘密筹建庞大的原子弹研究和实验基地，这些秘密机构被称作“曼哈顿工程管理区”。“曼哈顿工程”由陆军部的格罗夫斯少将领导，原子弹的设计与制造工作则由奥本海默（后来被称作“原子弹之父”）全权负责。曼哈顿工程总部直属总统，对国会议员甚至对当时的副总统杜鲁门都严格保密。从1943年到1945年7月，美国总共为原子弹的研制投入10万名科技人员和工人，耗资更是高达25亿美元。

就在美国紧锣密鼓研制原子弹的同时，纳粹德国这边的研制速度却出人意料地降了下来。原因是希特勒在很短时间内占领整个西欧大陆之后，做出了很快就能结束战争的判断，因而就没有花大力气去研制尚无十足把握的原子弹。1943年2月27日深夜，挪威抵抗组织成员秘密潜入挪威维莫尔克重水工厂（纳粹德国唯一一家生产重水的工厂），使用爆炸装置成功将该工厂中的1.5吨重水及部分设备炸毁，导致德国原子弹研制工作一度陷入停顿。1944年2月，盟军轰炸机在汀斯约湖上炸沉一艘从维莫尔克重水工厂驶往德国本土的运输船，上面载有德国千辛万苦提炼出来的唯一一批重水。至此，德国制造原子弹的计划彻底破产。

升腾的蘑菇云

1945年7月16日清晨5时30分，美国第一颗原子弹在新墨西哥州的阿拉莫戈多沙漠爆炸成功。此时，美国手中还有两颗原子弹，将它们投向哪座日本城市成为一个棘手的问题。美国陆军部部长史汀生按照日本军需生产中心的标准，根据重要程度筛选出4座目标城市，它们分别是广岛、小仓、长崎和新潟。随后，杜鲁门召集马歇尔、史汀生等军队高级将领进行研究，最终确定将广岛列为第一颗原子弹的攻击目标。7月27日至8月1日，美国飞机在日本各大城市上空散发了150万张传单和300万张《波茨坦公告》，传单警告日本市民他们所在的城市即将遭到盟军的猛烈轰炸。

1945年8月6日凌晨，美国空军第20航空队第509混合大队的蒂贝茨上校驾驶一架B－29“超级空中堡垒”轰炸机，携带一颗名为“小男孩”的原子弹自太平洋上的提尼安岛起飞，前往广岛执行原子弹投放任务。8时许，蒂贝茨飞临广岛上空，简单观测了一下天气状况之后投下“小男孩”。这颗原子弹在降落伞的牵引下缓缓下降，在距离地面600米的地方被引爆。刹那间，爆炸点形成一个直径100多米的巨大火球，并伴随着震耳欲聋的爆炸声。随后，这个巨大的火球升腾为一团巨大的蘑菇云，整个广岛被淹没在恐怖的黑色烟尘之中。爆炸当天，这颗爆炸当量为2万吨TNT炸药的超级炸弹在片刻间杀死了约8万人。8月9日上午11时30分，美国又在长崎投下名为“胖子”的原子弹，由于长崎多山，损失相对减少，但也有7万人当即死亡，1.4万人受辐射。

1945年8月15日，日本天皇裕仁向全国颁布停战诏书，宣布日本无条件投降。9月2日上午9时，在日本东京湾的美军“密苏里”号战列舰上，盟国和日本代表在《日本投降书》上签字。至此，第二次世界大战正式宣告结束。

v“密苏里”号战列舰上的投降签字仪式

1945年9月2日，麦克阿瑟将军站在麦克风后，与盟军官兵一同注视着梅津美治郎在投降书上签字。之后，麦克阿瑟代表同盟国签字。

PERU
NEW ZEALAND

第八章

世界新格局

大规模的战争是一个时代的结束，但也是另一个时代的开始。

两次大战后，铁幕落下，以美苏为首的资本主义阵营和社会主义阵营之间形成对峙局面。20世纪下半叶，东欧剧变、苏联解体……“冷战”以苏联的覆亡宣告终结，美国因此成为世界上的超级大国。但在经济迅猛发展的局面下，美国的优势并不明显——中国、俄罗斯、日本、巴西及印度等后起之秀在世界的瞩目中逐渐成长起来。

全球化的时代背景下，各国之间外交往来更加频繁和密切。和平与发展仍然是当今世界的两大主题。

▷ 肯尼迪遇刺悬案

VISIBLE HISTORY OF THE WORLD

关键词："冷战"

杜鲁门主义

■ 1947年3月

杜鲁门主义是美国总统杜鲁门任期内形成的美国对外政策，其核心是认为美国必须在全世界范围内承担起围堵共产主义运动的重任，化解任何可能威胁美国安全的危机，且为此不惜干涉他国内政。

杜鲁门主义从何来

掀起美苏对战的美国总统杜鲁门

1945年4月12日，罗斯福总统在任内逝世后，他的副手杜鲁门继任美国总统。和罗斯福总统积极倡导与苏联合作不同的是，杜鲁门逐渐走向了与苏联决裂、对抗的道路。"二战"结束后，原来威胁着整个世界的德日意法西斯都已经土崩瓦解，以美英为首的西方世界与苏联合作的基础已经不复存在。其次，美苏在具体问题上的矛盾和斗争也与日俱增。杜鲁门继任后，美苏围绕战后德国的处置和波兰等问题冲突不断，美国国内对苏强硬的呼声日益高涨。在这个时候，斯大林又发表演说，认为“二战”虽然已经结束，但是资本主义争夺世界市场的斗争必将引发新的世界大战，所以苏联接下来必须以发展重工业为首要任务，摆出了一副又要投入战争的架势。这在美国国内引起了不小的恐慌，当时的美国副国务卿艾奇逊认为斯大林此举否认了美苏和平共处的可能。

1946年2月22日，美国驻苏联使馆代办乔治·凯南向国内发出了著名的“八千字电报”，全面分析了苏联的情况，并提出了遏制苏联的政策。电报引起了杜鲁门和美国国会的高度重视。已经下定决心在美苏关系上放弃合作的美国决策层认为凯南的遏制理论是对抗苏联的有效手段，这一理论也奠定了战后美国外交政策的思想基础。

1946年3月5日，在美访问的英国前首相丘吉尔在杜鲁门的陪同下来到密苏里州的富尔敦，在威斯敏斯特学院发表了题为《和平砥柱》的演讲。丘吉尔在演讲中宣称“从波罗的海的什切青到亚得里亚海边的的里雅斯特，一幅横贯欧洲大陆的铁幕已经降落下来”。铁幕后的东欧和中欧各国都是苏联的势力范围，而共产党的“第五纵队”则遍布世界各国，到处构成对“基督教文明日益严重的挑衅和威胁”。面对苏联的扩张，不能再奉行绥靖政策，西方国家尤其是英美应当团结起来，共同制止苏联的侵略。丘吉尔的“铁幕演说”在全世界引起轰动。很快，斯大林就指出这是“号召同苏联开战”的危险举动。可以说丘吉尔的“铁幕演说”是杜鲁门借他人之口发表的“冷战”宣言，美国政府借丘吉尔这位“反布尔什维克老兵”之口说出了自己不便言明的主张。这一演说一般被认为是美英对苏联发动“冷战”的信号。

提出杜鲁门主义

在丘吉尔的“铁幕演说”为杜鲁门主义的出台拉开序幕后，为了统一美国政府在对苏问题上的立场，杜鲁门迫使坚持罗斯福总统和平缓进政策、反对与苏联公开决裂的“自由主义者”领袖、商务部部长华莱士辞职，又争取到

∧美国总统杜鲁门和副总统巴克利在华盛顿火车站接受人们欢迎

以共和党参议员塔夫脱为领袖的“保守主义者”的支持，使美国政府内部就与苏联决裂这一问题达成一致。

1946年9月24日，杜鲁门的特别顾问克拉克·克利福德草拟了一份关于美苏关系的报告，这个报告是绝密的，仅在美国最高决策层内部传阅。报告认为美国必须拥有强大的足以抑制苏联的军事力量，使苏联的势力范围限于目前所控制的地区，认为“一切目前尚不处于苏联势力范围之内的国家，在他们反抗苏联的斗争中都应得到美国慷慨的援助和政治上的支持”。这个报告沿着凯南的思路，系统阐述了美国在全世界范围内遏制苏联的战略构想。形势发展到这一地步，杜鲁门主义的出台只是时间问题了。

很快，希腊和土耳其的危机就为杜鲁门主义的出台创造了机会。当时，共产主义运动在希腊和土耳其风起云涌。虽然遭到英国的不断镇压，但是两国的革命运动一直在蓬勃发展，对两国政府的援助成为英国无法承受的负担。1947年初，英国陷入严重的经济困境，已无力承担援助希腊政府镇压革命运动的种种开支，而希腊的革命力量却得到了南斯拉夫和苏联的支持。为了避免这两个具有重要战略地位的国家落入苏联手中，1947年2月21日，英国紧急照会美国国务院，坦承自己所面临的困难，希望美国能接手这个烂摊子。得到这一消息后，杜鲁门决定美国必须挑起这副重担，因为“历史的转折关头已经来到，美国现在必须挺身而出，取代没落中的英国成为自由世界的领袖”。同时杜鲁门也想抓住这一天赐良机，趁机公开美国的“冷战”政策。

1947年3月12日，杜鲁门在国会两院联席会议上宣读了要求国会批准援助希腊和土耳其的咨文，大肆渲染希腊和土耳其受到“共产主义的严重威胁”，并断言如果丧失希腊，土耳其就会成为共产主义海洋中的前哨阵地。同样，如果土耳其屈服于苏联，希腊的地位就会极端危险，最终会给欧洲乃至全世界造成灾难性的后果。据此，杜鲁门要求国会立即采取行动，在1948年6月30日前拨款4亿美元援助希腊和土耳其政府，以便美国在该地区建立“抵抗苏联侵略的屏障”和美国的前哨阵地。为了让国会接受这一要求，杜鲁门接受了范登堡关于必须使美国感觉到局势可怕的见解，于是亲自前往国会山提出了自己的主张，即“杜鲁门主义”。他在国会说：“我认为美国的政策必须支持自由国家的人民，他们正在反抗企图征服它们的武装少数派和外

在1947年3月的一次国会会议上，杜鲁门总统宣布对外政策。

^1951年1月8日，杜鲁门总统在美国国会发表国情咨文，宣布扩军备战的国策。杜鲁门要求国会“延长并修正兵役法”，将现役兵力增加到350万人，并加紧军用战机、坦克等武器的生产。

界压力。”美国国会两院对此迅速做出反应，于1947年5月15日通过了援助希腊和土耳其反对共产主义的法案。

杜鲁门主义出笼后，美国立即开始插手希腊内战。截至1949年年中，希腊获得了6.48亿美元的援助，其中5.29亿美元用于军事需要，以镇压希腊人民的反抗。由美国出钱出枪，重新训练了66%的希腊陆军，武装了20万名士兵、5万名宪兵、1.1万名水兵和8000名空军驾驶员。1947年11月，美希联合总参谋部成立，美军将领詹姆士·范佛里特成了希腊军队事实上的总司令。至1949年底，装备简陋的希腊民主军寡不敌众，只好放下武器，希腊人民革命的烈火被扑灭了。

与此同时，美国还控制了土耳其。1947年7月12日，美国和土耳其签订关于美国援助土耳其1亿美元的协定，美国军事代表团抵达伊斯坦布尔，改组了土耳其军队，为美军在土耳其获取了海军和空军基地。1948年，美土两国签订经济合作协定，1949年又签订文化合作协定。有大批美军坐镇的土耳其的国内局势迅速安定下来，土耳其政府也渡过了难关。

从美国在希腊和土耳其的所作所为来看，杜鲁门主义可以说达到了围堵共产主义的目的。从长远来看，杜鲁门主义也标志着美苏战时同盟的公开破裂和旷日持久的美苏“冷战”的全面展开。一场世界大战刚刚结束，又一场不见硝烟的东西方大较量已上演。

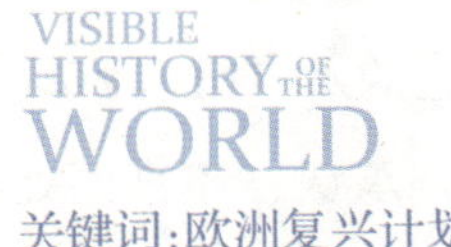

关键词:欧洲复兴计划

马歇尔计划

■ 1947年~1951年

马歇尔计划是由美国国务卿乔治·马歇尔提出的，是杜鲁门主义逻辑上的延伸。杜鲁门宣称美国要承担在全世界范围内遏制共产主义的使命，而当时与共产主义阵营对抗的最前沿就是欧洲，特别是西欧。马歇尔计划正是美国为了扶植战后凋敝的西欧而提出的。

战后的欧洲

“二战”结束后，西欧国家面临的迫切问题并不是苏联的入侵，而是国内经济状况的极端恶化。1946年，西欧的工业产量不足战前的70%，农业产量则仅有战前的约60%。1946年底，西欧又遇上罕见的严寒天气，暴风雪过后又是洪水泛

> 美国国务卿马歇尔与新内阁成员合影

被誉为“美国陆军史上最伟大的参谋军官”的乔治·马歇尔五星上将

滥。由于天灾人祸，英国一半以上的工矿企业瘫痪，农业产量甚至低于19世纪的水平。1947年1月20日，英国政府不得不公开承认：“不列颠处于极其危险的境地。”昔日的大帝国尚且沦落到这等田地，其他国家的情况也就可想而知了。

在经济衰退之外，战后西欧各国的政治局势激烈动荡，国民对政府的不满有增无减。法国、英国、意大利等国的工人运动发展迅速，各国共产党力量普遍增强。1947年4月，法国雷诺汽车厂的工人首先掀起罢工，随后迅速发展为全国性大罢工，法国的工业生产和铁路运输一时陷入瘫痪。与此同时，英国、意大利、比利时等国的工人运动也风起云涌。经过反法西斯斗争锻炼的法国共产党这时候已经成为法国最有影响力的政党，控制着拥有500万会员的工会，而拥有250万名党员的意大利共产党也在群众中享有很高的威望。左翼势力的大发展引起了西欧各国政府的极大恐慌，他们纷纷向大洋彼岸的美国求助。这种情况也使自诩为世界反共领袖的美国坐立不安，美国国务卿马歇尔警告说：“要是美国不对欧洲进行资助，走向暴政统治很可能是不可避免的。”

马歇尔计划出笼

美国援助西欧首先当然是基于其战后的全球战略考虑，即以西欧作为对抗以苏联为首的共产主义运动的前沿阵地，同时也是由其自身的经济需求决定的。“二战”中，作为唯一本土未沦为战场的主要参战国，美国的战时经济发展到了极盛。战争一结束，虽然军事工业大量转入民用生产，但是美国工业的庞大生产能力远不是美国国内市场可以满足的，要想长期繁荣，必须扩大国外市场，所以西欧经济复苏对当时的美国至关重要。另外，援助也意味着美国资本和商品进入西欧的大门被打开了，这是美国占领西欧市场的好时机。

1947年4月26日，美国国务卿马歇尔从莫斯科外长会议回国后，要求美国政府立即采取行动，对西欧进行援助。6月5日，马歇尔在哈佛大学毕业典礼上发表演说，提出援助欧洲经济复兴、夺取全球战略重点欧洲的方案。“这是欧洲人的事情……我国的作用应该是在他们拟订欧洲计划时予以友好协助，并在今后加以支持……这项计划应该是得到欧洲相当多国家同意的共同计划，如果不是欧洲所有国家都同意的话”。马歇尔又说：“我们的政策不是要反对任何国家或任何主义，而是要反对饥饿、贫穷、绝望和混乱。”这暗示当时极端困难的“二战”罪魁德国也在援助之列。这篇演说发表后，马歇尔计划在美国和世界各国的报纸和广播中立刻成了热门话题。一周后，马歇尔又表示这一计划也包括苏联和东欧。

马歇尔的演说在欧洲引起强烈反响，连苏联也对马歇尔计划表现出了不小的兴趣。1947年6月底，英、法、苏三国外长在巴黎举行会谈，商讨响应

历史断面

莫洛托夫计划

在1947年6月底的英、法、苏三国外长会谈破裂之后，苏联及东欧各国参与马歇尔计划的路被堵死了。然而战后的苏联和东欧地区也面临着非常严峻的经济形势，为了加强与东欧的经济联系，苏联与保加利亚、捷克斯洛伐克、匈牙利、波兰、罗马尼亚先后签订了贸易协定，以此来反制马歇尔计划，这就是莫洛托夫计划。

∧ 马歇尔将军陪同罗斯福总统为威尔伯将军授勋，背后系绶带者是巴顿将军。

马歇尔计划的问题。由于认为英法提出的欧洲统一计划有干涉别国内政之嫌，苏联外长莫洛托夫很快就退出会谈。会谈破裂后，苏联及东欧各国被排除在马歇尔计划之外。7月12日，英国、法国、奥地利、意大利、比利时、丹麦、希腊、冰岛、爱尔兰、卢森堡、荷兰、挪威、葡萄牙、瑞典、瑞士、土耳其16国在巴黎召开欧洲经济会议，这次会议决定成立欧洲经济合作委员会。9月22日，欧洲经济合作委员会拟定的总报告获得各国一致同意，要求美国在4年内提供援助和贷款224亿美元。12月9日，杜鲁门向国会递交了“美国支持欧洲复兴计划”的咨文。1948年4月3日，杜鲁门签署了国会通过的《对外援助法》以立法的形式保障马歇尔计划的实施。美国还设立了负责实施马歇尔计划的经济合作署，保罗·霍夫曼被任命为署长。

马歇尔计划期限为5年，自1948年4月3日至1952年6月底，美国共向西欧提供了131.5亿美元援助，其中以粮食和消费品为主，88%是赠予，12%是贷款。西欧各国中英国获益最多，得到的援助高达32亿美元；法国次之，为27亿美元；意大利15亿美元；西德13.9亿美元；冰岛最少，只有2900万美元。1951年底，由于介入朝鲜战争，美国军费开支日益增长，再加上一直对马歇尔计划持反对态度的共和党在1950年的国会选举中取胜后，对继续实施这一计划反应冷淡，马歇尔计划不得不于1951年底宣告结束，而代之以《共同安全计划》。

马歇尔计划的影响

马歇尔计划首先帮助西欧各国迅速走向经济复苏的道路，后来的统计数据显示，计划实施期间是西欧历史上经济发展速度最快的时期。马歇尔计划之后的1952年，西欧的工业产量比战前增长了35%，农业产量则增长了10%，战争结束之初的凋敝景象已经不复存在了，西欧各国迎来了长达20年的黄金发展期。

马歇尔计划还促进了西欧国家的联合和欧洲共同体的建立。美国在提出马歇尔计划时，就鼓励和赞同西欧的联合。1948年接受计划的16个国家建立了欧洲经济合作委员会，后来改组为欧洲经济合作组织，1954年又成立了促进贸易和支付自由化的欧洲支付同盟，在一定程度上打破了西欧各国之间的贸易壁垒，使西欧各国经济上的联系日益紧密。这些都为20世纪50年代末西欧共同体的成立奠定了基础。

作为马歇尔计划的实施者，美国也从该计划的实施中获得了巨大的利益。首先当然是政治和战略上的，复兴的西欧处在与以苏联为首的共产主义阵营对抗的前线，为美国分担了相当大的压力，特别在美国陷入朝鲜战争难以自拔的局面下，这一作用尤其明显。从经济上说，美国资本与商品大量涌入西欧，缓解了美国国内生产过剩的问题，在一定程度上扩大了美国的市场，但是最终西欧复苏之后并没有沦为美国经济上的附庸，而是走上了独立发展的道路，如今成为可以和美国分庭抗礼的势力，这显然是美国没有预料到的，而这也成为美国国内反对马歇尔计划者竭力攻击的一点。

v 1949年2月，运抵英国伦敦皇家维多利亚码头的食糖，这是马歇尔计划的一部分。

关键词：第一次柏林危机

哭泣的柏林

▪ 1948年~1949年

柏林，这座历史悠久的古城，曾经纳粹德国的心脏，在第二次世界大战结束之后一分为二。虽然柏林位于苏占区内，可是美、英、法却分区占领了柏林的西半部分，在苏联的势力范围中深深钉入了一个楔子。在“冷战”的大背景下，柏林处在风口浪尖之上，常常成为东西方角力的舞台。多少政治交锋在这里上演，而以封锁与反封锁为主题的柏林危机就是其中最生动的一幕。

蓄谋已久的阴谋

1945年，在盟军和苏联红军的两线夹击下，德军步步败退。5月2日，柏林被苏联红军完全占领。5月8日，纳粹德国正式投降，第二次世界大战欧洲战场的战事终于宣告结束。

德国战败投降后，按照雅尔塔会议的协议规定，苏、美、英对德国实行分区占领政策，并邀请法国作为第四个占领国。同样，柏林市也实行四国共管。柏林西部由美、英、法三国占领，东部则由苏联占领。1947年6月，马歇尔计划出笼后，美国加强了对欧洲的攻势，但德国问题一直是美英与苏联矛盾的焦点。为了实现控制欧洲和对抗苏联的目的，美国采取了分裂德国的政策，准备把西占区打造成东西方对抗的坚强堡垒。

^西柏林机场的装卸工正从一架美制C-47运输机上卸载燃煤。

这一年美英占领区首先合并，美国还以萨尔地区并入法国为条件，促使法国同意法占区与美英占领区合并。1948年2月，美、英、法、比利时、荷兰、卢森堡6国召开了伦敦外长会议，宣布要召开德国境内西方占领区的制宪会议，准备成立一个西德政府。6月18日，美、英、法又宣布从6月21日起，在西占区实行单方面的货币改革，发行新的“B”记马克。此举奏响了德国分裂的序曲。

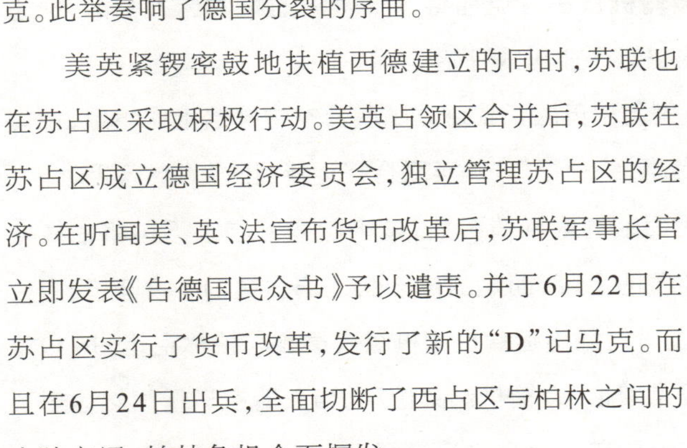

美英紧锣密鼓地扶植西德建立的同时，苏联也在苏占区采取积极行动。美英占领区合并后，苏联在苏占区成立德国经济委员会，独立管理苏占区的经济。在听闻美、英、法宣布货币改革后，苏联军事长官立即发表《告德国民众书》予以谴责。并于6月22日在苏占区实行了货币改革，发行了新的“D”记马克。而且在6月24日出兵，全面切断了西占区与柏林之间的水陆交通。柏林危机全面爆发。

举世瞩目的空运

西柏林位于大片苏占区的腹地，犹如“孤岛”。在这居住着250万居民以及盟国的管制委员会和西方国家的占领军。然而这座城市根本不生产食物或其他生活必需品，它的生存完全依赖陆路、水路运输。当时柏林西区的粮食和煤炭储备仅够250万西柏林人维持30天左右，而封锁的结束却遥遥无期。

^ 1948年，第一次柏林危机爆发时，西柏林每3分钟就有一架飞机进出。

封锁的消息传到华盛顿，美国可谓朝野震惊。如何应对危机，美国政府内部也是意见不一，最后，美国总统杜鲁门决定留在柏林。为了避免同苏联发生正面冲突，美国政府认为空运是危险较小的补救措施，于是调动运输机进行持续的大规模空运，在西占区和西柏林之间架起了一座“空中桥梁”。6月26日，美国空军的第一架C－54“空中霸王”式运输机从法兰克福将一批急需的物资运入柏林，标志着代号为“运粮行动”的空运作业正式开始。

1948年10月15日，美国和英国正式建立了联合空中补给工作小组，由美国空军中将威廉·特纳负责，统一指挥“美英联合空运特遣队”的空运活动。

了解到西柏林居民面临的艰难情况后，越来越多的国家不再将柏林空运视作一场解决政治斗争的手段，而是当成一次人道救援。1949年起，澳大利亚、新西兰和南非等国纷纷派出运输机和机组人员参与柏林空运。1949年4月16日，西柏林上空异常繁忙，运输机倾巢出动。当天的空运量居然达到了12840吨，创下了柏林空运中单日最高空运量纪录。

分裂的德国

在苏联切断了通向美、英、法占领区交通的同时，美、英、法也对苏占区所缺乏的煤、铁、电力进行反封锁。尽管西方各国都加大了对柏林的空运力度，但是这时的美国人却更为担心，西方国家所处地位十分不利。美国政府认识到：空运只是一项权宜措施，最终通过外交途径解决危机是势所必然。因此，美苏双方开始积极寻求接触。

然而就在苏、美、英、法四国紧张进行外交谈判、谋求解决柏林危机的时候，柏林的分裂趋势却在加剧。8月，柏林市警察局、粮食、邮政、社会保险、劳工和财政等部门分裂。从9月起，市议会和市政会议均在柏林西区举行，其权力也仅限于西区。11月30日，柏林东区选出新市政府，前魏玛共和国第一任总理之子弗里茨·艾伯特出任市长。12月5日，柏林西部选举市政府，路透担任市长。美、英、法在三国基础上重新组织军政府，对西柏林实行占领管制。至此，柏林市的行政、立法和司法部门完全分裂，东西柏林成为两个独立的部分。

柏林分裂了，可是美国并不满足，还要在分裂德国的路上走得更远。杜鲁门政府紧紧抓着柏林问题不放，极力保持与苏联的紧张对峙局面，借机要挟西欧各国，以加强对西欧的控制，好方便自己建立西德政府和北大西洋公约组织。1949年，建立西德国家的准备工作就绪。4月8日，美国国务院发布对西德的《占领法》，北大西洋公约组织于4月4日成立。

德国柏林的美军检查站旧址

在这种形势下，苏联政府认为，继续将封锁作为外交上施加压力的手段已无效，反倒成了西方攻击性宣传的口实。为号召德国人民争取国家统一，苏联转而发起了广泛的和平运动。苏联策略的改变使柏林问题通过和平谈判求得解决具备了条件。从1949年2月开始，美苏就解决柏林问题进行秘密谈判，双方代表秘密进行接触，经过几个星期的周旋，终于在5月4日达成协议。次日，四国宣布自5月12日起双方同时解除对对方的封锁，封锁解除十天后，召开外长会议讨论有关德国的各方面问题。战后第一次柏林危机宣告结束。

第一次柏林危机是战后美苏第一次孕育武装冲突危险的直接对抗，也是美苏两国争夺德国的首次较量，有着极其深远的影响。它促成了两个德意志国家的建立。1949年9月，德意志联邦共和国成立。10月，德意志民主共和国成立。从此，一个民族分裂为两个政治经济制度完全对立的国家实体。

勃兰登堡门

勃兰登堡门是柏林市区著名的游览胜地，是德国国家的标志和德国统一的象征。始建于1788年的勃兰登堡门是一座新古典主义风格的建筑，以雅典卫城的城门为蓝本。12根多立克柱式立柱支撑着平顶，前后立柱将门楼分隔成5个大门。大门内侧墙面浮雕刻画着罗马神话中的英雄海格力斯、战神玛尔斯、智慧女神米诺娃。门顶中央最高处是一尊胜利女神铜制雕塑，张开翅膀的女神驾着一辆四马两轮战车，右手拿着刻有橡树花环的权杖，花环内还嵌着一枚铁十字勋章，一只展翅的鹰鹫站在花环上，而鹰鹫头上戴着的正是普鲁士皇冠。

勃兰登堡门

为纪念“七年战争”的胜利而建造的勃兰登堡门曾象征着普鲁士的崛起和德意志帝国的第一次统一。“冷战”时期，勃兰登堡门位于东柏林和西柏林的分界线上，东、西德统一后，勃兰登堡门又成了德国重新统一的象征。

关键词:两大组织的对抗

北约、华约的针尖与麦芒

■ 1949年~1991年

北大西洋公约组织(简称北约)和华沙条约组织(简称华约),是"冷战"中美苏双方为了对抗而分别联合自己的盟国成立的政治、军事联盟,是美苏两个超级大国实现其"冷战"战略的平台。

北大西洋公约组织的建立

1955年,北大西洋公约组织会议。

美国在"二战"后一直非常重视欧洲,不仅是因为欧洲是资本主义的发源地,曾经的世界经济中心,更因为这里在"二战"之后成为东西方对峙的前沿阵地,是美苏"冷战"的主战场。在美国看来,这里的安全关系着整个西方世界的安危。所以美国实施了马歇尔计划,在经济上援助西欧。与此同时,拥

^ 杜鲁门签署实施北大西洋公约组织文件

有丰富政治军事资源的西欧对于美国有着特别重要的意义。基于此，美国把目光投向了西欧的共同安全防务问题，积极推动西欧的联合，试图建立以美国为首的军事政治集团，从而实现控制西欧、遏制苏联的目的——建立北大西洋公约组织就是美国为实现这一目的而采取的最重要的措施。

为了构建西欧共同安全防务网，美国首先以反共和复兴欧洲为口号，积极推动西欧联合的发展。在美国的支持之下，1948年1月，英国正式提出了建立西欧联盟的建议，得到积极响应。3月5日，英国、法国、荷兰、比利时、卢森堡5国在比利时首都布鲁塞尔举行谈判，缔结了一项以军事同盟为核心的集体防御条约，通称《布鲁塞尔条约》。3月17日，5国外长在布鲁塞尔正式签约，条约为期50年。根据规定，缔约国在受到侵略威胁时，有互相提供一切援助的义务，这明显是针对苏联的。8月25日，《布鲁塞尔条约》生效，布鲁塞尔条约组织正式成立，该组织设有外长协商委员会、西方联盟防务委员会、参谋部和司令官委员会等机构。

布鲁塞尔条约组织虽然成立了，但是当时的西欧各国和美国都认为这一组织有着很大的局限性，特别是在当时的情况下，如果没有美国的参与，西欧的共同安全根本无从谈起。美国也认为《布鲁塞尔条约》签约国过少，无法满足美国在这一地区的安全需要。因此美国国内要求与西欧国家签订共同防御协定的呼声日益高涨。1948年6月间，美国参议院通过了范登堡提出的议案，允许美国在互助、互援基础上，在涉及美国国家安全的情况下，通过宪法程序参加区域性的或其他性质的集体防务协定，从而为美国与西欧的联合确立了法律依据。紧接着的7月6日，美国、加拿大和布鲁塞尔条约组织成员国在华盛顿举行会议，讨论缔结集体安全条约。9月9日，会议通过了一份供给与会各国政府讨论的备忘录，即所谓“华盛顿文件”。文件对即将成立的北大西洋公约组织的性质、范围、缔约国承担的义务及其与其他欧洲组织的关系等，做了明确规定。

1949年3月18日，《北大西洋公约》条文正式公布。4月4日，美国、英国、法国、意大利、荷兰、比利时、卢森堡、丹麦、加拿大、冰岛、挪威和葡萄牙12国外长在美国华盛顿的国务院会议大厅举行《北大西洋公约》签字仪式。8月24日，《北大西洋公约》正式生效，北大西洋公约组织随之成立。

9月17日，北约最高权力机构北大西洋理事会成立，由各成员国外长组成，另外还成立了由各国国防部长组成的防务委员会，由各国总参谋长组成的最高军事权力机构——军事委员会。

^ 1946年1月30日，联合国大会在伦敦召开首次会议，比利时政治家保罗·亨利·斯巴克被选为联合国主席。1958年，他成为北大西洋公约组织秘书长。

华沙条约组织的建立

北约建立之后，即成为美国对抗苏联的重要工具。1952年，深受杜鲁门主义之惠的希腊、土耳其加入北约。1954年10月，美国、英国、法国、联邦德国、比利时、荷兰、卢森堡、意大利、加拿大9国代表签订《巴黎协定》，批准联邦德国加入北约。这样一来，整个西欧除了西班牙和几个中立国外都成为北约成员，对苏联及其东欧各国形成了很大的压力。1954年11月13日，苏联照会美国、中国和欧洲23国，对

《巴黎协定》表示坚决反对，并建议于11月29日在莫斯科或巴黎召开全欧洲安全会议，讨论建立欧洲集体安全体系。西方国家拒绝了苏联的提议。这年的11月29日至12月2日，在没有西方国家参加的情况下，苏联与波兰、捷克斯洛伐克、匈牙利、罗马尼亚、保加利亚、阿尔巴尼亚、民主德国代表在莫斯科举行欧洲和平与安全会议，宣布如果西方国家不顾反对将联邦德国纳入北约，那么他们不得不采取应对措施以确保自身安全。西方对此不予理会，1955年5月《巴黎协定》正式生效，联邦德国加入北约。苏联立即采取反制手段，不仅废除了与英国和法国的友好条约，还于1955年5月11日至14日在波兰首都华沙召开了第二次欧洲和平与安全会议，与会的八国在莫斯科签署了《友好合作互助条约》，即《华沙条约》。

根据《华沙条约》陆续成立了最高决策机构政治协商委员会、最高军事机构国防部长委员会、外交部部长委员会和联合武装力量司令部等机构。

两大组织的对抗

北约和华约两大组织的建立是美苏“冷战”的产物，而他们的成立也标志着以“冷战”为表现形式的军事对抗正式开始。所以，北约和华约从根本上说是美苏“冷战”和争霸的工具。在建立之初，他们的核心权力，尤其是军事指挥权分别被美国和苏联牢牢攥在手中。北约盟军最高司令由美国人担任，北约核打击力量的使用权操纵在美国总统手里。华约联合武装力量司令部的历任总司令都由苏联国防部第一副部长兼任，而其他成员国的国防部长或军事领导人则只能出任副司令。

对于两大条约组织下的各参与国来说，他们的命运或主动或被动地和美国或苏联联系在一起。他们虽然在集体防御下获得了安全庇护，但是美苏之间的长期对抗，也正是“二战”后欧洲乃至整个世界最大的不稳定因素，所以身处其中的各小国也只能是听命于各自的首领。

20世纪80年代末90年代初，世界局势风云突变，共产主义运动进入低

∧1954年10月，法国、德国、英国、美国在法国巴黎签署《巴黎协定》。照片中从左至右分别为：法国总理皮埃尔·孟戴斯－弗朗斯、西德总理康拉德·阿登纳、英国外交大臣安东尼·艾登、美国国务卿约翰·福斯特·杜勒斯。该协定于1955年5月生效，根据协定，联邦德国结束被占领状态，成为主权国家并加入北约。

谷，发生了一系列激烈变动。在这场变动中，华约逐渐走向解体——1991年7月1日，《华沙条约》缔约国在布拉格举行会议，宣布华沙条约组织正式解散。这场持续了三十多年的两大组织之间的对抗最终宣告结束。

北约在成立之后一直保持着扩张的趋势。东欧剧变、苏联解体后，北约开始向地区性防卫协作组织转变，积极介入对伊拉克、南斯拉夫、阿富汗等国的战争。同时北约积极东扩，将大批华约成员国和苏联加盟共和国吸收进来。时至今日，北约已经拥有了28个成员国，成为在地区安全和国际事务中举足轻重的一支力量。

关键词:美苏妥协

古巴导弹危机

▪ 1962年10月

由于苏联领导人的轻率冒险，1962年在美洲加勒比海地区发生了一场震惊世界的危机——古巴导弹危机。古巴导弹危机称得上是“冷战”期间，美苏两国之间最激烈的一次对抗了。虽然危机仅仅持续了13天，然而当时美苏双方剑拔弩张，常在核弹按钮旁徘徊，那一次人类空前地接近毁灭的边缘。可是到最后，危机却以双方的妥协而收场。

美古交恶

1959年的古巴革命，成功地推翻了巴蒂斯塔独裁政权，革命临时政府成立了。古巴新政权成立初期，美国曾积极地维持同古巴的友好关系。卡斯特罗出任总理后曾出访美国，当时他受到艾森豪威尔总统的热烈欢迎。但是在同年5月，古巴开始推行土地改革。6月，卡斯特罗宣布没收美国人在古巴的全部资产。美国对古巴新政权产生了怨恨和不满，开始着手对古巴进行贸易封锁，并支持古巴的流亡分子，以图颠覆古巴新政权。美国与古巴的关系日益恶化。

1961年1月，美国宣布同古巴断绝外交关系，并对古巴进行经济制裁。

^ 1952年，苏联抨击美国外交政策的漫画。漫画中的美国人一边呼吁“和平、防卫、裁军”，一边准备打仗。当时希腊内战中共产主义阵营失败，漫画中的美国将军正策划在地图上希腊的位置建立基地。漫画中还表现了美国在东英吉利的强大势力，以及在那里建立的B-29S空军基地。

4月15日，在美国中央情报局的策划下，古巴流亡分子空袭了古巴。4月17日，有1000多名雇佣军在古巴中部猪湾登陆，企图暴力推翻卡斯特罗政府。但是此次行动仅在72小时之后就以失败告终。

面对美国的多种“为难”，古巴进一步向苏联靠拢以寻求援助和支持——卡斯特罗宣布古巴是社会主义阵营的一员。古巴的求援，正是苏联求之不得的事。赫鲁晓夫认为古巴局势直接关系到苏联在拉美的影响力，关系到苏联在国际共产主义运动中的威信。苏联正好可以把古巴作为跳板，借机使苏联的影响逐步向拉丁美洲渗透。因此，苏联和古巴的关系迅速发展，两国很快便形成一种特殊的关系。

1962年7月，古巴国防部部长劳尔·卡斯特罗访问苏联时请求获得更多、更直接的军事援助，双方通过协商达成秘密协议。此后的一个月内，苏联派遣大量军事技术人员到古巴。同时苏联还做出向古巴秘密运送中程导弹和远程喷气轰炸机的决定，并着手建造导弹基地，由此引发了美苏在“冷战”期间的又一严重危机。

一触即发

美苏军备竞赛中，肯尼迪政府曾在20世纪50年代后期拼命扩充核武器，使美国在苏美核竞赛中始终处于领先地位。当时苏联仅有44枚洲际导弹和155架战略轰炸机，而美国同类武器分别有156枚和1300架，实力远胜于苏联。而且美国在土耳其、意大利和西德都部署有针对苏联的导弹，苏联境内所有

^ 苏联在古巴建造导弹基地位置图

的重要工业城市都处于美国核弹和战略轰炸机的直接威胁之下，等于是美国已经把苏联团团包围了。因此，在赫鲁晓夫看来，向古巴部署导弹显然是恢复苏美平衡的一个既快捷又便宜，同时又是千载难逢的机会。如果苏联把中程导弹安放在古巴，就可以避开美国的预警系统，加强直接打击美国本土的能力，改变苏联的战略地位，还可以造成不利于美国的政治影响。在必要的时候，这些导弹又可以作为讨价还价的筹码，迫使美国在其他问题上让步。

1962年7月，苏联代号为"阿纳德尔"的计划开始实施。苏联将几十枚导弹和几十架飞机拆卸开来装到集装箱中，用商船分批运往古巴。同时有3500名苏联军事技术人员陆续乘船前往古巴。这是一个严格保密的、规模空前的、充满危机的计划。尽管当时的美国中情局也注意到有大批苏联船只驶向古巴的异常现象，但是美国政府对苏联在自己眼皮底下安置导弹的大胆行动始料未及，对于情报并未加以重视。同时在公开场合下，苏联一直否认在古巴拥有进攻性武器，声称苏联的船只是装运"给古巴人民的日用品和食物"。一直到9月2日，苏联终于宣布，根据苏古两国达成的相关协议，苏联将向古巴提供武器及技术专家。此时，苏联的运输计划基本完成，部署工作也已接近尾声。

1962年10月间，美国的U-2高空侦察机多次飞临古巴上空搜集情报，美国的专家们在仔细研究了数千张照片后，最终确认古巴正在修筑可以发射中程弹道导弹的发射架并部署了重型轰炸机。10月16日，美国中情局向肯尼迪提供的确切情报称：苏联部署在古巴的武器包括42架伊尔－28远程战略轰炸机，40枚SS－4型和SS－5型中短程导弹，24个地对空导弹发射场及42架当时超一流的米格－21战斗机等。苏联导弹已对美国造成了严重的威胁。

知情后的肯尼迪惊出一身冷汗，他迅速召集美国国家安全委员会商讨对策。经过紧张的研究讨论，肯尼迪和他的智囊团最后决定采用封锁的方案，这是既有效又少冒风险的办法，对美国最为有利，必要时还可以层层加码施压，同时也给了苏联比较容易下的台阶。总之，此方案有较大的回旋余地。10月22日晚，肯尼迪向全美发表电视讲话，通告了苏联在古巴部署核导弹的事实，宣布美国要武装封锁古巴，并要求苏联在联合国的监督下撤走导弹。

当得知苏联向古巴提供导弹时，肯尼迪惊讶不已，迅速召集美国国家安全委员会商讨对策，并决定采用封锁方案。大战一触即发。

美国开始集中地面、空中和两栖作战部队。驻扎在世界各地的美军全都进入了最高戒备状态。美国50%的战略轰炸机保持在空中盘旋，满载核弹头的核潜艇在各大洋游弋。此时苏联也宣布实施军事动员，一场核大战似乎一触即发。

美苏妥协

美国的反应如此迅速和强烈，让

苏联感到有点措手不及。最初，苏联的态度也很强硬，抗议美国的“隔离”政策。表面上，美苏双方针锋相对，实际上，双方都不敢发动核战争。两国领导人都十分谨慎地处理这场危机。两艘苏联货船在美国所设的“隔离线”处忽然停了下来，其他装载武器的苏联船只也都停驶或返航。考虑到苏联的军事力量仍然处于劣势，赫鲁晓夫开始寻求与美国妥协。

赫鲁晓夫和肯尼迪通过秘密渠道来往通信。通过这些信件以及其他秘密途径，经过一番激烈紧张的讨价还价后美苏达成妥协：苏联从古巴撤走导弹等进攻型武器，美国则承诺不入侵古巴。11月11日，苏联在未与古巴协商好的情况下撤走了全部42枚导弹。11月20日，在苏联同意30天内撤走伊尔－28远程战略轰炸机后，肯尼迪宣布取消对古巴的海上封锁。加勒比海又恢复了往日的平静。

对于此次危机的“当事人”古巴人而言，他们显然感觉被忽视、被背叛了，成了美苏斗争的牺牲品。他们感到失望、气愤和痛苦，然而国际关系形势是由大国所主导的，小国只不过是大国间角逐的棋子罢了。

历史断面

U－2高空侦察机

U－2高空间谍侦察机是由美国洛克希德·马丁公司研发的，绰号“黑小姐”。1955年8月4日首飞，共生产了55架。U－2飞机被美国用来侦察敌对国家后方的战略目标，是“冷战”时期美国最重要的侦测工具之一。U－2飞机征战全球，曾侦察过苏联、古巴、朝鲜、中国、越南等国家。1962年，正是由于U－2飞机提供的侦察照片才使美国彻底搞清楚了苏联的底细，迫使苏联最终从古巴撤出导弹，避免了人类核冲突。从这个意义上来说，当时的U－2飞机是世界的“救星”。

关键词："冷战"下的实战

越南丛林决战

■ 1955年~1975年

出于对共产主义的仇视和恐惧，美国卷入了一场后来被认为是根本不该闯进去的战争。作为"冷战"中的一次"热战"，越南战争是"二战"后美国参战人数最多、持续时间最长、影响最大的战争。越战改变了"冷战"的格局，使美国在"冷战"中由强转弱，并且还加剧了美国的国内矛盾。

阴云不散

越南在"二战"前曾是法国的殖民地，"二战"中被日本占领。1945年"二战"结束前后，胡志明领导下的越南独立同盟发动总起义。9月2日，越南民主共和国在河内宣告成立。但是法国拒绝承认越南独立，企图重建法属"印度支那联邦"。1945年9月23日，在英国的支持下，法国殖民军占领西贡，并挟持保大皇帝极力恢复殖民政权。北越和法国都积极争取控制越南全境，双方为此进行了长达9年的战争。最后北越在中华人民共和国的军事援助下，于1954年的奠边府战役中赢得了对法军的决定性胜利，法国从此撤出越南北部。

1954年，日内瓦会议关于《印度支那停战协定》签订后，南北越暂时以北

^1964年“东京湾事件”发生之后，美军士兵们回家的渴望越来越强烈，而希望却越来越渺茫。照片里一个披着雨衣的美国士兵躺在用树干搭成的工事上酣睡，雨打在他的脸上，他仍睡意十足。不远处坐着他的战友，正在为他放哨。不知道他在梦中是否回到了家乡，但现实中他还需要坚持起码7年的时间才能回家。谁都无法预计，他是否还能活着回家。

纬17度线为界分治。此后，法国军队从印支三国撤退。但与此同时，美国开始把印度支那看作遏制“共产主义扩张”的重要组成部分，美国拼凑“东南亚军事集团”，鼓吹所谓的“多米诺骨牌”理论，声称如果失掉印支三国，将会在东南亚和整个远东地区引发灾难性的后果。

尽管日内瓦会议规定越南统一国家的选举将于1956年7月举行，但是这场选举根本就不会举行。1955年，吴庭艳在西贡发动政变，废黜了保大皇帝，成立越南共和国（简称“南越”）。美国公开破坏日内瓦协议，扶植吴庭艳政权。美国希望通过全方位的援助，把南越建成“政治民主、经济繁荣稳定”的反共堡垒和样板。可惜吴庭艳集团发动“控共”“灭共”战役，屠杀南越爱国者，其血腥、残暴的统治，非但没有建成美国所希望的民主繁荣的样板，反而招致南越人民普遍的不满和反抗。与此同时，北越开始大力支持并领导南方的武装斗争，通过老挝和柬埔寨境内的“胡志明小道”向南方游击队输送武器弹药及人员。中国和苏联也向北越提供了大量援助。

美国不得不更深入地介入南北越之间的冲突。1961年，美国肯尼迪政府发动了一场不宣而战的“特种战争”。这是由美国出钱出枪派顾问、南越出军队的代理人战争。美国帮助南越军队制定和实施“反游击战”和“反叛乱”。即以反革命的“游击战”对付人民的游击战。1962年2月，美国又在西贡设立“军援司令部”，并派遣了特种部队。

这一时期美国在南越强制推行“战略村”策略，把农村居民赶进四面围着铁丝网、壕沟和碉堡的“战略村”，妄图割断游击队与人民之间的联系。越南南方乡村中人民以及部分部队采取灵活机动的战术，打击了这种策略，捣毁了许多“战略村”，一些“战略村”甚至还变成了人民的战斗村。与此同时，南越城市中人民的反抗斗争也不断高涨。南越政权内部斗争不断，使美国背负了沉重的负担，1963年，吴庭艳被美国策划的军事政变推翻，随后杨文明、阮庆等军人相继执政，继续实施美国的反共堡垒和样板政策。尽管如此，到1964年初，美国的“特种战争”战略还是宣告破产。此后面对南越风雨飘摇的政局，美国只好担负起更多的“责任”。

局部战争

1964年8月2日，美国声称其“马多克斯”号驱逐舰在靠近北越领海的中立海域执行支援任务时，遭到北越鱼雷艇的袭击。8月4日，往偏北方向行驶的“滕纳·乔埃”号又宣称遭到雷达信号追踪并受到北越船只的攻击。美国随即以轰炸北越海军基地作为报复。这就是著名的“东京湾事件”（又称“北部湾事件”）。

“东京湾事件”是越战的分水岭。北越和美国都把这一事件看作对方的蓄意攻击，并都做出了强硬反应。越共游击队攻击了多处美军基地，而北越的一支部队进入南越集结，标志着北越正规军（越南人民军）对南越的公开进攻。美国国会则通过了“东京湾决议案”，授权总统可以采取包括武力在内的一切手段对付这一挑衅行为。这等同于授予了林登·约翰逊总统发动战争的权力。随后，战争被大大升级。1965年3月7日，3500名美国海军陆战队士兵在岘港登陆，直接参战。短短数月之后，美军在越作战人数已高达22万。约

^图中为1966年10月的一场战斗结束后，头部负伤的黑人中士萨金特·杰里迈亚·珀迪在医护兵的搀扶下走向不远处的医疗所。当他经过一个树桩时，突然发现双腿打着绷带、浑身泥泞的指挥官靠坐在树桩旁已经断气，他情不自禁地伸出双手，似乎想扶起自己的战友。

翰逊总统还批准了旨在对北越进行大规模战略轰炸的“轰雷行动”。从此，越南战场开始了以美军为主力、以“南打北轰”为特点的“局部战争”。

然而，美国对北越的所有轰炸目标都直接由华盛顿进行严密的控制，由于担心伤及中国或苏联派驻在北越的顾问从而引发冲突，扩大战争范围，美国国防部和白宫对于轰炸目标的选择有非常多的限制。因此，美军的“轰雷行动”在这种束手束脚的限制下，根本无法发挥其最大功效。

1968年1月底，北越发动的“新春攻势”规模空前。有超过8万的北越正规军和越共游击队对几乎所有的南越大小城市发起了进攻。虽然“新春攻势”致使北越部队遭受约3万余人阵亡、4万人负伤的沉重打击，但是军事上的失败，却无碍它成为精神上以及宣传上的大捷。“新春攻势”成为越战的转折点。美国公众认为“新春攻势”表明北越依然拥有巨大的军事实力，战争的结束还会遥遥无期。美国政府高层内部也有人因之而失去战意。1968年3月，约翰逊发表演讲，宣布终止“轰雷行动”，并表示美军将逐步撤离越南。5月，美越巴黎谈判开始。11月，美国宣布完全停止对北越的轰炸。至此，美国在越南发动的“局部战争”也以失败而告终。

战争“越南化”

看着渐渐陷入越南战争泥沼的趋势，美国国内民众的反战运动一浪高

过一浪，美国社会甚至发生了严重的分裂危机。在这种情况下，美国政府不得不谋求“体面”地结束战争的方法。

∨ 越南战争中牺牲的美国士兵的纪念碑

美国在这场战争中耗费了数千亿美元，承受了巨大的伤亡，到头来却又不得不面对北越统一越南的现实。

1969年，尼克松当选为美国总统，表示要推行“越南化”政策。所谓“越南化”就是让美军逐步撤出越南，当年6月份，首批2.5万名美军撤离越南，但是战争仍在继续。1969年3月，美军开始秘密轰炸柬埔寨境内的北越军事基地；5月，又爆发了汉堡高地战役。1970年3月18日，柬埔寨亲美的朗诺将军发动政变，推翻了西哈努克亲王政权；5月，美军“入侵”柬埔寨，进攻那里的北越基地。然而，美军的行动无法挽救其失败的命运。

1973年1月27日，美国终于同越南在巴黎正式签订了《关于在越南结束战争、恢复和平的协定》。美方表示尊重越南的主权统一和领土完整。随后美军在两个月内全部撤出越南。这场美国历史上最漫长的战争就此告终。

在越南战争期间，美军死亡5.8万人，受伤30.4万人，另有2000多人失踪。美国在这场战争中耗费了数千亿美元，承受了巨大的伤亡，到头来却又不得不面对北越统一越南的现实。

美国军事力量的撤退，为印支三国人民的最终胜利创造了条件。1975年越南人民发动总进攻，经过西原、顺化－岘港、西贡三大战役，彻底打垮南越傀儡政权，解放了西贡，完成了南北统一。就在同一年，柬埔寨和老挝的共产党也先后夺取了本国政权。

VISIBLE HISTORY OF THE WORLD

关键词：中美交往初步恢复

尼克松访华

■ 1972年2月

在20世纪60年代末70年代初，由于国际国内形势的变化，尼克松总统提出将“尼克松主义”作为美国全球政策的指导原则。基于此，美国结束了旷日持久的越南战争，改变了反华政策，走上了两国关系正常化的道路。

尼克松主义

早在1967年，尼克松就曾指出：“美国将来作为世界警察的作用可能是有限的。”1968年总统竞选期间，他又提出“美国已到了必须重新估量它在世界上的作用和责任的时候了”，表达了收缩美国全球义务的意愿。就任总统后，尼克松于1969年7月25日在关岛就亚洲政策接受记者采访时，提出了“关岛主义”。他在谈话中指出：“在我们同所有亚洲友邦的关系方面，现在是着重强调下列两点的时候了：第一，我们将恪守我们的条约义务；第二，在国内安全问题上，在军事防卫问题上，除非存在某个核大国的威胁，否则美国将鼓励并有权期望逐渐由亚洲国家自行来处理，逐渐由亚洲国家自行来负责。”尼克松在表明美国收缩意图的同时，强调美国将继续在亚洲和太平洋地区承担已有的条约义务和发挥“重大作用”。后来，尼克松又在1969年11月

^ 尼克松庆祝竞选成功

1968年的美国大选中，尼克松击败了民主党人休伯特·汉弗莱和独立竞选人乔治·华莱士，成功当选美国总统。

3日的全国电视讲话和1970年对外政策年度报告中，提出了以“伙伴关系、实力和谈判”为三大支柱的新和平战略，把关岛讲话从对亚洲的政策推广为美国的全球战略，成为美国处理与盟友关系和对苏、对华关系的总方针，这就是“尼克松主义”。

中美关系解冻

由于中美华沙大使级会谈已经中断，缺乏交流渠道的美国采取迂回战术，借道与中国友好的巴基斯坦和罗马尼亚。1969年5月24日，美国国务卿罗杰斯访问巴基斯坦，请叶海亚总统向北京传递美国愿与中国改善关系的信息。7月21日，美国国务院发表公报，开放某些美国公民去中国旅行，并允许他们购买一定量的中国商品，向中国摆出了友好的姿态。8月1日，尼克松

^ 访华期间，尼克松和夫人在中国有关人士的陪同下游览长城。

在访问巴基斯坦时，向叶海亚总统表示希望巴基斯坦能在中美之间起桥梁作用。随后，他又在罗马尼亚要求齐奥塞斯库总统向中国转达美国对改善中美关系的兴趣。这一消息迅速传到北京，引起了中国方面的极大关注。

除此之外，尼克松还于9月9日命令美国驻波兰大使沃尔特·斯托塞尔设法与中国外交人员取得联系，争取重开华沙会谈。斯托塞尔经多方努力，于这年年底与中国临时代办雷阳在一次时装发布会上进行了接触。1970年1月8日，中美在华沙重开大使级谈判，美国方面第一次默认台湾问题应由中国人自己解决，并表达了派特使去北京访问的愿望。这年2月，尼克松在世情咨文中阐述："我们采取力所能及的步骤来改善同北京的实际关系，这肯定是对我们有益的，同时也有利于亚洲和世界的和平与稳定。"

中国方面对美国伸来的橄榄枝也做出了积极的反应。1970年12月28日，毛泽东在会见埃德加·斯诺时表示："目前，中国和美国之间的问题要同尼克松解决"，如果尼克松访华，自己"高兴同他谈，不论作为旅游者还是作为总统都行”。1971年4月6日，在日本名古屋参加世界锦标赛的中国乒乓球队主动邀请美国乒乓球队来华访问。美国方面认为这是难得的机遇，马上表示同意。4月10日，美国乒乓球队抵达北京。14日，周恩来在接见美国乒乓球队时说：“你们在中美两国人民的关系上打开了一个新篇章！”仅仅过了几个小时，尼克松即发表声明，宣布放松对华禁运等一系列新规定。当中国经巴基斯坦正式向美国表示“愿意在北京公开接待美国总统的一位特使（例如基辛格先生）或者美国国务卿，甚至美国总统本人”后，尼克松在4月29日向记者发表谈话宣称“我们已经打开了坚冰”，“我希望，并且事实上我希望在某个时候以某种身份……访问中国”。不久，他通过巴基斯坦复信周恩来，表示他接受访问中国的邀请，建议首先由基辛格与周恩来或中国政府的另一位高级官员进行

∨尼克松和夫人访华之行

初步的秘密会谈。

7月6日，尼克松在堪萨斯提出了美国、西欧、日本、苏联和中国是世界五大力量中心的“五极均势论”，他强调中国作为五强之一的重要性，宣称把中国排斥于国际社会之外的做法是不能被接受的，有必要采取措施结束这种状态，美国政策的目标从长期来看，必须是同中国关系正常化。7月8日，从南越回国途经巴基斯坦的基辛格佯称腹痛避开新闻界的注意，于第二天凌晨直飞北京，与周恩来举行秘密会谈。7月16日，中美两国根据秘密会谈达成的协议同时发表公告，宣布尼克松总统已接受周恩来总理的邀请，将于1972年5月之前的适当时间访问中国。公告指出：中美两国领导人的会晤，是为了谋求两国关系的正常化，并就双方关心的问题交换意见。

中美关系新篇章

1972年2月21日至28日，尼克松访问中国，揭开了中美关系史上新的一页。在尼克松访华期间，毛泽东会见了他，双方就中美关系和国际事务认真、坦率地交换了意见。周恩来和尼克松还就两国关系正常化和共同关心的其他问题进行了会谈。

2月28日，中美双方在上海发表的联合公报指出：中美两国社会制度和外交政策有着本质的区别。但是双方同意，两国不论社会制度如何，都应根据尊重各国主权和领土完整、不侵犯别国、不干涉别国内政、平等互利、和平共处的原则来处理国与国的关系，双方“准备在他们的相互关系中实行这些原则”。双方声明，“任何一方都不应该在亚洲－太平洋地区谋求霸权，每一方都反对任何其他国家或国家集团进行建立这种霸权的努力”。

关于台湾问题，中方认为：台湾问题是阻碍中美两国关系正常化的关键问题；中华人民共和国政府是中国的唯一合法政府，台湾是中国的一个省，早已归还中国，台湾问题是中国的内政，别国无权干涉；全部美国武装力量和军事设施必须从台湾撤走；中国政府反对任何旨在制造“一中一台”“一个中国、两个政府”“两个中国”“台湾独立”和鼓吹“台湾地位未定”的活动。美方认为：美国认识到在台湾海峡两岸的所有中国人都认为只有一个中国，台湾是中国的一部分，美国对这一立场不提出异议。美国重申美国对由中国人自己和平解决台湾问题的关心。考虑到这一前景，美国确认从台湾撤出全部美国武装力量和军事设施的最终目标。在此期间，美国将随着这个地区紧张局势的缓和逐步减少在台湾的武装力量和军事设施。

尼克松访华是中美关系史上的一个重要里程碑，标志着中断达20多年之久的中美交往的初步恢复，访华期间双方共同发表的《上海公报》，为中美关系的正常化和进一步发展奠定了基础。

在罗宾斯空军基地，尼克松接受他的支持者们热烈的欢迎。

专题

“铁娘子”撒切尔夫人

早期参政 执政生涯 卸任以后

平民出身的撒切尔夫人，靠着刚强的意志，努力奋斗，1975年当选为英国保守党领袖，她也因此成为保守党历史上第一位女党魁。1979年撒切尔夫人出任英国首相，成为英国历史上第一位女首相。在1983年和1987年她又赢得两次连任。她在职期间的各项政策被称为“撒切尔主义”。

早期政治活动

“铁娘子”撒切尔夫人

1925年10月13日，撒切尔夫人出生于英格兰肯特郡的格兰瑟姆，和为人所熟知的科学巨人牛顿是同乡。她最初名为玛格丽特·希尔达·罗伯茨。父亲亚佛列·罗伯茨在镇内经营杂货店，却热衷地方政治，而且是保守党的支持者。受父亲的影响，撒切尔夫人对保守派的观点和立场有一定的认识并对政治有了浓厚的兴趣。1943年，她从凯斯特文－格兰瑟姆女子中学毕业，并获得奖学金。1944年，她进入牛津大学萨默维尔女子学院攻读化学，先后获得牛津大学理学士和文科硕士学位。但她对政治的热情远远超过对化学的热情，到牛津大学不久她就参加了那里的保守党协会并成为主席。

大学毕业后，她到一家塑料制造公司工作，并曾参与研发了冰激凌。但她并没有放弃对政治的追求，每逢周末她都要乘车前往伦敦参加保守党的会议、辩论以及群众大会等活动。在1948年的保守党年会上，撒切尔夫人代表牛津毕业保守党协会发言，此发言在保守党内部引起巨大反响，她也因此被提名为达特福选区的议员代表。1950年和1951年，撒切尔夫人两次参加议员竞选，成为当时最年轻的保守党女性候选人，但结果都以失败而告终。不过在她不断努力、不断演讲下，终于于1959年在她34岁的时候，成为英国历史上第一名女议员。

1961年，撒切尔夫人出任保守党政府年金和国民保险部政务次官，直至1964年保守党下台。1964年至1970年，她又在英国议会下院任保守党的前座发言人。1967年，撒切尔夫人进入保守党影子内阁，先后担任社会保险、住房和土地、财经、燃料和动力、运输和教育等方面的发言人。1970年6月，保守党上台执政后，她在内阁中担任教育和科学大臣，并且任枢密顾问官。1974年2月，保守党大选落败后，撒切尔夫人再次被聘进入影子内阁，先后任环境及财经事务的前座发言人。

1975年2月，撒切尔夫人参与角逐保守党党魁并胜出，从而成为英国政党史上第一位女领导人。1979年5月，保守党赢得大选，她遂成为英国历史上第一位女首相。

撒切尔夫人意志刚强，行事果断，作风还有些泼辣。1976年，她曾发表演说尖刻地抨击苏联扩张政策，招致苏联国防部的官方报纸《红星》称呼她为“铁娘子”。从此，“铁娘子”的绰号流传于世。

执政生涯

撒切尔夫人上台之际，正值世界石油价格暴涨、世界经济恶化之际，英国也笼罩在世界性经济危机之中，失业人数和通货膨胀率竞相攀升。撒切尔政府采取了一系列的措施调整经济，包括有选择性地在一些领域缩减公共开支、降低直接税、取消对商业活动的管制、推行私有化计划等。

撒切尔政府根据弗里德曼的货币主义学说，控制货币发行量，提高银行利率，削减政府开支。此外还修改税率，降低直接税（即个人所得税），鼓励有钱人的消费积极性等。

撒切尔政府的经济政策取得了成效。英国经济从1982年起开始回升，通货膨胀率也有显著下降。但英国为此付出了很大的代价。而且紧缩政策使英国失业率有增无减，在撒切尔夫人执政的头4年，英国失业人口增加了200万，1984年底的失业率高达12.8%。在这种情况下，1984年，英国爆发了一次煤矿工人大罢工，这是自1926年以来历时最长的一次罢工。

此时，北爱尔兰问题也困扰着撒切尔政府。由于民族及教派矛盾，北爱尔兰地区受到经济和政治压迫的爱尔兰人要求独立，但却遭到信奉新教的大不列颠移民的坚决反对，双方遂发生大规模冲突。北爱尔兰共和军在各地进行暴力活动。1984年10月2日，当保守党在布赖顿的格莱德旅馆举行年会时，遭到北爱尔兰共和军的定时炸弹袭击，当场炸死5名高级官员，但是撒切尔夫人幸免于难。尽管如此，她仍坚持主张北爱尔兰应继续留在联合王国内。

1982年，撒切尔夫人的经济政策和强硬作风逐渐引起公众不满，保守党的执政地位岌岌可危。然而就在此时，遥远的南大西洋传来了枪炮声，阿根廷军队进攻马尔维纳斯群岛（英国称之为福克兰群岛）。马尔维纳斯群岛位于阿根廷南端以东的南大西洋水域，扼麦哲伦海峡要道，具有重要的战略地位。英国从1883年起就占领马尔维纳斯群岛，阿根廷要求对距离它只有550

▲1979年5月3日，撒切尔夫人在唐宁街10号的首相官邸外向支持她的选民们挥手致意。

▲1986年1月20日，法国总统密特朗在里尔机场迎接英国首相撒切尔夫人到访。英法两国宣布将就在英吉利海峡建设英法海底隧道的问题达成协议。

千米的马尔维纳斯群岛拥有主权。为此英阿举行多次谈判，但都没有结果。1982年4月2日，为了摆脱国内困境，阿根廷军政府决定出兵，并迅速占领全岛。撒切尔夫人闻讯后，迅速组织起一支庞大的特混舰队开赴战场。10周之后，英国成功地将福克兰群岛夺取。福克兰群岛战争使英国重振国威，撒切尔夫人也一举成为民族英雄，赢得了更多的支持。

1983年6月，保守党又一次在大选中获胜，撒切尔夫人成功连任。接下来在1987年保守党赢得大选后，她遂成为英国在20世纪连任3届的首相。在第二个首相任期内，撒切尔夫人还同中国政府谈判解决了香港问题。1984年12月19日，中英在北京签署了《中英关于香港问题的联合声明》，规定1997年英国将香港归还中国。

此后，撒切尔夫人因决定征收人头税而引起民众不满，同时也引发保守党内部的政治危机。1990年11月22日，撒切尔夫人宣布辞职，结束了她长达11年之久的首相生涯。

卸任以后

在1991年的保守党大会上，撒切尔夫人史无前例地获得全场站立鼓掌致意的殊荣，但她礼貌地婉言拒绝上台发言。随后，在1992年的大选中，撒切尔夫人退出了下议院。

1992年，英王册封撒切尔夫人为终身贵族，她成了林肯郡的女男爵，但她没有为自己争取世袭贵族的地位。后来，撒切尔夫人解释说她不去争取是因为她认为自己没有成为世袭贵族的充足理由。1995年，撒切尔夫人获赠嘉德勋章，这是英国骑士勋章中最高的一种。

撒切尔夫人在卸任后写了一套两册的回忆录，分别为《权力之路》和《唐宁街岁月》，另外还著有几本有关政治和外交事务的书。

▾老年的撒切尔夫人

2005年10月13日，撒切尔夫人在伦敦举办寿宴，庆祝她八十大寿。当时，600多位各国政要出席盛宴。2007年2月，英国下议院举行撒切尔夫人青铜头像揭幕仪式。她也成为首位在世时即获此殊荣的前首相。

VISIBLE HISTORY OF THE WORLD

关键词：德国分裂

推倒柏林墙

■ 1961年～1990年

1990年10月3日，分裂长达45年之久的德国再一次得到统一——没有战争，没有使用暴力，没有流一滴血，这不能不说是人类历史上的一个奇迹。统一后的德国拥有近8000万的人口，成为世界排名第三的经济实体。德国从此进入了一个新的历史时期。

两德并立

1949年，德意志联邦共和国和德意志民主共和国先后建国。“冷战”期间，东西方特别是美苏之间的长期、全面对抗，使德国统一问题迟迟得不到解决。相反，德意志民族在分裂的道路上越走越远。1955年，联邦德国和民主德国分别加入北约和华约，1973年又同时加入联合国，1975年又一起参加“欧安会”首脑会议最后文件的签字——民主德国和联邦德国并存的局面进一步得到国际社会的承认。

“二战”结束后初期，美英由于担心德国工业的强大和军事复苏，曾拆走德国工厂的机器以摧毁德国的工业，防止潜在的战争危险，但是西方盟国很快就意识到，位居东西方对抗前沿的德国西部，对欧洲安全至关重要，而欧洲的强大又在“冷战”中至关重要。因此，西方开始努力重建西德。西德地区原本就是德国发达的工业区，加之“马歇尔计划”的资金支持，联邦德国经济发展迅速，取得了引人瞩目的成就。到1955年，联邦德国的工业产值超过了英法，重新成为资本主义世界的第二工业大国，这个地位保持了将近20年。进入20世纪70年代后，德国才逐渐被日本超越，退居第三位。到90年代，联邦德国已发展成为高度发达的工业化国家，经济实力居欧洲首位，在国际上成为仅次于美国和日本的第三大经济强国，以及美国之后的第二大贸易国。

^ 柏林墙空中鸟瞰图

柏林墙始建于1961年，1990年被拆除。柏林墙全长160多千米，初以铁丝网和砖石为材料建成，后又进行加固，以瞭望塔、混凝土墙、开放地带以及反车辆壕沟组成边防设施。柏林墙是德国分裂的象征，是“冷战”的标志性建筑。

反观民主德国，由于地处德国传统的农业区，经济底子薄弱，又要支付给苏联巨额战争赔款，经济发展举步维艰。与联邦德国相比，起步阶段即已落后了。尽管如此，民主德国仍然是东欧集团中工业产值以及生活水准最高的，曾经是世界十大发达工业国家之一。但是它的人均国民生产总值仅及联邦德国的一半。

东、西德之间越来越大的经济差距，致使大量东德技术工作人员不断通过西柏林逃往西德，自东德成立之后的12年间，大约有200万东德人逃往西德。这严重影响了东德的经济生活和社会稳定，同时也造成了苏联的外交困境。为了制止东德居民西逃，从1961年8月13日开始，东德政府修筑了历史上著名的柏林墙。

被推倒的柏林墙

德国统一问题一直是个十分敏感的话题，牵动着欧洲全局乃至"冷战"的格局。在建国初期，东、西德都把恢复国家统一作为最高目标，但随着东西方局势的发展变化，双方的态度也都做了调整。总之，两德对统一问题各执己见。民主德国坚持"两个国家、两个民族"，认为东、西德因不同的社会制度形成了社会主义民族和资本主义民族，提出两个德国长期并存，并且矛盾不可调和。联邦德国强调"两个国家、一个民族"，虽然承认民主德国是拥有独立主权的国家，但强调两德关系属于民族内部的特殊关系。进入20世纪80年代后，由于东欧各国经济持续滑坡，实行的改革又未能扭转危机局面，东欧各国共产党的威信

1989年11月10日，人们聚集在勃兰登堡门附近的柏林墙前，参加纪念活动。

急剧下降。日益加剧的内部危机使东欧的社会主义政权摇摇欲坠。民主德国在80年代以来，以昂纳克为首的德国统一社会党未能采取有力的改革措施，导致国内社会矛盾日益突出。

1989年，波兰、匈牙利相继出现政治动荡，但是尚未波及较为保守的民主德国。然而到了5月，匈牙利放宽了匈德边界限制，此举为民主德国公民逃往西方提供了便利。大批民主德国人通过匈牙利和奥地利涌入联邦德国。在9月和10月，两个月内就有十多万名东德青年逃往联邦德国。这进一步加剧了民主德国的社会动荡，各种势力粉墨登场，形形色色的反对组织纷纷涌现，政治局势更加紧张。

11月9日，民主德国宣布开放柏林墙，并允许居民自由过境。午夜时分，在数万群众的冲击下，柏林墙的所有关卡全被人群冲破，大批民主德国的公民涌入西柏林。短短两天就有超过400万人的民主德国公民，涌向西柏林和联邦德国。已建造28年的柏林墙终被拆毁。

统一的时刻

在民主德国政权更迭、局势动荡之际，联邦德国总理科尔敏锐地觉察到这是统一德国的良机。1989年11月28日，科尔提出实现德国统一的“十点计划”，主张民主德国进行“根本的政治和经济改革”，两德之间发展“联邦结构”，最后通过自由自决实现统一。

民主德国的领导人拒绝了科尔的计划，认为该计划“不符合现实”，无视“两个德国的主权和独立性”，他们认为统一问题还尚未提上日程。美、苏、英、法四国和其他欧洲国家也大多认为德国统一“为时尚早”。但科尔并未放弃统一的努力，他继续利用东德民众的情绪，促使事态朝着有利于统一的方向发展。后来由于东德局势的持续动荡，迫使东德政府转而接受统一。

1990年1月29日，东德总理莫德罗访问莫斯科，戈尔巴乔夫在会谈中明确表示“德国统一是毫无疑问的”，德国人“有权统一”。这表明苏联为德国统一开了绿灯。回国后的莫德罗当即提出实现德国统一的“四阶段方案”。

1990年5月8日，两德签署了关于建立货币、经济和社会联盟的第一个“国家条约”。7月1日，条约正式生效，民主德国放弃了国家经济和财政主权，在货币、经济和社会领域全面引入西德的现行法律制度。1990年9月12日，苏、美、英、法四国外长和两德外长在莫斯科举行第四轮“2＋4”会谈并签署《最终解决德国问题的条约》。条约规定了德国统一后的边界以及军事政治地位，并宣布结束四大国对德国的权利和责任，表示统一的德国将享有完全的主权。

1990年10月3日，民主德国正式加入联邦德国，经过了45年的分裂，德国终于又一次实现了统一。

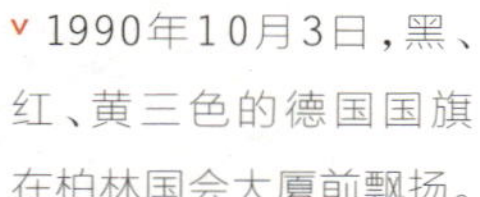

1990年10月3日，黑、红、黄三色的德国国旗在柏林国会大厦前飘扬。

关键词：超级大国消失

■ 1991年12月

在1991年12月25日晚7时38分，已在克里姆林宫上空飘扬了68年之久的饰有镰刀、斧头和红五星的苏联国旗，在茫茫暮色中缓缓降下。7时45分，一面代表俄罗斯的三色旗徐徐升起。这一降一升，标志着人类历史上第一个社会主义国家从此在世界地图上消失了，同时也标志着“冷战”的终结和雅尔塔体系的瓦解。

戈尔巴乔夫“新思维”

1982年11月10日，执政已18年的苏联领导人勃列日涅夫病逝。其后先后继任苏共中央总书记的安德罗波夫和契尔年科都是老态龙钟、体弱多病的老人，不久即分别于1984年2月和1985年3月病逝。1985年3月11日，苏共中央召开非常全会，选举年仅54岁的戈尔巴乔夫为党中央总书记。

戈尔巴乔夫生于苏联南部斯塔夫罗波尔边疆区的一个农民家庭，1952年加入苏联共

v 戈尔巴乔夫2004年10月在纽约接受采访时的照片

产党，1955年以优异成绩毕业于莫斯科大学法律系。作为当时苏联最高领导层中最年轻的一员，思路敏捷、能言善辩的戈尔巴乔夫给多年来颇为沉闷的苏联政坛带来了活力。

当戈尔巴乔夫踌躇满志地入主克里姆林宫之时，苏联实际上已经处于内外交困的境地。在国内，经济增长率降至战后最低点，农业又连年歉收，生活必需品日益匮乏，居民生活水平逐年下降。政治生活中思想僵化，教条主义和官僚主义盛行，贪污腐败问题严重，党和政府的威信不断下降。在国际上，由于苏联推行全球攻势战略，长期与美国开展军备竞赛，进行与自身综合实力并不相符的扩张，消耗了大量财力和人力，又使国民经济不堪重负。

为了应对日益严峻的国内外形势，戈尔巴乔夫决心在苏联进行一次全面的社会主义改革。改革首先从经济领域开始。戈尔巴乔夫提出加速社会经济发展的战略方针，即所谓的“加速战略”。但是“加速战略”并未取得预期的效果，一系列政策上的失误最终使经济改革处于“空转状态”。

1988年6月，苏共召开第十九次代表会议，决定把改革的重点由经济改革转向全面的政治体制改革。戈尔巴乔夫在会议上作了长篇报告，首次提出“人道的、民主的社会主义”概念。政治改革的另一个重要内容，是为20世纪30年代至50年代的冤假错案平反昭雪。然而随着平反工作的展开，对斯大林的批评也越来越激烈。随之而来的是苏共中央对舆论的失控，苏联思想界出现极度的混乱。

对外关系上，苏联根据“新思维”对其外交政策做了调整，外交实践全面倒向西方，积极改善同美国的关系。在东欧实施所谓“自由选择”原则，不干涉东欧国家的政治动荡，致使东欧剧变。而东欧剧变反过来又进一步加剧了苏联国内的思想混乱。

“八一九”事件

苏联的政治体制改革使国内潜伏已久的民族矛盾再次浮出水面，尖锐的民族矛盾像火山一样喷发，苏联社会出现前所未有的动乱。1990年3月，苏

^ 叶利钦和戈尔巴乔夫

联召开第三次非常人民代表大会，大会决定修改苏联宪法，正式取消宪法中关于“苏共在国家政治生活中绝对领导地位”的条款。为了使党和国家分开，大会还决定在苏联实行总统制和多党制，并选举戈尔巴乔夫为苏联第一任总统。从此，苏联政局发生翻天覆地的变化。

随着在政治体制上取消了共产党的法定领导地位，苏联在意识形态领域也开始放弃马列主义的思想指导地位，实行多元化；经济上，取消了社会主义公有制，实行私有制并向市场经济过渡。这时，苏联的政治、经济和意识形态领域都发生了根本性的变化，政治、经济和民族关系等方方面面均出现全面危机。

苏联的国内局势在1991年全面恶化。由于政府大幅度提高消费品价格，引起群众不满，在3月还爆发了全国煤矿工人大罢工。国民经济迅速走向崩溃的同时，苏联各地的民族独立也愈演愈烈。6月，俄罗斯

^ 俄罗斯总统叶利钦（左二）、乌克兰总统克拉夫丘克（左三）和白俄罗斯最高苏维埃主席舒什克维奇（左四）等人商议分解苏联。这也是苏联解体的关键所在。

联邦发表主权宣言，声称本共和国法律"至高无上"。不久，白俄罗斯、乌克兰等加盟共和国也纷纷发表主权宣言。苏联面临被解体的危机。在3月举行的苏联全民公决中，绝大多数人赞同保留苏维埃社会主义共和国联盟。但是迫于压力，戈尔巴乔夫在同9个加盟共和国领导人反复协商后，同意削弱联盟中央的权力，签署新的联盟条约。根据新条约，苏联将变成一个松散的联邦制国家。

随着政治局势的动荡，苏联国内的各种政治力量也加速分化和重组，传统派和激进派的矛盾越来越不可调和。为了挽救濒于瓦解的联盟，1991年8月19日，传统派发动了一场不成功的政变。副总统亚纳耶夫宣布戈尔巴乔夫因健康原因不能履行职务，由他代总统一职。随后宣布成立国家紧急状态委员会，并在某些地区实行紧急状态。激进派俄罗斯联邦总统叶利钦立即发表《告俄罗斯公民书》，谴责政变。结果在人民、军队和大多数苏共党员的联合反对下，这场政变仅仅维持3天便宣告失败。戈尔巴乔夫于8月22日返回莫斯科。

一个超级大国的消失

"八一九"事件后，苏联共产党的组织迅速瓦解，走向解体。戈尔巴乔夫实际上已被架空，在平定事件中起了关键作用的俄罗斯联邦总统叶利钦掌控着实权。8月23日，叶利钦签署命令，暂停共产党在俄罗斯联邦领土上的活动，并宣布没收苏共中央大楼。8月24日，戈尔巴乔夫无奈地宣布辞去苏共中央总书记职务，并建议苏共中央"自行解散"。随后，各加盟共和国的共产党组织纷纷瓦解，要么被禁止活动，要么自行解散，要么更改党名。同时，以叶利钦为代表的激进民主派也乘机发难，迅速把苏共排挤出国家政权体系。苏共不仅在政治上失去权力，在组织上也彻底崩溃。有着88年历史、1500万党员的苏联共产党就这样顷刻之间烟消云散。

与此同时，联盟命运更加堪忧，各加盟共和国再次掀起独立浪潮。8月24日，苏联第二大加盟共和国乌克兰宣布独立。截至8月底，白俄罗斯、摩尔瓦多、阿塞拜疆、乌兹别克、吉尔吉斯先后宣布独立。9月和10月，亚美尼亚、土库曼斯坦也宣布独立。苏联作为一个整体已无法继续维持。12月8日，俄罗斯、乌克兰、白俄罗斯领导人在明斯克签署《关于建立独立国家联合体协议议定书》。12月21日在阿拉木图签署了《阿拉木图宣言》，宣告了"独立国家联合体"的诞生。

12月25日，戈尔巴乔夫宣布辞去苏联总统职务。次日，苏联最高苏维埃通过最后一项决议，宣布苏联正式解体，显赫一时的超级大国就此消失。

1991年12月，俄罗斯总统叶利钦（左五）、乌克兰总统克拉夫丘克（左二）和白俄罗斯最高苏维埃主席舒什克维奇（左三）等，在白俄罗斯会晤，签署了关于建立独立国家联合体的协定。照片为"独联体"签字仪式。

VISIBLE HISTORY OF THE WORLD

关键词：沙漠风暴

海湾战争

■ 1990年~1991年

1990年8月2日，伊拉克入侵邻国科威特——在短短10个小时内伊军就占领科威特全境。针对伊拉克的侵略行为，以美国为首组成了多国部队，展开代号为“沙漠风暴”的作战计划——仅仅用一个月的时间就解放了科威特，并沉重地打击了伊军的嚣张气焰。

入侵科威特

伊拉克入侵科威特既有历史原因，也有现实原因。历史上伊拉克和科威特都曾是英国的殖民地，狡猾的英国人并没有明确划分两个地区的界限，这为后来的纷争埋下了种子。1961年科威特宣布独立时伊

> 伊拉克总统萨达姆

1979年至2003年任伊拉克总统。在位期间先后爆发了两伊战争、海湾战争、伊拉克战争。2003年被美军抓获，2006年被处以绞刑。

拉克就不予承认。虽然后来在外界压力下承认了科威特的独立，但两国的冲突从未消除。同时，由于伊拉克没有进入波斯湾的良港，严重制约了本国石油的输出，所以一直想从科威特取得布比延岛和沃尔拜岛的领土权，为此两国在1973年曾发生过边界冲突。

伊拉克当时也面临着严重的危机。两伊战争不仅造成了几十万人伤亡，还给伊拉克留下了800多亿美元的外债，其中欠科威特的就达200亿美元。两伊战争中伊拉克一直以阿拉伯世界的保卫者自居，因此认为这是一笔“公债”，阿拉伯国家尤其是科威特应当一笔勾销，可是科威特一直没有同意。伊拉克还一直指责科威特在边境地区偷采了本属于伊拉克的石油，而且还和阿联酋一起超产、滥售，压低了国际油价，使伊拉克蒙受了巨额损失，因此要求科威特给予赔偿。

面对咄咄逼人的伊拉克，科威特本希望靠妥协来换取和解。可是伊拉克得寸进尺地再次提出了布比延岛问题，并提出科威特埃米尔到巴格达向伊拉克谢罪等过分要求。科威特拒绝了伊拉克的无理要求，可是他们没想到的是，伊拉克一直垂涎科威特巨大的石油储量（世界总量的20%）和长年积累下的石油外汇，已经下决心要通过武力来解决问题。就在1990年8月1日两国的谈判宣告破裂后，伊拉克便悍然入侵科威特。

沙漠盾牌

伊拉克入侵科威特的行径受到国际社会的一致谴责。但是伊拉克对此置若罔闻，于8月4日宣布成立了“自由科威特临时政府”，接着又宣布“科威特共和国成立”。8月7日，伊拉克还宣布伊科“永久合并”，“科威特国家永远消失”。就这样，伊拉克吞并了科威特。

伊拉克侵占科威特并试图在海湾地区建立霸权的举动，彻底激怒了在这个地区有着重要战略利益的美国。8月2日和3日，美国总统布什主持召开一系列高层会议，决定采取一切必要手段来应对海湾危机。8月7日，布什总统批准了向伊拉克示威的“沙漠盾牌”计划。根据计划，美军开始向海湾地区集结。但是伊拉克不为所动，萨达姆在8月12日开出了撤军条件：以色列退出占领的巴勒斯坦领土，叙利亚退出黎巴嫩，美军撤离沙特。联合国和美国拒绝了伊拉克的要求，作为报复，伊拉克扣留了滞留在伊拉克和科威特的西方公民，并把一些人质关押在重要目标附近，试图以“人体盾牌”来对抗美国的“沙漠盾牌”。

伊拉克的举动激怒了整个世界。在美国的协调下，苏联和大多数阿拉伯国家对出兵表示了支持，纷纷出人出钱参加美国领衔的多国部队。到11月份，美军在海湾部署的兵力已达到69万。大军装备了3500辆坦克、3000辆装甲车和作战飞机5000多架、军舰250余艘。当时最先进的F－117隐形战机、战斧巡航导弹、爱国者导弹等高精尖武器也出现在战场上。

沙漠风暴

1991年1月17日，巴格达时间凌晨2时40分，多国部队对伊拉克发动攻击，半小时后，布什总统宣布“沙漠风暴”行动开始。

在战争开始的38天里，多国部队出动飞机11万架次，投弹9万多吨。停泊在波斯湾的美军军舰发射了288枚战斧巡航导弹，对伊拉克军事目标和交通设施展开狂轰滥炸。面对联军先进的武器和压倒性的优势，伊拉克遭受到严重的惩罚，损失惨重。

为了反击，伊拉克将希望寄托在自己拥有的800多枚地对地导弹上。伊军不断使用苏制“飞毛腿”导弹攻

历史断面

海湾战争综合征

海湾战争后，不少美英参战老兵出现了肌肉疼痛、长期疲乏、失眠、记忆丧失、头晕、情绪低落、身体消瘦以及性功能减退等症状，一些人甚至在病痛中离开了人世。这种病症被称作“海湾战争综合征”。据研究，可能和多国部队在战斗中大量使用贫铀弹以及非法给士兵注射一种含有角鲨烯的疫苗有关。

击沙特和以色列，以分裂阿拉伯国家和西方的联盟。美军一方面用“爱国者”导弹予以拦截，在海湾上空上演了一场“爱国者”大战“飞毛腿”的好戏；另一方面又极力压制以色列的怒火，迫使它不予还击，让伊拉克的离间计无法奏效。

布什总统于2月22日向伊拉克发出最后通牒，要求伊军必须于23日17时之前撤出科威特，伊拉克对此嗤之以鼻。当地时间2月24日凌晨4时，多国部队开始实施代号为“沙漠军刀”的地面作战，兵分四路对驻科威特的伊军展开攻击。在强大的攻势面前，伊军节节败退。伊拉克不得不在27日知会安理会，单方面宣布无条件从科威特撤军。不过伊军撤出时将科威特油田全部点燃，空中弥漫着黑烟和刺鼻的气味。

当时，在从科威特通向伊拉克的高速公路上，挤满了急于撤退的伊军和伊拉克平民，这支队伍遭到了多国部队战机的猛烈轰炸，以至于它获得了“死亡公路”的称号。27日凌晨，伊军全部撤离科威特，同日，科威特市被解放。伊拉克通知安理会，接受联合国关于伊拉克的所有决议。28日，布什总统宣布战斗停止。海湾战争基本结束。

海湾战争结束后，科威特恢复了主权，伊拉克则陷入了长期的被制裁中，从而一蹶不振。美国则名利双收，既扮演了正义维护者的角色，又一举占据了海湾地区的主导权，并从战后重建中获取了巨大的利益，成为这场战争最大的赢家。

> 美国海军陆战队队员站在缴获的贝尔214ST超级运输直升机面前——两个队员拿着科威特国旗，一个队员抱着一挺7.62毫米的AK-47突击步枪。

专题

曼德拉的光辉岁月

少年领袖 为自由而战 老骥伏枥

如今人们一提起南非，首先想到的可能是2010年的足球世界杯。但是如果问起谁最能代表南非，那么人们无疑会把曼德拉作为首选。因为在绝大多数人看来，这位被南非人尊为“国父”的南非总统，已然是新南非的象征。

南非总统纳尔逊·曼德拉

少年领袖

1918年7月18日，在南非特兰斯凯地区科萨人聚居的姆维托村，出身滕布王朝王族的盖拉·曼德拉家里传出了婴儿的啼哭声。盖拉给孩子取了个科萨名字罗利赫拉哈拉，意思是“惹是生非的人”，这就是纳尔逊·曼德拉。

在父母的关爱下，曼德拉一天天长大并进了教会学校学习。但在他9岁时，他的父亲不幸去世。遵照父亲的遗愿，曼德拉被托付给滕布人的大酋长荣欣塔巴抚养。大酋长很喜欢他，尽了一切努力让他接受教育，而曼德拉也没有让他失望，考进了当时为数不多的接受黑人学生的全日制赫尔堡大学，攻读法律专业。

在学校里曼德拉一边学习，一边积极投身到社会活动中，并结识了不少志同道合的朋友。两年后，曼德拉被选入校学生代表会，但他认为选举并不公平而拒绝接受，也因此被停学。停学在家的日子里，荣欣塔巴为曼德拉定了一门亲事。一心想着先立业后成家的曼德拉决定逃婚，就和伙伴一起逃到了约翰内斯堡。

在约翰内斯堡，曼德拉在金矿做过警卫，在朋友那里帮过忙。虽然生活困苦，他还是坚持通过函授学完了大学课程，取得了当律师必需的文学学士学位。有了文凭，曼德拉开始在律师事务所工作，并在威特沃特斯兰德大学继续学法律。

1944年，曼德拉和伙伴们一起加入了非洲人国民大会（非国大），开始了自己的政治生涯。

为自由而战

投身政治运动的曼德拉很快就崭露头角，1948年当选为青年联盟全国书记。不过也就在这一年，坚持种族主义的南非国民党在大选中获胜，开始执行全面种族隔离政策，黑人的政治、经济权利和居住、行动的自由被剥夺，黑暗的种族隔离时代来临了。

广大黑人的不满情绪日益高涨，青年联盟适时提出了《行动纲领》，提出“民族自决”“反对任何形式的白人统治”的口号，决定采取积极抵制、不合作、不服从的方式，发动罢工等群众运动，来应对愈演愈烈的高压政策。1950年，曼德拉当选为青年联盟主席，也成为非国大全新的“战斗”形象代言人。

1952年6月，在领导“蔑视不公正法运动”时，曼德拉第一次被捕入狱。虽然一周后就被释放，但曼德拉却无法出席12月召开的非国大全国大会（在这次会上曼德拉被选为非国大第一副主席)。因为政府发出禁令，禁止他在6个月内参加任何集会，活动范围也仅限于约翰内斯堡。此后，曼德拉经常受到禁令的困扰，这给他带来了不小的麻烦，许多事情只能转入地下。

随后，反种族隔离运动走向了低谷，非国大内部也出现了严重分裂，一部分人脱离非国大成立了泛非主义者大会。南非政府在1960年3月21日制造了震惊世界的沙佩维尔大惨案，并随即宣布取缔非国大和泛非主义者大会，和平示威也就失去了合法地位。事实证明，单靠非暴力的合法斗争根本没法改变现状，南非必须进行武装斗争。

1961年，曼德拉成立了武装组织“民族之矛”。作为“民族之矛”的领导人，曼德拉曾前往埃塞俄比亚接受

▼南非开普敦罗宾岛一角

南非总统纳尔逊·曼德拉曾经被囚禁在该岛长达27年，当他在此获释后，他宣布了黑人自由的到来！1997年1月1日，罗宾岛正式成为向公众开放的博物馆。1999年被联合国教科文组织宣布为世界文化遗产。

▲身带重病的曼德拉以一个标准的礼姿向关心他的人民致以最真挚的谢意。

军事训练，并辗转非洲各国和英国，为斗争争取支持。不过由于叛徒告密，1962年8月5日，曼德拉被捕了。法庭刚开始只以政治煽动和非法越境罪判了曼德拉5年刑。但不幸的是，南非政府搜查了“民族之矛”总部，逮捕了大部分核心成员，还缴获了大批文件，而这些材料不少都与曼德拉直接相关。南非政府大喜过望，重开审判。1963年6月12日，曼德拉被以阴谋颠覆罪判处无期徒刑。宣判后，曼德拉立即被送往罗宾岛服刑。

罗宾岛是一个距开普敦十余千米的小岛，骇人的巨浪再加上严密的守卫，这里可以说是固若金汤，曼德拉在这里度过了漫长的27年。在监狱里，曼德拉住在一间狭小的单人牢房里。牢房里没有床、没有桌椅，只有地上的一张草垫，御寒之物则仅有三条旧毯子和一块毡布，根本无法抵御冬季的寒冷。为了摧垮这些所谓的政治犯的意志，狱方刚开始时整天把他们关在牢房里，不见天日，后来经过抗争，他们才被允许参加打石头、挖石灰这样的高强度劳动，而终日繁重的劳动使曼德拉的身体变得很糟糕。

作为那个时代世界上“最著名的犯人”，国际上要求释放曼德拉的呼声一直就没有停止过，南非政府几乎每天都能收到抗议书。迫于这种压力，狱方不得不稍稍改善了曼德拉的待遇，不过他还是受到了“特别照顾”：别人可以听收音机、看报，他不行；别人家属探监时可以有身体接触，他不行；别人干活时一个警卫管一队，他干活时3个警卫看他一个……虽然身心都受到了极大的摧残，但曼德拉却从来没有悲观失望过，也从未放弃过对正义的信仰。

1990年2月11日，南非政府在国内外压力下，被迫宣布无条件释放曼德拉，而入狱时正当壮年的曼德拉，此时已经是一位年过七旬的老人。

老骥伏枥

虽然已经老了，可是曼德拉反对种族隔离制度、建设新南非的雄心壮志却没泯灭。出狱后，他就立即投入工作。1990年3月，他被任命为非国大副主席，代行主席职务，1991年7月当选为主席。在他领导下，非国大与南非当局展开谈判，商讨废除种族隔离制度。在多方面的努力下，在南非延续了一个多世纪的种族主义制度最终被全面废止，并制定了种族平等的新宪法。为了表彰曼德拉为废除南非种族隔离制度所做的贡献，1993年，他被授予诺贝尔和平奖。1994年，根据新宪法，在南非进行的历史上首次不分种族的总统选举中，曼德拉当选为南非第一位黑人总统。

在曼德拉的总统生涯中，他带领南非人民全力投入到南非的发展中，同时他自己也受到了前所未有的爱戴。虽然功勋卓著，但年迈的曼德拉还是选择了急流

勇退。1997年12月，他辞去非国大主席一职，并宣布不再竞选总统。1999年6月卸任后，曼德拉仍在为调停地区争端、防治艾滋病等事务忙碌着。但再伟大的人也有离开我们的一天——2013年12月6日（南非时间2013年12月5日），曼德拉在约翰内斯堡的住所内逝世，享年95岁。

2013年12月15日上午，南非为前总统纳尔逊·曼德拉在其儿时生活过的库努村，举行了隆重的国葬仪式。来自多个国家的领导人出席葬礼仪式并讲话，近5000名各界人士送了曼德拉最后一程。

▲曼德拉原本确定出席南非世界杯开幕式，但因其曾孙女在开幕式前遇车祸身亡而未出席。闭幕式上，终因身体原因，曼德拉错过了这届本土世界杯。照片为“大力神杯”移交给主办方南非时，曼德拉双手捧杯的场景。

VISIBLE HISTORY OF THE WORLD

关键词：欧洲一体化

欧盟联体新时光

■ 1951年至今

欧洲联盟简称欧盟，总部设在比利时首都布鲁塞尔。欧盟是当今世界上一体化程度最高的国家集团，是当今世界经济和政治舞台上的一支重要力量。欧盟的发展主要经历了三个阶段：荷卢比三国经济联盟、欧洲共同体、欧盟。1991年12月，欧洲共同体马斯特里赫特首脑会议通过《欧洲联盟条约》，通称《马斯特里赫特条约》（简称《马约》）。1993年11月1日，《马约》正式生效，欧盟正式诞生。

欧洲联合的呼声

现任欧盟委员会主席容克

“欧洲联合”是一个古老的观念，一般认为自中世纪以来，这种观念就一直存在于欧洲各民族中。到了20世纪，欧洲联合开始有了实质性动作。1900年6月，

^ 比利时布鲁塞尔欧盟总部

法国政治科学自由学派在巴黎的会议上第一项议程就是研究“欧洲联邦”的可能性。1909年，第一次欧洲联邦大会在罗马举行。1914年，谋求以经济合作为基础，建立欧洲联邦的民间促进组织“欧洲统一联盟”在伦敦成立，但“一战”的爆发破坏了欧盟的进一步建立，使欧盟这一设想成为泡影。不过血腥的战争也使人们对联邦的憧憬更为强烈了，在法国和意大利都出现了倡导欧洲联合的呼吁，欧洲人民争取联合的行动汇成了泛欧主义的浪潮，到1943年，泛欧大会已经举办了五次。

“二战”中，欧洲再次成为战争的策源地和主战场之一，战争结束时，整个欧洲陷入了破败和萧条之中，昔日的世界经济发动机变得千疮百孔，特别是美国和苏联两个超级大国的崛起更使欧洲相形见绌。在这样的情势下，欧洲联合的呼声再次高涨，更为重要

^ 欧元货币

的是，与以往主要是民间力量推动不同，欧洲主要国家的领导人也产生了联合的想法。1946年，丘吉尔在瑞士苏黎世大学发表了题为《欧洲的悲剧》的演说，呼吁："我们必须建立某种欧洲合众国！"这篇演说也被认为是"二战"后"欧洲联合"文献中最重要的一篇。法国领导人戴高乐也一再提到欧洲联合，他在《战争回忆录》里写道："特别在经济上，我们希望成立一个西欧集团，它的动脉可能是英吉利海峡、地中海和莱茵河。"德国总理阿登纳的《回忆录》也写道："欧洲的联合是绝对迫切需要的。没有政治上的一致，欧洲各国人民将会沦为超级大国的附庸。"阿登纳的话简明扼要地指出了这些政治家们寻求联合的一大原因：在英、法、德这些老牌强国地位今非昔比的情况下，应该抱团来与美苏抗衡以保障欧洲不被边缘化。

欧洲共同体

虽然丘吉尔在战后首先倡导了欧洲联合，可是率先迈出第一步的却是法国。法国显然也认识到了联合的必要性，可是与德国的世仇却成为最大障碍，虽然没有德国的欧洲联合是难以想象的，可是要法国主动与德国和解又不可能。还好，战败了的德国采取了对自己的过去深刻反省的态度。1949年11月3日，阿登纳发表了著名的"破冰解冻"演说，表示德国要与法国重建友好合作关系。为了回应德国主动伸出的橄榄枝，法国外长舒曼采纳了后来被称为"欧洲联合之父"莫内的建议，于1950年5月提出将法德等国的煤炭和钢铁生产置于一个超国家的机构控制下，史称"舒曼计划"。舒曼计划提出的当天，就得到了德国方面的积极回应，其他一些国家也表态愿意参加这一计划。1950年6月21日，法国、联邦德国、意大利、荷兰、比利时和卢森堡六国就在巴黎举行会议磋商舒曼计划的实施细节，1951年4月18日，六国签署了《欧洲煤钢共同体条约》。欧洲煤钢共同体的成立标志着欧洲联合的开始。

1952年底和1953年初，荷兰外长科恩两次提出建立六国共同市场，得到一致响应。1953年6月，六国外长在意大利墨西拿通过了《墨西拿决议》，提出成立欧洲经济共同体。1957年3月，六国外长又聚首罗马，签署了《欧洲经济共同体条约》和《欧洲原子能共同体条约》，在得到各国议会批准后于1958年1月1日正式生效。另一方面，作为欧洲联合基础的法德关系虽然经历了一些波折，但是在1963年，两国终于签署了《法德友好合作条约》，法德全面和解和合作被以条约的形式固定下来，而合作的法德也成了欧洲联合发展的主要动力。1965年4月8日，六国在布鲁塞尔签订了《关于建立欧洲共同体单一理事会和单一委员会的条约》，决定将煤钢共同体、经济共同体和原子能共同体合并，总称欧洲共同体，简称"欧共体"。《布鲁塞尔条约》于1967年7月1日生效，三个共同体仍各自独立存在，但经济共同体一直居于核心地位。

反观英国，它对欧共体的态度则经历了从对立到主动靠拢的转变。最初，英国联合其他一些国家成立了自由贸易联盟，试图与欧共体分庭抗礼，但是很快就败下阵来。不得已，英国开始寻求加入欧共体，但是它在1961年和1967年的两次申请都遭到拒绝，直到1973年才和爱尔兰、丹麦一起被接纳。此后，希腊、西班牙和葡萄牙先后加入，使欧共体成员国达到12个。

欧共体内部建立起了关税同盟，统一了外贸政策和农业政策，创立了欧洲货币体系，并建立了统一预算和政治合作制度，逐步发展成为欧洲国家经济、政治利益的代言人。1990年，欧共体各国国内生产总值首次超过了美国和日本，出口贸易额占世界贸易总额的40%，成为当时世界上最大、一体化程度最高的区域经济组织。

欧洲联盟

慢慢地，欧共体国家间的关系越来越密切，偏重经济的欧共体越来越无法满足国家间这种关系的需要，超越经济的联合成为欧洲面临的新任务。1991年12月11日，欧共体马斯特里赫特首脑会议通过了以建立欧洲经济货币联盟和欧洲政治联盟为目标的《欧洲联盟条约》，亦称《马斯特里赫特条约》。1993年11月1日《马约》正式生效，欧共体更名为欧盟，这标志着欧共体从经济实体向经济政治实体的过渡。1995年，奥地利、瑞典和芬兰加入，使欧盟成员国达到15个。

1999年，欧盟迎来了历史上崭新的一页，从这一年1月1日起，欧盟的统一货币——欧元开始使用，除英国、希腊、瑞典和丹麦外的11个国家于1998年首

2011年欧洲理事会参会各国政要

批成为欧元国，后来希腊于2000年加入欧元区，这些国家的货币政策从此统一交由设在德国法兰克福的欧洲中央银行负责。2002年1月1日零时，欧元正式流通，如今欧元区已扩大到16个国家，它已成为世界上重要的国际结算货币。

2002年 11月18日，欧盟15国外长会议决定邀请塞浦路斯、匈牙利、捷克、爱沙尼亚、拉脱维亚、立陶宛、马耳他、波兰、斯洛伐克和斯洛文尼亚10个国家入盟。2003年4月16日，在雅典举行的欧盟首脑会议上，上述10国正式签署入盟协议。2004年5月1日，这10个国家正式成为欧盟成员国，欧盟完成了第五次也是规模最大的一次扩容。2007年1月，欧盟又迎来了罗马尼亚和保加利亚两国的加盟。经历了六次扩大的欧盟如今已经成为一个包括27个国家、总人口超过4.9亿的庞然“大国”。

欧盟成立以来，各成员国经济发展迅速，1995年至2000年间经济增长速度达3%，人均国内生产总值由1997年的1.9万美元上升到1999年的2.06万美元。如今，欧盟国民生产总值高达13万亿多美元，已经超过了美国，成为世界第一大经济实体。

正如在开篇提到的那样，欧洲联合的进程远没有停歇。可以预见，前进的欧盟将来会给欧洲，甚至世界带来更多有益的变化。

历史断面

欧盟主要机构

欧盟理事会——即欧盟各国部长理事会，是欧盟的决策机构。

欧盟委员会——欧盟的常设执行机构。

欧洲议会——欧盟的立法、监督和咨询机构。

欧洲法院——欧盟的仲裁机构。

欧洲审计院——负责欧盟的财政和审计管理。

关键词：恐怖袭击

惊世撞击“9·11”

■ 2001年9月

美国东部时间2001年9月11日，被劫持的飞机震惊了全世界的人们——两架飞机先后撞上纽约世界贸易中心的双子塔楼，两座塔楼立即燃起熊熊大火，很快就轰然倒塌；一架飞机撞上美国国防部，五角大楼局部结构被撞得面目全非。第四架则坠毁在宾夕法尼亚州。美国民众和世界各地的人们通过电视镜头目睹了这一幕，有人失声痛哭，有人目瞪口呆，也有人拍手称快，可是谁能想到这一撞，世界就此改变。

惊天一撞

2001年9月11日，纽约的天气很不错，这个世界上最繁华都市的人们还是像往日那样充满自信地忙碌着，谁也没想到这一天会是一个改变世界的日子。

也就在这天早上，四趟航班像往常那样开始了例行飞行——从波士顿飞往洛杉矶的美国航空公司的11次航班和美联航的175次航班，执行飞行任务的是两架波音757；美国航空公司从华盛顿飞往洛杉矶的77次航班和美国联合航空公司从新泽西飞往旧金山的93次航班，执行飞行任务的是两架波音

767。不过让大家想不到的是，飞机上已经混入了恐怖分子！

起飞20分钟后，恐怖分子就动手了。8时19分，11次航班的服务员向公司报告飞机可能已经被劫持，美国航空公司立即向空管部门报告了这一情况。空管部门立即启动应急机制，要求美国军方协助拦截，而此时11次航班已经掉转航向驶向纽约。美国空军的两架F－15战机紧急升空准备拦截11次航班，可就在他们刚刚起飞的8时46分10秒，11次航班以近800千米的时速撞上了位于纽约曼哈顿岛西南端的世界贸易中心双子塔楼的北塔楼。飞机扎进了这座110层摩天大楼的94层至98层之间，大楼立即起火。由于所有通道都被阻断，撞机位置以上的人们全部被困。就在人们还以为这是一起悲惨的航空事故时，9时02分54秒，175次航班以更高的速度撞向世贸中心双子塔楼南塔楼的78层至84层处，并立即发生爆炸，部分飞机残骸直冲出楼体，一直掉到6个街区之外。9时37分，77次航班又撞上了位于华盛顿市西南部的美国

美国纽约世贸大楼

^ 爆炸中的美国纽约世贸大楼

国防部五角大楼，幸运的是这个地方刚刚翻修过还没完全投入使用，但是也造成了100多人死亡。10时03分11秒，一直没有消息的93次航班坠毁在宾夕法尼亚州尚克斯维尔附近，机上无一人生还，后来据袭击策划者透露，这架飞机的目标是美国国会大厦，行动代号是“法律工厂”。

8时49分，美国有线电视网开始对撞机事件进行直播报道。9时59分04秒，南塔楼轰然倒塌，10时28分31秒，北塔楼也自上而下坍塌。转眼间，高度名列世界第五、美国第二的世贸中心双子塔楼接连倒地，把2819人埋在了下面，全世界亿万观众见证了这可怕的一幕。

这四起劫机事件显然是经过精心策划，以恐怖袭击为目的。飞机虽然以位于美国东海岸的纽约和华盛顿为目标，但劫机者劫持的都是从东海岸飞往西海岸的长途航班。这样刚刚起飞的飞机上载有大量燃料，无异于四颗炸弹——据估计11次航班就把至少69吨燃料倾进世贸北塔楼，引起的熊熊大火直接导致大楼的结构被破坏而倒塌。另外757和767这两种型号的波音飞机恰恰采用了相同的驾驶舱模块，说明恐怖分子所受的飞行训练是有针对性的，后来的调查也证实了这一点。

袭击目标显然也是精心挑选的。华盛顿是美国的首都、政治中心，国会大厦是其枢纽，五角大楼是美军的指挥中心；纽约是美国的经济、文化中心，而世贸中心是世界上最大的商业建筑群，是美国的金融、贸易中心之一，高达415.14米的双子塔既是纽约的标志性建筑，也可以说是美国的象征，袭击这些地方可以给美国造成最大的伤害。四次航班的起飞时间很相近，说明恐怖分子想在同一时间发动袭击，以制造最大影响。

美国的反击

袭击发生后，美国联邦航空管理局迅速宣布关闭领空，所有飞机必须立即降落，国际航班则须转飞加拿大或墨西哥。当时美国总统小布什正在佛罗里达州一所学校参观，出于安全考虑，立即登上“空军一号”总统专机升空。在飞机上，小布什授权美国空军，可以击落任何一架对美国造成危险的可疑飞机。地面上，白宫、财政部、国会大厦等美国主要国家机构开始撤离工作人员，位于纽约的联合国总部也实施了紧急疏散措施，纽约曼哈顿地区随后也全面疏散。为了防止不测，美军还封锁了美墨边境，航空母舰也开进了纽约港，大批军舰在东海岸巡弋，美国进入了高度戒备状态。

在美国上空忙碌了几乎一个白天后，小布什在下午6时54分重返白宫。晚上8时30分，小布什发表电视讲话，向恐怖主义宣战：“今天，我们的同胞、我们的生活及我们珍视的自由受到了恐怖主义分子的攻击……恐怖袭击可以震撼我们的建筑，但无法动摇我们国家牢固的基础。这些行径可以粉碎钢铁，但无法挫伤美国人民捍卫国家的决心……我已下令找出肇事元凶，并将其绳之以法。胆敢包庇肇事者的人也会被我们视为恐怖分子……美国过去能、今天也会战胜自己的敌人。”小布什强硬的表现鼓舞了所有美国人，也让他的支持率蹿升到惊人的89.58%。

人们都说“9·11”事件和60年前的珍珠港很像，都是美国受到了突然袭击。不过与珍珠港不同的是，“9·11”发生在从未受过直接攻击的美国本土而非外岛，而且小布什也不像罗斯福那样知道敌人是谁，是个人、团体还是某

个国家。尽管如此，美国高层还是很快就锁定了目标。9月13日，美国国务卿鲍威尔宣布奥萨马·本·拉登是袭击的幕后主使。

美国决心把本·拉登绳之以法。9月16日，鲍威尔向塔利班政权发出最后通牒，要么交出本·拉登，要么开战。但是由于基地组织虽然为袭击事件额手称庆，但并未公开承认对此负责，所以塔利班拒绝交出本·拉登。第二天，一个巴基斯坦代表团到阿富汗游说塔利班交出本·拉登，但是无功而返，塔利班还封锁了阿富汗领空，宣称将击退任何入侵者。

^ 被撞击后的美国五角大楼

面对恐怖袭击，几乎全世界都站到了美国一边，各国领导人纷纷发去慰问电，并声明支持美国的反恐行动。联合国也于9月28日通过1373号决议，为全球反恐合作指引了方向。9月19日，美军开始向阿富汗周边部署军队，反恐战争已是箭在弦上。

美国东部时间2001年10月7日中午12时30分（当地时间晚上9时），美英联军开始了对阿富汗的军事打击，向塔利班武装和基地组织的训练营投下了难以计数的炸弹和导弹。此后，美英军队一直在阿富汗搜寻本·拉登，不断地打击残余塔利班武装和基地组织。但让美国没有想到的是，他们为此整整花了10年时间——2011年5月1日，本·拉登被美军击毙。

时至今日，“9·11”事件已经过去十多年，恐怖头子本·拉登也已被击毙多年，但恐怖分子依然存在，恐怖活动依然不时出现。所以，人类反恐的道路依然很漫长。

> “9·11”恐怖袭击事件给太多的家庭带来了伤痛——他们无法相信瞬间失去亲人的现实。然而这一切就这样无情地发生了。照片上家属将亲人的照片放在被恐怖分子袭击过后的废墟上，以此表达无尽的痛苦和悲愤。

VISIBLE HISTORY OF THE WORLD

关键词：第三次工业革命 / 登月 / 信息革命

新世纪新革命

■ 20世纪40年代至今

继第一次以蒸汽技术和第二次以电力技术为主的科技革命之后，人类文明又进入了以原子能、电子计算机、空间技术和生物工程等为标志，涉及信息技术、新能源技术和新材料技术等领域的新革命。人们将此次给人类社会生活和现代化发展推向更高境界的重大飞跃，定义为“第三次工业革命”。

人造卫星飞上天

1957年10月4日，苏联拜科努尔航天发射场上，硕大的R-7型洲际弹道导弹喷射出炽热的火焰，这不仅仅是一次出于军事目的的发射，还把人类历史上第一颗人造卫星“斯普特尼克1号”(或称“伴侣1号”)送上了天，标志着“太空时代”的来临。

^ 第一颗人造卫星“斯普特尼克1号”模型

第二次世界大战之后，苏联得到了纳粹德国研制出的V-2型火箭技术和一

^各国宇航员在科罗廖夫博物馆参加有关第一颗人造卫星“斯普特尼克1号”的纪念活动。

批工程师，这形成了苏联军方研发洲际弹道导弹和运载火箭的全部家底。在国内经济因战争而遭受巨大创伤的情况下，苏联还是对军方的这一研究给予了充分的支持。很快，苏联就在大推力火箭方面取得了突破性的进展。

1957年8月21日，苏联第1枚R-7型多级远程弹道火箭向太平洋进行全程发射试验成功。随后，火箭专家科罗廖夫趁机向苏联政府建议用R-7型火箭发射一枚卫星。

在研造卫星的同时，科罗廖夫还主持对R-7型火箭进行了改造，成功研制了“卫星”号运载火箭。这种火箭由1枚核心火箭和4个助推火箭捆绑构成。发射后，核心火箭和助推火箭同时点火，在到达预定速度时，助推火箭先行熄火并分离，核心火箭则继续工作直到把卫星送入轨道。为了控制航向，火箭上还加装了12台可以摆动的小型游标发动机。

1957年10月4日，载着“斯普特尼克1号”的“卫星”号运载火箭，在位于哈萨克大草原腹地的拜科努尔航天发射场发射升空。第二天，塔斯社播发了新闻，宣布人造卫星发射成功。消息传出，全世界的目光都聚集到太空中这个耀眼的“小球”身上。这一爆炸性新闻在让大家为之兴奋和惊奇的同时，也让当日苏联的头号敌人美国如坐针毡。美国总统艾森豪威尔不安地认为，作为核超级大国的苏联，在航天技术方面也超越了美国，在人类头顶几百千米处首先拥有了“独家发言权”。于是艾森豪威尔总统私下里匆忙召集了会议，与科学

宇航员阿姆斯特朗在月球上行走

界领袖商讨对策，最终促成了次年美国国家航空航天局的成立，拉开了美苏太空争霸的序幕。

“斯普特尼克1号”在天空中运行了92天，绕地球约1400圈，行程6000万千米，于1958年1月4日陨落。

“阿波罗”载人登月

说起登月，就不能不提当时美苏争霸的大环境。作为“二战”后唯一的两个超级大国，美苏理所当然地站在了进军外太空的最前沿上，并把这一领域作为展现自己实力和牵制对手的重要渠道。在最初的较量中，苏联占得了先机。1957年10月4日，苏联发射了世界上第一颗人造地球卫星。1961年4月12日，苏联又率先用“东方1号”宇宙飞船把宇航员尤里·加加林送入太空并安全返回。面对窘境，美国只能是见招拆招，什么都比苏联慢了一拍。人类首次涉足外太空之后，作为距离地球最近的星体——月球，理所当然地成为美苏下一局较量的赛场。在这场科技和金钱的大比拼中，最终美国笑到了最后。

1969年7月20日16时17分，“阿波罗11号”登月舱在月球的静海安全着陆。22点56分，美国宇航员阿姆斯特朗从登月舱的梯子上爬下，踩在了月球的土地上，留下了人类在月球的第一个脚印。

就这样，美国进行的世界上第一次登月飞行取得了成功。随后，美国又进行了6次登月飞行，除了“阿波罗13号”出现事故外，整个“阿波罗”登月计划共把12名宇航员送上月球。这些宇航员在月球上总共待了302小时20分钟，在月球上设立了核动力科学站，进行了一系列科学实验。

经过历次月球之旅，人类获取了很多关于月球的信息，带回的月球岩石和土壤样品就达到了381千克，其中还包括年龄达46亿年的结晶岩，为研究太阳系的形成提供了新材料。

历史断面

“挑战者”号殉难

1986年1月28日，美国“挑战者”号发射升空。但73秒之后，“挑战者”号突然爆炸。伴随着巨大的响声和耀眼的火球，价值12亿美元的航天飞机灰飞烟灭，机上7名航天员也全部遇难。

此次飞机上天，美国还做了一个大胆的决定——首次搭乘了来自民间的女教师麦考利夫。所以这次发射备受关注，几乎全美国的中小学生都在电视机前等着目睹这一伟大时刻。但结果看到了这一心碎的一幕。

人类登天路上的这次巨大挫折，给美国人乃至世界人民留下了难以磨灭的痛苦记忆。

一网联天下

1946年，世界上第一台电子计算机在美国诞生，刚开始只是用于军事目的，而且这种使用电子管的计算机占地170多平方米、重达30吨、需要100千瓦电力支持的庞然大物。

1969年12月，美国国防部研究计划署（ARPA）建立了一个小型军用网，叫作阿帕网（ARPANET），把美国西南部四所大学的四台计算机连接起来供科学家们进行计算机联网实验。

在阿帕网技术的基础上，又形成了几十个新的区域网络，但是每个网络只能实现本网络内部计算机之间的通信，而无法实现跨网互通。为了解决这一问题，ARPA又资助学术界和工商界对此问题进行攻关，以期打造出真正的互联网。这种无边界（既可以内部互联，也可以无限接入新的计算机）的网络被定名为INTERNETWORK，简称INTERNET，也就是国际互联网。

2009年全球互联网用户已经超过10亿，也就是说全世界每六个人中就有一个人是互联网用户，单是中国大陆地区截至2009年10月1日就已经有互联网用户约3.6亿人。

互联网的出现改变了这个世界，使人们的生活发生了根本改变。这个依靠光纤、电话线和网线把遍布全球的计算机连接起来的庞大网络，以海量的信息为人们提供各种服务，成了很多人无法离开的生活必需品。

第三次技术革命就这样慢慢开始了。它的规模、深度和影响，远远超越了前两次技术革命。它成了加速现代生产力发展和推动人类进步的巨大动力之一。

苹果的传奇

如果说瓦特发明蒸汽机导致工业革命，那么计算机的发明则导致了信息革命。而这场革命的最大助力者就是一个美国人——史蒂夫·乔布斯。

1955年2月24日，在美国旧金山，史蒂夫·乔布斯出生。遭亲生父母遗弃，被养父母收养。小时候，乔布斯家所毗邻的人家多数为惠普公司职员，这让乔布斯从小就对电子学耳濡目染，并对其极端热爱。一次偶然的聚会，让乔布斯接触到电脑，并对其产生极为浓厚的兴趣。后与史蒂芬·沃兹结识并成为好友。史蒂芬·沃兹是学校电子俱乐部的会长，对电子学也有很大的兴趣，两人志趣相投，结为挚友，并在史蒂芬·沃兹自家车库反复尝试组装电脑。1974年，两人经多次努力，终于愿望达成，拥有了第一台自己组装的电脑。1976年4月1日，乔布斯、沃兹及乔布斯的朋友龙·韦恩签署了一份合同，决定成立一家电脑公司。随后，21岁的乔布斯与26岁的沃兹在自家的车库里

^史蒂夫·乔布斯（1955年2月24日—2011年10月5日），生于美国旧金山，苹果公司联合创始人。

成立了苹果公司。公司的名称由乔布斯定为苹果。初期公司生意萧条。1976年7月零售商保罗·特雷尔决定订购50台整机，这是他们做成的第一笔生意。之后"苹果"公司开始了小批量生产。

1976年10月，擅长推销的马尔库主动帮助他们制定一份商业计划，给他们贷款69万美元，使得"苹果"公司的发展速度大大加快了。1977年4月，乔布斯在美国第一次计算机展览会展示了苹果Ⅱ号样机，以其精巧设计、轻便携带、创意领先等特点，吸引了博览会多数客商的关注，此次博览会给苹果公司带来无限的商机。1980年12月12日，苹果公司股票公开上市，460万股一小时内被抢购一空，当日以每股

29美元收市。至此，苹果公司引起世界的瞩目。此后五年内，苹果公司由于决策失误，权力之争，乔布斯宣布辞职。1996年公司面临极大危机之时乔布斯重返公司，并进行了一系列的改革措施，不仅使公司平稳度过危机，且雄威重振。在2011年8月25日，由于身体状况，乔布斯宣布辞职，职位由蒂姆·库克接任。2011年10月6日，这位完美主义者、工作狂人、最具传奇色彩的人物逝世，终年56岁。

∧ 乔布斯和沃兹

在几十年的起落与兴衰中，苹果公司先后领导和推出了麦金塔计算机（Macintosh）、iMac、iPod、iPhone、iPad等风靡全球的电子产品，深刻地改变了现代通讯、娱乐、生活方式。

世界信息技术突飞猛进，仅仅30年的时间，信息技术的载体计算机，由昂贵的、体积庞大、国家机构专用转为经济、轻便、大众普及。从第一代计算机产生到现在，我们经历了一个又一个奇迹的诞生，从局部到世界，计算机对人类社会影响的深度和广度超越了任何一个时代的发明。信息成为比物质和能源更为重要的资源。计算机的发展提高了信息传递速度，缩短了人与人的距离，更缩短了世界的距离。这不能不说是一场史无前例、改变世界的革命。

附录：
大事年表

300万年前～公元6世纪	公元6世纪～1487年
约公元前3100年，埃及形成统一的奴隶制国家。	622年，穆罕默德从麦加出走麦地那，伊斯兰教纪元。
约公元前3000年，两河流域出现奴隶制城市国家。	646年，日本大化改新。
约公元前2100年，埃及奴隶和贫民大起义。	676年，新罗统一朝鲜。
公元前1894年，古巴比伦王国建立。	公元8世纪中期，阿拉伯帝国形成。
公元前538年，波斯占领巴比伦。	公元9世纪早期，英吉利王国形成。
公元前525年，波斯占领埃及。	公元9世纪，封建制度在西欧开始形成。
公元前509年，罗马成立贵族专政的奴隶制共和国。	962年，神圣罗马帝国建立。
公元前330年，波斯被马其顿占领。	1054年，基督教东西教会分裂。
公元前4世纪，摩揭陀国统一印度大部分地区（除印度半岛南端外统一印度全境）。	1066年，法国诺曼底公爵征服英国。
公元前73年，斯巴达克起义。	1192年，日本幕府政治建立。
公元前27年，屋大维建立罗马元首制，共和国转为帝国。	13世纪，埃塞俄比亚封建国家兴起。
公元4世纪，日本奴隶制国家兴起。	14世纪，欧洲文艺复兴运动开始。
313年，基督教在罗马取得合法地位。	1337年，英法百年战争开始。
395年，罗马分裂为东西两部。	1358年，法国农民起义。
476年，西罗马帝国灭亡，西欧奴隶制度崩溃。	1453年，东罗马帝国灭亡，英法百年战争结束。
486年，法兰克王国建立。	1480年，俄罗斯摆脱蒙古控制。
	1487年，迪亚士到达好望角。

1492年～1775年	1776年～1857年
1492年，哥伦布初次到达美洲。	1776年，《独立宣言》发表，美国成立。
1497年，达·伽马开辟西欧到印度的新航路。	1785年，瓦特改良蒸汽机。
1517年，马丁·路德发动宗教改革。	1789年，巴黎人民攻占巴士底狱。
1519年，麦哲伦船队环航地球。	1792年，法兰西第一共和国成立。
1524年，德意志农民起义。	1793年，法国雅各宾派专政。
1588年，英国海军击败西班牙“无敌舰队”。	1794年，法国资产阶级革命结束。
1592年，朝鲜军民抗击日本侵略的卫国战争。	1804年，拿破仑称帝，法兰西第一帝国开始。
1600年，英国东印度公司建立。	1810，拉丁美洲反对西班牙殖民统治的独立运动开始。
1640年，英国资产阶级革命开始。	1831年和1834年，法国里昂工人起义。
1649年，英国国王查理一世被处死。	1836年，英国宪章运动开始。
1660年，英国斯图亚特王朝复辟。	1844年，西里西亚工人起义。
1688年，英国政变，资产阶级和新贵族的统治确立。	1848年，欧洲革命开始。
1689年，中俄签订《中俄尼布楚议界条约》《黑龙江界约》。	1848年，法国二次革命。
18世纪中期，英国打败法国，成为最强大的殖民国家。	1848年，法国巴黎工人六月起义。
18世纪60年代，英国工业革命开始。	1853年，俄、英、法克里米亚战争开始。
1775年，北美独立战争开始。	1857年，印度民族起义开始。

1858年～1910年

1858年,《中俄瑷珲和约》(也称《瑷珲条约》)签订。

1860年,中俄《北京条约》签订。

1861年,美国内战开始。

1864年,第一国际成立。

1868年,日本明治维新开始。

1870年,普法战争开始。

1871年,巴黎公社运动。

1876年,第一国际宣布解散。

1881,苏丹马赫迪反英大起义开始。

1882年,德、奥、意三国同盟形成。

1886年,美国工人举行争取8小时工作日的总罢工。

1889年,第二国际建立。

1892年,俄法签订军事协定。

1894年,朝鲜甲午农民战争。

1895年,埃塞俄比亚抗意卫国战争开始。

1903年,俄国布尔什维克党形成。

1905年,俄国爆发资产阶级民主革命。

1907年,英、法、俄协约最后形成。

1910年,墨西哥资产阶级革命开始。

1914年～1932年

1914年,第一次世界大战开始。

1917年,俄国十月革命胜利。

1918年,德国11月革命爆发。

1918年,印度民族解放运动高涨。

1919年1月,德国柏林起义。

1919年3月,埃及人民武装起义。

1919年3月,共产国际成立。

1919年1月,巴黎和会开始。

1922年10月,意大利墨索里尼上台。

1922年12月,苏维埃社会主义共和国联盟成立。

1923年,土耳其共和国成立。

1929年,资本主义世界经济危机开始。

1931年,日本开始侵略中国东北地区。

1932年,朝鲜抗日游击队诞生。

1933年～1945年	1945年～2001年
1933年1月，德国希特勒上台。	1945年7月，波茨坦会议。
1933年3月，罗斯福就任总统，实行“新政”。	1945年9月，日本无条件投降。
1935年，埃塞俄比亚反意大利侵略的民族解放战争开始。	1945年10月，联合国建立。
1936年，西班牙反法西斯的民族革命战争开始。	1948年，美国开始实行“马歇尔计划”。
1937年，中国全面抗日。	1949年4月，北大西洋公约组织成立。
1938年，慕尼黑会议。	1949年10月，中华人民共和国成立。
1939年，第二次世界大战全面爆发。	1950年，美国入侵朝鲜开始。
1940年，德、意、日三国同盟条约签订。	1959年，古巴革命胜利。
1941年，苏联卫国战争开始。	20世纪60年代初，美国入侵越南开始。
1942年，苏联斯大林格勒保卫战。	1967年，欧洲共同体成立。
1943年，德黑兰会议。	1971年，中国在联合国的合法席位得到恢复。
1944年，诺曼底登陆，欧洲第二战场开辟。	1978年，中国共产党十一届三中全会召开。
1945年2月，雅尔塔会议。	1979年，中美建交。
1945年5月，德国无条件投降。	1990年，海湾战争开始。
	1991年，苏联解体。
	1992年，北美自由贸易区形成。
	1993年，欧洲联盟建立。
	2001年，“9·11”恐怖袭击事件。

爱琴海的文明

法老的世界

法治与征服

南亚次大陆的文明之光

人类教育的起点

丛林中的神秘文明

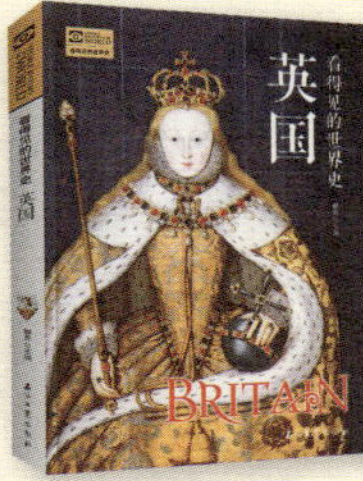

日不落帝国的崛起与衰落

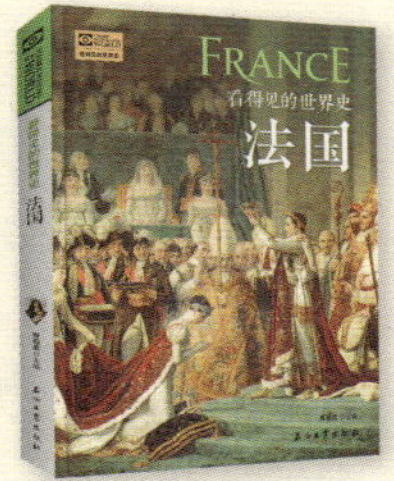

高卢雄鸡的鸣唱

血与火的统一

欧亚上空的双头鹰

“全球帝国”的兴衰往事

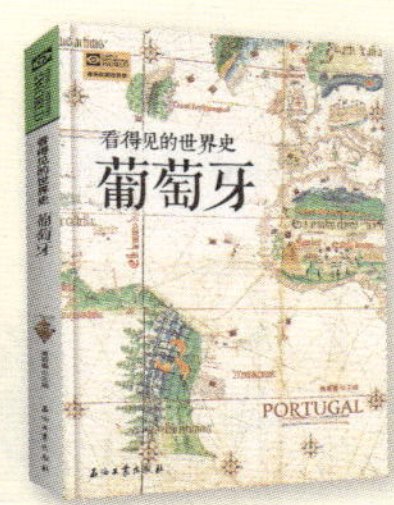

冒险家打造的海洋强国

“海上马车夫”的盛衰

亚平宁半岛上的历史风云

“菊与刀”的国度

世界简史 下卷

装帧设计：罗　雷　蒋碧君

文稿撰写：朱海青

文图编辑：于海清

美术编辑：罗筱玲

音频制作：龙杰传媒

图片提供：视觉中国

全景图片库

美国纽约大都会艺术博物馆

美国洛杉矶郡美术馆

美国波士顿艺术博物馆

英国不列颠博物馆

日本东京国立博物馆

法国罗浮宫博物馆

意大利佛罗伦萨乌菲齐美术馆

荷兰阿姆斯特丹国立博物馆